U0895890

《中华人民共和国国家文物局与澳大利亚环境、水、遗产和艺术部关于文物保护的谅解备忘录》签字仪式

西藏三大重点文物保护维修工程竣工庆典

首批“中华历史名街”授牌仪式在孔庙和国子监博物馆举行

国家古代壁画保护工程技术研究中心揭幕仪式

国家水下文化遗产保护中心揭牌仪式

“秦汉——罗马文明展”在中华世纪坛世界艺术馆开幕

《中华人民共和国和美利坚合众国政府对旧石器时代到唐末的归类考古材料以及250年以上的古迹雕塑和壁上艺术实施进口限制的谅解备忘录》签字仪式

国家文物局副局长童明康被聘为德国考古研究院通讯院士

《中华人民共和国文化遗产研究院与德意志联邦共和国考古研究院关于考古与文化遗产保护合作的谅解备忘录》签字仪式

国家文物局玉器类文物进出境审核培训班

智利总统巴切莱特出席“古代中国与兵马俑”展览开幕式并致辞

贯彻实施《历史文化名城名镇名村保护条例》座谈会

博物馆立法调研座谈会

长沙“12·29”古墓葬被盗掘系列案件侦破工作表彰会议

全国文物安全与执法督察工作会议

全国工业遗产保护利用现场会

震后文化遗产保护研讨会

伏龙观灾后抢救保护工程竣工仪式

甘肃中山铁桥百年庆典

第三次全国文物普查质量控制专题座谈会

广东广州市番禺区普查队在小谷
围街贝岗村邵氏宗祠实地调查

四川“三普”队员在对蒲家湾
蒲氏墓地墓前石牌坊进行拍摄

西藏那曲“三普”队员在唐古拉山山口

湘鄂赣革命文物保存现状调查工作座谈会

大遗址保护良渚论坛

2009年中国南方基建考古区域协作会议

“南澳I号”水下考古抢救发掘启动仪式

大运河保护和申遗工作会议

开平碉楼等地世界遗产证书颁发仪式

成功追索流失海外的中国文物展开幕仪式

广东海上丝绸之路博物馆开馆典礼

全国民办博物馆工作座谈会

延安革命纪念馆新馆开馆典礼

中国博物馆学会志愿者专业委员会成立大会

甘肃省博物馆建馆70周年暨丝绸之路文化国际学术研讨会

纪念五四运动九十周年书画作品展开幕式

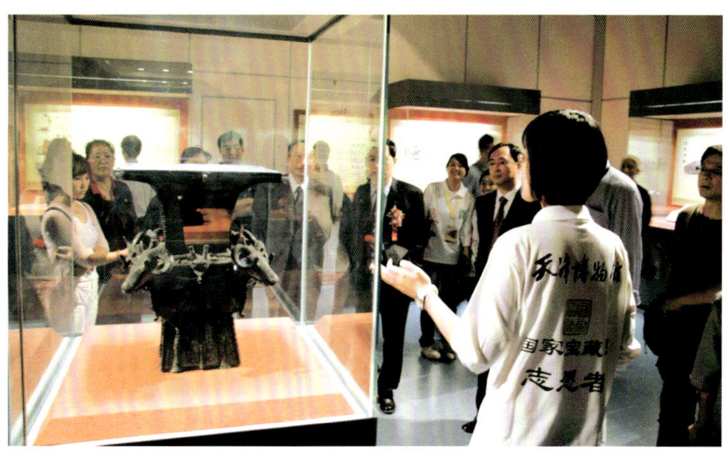

国家宝藏——中国国家博物馆馆藏珍品展在天津博物馆举办

国家征集珍贵青铜器入藏中国文字博物馆仪式

国家文物局重点科研基地运行管理座谈会

“指南针计划”专项领导小组第1次会议

文物出土保护移动实验室（甘肃）

砖石质文物保护国家文物局重点科研基地挂牌仪式

“华夏瑰宝展”在突尼斯迦太基博物馆开幕

2009年文物保护行业标准推广实施（上海）培训班

中央党校文化遗产保护专题研讨班开班式

藏族传统建筑维修技术工匠培训班

首届全国大学生文化遗产保护知识竞赛现场

薪火相传——中国文化遗产保护年度杰出人物颁奖典礼暨事迹报告会

中国历史文化名街海口骑楼老街揭牌仪式

2009年中国文化遗产日主场城市活动

文化遗产日向青少年捐赠文博书籍活动

甘肃省文化遗产日活动

北京文物声音标签形象标志揭晓

中国文物年鉴

CHINA CULTURAL HERITAGE YEARBOOK

2010

国家文物局　编

文物出版社

编辑说明

《中国文物年鉴》由国家文物局组织，由中国文物信息咨询中心（国家文物局数据中心）负责编写，旨在全面、系统地反映我国文物、博物馆事业一个年度的基本状况。

《中国文物年鉴·2010》反映我国文物、博物馆事业2009年的发展情况，分为图片、专辑、综述篇、分述篇、纪事篇和附录等部分。

《中国文物年鉴》的稿件、资料来自国家文物局各相关部门和各省、自治区、直辖市文物行政部门以及国内重要文物收藏机构等。《中国文物年鉴·2010》不包含香港、澳门特别行政区和台湾省的资料。

由于编辑水平所限，《中国文物年鉴·2010》编校工作难免存在不足，希望广大读者提出宝贵意见和建议。

编　者

2011年11月20日

编辑委员会

编辑部

特约撰稿人

（按姓氏笔画顺序）

马凤霞	马永飞	马永红	马立群
马晓丽	王大方	王协锋	付兴胜
史　勇	叶大治	乔静安	刘灿利
刘实民	刘　洁	刘　洋	朱鸿文
何春平	何晓雷	吴　兵	宋　江
张云鹏	张伟明	张　勇	张复生
张　凌	张辉亮	李一兵	李　让
李　刚	李　放	李　涛	汪海涛
杜玉辉	杨　非	杨　菊	肖谋用
邵　军	周　宇	周君生	庞　博
林小燕	甘　伟	郑子良	姚文中
施雪梅	胡　钰	贺　鹏	涂小元
高梦甜	高智伟	高嵩巍	黄　元
黄宇星	谢宾顺	樊慧君	

目　录

【专　辑】

重要讲话

重要文献

重要公文

【综述篇】

【分述篇】

国家文物局直属单位

各省、市、自治区

其他

【纪事篇】

【附 录】

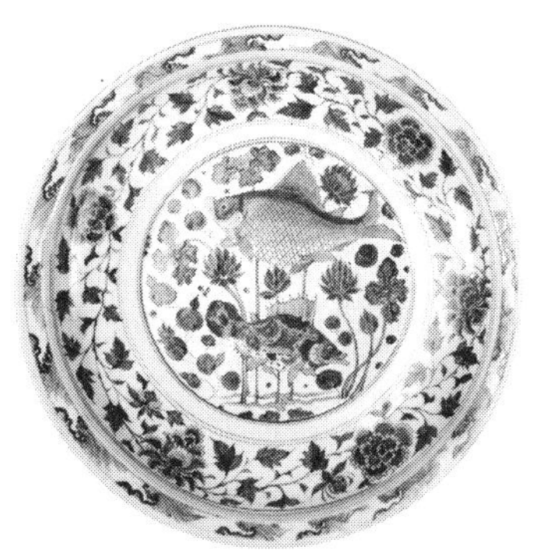

专　辑

重要讲话

开拓创新　奋发有为　推动文化遗产事业实现新的跨越

——在2009年全国文物工作先进县表彰大会上的讲话

文化部部长　蔡武

（2009年12月22日）

今天，文化部、国家文物局隆重召开全国文物工作先进县表彰大会，授予北京市通州区等36个县（市、区）“全国文物工作先进县”荣誉称号，同时授予西藏布达拉宫二期保护维修工程指挥部“文物保护特别奖”。在此，我代表文化部、国家文物局向受到表彰的全国文物工作先进县和西藏布达拉宫二期保护维修工程指挥部表示热烈的祝贺！向辛勤工作在文物战线上的广大干部职工表示诚挚的问候！向积极参与和支持文物工作的社会各界表示衷心的感谢！

刚才，全国文物工作先进县和文物保护特别奖的代表作了发言，讲得都很好，听了很受启发。总的来看，受表彰的单位和集体都能够深入贯彻落实科学发展观，坚决执行《文物保护法》和文物工作方针，依法履行政府保护文物的职责；都能够高度重视、大力支持文物工作，正确处理文物保护与经济社会发展的关系，努力营造有利于文化遗产事业全面协调可持续发展的和谐氛围；都能够把保护和传承中华民族优秀文化遗产为己任，在各自的岗位上辛勤耕耘、挥洒汗水，是近年来基层文物保护工作中涌现出来的先进典型。我们要通过先进典型表彰活动，大力宣传先进典型的事迹，激励和引导各级政府自觉承担文物保护的使命和职责。

2009年是新中国成立60周年。60年来，文物事业始终与祖国共命运、与时代同进步，始终融汇于实现国家富强、人民幸福、文化繁荣、社会进步的历史进程。无论是在热火朝天的社会主义革命和建设时期，还是在波澜壮阔的改革开放时期，文物系统广大干部职工解放思想、实事求是、奋发有为、开拓进取、艰苦奋斗，积极投身文物保护实践，文物事业取得了举世瞩目的成就。我们初步建立了符合我国文物保护特点的法律法规体系，适应我国文物资源分布、类型特点的保护管理体制，保障广大人民群众基本文化权益的社会服务机制，以及素质过硬的专业人才队伍，逐步探索出一条中国特色社会主义文物事业发展道路，形成了一系列关于文物工作的理论成果和方针政策，成为中国特色社会主义文化理论体系的重要组成部分。目前，《中华人民共和国文物保护法》是我国文化领域唯一的由全国人大常委会制定并颁布实施的法律，可见文物保护在国家文化事业中的重要地位。

——60 年的经验表明，国家强则文化兴。中华民族伟大复兴必然伴随着中华文化繁荣兴盛。国家的每一次发展和跨越，都伴随着文化事业的发展和跨越，伟大的时代造就了中华文化的繁荣发展。文化遗产事业是综合国力的重要体现，中国特色社会主义现代化建设和改革开放为文化遗产事业的发展开辟了广阔的前景，人民群众日益增长的精神文化需求，为文化的发展提供了强劲的动力，促进了文化遗产事业的繁荣和发展。刚才两位代表在发言中先后提到，杭州余杭区近年来投入数亿元资金用于文化遗产保护，中央财政拨款 2 亿元用于西藏布达拉宫二期保护维修工程。这都是国家综合国力增强的体现，反映了国家强则文化兴。

——60 年的经验表明，文化兴则国运盛。文化的复兴和繁荣，必然会促进国家和民族的崛起和强盛。国家的复兴和强盛，必须有先进文化作指引，建设强大的国家软实力，要求文化大发展大繁荣。文化遗产保护对于弘扬先进文化、凝聚民族精神、培育国民素质、促进社会进步、推动建立社会主义核心价值体系具有重要作用。伴随着我国改革开放和现代化建设不断推动，文化遗产保护日益显现出其独特的价值和功能。近年来，文化发展已成为国家软实力的重要标志。重要外事活动中都有文化团体随行，国家领导人在出访过程中多次视察我驻外文化中心，与国外签署文化交流相关协定。今天中国在世界上的政治和经济影响力日益提高，许多重大国际问题都需要中国参与。在这次国际金融危机中，国外很多人寄希望于中国经济社会能够平稳较快地发展。在文化方面，只要我们努力把丰富的文化资源转化为文化影响力，大力发展文化产品，就会进一步提升国家软实力。

——60 年的经验证明，只有融入国家发展和民族复兴大业，文化遗产事业才能实现蓬勃发展；只有大力发展文化遗产事业，中华民族才能迎来更加灿烂的未来。党的十七大进一步把文化建设作为中国特色社会主义事业“五位一体”总体布局的重要组成部分，鲜明地提出推动文化大发展大繁荣，兴起文化建设新高潮的要求。要充分认识十七大提出的这一战略部署的重要性，把握文化遗产事业发展的形势，认清肩负的重大责任和使命，坚定做好文化遗产保护工作的信心和决心。

2009 年 9 月，中共中央召开十七届四中全会，这是在国际形势继续发生深刻变化，我国处在进一步发展的重要战略机遇期召开的一次重要会议。胡锦涛总书记在会上发表重要讲话，全会通过了《中共中央关于加强和改进新形势下党的建设若干重大问题的决定》。《决定》着眼于推动十七大关于党的建设总体部署的贯彻落实，重点研究解决当前党的建设中带有战略性、根本性、紧迫性的重大理论和实际问题，强调要建设马克思主义学习型政党的重大任务。前不久中央领导同志与文化部同志在中央党校讲话时提出，建设学习型政党要有文化，没有文化就搞不好党的建设，这个观点非常重要。最近召开的中央经济工作会议，科学判断当前国际国内形势，认真总结 2009 年经济工作，围绕加快经济发展方式转变、保持经济平稳较快发展，全面部署 2010 年经济工作，特别提出要进一步贯彻中央关于调结构、促转变、扩内需、惠民生、保稳定的方针。其中，发展文化产业是贯彻“调结构”方针的重要举措，发展文化消费也是“扩内需”的重要内容。全国文物系统要认真领会，切实把会议精神真正把握到位、贯彻到位，切实把中央的统一部署与文物工作的实际结合起来，找准角色定位，努力使文化遗产工作成为加快经济发展方式转变的促进者，成为保持经济平稳较快发展的积极力量。

2009 年是新世纪以来我国经济发展最为困难的一年，也是我们砥砺奋进、经受严峻考验的一年。历史罕见的国际金融危机来势汹汹，世界经济陷入衰退，外部环境剧变，自然灾害频发，我国经济发展受到严重冲击。面对严峻形势，党中央、国务院全面分析、准确判断、果断决策、从容应对，全面实施并不断丰富完善应对国际金融危机冲击的一揽子计划和政策措施，统筹做好保增长、保民生、保稳定各项工作，有效遏止了经济增长明显下滑态势，在全球率先实现经济形势总体回升向好。全国文物系统深入贯彻落实科学发展观，自觉、主动服从服务于党和国家工作大局，履行职责，扎实工作，积极有所作为。稳步推进第三次全国文物普查，文物实地调查形势喜人，目前全国已调查登记不可移动文物 89.2 万处；进一步深化博物馆免费开放，全国免费开放博物馆达 1447 家；扎实开展震后文化遗产抢救保护，一大批受损文物得到及时修缮；积极做好文物安全工作，努力建立文物安全工作的长效机制；文物保护基础工作卓有成效，重大文物保护项目进展顺利，考古和大遗址保护工作稳步开展，世界遗产事业扎实推进，博物馆事业成效显著，社会文物管理力度加大，文物外事工作持续开展，宣传工作日趋活跃，保持了文物事业持续发展的良好势头，为保增长、保民生、保稳定作出重要贡献。全国文物系统抓住机遇，积极向各级党委政府、相关部门和社会公众介绍文化遗产事业发展情况和面临的形势，制定切实可行的项目规划，在争取国家和各方面对文物工作的经费支持等方面卓有成效。在最近一次的国务院机构调整中，国家文物局作为加强部门，增设了督察司。国家逐年加大文物保护经费投入，2009 年中央财政文物保护专项补助经费达 48.6 亿元，是 2008 年 25.2 亿元的 1.93 倍。中央领导同志高度重视文化遗产保护工作，多次对文化遗产保护作出重要批示，多次亲临文物、博物馆单位指导工作，这既体现了党中央、国务院对文化遗产保护工作的殷切期盼和充分肯定，也更加坚定了我们做好文化遗产保护的信心和决心。当前，我国正处于全面建设小康社会、加快推进现代化的关键时期，正处于由文化遗产大国向文化遗产强国迈进的关键阶段。在看到成绩的同时，我们也要清醒地认识到，与贯彻落实科学发展观的要求相比，与中国特色社会主义事业发展的全局相比，与急剧变化的国际形势提出的要求相比，与人民群众对文化建设的期待相比，文化遗产保护工作依然存在着不小的差距。主要表现在，文化遗产保护的基础工作依然薄弱，基本建设与文化遗产保护的矛盾依然突出，文物安全形势依然严峻，经费投入与文化遗产保护的实际需求尚有较大差距，人民群众尚未充分享受文化遗产保护成果，适应时代发展的文化遗产保护管理体制有待完善，文化遗产保护的任务还十分艰巨。全国文物工作者要认清肩负的责任，牢记神圣使命，深入贯彻落实科学发展观，开拓进取，奋发有为，加快建设文化遗产强国，在新的起点上，推动文化遗产事业实现新的跨越。

——我们一定要把围绕中心、服务大局作为文化遗产工作的主线。文化遗产事业必须围绕党中央、国务院的重大决策部署，善于从党和国家大局中找准工作定位，在大局下思考、在大局下谋划、在大局下行动，才能在中国特色社会主义事业总体布局中把握文化遗产事业的历史方位。要按照胡锦涛总书记提出的“高举旗帜、围绕大局、服务人民、改革创新”总要求，加强文化遗产保护，增强国家的文化软实力和国际竞争力，推动文化大发展大繁荣；要围绕中央经济工作会议作出的加快经济发展方式转变、保持经济平稳较快发展的战略部署，抓住国家加大对民生领域和社会事业支持保障力度的重要机遇，抓住国家大力发展文化事业和文化产业的有利契机，全面推进文化遗产事业发展；要推进重大文化遗产保护项目，充分发挥文化遗产保护对经济社会发展的促进作用，为调结构、促转变、扩内需、惠民生、保稳定服务，增强文化遗产事业服务大局、服务经济社会的能力。

——我们一定要把保护和传承作为文化遗产工作的主题。一个民族的文化遗产，凝聚着这个民族对世界和生命的历史认识和现实感受，积淀着这个民族最深层的精神追求和行为准则，承载着民族的认同感和自豪感。文化遗产是国家和民族形象的基本元素和主要标志之一。要用世界的眼光、历史的眼光和发展的眼光，认识文化遗产的价值；要切实贯彻党和国家的文物工作方针，处理好保护、利用和传承的关系，把丰厚的文化遗产资源转化为促进经济发展、改善民生的积极因素。要通过文化遗产的保护和传承，让文物、博物馆单位成为城乡最美的地方，成为城乡最有品位的文化空间，成为城乡可持续发展的资源和动力，成为国家和民族的骄傲。最近，我们在研究旅游和文化的关系中发现，拥有丰富文化遗产的地域是未来旅游发展最有潜力的地方。因为现在人们旅游的目的更多的是追求历史的足迹，寻求文化的内涵，而文化遗产恰恰承载着这些内容。所以保护和传承文化遗产，发挥好文化遗产的功能，把文化遗产保护与经济社会的发展和产业结构相结合，是一篇亟待做好的大文章。

——我们一定要把融入社会、促进发展作为文化遗产事业的使命。文化遗产事业融入经济社会，既是文化遗产事业承担社会责任、促进自身发展的积极举措，也是文化遗产保护成果惠及民众的主要途径。近年来，我们推进文化遗产保护融入经济建设、融入社区生活、融入城市发展和新农村建设，优化城市空间布局和资源配置，彰显城乡魅力，推进了城市的产业转型，改善了当地的生态环境和人文环境，促进了旅游、文化等相关产业的发展。西安大明宫遗址公园建设为改善西安城市面貌、提高城市品位起到了非常重要的作用，改善了遗址周边的居住环境，也为城市经济发展创造新的增长点。要进一步探索和研究文化遗产保护融入社会、促进发展等问题，把文化遗产保护与经济社会发展相结合，与群众生活水平提高相结合，与城乡基本建设相结合，与环境改善相结合。要认真总结文化遗产保护融入经济社会发展的成功经验，积极探索建立文化遗产保护融入经济社会发展的长效机制，加强宣传和普及工作，主动争取全社会各方面的理解和支持，努力营造文化遗产保护与经济建设和谐共融、协调发展、互利双赢的新局面。

——我们一定要把保护成果惠及民众作为文化遗产工作的宗旨。文化遗产保护成果惠及民众，是文化遗产工作的出发点和落脚点。文化遗产保护只有做到发展为了人民、发展依靠人民、发展由人民共享，才能保持蓬勃的生机和旺盛的活力，才能产生巨大的感召力。要进一步强化人民群众的主体地位，在强调各级政府文化遗产保护职责的同时，积极研究制定发挥人民主体地位和作用的政策措施，拓展社会参与文化遗产保护的渠道。要进一步强化广大民众与文化遗产之间的情感联系，无论是在文物保护修缮和考古发掘等工程中，还是在博物馆建设和陈列展示等工作中，都要对人民群众满怀深情，都应该积极取得当地居民的理解和支持。要进一步强化以人为本，坚持有利于文化遗产保护、有利于传统技艺传承、有利于惠及民生的原则，保障民众的知情权、参与权、监督权和受益权，关注群众现实利益和长远利益，努力使文化遗产保护成为民心工程、民生工程，努力实践为人民服务的宗旨。

——我们一定要把改革创新作为文化遗产事业发展的动力。文化建设，重在建设，贵在创新。今天文化遗产事业发展的良好局面是改革创新的成果，解决当前文化遗产事业发展面临的问题仍需要改革创新。要加大力度、加快进度，突破重点领域和关键环节，按照中央关于文化体制改革的路线图和时间表，到2010年底前基本完成改革试点任务。要贯彻“增加投入、转换机制、增强活力、改善服务”的方针，进一步转变政府职能、加大政府投入、调整资源配置，积极推进公益性文化单位内部人事、收入分配和社会保障制度改革。要加快建立适应社会主义市场经济体制要求、遵循文物工作自身规律、国家保护为主并动员全社会参与的文物保护体制。最近，文化部和国家文物局联合下发了《关于加强文物行政执法机构建设的通知》，各地要按《通知》要求，积极争取当地党委、政府的支持，加强文物行政执法机构和队伍建设。省级文物行政部门应内设专司文物行政执法督察的机构，有条件的地区都要成立专职的文物行政执法队伍，作为推进文物管理机制创新的重要内容。要加强文化遗产保护领域的国际交流与合作，推动与更多国家签署有关文化遗产保护的双边协定，开展更有深度和实质性内容的合作。要通过“走出去”、“引进来”，扩大对外文物展览的影响，拓宽人员交流和科技合作渠道，不断把中华文明推向世界，提高我国在国际文化遗产保护领域的地位和作用。

同志们，带着汗水和喜悦，我们将辞去旧岁；满怀希望和憧憬，我们将迎来新春。全国文物系统要树立强烈的机遇意识、发展意识、紧迫意识，振奋精神、锐意进取、埋头苦干，以更加扎实的工作、更加昂扬的斗志，坚决完成好2010年的各项任务。

——要科学制定文化遗产事业的发展规划。2010年是实施“十一五”规划的最后一年，是实现《国务院关于加强文化遗产保护的通知》提出的新时期文化遗产保护第一个阶段性目标的最后一年，也是我们抓落实的一年。要认真做好阶段性目标提出的各项任务和“十一五”规划的总结评估工作，认真梳理“十一五”规划确定的各项任务。要认真总结经验，科学编制文物事业“十二五”规划。要通过规划编制，对文化遗产事业的发展状况、发展形势、发展目标、发展任务进行准确定位。要遵循科学发展的要求，综合考虑“十二五”时期文物、博物馆事业发展的特点，加强全局性、战略性问题研究，科学确立重大工程和重点项目，提出重大改革和政策举措等，着力解决文物事业面临的突出矛盾和问题。

——要不断加强公共文化服务体系建设。中央领导同志十分关注公共文化服务体系建设，李长春同志先后九次就中国文字博物馆建设作出重要批示。最近，他在河南博物院考察时，再次就博物馆建设作出重要指示。我们要认真学习、深刻领会中央领导同志的讲话精神，把博物馆建设和免费开放工作做好。博物馆是文化基础设施建设的重要方面，是公共服务体系建设的重要内容，是保障人民群众基本文化权益的重要阵地。目前，全国免费开放博物馆纪念馆的数量已占文化、文物部门归口管理博物馆、纪念馆和全国爱国主义教育示范基地总数的 76%。要把深化博物馆免费开放，作为加强公共文化服务体系建设、保障人民群众基本文化权益的重要内容，进一步探索和建立免费开放的长效机制，推进博物馆体制改革和机制创新。要进一步坚持贴近实际、贴近生活、贴近群众，把学术性、知识性、趣味性、观赏性有机统一起来，丰富展陈内容，创新展陈手段，不断增强亲和力、吸引力和感染力，提高公共服务水平。

——要扎实推进各项重点工作。精心筹备和确保成功举办 2010 年国际博协第 22 届大会。继续做好第三次全国文物普查，周密组织转段工作，加强新发现文物保护。做好第七批全国重点文物保护单位的评审工作，尽早形成推荐名单上报国务院。稳步推进西藏文物、涉台文物、地震灾后文化遗产等保护抢救工程，做好南水北调等国家重大建设工程中的考古和文物保护工作。推进大遗址保护，开展国家考古遗址公园建设，加强世界文化遗产的申报和管理。开展文物行政执法专项督察。推动《博物馆条例》等立法进程，完成馆藏珍贵文物数据库建设工作，加大中央地方共建国家级重点博物馆和民办博物馆建设。做好科研成果转化和人才队伍建设，办好对外文物展览。办好 2010 年国际古迹遗址日、国际博物馆日和中国文化遗产日活动。

——要深入总结和推广先进典型表彰工作的经验。“全国文物工作先进县”的评选表彰活动已经开展了 6 批，共有 201 个县（市、区）获得了这个荣誉。各级文物行政部门要通过表彰活动，善于发现典型、总结典型、弘扬典型，使文物工作先进典型的事迹广为人知、深入人心；要充分发挥文物工作先进典型的示范作用，善于总结推广先进经验，带动各级党委、政府和社会各方面积极支持、热情参与文化遗产事业。我们热切希望受到表彰的先进单位和集体珍惜荣誉、再接再厉，更加昂扬向上地工作，为我国文化遗产事业再立新功！

同志们，中国特色社会主义伟大事业前途光明、催人奋进，中国文化遗产事业任重道远、大有可为。让我们更加紧密地团结在以胡锦涛同志为总书记的党中央周围，高举中国特色社会主义伟大旗帜，坚持以邓小平理论和“三个代表”重要思想为指导，深入贯彻落实科学发展观，振奋精神、坚定信心，开拓创新、奋发有为，为推进文化遗产事业的科学发展而努力奋斗！

锐意进取　扎实工作　努力谱写文化遗产事业新的篇章

——在2009年全国文物局长会议上作的工作报告

国家文物局局长　单霁翔

（2009年12月22日）

在全国人民仍然沉浸在新中国60华诞的喜悦里，在全国文物系统以饱满的热情开启中国文化遗产事业新的航程中，我们召开2009年全国文物局长会议。这次会议的主题是：认真贯彻党的十七大和十七届三中、四中全会精神，以邓小平理论和“三个代表”重要思想为指导，深入贯彻落实科学发展观，总结工作、分析形势、明确任务、共谋发展，在新的起点上努力谱写文化遗产事业新的篇章。

一、关于2009年的工作

今年是新世纪以来我国经济发展最为困难的一年。世界经济形势险象环生，国际金融危机持续扩散蔓延，我国经济发展受到严重冲击。面对严峻复杂的形势，党中央、国务院审时度势，及时制定实施了一系列保持经济平稳较快发展的政策措施。这为文化遗产事业发展提供了新的机遇，也对文化遗产保护提出了更高的要求。中央领导同志多次对文化遗产保护作出重要批示，亲临文物、博物馆单位指导工作，体现了党中央、国务院对文化遗产保护工作的高度重视和充分肯定。国家加大文物保护经费投入，2009年中央财政文物保护专项补助经费达48.6亿元，是2008年的1.93倍。全国文物系统高举旗帜、围绕大局、服务人民、改革创新，紧紧围绕党中央、国务院关于保增长、保民生、保稳定的一系列决策部署，履行职责，扎实工作，文化遗产事业的各项工作取得重要进展。

一年来，我们紧紧抓住牵动文化遗产事业发展全局的重点工作，集中抓了几件大事。

——我们隆重庆祝新中国成立60周年。庆祝新中国成立60周年，是今年党和国家政治生活中的一件大事，也是举国上下普天同庆的一件喜事。全国文物系统充分发挥文物、博物馆单位的作用，广泛开展形式新颖、内容丰富、主题突出、特色鲜明的纪念活动，营造隆重、喜庆、祥和的节日氛围。开展新中国成立60周年表彰活动，文化部、国家文物局授予21名文博领域的老专家“中国文物、博物馆事业杰出人物”荣誉称号。国家文物局向一批长期从事文物、博物馆工作的同志颁发“文物、博物馆工作60年”和“文物、博物馆工作30年”荣誉证书。各地普遍开展了中国文化遗产事业60年专题调研和展示、表彰活动，总结成功经验，展示文化遗产事业的发展成就和广大文物工作者的精神面貌，展望文化遗产事业的美好前景，凝聚力量，鼓舞士气，坚定信心，在文物系统内形成参与国庆、奉献国庆的生动局面。

——我们稳步推进第三次全国文物普查。今年以来，第三次全国文物普查工作的力度明显加大。各级领导深入一线督促指导，多方协作势头良好，普查经费落实到位，实地调查成绩喜人。截至2009年12月15日，中央和地方各级财政累计已投入文物普查经费10.43亿元，全国各级文物普查机构共投入人员4.7万余人；全国实地文物调查启动率为99.7%，完成率为95.8%；全国共调查登记不可移动文物89.2万处，其中新发现65.17万处，复查24.03万处。各地积极加强质量控制，及时做好新发现文物的保护。河南、四川等及时把新发现文物点公布为相应级别的文物保护单位。西藏、四川等积极克服地理环境、自然灾害等不利影响。江苏、浙江积极开展对西部地区的帮扶工作。新疆与国家博物馆联合开展遥感及航空技术应用，提高了普查的覆盖率。工业遗产、20世纪遗产、乡土建筑、文化景观等新型文化遗产在普查中得到充分重视，山东、浙江、福建、海南等水下文物普查取得阶段性成果。各地积极开展实地文物普查阶段的验收工作，做好普查转段准备。

——我们进一步深化博物馆免费开放。在全国文物系统和社会各方面的共同努力下，2009年全国免费开放博物馆纪念馆总数达到1447个，约占文化文物部门归口管理博物馆纪念馆和全国爱国主义教育示范基地总数的76%。2009年中央财政安排免费开放专项经费20亿元，重点补助地方博物馆纪念馆免费开放所需资金，鼓励改善陈列布展和举办临时展览，支持重点博物馆纪念馆提升服务能力。

——我们扎实开展震后文化遗产抢救保护。随着中央震后文化遗产抢救保护经费逐渐到位，震后文化遗产抢救保护工作进入全面实施阶段。截至2009年10月，灾后文物抢救保护项目资金到位22亿元，灾后实施的文化遗产保护项目进展顺利。已编制、评审了极重灾区的各类文物保护工程方案170多个；完成文物保护单位抢救维修保护项目储备100项，占国家规划项目153项的65.36%。开工项目56个，完成不可移动文物修复工程12个。积极开展藏羌民族文化遗产的保护。茂县羌族博物馆新馆、北川羌族民俗博物馆建设工程正式开工建设。加强灾后重建工作的监督和指导。召开震后文物抢救保护工程动员及专家座谈会、灾后文物抢救保护专家组全体会议，研究部署第3批对口技术援助工作等。开展云南省姚安震后文物保护，龙华寺古建筑群抢修工程已进入实施阶段。

——我们积极做好文物安全工作。国家出台关于加强文物安全的一系列重要举措。在最近一轮的国务院机构调整中，国家文物局作为加强部门，增设了督察司。根据党中央、国务院领导同志批示精神，国务院办公厅协调中央编办、公安部、财政部、文化部、文物局等部门，形成《关于进一步加强文物安全工作的意见和建议》，由我局牵头研究加强文物安全工作的政策措施，继续深入开展文物安全大检查，开展区域性专项打击盗窃、盗掘、走私、破坏文物的违法犯罪活动。文化部、国家文物局印发《关于加强文物行政执法机构建设的通知》，要求推进、加强文物行政执法机构与队伍建设。从2009年起，“国家重点文物保护专项补助经费”中用于解决全国重点文物保护单位防火设施和重点博物馆防盗设施的费用，从4500万元增加到9000万元，投入翻了一番，为文物安全工作打下了较好的基础。

一年来，我们着眼长远、立足发展，扎实地做好文化遗产保护的各项基础工作。

——文化遗产法律法规体系进一步完善。今年10月，《文物认定管理暂行办法》开始施行。该《办法》的出台，是落实《文物保护法》的又一重要举措，是我国文化遗产法制建设的又一重要成果，使具有历史、艺术、科学价值的文化资源及时认定为文物并得到依法保护，有利于提高社会公众文化遗产保护意识，强化文物部门的责任。积极与国务院法制办等相关部门沟通，推进《博物馆条例》尽快出台。开展大运河保护立法调研，加快《大运河文化遗产保护管理条例》的起草步伐。加强各类标准、规范的制订工作，《古建筑防雷工程施工资质管理办法》、《古建筑防雷工程勘察设计资质管理办法》等已完成审核，即将颁布施行。积极推动保护规划的编制工作，开展文物保护标准体系研究。

——文物资源调查建档工作积极推进。以第三次全国文物普查为契机，积极探索普查成果的转化和应用工作，把普查成果与基本建设、城乡规划、旧城改造、新农村建设相衔接，使普查成果最大限度地服务社会、惠及民众；把普查工作与第七批全国重点文物保护单位申报工作结合起来，一些重要发现被列入申报项目。长城资源调查取得阶段性成果，明长城调查已完成主要任务，基本摸清明长城家底。经国务院同意，我局和国家测绘局正式公布明长城总长度为8851.8千米，第一次全面掌握了明长城的现存状况，为划定保护范围和建设控制地带、编制保护规划和修缮方案等提供了支撑。召开长城资源调查工作会议，部署推进秦汉及其他时代长城资源调查工作。继续推进馆藏文物调查及数据库管理系统建设项目，摸清全国珍贵馆藏文物家底。

——文物科技工作卓有成效。全面推进“指南针计划”专项，会同中宣部、教育部、科技部、财政部、文化部等10部门成立“指南针计划”专项领导小组，印发《关于全面推进“指南针计划——中国古代发明创造的价值挖掘与展示”专项的意见》。完成专项项目库建设，试点项目进展顺利。8部门建立“中华文明探源工程”部际联席会议制度，《中华文明探源及相关文物保护关键技术研究》科技项目顺利通过专家立项评审，设立《中华文明探源工程成果转化与普及专项》，会同文化部、科技部、财政部成功举办“早期中国——中华文明起源展”，出版《中华文明探源工程文集》。《石质文物保护关键技术研究》被批准列入国家科技支撑计划重点项目。11项文化遗产保护领域国家科技支撑计划重点课题通过结项验收，研发新技术、新产品、新装置55项，获得专利和知识产权63项，制定技术标准（草案）28项，培养博士、硕士研究生240名，发表论文342篇，出版专著15部。加强文化遗产保护科技创新体系建设，召开国家文物局重点科研基地运行管理座谈会，经科技部批准，依托敦煌研究院成立国家古代壁画保护工程技术研究中心，依托西安文物保护修复中心成立科技部文物保护国际科技合作基地。加强体制机制创新，启动文化遗产保护领域创新联盟建设试点工作，“陶质彩绘文物保护技术创新联盟”正式成立，“国家文化遗产保护科技区域创新联盟”试点项目建设方案编制完成。积极参与国家标准化体系建设工程，组织开展文物保护标准体系研究，41项标准列入国家标准制修订计划，完成21项行业标准的培训、宣贯工作。加强可移动文物保护管理，研究制定《馆藏文物保护修复管理办法（送审稿）》，研发《可移动文物保护修复综合管理信息系统》，开展《馆藏文物保护技术手册》系列丛书和《馆藏文物修复报告》编撰和出版工作。组织开展科技、信息化、标准化“十二五”规划的前期调研，凝练重点领域和优先主题。

——人才队伍建设势头良好。配合重点文物保护工程开展西藏文物保护、博物馆免费开放、大运河保护与申遗、新疆坎儿井保护等专项培训。地市文博管理干部培训、全国重点文物保护单位保护管理机构负责人培训全面展开，已有三分之二省份文博工作骨干接受了系统的业务培训。博物馆藏品保护与修复中长期培训计划、博物馆人员文物鉴定中长期培训计划相继展开。配合中组部和中央党校举办文化遗产保护专题研修班，47 个文化遗产保护重点城市的分管书记和市长参加了研修。与 ICCROM 等国际组织在人才培养方面的合作得到加强，举办了博物馆藏品预防性保护等相关研修和培训。河南等省市文物部门也在省委组织部门的支持下举办了文化遗产保护县市长培训班。

——文物安全保障机制初步建立。在国务院领导同志的关心下，设立由国家文物局牵头、公安部等有关部门参加的部际联席会议制度，探索建立文物安全工作的长效机制。召开全国文物安全与执法督察工作会议，总结经验，分析问题，明确任务，与公安部联合部署开展“全国重点地区打击文物犯罪专项行动”和“全国文物单位消防安全大检查”。继续开展 2009 年文物行政执法专项督察。与国家旅游局等部门联合开展规范全国宗教旅游场所燃香活动，查处和督办长沙“12·29”特大团伙盗墓案、法门寺临展文物未按期撤展归库案件、宣城广教寺双塔违法建设案件、大同云冈石窟违法建设案件、呼和浩特秦汉长城遭破坏案件，以及天津、南京涉及历史文化名城和文化遗产保护等重大违法犯罪案件。推进执法队伍建设，提高执法能力。

一年来，我们周密部署、精心组织，稳步地推进文化遗产保护的其他各项重点工作。

——重大文物保护项目进展顺利。西藏三大文物保护工程顺利竣工。投资约 5.7 亿元的西藏“十一五”重点文物保护工程进入全面实施阶段。山西南部早期建筑维修项目有序开展，完成 43 处保护规划和 74 处维修方案的编制工作。应县木塔监测系统、现状信息采集系统均已建成，全面养护工程顺利进行。开展第七批全国重点文物保护单位申报标准和信息采集标准的制订和修订工作。召开湘鄂赣三省革命文物保存现状调研工作座谈会，编制《湘鄂赣三省革命文物保护规划》，开展革命文物保护试点工作。福州三坊七巷、昙石山遗址、施琅宅祠墓等涉台文物保护工程扎实开展。举办全国工业遗产保护利用现场会，推动工业遗产的保护和利用。加强历史文化名镇名村的调研和管理。柬埔寨吴哥窟援外二期工程——茶胶寺维修保护工程深入论证。积极推动文物保护工程审批管理方式改革，扩大试点工作范围。

——考古和大遗址保护工作稳步开展。南水北调东、中线初设阶段文物保护方案业经批复，核定投资 5.3 亿元，文物保护资金纳入年度投资计划，有效保障了考古工作的开展。水下考古机构建设取得进展，国家水下文化遗产保护中心正式挂牌成立。“南海 I 号”“华光礁 I 号”“南澳 I 号”等水下考古和文物保护工作有序开展。大遗址保护积极推进，先后组织召开“良渚论坛”“洛阳高峰论坛”，指导地方政府开展大遗址保护工作。探索建设“国家考古遗址公园”，制订《国家考古遗址公园管理办法》和《国家考古遗址公园评定细则》，促进大遗址的保护、展示与利用。良渚、牛河梁、大明宫、隋唐洛阳城等考古遗址公园建设陆续启动。扬州宋夹城考古遗址公园建成开放。

——世界遗产事业扎实推进。五台山作为文化景观列入《世界遗产名录》，嵩山历史建筑群和杭州西湖申遗文本编制工作抓紧进行。稳步推进丝绸之路申遗项目，召开丝路跨国申遗协调委员会第一次会议。大运河保护和申遗取得重大进展，建立省部际会商小组，开展大运河遗产资源调查，基本完成地市级保护规划的编制工作，省级保护规划的编制工作抓紧进行。元上都遗址、云南红河哈尼梯田等申报项目进入实质性操作阶段。加强世界文化遗产申报项目储备，形成每年有 2～3 个条件较为成熟储备项目的竞争态势。加强世界遗产的监测管理和制度建设，召开震后文化遗产保护国际研讨会，举办文化线路遗产保护无锡论坛。

——博物馆事业成效显著。在中央领导同志的直接关心下，中国文字博物馆开馆。李长春同志先后九次就中国文字博物馆建设作出重要批示，体现了党和国家对博物馆事业的高度重视。国家有关部委和各有关省份在工程建设、文物征集、陈列布展和资金等方面给予大力支持，充分体现了团结协作精神。据初步统计，目前全国博物馆总数已达 2900 家，其中文物系统博物馆为 1904 家。开展二、三级博物馆评估定级工作，公布国家二级博物馆 171 个、国家三级博物馆 288 个。目前，国家一二三级博物馆共 542 个，约占全国博物馆总数的 18.7%。推进博物馆体制机制创新试点，按照稳定支持、动态调整和定期评估的原则，启动中央地方共建国家级重点博物馆工作，8 家博物馆被确定为首批中央地方共建博物馆，3 家博物馆被确定为培育对象。开展民办博物馆专题调研，召开全国民办博物馆工作座谈会，推动民办博物馆建设。目前，文物部门登记注册的民办博物馆为 386 个，占全国博物馆总数的 13.3%。协调 2010 年国际博协大会的筹备工作，举办“国际文博合作项目协调人”培训班、国际遗址博物馆馆长河姆渡峰会和执委会会议。开展第八届全国博物馆十大陈列展览精品评选。协调举办庆祝新中国成立 60 周年全国文化遗产保护宣传讲解大赛。

——社会文物管理力度加大。启动文物进出境审核信息管理系统建设，创新文物进出境审核管理手段。制订《文物进出境责任鉴定员管理办法》，规范文物进出境审核管理。先后举办玉器类、杂项类和青藏地区文物进出境审核鉴定培训班。推进文物进出境审核管理机构建设。做好流失境外文物追索的宣传和引导工作，推动流失文物数据库建设。加强文物拍卖资质管理，规范文物拍卖市场秩序。开展文物拍卖企业专业人员聘用试点工作，完善文物拍卖相关制度。为支持博物馆建设和展陈工作，将国家征集的 8 件珍贵青铜器移交中国文字博物馆收藏；宋代耀州窑瓷器 1 件交由陕西省耀州窑博物馆代藏；陈独秀等致胡适信札 13 通交由人民大学博物馆代藏，较好地发挥国家征集重点珍贵文物的作用。

——文物外事工作持续开展。在相关部门的大力支持下，经过 11 年的艰苦谈判，2009 年初，我国与美国签署防止进口中国非法流失文物的谅解备忘录；与土耳其、埃塞俄比亚、澳大利亚签署了相关协定或备忘录。目前，我国已经与 12 个国家签署打击文物盗窃、盗掘和非法进出境双边协定或谅解备忘录。中国文化遗产研究院与德国考古研究院签署《关于考古与文化遗产保护合作的谅解备忘录》。“大三国志展”“中国古代帝王珍宝展”“丝绸之路展”“华夏瑰宝展”“西藏文化艺术与考古展”等受到有关方面的高度关注，取得较好的宣传效果。积极创新中外博物馆合作模式，举办“秦汉—罗马文明展”。对台文物交流迈出步伐，“丝绸之路大展”“微笑的俑——汉景帝的地下王国展”引起较好反响。

——宣传和表彰工作日趋活跃。设立文化遗产日主场城市活动机制，开创了文化遗产日宣传工作新模式。北京国子监街等 10 个历史文化街区荣膺首批“中国历史文化名街”称号；“首届大学生文化遗产保护知识大赛”、“全国工业遗产保护利用上海现场会”等产生较好影响。“国际古迹遗址日”“国际博物馆日”“2009 中国记忆”文化遗产日大型电视直播等宣传行动获得较好效果。山东的“文化遗产大篷车”进农村进社区、山西的“十大文物景点”公众网络评选、四川的文化遗产公益歌曲演唱会、广东的“我与恐龙的约会”等，拉近了民众与文化遗产的距离。北京通州区等 36 个县（市、区）获 2009 年“全国文物工作先进县”称号，西藏布达拉宫二期保护维修工程指挥部获 2009 年“文物保护特别奖”。

同志们，以上这些工作的开展和各项成绩的取得，是文化部党组正确领导、大力支持的结果，是各级文物行政部门锐意进取、共同奋斗的结果，是全国广大文物工作者辛勤耕耘、扎实工作的结果，是国家各相关部门积极支持、真诚帮助的结果，是文物系统老领导老专家热情指导、倾心奉献的结果，在此我们表示衷心的感谢！

在总结工作的同时，我们也应该清醒地认识到，文化遗产保护的基础工作依然薄弱；基本建设与文化遗产保护的矛盾依然突出；文物保护机构和队伍还不健全；文物安全形势依然严峻；经费投入与文化遗产保护的实际需求尚有较大差距。随着文物保护范围的扩大和文物数量的增加，文化遗产保护的任务更加繁重。我们仍要增强忧患意识，认清形势，扎实做好工作，不辜负党和人民的信任和期望。

二、当前文化遗产保护需要认真研究和关注的几个问题

新中国成立 60 年特别是改革开放以来，在一代又一代的文物工作者的不懈努力下，我国文化遗产事业始终与国家共命运、与时代同进步，始终融汇于实现国家富强、人民幸福、文化繁荣、社会进步的历史进程，在自身发展、融入社会、改善民生等方面取得了历史性的成就。

新中国成立之初，老一辈文物保护工作者为保护和抢救文化遗产，辛勤耕耘，历经坎坷，在一张白纸上描绘了中国文化遗产事业的蓝图。党的十一届三中全会后，广大文物工作者以责任在身、当仁不让的精神投入文化遗产保护，维护文化遗产尊严，积极投入物质文明和精神文明建设，开拓了文化遗产事业发展新的局面。党的十六大以来，我们牢牢把握新时期文化遗产工作呈现的一系列阶段性特点，顺应时代发展，坚持以人为本，体现群众意愿，积极融入国家经济社会发展洪流，勇于承担社会责任，推动文化遗产保护成果惠及民众，取得较好的综合效益。

回顾新中国成立特别是改革开放以来文化遗产保护的实践，我们可以清楚地看到，什么时候文化遗产的尊严得到维护、文化遗产的功能得到发挥、人民群众得到文化遗产保护带来的实惠，文化遗产事业就顺利发展。否则，我们的事业就遭到挫折。在深入学习实践科学发展观活动中，通过广泛的学习和深入的调研，我们在这个问题上进一步统一了思想、达成了共识，进一步明确了新时期文化遗产事业为什么要发展、怎样发展和发展为了谁、依靠谁等带有根本性的问题。

（一）关于维护文化遗产尊严

我们强调维护文化遗产尊严，就是要解决文化遗产为什么要保护、为什么要发展等问题。文化遗产是国家形象的基本元素和主要标志之一。一个民族的文化遗产，凝聚着这个民族对世界和生命的历史认识和现实感受，积淀着这个民族最深层的精神追求和行为准则，承载着民族的认同感和自豪感，是一个民族的“根”和“魂”。从这方面来说，维护文化遗产尊严，就是守护一个国家和民族过去的辉煌、今天的资源、未来的

希望，就是守护自己的精神家园。文化遗产是国家软实力的重要组成部分，代表着国家的形象、民族的形象。人们观察、了解、认识一个国家，往往首先从文化上着眼。文化遗产是一个国家突出的文化标记，是这个国家的文化象征。在当代，参观历史文化遗址或博物馆，已成为外国领导人国事访问中的必选项目和重要内容。这既是对文化遗产的尊重，更是对这个国家和民族的尊重。从这方面来说，维护文化遗产的尊严就是维护国家的尊严和民族的尊严。

长期以来，人们往往对文化遗产的价值重视不够，当人们为摆脱贫困，全力谋求经济发展的时候，往往忽视文化遗产保护，忽视人的精神家园建设，致使一些文化遗产蓬头垢面、破烂不堪，有的甚至濒于消失，被一些目光短视的单位和部门视为经济发展的绊脚石。由于缺乏有效的规划和保护，一些文化遗产地被视为环境整治的死角，很多居住于其中的群众由于长期以来受到文化遗产保护要求的限制，生活水平无法得到有效改善，和居住在控制区外的人差距越来越大。同时，受环境污染、地质灾害、风雨剥蚀、生物侵害等影响，许多文化遗产在各种人为和自然因素的破坏下，面目全非，丧失应有的尊严。

维护文化遗产的尊严，是新时期广大文物工作者义不容辞的职责。今天，文化遗产的尊严能否得到维护，已成为国际社会评价国民素质和国家软实力的重要指标之一。要用世界的眼光、历史的眼光和发展的眼光，深刻认识文化遗产的价值，认识文化遗产保护的历史意义和现实意义，通过文化遗产保护和传承，把丰厚的文化遗产资源，转化为国家的软实力和影响力。要切实贯彻落实党和国家的文物工作方针，处理好保护与发展的关系，使文化遗产保护成为促进经济发展、改善民生的积极因素，真正体现出文化遗产的价值，树立文化遗产的尊严。要对文化遗产心存敬畏。文化遗产是人民群众勤劳和智慧的结晶，承载着特殊的历史记忆和民族情感，它属于前人，也属于今人，更属于后人。要本着对国家、对民族、对历史、对子孙后代高度负责的态度来保护文化遗产，守土有责、寸土必争，切实担当起自己的神圣职责。总之，要通过文化遗产保护，维护文化遗产应有的尊严，让文化遗产成为城乡最美的地方，成为城乡最有品位的文化空间，成为城乡发展的动力、资源和宝贵财富，成为国家和民族的骄傲。

（二）关于文化遗产保护融入经济社会发展

我们强调文化遗产保护融入经济社会发展，就是要解决文化遗产事业怎么发展的问题。这既是文化遗产事业承担社会责任、促进自身发展的积极举措，也是实现文化遗产尊严、确保文化遗产保护成果惠及民众的主要途径。这些年来，我们提出文化遗产保护要成为促进经济社会发展的积极力量，推进文化遗产保护融入城市发展、融入社区生活、融入经济建设和新农村建设，保护文物本体及其周边环境，带动了周边城乡建设，提高了群众生活水平，改善了当地的生态环境和人文环境。一些城市的文化遗产保护，实现了旧城区的有机更新，推进了城市经济社会的全面发展，也带动了城市的产业转型，优化城市空间格局和资源配置，促进旅游、文化等相关产业的发展，为区域经济发展提供新的增长点。文化遗产保护对建设城市文化，彰显城市魅力，保持文化多样性的积极作用也逐步显现。越来越多的人认识到，文化遗产不再是经济社会发展的包袱，而是社会发展无可替代的重要财富，是城乡可持续发展的资本和动力。

当前，要进一步探索和研究文化遗

产保护融入社会、促进发展等问题。要把文化遗产保护与当地经济社会发展相结合，依法把文物保护纳入当地经济社会发展规划，建设工程选址尽可能避开不可移动文物，文化遗产保护纳入城乡总体规划，妥善处理文化遗产保护与城乡建设的矛盾。要把文化遗产保护与当地群众生活水平提高相结合，充分认识和理解群众对发展经济、改善生活的热切愿望，加强文化遗产保护范围内的基础设施建设，改善周边恶劣环境和居民生活条件，对于民众仍在居住的古民居、乡土建筑的保护维修给予更多的关注。要把文化遗产保护与当地城乡基本建设相结合，挖掘和展示城市所蕴藏的独特的历史文化内涵，着力保护古村落的格局风貌、保持地域文化特色。要把文化遗产保护与当地环境改善相结合，在文物保护与管理工作中，不仅要注重对文物本体的保护，还应当关注文物所依存生态环境、人文环境的保护，促进区域全面协调可持续发展。要认真总结文化遗产保护融入经济社会发展的成功经验，积极探索文化遗产保护融入经济社会发展的长效机制，加强文化遗产的宣传和普及工作，主动争取全社会各方面对文化遗产保护的理解和支持，在思想认识上取得共识，在工作上相互配合，善于从各种利益的结合点上考虑问题，使文化遗产保护得到各级政府的重视和支持，得到广大群众的赞赏和拥护，得到社会各界认可和肯定，努力营造文化遗产保护与经济建设和谐共融、协调发展、互利双赢的新局面。

（三）关于文化遗产保护成果惠及民众

我们强调文化遗产保护成果惠及民众，就是要解决文化遗产发展为了谁、依靠谁的问题。这既是实现文化遗产价值、赢得社会尊重的现实需求，也是文化遗产保护的根本目的。这些年来，我们深刻认识到文化遗产植根于特定的人文和自然环境，与当地民众有着天然的历史、文化和情感联系，这种联系已经成为文化遗产价值体系中不可分割的组成部分，忽视和割断文化遗产与民众的历史渊源和联系必将损害文化遗产的自身价值，甚至危及其存在的基础。因此，我们在强调各级政府保护文化遗产职责的同时，大力推动文化遗产保护成果更多的惠及民众，大力支持人民群众参与文化遗产保护的积极行动，大力弘扬广大民众自觉保护文化遗产的奉献精神。但是，我们也要看到，在实际工作中，还存在着忽视民众参与和分享文化遗产保护的权利，忽视重建民众与文化遗产之间情感联系，由此造成民众与文化遗产之间距离感加大、亲近感弱化的现象。

人民群众是文化遗产的主人，是文化遗产事业发展的丰厚土壤和源头活水。文化遗产保护只有做到发展为了人民、发展依靠人民、发展由人民共享，才能保持蓬勃的生机和旺盛的活力，才能产生巨大的感召力。今天，我们应以新的观念对待文化遗产事业的发展，把“人文关怀”“培育情感”作为文化遗产保护工作的重要内容，积极倡导民众是文化遗产保护的依靠者和受益人的理念，着力解决执政为民意识淡薄、对民生问题关注不足、保障人民基本文化权益不够等问题。

要进一步强化人民群众的主体地位。坚持国家保护为主的主导地位与发挥人民保护的主体作用相结合的原则，大力宣传和动员人民群众参与文化遗产保护的全社会行动，研究制定发挥人民主体地位和作用的政策措施，拓展社会参与文化遗产保护的渠道，发挥社会组织的作用，不断为文化遗产事业的发展凝聚人心、增添力量。要进一步强化广大民众与文化遗产之间的情感和关联。无论是在文物保护修缮和考古发掘等工程中，在博物馆建设和陈列展示等工作中，还是在历史文化街区和历史文化村镇的保护事业中，都要时时处处对人民群众满怀深情，都应该积极取得广大民众，特别是当地居民的理解和参与，以获得人民群众倾心、持久的支持。要进一步强化以人为本。坚持有利于文化遗产保护、有利于传统技艺的传承、有利于惠及民众的原则，了解国情、社情、民情，保障民众的知情权、参与权和受益权，使人民群众在参与文化遗产保护上“各尽其能”，在共享文化遗产保护成果上“各得其利”，关注民生、重视民生、保障民生，使我们的政策、措施更加符合实际，符合人民群众现实利益和长远利益，努力使文化遗产保护成为民心工程、民意工程、民生工程。

三、关于 2010 年的主要工作

今年 9 月，中共中央召开十七届四中全会，这是在国际形势继续发生深刻变化，我国处在进一步发展的重要战略机遇期召开的一次重要会议。胡锦涛总书记在会上发表重要讲话，全会通过了《中共中央关于加强和改进新形势下党的建设若干重大问题的决定》。贯彻落实《决定》，加强和改进新形势下党的建设，是文物系统的重大政治责任。全国文物系统各级党组织、全体党员特别是党员领导干部要认真学习《决定》精神，把思想和行动统一到全会精神上来。坚定不移地推进文化遗产事业科学发展，坚定不移地贯彻《文物保护法》，坚定不移地坚持“保护为主、抢救第一、合理利用、加强管理”的文物工作方针，认真做好文化遗产事业各项工作。

最近，李长春同志视察河南博物院时，就当前我国博物馆事业发展状况、博物馆建设的方向和目标，以及以开拓创新精神加快博物馆事业发展等作出了重要指示。他站在我国经济社会科学发展全局的高度，指出要努力把博物馆建设成为爱国主义教育的重要阵地，传播先进文化、愉悦群众身心的精神家园，青少年接受教育的第二课堂，旅游业发展的新兴景点，对外文化交流的重要窗口，学术研究和科普教育的重要平台。李长春同志的讲话高屋建瓴，内容丰富，思想深刻，具有很强的针对性和指导性。这既是对博物馆建设提出的要求，也是对文化遗产事业提出的殷切希望，充分体现了党中央对博物馆事业的高度重视和亲切关怀。国家文物局及时召开了全国博物馆“三贴近”工作座谈会，学习贯彻李长春同志视察河南博物院重要讲话，研究部署博物馆“三贴近”工作。全国文物系统要结合学习贯彻十七届四中全会精神，进一步学习李长春同志重要讲话，进一步理清发展思路。要在提升博物馆质量、突出博物馆特色、推进体制机制创新、加强人才队伍建设、提升陈列展览水平、强化社会教育职能、大力发展文化产品、加强管理和绩效考评上下工夫。要按照“三贴近”的要求，进一步增强时代意识、社会意识、群众意识、服务意识，增加陈列展览的知识性、趣味性、观赏性、互动性和可参与性，积极主动地融入当地社会发展，努力提高公共文化服务水平。

2010 年，是全面落实文物事业“十一五”规划的各项重点任务，以及科学编制“十二五”文化遗产事业发展规划的重要一年，也是实现《国务院关于加强文化遗产保护的通知》提出的“到 2010 年，初步建立比较完备的文化遗产保护制度，文化遗产保护状况得到明显改善”这个新时期文化遗产保护第一个阶段性目标的最后一年。从世界经济形势看，世界经济全面复苏曲折漫长，仍然有诸多不确定因素；从国家当前发展形势来看，我国经济增长明显下滑态势得到有效遏制，但经济回升的基础还不牢固；从文化遗产事业发展面临的形势来看，文化遗产保护日益得到党和国家高度重视，各级党委政府大力支持，社会积极参与，文化遗产保护日益融汇国家经济社会发展，经济和社会效益显著增强。我们要着眼国家经济社会发展大局，立足自身发展实际，认清形势，坚定信心，扎扎实实做好各项工作。

（一）认真开展文物事业发展战略研究，做好“十二五”规划编制工作

2010年是“十二五”规划编制年。坚持规划先行，开展文物、博物馆事业发展战略研究，编制好事业发展中长期规划，是事关文化遗产保护能否抓住机遇，实现科学发展的一件大事。全国文物系统要站在事业发展全局的高度，充分认识做好“十二五”规划编制工作的重要性，扎实做好规划编制的各项工作。规划的编制要充分体现科学发展的思想，深化对一些全局性、战略性的重大问题研究，从解决文化遗产保护的突出矛盾和问题入手，明确文化遗产保护规划的思路，提出相应的措施，努力争取一批重大项目纳入各级政府的“十二五”规划。

最近，各地已就“十二五”规划进行了前期调研，要在现有工作的基础上，着重做好以下几方面的工作：一是要做好文化遗产事业“十一五”规划的总结和评估，系统分析各项目标、指标的完成情况，重点任务的完成情况，实事求是地肯定成绩，分析问题，为“十二五”规划编制提供研究基础。二是把握文化遗产事业发展“十二五”规划的指导思想和基本原则，从有利于融入社会，有利于改善民生，有利于可持续发展等方面来综合研究和分析。三是要把握“十二五”规划的重点。规划编制要根据党中央、国务院有关文化遗产事业的要求，综合考虑“十二五”时期文物、博物馆事业发展面临的形势和阶段性特征，明确目标指标、重大工程和重点项目、重大改革和政策举措等。要突出文物保护的基础建设工作，突出重大文物险情的抢救，突出重要濒危文物的保护。四是要突出前瞻性和可操作性。前瞻性就是要有战略眼光，谋求文化遗产事业的全面协调可持续发展，把文化遗产保护放到国家经济社会发展的大格局中来思考和谋划；可操作性就是要使文化遗产事业发展规划真正成为指导行动的指南，切实符合自身发展的实际。五是要结合“十二五”规划编制工作，科学分析和谋划好明年的工作思路，确保“十一五”规划各项既定目标圆满完成。

（二）切实把基础工作提高到战略地位，提高文化遗产事业的持续发展能力

“基础牢，则事业兴”。基础工作是文化遗产事业的基本依托。做好文化遗产保护的基础工作，是确保工作连续性和质量的必要条件，是实现各项工作全面协调可持续发展的重要前提，是检验文物行政部门管理能力和综合素质的重要标志。这些年来，我们着眼基础工作的长期性、艰巨性，把基础工作作为一项重要工作来抓，取得了令人瞩目的成绩，推动了文化遗产事业的繁荣和发展。但由于历史欠账较多，专项法规、管理制度、技术规范、行业标准、科技和队伍建设、安全防范等方面仍有较多缺失，文物保护单位“四有”工作形势不容乐观，馆藏文物档案和数据库建设仍需不懈推进。当前，仍然有相当一部分第一至六批国保单位“四有”不到位。国保单位“四有”现状尚且如此，省保、县保单位状况更令人担忧；随着第三次全国文物普查工作的深入，将有一大批新发现的文物纳入保护领域，“四有”工作形势更为严峻。

基础工作的薄弱和相关基础信息的缺失，加大了分析、判断文化遗产保护形势的难度，使得我们难以准确提出有针对性和可操作性的保护规划和政策，不利于文化遗产事业的协调发展和长远

发展。全国文物系统必须把基础工作摆到更加突出的位置，认真分析和查找存在的问题和薄弱环节，着眼于形势的变化和事业的发展，进一步加大力度，切实把基础工作抓紧抓好。文物调查数据库管理系统建设项目自2001年启动以来，取得了试点和推广成效，2010年将进入收官阶段，各省文物部门要积极协调项目承办单位中国文物信息咨询中心，抓好实施层面的组织协调，务必按期完成三级以上馆藏文物珍品的数据采集、报送和复核、整理工作，基本完成实现廓清全国馆藏文物家底的预期目标。

（三）进一步加大工作力度，扎实开展第三次全国文物普查

按照国务院的统一部署，2009年底以前要完成实地文物调查工作，2010年进入第三阶段，即资料整理工作。目前，实地文物调查工作基本完成，验收工作已全面铺开。各地要把验收工作当成明年上半年的重要任务来抓。要按照统一部署，合理分工，做好验收时间表，避免出现扎堆验收的现象，确保在明年4月底之前完成各省的验收工作，12月底完成省级整体验收工作。各地要逐县开展验收，县域行政单元验收合格后，方可转入第三阶段的工作。

要提早做好转段的准备工作，制定第三阶段工作计划和经费预算，尽早召开转段工作会议，开展相关培训，做好普查资料的整理和数据库建设。要认真开展数据误差率抽样检测，在各省验收工作结束后，国家文物局将抽取3%～5%的乡镇为样本，开展质量抽查（本次抽样检测的各种数据，专门用于文物普查整体数据误差率的测定。不会影响到各省上报数据的最终结果）。要加强普查资料档案管理，严格执行《第三次全国文物普查资料档案管理规定》，指派专人负责，特别是涉密档案更应严格管理，签订责任书，确保普查档案的完整性和安全性。要加强普查成果的保护和应用，对于新发现文物点，各级文物部门要主动提请当地政府及时公布为相应级别的文物保护单位。在第七批全国重点文物保护单位的申报中，要关注普查中的重要发现。要拓宽普查工作思路，探索普查成果的应用。要加强普查成果特别是新型文化遗产的宣传，通过召开新闻发布会，举办普查成果展览等活动，提高全社会文化遗产保护意识。

（四）积极推进文物立法工作，加强文物执法督察和安全机制建设

要进一步统筹兼顾，制定好切实可行的立法规划，明确中长期内的立法重点。推动《博物馆条例》立法进程，争取于2010年出台。加快《中华人民共和国水下文物保护管理条例》《大运河文化遗产保护管理条例》《世界文化遗产保护管理条例》《文物保护单位保护管理办法》的修订制订工作。加强文物安全的制度和标准建设，制定文物违法案件和安全事故核查处理办法、文物行政执法巡查办法与检查规程，试行“文物行政执法与安全情况公告制度”，会同公安部等部门联合发布《文物建筑消防安全管理规则》。开展《文物系统博物馆安全防范工程设计规范》修订工作，研究起草文物建筑防火类标准规范。

完成“全国文物安全部际联席会议”组建工作，召开联席会议。继续开展文物行政执法专项督察工作。与公安部门联合部署开展“全国文物单位消防安全大检查”、“全国重点地区打击文物犯罪专项行动”，以山西、内蒙古、安徽、山东、河南、湖北、陕西、甘肃、青海等省（区）为重点，集中打击盗掘古墓葬等文物犯罪行为。举办打击文物犯罪专题展览。开展文物建筑防雷工程勘察设计与施工资质评定工作，开展文物系统第四批一级风险单位核定、公布工作。举办文物执法督察和安全监管培训班、文物安全防护工程方案审核培训班。

需要特别强调的是，各地要按照文化部和国家文物局联合下发的《关于加强文物行政执法机构建设的通知》要求，积极会同有关部门，加强文物行政执法机构和队伍建设。省级文物行政部门应内设专司文物行政执法督察的机构，有条件的地区要成立独立的文物行政执法队伍。各市县有独立文物局的，应内设专司文物行政执法督察的机构，并建立健全由文物局管理的文物行政执法队伍。特别是文物资源集中、丰富的地区，必须建立专职文物行政执法队伍。尚未设立独立文物局的市县，应在人民政府承担文物保护工作的部门内设专司文物行政执法督察的机构，或者成立专职文物行政执法队伍。今后，国家文物局将把先进评比与文物安全和执法督察工作挂钩，建立奖惩联动机制。对于发生重大安全事故和严重违法案件的，将减少经费投入，并首先查处和追究文物行政执法机构不健全的责任。

（五）稳步推进重大文物保护工程和考古工作，进一步加强世界遗产的申报和管理

做好第七批全国重点文物保护单位的评审工作，2010 年底前形成推荐名单上报国务院。稳步推进震后文化遗产抢救保护工作和藏羌民族文化遗产保护。继续推进西藏“十一五”重点文物保护、山西南部早期建筑保护、涉台文物保护等重点工程的实施。进一步完善文物保护工程资质体系建设，加强个人资质的培训与管理工作。加强文物保护工程管理，推动工程报告编写出版工作。

继续推进南水北调工程考古和文物保护工作，加强对西气东输二线、高速铁路、高速公路等国家重点基本设施建设考古工作的管理，保证工作质量。加强水下考古和文物普查，推动“南海Ⅰ号”“华光礁Ⅰ号”“南澳Ⅰ号”等水下考古和文物保护工作。做好考古单位资料整理、出版、利用工作，加大发掘出土文物移交博物馆的工作力度，促进考古工作成果的社会化和公众化。继续推进西安片区、洛阳片区、丝绸之路新疆段、大运河、长城、良渚遗址、牛河梁遗址等大遗址保护项目。开展大遗址卫星遥感技术动态监测。加强国家考古遗址公园相关建设工作，加大指导和协调力度，根据《国家考古遗址公园管理办法》确定一批具有示范意义的国家考古遗址公园，推动大遗址保护向纵深发展。

进一步理顺世界遗产申报工作机制，出台《世界文化遗产申报项目审核管理规定》，《中国世界文化遗产预备名单管理办法》。启动《中国世界文化遗产预备名单》重设工作。推进登封“天地之中”历史建筑群等重点项目申报工作，做好西湖、丝绸之路、哈尼梯田、元上都的申报准备工作，完成大运河遗产地各级保护规划编制和国保单位、世界遗产申报点遴选工作。完成秦汉和其他时代长城资源调查田野工作。建立长城资源调查信息系统。开展世界文化遗产定期监测工作，完善监测巡视制度。

（六）深化博物馆免费开放工作，进一步加强社会文物的管理

精心筹备和确保成功举办 2010 年国际博协第 22 届大会。深化博物馆免费开放。召开全国博物馆工作会议。启动博物馆纳入学校教育体系试点，建立馆校合作的长效机制；推进博物馆进社区与数字博物馆建设。努力完成文物调查及数据库管理系统建设项目，在2010 年要完成数据采集任务。推进中央地方共建国家级重点博物馆，开展国家一级博物馆年度运行评价。认真落实七部委《关于促进民办博物馆发展的意见》，推动民办博物馆健康发展。开展博物馆发展战略研究和调研，着力抓好博物馆的基础理论研究。以免费开放为契机，推进博物馆体制机制创新。按照中央关于文化体制改革的要求，构建公益目标明确、投入机制完善、监管制度健

全、治理结构规范、微观运行高效的博物馆管理体制和内部运行机制。深化人事和分配制度改革，健全评价机制。加强博物馆文化产品开发。要用好两种资源、两个市场，实施“走出去”战略，提升我国博物馆的国际地位。

加强文物进出境审核管理的信息化建设，启动文物进出境审核信息管理试点工作。颁布《文物进出境责任鉴定员管理办法》，继续开展责任鉴定员专业培训。继续做好流失境外文物追索相关工作。启动流失文物调查及数据库建设。加强文物拍卖资质管理，继续开展文物拍卖许可证年审，举办文物拍卖企业专业人员考试，颁布《文物拍卖许可证年检管理办法》，探索建立和规范文物鉴定社会服务准入制度。

（七）进一步加大文化遗产保护科技工作力度，做好教育培训工作

开展文化遗产保护科技、信息化、标准化“十二五”规划的研究制定工作，明确重点领域、优先主题，凝练重大专项；组织召开全国文化遗产保护科技工作会；开展文物保护科学和技术创新奖的申报和评审工作，加强成果的转化与普及；做好“指南针计划”“中华文明探源与相关文物保护关键技术研究”“中华文明探源工程成果转化与普及”“石质文物保护关键技术研究”等重大科技项目的组织实施工作；加强文化遗产保护科技创新体系建设，组织开展第4批行业重点科研基地的遴选工作，做好专业性创新联盟和区域创新联盟试点工作；完成文物保护标准体系框架编制，促进国家科技支撑计划项目形成的先进、适用成果向标准转化，强化标准的执行力度；推进行业信息化建设，研究制定《文物、博物馆行业信息系统建设管理办法》；继续做好馆藏文物保护管理工作，开展《可移动文物保护修复综合管理信息系统》应用培训，启动可移动文物保护修复人员资格认定工作。

围绕加强文化遗产保护能力建设开展教育培训工作，努力提高文化遗产保护队伍的整体素质。基本完成地市文博管理干部培训和全国重点文物保护单位保护管理机构负责人培训。继续配合全局重点工作开展专项培训，举办茶马古道文物保护、民族文物保护等专题培训班。积极创造条件，加强西部地区文博人才培养工作。逐步推行领导干部持证上岗制度，加强培训大纲编制和教材编撰工作，规范培训管理。

（八）积极推动对外交流与合作，深入开展文化遗产宣传工作

加大与相关国家商签政府间防止盗窃、盗掘和非法进出境文物协定的力度。推动与发达国家，特别是中国文物非法流向目的地国之间文化遗产保护双边协定的签署。适时启动与越南、菲律宾、印度尼西亚等国家开展有关文化遗产保护合作项目。鼓励中外文博机构在人员、展览和学术等方面的交流。加强涉外文化遗产保护管理和专业人员培训。进一步开展文物对外展览。办好第二届海峡两岸文化遗产保护论坛和赴台“西藏文物展”。研究、制订文物外事工作的中长期发展规划。改善文物来华展览管理，理顺文物对外交流与合作的审批与管理工作。组织2010年国际古迹遗址日、国际博物馆日和中国文化遗产日活动，办好文化遗产日主场城市活动，完善主场城市申办机制。加大有关文物对外宣传和涉藏宣传工作力度，办好重大文物保护和考古工程的新闻发布和宣传工作。

同志们，我们的事业崇高而神圣，我们的前景光明而美好，我们的责任重大而光荣。让我们更加紧密地团结在以胡锦涛同志为总书记的党中央周围，高举中国特色社会主义伟大旗帜，坚持以邓小平理论和“三个代表”重要思想为指导，深入贯彻落实科学发展观，开拓

创新、锐意进取，谦虚谨慎、埋头苦干，为全面实现“十一五”时期文化遗产发展目标而努力奋斗！

重要文献

说明：由国家文物局提出、全国文物保护标准化技术委员会归口、敦煌研究院起草的制定的《文物保护单位标志》和《文物保护单位开放服务规范》两项国家标准已由国家质量监督检验检疫总局和国家标准化管理委员会发布，2009年2月1日起正式实施。

文物保护单位标志

1. 范围

本标准规定了文物保护单位标志的形式、内容和使用规范。

本标准适用于我国各级文物保护单位。

2. 规范性引用文件

下列文件中的条款通过本标准的引用而成为本标准的条款。凡是注日期的引用文件，其随后所有的修改单（不包括勘误的内容）或修订版均不适用于本标准，然而，鼓励根据本标准达成协议的各方研究是否可使用这些文件的最新版本。凡是不注日期的引用文件，其最新版本适用于本标准。

《中国文化遗产标志管理办法》，国家文物局文物政发［2006］5号，2006年2月6日发布。

3. 术语和定义

下列术语和定义适用于本标准。

3.1

文物保护单位 officially protected site

具有历史、艺术、科学价值的古文化遗址、古墓葬、古建筑、石窟寺、石刻、壁画、近代现代重要史迹和建筑等不可移动文物，经各级人民政府核定公布成为文物保护单位。

3.2

文物保护单位级别 the grade of officially protected site

文物保护单位根据其所保护的不可移动文物的历史、艺术、科学价值，分为全国重点文物保护单位，省级文物保护单位，市、县级文物保护单位三个级别。

4. 文物保护单位标志的形式

4.1　规格

标志形式采用横匾式，标志牌大小规格为3种格式，分别是60cm×40 cm、105 cm×70 cm、150 cm×100 cm，可根据文物保护单位的具体情况选择适宜的格式。

4.2　材质

标志的材质应使用石材等坚固耐久材料。

4.3　颜色

标志牌的颜色应与字的颜色有明显区别。

4.4　式样

标志牌可以加边框装饰，但其式样应与标志牌、文物保护单位周围环境相协调。

5. 文物保护单位标志的内容

5.1　标志牌正面内容

5.1.1　文字内容

标志牌正面应标示该文物保护单位的级别、名称、公布机关与公布日期、树立标志机关与树立日期。树立标志机关为省、自治区、直辖市或市级、县级人民政府。各级文物保护单位的公布机关和树标机关如下：

a）全国重点文物保护单位由国务院公布，树立标志机关为省、自治区、直辖市人民政府；

b）省级文物保护单位由省、自治区、直辖市人民政府公布，树立标志机关为市、县人民政府；

c）市、县级文物保护单位由市、县级人民政府公布，树立标志机关为市、县人民政府。

5.1.2　中国文化遗产标志图案的使用

标志牌正面应使用中国文化遗产标志。文化遗产标志置于标志牌正面的左上角，其大小要根据文物保护单位标志牌文字的内容和编排做适当选择。文化遗产标志的使用规定按照《中国文化遗产标志管理办法》执行。

5.1.3　归入已公布的全国重点文物保护单位的文物保护单位名称书写格式

若某文物保护单位归入已公布的全国重点文物保护单位，标志牌的文物保护单位名称应书写已公布的全国重点文物保护单位的名称，被归入的文物保护单位名称加括号表示。

5.2　标志牌背面内容

标志牌的背面应书写文物保护单位的说明，内容为简要介绍文物保护单位名称、时代、性质、内容、价值和保护范围、建设控制地带等。其内容应根据文物保护单位的级别，全国重点文物保护单位、省级文物保护单位由省级文物行政管理部门审定，市、县级文物保护单位由市、县级文物行政管理部门审定。若不便于在标志牌的背面书写文物保护单位的说明，应另立说明牌。

6. 文物保护单位标志字体的格式

6.1　标志牌字体及要求

除文物保护单位名称的字体可用仿宋字或楷书（含魏碑）、隶书外，其余一律采用仿宋字体。标志牌（含需要另外设立的说明牌）上的文字应当符合国家通用语言文字的规范。

6.2　民族自治地方标志牌

民族自治地方的文物保护单位，还宜另外树立用当地少数民族文字书写（镌刻）的标志牌和需要设立的说明牌。

少数民族语言文字的使用依据宪法、民族区域自治法及其他法律的有关规定。汉字与少数民族文字的内容应一致。

6.3　标志牌文字的编排

文物保护单位按名称字数多少的不同，应有适当的安排，书写（镌刻）均为自左至右（少数民族文字按照其书写要求可以自右向左）。

7. 文物保护单位标志的树立

标志牌可根据文物保护单位的范围或文物分布情况设立数处，不分主次标志牌。标志牌应设立在文物保护单位出入口，设置多处的应树立在其他显明易见的地点。标志牌的树立应兼顾到游客参观和拍照的方便。

7.1　标志牌树立方式

标志牌采用基座树立的方式。基座式样应与标志牌、文物保护单位周围环境相协调。也可以根据场地状况，采用悬挂、镶嵌的方式。悬挂、镶嵌的标志牌和说明牌不应设置在文物的本体上，也不能影响文物的展示。

7.2　说明牌的要求

需要另外设立的说明牌宜和标志牌的式样、大小、颜色、质地保持一致。树立方式参照7.1，文物保护单位也可以根据场地、对外开放等情况设置外文说明牌，其内容应与汉字说明牌的内容保持一致。

文物保护单位开放服务规范

1. 范围

本标准规定了文物保护单位开放服务中所涉及的术语和定义、总则、开放管理机构应具备的基本条件、开放、开放服务、安全等内容。

本标准适用于全国各级开放文物保护单位的服务。

2. 规范性引用文件

下列文件中的条款通过本标准的引用而成为本标准的条款。凡是注日期的引用文件，其随后所有的修改单（不包括勘误的内容）或修订版均不适用于本标准，然而，鼓励根据本标准达成协议的各方研究是否可使用这些文件的最新版本。凡是不注日期的引用文件，其最新版本适用于本标准。

GB 2894—1996 安全标志（neq ISO 3864:1984）

GB 3095—1996 环境空气质量标准

GB 9669—1996 图书馆、博物馆、美术馆、展览馆卫生标准

GB 13495—1992 消防安全标志（neq ISO 6309:1987）

GB/T 15624. 1—2003 服务标准化工作指南 第1部分：总则

GB/T 16571—1996 文物系统博物馆安全防范工程设计规范

GB/T 18883—2002 室内空气质量标准

GB/T 19004. 2—1994 质量管理和质量体系要素 第2部分：服务指南（idt ISO 9004—2:1991，IDT）

GB 50016—2006 建筑设计防火规范

GB 50348—2004 安全防范工程技术规范

GA 27—2002 文博系统博物馆风险等级和安全防护级别的规定

GA/T 75—1994 安全防范工程程序与要求

3. 术语和定义

下列术语和定义适用于本标准

3. 1

文物保护单位 officially protected site

具有历史、艺术、科学价值的古文化遗址、古墓葬、古建筑、石窟寺、石刻、壁画、近代现代重要史迹和建筑等不可移动文物，经各级人民政府确定成为文物保护单位。

3. 2

文物保护单位级别 the grade of officially protected site

文物保护单位根据其所保护的不可移动文物的历史、艺术、科学价值，分为全国重点文物保护单位，省级文物保护单位，市、县级文物保护单位三个级别。

3. 3

保护范围 protected area

文物保护单位的保护范围，是指对文物保护单位本体及周围一定范围实施重点保护的区域。应当根据文物保护单位的类别、规模、内容以及周围环境的历史和现实情况合理划定，并在文物保护单位本体之外保持一定的安全距离，确保文物保护单位的真实性和完整性。

3. 4

建设控制地带 buffer zone

文物保护单位的建设控制地带，是指在文物保护单位的保护范围外，为保护文物保护单位的安全、环境、历史风貌，对建设项目加以限制的区域。应当根据文物保护单位的类别、规模、内容，以及周围环境的历史和现实情况合理划定。经省、自治区、直辖市人民政府批准，不同级别的单位由相应文物行政主管部门会同城乡规划行政主管部门划定

并公布。

3.5

文物单体 individual heritage

文物保护单位的一类组成部分，以独立形式存在的文物个体。

3.6

展陈 exhibition

开放的文物保护单位，为真实地展示其自身的历史形象，恰当地使用多种艺术与技术手段和导游方案，准确地向公众阐释其价值。

3.7

参观点 visiting sight

文物保护单位开放区内的文物单体或规定向公众开放的区域。

3.8

游客服务中心 visitor centre

开放的文物保护单位设立的为游客提供票务、信息、咨询、讲解、邮政、休息等游览设施和服务功能的专门场所。

3.9

游客承载量 visitor carrying capacity

是指在文物本体及其背景环境文物不受威胁与破坏的前提下，文物保护单位开放区在某一时段内，其所能承受的游客数量。

3.10

讲解员 interpreter

文物保护单位管理机构内专门从事引导参观、讲解本单位开放内容的服务人员。

3.11

管理人员 administration staff

文物保护单位管理机构内从事组织、协调游客管理事务，承担文物安全的工作人员。

3.12

突发事件 emergency events

本标准所界定的突发事件，一是指文物保护单位损毁、破坏、被盗的事件。二是指因自然灾害、事故灾难、公共卫生和社会安全等引发的突发公共事件。

4. 总则

4.1 文物保护单位开放服务应坚持“保护为主、抢救第一、合理利用、加强管理”的工作方针。

4.2 所有的开放服务活动必须在保护好文物的前提下进行。

4.3 开放服务应以展示文物价值为主要内容，给公众留下难忘的参观经历。

5. 开放管理机构应具备的基本条件

5.1 开放管理机构应设有专门的服务接待部门，配备专职人员。

5.2 应设有专门的文物保护专门机构，配备专职保卫人员。

5.3 应配备与开放服务相适应的文物保护设施和设备。

5.4 应具有适宜于对游客开放的内容和与之相适应的展示手段。

5.5 对因人为或自然因素而构成文物损害的潜在威胁已采用了相应的防护措施。

5.6 文物保护单位由多个机构管理的，应明确各机构之间的职责和协调方式。

5.7 文物保护单位管理机构应在符合本单位文物保护的前提下，制定开放服务的质量方针和目标，并组织实施。

6. 开放

6.1 开放区域

6.1.1 应根据文物保护单位的级别、性质、特点、游客承载量确定开放区域。

6.1.2 开放活动对文物保护单位保护范围及其环境景观造成潜在威胁的区域不应开放。

6.2 开放内容

应展示文物保护单位的历史、艺术、科学价值。除特殊情况外，不得在文物保护单位展示与文物性质无关的内容。

6.3　开放方式

6.3.1　应根据文物保护单位的性质、特点和条件，采用人工讲解、语音导览和自由参观的方式进行。讲解内容应按照文物的价值编写，科学、准确、通俗，兼具知识性和趣味性。

6.3.2　应根据文物本体及景观的特点，精心设计合理的开放路线供游客参观。

6.3.3　应有整个文物保护单位的综合性介绍，文物保护单位整体与单体的解释宜设置中、英文简介。

6.3.4　需要通过遗址博物馆展陈的文物保护单位，应不断探索最有效的展陈形式，恰当地使用多种展示手段，准确、生动地向公众阐释文物价值。

7. 开放服务

7.1　开放服务人员

7.1.1　应配备讲解员和管理人员，讲解员和管理人员应遵守职业道德和职业规范。

7.1.2　讲解员应具备以下工作能力：应熟练掌握本岗位的服务规范，熟悉文物保护单位的价值和文物保护基础知识；具有一定的文化素养和业务技能；具备较好的语言表达能力，普通话应达到规定的要求，少数民族地区讲解员还应具备使用当地少数民族语言讲解的能力。

7.1.3　根据游客需求，宜配备受过专业训练的外语讲解员。

7.1.4　讲解员、管理人员应穿着工作服或指定的服装，佩戴统一制作的工作牌。

7.1.5　文物保护单位的参观、讲解应由本单位的讲解员承担。非本单位人员引导参观、讲解的，应遵守文物保护单位开放参观及其讲解内容的规定和要求。

7.1.6　管理人员应熟练掌握本岗位的服务规范，具备良好的语言表达能力，普通话应达到规定的要求。

7.2　接待服务

7.2.1　文物保护单位对外开放时为满足公众的需要提供的接待服务，其服务质量应符合 GB/T 15624.1—2003 的有关要求。

7.2.2　开放区应设入出口，其设置位置应合理，方便公众购票和咨询。售、收票处应有遮阳避雨措施和一米线等设施。其形式、规模应与文物环境风貌协调。

7.2.3　开放区域应公开服务项目和服务价格。设置分参观点售票的单位，应分别设置单一门票或套票，由游客自主选择购买。

7.2.4　游客服务中心位置合理，规模适度，设施齐全，功能完善。

7.2.5　宜建立游客预约制以控制游客承载量。

7.2.6　入出口、售票处、主要参观点等场所，宜设置宣传文物本体的导游全景图、导览图、参观须知、参观点介绍牌、游览范围等。

7.2.7　应设置小件物品寄存处。

7.2.8　门票的背面可印有参观须知、游览路线，或专门提供相关印刷品。

7.2.9　开放区内游览（参观）路线布局合理、顺畅。应为残疾人提供特殊服务。

7.2.10　应向符合国家规定享受免费或优惠待遇的公众提供相应的优惠开放服务。

7.2.11　宜向游客提供与文物保护单位相关的出版物和音像制品供其选购。

7.2.12　不准拍摄或限制拍摄和文物保护单位开放参观点及馆藏文物，应设立中英文说明和相应的警示标志。

7.2.13　应建立开放服务投诉机制，妥善地处理投诉，投诉档案记录完整。

7.3　开放服务人员的培训

7.3.1　应建立开放服务人员的培训机制。

7.3.2　特殊工作人员上岗前应进行必要的素质和技能检查、培训，国家规定应持证上岗的工作人员应取得相应的证书。

7.4　参观环境

7.4.1　文物开放区内为公众服务的各项设施，应符合国家关于文物保护、环境保护的规定，不能造成环境污染和其他公害，不能对文物保护单位的景观造成不良影响。

7.4.2　文物开放区内的各项营业性服务场所及从业人员应实施统一、规范管理，定点经营。

7.4.3　文物开放区内的环境空气质量应符合 GB 3095—1996 一类区、二类区标准。室内空气质量应符合 GB/T 18883—2002 中的“化学性”“生物性”“放射性”的规定。噪声值不应高于 60 dB。卫生标准应符合 GB 9669—1996 的规定。

7.4.4　应科学监测、控制文物保护单位的游客承载量。

7.5　开放服务质量的保护与评估、监督

7.5.1　文物保护单位管理机构应按 GB/T 19004.2—1994 建立服务质量保证体系。

7.5.2　应开展游客调查项目，向游客发放并回收具有一定调查目的的“游客调查表”，并使其制度化。

8. 安全

8.1　安全防范

8.1.1　符合 GB 50348—2004、GB/T 16571—1996、GA27—2002、GA/T 75—1994 的有关规定。

8.1.2　安全标志符合 GB 2894—1996 的规定，标志应齐全、醒目、规范。

8.2　消防安全

8.2.1　应按照《中华人民共和国消防法》、公安部《机关团体企业事业单位消防安全管理规定》等法规及标准，制定本部门消防管理规范，定期对所有工作人员进行消防安全教育、培训和演练。

8.2.2　在文物保护单位其开放区和其他高火险重点要害场所，应设置禁止烟火的明显标志。

8.2.3　消防安全标志应符合 GB13495—1992 的规定，标志应齐全、醒目、规范。

8.2.4　文物保护单位依法修建的所有建筑物、构筑物及有关设施，都应符合 GB 50016—2006 的防火规范。

8.2.5　各类消防器具、设备等设施的摆放，既方便使用又不影响文物的展陈。

8.3　游客安全

8.3.1　文物保护单位管理机构必须制定与游客有关的安全制度，建立责任追究制。

8.3.2　在文物保护单位开放区及其建设控制地带，要严格禁止可能造成重大安全事故的活动。

8.3.3　对可能危及游客人身、财物安全的场所，应向游客做出真实说明和明确的警示，设置安全标志和方便游客参观的设施。险峻地段应有专人负责安全提示，引导游客活动。

8.3.4　在游客集中和有安全隐患、偏僻、分散的参观点，应设有流动的安全保卫人员，其数量应与区域规模及性质相适应。

8.3.5　对文物开放区游客不能进入的地段、场所，应设置警示、禁止进入标志和防护设施。进行文物维修等施工的地段和场所，应设有明显的施工标志，并有有效的防护隔离措施。

8.3.6　有条件的单位应当设有救护站，配备救护人员。

8.4　突发事件的应急预案

应建立游客安全、文物安全以及自然灾害、事故灾难、公共卫生、社会安全等突发事件的应急预案，当突发事件发生时，立即启动相应的应急预案。

文物认定管理暂行办法

第一条　为规范文物认定管理工作，根据《中华人民共和国文物保护法》制定本办法。

本办法所称文物认定，是指文物行政部门将具有历史、艺术、科学价值的文化资源确认为文物的行政行为。

第二条　《中华人民共和国文物保护法》第二条第一款所列各项，应当认定为文物。

乡土建筑、工业遗产、农业遗产、商业老字号、文化线路、文化景观等特殊类型文物，按照本办法认定。

第三条　认定文物，由县级以上地方文物行政部门负责。认定文物发生争议的，由省级文物行政部门作出裁定。

省级文物行政部门应当根据国务院文物行政部门的要求，认定特定的文化资源为文物。

第四条　国务院文物行政部门应当定期发布指导意见，明确文物认定工作的范围和重点。

第五条　各级文物行政部门应当定期组织开展文物普查，并由县级以上地方文物行政部门对普查中发现的文物予以认定。

各级文物行政部门应当完善制度，鼓励公民、法人和其他组织在文物普查工作中发挥作用。

第六条　所有权人或持有人书面要求认定文物的，应当向县级以上地方文物行政部门提供其姓名或者名称、住所、有效身份证件号码或者有效证照号码，以及认定对象的来源说明。县级以上地方文物行政部门应当作出决定并予以答复。

县级以上地方文物行政部门应当告知文物所有权人或持有人依法承担的文物保护责任。

县级以上地方文物行政部门应当整理并保存上述工作的文件和资料。

第七条　公民、法人和其他组织书面要求认定不可移动文物的，应当向县级以上地方文物行政部门提供其姓名或者名称、住所、有效身份证件号码或者有效证照号码。县级以上地方文物行政部门应当通过听证会等形式听取公众意见并作出决定予以答复。

第八条　县级以上地方文物行政部门认定文物，应当开展调查研究，收集相关资料，充分听取专家意见，召集专门会议研究并作出书面决定。

县级以上地方文物行政部门可以委托或设置专门机构开展认定文物的具体工作。

第九条　不可移动文物的认定，自县级以上地方文物行政部门公告之日起生效。

可移动文物的认定，自县级以上地方文物行政部门作出决定之日起生效。列入文物收藏单位藏品档案的文物，自主管的文物行政部门备案之日起生效。

第十条　各级文物行政部门应当根据《中华人民共和国文物保护法》第三条的规定，组织开展经常性的文物定级工作。

第十一条　文物收藏单位收藏文物的定级，由主管的文物行政部门备案确认。

文物行政部门应当建立民间收藏文物定级的工作机制，组织开展民间收藏文物的定级工作。定级的民间收藏文物，由主管的地方文物行政部门备案。

第十二条　公民、法人和其他组织，以及所有权人书面要求对不可移动文物进行定级的，应当向有关文物行政部门提供其姓名或者名称、住所、有效身份证件号码或者有效证照号码。有关文物行政部门应当通过听证会等形式听取公众意见并予以答复。

第十三条　对文物认定和定级决定不服的，可以依法申请行政复议。

第十四条　国家实行文物登录制度，由县级以上文物行政部门委托或设置专门机构开展相关工作。

文物登录，应当对各类文物分别制定登录指标体系。登录指标体系应当满足文物保护、研究和公众教育等需要。

根据私有文物所有权人的要求，文物登录管理机构应当对其身份予以保密。

第十五条　违反本办法规定，造成文物破坏的，对负有责任的主管人员和其他直接责任人员依法给予处分；构成犯罪的，依法追究刑事责任。

第十六条　古猿化石、古人类化石、与人类活动有关的第四纪古脊椎动物化石，以及上述化石地点和遗迹地点的认定和定级工作，按照本办法的规定执行。

历史文化名城、街区及村镇的认定和定级工作，按照有关法律法规的规定执行。

第十七条　本办法自 2009 年 10 月 1 日起施行。

2009 年国家文物局重点工作计划

2009 年是新中国成立 60 周年，是文化遗产事业在新的起点上继往开来、再创辉煌的关键一年。《国务院关于加强文化遗产保护的通知》中要求，“到 2010 年，初步建立比较完备的文化遗产保护制度，文化遗产保护状况得到明显改善”。做好 2009 年的工作，对于落实国务院《通知》提出的目标，至关重要。全国文物系统要全面贯彻党的十七大和十七届三中全会精神，以邓小平理论和“三个代表”重要思想为指导，深入贯彻落实科学发展观，稳步推进各项重点工作，促进文化遗产事业又好又快发展。

一、全面落实学习贯彻科学发展活动整改措施，深入开展调查研究工作，做好中华人民共和国成立 60 周年文物系统系列庆祝活动

1. 认真研究制定国家文物局新“三定”规定，科学合理设置机构、切实转变职能，进一步提高行政效能，努力把国家文物局建设成为行政规范、运转协调、公正透明、廉洁高效的机关。（局机关各部门）

2. 加强部门预算管理，提高预算编制、执行的水平和能力。（局机关各部门）

3. 启动文物、博物馆事业“十二五”规划前期调研，开展公众参与文化遗产保护状态调研等项目的专题调研；完成 2009 年中国文化遗产事业调研（2009 年蓝皮书）工作。（政策法规司）

4. 表彰从事文博工作 60 年的老专家、老同志，以及从事文博工作 30 年的文物工作者；举办好“中华文明探源工程成果展”“秦汉罗马展”及其他相关展览和庆祝活动。（局机关各部门）

二、做好汶川地震灾后重建相关工作

5. 指导、协调灾区重建文物保护项目，组织开展震后文化遗产保护国际研讨会；做好日本等国家援助地震灾区文物保护的交流工作。（办公室、文物保护司）

6. 加强灾区博物馆重建工作的指导与协调；指导四川省茂县羌族博物馆建设；指导地震灾区文物中心库房达标建设。（博物馆司）

三、进一步推进第三次全国文物普查和相关文物调查工作（文物保护司）

7. 认真落实国务院第三次全国文物普查领导小组第二次（扩大）会议精神，除四川等部分受自然灾害影响特别严重地区外，各省、自治区、直辖市均要在2009年底基本完成实地调查工作。

继续做好水下文物普查工作。

8. 印发《第七批全国重点文物保护单位申报标准和信息采集标准》，正式开展第七批全国重点文物保护单位的申报遴选工作。

9. 继续完成明长城数据和资料的整理、建档、报告编写工作，开展其他时代长城资源调查工作。

四、加强文物法规制度建设，加大文物督察执法力度

10. 重点推动《博物馆条例》《文物保护单位管理办法》《文物认定管理办法》的立法工作；起草《大运河保护管理条例》《国家遗址公园管理办法》《世界文化遗产保护管理条例》；修订《中华人民共和国水下文物保护管理条例》；制订《国家文物局2009～2015年立法工作规划》。（政策法规司、文物保护司、博物馆司）

11. 开展2009年度行政执法专项督察工作；编纂《2008年文物安全基础数据》；调研和继续检查、推广、完善《文物安全与文物行政执法管理信息系统》的使用；举办文物行政执法培训班。（政策法规司）

五、加强文物保护和考古工作，推进大遗址保护和世界遗产工作（文物保护司）

12. 继续探索文物保护工程管理方式改革，稳步、有序扩大文物保护工程方案审批下放范围，规范文物保护工程资质管理。

13. 加强对重点文物保护工程的指导监督，对山西晋东南及陕西韩城地区早期建筑维修保护工程、西藏“十一五”九大工程、涉台文物保护工程、鸡鸣驿城保护工程、应县木塔保护工程、青海塔尔寺维修工程、大足石刻千手千眼观音抢救保护工程、云冈石窟窟顶防渗与窟檐保护工程等重大项目进行监督指导，组织做好西藏三大工程的竣工验收工作。

14. 协调做好柬埔寨吴哥窟二期工程前期工作。

15. 组织做好马家塬墓地等重要考古调查和发掘项目的指导、检查工作；继续推进积压考古报告整理出版工作；召开全国考古工作会议；继续做好南水北调等大型建设工程中的文物保护和考古工作；开展“南海Ⅰ号”和“华光礁Ⅰ号”沉船考古和文物保护工作。

16. 继续做好丝绸之路（新疆段）、西安片区、洛阳片区、大运河等重点大遗址保护和展示项目；召开大遗址保护高峰论坛。

17. 为配合相关国际组织即将开展的世界遗产第二轮亚太区域定期监测工作，督促试点单位编制世界文化遗产地监测定期报告；推广并组织各遗产地管理机构编制2003～2009年中国世界文化遗产监测定期报告；开展世界文化遗产监测技术体系建设预研究。

18. 继续积极稳妥地推进丝绸之路跨国联合申报世界文化遗产和大运河申报世界文化遗产前期准备工作；组织、协调做好登封“天地之中”历史建筑群和杭州西湖申报世界文化遗产工作。

六、加强对博物馆行业的管理和指导（博物馆司）

19. 开展首批国家一级博物馆运行状况的评价，制订省部共建国家级重点博物馆实施方案；组织编制博物馆发展

纲要和规划；继续指导和协调2010年国际博协大会的筹备工作；组织开展第八届全国博物馆十大精品工程评选；积极指导、协调中国文字博物馆的筹建工作。

七、深化博物馆免费开放（博物馆司）

20. 继续深入开展博物馆免费开放工作调研；编制《博物馆开放服务标准》；启动博物馆纳入学校教育体系试点；推进博物馆进社区与数字博物馆建设。

八、进一步规范社会文物管理（博物馆司）

21. 规范文物拍卖市场资质管理，开展文物拍卖许可证年审和申报第一类文物拍卖资质的集中审批工作；完善文物拍卖专业人员培养机制，推动文物拍卖专业人员资格认定管理的试点工作。

22. 加强文物进出境审核机构建设和人才培养，重点支持边疆省份的文物进出境审核机构建设；制定《文物进出境责任鉴定员管理办法》；启动文物进出境审核信息管理系统建设，推动科技检测鉴定文物技术研究和推广。

23. 深入开展"流失海外的中国文物调查"，完成信息采集软件的开发工作；建立完善甘肃大堡子山遗址和山西晋侯墓地等流失文物的追索资料档案。

九、稳步推进文化遗产保护科技工作（博物馆司）

24. 加强"指南针计划——中国古代发明创造的价值挖掘与展示"专项管理，制订《指南针计划专项管理暂行办法》、《指南针计划专项经费管理办法》；公布首批"中国古代发明创造国家名录"；开通"指南针计划"专项门户网站。

25. 继续加强科技计划项目组织管理，配合科技部做好国家科技支撑计划重点项目的结项验收工作。

26. 开展文物保护科学和技术创新奖励的评审工作。

十、加强文物保护标准化工作（博物馆司）

27. 组织《古代壁画脱盐技术规范》《碳十四考古样品采集规范》《文物展柜质量检测技术规范》《博物馆服务》《文物保护工程北方地区定额》《文物建筑防雷技术规范》《文物建筑消防技术规范》《文物建筑保护工程竣工报告编写要求》《文物建筑保护工程竣工报告出版要求》等标准制订工作。

28. 组织《馆藏文物保存环境质量检测技术规范》等11项行业标准出版工作。

29. 举办已颁布标准实施培训班，做好国家标准、行业标准的宣传贯彻工作。

十一、加强文物保护宣传（政策法规司）

30. 开展2009年"文化遗产日"的宣传活动；组织第三次全国文物普查实地采访活动。

十二、加强教育培训工作（人事教育司）

31. 开展先进党支部、优秀党员、优秀党务工作者评选表彰活动；开展全国文物工作先进县表彰。

32. 召开全国文物教育培训工作会议；继续推进地市文博管理干部和全国重点文物保护单位保护管理机构负责人培训；继续进行配合重点工作开展培训项目。

十三、加强对外、对港澳台合作交流工作（办公室）

33. 根据出入境文物展览发展新特点，制定、修改和颁布相关管理规定；利用文化遗产资源优势，配合外交总体部署和国家重大庆典活动，积极开展对外宣传；积极推动政府间文化遗产保护协定的签署。

十四、加强机关和事业单位建设（办公室、人事司、机关党委）

34. 落实《建立健全惩治和预防腐败体系2008～2012年工作规划》，贯彻落实第十七届中央纪委第三次全体会议精神，加强党风廉政建设。

35. 深入推进机关政府信息公开工作。

36. 做好国有资产管理和政府采购工作，规范局系统基本建设项目的实施，启动国家文物局机关新办公楼建设项目。

37. 进一步研究直属单位职能定位，明确职责；根据实际工作需要，调整部分直属单位相关职能。

重要通知、函件及决定

国家文物局关于贯彻实施《文物认定管理暂行办法》的指导意见

各省、自治区、直辖市文物局（文化厅、文管会）：

《文物认定管理暂行办法》已于2009年10月1日起施行。为配合该办法的实施，现提出以下指导意见：

一、关于文物认定的标准

按照《中华人民共和国文物保护法》，各地在开展文物认定工作过程中，可以考虑将中华人民共和国成立作为文物认定的年代依据之一。文物认定的对象可以包括中华人民共和国成立以前制作或形成的各类可移动和不可移动的文化资源，以及中华人民共和国成立以后制作或形成的具有重要或代表性的可移动和不可移动的文化资源。

二、关于文物认定的机构和人员

文物认定的决定由县级以上地方文物行政部门作出。县级以上地方文物行政部门可以直接进行文物认定，也可以设置专门机构或委托有条件的文物、博物馆事业单位开展认定工作，但是不得委托社会中介机构。同时，文物行政部门应当加强对现有机构和人员的培训，不断提高文物认定工作水平。

三、关于文物认定工作的经费

文物认定是县级以上地方文物行政部门履行职能的行政行为。根据有关规定，国家行政机关在职责范围内办理公务，除国家法律、法规另有规定外，不许收费。各级文物行政部门要积极向同级人民政府争取经费支持，将文物认定工作经费列入财政预算。

四、关于认定工作的程序

文物认定的主体是县级以上地方文物行政部门，包括省、市、县级文物行政部门。除文物行政部门已设置或委托办理机构外，申请人可以向上述任一文物行政部门提出文物认定申请。

申请人依法要求认定可移动文物的，应向其户籍所在地的县级以上地方文物行政部门提出。申请人依法要求认定不可移动文物的，应向认定对象所在地的县级以上地方文物行政部门提出。

县级以上地方文物行政部门受理文物认定申请后，原则上应在20个工作日内作出决定并予以答复。需要委托专业机构或者专家评估论证，以及需要以听证会形式听取公众意见的，所需时间不计算在20个工作日内。

五、关于文物认定申请书的内容

申请人依法要求认定文物的，所提交的书面材料除包括申请人的基本情况外，还应包括申请对象的基本信息。要求认定可移动文物的，申请人应当提供认定对象的合法来源说明。各地可根据工作实际需要，补充收集其他必要信息。

六、关于听取公众意见

听取公众意见可根据需要采取不同形式，如书面调查、实地走访、座谈会、听证会、网络征求意见等。听证会是听取公众意见的方式之一，可根据实际需要决定是否召开。

七、关于馆藏文物备案

各级文物行政部门应当高度重视馆藏文物的备案工作，积极要求文物收藏单位完善藏品档案，及时依法备案，严格履行法律规定的工作程序。

文物认定工作能够推动文物保护的各项基础工作，能够提高全社会的文物保护意识。地方各级文物行政部门要增强法治意识，切实做好文物认定工作。

后附相关表格（略），供开展认定工作时参考。

财政部关于印发《国家级风景名胜区和历史文化名城保护补助资金使用管理办法》的通知

财建［2009］195号

各省、自治区、直辖市财政厅（局）：

为规范和加强国家级风景名胜区和历史文化名城保护补助资金的使用管理，提高资金使用效益，我们研究制定了《国家级风景名胜区和历史文化名城保护补助资金使用管理办法》，现印发你们，请遵照执行。

二〇〇九年五月四日

国家级风景名胜区和历史文化名城保护补助资金使用管理办法

第一条　为规范和加强国家级风景名胜区和历史文化名城保护补助资金的使用管理，提高资金使用效益，特制定本办法。

第二条　国家级风景名胜区和历史文化名城是国家宝贵的自然和文化遗产。根据《风景名胜区条例》（国务院令第474号）、《历史文化名城名镇名村保护条例》（国务院令第524号）有关规定，中央财政对国家级风景名胜区和历史文化名城保护安排专项补助资金，用于国家级风景名胜区和历史文化街区的规划编制等工作。

第三条　国家级风景名胜区和历史文化名城保护补助资金使用范围：

（一）国家级风景名胜区保护补助资金使用范围：

1. 风景名胜区规划编制、世界遗产保护整治和申报等工作。

2. 景区内绿化、林木植被、古树名木的保护。

3. 景区内古迹维修、休息场所、安全措施的修建；道路、路灯、环境卫生、导游标志、防灾避险等公共设施的维护与建设。

（二）历史文化名城保护补助资金使用范围：

1. 历史文化街区保护规划编制。

2. 历史文化街区核心保护范围内历史建筑的修缮。

第四条 国家级风景名胜区和历史文化名城保护补助资金申报程序：

（一）国家级风景名胜区保护补助资金申报程序：

1. 专项资金补助项目由风景名胜区管理机构或风景名胜区所在地人民政府会同当地财政部门向省级建设行政主管部门和财政部门申报。

2. 省级财政部门会同同级建设行政主管部门审核、汇总上报财政部和住房城乡建设部。

3. 申报的专项资金补助项目应附项目批准文件。

4. 各省（自治区、直辖市）申报的专项资金补助项目原则上每年不超过2个（国家级风景名胜区达10处以上的省份原则上不超过3个）。

（二）历史文化名城保护补助资金申报程序：

1. 专项资金补助项目由项目所在地县级以上城乡规划主管部门会同当地财政部门向省级建设行政主管部门和财政部门申报。

2. 省级财政部门会同同级建设行政主管部门审核、汇总上报财政部和住房城乡建设部。

3. 申报历史文化街区保护规划编制专项资金补助项目的，该街区已在历史文化名城保护规划中划定，经省（自治区、直辖市）人民政府确定公布；项目申报应附经依法批准的历史文化名城保护规划，并在规划图中标明申请资金补助的历史文化街区的位置和范围。

申报历史文化街区核心保护范围内历史建筑修缮专项资金补助项目的，该修缮设计方案应由具有相应资质的规划设计单位提出，且修缮设计方案经县级以上城乡规划主管部门组织专家审查通过；项目申报应附经批准的历史文化街区保护规划，并在规划图中标明拟修缮建筑的位置和范围。

4. 各省（自治区、直辖市）申报的专项资金补助项目原则上每年不超过1个。

第五条 国家级风景名胜区和历史文化名城保护补助资金申报时间：

各省（自治区、直辖市）财政部门和建设行政主管部门应于每年5月底前，将专项资金补助项目申报文件上报财政部和住房城乡建设部。

第六条 住房城乡建设部会同财政部组织有关专家对各省级财政部门和建设行政主管部门申报的专项资金补助项目进行审查，并提出审查意见。

第七条 住房城乡建设部根据专家组审查意见，分别提出本年度国家级风景名胜区和历史文化名城保护补助资金分配方案，并于7月底前报送财政部。

第八条 财政部根据住房城乡建设部报送的国家级风景名胜区和历史文化名城保护补助资金年度分配方案，审核并分别下达国家级风景名胜区和历史文化名城保护补助资金支出预算，同时抄送住房城乡建设部、财政部驻各省（自治区、直辖市）财政监察专员办事处。

第九条 各地财政部门应及时将专项补助资金核拨给项目单位。

第十条　专项补助资金支付管理按照财政国库管理制度有关规定执行。

第十一条　国家级风景名胜区和历史文化名城保护补助资金必须专款专用，同时应与地方财政部门安排的预算内资金及其他资金配套综合使用，以提高使用效益。

第十二条　补助资金项目单位要自觉接受上级有关部门的指导和监督检查。

专项补助资金项目由当地建设行政主管部门负责监督实施并组织验收；专项补助资金使用情况接受财政部驻各省（自治区、直辖市）财政监察专员办事处、地方财政部门、审计部门的检查监督。

第十三条　各省（自治区、直辖市）建设行政主管部门会同财政部门于每年1月底前，将上年度专项补助资金使用情况上报住房城乡建设部和财政部。

第十四条　本办法由财政部负责解释。

第十五条　本办法自印发之日起执行。

国家文物局关于考古发掘资质资格的公示

根据评议委员会评议和我局委托指定的考古研究单位考核结果，国家文物局拟授予5家单位考古发掘资质，48人考古发掘领队资格。现将名单公示，公示期为20天。有异议者可以通过电子邮件、电话、来信等形式向我局反映。我局将依法予以核查、处理。

联 系 人：张磊 张凌

电　　话：010—59881655

传　　真：010—59881703

电子信箱：kaoguchu@ sach. gov. cn

通讯地址：北京市朝阳门北大街10号

国家文物局文物保护司考古处

邮　　编：100020

附件：获2008年度考古发掘资质单位名单（共5家）

获2008年度考古发掘领队资格人员名单（共48人）

二〇〇九年一月十四日

获2008年度考古发掘资质单位名单（共5家）

辽宁：沈阳市文物考古研究所

山东：烟台市博物馆

湖南：长沙市文物考古研究所

陕西：秦始皇兵马俑博物馆

广西：广西壮族自治区自然博物馆

获2008年度考古发掘领队资格人员名单（共48人）

河北：　韩立森 郭济桥 申慧玲

山西：　丁金龙

内蒙古：张亚强

辽宁：　苏鹏力

吉林：　赵海龙

上海：　翟　杨

江苏：岳 涌
浙江：黄昊德 徐 军 梁岩华 王同军
福建：羊泽林
山东：郭俊峰 宋彦泉 闫 勇 于晓丽
河南：曹岳森 韩长松 南海森 王三营 郭培育 严 辉 许海星 史智民
湖北：陈树祥 龙永芳
湖南：吴承翟
广东：陈振忠
广西：蒋远金
四川：金国林
陕西：丁 岩 张小丽 武丽娜 陈晓捷
新疆：鲁礼鹏 李溯源
中国社会科学院考古研究所：艾力江·艾沙 陈国梁 郭晓涛 刘 涛 高江涛
中国科学院古脊椎动物与古人类研究所：赵凌霞
吉林大学：段天璟 张全超
中山大学：郭立新
山东大学：王 芬

国家文物局关于开展第一类文物拍卖经营资质审批工作的通知

各省、自治区、直辖市文物局（文化厅、文管会）：

为加强文物拍卖经营资质管理，我局将于近期开展文物拍卖企业增加第一类文物拍卖经营资质的审批工作。现将有关事项通知如下：

一、审批标准

（一）取得第二、三类文物拍卖经营资质3年以上；

（二）依法成立、连续正常经营且无违法违规经营行为；

（三）拥有与其申请变更的经营范围相适应的文物拍卖专业人员（包括陶瓷器类、玉石器类、金属器类）。

二、文物拍卖企业需提供以下材料：

（一）增加第一类文物拍卖经营资质的申请报告及企业近3年来的文物拍卖业务工作报告；

（二）《文物拍卖许可证》原件；

（三）2007年度工商部门年检合格的《企业法人营业执照》副本复印件；

（四）文物拍卖企业近3年来的拍卖纪录（提倡报电子文件）；

（五）省级文物行政部门审核近3年来的文物拍卖活动的核准文件复印件；

（六）申报第一类文物拍卖经营资质企业专业人员考试合格证明复印件；

（七）文物拍卖企业与申报第一类文物拍卖经营资质企业专业人员考试合格人员签订的合同书复印件。

三、审批工作安排

省级文物行政部门负责文物拍卖企业申请材料的初审，在2009年3月10日前将申请材料与初审意见一并送达国家文物局，逾期不予受理。国家文物局对经审核符合审批标准的文物拍卖企业，批准从事第一类文物拍卖经营活动，换发《文物拍卖许可证》。

特此通知。

二〇〇九年一月十九日

国家文物局关于进一步加强文物管理机构建设确保文物安全的紧急通知

文物政发［2009］3号

各省、自治区、直辖市文物局（文化厅、文管会）：

为贯彻落实国务院领导同志有关加强文化遗产管理工作，确保文物安全的重要批示精神，近日，国家文物局组织开展了全国范围内的文物安全大检查。在各级文物行政部门和文博单位的配合下，对78.91%的全国各级文物行政机构建设情况，以及85%的全国重点文物保护单位、58%的重点博物馆的安全情况进行调查。国务院领导同志对此次文物行政机构建设情况和文物安全检查情况调查工作高度重视，再次作出重要批示。要求国务院办公厅加强协调，就文物安全机构建设、加大打击文物犯罪力度，增加文物安全经费投入等问题提出解决措施。当前，国家文物局正积极协助中编办、公安部、财政部提出具体意见。为贯彻落实《国务院关于加强文化遗产保护的通知》（国发［2005］42号）和党中央、国务院领导同志近期有关加强文物安全的重要批示精神，现将有关工作通知如下：

一、必须充分认识文物安全工作面临的严峻形势。根据我局对各地自查上报的数据进行统计分析和连续4年开展的全国文物行政执法专项督察情况，当前文物安全存在巨大隐患，行政执法工作和安全防范任务繁重。存在的主要问题：一是一些地方文物行政机构不健全，责任不清，难以承担法律赋予的执法职能。二是法人违法现象严重，损毁破坏文化遗产及原生环境的事件屡屡发生。三是盗掘、盗窃、走私文物等犯罪活动猖獗，一些文物犯罪活动跨国境、跨区域，手段集团化、专业化、暴力化，危害极大。四是随着文化遗产领域的不断扩大，博物馆免费开放深入推进，文物事业在国家社会经济发展的地位凸现，文物安全工作的任务更为艰巨。五是安全保卫机构和队伍严重缺编，安全防范经费严重短缺。

二、必须进一步明确文物安全责任制。根据《文物保护法》及其实施条例的要求，各级人民政府是本行政区域内文物保护工作的责任主体和执法主体，各级政府主要领导同志是第一责任人。各级文物行政部门要及时将文物安全情况和存在问题向当地人民政府报告，提出落实国务院领导同志关于加强文物安全工作等批示精神和国务院有关文件要求的措施建议，当好参谋助手。各级文物行政部门要加强领导，明确文物行政部门的主要领导是文物安全工作的第一责任人，提高认识，分工明确，责权统一。做到安全监管机构要健全、安全经费有保障，安全责任要落实。

三、必须加强文物管理机构建设。健全机构，提高管理水平和人员队伍素质，加大文物安全设施建设专项经费投入，是保障文物事业的健康发展的基础。各级文物行政部门，要积极推动自身机构的发展建设，设立文物安全监管与执法机构，确保一方平安。

四、必须切实做好文物安全检查工作。文物安全是文物工作的生命线。各省、自治区、直辖市文物行政部门要认真分析总结国家文物局2008年10月19日在浙江余姚市召开会议部署的全国文物安全大检查工作情况。未完成填报工作的单位要继续补充填报。充分发挥国家文物局文物安全与行政执法管理信息系统的作用，指定专门负责人员，建立健全报送制度。

二〇〇九年一月二十二日

国家文物局关于拟增聘为国家文物鉴定委员会委员的公示

经国家文物鉴定委员会委员全体会议推荐，广泛征求有关专家、拟增聘委员本人及所在单位或当地文物行政主管部门的意见，经国家文物局批准，现将拟增聘为国家文物鉴定委员会委员的人员名单予以公示，公示期为2009年3月10日~2009年3月16日。在此期间，欢迎社会各界通过电话或传真方式，向国家文物局反映有关情况。

联系电话：

国家文物局社会文物处　59881632

国家文物局纪委办公室　59881652

传　　真：59881633

附件：拟增聘为国家文物鉴定委员会委员人员公示名单

二〇〇九年三月九日

拟增聘为国家文物鉴定委员会委员人员公示名单

陶　瓷　组：冯小琦　陈克伦　刘兰华

玉　器　组：常素霞

杂　项　组：刘建华

书画碑帖组：余　辉　苏士澍　蔡鸿茹

民族民俗组：史金波　郭思克　邵清隆

国家文物局关于拟批准增加第一类文物拍卖经营资质的拍卖企业名单的公示

2009年3月，国家文物局组织专家委员会，对申报增加第一类文物拍卖经营资质的拍卖企业进行了集中评审。根据专家委员会评审意见，现将拟批准第一类文物拍卖经营资质的10家拍卖企业予以公示：

北京九歌国际拍卖股份有限公司、北京保利国际拍卖有限公司、天津市海天拍卖有限公司、上海道明拍卖有限公司、南京十竹斋拍卖有限公司、苏州市吴门拍卖有限公司、西泠印社拍卖有限公司、武汉中信拍卖有限公司、武汉市大唐拍卖有限责任公司、重庆华夏文物拍卖有限公司。

公示期为2009年3月19日~3月26日。在此期间，欢迎社会各界通过电话或传真方式，向国家文物局反映上述企业遵守文物保护和文物拍卖管理的有关法律法规，依法开展文物拍卖经营活动方面存在的问题和有关情况。

联系电话：
国家文物局社会文物处：59881632
国家文物局纪委办公室：59881652
传　　真：59881633

二〇〇九年三月十九日

国家文物局关于印发《关于加强国家文物局重点科研基地建设和管理的意见》的通知

各省、自治区、直辖市文物局（文化厅、文化局）、文管会，各直属单位，局各重点科研基地：

为全面贯彻落实科学发展观，适应新时期文化遗产事业对科技工作的需求，推动科研基地又好又快发展，充分发挥科研基地在提高文化遗产保护领域自主创新能力、构建有中国特色的文化遗产保护理论体系和提升文化遗产保护科技在国家创新体系中的地位等方面的重要作用，现将《关于加强国家文物局重点科研基地建设和管理的意见》印发给你们，请认真贯彻执行。

二〇〇九年三月十九日

关于加强国家文物局重点科研基地建设和管理的意见

为有效解决我国文化遗产事业面临的突出问题，提高文化遗产保护领域自主创新能力，国家文物局于2004年提出在全国范围内设立行业重点科研基地的发展目标，力图通过体制创新，快速提升我国文化遗产保护科技的整体实力，为日益繁重的文化遗产保护任务提供重要的科技保障。截至目前，已分批认定了12家国家文物局重点科研基地（以下简称科研基地）。自成立以来，各科研基地结合自身情况，积极探索理论创新、体制创新和科技创新的新思路，为构建文化遗产保护科技创新体系发挥了积极的作用，并通过一批国家科技计划项目的实施，增强了文化遗产保护领域承担重大科研任务的能力，取得了一系列重大科研成果，凝聚和培养了一批科技创新人才，效果突出、成绩显著。

在取得成绩的同时，通过科研基地运行评估，也发现了一些制约着科研基地建设与发展的问题，需要我们进一步解放思想，切实按照科学发展的要求，从集成全社会有效科技资源为我所用、加快推进文化遗产保护领域科技创新能力建设的角度出发，进一步推动体制机制创新，加快人才队伍建设，加强科技成果的转移与扩散，加大资源整合力度，扩大对外交流与合作，以满足文化遗产保护领域日益增长的科技创新需求。

为全面贯彻落实科学发展观，适应新时期文化遗产事业对科技工作的需求，推动科研基地又好又快发展，充分发挥科研基地在提高文化遗产保护领域自主创新能力、构建有中国特色的文化遗产保护理论体系和提升文化遗产保护科技在国家创新体系中的地位等方面的重要作用，现就加强科研基地建设和管理提出如下意见：

一、统一思想、提高认识，深刻领会加强科研基地建设和管理的重要意义

（一）全面贯彻落实党的十七大会议精神，以邓小平理论和“三个代表”重要思想为指导，牢固树立科学发展观，坚持文物工作方针和科技发展指导方针，以提高行业自主创新能力为宗旨，以开展具有重大战略意义的关键性技术、带动性技术和行业共性技术研究为核心，以开放合作为基础，着力推动理论创新、体制创新、科技创新，整合资源、优化配置，营造和谐环境，完善文化遗产保护科技创新体系，充分发挥科学技术在文化遗产保护领域的支撑和引领作用，促进文化遗产事业又好又快发展。

（二）科研基地是由国家文物局领导并充分调动各方力量组织和建设的相对独立的科研实体。科研基地是文化遗产保护科技创新体系的重要组成部分；是整合文化遗产保护及其他相关领域创新资源，开展科技攻关和学术交流的重要平台；是获取关键技术和自主知识产权，强化文化遗产保护技术供给，持续增强文化遗产保护科技创新能力的重要保障；是凝聚和培养科技创新人才，培育创新团队的重要基地；是推动文化遗产保护技术标准化快速发展的生力军；是探索新型科研运行管理模式的试验示范基地。科研基地具有优势突出、特色鲜明、队伍精干、设施先进、机制灵活、管理规范等特点。

（三）科研基地的主要任务一是开展重大战略研究，引领文化遗产事业可持续发展；二是突破共性、重要关键技术，为文化遗产保护重点工程和重大公益性项目提供强有力的技术支撑；三是加强科技基础性工作和应用基础研究，增强文化遗产保护科技的持续创新能力；四是加快科技成果的转移与扩散，提高文化遗产保护科技投入的社会效益；五是实施人才战略，着重培养和造就一批领军人才及结构合理的科研团队；六是研究制订重要技术标准，推动文化遗产保护标准化建设；七是扩大对外交流与合作，提高我国在文化遗产保护领域的国际影响力。

（四）建设科研基地是提高文化遗产保护领域自主创新能力的迫切要求，是促进文化遗产保护大国向文化遗产保护强国跨越式发展的必然选择。加强科研基地的建设与管理，有利于探索适应新时期发展要求的公益性研究领域科技创新长效机制，推动文化遗产保护科技的传承和发展，提高持续创新能力；有利于优化文化遗产保护科技创新体系布局，促进文物博物馆单位与社会科技资源的优化整合，强化科技对文化遗产保护的支撑与引领作用；有利于提升文化遗产保护科技在国家创新体系中的地位，丰富具有中国特色的科技创新体系。

二、合理规划、突出重点，进一步明确科研基地的发展思路

（五）按照中央主导、地方配合、多方投入、共同建设的原则，探索和创新运行管理模式，积极开展科学研究和技术攻关，加快人才培养和队伍建设，加速科技成果的转移与扩散，加强资源共享与综合利用，扩大国际合作与交流，逐步将科研基地培育成为全国一流、世界知名的文化遗产保护科技研发中心、人才孵化中心、成果辐射中心、资源共享中心和国际合作中心。

（六）充分利用现有优势基础和条

件，围绕文化遗产保护重点工程和重大公益性项目，结合自身研究方向，整合国内优势科研力量，集合多学科力量联合开展技术攻关，力争在一批文化遗产保护热点、难点和瓶颈技术问题上取得重要突破；继续加强科技基础性工作和应用基础研究，为被动式的“抢救性保护”逐步向主动式的“系统性保护”转变积蓄科技能力；不断提高在国际或区域文化遗产保护科技领域的影响力，抢占学术制高点；加大科研基地建设力度，逐步将科研基地培育成为国家级重点实验室或工程技术研究中心，不断提高文化遗产保护领域的创新能力和创新水平。

（七）坚持人才资源是第一资源的观念，强化人才培养意识，积极探索人才培养模式，培养具有高水平科研能力和管理能力的复合型人才和学术带头人，培育业务精良、视野开阔、思维敏捷、德才兼备的战略型人才，特别是要抓紧培养造就一批中青年高级专家；树立“不求所有、但求所用”的新观念，采取访问研究、短期讲学、开放课题、合作研究等多种形式吸引人才，结合实际逐步建立与能力、水平和贡献相适应的人才激励机制；积极推进人才队伍建设，逐步培养一支面向行业、服务行业、团结协作、积极进取的高水平研究队伍，为文化遗产事业凝聚和输送智力资源。

（八）紧密围绕文化遗产保护的现实需求，有针对性地开展科研工作，正确处理科学研究与保护需求的关系，提高科研成果与保护需求之间的结合度；加强对科技成果的技术性能、适用范围及应用条件等方面的评估与评价，积极开展实验室成果的小试、中试和科技示范，推动成熟科技成果的转移与扩散；以科研基地为技术支撑，选择有关机构合作建立工作站，扩大科研成果向全行业辐射的范围；密切配合标准化工作，加快技术标准和操作规程的编制，培训专业技术人员；充分研究和借鉴其他行业科技成果转化的成功经验，广泛宣传，完善机制，促进科技成果信息交流与共享，扩大科研成果服务文化遗产保护的广度和深度。

（九）坚持“整合、共享、完善、提高”的原则，加强自有资源的对外开放和社会资源的整合利用，与国内一流的相关科研院所、高等院校密切合作，促进大型科学仪器和自然科学数据资源的共享，逐步形成优势资源共享机制；充分利用信息和网络技术，对文化遗产基础信息资源和科学数据资源进行重组与优化，构建布局合理、开放高效的资源共享系统，促进全社会科技资源高效配置和综合利用。

（十）继续坚持全方位对外开放方针，进一步扩大科研基地的国际交流与合作，充分利用多边、双边、民间等各种渠道，引进国外先进管理经验、技术、人才、设备、资金；积极参加国际学术会议，与国际一流的文化遗产保护科研机构建立合作关系，鼓励科研基地的科研人员到国际学术机构担任职务，促进不同学术思想、学科领域的交流和碰撞，促进创新思想的产生；积极向国际社会宣传和推广具有中国特色的文化遗产保护理念、技术和方法，提高我国文化遗产保护科技的国际影响力。

三、加强领导、规范管理，为科研基地的发展提供有力保障

（十一）国家文物局将进一步加强对科研基地发展的指导和扶持。坚持“自主创新、重点跨越、支撑发展、引领未来”的指导方针，加强顶层设计和战略研究；加快研究制定有关政策和建设规划等指导性文件，加大政策倾斜力度，营造有利于科研基地发展的政策环境；加大资金投入力度，为科研基地的项目开展、基础设施建设和运行提供必要的

资金支持与保障；积极引导和鼓励科研基地承担和参与国家科技项目，进一步提升科研基地承担重大科研任务的能力；进一步加强成果转移与扩散，加大宣传力度，促进科技成果信息的交流与共享，支持科研基地开展科技示范工作，为科研成果的小试和中试提供必要支持；加强科技管理理念与方法的创新和实践，提高科技项目（课题）的管理水平；完善科研基地运行考核制度，坚持优胜劣汰的动态管理原则，强化科研基地的竞争和激励机制，促进科研基地的良性发展。

（十二）组织单位应进一步加大对科研基地的管理力度，提高管理水平。指导科研基地主任聘任、制度建设、规划制订等方面的工作；积极探索和实施各种有效政策和措施，充分发挥地方在科技、信息、人才、资金等方面的优势，协调所在地区的有关部门，为科研基地的基础设施建设、高层次人才引进和运行发展等提供政策倾斜和经费支持，为科研基地提供良好的发展空间。

（十三）依托单位要认真履行对科研基地的运行管理职责。优先支持科研基地的建设发展，落实配套支撑条件，建立有效的保障机制，在人员配置、经费使用、研究场所和实验条件等方面给予支持，最大限度地挖掘科研基地的潜能；积极探索管理创新，以科研基地的建设为突破口，带动文化遗产保护领域的体制机制创新与改革。

国家文物局关于开展2009年文化遗产日活动的通知

文物政发［2009］10号

各省、自治区、直辖市文物局（文化厅、文管会），各计划单列市文物（文化）局，新疆生产建设兵团文化局：

根据《国务院关于加强文化遗产保护的通知》，2009年6月13日为我国的第四个文化遗产日。现就2009年文化遗产日活动的有关事项通知如下：

一、活动主题

2009年文化遗产日的主题是：保护文化遗产，促进科学发展。

二、指导思想

以邓小平理论和“三个代表”重要思想为指导，深入贯彻落实科学发展观，围绕第三次全国文物普查和博物馆免费开放等重点工作开展系列宣传活动，宣传《文物保护法》和文物工作方针，宣传新中国成立60年来我国文化遗产事业的发展成果，普及文化遗产保护知识，提高各级政府和公众文化遗产保护意识，为文化遗产事业的科学发展营造良好氛围。

三、时间安排

2009年5月中旬到6月下旬。

四、工作要求

（一）精心策划，严密组织。各地文物部门要切实加强对本地区、本部门宣传活动的领导，结合国际古迹遗址日、国际博物馆日和新中国成立60周年纪念活动，认真制定本地区、本部门“6·13”文化遗产日宣传活动方案，并有效组织实施，确保各项宣传活动落到实处。文物系统领导干部要深入实际、加强指导，统筹谋划、尽职尽责，以高涨的热情、务实的作风，扎实开展各种活动。要制订突发事件的应急预案，确保群众人身安全和文物安全。

（二）围绕主题，突出重点。各地文物部门要紧紧围绕“保护文化遗产，促进科学发展”这一主题，动员和引导公众关注和参与文化遗产保护。紧密结合本地区、本部门实际，突出对第三次全国文物普查的宣传，突出对博物馆免费开放的宣传，突出对重大文物保护工程和重要考古发现的宣传，突出对新中国成立60周年以来特别是改革开放以来文化遗产事业所取得成就的宣传，展示文化遗产事业发展的喜人局面和广大文物工作者的精神面貌。

（三）面向社会，形成声势。各地文物部门要充分利用电视、广播、报刊、网络等大众媒体，通过开辟专栏、专版等形式，开展广泛深入的宣传活动。要充分发挥博物馆、纪念馆、文物保护单位、国家文物局重点科研基地，以及设立考古学、博物馆学、古建筑维修等专业的高校相关院系的优势，做好面向社会的宣传。要加强宣传形式和手段的创新，通过举办展览、展示、讲座、咨询服务及开放日等群众喜闻乐见的活动，不断增强文化遗产宣传的感染力和吸引力。探索建立文化遗产日主场城市机制（方案另发），进一步调动地方政府和社会各方面参与文化遗产日活动的积极性。

（四）加强协调，密切配合。各地文物部门要增强工作的责任感和主动性，在认真组织好本地区、本部门宣传活动的同时，要加强与当地媒体的联系和沟通，畅通信息渠道，积极主动地配合做好各项宣传。要认真做好今年文化遗产日的总结工作，并在活动后将总结及时报送国家文物局，国家文物局将组织对有关单位和个人进行表彰。

各地文物部门于2009年4月30日以前，把本地区文化遗产日活动方案报送国家文物局政策法规司，各地的活动方案中请确定并注明两项特色活动，我局拟统一安排在中央媒体进行新闻发布和宣传，并请确定1名本单位遗产日活动组织联系人及联系电话、传真、电子邮箱。

联 系 人：国家文物局政策法规司政研处　陈培军 彭　馨

联系方式：

电　　话：010—59881471

传　　真：010—59881544

电子邮箱：zhy@ sach. gov. cn

国家文物局

二〇〇九年四月三日

国家文物局关于开展第七批全国重点文物保护单位申报工作的通知

文物保发［2009］14号

各省、自治区、直辖市文物局（文化厅、文管会）：

为进一步加强新时期文化遗产保护工作，根据《中华人民共和国文物保护法》的有关规定，我局决定于2009年开展第七批全国重点文物保护单位的申报工作。现将有关事项通知如下：

一、申报的范围、标准和申报信息采集、文本编制

为规范第七批全国重点文物保护单位的申报工作，我局制订了《第七批全国重点文物保护单位申报指导意见》（附件1）、《第七批全国重点文物保护单位申报信息采集标准》（附件2）和《第七批全国重点文物保护单位申报登记表》（附件3），对申报的范围、标准及申报信息的采集、文本的编制等作出明确规定。请各省级文物行政部门严格按上述文件要求，认真组织开展第七批全国重点文物保护单位申报工作。上述文件可在国家文物局网站（www. sach. gov. cn）下载。

二、申报文本报送

（一）省级文物行政部门应结合实地考察对申报文本进行初审，确保申报材料真实、准确、完整。初审后的申报文本由省级文物行政部门统一报送我局，纸质文本和电子文本应同时报送。

（二）申报文本应一处一文，即每个申报文件内容仅限于一处整体文化遗存。

（三）申报材料应于2009年12月31日前报我局。凡超过申报时限、不符合申报要求或纸质文本、电子文本未能同时报送的，均不予受理。

特此通知。

附件：

1. 第七批全国重点文物保护单位申报指导意见（略）
2. 第七批全国重点文物保护单位申报信息采集标准（略）
3. 第七批全国重点文物保护单位申报登记表（略）

相关标准：

1. 第三次全国文物普查不可移动文物定名标准（略）
2. 第三次全国文物普查不可移动文物年代标准（略）

二〇〇九年四月二十七日

国家文物局关于启用2009年版文物进出境审核文件和火漆印章的通知

各省、自治区、直辖市文物局（文化厅、文管会）：

为进一步规范和加强文物进出境审核工作，我局决定启用2009年版的文物进出境审核文件和火漆印章。现就有关事项通知如下：

一、文物进出境审核文件

我局制定了2009年版的文物出境许可证、文物复仿制品证明、文物禁止出境登记表、文物临时进境审核登记表和文物出境审核申请表等5种文物进出境审核文件。

各国家文物进出境审核管理处（以下简称管理处）负责从所在省（直辖市）各口岸申报进出境文物的审核事项。文物出境，应由携运人向管理处报请审核，提交文物出境审核申请表。管理处对经审核允许出境的文物，应当出具文物出境许可证；对不允许出境的文物，应当填写文物禁止出境登记表并发还携运人；对属于文物复仿制品的，可以应海关或携运人的要求，出具文物复仿制品证明。文物出境许可证和文物复仿制品证明自开具之日起3个月内有效。

文物临时进境，应经海关加封后，

由携运人向管理处报请审核。管理处经审核，对海关封志完好无损的进境文物予以登记，填写文物临时进境审核登记表。对海关封志已经破损的，不予办理文物临时进境登记。

临时进境文物复出境时，应由携运人向原审核、登记的管理处申报，并提交文物出境审核申请表、文物临时进境审核登记表。管理处对照进境记录审核无误后，收回文物临时进境审核登记表，出具文物出境许可证。

二、火漆印章

我局制定了2009年版的火漆印章。各管理处均配发2009年版文物出境火漆印章、文物复仿制品出境火漆印章各4枚，文物临时进境火漆印章各2枚。2009年版火漆印章中心仍沿用文物外销标识图案，图案开口处加汉字宋体“出”字为文物出境标识，加“进”字为文物临时进境标识，加“仿”字为文物复仿制品出境标识。外圈上方标注大写英文“SACH”（我局英文名称“State Administration of Cultural Heritage”的缩写），下方标注数字为管理处编号。

管理处对经审核允许出境的文物，标明文物出境火漆标识。应海关或携运人的要求为文物复仿制品出具证明的，标明文物复仿制品出境火漆标识。

文物临时进境，由管理处审核、登记后，标明文物临时进境火漆标识。临时进境文物复出境时，管理处审核无误后，去除文物临时进境火漆标识，标明文物出境火漆标识。

三、换领和启用

2009年6月30日前，各管理处应到我局社会文物处交回1994年版火漆印章，换领2009年版火漆印章。

自2009年7月1日起，2009年版的文物出境许可证、文物临时进境审核登记表、文物复仿制品证明、文物禁止出境登记表、文物出境审核申请表等文物进出境审核文件和火漆印章正式启用。管理处停止使用旧版的文物出境许可证、临时文物进境登记表。

特此通知。

附件：

1. 文物出境许可证（略）
2. 文物临时进境审核登记表（略）
3. 文物复仿制品证明（略）
4. 文物禁止出境登记表（略）
5. 文物出境审核申请表（略）
6. 文物进出境审核文件填写说明（略）
7. 国家文物进出境审核管理处编号（略）

二〇〇九年四月二十七日

国家文物局关于开展2007～2008年国家文物局田野考古奖评审工作的通知

文物保函［2009］558号

各省、自治区、直辖市文物局（文化厅、文管会）：

根据《国家文物局田野考古奖励办法（试行）》和国家文物局2009年度工

作安排，我局将进行 2007 ~ 2008 年度“国家文物局田野考古奖”评审工作，现将有关事宜通知如下：

一、此次田野考古奖的参评范围是：具备考古发掘资质的单位，于 2007 ~ 2008 年期间，在我国领土（领海、内水）进行的田野考古项目。

二、各地应在工地检查的基础上进行推荐，申报单位应认真填写《国家文物局田野考古奖申报书》（一式两份）。申报书应具备以下几方面内容：

（一）《田野考古工作规程（试行）》的执行情况，特别是考古调查、勘探、发掘工作的步骤和方法，取得的重要成果，领队的工作情况，工地的文字记录、资料、图纸、照片等。

（二）科学技术在考古工作中的应用及提高考古工作科技含量方面的情况。

（三）在工地安全方面采取的措施，有无人员和文物安全事故的情况。

（四）考古调查、勘探、发掘的报告或简报完成情况。

三、请将申报项目相关材料制作成多媒料文件并刻录成光盘，与《国家文物局田野考古奖申报书》和该项目的结项报告一同于 2009 年 6 月 20 日前寄送我局。

四、请你局（厅、会）严格按照《国家文物局田野考古奖励办法》（试行）的规定，认真做好初审工作。

五、材料请寄送至：

北京市东城区朝阳门北大街 10 号

邮　编：100020

国家文物局文物保护与考古司考古处

联系人：张　凌　张　磊

电　话：010—59881655

传　真：010—59881703

特此通知。

二〇〇九年五月十二日

国家文物局关于公布国家二、三级博物馆名单的决定

文物博发［2009］18 号

各省、自治区、直辖市文物局（文化厅、文管会）：

为全面推进博物馆质量控制体系建设，在全面总结国家一级博物馆评估定级工作的基础上，我局于 2008 年 7 月印发了《关于开展二、三级博物馆评估定级工作的通知》，启动了二、三级博物馆的评估工作。

根据《全国博物馆评估办法（试行）》的规定，经过博物馆自评申报，省级文物行政部门评估，全国博物馆评估委员会专家审核备案，国家文物局研究决定中国电信博物馆等 171 家为国家二级博物馆；中国长城博物馆等 288 家为国家三级博物馆。

附件：国家二级博物馆名单
　　　国家三级博物馆名单

二〇〇九年五月二十二日

国家二级博物馆名单
（按行政区划排列共 171 家）

北京（6 座）

中国电信博物馆、中国铁道博物馆、北京古代建筑博物馆、明十三陵博物馆、大钟寺古钟博物馆、孔庙和国子监

博物馆

天津（1 座）

元明清天妃宫遗址博物馆

河北（12 座）

河北省科学技术馆、河北美术馆、河北省民俗博物馆、张家口市博物馆、唐山博物馆、邯郸市博物馆、承德避暑山庄博物馆、武强年画博物馆、乐亭县李大钊纪念馆、山海关长城博物馆、磁县磁州窑博物馆、涉县一二九师陈列馆

山西（13 座）

山西省艺术博物馆、山西省民俗博物馆、太原市晋祠博物馆、中共太原支部历史纪念馆、大同博物馆、长治市博物馆、晋城博物馆、运城市河东博物馆、河边民俗博物馆、祁县乔家大院民俗博物馆、红军东征纪念馆、榆社县化石博物馆、吕梁汉画像石博物馆

内蒙古（6 座）

呼和浩特博物馆、包头博物馆、赤峰市博物馆、通辽市博物馆、呼和浩特市将军衙署博物馆、鄂尔多斯青铜器博物馆

辽宁（4 座）

沈阳故宫博物院、大连现代博物馆、张氏帅府博物馆、旅顺日俄监狱旧址博物馆

吉林（3 座）

吉林省博物院、吉林市博物馆、延边朝鲜族自治州博物馆

黑龙江（5 座）

黑龙江省民族博物馆、哈尔滨市建筑艺术馆、齐齐哈尔市博物馆、大庆博物馆、大兴安岭资源馆

上海（7 座）

松江区博物馆、青浦区博物馆、嘉定博物馆、孙中山故居纪念馆、宋庆龄故居纪念馆、陈云故居暨青浦革命历史纪念馆、上海公安博物馆

江苏（12 座）

南京市博物馆、太平天国历史博物馆、南京地质博物馆、中共代表团梅园新村纪念馆、常州博物馆、徐州博物馆、徐州汉兵马俑博物馆、徐州汉画像石艺术馆、连云港市博物馆、淮安市博物馆、常熟博物馆、江阴市博物馆

浙江（15 座）

中国茶叶博物馆、杭州历史博物馆、杭州南宋官窑博物馆、胡庆余堂中药博物馆、余杭博物馆、温州博物馆、湖州市博物馆、衢州市博物馆、上虞博物馆、嘉兴博物馆、南湖革命纪念馆、宁波市天一阁博物馆、余姚市河姆渡遗址博物馆、绍兴鲁迅纪念馆、保国寺古建筑博物馆

安徽（4 座）

安徽中国徽州文化博物馆、安庆市博物馆、寿县博物馆、新四军军部旧址纪念馆

福建（7 座）

福建省革命历史纪念馆、福州市博物馆、泉州市博物馆、晋江市博物馆、漳州市博物馆、德化县陶瓷博物馆、闽西革命历史博物馆

江西（4 座）

景德镇陶瓷馆、八大山人纪念馆、安源路矿工人运动纪念馆、上饶集中营革命烈士纪念馆

山东（7 座）

济南市博物馆、潍坊市博物馆、烟台市博物馆、烟台张裕酒文化博物馆、齐国故城遗址博物馆、青岛啤酒博物馆、青岛海产博物馆

河南（8 座）

开封市博物馆、洛阳古代艺术馆、洛阳周王城天子驾六博物馆、鹤壁市博物馆、三门峡市虢国博物馆、内乡县衙博物馆、新县鄂豫皖苏区首府革命博物馆、新安县千唐志斋博物馆

湖北（6 座）

武汉市革命博物馆、辛亥革命武昌

起义纪念馆、鄂州市博物馆、宜昌博物馆、随州市博物馆、黄石市博物馆

湖南（7座）

长沙市博物馆、长沙简牍博物馆、株洲市博物馆、常德博物馆、彭德怀纪念馆、任弼时纪念馆、中国人民抗日战争胜利受降纪念馆

广东（11座）

广东革命历史博物馆、广东民间工艺博物馆、广州博物馆、广州艺术博物院、珠海市博物馆、东莞市博物馆、番禺博物馆、鸦片战争博物馆、叶挺独立团团部旧址纪念馆（肇庆市博物馆）、孙中山大元帅府纪念馆、毛泽东同志主办农民运动讲习所旧址纪念馆

广西（4座）

桂林博物馆、桂海碑林博物馆、柳州市博物馆、百色起义纪念馆

重庆（1座）

重庆自然博物馆

四川（7座）

成都永陵博物馆、泸州市博物馆、四川宋瓷博物馆、自贡市盐业历史博物馆、眉山三苏祠博物馆、新都杨升庵博物馆、朱德同志故居纪念馆

云南（5座）

玉溪市博物馆、红河哈尼族彝族自治州博物馆、楚雄彝族自治州博物馆、大理白族自治州博物馆、昆明动物博物馆

陕西（10座）

宝鸡青铜器博物馆、咸阳博物馆、汉中市博物馆、乾陵博物馆、昭陵博物馆、茂陵博物馆、法门寺博物馆、耀州窑博物馆、西安事变纪念馆、八路军西安办事处纪念馆

甘肃（4座）

兰州市博物馆、天水市博物馆、平凉市博物馆、张掖市甘州区博物馆

新疆（2座）

吐鲁番地区博物馆、新疆兵团军垦博物馆

国家三级博物馆名单
（按行政区划排列共288家）

北京（8座）

中国长城博物馆、北京民俗博物馆、北京石刻艺术博物馆、北京文博交流馆、大葆台西汉墓博物馆、西周燕都遗址博物馆、辽金城垣博物馆、詹天佑纪念馆

河北（12座）

石家庄市博物馆、定州市博物馆、沧州市博物馆、涿州市文化遗产陈列馆、保定市莲池博物馆、保定直隶总督署博物馆、黄骅市博物馆、滦平博物馆、安国市中药文化博物馆、隆化民族博物馆、丰宁满族自治县满族博物馆、留法勤工俭学运动纪念馆

山西（7座）

平遥县博物馆、平遥县票号博物馆、平遥县双林寺彩塑艺术馆、万荣县博物馆、祁县晋商文化博物馆、麻田八路军总部纪念馆、山西国民师范旧址革命活动纪念馆

内蒙古（11座）

满洲里市博物馆、扎兰屯市博物馆、喀喇沁旗王府博物馆、巴林右旗博物馆、鄂伦春自治旗博物馆、库伦旗宗教博物馆、奈曼旗王府博物馆、巴林左旗辽上京博物馆、莫力达瓦达斡尔族自治旗达斡尔民族博物馆、宁城县辽中京博物馆、赤峰市敖汉旗博物馆

辽宁（4座）

沈阳新乐遗址博物馆、锦州市博物馆、营口市博物馆、铁岭市博物馆

吉林（1座）

白城市博物馆

黑龙江（7座）

佳木斯市博物馆、鸡西市博物馆、伊春市博物馆、图强林业博物馆、嘉荫恐龙博物馆、大兴安岭“五·六”火灾纪念馆、侵华日军虎头要塞博物馆

上海（7 座）

闵行区博物馆、南汇区博物馆、金山区博物馆、上海工艺美术博物馆、上海市银行博物馆、上海淞沪抗战纪念馆、张充仁纪念馆

江苏（15 座）

南京云锦博物馆、南京明城垣史博物馆、金坛博物馆、仪征市博物馆、苏州丝绸博物馆、苏州戏曲博物馆、邳州博物馆、新沂市博物馆、扬州汉广陵王墓博物馆、南通中国珠算博物馆、兴化市博物馆、吴江博物馆、史可法纪念馆、求雨山文化名人纪念馆、苏皖边区政府旧址纪念馆

浙江（24 座）

诸暨市博物馆、绍兴博物馆、舟山博物馆、德清县博物馆、平湖市莫氏庄园陈列馆、镇海口海防历史纪念馆、桐乡市博物馆、桐乡市丰子恺纪念馆、北仑博物馆、余姚博物馆、乐清市文物馆、长兴县博物馆、慈溪市博物馆、桐庐县博物馆、宁海县十里红妆博物馆、宁海县柔石纪念馆、庆元县香菇博物馆、嵊州越剧博物馆、浙东海事民俗博物馆、缙云县博物馆、长兴新四军苏浙军区纪念馆、桐乡市茅盾纪念馆、吴昌硕纪念馆、平湖市李叔同纪念馆

安徽（17 座）

皖西博物馆、阜阳市博物馆、宣城市博物馆、巢湖市博物馆、亳州市博物馆、淮北市博物馆、淮南市博物馆、天长市博物馆、桐城市博物馆、金寨县革命博物馆、歙县博物馆、潜山县博物馆、祁门县博物馆、合肥市李鸿章故居陈列馆、朱然家族墓地博物馆、渡江战役总前委旧址纪念馆、中共淮海战役总前委旧址纪念馆

福建（13 座）

三明市博物馆、龙岩博物馆、宁德市博物馆、福州市船政文化博物馆、泉州华侨历史博物馆、长汀县博物馆、泰宁县博物馆、长乐市博物馆、上杭县博物馆、漳平市博物馆、东山县博物馆、毛泽东才溪乡调查纪念馆、建宁县中央苏区反“围剿”纪念馆

江西（16 座）

庐山博物馆、景德镇民窑博物馆、景德镇陶瓷民俗博物馆、鹰潭市博物馆、新余市博物馆、宜春市博物馆、乐安县博物馆、瑞昌市博物馆、樟树市博物馆、于都县博物馆、高安市博物馆、吉水县博物馆、秋收起义修水纪念馆、兴国革命纪念馆、方志敏纪念馆、湘赣革命纪念馆

山东（24 座）

淄博市博物馆、枣庄市博物馆、东营市历史博物馆、威海市博物馆、济宁市博物馆、泰安市博物馆、临沂市博物馆、临沂市银雀山汉墓竹简博物馆、济南市长清区博物馆、青岛消防博物馆、青岛德国总督楼旧址博物馆、邹城博物馆、兖州市博物馆、日照市博物馆、滕州市博物馆、蒲松龄纪念馆、诸城市博物馆、龙口市博物馆、登州博物馆、荣成博物馆、即墨市博物馆、博兴县博物馆、临朐山旺古生物化石博物馆、孔繁森同志纪念馆

河南（18 座）

郑州二七纪念馆、郑州市大河村遗址博物馆、洛阳民俗博物馆、焦作市博物馆、许昌市博物馆、三门峡博物馆、南阳市博物馆、南阳知府衙门博物馆、新郑市博物馆、巩义市博物馆、沁阳市博物馆、林州市博物馆、安阳市民间艺术博物馆、汤阴岳飞纪念馆、周口关帝庙民俗博物馆、兰考县焦裕禄纪念馆、镇平县彭雪枫纪念馆、八路军驻洛办事处纪念馆

湖北（15 座）

湖北地质博物馆、十堰市博物馆、荆门市博物馆、恩施土家族苗族自治州博物馆、武汉二七纪念馆、蕲春县李时珍纪念馆、黄麻起义和鄂豫皖苏区革命纪念馆、潜江市曹禺纪念馆、宜都市博

物馆、钟祥市博物馆、武穴市博物馆、浠水县闻一多纪念馆、大悟县革命博物馆、监利县革命历史博物馆、八路军武汉办事处旧址纪念馆

湖南（8座）

衡阳市博物馆、岳阳博物馆、永州市博物馆、怀化市博物馆、湘西土家族苗族自治州博物馆、醴陵市博物馆、蔡和森同志纪念馆、胡耀邦故居陈列馆

广东（14座）

汕头市博物馆、韶关市博物馆、江门市博物馆、湛江市博物馆、茂名市博物馆、中山市博物馆、揭阳市博物馆、东莞市可园博物馆、深圳市中英街历史博物馆、深圳市南山区南头古城博物馆、深圳市龙岗区大鹏古城博物馆、佛山市顺德区博物馆、罗定市博物馆、邓世昌纪念馆

广西（12座）

广西地质博物馆、桂林市靖江王陵博物馆、桂林甑皮岩遗址博物馆、八路军桂林办事处纪念馆、靖西县壮族博物馆、右江革命纪念馆、右江民族博物馆、兴安县博物馆、博白县博物馆、横县博物馆、金秀瑶族自治县瑶族博物馆、中国红军第八军革命纪念馆

重庆（7座）

万州区博物馆、巴渝民俗博物馆、铜梁博物馆、奉节县白帝城博物馆、钓鱼城古战场遗址博物馆、开县刘伯承同志纪念馆、重庆大韩民国临时政府旧址陈列馆

四川（9座）

凉山彝族自治州奴隶社会博物馆、什邡市博物馆、彭州市博物馆、皇泽寺博物馆、大邑刘氏庄园博物馆、乐至县陈毅纪念馆、红四方面军总指挥部旧址纪念馆、川陕革命根据地博物馆、宜宾市赵一曼纪念馆

贵州（2座）

黔南布依族苗族自治州民族博物馆、大方县奢香博物馆

云南（7座）

昆明市博物馆、大理市博物馆、迪庆藏族自治州博物馆、云南李家山青铜器博物馆、禄丰县恐龙博物馆、孟连县民族历史博物馆、元谋县元谋人陈列馆

陕西（13座）

汉中民俗博物馆、安康历史博物馆、商洛市博物馆、西安市临潼区博物馆、扶风县博物馆、米脂县博物馆、韩城市博物馆、旬阳县博物馆、三原县博物馆、洛川县博物馆、勉县武侯祠博物馆、洛川会议纪念馆、延安新闻纪念馆

甘肃（9座）

临夏回族自治州博物馆、嘉峪关长城博物馆、和政古动物化石博物馆、庆阳市陇东民俗博物馆、秦安县博物馆、环县博物馆、山丹县博物馆、灵台县博物馆、会宁红军长征胜利纪念馆

青海（2座）

青海柳湾彩陶博物馆、湟中县博物馆

宁夏（1座）

贺兰山自然博物馆

新疆（5座）

乌鲁木齐市博物馆、八路军驻新疆办事处纪念馆、哈密地区博物馆、阿克苏地区博物馆、伊犁哈萨克自治州博物馆

关于文物拍卖许可证年审存在问题企业及未申报年审企业的公告

近日，国家文物局对2008年12月31日前取得文物拍卖许可证的企业进行

了集中审核，现将年审中存在问题的企业及未申报年审企业进行公告。请相关企业针对存在的问题提交书面说明和相应证明材料，在公告发布之日起 15 日内将有关材料送达国家文物局，逾期未提交相关材料者，将暂停其文物拍卖资质。提供虚假材料者，将取消文物拍卖资质。

未申报年审企业需在本公告发布之日起一月内提交年审材料，逾期未报者取消文物拍卖资质。

联系电话：国家文物局社会文物处 59881632

地　　址：北京东城区朝阳门北大街 10 号（100020）

附件：1. 2008 年度文物拍卖许可证年审存在问题企业名单及存在问题

2. 2008 年度文物拍卖许可证年审未申报年审材料企业名单

国家文物局

二〇〇九年六月三日

2008 年度文物拍卖许可证年审存在问题企业名单及存在问题

审核序号	企业名称	原许可证号	主要问题	审核意见
11004	中美宏凯威国际拍卖（北京）有限公司	文物拍字（2006）第 021 号	5 位专业人员非与该公司签署协议，公司名称变更未经核准。	需核实并进行说明。
11009	北京嘉信昌拍卖有限公司	文物拍字（2006）第 11005041 号	1. 五位高职专业人员为新聘人员，缺专业人员资格申请表；2. 高职人员牛玉开在我局登记为“山西海德拍卖有限公司”聘用人员 3. 高职人员谢劳被山西晋通拍卖有限公司重聘	核实并补充相关证明材料。
11063	舍得拍卖（北京）有限公司	文物拍字（2006）第 011 号	缺拍卖纪录、省级文物局核准文件各 1 份，专家邢殿凯声明在其他公司受聘。	补充相关证明材料。
14003	山西晋通拍卖有限公司	文物拍字（2006）第 14005007 号	高职人员谢劳被北京嘉信昌拍卖公司重聘。	核实并补充相关证明材料。
31039	上海龙达拍卖有限公司	文物拍字（2006）第 31006046 号	专家郭素新受聘在北京鑫鼎。	建议核实并提供相关证明材料。
33018	浙江国际商品拍卖中心有限责任公司	文物拍字（2006）第 33005068 号	根据我局记录，专家岳邦湖同时受聘甘肃博乐拍卖有限公司。	核实并补充相关证明材料。
35003	福建省佳富拍卖行有限公司	文物拍字（2008）第 35008008 号	缺少五位专业人员在职证明。	补充相关证明材料。

续表

审核序号	企业名称	原许可证号	主要问题	审核意见
35004	福建省贸易信托拍卖行	文物拍字（2006）第35006055号	五位专业人员在职证明没有联系方式，需进一步核实，缺少一类人员的合格证复印件。	补充相关证明材料。
50001	重庆恒升拍卖有限公司	文物拍字（2006）第50004040号	专业人员书面证明缺少联系电话。	补充相关证明材料。
61006	陕西大德拍卖有限责任公司	文物拍字（2007）第61004059号	根据我局记录，高级文博专业技术人员石兴邦同时受聘于北京天海玉鹭拍卖有限公司。	核实并补充相关证明材料。
11050	中联国际拍卖中心有限公司	文物拍字（2006）第11004051号	两次违规经营被国家文物局暂停资质。	责令改正，暂停资质。
11051	北京阳光国际拍卖有限公司	文物拍字（2006）第11006027号	缺少5位专家的仍在职证明，王倩、宋平声明与该公司解聘。	补充相关证明材料。
11052	鑫鑫源国际拍卖有限公司	文物拍字（2006）第025号	缺少专业人员聘用协议、退休证复印件、仍在职证明，邹正玉、霍海峻声明与该公司解聘。	补充相关证明材料。
11058	北京中立拍卖行有限责任公司	文物拍字（2007）第11007018号	专业人员魏勇娥在北京宝鼎拍卖有限公司受聘。	核实并补充相关证明材料。
11064	北京大得国际拍卖有限公司	文物拍字（2008）第11008009号	因违规拍卖被暂停资质，专业人员雒长安退出该公司。	责令改正，补充相关证明材料。
31012	上海云荟拍卖有限公司	文物拍字（2006）第31004070号	经核实，刘火爱、蒋自饶和钟丰彩已退出该公司。	补充相关证明材料。
31027	上海正德拍卖有限公司	文物拍字（2006）第31005063号	没有省级审核文件；新聘请的高级文博人员郭太松声明退出该公司；拍卖纪录少一场，拍卖图录少两场。	责令改正，补充相关证明材料。
34001	安徽艺海拍卖有限责任公司	文物拍字（2006）第34004032号	拍卖纪录信息不全。经核实，专业人员汪本初退出该公司。	补充相关证明材料。

续表

审核序号	企业名称	原许可证号	主要问题	审核意见
35007	福建运通拍卖行有限公司	文物拍字（2006）第35005064号	五位专业人员已声明与该公司解除聘用关系。	补充相关证明材料。
36001	江西正大拍卖有限责任公司	文物拍字（2006）第36005066号	我局记录中专业人员除孙以刚外都与该公司解除协议。新聘人员钟丰彩缺少资格申请表及省级文物行政部门证明材料，已核实钟丰彩退出。	补充相关证明材料。
44004	中商盛佳广东国际拍卖有限公司	文物拍字（2006）第44005060号	1. 缺5位文物博物专业人员情况 2. 该企业营业地址发生变更，缺相关证明资料。	补充相关证明材料。
61004	陕西宝隆拍卖有限责任公司	文物拍字（2008）第61008013号	经核实，单唯已退出该公司。	补充相关证明材料。
65001	新疆华鼎国际拍卖有限公司	文物拍字（2006）第65004041号	缺少专业人员在职证明，5位专业人员已与该公司解除协议。	补充相关证明材料。

2008年度文物拍卖许可证年审未申报年审材料企业名单

序号	地区	原许可证号	企业名称
1	北京	［2004］004号	盘龙企业拍卖股份有限公司
2	北京	［2004］034号	北京新世纪拍卖有限公司
3	北京	［2004］049号	北京宏利拍卖有限责任公司
4	北京	［2004］057号	北京嘉缘拍卖有限公司
5	北京	［2005］001号	北京鸿正国际拍卖有限公司
6	北京	［2005］016号	北京运河拍卖有限公司
7	北京	［2005］020号	北京东方宏润国际拍卖有限责任公司
8	北京	［2005］031号	诚铭国际拍卖（北京）有限公司
9	北京	［2005］038号	北京中青艺国际拍卖行有限公司
10	北京	［2005］065号	中经拍卖有限公司
11	北京	［2006］006号	北京市康泰拍卖有限责任公司

续表

序号	地区	原许可证号	企业名称
12	北京	［2006］013 号	北京远方国际拍卖有限公司
13	北京	［2006］033 号	北京东方博物拍卖有限公司
14	北京	［2006］039 号	北京佳龙拍卖有限公司
15	北京	［2006］043 号	北京天海玉鹭拍卖有限公司
16	北京	［2007］005 号	北京蓝禾国际拍卖有限公司
17	北京	［2007］015 号	北京华鼎行拍卖有限公司
18	北京	［2007］023 号	北京诚世荣誉国际拍卖有限公司
19	北京	［2008］015 号	元丰国际拍卖（北京）有限公司
20	福建	［2004］062 号	厦门国际商品拍卖有限公司
21	福建	［2005］011 号	厦门恒升拍卖有限公司
22	福建	［2006］038 号	福建公正拍卖有限公司
23	甘肃	［2004］039 号	甘肃瀚珑拍卖有限责任公司
24	广西	［2005］044 号	广西邕华拍卖有限责任公司
25	海南	［2005］032 号	海南京海拍卖有限公司
26	河南	［2006］003 号	河南天龙拍卖有限公司
27	黑龙江	［2006］001 号	黑龙江嘉瑞拍卖有限公司
28	黑龙江	［2006］010 号	黑龙江银通拍卖有限责任公司
29	内蒙古	［2006］052 号	内蒙古信成拍卖有限责任公司
30	山东	［2004］064 号	山东光大拍卖有限公司
31	山东	［2007］006 号	山东省国利拍卖有限公司
32	山西	［2005］009 号	山西诚信拍卖有限公司
33	上海	［2004］009 号	上海友谊拍卖有限公司
34	上海	［2004］020 号	上海新世纪拍卖有限公司
35	上海	［2005］053 号	上海信隆拍卖有限公司
36	上海	［2005］055 号	上海天地拍卖有限公司
37	上海	［2005］062 号	上海海派拍卖有限公司
38	天津	［2005］028 号	天津立达拍卖有限公司

续表

序号	地区	原许可证号	企业名称
39	天津	［2008］012 号	天津鼎晟国际拍卖有限公司
40	浙江	［2005］027 号	宁波东方拍卖有限公司
41	浙江	［2005］056 号	浙江文华拍卖有限公司
42	浙江	［2005］057 号	浙江宁波经典拍卖有限公司
43	浙江	［2006］023 号	宁波市佳得拍卖有限公司
44	重庆	［2006］015 号	重庆中艺拍卖有限公司
45	江苏	［2005］015 号	江苏翰文拍卖有限公司
46	陕西	［2004］078 号	陕西中宝拍卖有限公司
47	北京	［2005］002 号	北京中恒利拍卖有限公司

文化部、国家文物局关于表彰“中国文物、博物馆事业杰出人物”的决定

文物发［2009］16 号

各省、自治区、直辖市文化厅局、文物局、文管会，各直属单位：

中华人民共和国成立 60 周年以来，伴随着社会主义建设和改革开放，我国文物、博物馆事业在波澜壮阔的发展中取得伟大成就。一批与新中国共同成长的文物、博物馆工作者，为保护和传承中华民族优秀文化遗产，艰苦创业、恪尽职守、无私奉献，用智慧和汗水在中国文物、博物馆事业发展历程中谱写出光彩的篇章。

为表彰老一辈文物、博物馆工作者的杰出贡献，激励全国文物系统广大干部职工承前启后、开拓进取、建功立业，文化部、国家文物局决定在中华人民共和国成立60 周年之际，授予于坚等21 名同志“中国文物、博物馆事业杰出人物”荣誉称号。

希望全国文化文物系统广大干部职工学习他们胸怀坚定的理想信念，始终不渝地为保护文化遗产顽强工作的坚强意志；学习他们求真务实、一丝不苟、谦虚严谨的科学态度；学习他们艰苦奋斗、不畏坎坷、百折不挠的创业精神。让我们紧密地团结在以胡锦涛同志为总书记的党中央周围，高举中国特色社会主义伟大旗帜，以邓小平理论和“三个代表”重要思想为指导，深入贯彻落实科学发展观，继续解放思想，坚持改革开放，推进文化遗产事业科学发展，为

全面建设小康社会做出更大的贡献。

附：中国文物、博物馆事业杰出人物名单

二〇〇九年六月十一日

中国文物、博物馆事业杰出人物名单（按姓氏笔画排序）

于　坚　原故宫博物院副院长、研究馆员
马得志　中国社会科学院考古研究所研究员
王世襄　中国文化遗产研究院研究员
王宏钧　原中国历史博物馆副馆长、研究馆员
毛昭晰　原浙江省文化厅副厅长、浙江大学历史系教授
刘光启　天津市文物局副研究馆员
杜仙洲　中国文化遗产研究院教授级高级工程师
吴良镛　中国科学院院士、中国工程院院士、清华大学建筑学院教授
佟柱臣　中国社会科学院考古研究所研究员
余鸣谦　中国文化遗产研究院教授级高级工程师
宋伯胤　原南京博物院副院长、研究馆员
罗哲文　原中国文物研究所所长、教授级高级工程师
郑孝燮　住房城乡建设部教授级高级工程师
郑珉中　故宫博物院研究馆员
段文杰　原敦煌研究院院长、研究员
侯仁之　北京大学城市与环境学院教授
耿宝昌　故宫博物院研究馆员
徐邦达　故宫博物院研究员
宿　白　北京大学考古文博学院教授
蒋赞初　南京大学历史系教授
谢辰生　原国家文物局顾问

国家文物局关于第二批文物拍卖许可证年审合格企业及其聘用高级文物博物专业职称人员的公示

近日，国家文物局已完成第二批报送的文物拍卖企业年审材料审核工作，现将年审合格企业名单及高级文物博物专业职称人员聘用情况进行公示。

公示期为2009年8月5日至8月19日。在此期间，欢迎社会各界通过电话或传真方式，向国家文物局反映上述企业在守法经营方面存在的问题。

联系电话：国家文物局社会文物处　59881632

国家文物局纪委办公室　59881652

传真　59881633

附件：第二批年审合格企业及聘用高级文物博物专业职称人员公示名单

二〇〇九年七月三十一日

2008年度文物拍卖许可证年审第二批合格企业及聘用高级文物博物专业职称人员公示名单

企业序号	企业名称	原许可证号	人员姓名	原工作单位
43001	湖南省国际商品拍卖有限公司	文物拍字（2006）第43006037号	傅举有	湖南省博物馆
			王启初	湖南省博物馆
			吴铭生	湖南省文物考古研究所
			谢辟庸	湖南省文物局
			周世荣	湖南省文物考古研究所
62001	甘肃四方拍卖有限公司	文物拍字（2006）第62004076号	董玉祥	甘肃省文物考古研究所
			魏怀珩	甘肃省文物考古研究所
			蔡义选	甘肃省博物馆
			薛俊彦	甘肃省博物馆
			初世宾	甘肃省博物馆
46001	海南安达信拍卖有限公司	文物拍字（2006）第46005059号	吴嘉麟	湖北省博物馆
			张远栋	湖北省汉川县文物管理所
			许荣颂	海南省定安县博物馆
			陈贤一	湖北省博物馆
			刘彬徽	湖南省博物馆
11069	北京远方国际拍卖有限公司	文物拍字（2006）第013号	陈淑敏	中国国家博物馆
			刘世枢	河北省文物局
			王剑生	河南开封市大相国寺
			赵福生	北京市文物研究所
			赵晓华	辽宁省博物馆
23001	黑龙江嘉瑞拍卖有限公司	文物拍字（2006）第001号	温　野	东北烈士纪念馆
			路秀华	中国国家博物馆
			林国良	中国国家博物馆
			佟希达	黑龙江省博物馆
			贾凤改	黑龙江省博物馆

国家文物局关于对2007～2008年度国家文物局田野考古奖的公示

根据评审委员会评审结果，经审核，国家文物局拟授予陕西唐陵大遗址保护项目（桥陵遗址）等20个项目2007～2008年度国家文物局田野考古奖。现将获奖考古项目名单公示，公示期为40天。

二○○九年八月七日

奖项	项目名称	领 队	项目承担单位
一等奖（3项）	陕西唐陵大遗址保护项目（桥陵遗址）	张建林	陕西省考古研究院
	广东台山新村沙丘遗址	魏 峻	广东省文物考古研究所
	陕西岐山凤凰山（周公庙）遗址	王占奎	陕西省考古研究院、北京大学考古文博学院
二等奖（6项）	浙江余杭良渚古城遗址	刘 斌	浙江省文物考古研究所
	陕西高陵杨官寨遗址	王炜林	陕西省考古研究院
	山东寿光双王城盐业遗址	王守功	山东省文物考古研究所、北京大学考古文博学院、寿光市博物馆
	河南新郑胡庄墓地	马俊才	河南省文物考古研究所
	河南隋唐洛阳城定鼎门遗址	陈良伟	中国社会科学院考古研究所、洛阳市文物工作队
	河南偃师百草坡东汉陵园遗址	史家珍	洛阳市文物工作队
三等奖（11项）	辽宁大连长海小珠山、吴家村遗址	朱延平	中国社会科学院考古研究所、辽宁省文物考古研究所、大连市文物考古研究所
	内蒙古扎鲁特旗南宝力皋吐遗址、墓地	塔 拉	内蒙古文物考古研究所、通辽市民族博物馆、扎鲁特旗文管所
	河南淅川沟湾遗址	靳松安	郑州大学
	甘肃临潭陈旗磨沟遗址	毛瑞林	甘肃省文物考古研究所、西北大学
	河南荥阳娘娘寨遗址	张松林	郑州市文物考古研究院
	湖北郧县辽瓦店子遗址	孟华平	湖北省文物考古研究所
	安徽蚌埠双墩一号春秋墓	阚绪杭	安徽省文物考古研究所
	江苏邳州梁王城遗址	林留根	南京博物院
	湖北荆州熊家冢墓地	孟华平	湖北省荆州博物馆
	陕西靖边统万城遗址	邢福来	陕西省考古研究院
	陕西蓝田北宋吕氏家族墓地	张 蕴	陕西省考古研究院、西安市文物保护考古所

国家文物局关于向长期从事文物博物馆工作人员颁发荣誉证书的决定

文物人发〔2009〕20号

各省、自治区、直辖市文物局（文化厅、文管会），故宫博物院、国家博物馆，各直属单位：

中华人民共和国成立60年以来，我国文化遗产事业取得丰硕成果；特别是改革开放30年以来，文化遗产事业伴随着经济社会的快速发展取得了令人瞩目的成就。一代又一代文物、博物馆工作者，为中华民族文化遗产的保护和传承，艰苦创业，前赴后继，恪尽职守，勤奋工作，作出了无私的奉献，创造了突出的业绩。

为激励全国文物系统广大干部职工承前启后、开拓进取、建功立业，国家文物局决定在新中国成立60周年之际，向从事文物、博物馆工作60年以上的同志，颁发《文物、博物馆工作60年荣誉证书》；向从事文物、博物馆工作30年以上的同志，颁发《文物、博物馆工作30年荣誉证书》。

希望全体文物、博物馆工作者向获得“荣誉证书”的同志们学习，继承光荣传统，忠诚党的事业，弘扬科学精神，坚持艰苦奋斗，创造新的成绩。让我们紧密地团结在以胡锦涛同志为总书记的党中央周围，高举中国特色社会主义伟大旗帜，以邓小平理论和“三个代表”重要思想为指导，深入贯彻落实科学发展观，以更加坚定的信心，更加饱满的热情，更加扎实的工作，推进文化遗产事业科学发展，为全面建设小康社会做出更大的贡献。

附件：1. 从事文物、博物馆工作60年人员名单（略）

2. 从事文物、博物馆工作30年人员名单（略）

二〇〇九年六月十一日

国家文物局关于公布2008年度文物拍卖许可证第二批年审结果的通知

各省、自治区、直辖市文物局（文化厅、文管会）：

根据《文物保护法》、《文物保护法实施条例》、《文物拍卖管理暂行规定》等有关法律法规的要求，我局于近期组织开展了2008年度文物拍卖许可证的第二批年审工作。现将有关情况通知如下：

一、北京中拍国际拍卖有限公司等16家企业（名单见附件1）年审合格，予以核发文物拍卖许可证。

二、因未按规定聘用专业人员，暂停广西邕华拍卖有限责任公司、上海龙达拍卖有限公司文物拍卖资质1年。

三、因未按要求报送年审资料，取消盘龙企业拍卖股份有限公司等44家拍卖企业（见附件2）的文物拍卖资质。

四、同意甘肃省文物局关于暂缓甘肃博乐拍卖有限责任公司年审的申请，暂停该企业文物拍卖资质1年。

五、文物拍卖资质暂停期限自本通知发文之日算起。

特此通知。

附件：1. 2008 年度文物拍卖许可证年审第二批合格企业名单

2. 2008 年度文物拍卖许可证年审取消文物拍卖资质企业名单

二〇〇九年九月十一日

2008 年度文物拍卖许可证年审第二批合格企业名单

审核序号	企业名称	许可证号	拍卖范围
1	北京中拍国际拍卖有限公司	文物拍字（2009）第 11005035 号	第一、二、三类文物
2	中美宏凯威国际拍卖（北京）有限公司	文物拍字（2009）第 11006021 号	第二、三类文物
3	山西晋通拍卖有限公司	文物拍字（2009）第 14005007 号	第一、二、三类文物
4	浙江国际商品拍卖中心有限责任公司	文物拍字（2009）第 33005068	第二、三类文物
5	安徽艺海拍卖有限责任公司	文物拍字（2009）第 34004032 号	第一、二、三类文物
6	福建省佳富拍卖行有限公司	文物拍字（2009）第 35008008 号	第二、三类文物
7	福建省贸易信托拍卖行	文物拍字（2009）第 35006055 号	第二、三类文物
8	福建运通拍卖行有限公司	文物拍字（2009）第 35005064 号	第二、三类文物
9	重庆恒升拍卖有限公司	文物拍字（2009）第 50004040 号	第二、三类文物
10	陕西宝隆拍卖有限责任公司	文物拍字（2009）第 61008013 号	第二、三类文物
11	陕西大德拍卖有限责任公司	文物拍字（2009）第 61004059 号	第二、三类文物
12	湖南省国际商品拍卖有限公司	文物拍字（2009）第 43006037 号	第二、三类文物
13	甘肃四方拍卖有限公司	文物拍字（2009）第 62004076 号	第一、二、三类文物
14	海南安达信拍卖有限公司	文物拍字（2009）第 46005059 号	第二、三类文物
15	北京远方国际拍卖有限公司	文物拍字（2009）第 11006013 号	第二、三类文物
16	黑龙江嘉瑞拍卖有限公司	文物拍字（2009）第 23006001 号	第二、三类文物

2008 年度文物拍卖许可证年审取消文物拍卖资质企业名单

序号	企业名称	原许可证号	经营类别
1	盘龙企业拍卖股份有限公司	[2004] 004 号	第一、二、三类文物
2	北京新世纪拍卖有限公司	[2004] 034 号	第二、三类文物
3	北京宏利拍卖有限责任公司	[2004] 049 号	第二、三类文物
4	北京嘉缘拍卖有限公司	[2004] 057 号	第二、三类文物
5	北京鸿正国际拍卖有限公司	[2005] 001 号	第二、三类文物
6	北京运河拍卖有限公司	[2005] 016 号	第二、三类文物
7	北京东方宏润国际拍卖有限责任公司	[2005] 020 号	第二、三类文物
8	诚铭国际拍卖（北京）有限公司	[2005] 031 号	第二、三类文物
9	北京中青艺国际拍卖行有限公司	[2005] 038 号	第二、三类文物
10	中经拍卖有限公司	[2005] 065 号	第二、三类文物
11	北京市康泰拍卖有限责任公司	[2006] 006 号	第二、三类文物
12	北京东方博物拍卖有限公司	[2006] 033 号	第二、三类文物
13	北京佳龙拍卖有限公司	[2006] 039 号	第二、三类文物
14	北京天海玉鹭拍卖有限公司	[2006] 043 号	第二、三类文物
15	北京蓝禾国际拍卖有限公司	[2007] 005 号	第二、三类文物
16	北京华鼎行拍卖有限公司	[2007] 015 号	第二、三类文物
17	北京诚世荣誉国际拍卖有限公司	[2007] 023 号	第二、三类文物
18	元丰国际拍卖（北京）有限公司	[2008] 015 号	第二、三类文物
19	北京中恒利拍卖有限公司	[2005] 002 号	第二、三类文物
20	江苏翰文拍卖有限公司	[2005] 015 号	第二、三类文物
21	厦门国际商品拍卖有限公司	[2004] 062 号	第一、二、三类文物
22	厦门恒升拍卖有限公司	[2005] 011 号	第一、二、三类文物
23	福建公正拍卖有限公司	[2006] 038 号	第二、三类文物
24	甘肃瀚珑拍卖有限责任公司	[2004] 039 号	第二、三类文物
25	海南京海拍卖有限公司	[2005] 032 号	第二、三类文物
26	河南天龙拍卖有限公司	[2006] 003 号	第二、三类文物

续表

序号	企业名称	原许可证号	经营类别
27	黑龙江银通拍卖有限责任公司	[2006] 010 号	第二、三类文物
28	内蒙古信成拍卖有限责任公司	[2006] 052 号	第二、三类文物
29	山东光大拍卖有限公司	[2004] 064 号	第二、三类文物
30	山东省国利拍卖有限公司	[2007] 006 号	第二、三类文物
31	山西诚信拍卖有限公司	[2005] 009 号	第二、三类文物
32	上海友谊拍卖有限公司	[2004] 009 号	第一、二、三类文物
33	上海新世纪拍卖有限公司	[2004] 020 号	第一、二、三类文物
34	上海信隆拍卖有限公司	[2005] 053 号	第二、三类文物
35	上海天地拍卖有限公司	[2005] 055 号	第二、三类文物
36	上海海派拍卖有限公司	[2005] 062 号	第二、三类文物
37	天津立达拍卖有限公司	[2005] 028 号	第二、三类文物
38	天津鼎晟国际拍卖有限公司	[2008] 012 号	第二、三类文物
39	宁波东方拍卖有限公司	[2005] 027 号	第二、三类文物
40	浙江文华拍卖有限公司	[2005] 056 号	第二、三类文物
41	浙江宁波经典拍卖有限公司	[2005] 057 号	第二、三类文物
42	宁波市佳得拍卖有限公司	[2006] 023 号	第二、三类文物
43	重庆中艺拍卖有限公司	[2006] 015 号	第二、三类文物
44	陕西中宝拍卖有限公司	[2004] 078 号	第二、三类文物

国家文物局关于印发《考古发掘项目检查验收办法（试行）》的通知

各省、自治区、直辖市文物局（文化厅、文管会）：

为贯彻执行《中华人民共和国文物保护法》，规范考古发掘项目检查验收工作，切实加强我国考古工作管理，确保工作质量，现印发《考古发掘项目检查验收办法（试行）》，请遵照执行，并将执行过程中的情况和意见函告我局。

附件：《考古发掘项目检查验收办法（试行）》

附件 1. 考古发掘项目检查验收标准

附件 2. 考古发掘项目检查验收工作实施细则

附件 3. 考古发掘项目检查验收评价说明

附件 4. 考古发掘项目检查评价表（略）

附件 5. 考古发掘项目检查意见书（略）

附件 6. 考古发掘项目验收评价表（略）

附件 7. 考古发掘项目验收意见书（略）

二〇〇九年十月二十二日

考古发掘项目检查验收办法（试行）

第一条　为加强考古发掘项目管理，规范考古发掘项目检查、验收工作，制定本办法。

第二条　本办法适用于考古发掘项目田野工作阶段的业务检查、验收。财务和安全的检查、验收按相关规定执行。

第三条　考古发掘项目检查、验收工作，由省级文物行政部门根据国家文物局委托组织实施；国家文物局可随时对各地考古发掘项目进行抽查。

第四条　考古发掘项目检查、验收依照《考古发掘项目检查验收标准》执行。

第五条　考古发掘项目检查、验收工作程序

1. 检查由省级文物行政部门适时组织，重要考古发掘项目应进行中期检查。验收由考古发掘单位在田野工作结束后向项目所在地省级文物行政部门提出申请，省级文物行政部门在收到申请之日起 10 日内进行验收。

2. 检查、验收工作由省级文物行政部门组织考古、文物保护等专家组成检查、验收组实施。检查、验收组成员应不少于 3 人。

3. 检查、验收工作应包括：听取工作汇报，实地踏察发掘工地，检查发掘记录，查看文物库房、出土文物和标本等。

4. 检查、验收组对考古发掘项目进行评议，分别填写《考古发掘项目检查评价表》《考古发掘项目检查意见书》或《考古发掘项目验收评价表》《考古发掘项目验收意见书》。

5. 省级文物行政部门根据《考古发掘项目检查意见书》，要求考古发掘单位对考古发掘项目中存在的问题限期进行整改。

6. 省级文物行政部门根据《考古发掘项目验收意见书》对考古发掘项目进行验收评定，并报国家文物局备案。

7. 考古发掘单位对验收评定结论有异议的，可向项目所在地省级文物行政部门提出复审申请，经省级文物行政部门审查同意后，由省级文物行政部门重新组织验收组进行验收。

第六条　检查、验收专家须具有高级专业技术职称，在考古、文物保护及相关领域具有较高造诣。

第七条　检查验收专家须全面地了解情况，客观公正地给予评价，认真负责地填写意见。

第八条　检查、验收工作所需经费由省级文物行政部门承担。

第九条　验收结论作为评选国家文物局田野考古奖等奖项的依据。

第十条　考古调查和水下考古等项目的检查、验收工作可参照本办法执行。

第十一条　本办法自发布之日起施行。

考古发掘项目检查验收标准

一、依据

本标准依据《中华人民共和国文物保护法》《中华人民共和国文物保护法实施条例》《考古发掘管理办法》《田野考古工作规程》等制订。

二、评价原则

1. 规范性

依法进行考古发掘，遵守《田野考古工作规程》，工作严谨、规范。

2. 学术性

课题意识较强，学术目标明确。

3. 科学性

以考古学理论为指导，对于遗址的整体把握、遗迹现象的认知处理准确到位。多学科参与，综合性研究。文物保护意识强，对考古现场遗迹遗物的保护措施及时、有效。

4. 安全性

文物保护应急预案完备，安全保障制度健全，措施到位。

5. 创新性

提倡探索和运用考古发掘、文物保护、项目管理的新理念、新方法、新技术。

三、评价内容

1. 报批手续

依法履行报批手续。项目具有《中华人民共和国考古发掘证照》，项目负责人持有《考古发掘领队资格证书》。

2. 人员及器材配备

根据项目实际需要，合理配置考古科研、技术和文物保护等人员。

考古发掘、信息采集、文物保护等方面的仪器设备齐全，有效使用。

科研保障和服务设施齐备。

3. 研究基础

全面掌握与项目有关的考古资料。基本了解遗址的范围、文化内涵和价值。遗址调查勘探资料详备。

4. 工作目的

学术目的明确，工作目标清晰。

5. 工作方案与技术路线

工作方案详细、完备，技术路线切实可行。

具有考古现场重要遗迹现象和出土文物的保护处理预案。

6. 工作规范

6.1　领队坚守岗位，切实履行职责。

6.2　发掘工作组织有序，发掘现场干净整洁。各种标志齐备醒目。

6.3　发掘操作中，层位关系清楚，遗迹现象把握准确、清理到位。出土文物起取和标本采集科学、规范。

6.4　发掘记录完整、详细、科学、规范。重要的考古发掘项目有摄像资料。

6.5　标本采集与记录全面、准确、规范。

6.6　资料档案管理科学、规范。

6.7　及时进行考古资料的数字化处理。

7.　出土文物、标本保管与遗址保护

7.1　出土文物、标本的保护与管理科学、规范、安全、有效。

7.2　考古现场重要遗迹的保护措施及时、得当。

7.3 为遗址保护提供科学依据，提出建设性意见。

8. 目标实现

8.1 主动性发掘

8.1.1 为学术研究进行的考古发掘，须解决预设的学术问题，达到预期学术目标。

8.1.2 以遗址保护为目的的考古发掘，应为保护工作提供科学依据和专业建议。

8.2 基本建设中的考古发掘，应摸清地下文物状况，全面提取信息资料，妥善处置遗迹遗物，提出处理意见。

8.3 抢救性发掘，有效抢救了遭受破坏的遗址和文物。

考古发掘项目检查验收工作实施细则

一、检查、验收工作采用分项考核、打分评定制。评分采取百分制，按《考古发掘项目检查评价表》《考古发掘项目验收评价表》内容逐项打分。

二、检查、验收组成员应每人填写一份《评价表》，取《评价表》总分的平均值作为检查、验收的综合评分，由组长据此填写《考古发掘项目检查意见书》或《考古发掘项目验收意见书》。检查、验收组各位成员的《评价表》作为《意见书》附件存档。

三、《考古发掘项目检查意见书》《考古发掘项目验收意见书》须写明审阅考古资料的方式（全面审查或抽查）和数量。抽查方式须写明抽查项目、数量和比重。

四、《考古发掘项目检查意见书》《考古发掘项目验收意见书》须记录检查验收组全体成员姓名，由检查、验收组组长签署。

五、《考古发掘项目检查评定表》《考古发掘项目验收评定表》中，每个考核项目均分为“A”、“B”、“C”、“D”四个评定等级，每个等级各有对应分值，打分时直接填入对应分值即可。

“A”表示完全符合规范要求；“B”表示基本符合规范，无明显瑕疵；“C”表示存有瑕疵但无大的错误或缺陷；“D”表示存在明显错误、严重缺陷甚至重大失误。

考古发掘项目检查验收结果，分为四等：得分60分以下为“不合格”，60~69.9分为合格，70~84.9分为良，85分以上为优。

六、检查、验收工作的具体内容，参见《考古发掘项目检查验收评价说明》。

考古发掘项目检查验收评价说明

项　目	内　容	说　明
人员配备	考古发掘领队履行职责到位	领队负责制定完善的发掘工作方案和文物保护预案，做好发掘组织工作，协调好各方面关系，抓好发掘质量，写好工地总日记，落实遗址和文物保护措施。
	考古发掘专业人员配置合理	考古发掘专业人员的人数、工作能力、技术水平等，应与本项目的规模、重要程度相适应。
	科技考古、文物保护专业人员参与到位	考古发掘方案中含有科技考古、文物保护人员参与内容，事先联系安排好相关人员。重要发掘中科技考古、文物保护人员应坚守现场

续表

项　目	内　容	说　明
设备设施	考古发掘、信息提取、文物保护等设备器材配置齐全、管理有序	考古发掘和文物保护的相关设备器材能满足考古发掘和文物保护工作的需要，有相应的管理制度和措施。
	科研保障与服务设施齐全	考古工作人员的科研保障设施和生活服务设施齐备，其水平应与当前经济发展水平相适应。
研究基础	对已有相关考古资料的全面收集和认真整理	对与本项目有关考古资料进行比较全面地收集整理，熟悉本遗址考古研究的历史与现状。
	对遗址范围、内涵、价值的深入了解	基本掌握该遗址的范围、时代、文化内涵、学术价值等基本情况；至少掌握遗址范围、地层堆积等情况。
	调查勘探资料全面、可靠	对该遗址的田野调查和前期勘探工作，涵盖全面，细致深入，记录详尽，准确可靠。
工作目的	学术目的明确，工作目标清楚	考古发掘应有明确的学术目的，确定要解决的学术问题和具体工作目标。
工作方案与技术路线	工作方案详细完备，技术路线切实可行	发掘前须制订完备的发掘方案，内容主要包括学术目标、人员组成、技术路线、保障措施、发掘地点和面积等；技术路线切实可行，符合当前学科发展水平。
	发掘区域选择合理，发掘面积掌控得当	发掘地点的选择和发掘面积的掌控，既有利于学术目标的实现，又有利于遗址保护。
发掘技术和发掘水平	地层划分合理、准确	根据土质土色和包含物等进行地层划分，分层线条合理，堆积单位的合并与文化分期不矛盾，相邻探方的地层划分应关联、统一。
	遗迹间层位关系清楚	各种遗迹均有明确的地层关系，关联遗迹间具有明确的层位关系。
	遗迹现象把握准确	对于各种遗迹现象的范围、深度、性质，有正确认识和判断。
	遗迹现象清理到位	各种遗迹现象的边缘线划分清楚正确，发掘清理找边准确，揭露出的遗迹现象真实完整。
	出土文物和其他科研标本的采集全面、规范	文物标本应全部收集，动物植物标本以及与环境相关的其他自然遗物、土壤、水样等科研标本，尽量全面采集。各种标本的采集要符合相关规程，确保其安全、洁净。
	发掘现场管理科学有序，各种标志齐备醒目	发掘现场管理有规章有措施，工作现场安全有序，干净整齐。有关标志齐备、醒目、有效。

续表

项　目	内　容	说　明
发掘记录和资料管理	各类文字记录及表格齐备、准确、规范	考古工地总日记、总记录，探方日记、探方记录，各种遗迹记录表、统计表，各种文物登记表、统计表，标本采集登记表，照相摄像登记表等，应做到门类齐全，内容翔实，书写工整，符合规范。
	各类测绘记录齐备、准确、规范	发掘地点位置图，探方分布图，遗迹现象总平面图，总地层图，探方各层面的平面图，探方四壁剖面图，各种遗迹现象的平剖面图，以及其他特殊图等，应齐备、清晰、准确、规范。
	照相摄像及记录齐备、规范	发掘过程和各种遗迹以及具有科学资料价值的事物，均应留下影像资料，务求全面、翔实、可靠。
	各类标本采集记录齐备、规范	文物和各种科研标本的采集，须有详细记录，确保可长期保存
	各类资料的汇总与存档管理科学、规范	各类资料应按单位、性质等不同分类方法，分别汇总保存管理。尽可能采用多种方式保存，确保其安全。
	各类发掘记录和出土文物标本的数字化资料库建设	考古发掘的文字、图表、影像和实物资料，应运用数字化技术进行处理，建成考古资料数据库
	遗址地形地貌数字化图的制备	提倡在考古发掘中使用空间信息新技术，记录、描述遗址和遗迹遗物有关信息。
出土文物保护与遗址保护	出土文物和遗迹保护预案详备	发掘前必须制订考古发掘现场保护、出土文物现场保护、发掘后遗址保护预案。预案应与当前科学技术水平相适应。
	遗迹遗物现场处置与保护及时有效	在考古现场必须注意做好遗迹和遗物的保护，为实验室内的文物保护工作打好基础。
	出土文物标本的保管、保护妥当安全	出土文物和其他科研标本的管理，应选择合适的包装材料、保存容器、保存环境，确保安全。
	发掘后对发掘现场的保护处理及时有效	发掘结束后，对考古现场及时采取临时性保护措施，或对考古现场保护提出处理意见。
	关于遗址保护的建议	发掘结束后，应根据发掘结果对遗址保护提出具体建议。

续表

项　目	内　容	说　明
目标实现	学术性发掘：解决预设的学术问题，达到预期学术目标	学术性发掘应在一定层面和相当程度上，实现既定学术目标；未能较好完成学术任务的应提交阐述具体原因的文字材料。在工作过程中，可根据文物保护需求或其他实际情况及时调整工作目标。
	文化遗产保护性发掘：为遗址保护提供科学依据和可行性建议	文化遗产保护性发掘应为遗址保护规划的编制、修订，以及保护方案的实施，提供科学依据和专业建议。
	基本建设中的发掘：摸清地下文物状况，妥善处置地下的遗迹遗物	建设工程中的考古发掘应摸清地下文化遗存状况，尽可能全面提取各种信息资料，妥善起取或就地保护所发现的遗迹遗物。
	抢救性发掘：解除了文物面临的危情，或抢救了遭受破坏的文物	抢救性发掘应对残存遗迹遗物进行有效抢救保护。
创新	考古发掘、文物保护、项目管理的理念、技术、方法创新	考古发掘提倡积极创新，创新范畴主要包括考古发掘、文物保护、项目管理等方面的新理念、新方法、新技术等。

全国文物工作先进县评选领导小组办公室关于对拟授予2009年“全国文物工作先进县”名单公示的通知

根据《文化部国家文物局关于开展2009年全国文物工作先进县评选表彰活动的通知》要求，为推动地方政府更加重视、关心和支持文物工作，进一步促进我国文物事业的改革和发展，经文化部和国家文物局批准，决定开展2009年全国文物工作先进县评选表彰活动。经各省、自治区、直辖市推荐，全国文物工作先进县评选表彰工作领导小组研究决定，拟授予北京市通州区等36个县（市、区）“全国文物工作先进县”称号。根据评选表彰办法，现对拟授予“全国文物工作先进县”的各地区予以公示，如有异议，请于公示之日起7日内向评选表彰领导小组办公室反映。

评选领导小组办公室电话：（010）59881540（010）59881541（传真）

地　址：北京市东城区朝阳门北大街10号

邮　编：100020

2009年文物工作先进县公示名单

北京市通州区

上海市静安区

天津市宝坻区
重庆市南岸区
河北省张家口市桥西区、武安市
山西省榆社县、翼城县
内蒙古自治区扎兰屯市
辽宁省本溪县
吉林省柳河县
黑龙江省林口县
江苏省太仓市
浙江省杭州市余杭区、平湖市
安徽省固镇县
福建省长汀县
江西省南昌县
山东省莒县
河南省光山县、渑池县
湖北省秭归县
湖南省凤凰县
广东省佛山市高明区
广西壮族自治区容县
四川省泸县、木里藏族自治县
贵州省务川仡佬族苗族自治县
云南省通海县
西藏自治区江孜县
陕西省富县、旬阳县
甘肃省庆城县
青海省湟中县
宁夏回族自治区灵武市
新疆维吾尔自治区昭苏县

二〇〇九年十一月十六日

国家文物局关于试行文物行政执法与安全监管情况公告制度的通知

各省、自治区、直辖市文物局（文化厅）、文管会：

为贯彻落实《中华人民共和国文物保护法》和国务院《全面推进依法行政实施纲要》，推进文物行政执法，加强文物安全监管，我局决定实施文物行政执法与安全监管公告制度。现将《文物行政执法与安全监管情况公告制度工作方案（试行）》（以下简称《工作方案》）印发给你们，并于2010年1月1日起试行。各省文物行政部门要严格按照《工作方案》要求的上报内容、方式和时限，认真做好相关信息和工作情况的统计汇总和上报工作。试行过程中，关于进一步完善《工作方案》的意见和建议要及时向国家文物局反馈。

专此通知。

二〇〇九年十一月十七日

文物行政执法与安全监管情况公告制度工作方案（试行）

为贯彻落实《中华人民共和国文物保护法》、国务院《全面推进依法行政实施纲要》、国务院办公厅《关于推行行政执法责任制的若干意见》等法律法规和规范性文件，全面推进文物行政执法，加强文物安全监管，国家文物局决定试行文物行政执法与安全监管情况公告制度（以下简称“公告制度”），特制订本工作方案。

一、目标与思路

（一）必要性

我国当前正处在改革与发展的关键阶段，文化遗产事业面临着前所未有的重视和前所未有的挑战，文化遗产保护处于最危险、最紧迫、最关键的历史时期。一方面，各类文物刑事案件呈上升趋势，盗窃、盗掘、走私文物的违法犯罪活动猖獗；各类文物违法案件屡禁不止，法人违法现象严重；火灾等安全事故屡屡发生。另一方面，我国文物行政执法与安全监管体制尚不健全，地方各级政府文物安全责任制与责任追究机制难落实，各级文物行政主管部门机构人员少，文物保护基础薄弱，导致信息渠道不畅，监管不到位，舆论应对不及时，工作局面相对被动。信息公开是依法行政的重要组成部分，有必要通过这种方式，推动各级政府与有关部门依法履行文物保护职责，规范促进文物执法与监管行为。

（二）工作目标

以国家文物局督察司成立为契机，在全国建立文物行政执法与安全监管情况公告制度，及时掌握文物违法犯罪案件与安全事故情况，对各地开展文物行政执法巡查和安全检查情况进行公示，对重大案件处理情况进行通报，以信息公开方式形成长效监督制约机制，推动地方各级政府和文物行政主管部门依法落实文物行政执法与安全监管责任，警示、威慑文物犯罪和违法违规行为，全面加强文物安全工作。

（三）基本思路

将公告制度作为推进文物行政执法责任制、加强文物行政执法与安全监管的一项长期性、基础性工作制度，构建科学、准确的统计分析平台，配套合理、有效的监督奖励措施，形成及时、通畅的信息获取渠道，建立公开、有序的公示公告机制。

二、信息报送

县级以上文物行政主管部门将文物行政执法与安全监管工作情况按本方案要求逐级上报，由省级文物行政主管部门汇总后报国家文物局。各级文物行政主管部门应专人负责，加强审核，确保信息准确，建立信息联系协调制度，形成上下贯通、责任到人的闭合式信息渠道。

（一）报送范围

1. 全国重点文物保护单位、省级文物保护单位和列为一级风险单位的博物馆、纪念馆、文物库房等文物收藏单位发生的文物行政违法案件与文物安全事故等情况；

2. 一级风险单位以外的其他文物收藏单位发生一级文物丢失或者损毁情况；

3. 县级以上文物行政主管部门开展文物行政执法巡查和文物安全检查工作情况；

4. 国家文物局督办的文物行政执法案件和文物安全事故处理情况；

5. 国家文物局下发的关于文物行政执法和文物安全监管工作通知要求落实的工作事宜等。

（二）报送内容

1. 文物被盗抢案件、古墓葬被盗掘案件和走私文物案件报告的内容：发案单位名称、隶属关系，涉案文物保护单位级别；发案时间、地点、经过；人员伤亡情况；涉案可移动文物数量、级别；案件原因分析及处理结果等。

2. 火灾事故报告的内容：发案单位名称、隶属关系，涉案文物保护单位级别；发案时间、地点；人员伤亡情况；烧毁面积和损毁可移动文物数量、级别；火灾原因及处理结果等。

3. 文物行政违法案件报告内容：违法相对人名称、违法性质、涉及文物保护单位级别，违法行为的时间、地点和违法事实，违法行为给文物造成的损失，违法行为的处理情况等。

4. 文物行政主管部门开展文物行政执法巡查工作情况统计：执法巡查次数（包括现场检查和电话询问等方式），发现违法案件数量，立案数量，责令改正违法行为的件数，行政处罚违法行为件数。

5. 文物安全检查工作情况统计：文物安全检查次数（包括现场检查和电话

询问等方式）、发现安全隐患次数，责令整改次数，发现安全事故件数。

6. 其他文物行政执法与文物安全工作情况报告内容为国家文物局通知、督办函、处理意见函等要求的具体内容。

（三）报送要求

1. 全国重点文物保护单位和省级文物保护单位发生行政违法行为和重大安全事故，列为一级风险单位的博物馆、纪念馆、文物库房等文物收藏单位发生文物安全事故情况，以及一级风险单位以外的其他文物收藏单位发生一级文物丢失或者损毁情况，要在 2 小时内向主管的文物行政部门报告，并逐级上报省级文物行政部门。省级文物行政部门要在接到报告 2 小时内通过电话或传真报告国家文物局，在事发 3 日内正式上报书面材料（并通过国家文物局文物安全与行政执法管理信息系统报送电子文档）。国家文物局值班电话：010—59881572。

2. 文物执法巡查与安全检查工作情况和文物行政违法案件和与安全事故情况季度统计，由各省级文物行政主管部门每季度填写《文物行政执法与安全监管工作情况季度统计表》，按时向国家文物局上报书面材料（并通过国家文物局文物安全与行政执法管理信息系统报送电子文档）。报送时间分别为：第一季度于当年 4 月 15 日前报送、第二季度于当年 7 月 15 日前报送、第三季度为当年 10 月 15 日前报送，第四季度为下一年度的 1 月 15 日前报送。

国家文物局当前重点对省级文物行政部门的执法巡查与安全检查工作情况，以及全国重点文物保护单位与列为一级风险单位的文物收藏单位发生的行政违法和安全事故情况，进行统计公告。省级文物行政主管部门要参照本方案，对市、县级文物行政主管部门的执法巡查与安全检查工作情况，以及省级以下文物保护单位和其他文物收藏单位发生的行政违法和安全事故情况，进行统计公告。

3. 其他文物行政执法与文物安全工作情况报告按国家文物局通知、督办函、处理意见函等文件要求的具体时限，以书面形式报国家文物局。

三、统计分析

（一）舆情收集

国家文物局利用信息网络技术建立“文物违法犯罪与安全事故舆情收集机制”，及时获取网络媒体信息，每日在国家文物局文物安全与行政执法管理信息系统发布，并与各地上报的文物行政违法案件和安全事故信息进行比对，及时督办各地未上报案件。

（二）汇总分析

国家文物局及时汇总各地上报的文物行政执法与安全监管工作信息、文物行政违法案件和安全事故信息，结合舆情收集信息，建立全国文物行政执法与安全监管信息库，逐步实现地区间、部门间信息互通互连，实现对文物违法犯罪趋势的预警分析，为制定文物行政执法与文物安全监管制度措施提供现实依据。

四、公示公告

（一）形式与内容

文物行政执法和安全监管情况公告分“专项通报”“季度通报”和“年度报告”三种形式。

1. “专项通报”。全称为《文物行政执法与文物安全情况专项通报》，用于通报国家文物局直接督办的重大文物违法案件与文物安全案件、配合有关部门查处的重大文物犯罪案件的调查处理结果，以及国家文物局文物行政执法专项督察工作情况，由国家文物局不定期发布。

2. “季度通报”。全称为《文物行政执法与文物安全情况季度通报》，用于通报各省、自治区、直辖市开展文物行政执法与文物安全监管工作的日常情况，由国家文物局汇总各省份上报信息后，逐季发布。

3.“年度报告”。全称为《文物行政执法与文物安全情况××××年度报告》，用于对全国文物行政执法与文物安全监管工作情况进行年度评估与综合分析，由国家文物局根据各地区年度工作情况组织撰写，逐年发布。

（二）发布范围

1.“专项通报”印发全国文物安全工作部际联席会议各成员单位、各省级文物行政部门，重大文物行政违法案件和安全事故抄送相关省、自治区、直辖市人民政府办公厅。

2.“季度通报”印发全国文物安全工作部际联席会议各成员单位、各省级文物行政部门。

3.“年度报告”报送国务院，印发全国文物安全工作部际联席会议各成员单位和省级文物行政部门，抄送各省、自治区、直辖市人民政府办公厅。

（三）公开方式

上述“专项通报”“季度通报”与“年度报告”，凡可公开的，均可在中国文物报、国家文物局政府网站及“文物安全与行政执法专网”及时发布，并提供中央各新闻单位；遇重大事件，可通过召开新闻发布会等形式进行公开通报。通过公开曝光重大文物案件和安全事故，形成社会舆论压力，发挥警示震慑和教育惩戒功能。

五、监督奖惩

国家文物局通过掌握各地区文物行政执法与安全监管情况，实现对各级文物行政部门推行行政执法责任制的监督指导，对严格执行文物法律法规、安全监管责任到位的地区给予表彰鼓励，在项目、经费安排上给予适当倾斜。

同时，对于出现下列行为的，国家文物局进行通报批评，或者根据情节，向当地政府通报或者提出行政处理建议：

1. 各级文物行政部门和文博单位对发生文物行政违法案件、文物安全事故，或者发现文物安全隐患，不及时处理，不按要求上报的；

2. 在文物行政执法、安全监管工作中存在不作为、乱作为等行为的；

3. 国家文物局公告或者通报下发后，应对公告或者通报文物行政违法案件、文物安全事故负责的文物行政部门或者文博事业单位，不按通报要求认真整改并按时报送整改结果的；

4. 国家文物局下发的关于文物行政执法和文物安全监管工作通知要求落实的工作事宜，无正当理由不予落实或者不及时报告落实结果的。

国家文物局关于开展2009年度考古发掘资质和考古发掘领队资格评审工作的通知

文物保函［2009］1381号

各省、自治区、直辖市文物局（文化厅、文管会）：

根据《中华人民共和国文物保护法》、《中华人民共和国文物保护法实施条例》《考古发掘管理办法》的有关规定，我局决定开展2009年度考古发掘资质和考古发掘领队资格评审工作，现将有关事项通知如下：

一、符合《中华人民共和国文物保护法实施条例》第二十条和《考古发掘管理办法》第五条规定的单位可按程序申请考古发掘资质；符合《考古发掘管理办法》第六条规定的个人可按程序申请考古发掘领队资格。

二、申请考古发掘资质的单位，需填报《考古发掘资质申请书》，并提供以下材料：

（一）法人证书、领队的个人简历和《中华人民共和国考古发掘领队证书》复印件；其他专业人员情况简介。

（二）单位参加的考古发掘项目及相关工作的情况介绍。

三、申请考古发掘领队资格的个人，需填报《考古发掘领队资格申请书》，并提供以下材料：

（一）申请人的本科以上学历、学位证书复印件；中级以上文物博物馆专业技术职务证明材料。非考古专业人员需提交国家文物局田野考古考核合格证书复印件。

（二）代表性学术论文和2篇田野考古发掘报告（简报）。

四、各省、自治区、直辖市文物局（文化厅、文管会）负责汇总本省（区、市）的相关申报材料，并报送我局；同时，请将申请单位、申请人填报的《考古发掘资质申请书》和《考古发掘领队资格申请书》的电子文件发送至 kaoguchu@ sach. gov. cn。

五、受理申报材料的截止日期为2009年12月25日。《考古发掘资质申请书》及《考古发掘领队资格申请书》可从国家文物局政府网站主页（www. sach. gov. cn）下载打印。

六、在以往的评审工作中，个别省份申报材料存在漏填项目、字迹模糊潦草、无初评组意见、公章不全等问题，给评审工作增添了难度。请你局（厅、文管会）严格按照有关规定，认真组织好初评和申报工作，确保评审工作顺利进行。

七、材料请寄送至：

北京市东城区朝阳门北大街10号邮编：100020

国家文物局文物保护与考古司考古处

联 系 人：张　磊　张　凌

联系电话：010—59881655

传　　真：010—59881703

电子邮箱：kaoguchu@ sach. gov. cn

特此通知。

二〇〇九年十一月二十日

国家文物局、公安部关于联合开展文物单位消防安全大检查工作的通知

各省、自治区、直辖市文物局（文化厅、文管会），公安厅、局：

为贯彻《中华人民共和国文物保护法》和《中华人民共和国消防法》，进一步加强和改善文物单位消防安全工作，国家文物局与公安部决定从2009年12月1日到2010年2月28日，集中三个月在全国文物系统开展文物单位消防安全大检查。现将《文物单位消防安全大检查实施方案》发给你们，请按方案要求认

真组织实施。

二〇〇九年十一月二十三日

文物单位消防安全大检查实施方案

为确保文物单位消防安全大检查工作扎实有效开展，根据文物保护与消防安全法律、法规，特制定本实施方案。

一、指导思想

全面贯彻文物保护和消防安全法律法规，认真落实"预防为主、防消结合"的方针，通过文物部门和公安机关密切配合，强化消防安全监管，进一步督促文物单位严格落实消防安全责任制，提高消防安全管理水平，增强责任主体意识和防控火灾的能力，有效预防和减少火灾事故发生，确保国家文化遗产安全。

二、时间安排

2009 年 12 月 1 日至 2010 年 2 月 28 日

三、检查范围

本次检查的文物单位包括：各级文物保护单位（重点是古建筑、近现代代表性建筑、石窟寺），博物馆、纪念馆等文物收藏单位，文物考古研究所，文物保护工程施工现场等。

四、检查依据

《中华人民共和国文物保护法》；

《〈中华人民共和国文物保护法〉实施条例》；

《中华人民共和国消防法》；

公安部《机关、团体、企业、事业单位消防安全管理规定》；

《国家文物局突发事件应急工作管理办法》；

国家旅游局、国家工商行政管理总局、国家质量监督检验检疫总局、国家宗教事务局、国家文物局、国家标准化管理委员会《关于进一步规范全国宗教旅游场所燃香活动的意见》（旅办发［2009］140 号）。

五、检查内容

（一）消防安全工作的组织领导和岗位职责情况

1. 文物保护单位的保护机构或者管理使用单位，博物馆、纪念馆等文物收藏单位，文物考古研究所，文物保护工程施工现场是否建立健全消防安全管理机构，明确消防安全责任人，落实消防安全管理人；

2. 距离当地公安消防队较远，列为全国重点文物保护单位的大型古建筑群是否建立专职或兼职消防队伍；

3. 是否明确岗位职责，层层落实消防安全责任制，签订责任书。

（二）消防安全管理制度、消防安全档案建立情况

1. 是否建立下列消防安全管理制度：

消防安全教育、培训；

防火巡查、检查；

消防（控制室）值班；

消防设施、器材维护；

火灾隐患整改；

用火、用电安全管理；

专职和兼职消防队的管理；

火灾应急预案演练；

燃气和电气设备的检查和管理（包括防雷、防静电）；

消防安全工作考评和奖惩等。

2. 是否按规定建立消防档案，消防档案是否完整、规范。

（三）消防设施设备及其使用情况

1. 是否按相关要求安装火灾报警和灭火设施、设备；

2. 是否按相关要求配备消防器材；

3. 消防安全标志的设置和完好、有效情况；

4. 消防水源、消火栓等设施建设和使用情况；

5. 是否设立必要的消防通道；

6. 消防设施设备是否进行日常维护保养，确保完好有效；

7. 消防控制室值班和设施运行情况。

8. 职工对消防知识的掌握，对消防设施、设备、器材的操作使用情况。

（四）消防安全预案的制定和演练情况

1. 消防安全预案是否科学、有效，具有可操作性；

2. 是否定期组织消防演练。

（五）消防安全检查和火灾隐患整改情况

1. 日常防火巡查、定期防火检查和抽查情况；

2. 对火灾隐患是否立即整改，不能立即整改的是否采取了有效措施，限期整改。

3. 文物保护单位是否被用于生产、经营或者娱乐场所；

4. 古建筑之间或毗连古建筑是否存在私搭乱建情况；

5. 古建筑保护范围内是否存放易燃易爆物品及柴草、木料等可燃物品。

（六）用火用电管理情况

1. 是否按规定规范文物保护单位内旅游、宗教活动等用火、用电以及工程施工、生活用火用电行为；

2. 公布为文物保护单位的寺庙宫观是否按相关规定和要求，规范燃香活动。

3. 古建筑内电气线路、设备安装敷设是否规范，是否定期检测。

（七）其他文物单位消防安全工作情况。

六、组织实施

消防安全检查主要采取各文物单位自查自改、地方各级文物行政部门与公安机关联合检查、国家文物局与公安部重点抽查的形式组织实施。

（一）自查自改

由各文物单位对本单位消防安全状况进行全面自查，分析查找消防安全隐患，针对消防安全隐患，认真组织进行整改，并及时将自查及整改情况报当地文物行政主管部门。

在文物单位消防安全集中检查期间各文物单位要至少开展一次消防安全教育培训，组织进行一次消防安全演练。消防安全自查、消防安全演练和消防安全教育培训要做好书面记录备查。

（二）联合检查

由县级以上文物行政主管部门与公安机关联合组成文物单位消防安全检查组，对本行政区域内文物单位实施联合检查。对重大文物火灾隐患和消防安全管理存在的重大问题向当地政府报告或通报，并作为文物消防安全隐患整改重点督办单位进行跟踪督办。

（三）汇总上报

检查工作结束后，由省、自治区、直辖市文物行政主管部门与公安机关对本辖区内文物单位消防安全检查工作情况进行汇总分析，形成检查报告，并于2010年3月15日前分别以书面形式报国家文物局和公安部。

省级文物行政主管部门要对本辖区内被公安机关确定为重大火灾隐患单位的全国重点文物保护单位和重点博物馆进行统计，填写《文物系统重大火灾隐患单位统计表》（见附件），随检查报告一并报国家文物局。

（四）重点抽查

国家文物局与公安部联合组成检查组，适时对全国各地文物单位消防安全大检查工作落实情况和重点文物单位消防安全防范情况进行抽查，并将对各地工作开展情况进行通报。

七、工作要求

（一）切实提高认识，加强组织领导

预防和减少文物单位火灾事故发生，确保国家文化遗产安全，是各级文物行政部门和公安机关的重要职责。各地要充分认识当前做好文物单位消防安全检查工作的重要性，切实增强责任感、使命感和紧迫感，成立文物单位消防安全联合检查工作机构，制定详细、周密、具体的检查工作计划和措施，切实做到责任到人，检查到位，务求实效。

（二）加大整改力度、确保取得实效

通过本次检查要切实摸清文物单位消防安全的底数，督促文物单位严格落实消防安全主体责任，成立消防安全组织，明确消防安全责任人和消防安全管理人，建立健全各项消防安全管理制度，加强消防基础设施建设。对发现的火灾隐患，要研究制定科学的整改方案，采取有效措施，加大工作力度，坚决依法督促整改，切实提高文物单位的火灾防范能力，有效遏制火灾事故的发生。

（三）加强协同配合，形成长效机制

各级文物行政主管部门和公安机关要在当地政府的统一领导下，密切协作，各司其职，依法履行职责，把文物单位消防安全纳入工作内容，及时组织研究，解决突出问题，并形成良好的工作管理机制。

文化部 国家文物局关于加强文物行政执法机构建设的通知

文物督发［2009］39号

各省、自治区、直辖市文化厅（局）、文物局（文管会），新疆生产建设兵团文化局，北京、天津、上海、重庆市文化市场行政执法总队：

文物保护是文化建设的重要组成部分。文物行政执法是《文物保护法》赋予文物行政部门的神圣职责，是推进文物系统依法行政、促进文物事业科学发展的重要内容。《文物保护法》及其他法律法规赋予文物行政部门120多项执行法律的职责，其中行政处罚职责30余项，明确规定了各级文物行政部门是文物行政执法的主体。

当前，大规模经济建设与文物保护的矛盾凸现，法人违法、破坏损毁文物的现象屡禁不止；盗窃、盗掘、走私文物等犯罪活动十分猖獗，文物安全形势十分严峻，文物行政执法任务更为艰巨。同时，一些地区文物行政执法机构建设尚不健全，执法人员短缺，不同程度存在执法主体不明晰、执法责任不落实等现象，使文物行政执法工作不能有效、顺利开展。为进一步加强文物行政执法工作，推动各地文物行政执法机构建设，现提出如下意见：

一、地方各级文化、文物行政部门要充分认识文物行政执法机构建设的重要性和紧迫性，结合当地实际加强文物行政执法机构建设，积极推动文物行政执法工作。

二、各省级文物行政部门负责监督指导本辖区内的文物行政执法工作，并积极推动地方各级文物行政执法队伍建设，充实人员，提升执法能力，规范执法行为。地方各级文化、文物行政部门应内设文物执法督察的专职机构，强化监管责任，切实履行职责。

地方各级文化、文物行政部门要积极会同有关部门研究落实人员配置、执法装备与经费问题等。

三、《文化部关于加强文化市场综合执法指导工作的通知》（文市发〔2009〕37 号）要求的文化市场综合执法机构整合组建，不包括现有的文物行政执法队伍。文物行政执法工作按照《文物保护法》的规定，由文物行政部门和其他法定部门负责。

特此通知。

二〇〇九年十一月二十九日

文化部、国家文物局关于表彰全国文物工作先进县的决定

文物发〔2009〕51 号

各省、自治区、直辖市文化厅（局）、文物局（文管会）：

近年来，各地党委、政府坚持以邓小平理论和“三个代表”重要思想为指导，学习实践科学发展观，深入贯彻《文物保护法》以及党和国家“保护为主、抢救第一、合理利用、加强管理”的文物工作方针，高度重视、大力支持文物工作，依法履行政府保护文物的职责，积极落实文物保护“五纳入”，组织动员广大人民群众热情参与文物保护工作，努力使文物保护的成果惠及人民群众，取得显著成绩，涌现出一批先进典型。

为了鼓励地方各级人民政府更加重视、关心和支持文物工作，激励各地文物行政部门和广大文物工作者团结进取、奋发向上，文化部、国家文物局决定授予北京市通州区等 36 个县（市、区）为“全国文物工作先进县”。

希望受到表彰的全国文物工作先进县珍惜荣誉，再接再厉，为推进文物事业发展再创新的业绩。同时号召全国各级文物行政部门和广大文物工作者在党的十七大精神指引下，高举中国特色社会主义伟大旗帜，继续解放思想，坚持改革开放，推进文化遗产事业科学发展，为全面建设小康社会作出更大的贡献！

附件：2009 年全国文物工作先进县名单

二〇〇九年十二月十六日

2009 年全国文物工作先进县名单

北京市通州区
天津市宝坻区
河北省张家口市桥西区
河北省武安市
山西省榆社县
山西省翼城县
内蒙古自治区扎兰屯市
辽宁省本溪县
吉林省柳河县
黑龙江省林口县
上海市静安区
江苏省太仓市
浙江省杭州市余杭区
浙江省平湖市
安徽省固镇县
福建省长汀县
江西省南昌县
山东省莒县
河南省光山县
河南省渑池县
湖北省秭归县
湖南省凤凰县

广东省佛山市高明区
广西壮族自治区容县
重庆市南岸区
四川省泸县
四川省木里藏族自治县
贵州省务川仡佬族苗族自治县
云南省通海县
西藏自治区江孜县
陕西省富县
陕西省旬阳县
甘肃省庆城县
青海省湟中县
宁夏回族自治区灵武市
新疆维吾尔自治区昭苏县

国家文物局关于印发《国家考古遗址公园管理办法（试行）》的通知

文物保发〔2009〕44号

各省、自治区、直辖市文物局（文化厅、文管会）：

为促进考古遗址的保护、展示与利用，规范考古遗址公园的建设和管理，有效发挥文化遗产保护在经济社会发展中的作用，根据《中华人民共和国文物保护法》，国家文物局制订了《国家考古遗址公园管理办法（试行）》。现将该办法印发给你们，请在今后的工作中贯彻执行。

二〇〇九年十二月十七日

国家考古遗址公园管理办法（试行）

第一条　为促进考古遗址保护、展示与利用，规范考古遗址公园的管理，有效发挥其在经济社会发展中的作用，根据《中华人民共和国文物保护法》，制定本办法。

第二条　本办法所称国家考古遗址公园，是指以重要考古遗址及其背景环境为主体，具有科研、教育、游憩等功能，在考古遗址保护和展示方面具有全国性示范意义的特定公共空间。

第三条　国家文物局负责国家考古遗址公园的评定管理工作，省级文物行政部门负责本行政区域内国家考古遗址公园的监督管理工作，遗址所在地县级以上人民政府负责国家考古遗址公园建设和运营的组织实施。

第四条　国家文物局鼓励、支持国家考古遗址公园的建设。对于在经济社会文化发展中做出突出贡献的国家考古遗址公园，予以表彰、奖励。

第五条　符合下列条件的遗址，可向国家文物局提出国家考古遗址公园立项申请：

（一）已公布为全国重点文物保护单位；

（二）保护规划已由省级人民政府公布实施；

（三）考古工作计划已获批准并启动实施；

（四）具备符合保护规划的遗址公园规划；

（五）具备独立法人资格的专门管理机构。

第六条　国家考古遗址公园的立项申请由遗址所在地县级以上人民政府提

出，经省级文物行政部门初审同意后，报国家文物局。

第七条　国家考古遗址公园立项申请需提交以下材料：

（一）符合第五条所列条件的相关材料；

（二）国家考古遗址公园建设项目计划书；

（三）国家考古遗址公园建设文物影响评估报告。

第八条　经审查符合条件者，由国家文物局批准国家考古遗址公园立项。

第九条　国家考古遗址公园建设过程中，涉及遗址保护范围和建设控制地带内的建设项目须按相关程序报批。

第十条　经国家文物局批准立项，符合以下条件，且已初具规模的考古遗址公园，可由遗址所在地县级以上人民政府提出评定申请，经省级文物行政部门初审同意后，报国家文物局。

（一）所有自然或人为因素引起的对遗址的破坏行为已得到控制或纠正；

（二）各建设项目的审批手续齐全；

（三）所有建设项目均符合遗址公园规划；

（四）已向公众开放，或已具备开放条件；

（五）无重大安全隐患。

第十一条　国家文物局按照《国家考古遗址公园评定细则》开展评定工作。

评定合格者，由国家文物局授予“国家考古遗址公园”称号，并向社会公布。

第十二条　申请评定的单位经核实有弄虚作假、行贿舞弊等违法违规行为的，由国家文物局撤销其所得称号。

第十三条　被评为国家考古遗址公园的，如需修编规划、变更或扩展建设项目，须按原程序上报。

第十四条　国家考古遗址公园的专门管理机构负责公园的日常管理及运营。

第十五条　国家考古遗址公园管理机构须履行以下职责：

（一）依法履行文物保护职责；

（二）实施遗址公园规划；

（三）建立健全相关管理规章制度；

（四）提供良好的卫生、服务、消防、救护等公共设施，并不断改善服务质量；

（五）在规定时限内向国家文物局提交年度运营报告。

第十六条　国家考古遗址公园内遗址的保护和管理，依照国家有关遗址保护和管理的规定执行。

第十七条　国家考古遗址公园的管理与运营除遵守文物保护法律法规外，还应当执行国家其他有关法律、法规的规定，并接受文物行政部门的指导和社会监督。

第十八条　国家对国家考古遗址公园实行巡视制度。由国家文物局指定巡视专家对国家考古遗址公园进行定期或不定期巡视，检查其遗址保护和公园管理、运营状况，对发现的问题提出整改要求。

第十九条　任何单位和个人不得擅自改变国家考古遗址公园的用途和功能，不得侵占其合法用地，不得擅自改变国家考古遗址公园的用地性质，不得开展任何不利于遗址保护的活动。

第二十条　对管理和运营不当，发生责任事故或造成文物损毁，已不具备国家考古遗址公园条件的，国家文物局视情节轻重分别给予通报批评、警告、撤销称号处分，并追究有关责任人责任。被撤销称号者，三年之内不得再次申报。

第二十一条　对违反本办法规定，造成国家考古遗址公园内遗址、环境、生态、景观等资源损毁和破坏的机构与个人，依照有关法律法规的规定处理；构成犯罪的，依法追究刑事责任。

第二十二条　本办法自公布之日起施行。

综述篇

党建工作

2009年，国家文物局直属机关党委坚持以邓小平理论和“三个代表”重要思想为指导，深入贯彻落实科学发展观，紧密围绕文化遗产事业的科学发展大局，以加强党的先进性建设和执政能力建设为主线，以建设学习型党组织和高素质的党务工作队伍为重点，努力做好局系统党建工作，取得良好成效。

【开展深入学习实践科学发展观活动】

按照中央的部署，认真开展深入学习实践科学发展观活动。2009年3月2日，国家文物局党组召开学习实践活动总结大会，局党组书记、局长单霁翔在大会讲话中指出，通过学习实践活动，进一步增强党员干部贯彻落实科学发展观的自觉性和坚定性，明确了推进文化遗产事业科学发展的思路，体现了学习实践活动的实践特色，促进文化遗产保护实践更加符合科学发展观的要求。他强调，要把学习实践活动作为推进文化遗产事业发展新的起点和强大动力，确保取得实实在在的成效，并对进一步巩固和扩大学习实践活动成果提出了要求。中央学习实践活动第11指导检查组组长傅克诚在大会上讲话，充分肯定了国家文物局在学习实践活动中取得的成效。

在巩固学习实践活动成果过程中，国家文物局党组认真落实整改工作方案，努力解决影响和制约文化遗产事业科学发展的突出问题。发扬理论联系实际的学风，促进广大党员、干部宗旨意识、服务意识和忧患意识不断提高，推动文化遗产事业科学发展的思路更加明确。

【加强思想政治建设】

国家文物局党组制定了《关于进一步加强和改进领导班子思想政治建设的实施意见》，从强化理论武装、提高领导科学发展能力、贯彻执行民主集中制、进一步扩大民主、弘扬为民务实清廉作风等方面，对领导班子建设提出了明确要求，努力把局系统各级领导班子建设成为坚定贯彻党的理论和路线方针政策、善于领导文化遗产事业科学发展的坚强领导集体。局党组制定《关于进一步加强和改进党组、党委（总支、支部）中心组学习的实施意见》，对坚持学习制度、完成学习任务、运用科学理论指导实践、完善决策、推动工作情况提出要求，纳入领导班子考核内容。

局党组中心组集体学习理论，引导党员干部把思想认识统一到中央对形势的判断上来，统一到中央的正确决策和部署上来，为保增长、保民生、保稳定作出积极的贡献。

【贯彻中央关于加强机关党的建设的部署】

国家文物局直属机关党委在北京和山西太原举办了“局系统学习贯彻党的十七届四中全会精神培训班”和“局系统党务纪检干部培训班”，认真研读《中共中央关于加强和改进新形势下党的建设若干重大问题的决定》，深刻认识新形势下加强和改进党的建设的重大意义，把握总体要求和主要任务，明确思路和措施。

深入贯彻落实全国机关党的建设工作会议精神。学习胡锦涛总书记关于“机关党建工作必须适应新形势、新任务的要求，走在党的基层组织建设的前头”的重要指示精神，学习习近平、李源潮同志在全国机关党的建设工作会议上的重要讲话，深刻理解以改革创新的精神加强机关党建工作的要求，增强机关党建工作围绕中心、服务大局的自觉性和主动性。

落实《国家文物局主要职责内设机构和人员编制规定》，建立、健全各司室的党组织。指导直属单位开好民主生活会，健全组织生活制度。

【开展讲党性、重品行、作表率活动】

“七一”前夕，国家文物局召开系统先进党支部、优秀共产党员、优秀党务工作者表彰大会，表彰9个先进党支部、22名优秀共产党员、10名优秀党务工作者，激励基层党组织和全体党员争先创优，为文化遗产事业发展多作贡献；举办局系统入党积极分子培训班，40余名入党积极分子参加培训，认真学习党的基本知识。2009年机关和直属单位共发展党员3名，3名预备党员转正；举办局系统党务统计工作人员培训班，增强党员信息库的操作能力，提高党建工作科学化水平；选举14名代表出席了文化部直属机关第八次党代会；指导中国文化遗产研究院召开党员大会，完成院党委换届选举工作；评选局人事教育司副巡视员、离退休干部处处长张秋萍同志为中央国家机关五一劳动奖章获得者。

【开展社会实践活动】

2009年，国家文物局直属单位党组织主要负责同志考察了甘肃省武山县扶贫工作和丝绸之路文化遗产保护工作，深入基层文博单位，了解国情，体察民情，加深对党的基本路线的理解。

国家文物局举办了庆祝新中国成立60周年歌咏比赛，来自局机关、直属单位的11支代表队、近300名干部职工引吭高歌，表达对党、对祖国、对人民无限热爱的情怀。国家文物局机关和直属单位党员干部前往中国国家博物馆参观了“复兴之路”展览。按照中宣部、中央国家机关工委的要求，开展“100位为新中国成立作出突出贡献的英雄模范人物和100位新中国成立以来感动中国人物”的评选活动。组织机关干部职工到河北省怀来县开展春季植树活动。会同宁夏回族自治区文物局举办“宁夏红杯——第五届全国部分省区文博系统职工乒乓球邀请赛”，来自国家文物局、故宫博物院、河北、河南、黑龙江、吉林、陕西、甘肃、宁夏文物局的9支文博职工代表队共87名选手共同切磋球艺，增进友谊，表现出新时期文博队伍顽强拼搏、团结向上、争创一流的良好精神风貌。直属机关团委组织团员青年到河北易县开展以“热爱文化遗产，建设精神家园”为主题的社会实践活动，以继承和发扬艰苦奋斗的光荣传统。

【加强反腐倡廉建设】

在制度建设方面，国家文物局党组召开学习贯彻十七届中央纪委三次全会精神大会，学习胡锦涛同志在全会上的重要讲话，结合实际提出具体贯彻措施。局党组制定《国家文物局2009年党风廉政建设和反腐败工作任务分工》，进一步明确各级党组织是反腐倡廉建设的责任主体，各级党政主要负责同志是第一责任人，领导班子成员根据分工抓好职责范围内的工作，把贯彻落实《工作规划》列入各级党组织的重要议事日程。局党组制定《国家文物局党组管理干部任职前人事司听取直属机关纪委意见和直属机关纪委回复人事司意见实施办法》等制度，努力使党风廉政建设制度化、规范化。制定《国家文物局关于加强和改进文物、博物馆行业作风建设的意见》，明确提出加强和改进文物、博物馆行业作风建设的8项主要内容，要求共产党员和领导干部充分发挥模范带头作用，牢记党的宗旨，讲党性、重品行、作表率，清正廉洁、公道正派、勤政为民，自觉接受监督，以良好的形象取信于民，带动干部职工切实把加强和改进文物、博物馆行业作风建设落到实处。

在反腐倡廉教育方面，组织局机关各司室和直属单位党政主要负责同志到北京市反腐倡廉警示教育基地考察参观，进行警示教育。组织党员干部观看《贪之害》反腐倡廉警示教育片，努力使反腐倡廉教育深入人心。

在加强监督方面，组织党员领导干部填报个人有关事项和年度收入，并向中央组织部报告。认真执行党员领导干部民主生活会、年度考核述职述廉、民主评议、诫勉谈话等制度。对局机关行政许可项目、公务员录用、红楼维修工程、办公楼建设工程招投标和“全国博物馆十大精品陈列”评选等进行监督。加强对局系统因公出国（境）团组的管理，严格控制出访团组的数量、规模和在境外停留的时间，确保出访实效。

在查处违纪行为方面，对国家审计署在审计工作中发现的机关和直属单位预算资金执行情况和其他财政收支中存在的问题进行核查，并按照中央要求深入开展治理“小金库”工作，与有关单位领导班子共同查找问题、分析原因、分清责任，提出整改措施，对发生问题的责任人进行严肃通报批评。

法规建设

【立法工作进展】

《文物认定管理暂行办法》于2009年10月1日正式颁布施行，这是落实《文物保护法》的又一重要举措，也是我国文化遗产法制建设的又一重要成果。在充分的调研基础上，针对实践中反映比较集中问题，下发了《关于贯彻落实〈文物认定管理暂行办法〉的指导意见》，供各地在开展文物认定工作时参考。

国家文物局配合国务院法制办对《博物馆条例（草案）》进行了两次重大修改，并就有关问题会同国务院法制办在北京、浙江、广东进行深入调研。《博物馆条例》已列为2010年国务院立法工作计划的一档项目，拟于2010年报国务院审议通过。

《大运河文化遗产条例》研究起草工作自2009年3月启动以来，国家文物局先后派员赴山东、北京、江苏、河北等地开展调研，在北京专门召开起草工作研讨会，委托中国文化遗产研究院在杭州进行大运河立法的专题调研。《大运河文化遗产条例》按计划将于2010年起草完成。

《文物保护单位保护管理办法（草案)》《流失境外文物调查及追索工作管理办法（草案)》已经征求国家文物局有关部门和部分地方文物部门的意见。从2008年开始，围绕文物保护单位的保护管理，已进行了多次调研和征求意见，仍需广泛征求有关方面的意见和建议，经进一步修改后进入立法程序。

国家文物局加紧研究《中华人民共和国水下文物保护管理条例》修订工作，推动我国尽早加入联合国教科文组织《保护水下文化遗产公约》和《海牙公约》第二议定书。

国家文物局致函各省、自治区、直辖市文物行政部门，征求他们的立法意见和建议，在总结各地文物行政部门意见和局内有关部门建议的基础上，完成了《国家文物局立法工作规划（初稿)》。

文化遗产法制建设是国家文物局重要基础性工作之一。在立法工作中，国家文物局始终坚持四个方面的结合：解决实际问题和促进行业管理相结合；加强文化遗产保护与促进经济社会发展相结合；提高政府管理权威性与促进公众民主参与性相结合；推动行业自身发展与促进成果惠及民众相结合。使文化遗产法制建设体现文化遗产工作的客观规律、反映文化遗产工作的时代特色、顺应文化遗产工作的国际趋势，实现以人为本、统筹兼顾、全面协调可持续发展的时代要求。

【人大建议、政协提案及出版】

国家文物局2009年承办的人大建议39件，政协提案62件，在局内各司室和有关部委的大力配合下，全部建议和提案都按要求保质保量及时办结，件件有落实，事事有反馈，有些提案内容已经纳入实际工作予以重视和解决。单霁翔委员联名提出的“关于加强人口较少民族文化遗产保护的提案”还被全国政协提案委员会列为要深入基层调研的6个重点提案之一。

为加强文化遗产法制理论研究，国家文物局还组织出版了《中国文化遗产事业法规文件汇编（1949～2009)》和《意大利文化与景观遗产法典》。

文物安全与执法督察

文物安全是文物保护工作的基本出发点，为应对当前文物安全的严峻形势，2009年3月，经国务院批准，国家文物局增设督察司，专门负责文物安全监管、行政执法等工作。7月，督察司正式组建，人员11人（其中在编人员6名，借调人员5名）

督察司设立后，为切实加强文物行政执法督察职责，国家文物局党组明确，文物行政执法督察是整个文化遗产工作的重要内容，覆盖文化遗产事业各个方面，文物安全与执法督察关乎文化遗产保护工作全局。通过执法督察，一方面要使依法行政在文化遗产工作中得到全面、深入地贯彻，促使文化遗产保护步入法制化轨道；另一方面要建立较为完善的文化遗产安全监管体系，使具有历史、文化和科学价值的文化遗产得到全面有效保护，确保文化遗产安全。在局党组正确领导下，2009 年文物安全与执法工作顺利开局并呈现出良好的发展势头。

【深入调查，明确思路】

督察司建司之初，采取横向走访和纵向调研的方式，广泛开展调查研究，了解情况，学习取经。一是到公安、建设、宗教、旅游、环保、海关、工商等 7 个部（局）的 12 个司（局）进行了走访调研，学习执法督察工作经验和做法，增强了沟通了解，为以后开展联合执法奠定了良好基础。二是结合专项督察和督办重点案件，分赴 20 余个省份，对各地文物行政执法与安全工作情况进行摸底调查，总结分析了各地存在的共性问题及其原因，为制定全国性文物行政执法与安全监管政策、措施，奠定了基础。在广泛调查研究基础上，明确了督察司组建初期的工作思路：一是以维护文物法权威和文化遗产尊严为根本使命，严格执法，敢于碰硬。以督办大案要案为突破口，打开工作局面。二是以科学发展观为指导，坚持督察督办与业务指导相结合，严格执法与宣传教育相结合，促进执法工作全面、协调、和谐发展。三是树立“预防为主，关口前移”观念，加强事前检查、事中监管，防患于未然，降低执法成本，减少文物损失。四是广泛借助外力，建立多部门联合执法长效机制，创建社会舆论监督机制，培育各类社会力量参与文物执法与安全监督。五是加强基础工作，研究制定宏观管理制度和措施，健全完善程序标准和技术规范，提高行政执法与安全监管能力和水平。

【督察督办要案，树立执法权威】

2009 年以来，文物行政执法案件和安全事故频发，从各地上报、群众举报以及从媒体获知的各类案件约 257 件（起）。从宏观监管的角度，督察司对其中一些文物损毁严重、社会影响重大的文物行政违法案件和安全事故（文物违法案件 58 起，文物安全案件 52 起）进行了跟踪督办。

违法案件领域：重点督办了天津南京历史文化名城和文化遗产保护案、山西大同云冈石窟保护范围和建设控制地带内违法建设案、安徽省宣城市广教寺双塔保护范围和建设控制地带内违法建设案、湖南省宁乡因修公路炭河里遗址破坏案、内蒙古自治区呼和浩特市某公司挖金矿破坏秦汉长城遗址案等；安全事故领域：重点督办了端门城楼失火案、北京拈花寺西配殿火灾案、四川大学华西校区文物建筑“怀德堂”火灾案、福建镇安桥火灾案、青岛德国总督府旧址失火案、法门寺合十舍利塔临展文物未按期归库案、督促北京戒台寺、潭柘寺整改安全隐患等；文物犯罪案件领域：协调公安机关督办湖南长沙市“12·29”特大团伙盗墓案、陕西黄陵双龙万安禅院盗抢案、青海、甘肃新石器时代遗址彩陶文物被盗挖、贩卖案等。经督办，上述案件、事故查处取得了明显成效。

【关口前移，加强防范】

针对不同时期全国文物安全形势的变化和特点，先后下发了《关于开展汛期文物安全检查的紧急通知》《关于开展迎国庆文物安全检查工作的通知》《关于开展文物单位消防安全大检查工作的通知》《关于 2010 年元旦、春节期间加强文物安全工作的通知》，预先对文物安全工作提出要求，做出安排，督促各地开展安全检查，消除安全隐患，制订应急预案，开展技能演练，及时采取应对措施。由于事前采取了一系列防范措施，

2009年全国文物安全事故发生率较往年持平。

【加大执法督察力度】

对于重大文物行政违法案件和安全事故进行跟踪督察督办，取得了明显成效，树立了执法权威。在2009年度文物行政执法专项督察中，共督察了11个省份33个区市（州），对126处文博单位进行了执法和安全检查。查出273项隐患和问题，其中涉及文物行政执法工作的31项，文物安全工作的218项，文物基础工作的24项。督察结束后，及时向当地政府及文物部门提出整改要求，并通过开展“回头看”进行跟踪督办，大多数安全隐患得到了及时整改。通过真检实查、真抓实促，进一步增强了当地文物行政部门和文物保护管理机构的安全意识和责任意识，宣传了文物法规知识、执法理念，示范了执法和安全检查的程序和方式，推进了文物安全防范设施建设、文物执法机构和队伍建设，带动和促进了当地文物执法督察和安全监管工作的有效开展。

【协调加强联合执法】

1. 与公安部联合部署打击文物犯罪专项斗争

主动力邀公安部刑侦局到湖北、安徽两省，就当前田野古墓葬安全形势和打击文物犯罪情况进行联合调研。经多次协调、积极推动，公安部最终确定从2009年12月~2010年6月，在山西、内蒙古、安徽、山东、河南、湖北、陕西、甘肃、青海等9个重点省份开展打击文物犯罪专项行动，遏制文物犯罪蔓延势头。

2. 开展文物单位消防安全大检查

针对全国文物火灾事故频发的严峻形势，经积极主动与公安部协调，联合下发了“全国文物单位消防安全大检查的通知”，确定从2009年12月1日~2010年2月28日，在全国范围集中开展文物单位消防安全联合大检查，督促文物单位落实消防安全责任制，增强防控火灾能力，治理火灾隐患。

【切实加强基础工作】

1. 建立若干长效机制

一是按照国务院要求，积极筹备“全国文物安全工作部际联席会议制度”，落实了联席会议成员单位、成员、联络员，具文上报国务院。二是在中央财政支持下增加文物安全设施建设经费投入，加强安防设施建设，增强自身安全防范能力。从2009年起，中央财政从“国家重点文物保护专项补助经费”中增加安排部分经费，重点解决全国重点文物保护单位的防火设施和重点博物馆的防盗设施问题。2009年，文物安全设施建设经费增长至9000万元。三是协调加强文物行政执法机构建设。文化部、国家文物局共同下发了《关于加强文物行政执法机构建设的通知》，要求地方各级文化、文物部门充分认识文物行政执法机构建设的重要性和紧迫性，结合当地实际加强文物行政执法队伍和机构建设，强化监管责任，切实履行职责。同时，通过执法督察和案件督办，促进各地机构建设。

2. 完善规章制度体系

建立文物行政执法与安全监管公示公告制度，印发《文物行政执法与安全监管情况公告制度工作方案》。起草《文物行政执法督察与巡查工作规程》《文物违法案件和安全事故核查、处理工作程序》《文物单位消防安全检查规程》，拟定了《关于加强文物行政执法工作的指导意见》和《关于加强和改进文物安全监管工作的指导意见》，修订

《文物行政处罚程序暂行规定》《文物系统博物馆安全防范工程设计规范》，逐步完善文物安全管理规章制度与标准规范体系。

【成功举办全国文物安全与执法督察工作会议】

12月4日，国家文物局在郑州召开了全国文物安全与执法督察工作会议。来自全国9个省、市的公安刑侦部门，14个省的公安消防部门，以及全国各省文物部门有关负责同志参加了会议。国家文物局局长单霁翔在会上做了主题报告。公安部部署了“全国重点地区打击文物犯罪专项行动”与“全国文物单位消防安全大检查”。五个省级文物部门介绍工作经验。会议就加强协作，联合打击文物违法犯罪，建立文物安全长效机制达成了普遍共识。国家文物局副局长童明康对会议进行了全面总结。会后，中央和地方众多媒体纷纷报道，央视新闻联播予以播报，数十家新闻网站登载了会议情况，社会影响广泛。

文物保护

【文物抢救保护工作】

1. 汶川震后文物抢救保护工程

2009年2月，震后文物抢救保护工程动员及专家座谈会在成都举行。中宣部副部长、文化部党组书记、部长蔡武，国家文物局单霁翔局长，四川省人民政府副省长黄彦蓉等领导同志出席会议并作重要讲话。会议对震后文物抢救保护工作提出了明确要求。此后，多组织召开灾后文物抢救保护专家组第六次全体会议。10月，国家文物局印发了《关于四川省灾后文物抢救保护工程中有关问题的意见》，确保工程的顺利实施。12月，国家文物局和四川省文物局组织专家对都江堰伏龙观灾后抢救保护工程进行了验收。12月28日上午，伏龙观抢救保护工程竣工仪式在都江堰市举行。国家文物局局长单霁翔、副局长童明康，中共四川省委常委、省委宣传部部长黄新初等出席仪式并作重要讲话。伏龙观抢救保护工程的顺利竣工，不仅为我国乃至国际灾后文化遗产抢救保护工作积累了极为宝贵的实践经验，同时也为促进灾区社会经济的全面恢复与发展做出重要贡献。

2. 云南省姚安震后文物保护工程

2009年7月28日~31日，组织专家赴云南省姚安地震灾区，对在“7·9”姚安6.0级地震中受损的全国重点文物保护单位龙华寺、大姚白塔等进行了实地勘察，及时批复了抢修方案。8月31日，组织了龙华寺古建筑群抢修工程开工仪式，工程已进入实施阶段。

3. 西藏文物保护工程

2009年，西藏布达拉宫、罗布林卡、萨迦寺三大重点文物保护维修工程顺利竣工。8月23日，工程竣工典礼在拉萨举行。中央政治局委员、国务委员刘延东为工程剪彩并发表重要讲话。西藏三大工程自2002年开工以来，累计投资3.8亿元，用于三处文化遗产的文物本体维修保护和环境整治工作。工程实施过程中严格遵循“不改变文物原状”的文物维修原则，尊重传统、尊重民族风格、尊重科学、不断提高科技含量，确保三处文化遗产得到良好的保护与传承。三大工程是新时期党中央国务院全面加强西藏文化遗产工作的重要内容，也是贯彻党的民族宗教政策、加强民族团结、维护社会稳定的重大举措，为加快西藏经济社会和文化全面协调可持续发展作出了重要贡献。

8月25日，西藏“十一五”重点文物保护工程在江孜宗山抗英遗址举行了开工典礼，标志着西藏“十一五”重点文物保护工程开始进入全面实施阶段。西藏“十一五”重点文物保护工程是党中央、国务院继西藏三大重点文物保护维修工程之后，在西藏开展的又一项重大文物保护工程。工程包括大昭寺、小昭寺、扎什伦布寺、江孜宗山抗英遗址等22个重点文物保护单位的维修保护工作，投资总计约5.7亿元。

4. 山西南部早期建筑保护工程、应县木塔

山西南部早期建筑维修工程涉及105处国保单位，至2009年，已编制完成保护规划58处，占总量的55%；完成修缮设计方案84处，占总量的80%。34处工程已陆续开工，其中有19处文物本体工程已经基本完成。工程实施中加大了工程的现场检查和监督。通过多次工地检查表明，南部工程总体状况较好。同时，加大了施工过程中的检查工作力度，加强了资料收集整理、模型制作工作，以确保工程质量。

国家文物局批复了应县木塔监测二期实施方案，督促有关部门进一步完善应县木塔监测系统。应县木塔信息系统建立后，工作人员对以前开展的研究工作进行了梳理，整理、录入图纸887张，图片2498张，方案、勘察报告107本，250多万字，为下一步维修保护工作的开展提供了可靠、准确的信息化资料。同时，全面养护工程顺利进行。

5. 涉台文物保护工程

国家文物局于2009上、下半年先后两次组织专家对涉台文物保护工程进行了工地检查。昙石山遗址保护工程、福州三坊七巷文物保护工程已开始有序的实施；施琅宅祠墓等其他项目的保护规划、工程方案编制工作也已开始。工程项目储备进展顺利。

6. 柬埔寨吴哥窟援外二期工程——茶胶寺维修保护工程

2009年，国家文物局完成了《茶胶寺建筑形制与复原研究》《茶胶寺岩土工程勘察报告》和八处重点建筑的维修方案。10月，组织专家赴现场对维修方案进行了现场论证和指导。

【完善文物保护工程管理体系】

1. 积极推动方案审批方式改革

2009年上半年，国家文物局重点对《文物保护工程审批管理暂行规定》试点省的工作情况进行了抽查。抽查结果表明：试点工作整体情况良好，基本解决了全国重点文物保护单位方案审批脱离现场、周期过长的问题。10月，经局务会审议通过，决定扩大试点工作范围，将上海、陕西、云南、河南4省方案全国重点文物保护单位审批权下放。

2. 加强各类标准、规范的制订

国家文物局对已编制完成的北方工程定额进行论证，并结合工程开展了试用工作。

对已基本编写完成的文物保护工程个人资质培训大纲、教材和考试题库进行了初步论证，准备着手启动个人资质培训试点工作。

组织开展了《文物建筑消防工程技术要求》的编写工作，规范文物建筑安全防护工程。

《文物建筑防雷工程施工资质管理办法》《文物建筑防雷工程勘察设计资质管理办法》和《文物建筑防雷设计和施工技术规范》已通过国家文物局局务会审核。

《文物保护工程报告编写出版管理办法》和《文物保护工程报告编写出版要求》已经完成修改，进入审批阶段。

【加强历史文化名城名镇名村的有效管理】

2009年，国家文物局组织开展第5批历史文化名镇名村的初评工作，对29个省、自治区、直辖市上报的196处名镇名村申报材料进行了审核。其中115处基本通过审核，27处有待进一步论证，54处不符合评审标准。同时组织对已公布的251处名镇名村的保护管理情况进行调研，重点梳理了名镇名村中的国保单位情况。计划通过国保单位的规划编制和保护维修工作的开展，在“十二五”期间进一步加强对历史文化名镇名村的有效管理。

【第七批全国重点文物保护单位申报】

国家文物局对第7批全国重点文物保护单位申报标准和信息采集标准进行了反复论证、修订，制订了《第七批全国重点文物保护单位申报指导意见》和《第七批全国重点文物保护单位申报信息采集标准》，印发了《关于开展第七批全国重点文物保护单位申报工作的通知》。委托中国文化遗产研究院开展申报资料整理、初审及现场考察工作。各地申报材料的初步整理已基本结束，计算机录入工作已开展。截至2009年底，各地共报送申报材料4300余处。

【革命文物保护】

2009年3月，国家文物局在江西南昌召开湘鄂赣三省革命文物保存现状调研工作座谈会，单霁翔局长在会上作重要讲话。计划通过对三省革命文物的专项调查，进一步摸清革命文物家底，编制专项保护规划，争取申请设立专项。此后，三省调查数据陆续通过网上调查系统收集、汇总完毕，总体规划已编制完成。三省革命文物试点工作的开展情况已撰写成报告报宣传部。

【工业遗产保护】

2009年6月中旬，国家文物局在上海组织召开了全国工业遗产保护利用现场会，单霁翔局长、童明康副局长出席会议并做重要讲话。来自全国各省文物行政部门的有关负责同志，部分重要工业城市的领导和有关专家学者等140余人参加会议。会议对工业遗产的保护利用问题进行了积极探索，有力推动了工业遗产保护利用工作的开展。

大遗址保护

2009年是全面开展大遗址保护工作的第五年。一年来，大遗址保护工作深入人心，影响力日渐广泛，各项工作稳步推进。以长城、丝绸之路、大运河、西安片区、洛阳片区这“三线两片”为核心的大遗址保护格局基本确立，良渚考古遗址公园、牛河梁考古遗址公园、隋唐洛阳城宫城核心区考古遗址公园等的建设工作相继启动，扬州宋夹城考古遗址公园初步建成开放。南越国宫署遗址、长沙铜官窑遗址、纪南城遗址、郑州商城遗址、元上都遗址、北庭故城遗址等的保护工作在有序推进。重庆钓鱼城遗址、嘉兴马家浜遗址、北宋东京汴梁城遗址等尚未纳入100处大遗址项目库的重点遗址保护工作也积极启动，我国大遗址保护工作进入新阶段。

2009年，国家文物局批准了仰韶村遗址、马家浜遗址、贾湖遗址、彭头山遗址、八十垱遗址、石家河遗址、汉长安城遗址、南越国宫署遗址、中山靖王墓、罗通山城、华清宫遗址、杜陵、森木塞姆千佛洞、苏巴什佛寺遗址、北庭故城遗址等重要大遗址保护规划；陆续批准了牛河梁遗址第二地点、盘龙城遗址、大地湾 F901 遗址、城阳城址、曲村—天马遗址、晋侯墓地、汉长安城未央宫前殿遗址、邺城金凤台遗址、南越国宫署遗址、七个星佛寺遗址、徐显秀墓、大明宫太液池遗址、大明宫宫墙及宫门遗址、永昌陵陵园遗址、合川钓鱼城遗址等重要大遗址保护方案；协调指导高句丽、殷墟、隋唐洛阳城、西安大明宫、汉长安城、扬州城、丝绸之路新疆段、牛河梁、良渚、鸿山遗址的保护工作，有力地推动大遗址保护工程顺利开展。

2009 年 6 月 12 日，由国家文物局和杭州市人民政府共同主办、中国古迹遗址保护协会和浙江省文物局协办、杭州市余杭区人民政府和良渚遗址管理委员会承办的“大遗址保护良渚论坛”在杭州市余杭区良渚遗址召开。本次论坛以“大遗址保护与考古遗址公园建设”为主题，是继 2008 年 10 月大遗址保护西安高峰论坛之后又一次聚焦我国大遗址保护的盛会。来自财政部、各省（自治区、直辖市）文物行政部门、重要大遗址所在城市和保护管理机构、考古与规划单位的代表，以及部分特邀专家共计 200 余人与会。考古遗址公园立足于遗址及其背景环境的保护、展示与利用，兼顾科研、教育、游览、休闲等多项功能，是中国大遗址保护实践与国内国际文化遗产保护理念相结合的有益尝试，是加强大遗址保护、深化大遗址利用与展示的有效途径，具有鲜明的中国文化遗产保护特色，符合大遗址保护的实际需要。论坛期间审议了由中国文化遗产研究院起草的《国家考古遗址公园管理办法》和《国家考古遗址公园评定细则》，形成并通过了《关于建设考古遗址公园的良渚共识》，标志着大遗址保护工作进入了一个崭新的阶段。2009 年 6 月 11 日，余杭区委、区人民政府在莫角山遗址现场举行了良渚遗址保护行动暨良渚国家遗址公园建设启动仪式，并为新成立的良渚遗址考古与保护中心授牌。

2009 年 10 月 31 日 ~ 11 月 1 日，国家文物局与河南省人民政府联合主办，河南省文物局与洛阳市人民政府联合承办的大遗址保护洛阳高峰论坛成功召开。来自国家发改委、财政部、国土资源部，各省级文物行政部门、18 个重要大遗址所在城市市委市政府、文物、规划部门，中国社会科学院考古研究所等专业机构和意大利文化遗产与艺术活动部的代表，共约 300 余人与会，围绕“城市核心区的大遗址保护”主题进行了广泛而深入的讨论与交流，共同发布了《大遗址保护洛阳宣言》，取得了丰硕的成果。论坛召开期间还举行了隋唐洛阳城定鼎门遗址博物馆开馆仪式、隋唐洛阳城宫城考古遗址公园启动仪式和“大遗址保护成果展”等系列展览的开幕式等活动，展示近年来，尤其是“十一五”以来大遗址保护的突出成果。

2009 年 12 月，国家文物局颁布了《国家考古遗址公园管理办法》（试行）及《国家考古遗址公园评定细则》（试行）。该《管理办法》是在总结国内外文化遗产理念和实践，结合我国当前大遗址保护的新形势的基础上，针对大遗址保护面临的新问题所提出的，对进一步规范我国考古遗址公园建设，推动我国大遗址保护工作深入开展有重要意义。

考古工作

【概况】

2009年，三峡库区地下文物保护项目的田野考古工作部分已经全部结束；地上文物保护方面，原地保护项目、留取资料项目已基本完成。库区四期移民工程文物保护项目已通过验收，能够满足三峡工程175米蓄水要求。2009年5月18日，白鹤梁水下博物馆建成并正式对外开放，整个工程包括地面陈列馆、交通及参观廊道、水下保护体三部分，通过多种现代科技手段保护、展示白鹤梁题刻。该博物馆不仅是三峡库区文物保护的重点项目，也表明了我国政府对历史文化遗产的尊重。

南水北调工程文物保护工作进展顺利。2009年10月13日，国务院南水北调办批复了南水北调东、中线一期工程初步设计阶段文物保护方案，核定投资5.3亿元，文物保护资金纳入年度投资计划，有效保障了考古工作的开展。截至2009年底，中线干渠京石段文物保护工作全部完成，河北南段、河南段和丹江口库区以及东线山东段、江苏段文物保护工作进展顺利，累计已完成考古发掘面积96余万平方米，超过总工作量的1/3。此外，在工程沿线考古调查工作中，新发现了大量文物点，为第三次全国文物普查工作提供了重要支持。其中，河南新密李家沟遗址和山东高青陈庄西周城址被评为2009年度全国十大考古新发现。11月，国家文物局与中国考古学会共同主办南水北调中线工程考古发现与研究研讨会，研究部署下一阶段南水北调文物保护工作的主要任务，并进行了学术交流。国务院南水北调办、南水北调中线局、南水北调中线水源公司，以及参与工程沿线考古工作的各有关单位和省级文物行政部门主要负责同志参加了会议。会议对于进一步统一各地思想，增强考古工作的课题意识和保护意识，全面提高考古工作质量，规范资金使用和经费管理具有重要作用。

在考古管理工作方面，为适应当前考古和文物保护工作的实际需要，切实提高我国田野考古工作水平，国家文物局组织对《田野考古工作规程（试行）》进行了修订并正式颁行。2009年6月，委托北京大学考古文博学院举办“新修订《田野考古工作规程》培训班”，对全国具有考古发掘领队资格的在职专业人员进行培训，累计培训人员627名，有力推动了各地对新《规程》的理解和执行。10月，国家文物局正式下发了《考古发掘项目检查验收办法（试行）》，规范了考古项目检查、验收工作，对检查、验收工作的程序、标准、要求等提出了明确意见，并组织对甘肃马家塬、磨沟，山东东平陵故城、河北定窑遗址、河南隋唐洛阳城遗址、新郑韩王陵、荥阳娘娘寨遗址等考古发掘项目进行检查，推动地方严格执行相关工作规程，提高田野工作质量。考古资料整理和报告编写工作稳步推进，2009年已编辑出版报告约60余部。

2009年7月27日～29日，国家文物局在北京组织召开了2007～2008年度国家文物局田野考古奖评审会。来自中国社会科学院考古研究所、中国国家博物馆、北京大学等单位和国家文物局的17位评委对各地上报的30个项目进行了评审。陕西唐陵大遗址保护项目、广东台山新村沙丘遗址、陕西岐山凤凰山（周公庙）遗址等3个考古项目获得国家文物局田野考古奖一等奖，这是首次有3个项目同时获得一等奖，反映出我国田野考古工作质量和水平普遍提高。此外，浙江省文物考古研究所主持的“浙江余杭良渚古城遗址”等6个项目获得二等奖，中国社会科学院考古研究所等单位联合开展的“辽宁大连长海小珠山、吴家村遗址”等11个项目获得三等奖。

【重要考古发掘项目】

在2009年的考古发掘项目中，有36项被列入国家文物局年度重要考古发现。江苏邳州梁王城遗址大汶口文化中晚期墓地的发现，填补了苏北地区大汶口文化中晚期及其向龙山文化过渡的考古学文化空白。杭州余杭玉架山遗址是首次揭露的长江下游地区新石器时代的环壕聚落遗址，为研究良渚文化小型完整聚落提供了珍贵的资料。湖北孝感叶家庙城址是在鄂东北部发现的首座新石器时代晚期城址，丰富了我们对长江中游史前城址的认识。四川屏山向家坝库区叫化岩遗址的文化内涵具有自身的特点，是川南地区金沙江下游一种全新的考古学文化遗存，对于建立四川地区新石器时代文化的谱系具有重要意义。山东高青陈庄西周城址对于研究“丰”与齐国的关系以及早期齐国的历史具有重要价值。河南荥阳娘娘寨两周时期城址填补了郑州地区西周文化遗存的空白。香港屯门扫管笏遗址包含相当于商周时期、汉代以及明代的文化遗存，为研究香港的历史文化及其与华南地区的文化关系提供了重要资料。云南澄江金莲山墓地复杂的葬式和特殊的葬俗为滇池区域青铜时代文化的研究提供了珍贵资料。新疆乌鲁木齐萨恩萨依墓地的墓葬类型多样，文化面貌复杂，沿用时间为青铜时代至汉唐时期，对研究天山中段乃至整个欧亚大陆草原早期游牧文化具有重要价值。西安长安凤栖原墓葬为研究中国古代的墓葬形制、埋葬制度与埋葬习俗提供了重要资料。曹操高陵的发现为研究古代社会、历史、文化等提供了重要的实物资料。河北磁县北齐高孝绪墓廓清了北齐皇宗陵域的大致范围。江苏张家港黄泗浦遗址为中外海上交通史、港口变迁等研究开拓了新视野。北京大兴辽金塔林遗址以数量较多的中小型塔基为主，发现的经幢题记对于研究北京建都史、辽金时期佛教文化及北京地区的历史地理具有重要意义。河北曲阳定窑遗址发掘了多处晚唐至金的连续叠压地层，有助于全面了解定窑各个时期的生产状况、工艺及器物特征。陕西韩城盘乐壁画墓的发现为研究宋代的服饰、书画、杂剧和中医等提供了宝贵的资料。吉林白城永平金代遗址早期台基建筑的规模、装饰风格以及晚期普通民居建筑的形制，对于研究金代建筑的布局和装饰风格具有重要价值。

【合作考古方面的交流与合作】

2009年，国家文物局共审理中外合作考古研究项目10个，包括中美合作开展福建沿海史前海洋文化考古和研究项目、中德合作四川佛教刻经考古和研究项目、中日合作吉林旧石器考古研究项目、中土合作开展吐鲁番地区突厥文刻铭考古项目、中以合作开展“中国东北地区的农业与定居社会的起源”考古和研究项目等，并批复新疆小河墓地出土花粉样品赴日本进行检测。中肯合作考古项目稳步推进，2009年商务部正式批准中国和肯尼亚合作实施拉穆群岛地区考古项目，由北京大学和中国国家博物馆负责具体开展与肯尼亚国家博物馆的合作考古工作。

中蒙合作考古项目进展顺利。2009年8月17日～22日，国家文物局组织“中蒙合作考古项目工地检查组”赴蒙古国进行中蒙合作考古项目工地检查。检查组对考古发掘工地现场进行了实地检查，听取了中蒙联合考古队2009年度合作考古工作情况的汇报，查看了部分出土遗物，并检查了中方考古队的资料记录。专家认为，中蒙合作考古项目通过双方科研机构和学者间的合作，加深了两国考古学界的了解和互信，对推动中蒙两国历史文化交流具有重要意义。检查组建议在已有基础上加强与蒙方的交流合作，寻找新的合作项目，不断拓宽双方合作研究的领域。

【水下考古工作】

国家文物局结合第三次全国文物普查，组织开展全国水下文物普查工作。2009 年 2 月 26 日 ~27 日，在浙江省宁波市组织召开“全国水下文物普查工作会”，总结近年来我国水下考古工作成果，听取了各有关省市同志的意见和建议，研究、部署 2009 ~2010 年我国水下考古和文物普查工作的主要任务。2009 年，组织在辽宁、山东、浙江、福建、海南、安徽和西沙海域开展了相关普查工作，其中福建、广东、浙江、海南等省水下文物普查工作已基本完成。

水下考古抢救性发掘工作有序开展。2009 年 8 月 ~9 月，经国家文物局批准，广东省文化厅组织开展“南海 I 号”古船试掘工作，获得了重要成果，初步掌握了沉船在沉箱中的位置和保存状况，并在试掘基础上积极研究制订“南海 I 号”古船整体发掘方案和出水文物保护方案。同时，启动了“南澳 I 号”水下考古发掘项目，积极开展“华光礁 I 号”出水文物保护工作。

为了深入开展水下文化遗产保护和研究工作，合理整合水下文化遗产保护资源，经文化部党组研究决定，依托中国文化遗产研究院成立国家水下文化遗产保护中心。2009 年 9 月 28 日，国家水下文化遗产保护中心在中国文化遗产研究院正式挂牌成立，文化部、国家文物局，以及外交部、科技部、公安部、交通部、文化部、国家海洋局、海军等国家水下文化遗产保护工作协调小组成员单位有关领导，各有关省、自治区、直辖市文物局以及相关专业机构代表及中国遗产研究院有关人员等 70 余人参加了揭牌仪式。

2009 年 6 月 ~8 月，国家文物局组织开展“第五期全国水下考古专业培训班”培训工作，培训水下考古专业人员 20 名，并挑选优秀专业人员赴菲律宾参加深水培训，大大提高了从业人员的技术水平，壮大水下考古专业队伍。

【考古工作会议】

2009 年 1 月，国家文物局在北京组织召开了“2008 年度考古发掘资质及考古发掘领队资格评议会”，共 39 人通过评议，获得考古发掘领队资格；1 家单位通过评议，获得考古发掘资质。同时，在荆州举办了新领队上岗前的集中培训，增强文物保护意识，提高领队的综合素质和田野考古工作水平。

2009 年 11 月 1 日 ~2 日，国家文物局主办、河南省文物局承办的“2008 ~2009 年度全国考古工作会”在河南省洛阳市召开。部分国家文物局考古专家组专家，以及来自全国各省、自治区、直辖市文物部门、各考古发掘资质单位和新闻媒体的代表共 150 余人出席了会议。童明康副局长在会上做了题为“强化管理，继往开来，推动考古工作科学发展”的工作报告。会议安排了主题发言，重点介绍了在考古所管理、南水北调工程考古管理、第三次全国文物普查、中华文明探源、大遗址考古、公众考古、出土文物现场保护移动实验室（车）等方面的经验成果。与会代表分组讨论了童明康副局长的工作报告，并对如何加强考古管理，以及“十二五”期间拟开展的各项重点工作任务提出意见。黄景略、张忠培、严文明、徐光冀等多位专家也就当前考古工作中存在的主要问题提出了建议。这次会议的召开对全面实现我国考古事业“十一五”规划的各项重点工作目标，科学编制“十二五”国家考古和文化遗产保护规划，具有重要的指导意义。

【简述】

2009 年，中国的世界遗产事业扎实推进。在世界遗产申报方面，2009 年 6 月，五台山作为文化景观被列入《世界遗产名录》，至此我国世界文化遗产数量达到 27 处，文化与自然双遗产 4 处。登封“天地之中”历史建筑群和杭州西湖文化景观申报世界遗产的工作进展顺利。丝绸之路、大运河、元上都遗址、云南红河哈尼梯田等项目申报世界遗产工作也取得了新的进展。在遗产保护和管理方面，积极推进长城资源调查、大足石刻千手观音造像抢救性保护工程、高句丽壁画墓文物保护工程等保护项目。同时召开震后文化遗产保护国际研讨会，举办文化线路保护无锡论坛，加强文化遗产保护管理的理论研究工作。在世界遗产监测方面，国家文物局配合世界遗产中心提交了中国 5 处世界遗产的管理和监测报告，并召开了世界文化遗产监测专家座谈会，就世界遗产定期监测提出了工作建议。

【世界文化遗产的申报、保护和管理】

2009 年 6 月，在西班牙塞维利亚举行的联合国教科文组织第 33 届世界遗产大会上，中国山西省的五台山作为文化景观被列入《世界遗产名录》。

国家文物局协调郑州市和杭州市有关方面，抓紧编制登封“天地之中”历史建筑群项目的补充文本，并根据世界遗产中心反馈的预审意见，对杭州西湖文化景观的申报文本进行了相应的完善。

为加强世界文化遗产申报项目储备工作，形成每年有 2～3 个条件较为成熟的储备项目的竞争态势，国家文物局重点推进丝绸之路、大运河、哈尼梯田、元上都、藏羌碉楼等申报项目。

其中，我国与中亚五国跨国申报丝绸之路项目稳步推进。国家文物局派员出席了 2009 年 5 月在哈萨克斯坦举行的丝绸之路跨国联合申报世界遗产第五轮国际协商会议，会议通过了丝绸之路突出普遍价值声明的初稿，组建了协调委员会和专家工作小组。2009 年 11 月初，国家文物局与世界遗产中心在西安共同主办了丝路跨国申遗协调委员会第一次会议，12 个成员国和有关国际组织的代表出席了会议。会议通过了协调委员会工作文件，并再次确认了 2012 年的申遗时间表。

为按时完成申报准备工作，国家文物局发函要求丝绸之路申遗各有关省文物部门，提供详细的补充材料，并召开多次会议，协调、督促申报文本编制工作。另外，国家文物局对《丝绸之路中国段文化遗产保护管理办法》进行了修改完善，并征求了有关专家意见。在 2009 年 4 月无锡论坛期间，还召开了有关省文物部门参加的海上丝绸之路文化遗产保护工作会议，对开展海上丝绸之路申报世界遗产的前期准备工作提出了明确的要求。

大运河保护和申遗取得重大进展。文化部和国家文物局牵头建立了大运河保护和申遗省部际会商小组，并由会商小组 13 部门联合发出了《关于加强大运河保护和申遗工作的意见》。国家文物局印发了《关于加强大运河保护和申报世界遗产工作的通知》和《大运河遗产第二阶段保护规划编制要求》，明确了大运河遗产申报全国重点文物保护单位、世界遗产和保护规划编制审批等相关工作要求。大运河沿线地区开展了大运河遗产资源调查，基本完成了地市级保护规划的编制工作，省级保护规划的编制工作已经开始。

元上都遗址、云南红河哈尼梯田等申报项目进入实质性操作阶段。国家文物局领导亲赴现场考察，指导申报工作。这两处遗产已由地方委托专业单位，编制保护规划、申报文本，开展遗产保护、展示工作。

在世界文化遗产的保护管理方面，国家文物局积极推进长城资源调查工作和重点世界文化遗产的保护工程。

截至2009年底，明长城调查已经完成了主要工作任务，基本摸清了明长城家底。经国务院同意，国家文物局和国家测绘局正式公布我国明长城总长度为8851.8千米。国家文物局发布了《关于推进秦汉及其他时代长城资源调查工作的通知》，并于2009年10月16日在西安召开长城资源调查工作会议，重点部署推进秦汉及其他时代长城资源调查工作。

大足石刻千手观音造像抢救性保护工程已转入室内实验阶段，开展金箔修复粘接材料、岩石加固材料等研究工作，并形成了《大足石刻千手观音抢救性保护工程总体工作方案》。

高句丽壁画墓文物保护工程已初步完成了对墓葬周边环境、地质地形、病害现状和工作方案的调研工作，并形成了《高句丽墓葬壁画原址保护工程第一期项目实施方案》。

另外，根据国际古迹遗址理事会第16届大会的建议，2009年7月25日，国家文物局在四川成都召开震后文化遗产保护国际研讨会。国际专家对四川灾后文化遗产抢救保护工作给予了极高评价，并邀请中方专家参加国际古迹遗址理事会举办的文化遗产防灾减灾国际研讨会和相关文件起草。此前，国际专家考察了四川震后遗迹和西安保护中心，同意支持西安保护中心的发展。

【保护管理研究工作】

2009年4月10日～11日，以“文化线路遗产的科学保护”为主题的无锡论坛成功举办，会议形成了《关于文化线路遗产保护的无锡倡议》，呼吁加强我国文化线路遗产资源调查、科学研究、保护规划编制、专项法规制定等工作，建立管理协调机制和多学科参与的研究体系。为进一步深化相关研究，结合当前世界遗产申报管理工作的实际需要，国家文物局在9月底通过课题招标，确定清华大学、中国古迹遗址保护协会等单位承担“文化线路申报世界遗产研究”“世界文化遗产保护与遗产地经济发展研究”和“国际文化景观遗产保护”等课题。

为进一步加强我国世界文化遗产申报工作和中国世界文化遗产预备名单的管理工作，促进世界遗产申报和管理工作的专业化、规范化，国家文物局委托中国古迹遗址保护协会起草了《世界文化遗产申报项目审核管理规定》和《中国世界文化遗产预备名单管理办法》。

【世界文化遗产监测巡视】

国家文物局按照世界遗产委员会的要求，提交了5处世界文化遗产保护管理状况的报告，并配合国际组织开展了对澳门历史中心的反应性监测，组织督促4家试点单位编制了世界文化遗产地监测定期报告。

2009年8月25日～26日，国家文物局在福建召开了世界文化遗产监测专家座谈会，审议了试点单位定期监测报告和《中国世界文化遗产监测实施导则》稿，对2010年开展的世界遗产定期监测提出了工作建议。会后对福建的两处世界文化遗产福建土楼和武夷山进行了监测巡视，根据巡视中发现的问题，国家文物局已致函福建省文物局，提出了相关的整改要求。

博物馆

【简述】

截至2009年底，文物系统共有博物馆2252个，从业人员59919人，馆藏文物1571万件，其中一级文物56277件，二级文物1060569件，三级文物2647498件；观众32716万人次（其中未成年人9978万人次）。加上其他部门和社会力量举办的博物馆，全国博物馆已超过3000个，是1949年的141.4倍，1980年的8.1倍；新世纪以来一直保持在每年100个左右的增长速度，这在世界博物馆发展史上极为罕见。自此，我国博物馆已经形成以国家级博物馆为龙头、省级博物馆和重点行业博物馆为骨干，国有博物馆为主体、民办博物馆为补充，类别多样化、举办主体多元化的博物馆体系；原有省级以上大馆大多完成或已开始改扩建或新建，一批市县级博物馆的基础设施得到显著改善；新建博物馆大量采用新技术、新工艺、新材料，提高博物馆建筑的现代化、智能化程度，从而使博物馆的基础设施水平显著提升，与欧美等发达国家的博物馆相比也毫不逊色；在藏品保护管理利用中更加注重传统技术与现代科技手段有机融合，有效提升了藏品保护工作的质量和效率。

截至2009年，全国1452个公共博物馆、纪念馆实现免费开放，约占文化文物部门归口管理博物馆纪念馆和全国爱国主义教育示范基地总数的77%。博物馆观众数呈持续快速增长趋势，每馆平均观众量比免费开放前增长了50%。全国博物馆每年举办的陈列展览总数达10000个，每年赴境外文物展览达约80项，产生了广泛的社会效益。

【重要博物馆建设】

2009年建成开放的重要博物馆有：

1. **2009年2月18日，明孝陵博物馆新馆在江苏南京建成开放**。

明孝陵博物馆新馆是依托世界文化遗产南京明孝陵设立的专题类博物馆，展馆利用原南京手表厂厂房改造而成，平面呈回字形，设有“大明孝陵”主题展览、360度环幕影院、大明生活馆、书吧、文化产品超市等几个板块，总面积近5000m^2。展览展出了元末农民战争中使用的火铳、明孝陵考古出土的琉璃建筑构件、民间征集的明代瓷器、玉器、钱币等文物，并通过对明孝陵地宫的模拟展示，讲述了明孝陵的选址、营建、规制与礼制思想，阐述了明代皇家陵寝的历史价值和艺术价值。

2. **2009年4月22日，北京新文化运动纪念馆重新开馆**。

北京新文化运动纪念馆是依托原北京大学红楼旧址建立的，全国唯一一家全面展示五四新文化运动历史的综合性博物馆。北大红楼是中国新文化运动的主阵地和五四爱国运动的策源地，2008年由于红楼维修，北京新文化运动纪念馆暂时闭馆。此次重新开馆通过旧址复原，推出了“新时代的先声”基本陈列，以及新文化运动重要人物蔡元培、陈独秀等的专题陈列，力图再现20世纪20年代北大红楼，使人有身临其境之感。旧址复原共展出实物1198件，复原了李大钊图书馆主任室、毛泽东工作过的阅览室等一些旧址，专题展示五四新文化运动时期的一些重要历史事件。

3. 2009年4月30日，**广西民族博物馆在广西南宁建成开放**。

广西民族博物馆历时6年筹建，投资2.3亿元，占地130亩，建筑面积29370㎡，其中展厅面积约8000㎡，是以收藏保护、研究、展示广西各民族繁衍生存、融合发展的民族博物馆，通过收藏、研究和展示广西12个世居民族的传统文化，同时兼顾对广西周边省份各民族以及东南亚各民族的文化研究、文物资料收藏和宣传展示。设有“五彩八桂”“铜鼓文化”和“中国与东盟”三个专题陈列馆及两个临时展览区，展示广西世居民族的历史文化遗存。

4. 2009年5月9日，**四川博物院新馆在四川成都建成开放**。

作为四川震后竣工的首个文化设施工程，四川博物院新馆建成后向公众免费开放。四川博物院收藏文物共计26万余件，以巴蜀青铜器、汉代陶石艺术、南北朝佛教石刻造像、藏传佛教文物和张大千绘画艺术为主。四川博物院新馆建设用地88亩，主体建筑达32026㎡，规模是原馆的4倍，展厅数量达15个，展厅面积约10000㎡，新馆设有蜀风汉韵（汉代陶石艺术馆）、巴蜀青铜器、泥与火的艺术（瓷器馆）、大风堂（张大千艺术馆）等十个常设展厅和四个临时展厅，内容涵盖了四川历史发展简况和极具特色的地方文化，向广大观众提供全方位、立体的历史和文化艺术体验，更好地满足人民群众各方面对博物馆的物质和精神文化的需求。

5. 2009年5月12日，**四川省茂县羌族博物馆重建举行奠基仪式**。

茂县羌族博物馆是全国唯一的一座羌族博物馆，在“5·12”地震中馆舍受损严重，馆藏文物藏品遭受不同程度损毁。在国家发改委、国家文物局、国家民委等有关部门和对口支援省山西省有关部门的大力支持下，茂县羌族博物馆立项重建。博物馆新址位于县城主干道旁，背靠青山、面向岷江，占地60亩，建筑面积为10000㎡，包括文物中心库房、文物展演厅、文物保护科研区等六大区域，项目总投资达1.4亿元，建筑主体计划两年内建成，对于抢救具有浓郁羌族特色的珍贵文物，弘扬羌族传统文化具有重要意义。

6. 2009年7月28日，**浙江省自然博物馆新馆在浙江杭州建成开放**。

浙江自然博物馆新馆位于西湖文化广场B区，建筑面积约26000㎡，有近13万件珍贵的馆藏标本，新馆馆舍面积扩大了3.8倍，藏品库房面积扩大了3.5倍，陈列展示面积扩大了近5倍，年接待观众能力从15万人次提高到100万人次；陈列内容与形式更加科学、生动，展示手段更加多元、先进；服务功能更加完善和人性化。博物馆定位以“自然与人类”为主题，以提高公众的自然科学文化素养和生态系统保护意识为宗旨，集科普教育、收藏研究、文化交流、休闲于一体的现代自然博物馆。新馆一层为临时展区及公共服务设施；二层主要为“地球生命故事”展区，展示地球各类生命在演化进程中的艰难曲折；三层设有“丰富奇异的生物世界”和“绿色浙江”展区，展现浙江丰富的自然资源和建设生态省的成果，引发人们对“人与自然如何和谐相处”的思考。

7. 2009年11月16日，**中国文字博物馆在河南安阳建成开放**。

中国文字博物馆是“十一五”期间国家重大文化工程，是我国第一座以文字为主题，全面反映中国各民族文字、文字历史的，集文物保护、陈列展示和科学研究功能为一体的专题博物馆。中国文字博物馆总占地 143 亩，总建筑面积 34500 ㎡，一期工程用地 81.76 亩，建筑面积 22700 ㎡，包括字坊、广场、主体馆等。在全国各有关部门和文物收藏单位的大力支持下，中国文字博物馆入藏文物 4123 件，其中一级文物 305 件，另有辅助展品 1058 件。博物馆的陈展体系包括序厅、基本陈列、专题陈列、临时展览等。中国文字博物馆的建成与发展，对于反映中华文明与中国语言文字的研究成果，展示中华民族灿烂的文化和辉煌的文明，传承中华文明，弘扬以爱国主义为核心的民族精神，建设社会主义先进文化具有重要意义。

8. 2009 **年 12 月 20 日，浙江省博物馆武林馆区、浙江革命历史纪念馆建成开放**。

两馆位于西湖文化广场，建筑面积 20991 ㎡，陈列面积约 7600 ㎡。设有“越地长歌——浙江历史文化陈列”“钱江潮——浙江现代革命历史陈列”“山水之间——黄公望〈富春山居图〉与馆藏明清山水画”和“非凡的心声——世界非物质文化遗产中的中国古琴”“意匠生辉——浙江民间造型艺术”“十里红妆——宁绍婚俗中的红妆家具”等专题陈列，以及地下一层的临时展厅。基本陈列和专题陈列以区域文化为陈列内容，以信息传播为陈列形式，架构全景式社会历史画卷。两个基本陈列和四个专题陈列共展出各类文物近 3000 件（套），引入多种非文物展品的表现形式，打造博物馆展示的视觉场域，以增强陈列的吸引力和震撼力。主要是通过场景、模型等项目，营造丰富的展览空间；通过复原考古发掘现场，营造真实的历史环境。以馆藏为基础，通过情景再现和多媒体运用，对中国古琴艺术、浙江民间造型艺术、宁绍地区的婚俗进行完整、活态的展示，着力揭示物质背后的情感、记忆等非物质文化。

9. 2009 **年 12 月 24 日，广东海上丝绸之路博物馆在广东省阳江市建成开放**。

广东海上丝绸之路博物馆位于阳江市海陵岛银滩，总占地面积近 130000 ㎡，博物馆主体工程建基面积 12000 ㎡，总建筑面积 19000 ㎡，展厅 9000 ㎡。博物馆主体结构“水晶宫”中，展示有装载南宋古沉船“南海Ⅰ号”的沉箱，以及历年来从“南海Ⅰ号”打捞出水的200多件文物，游客可以在两条长 60m，宽 40m 的水下参观廊近距离看到考古人员现场发掘、打捞文物等水下考古作业的情景。博物馆的展陈设计围绕造船文化和海洋文化的核心，以中国海洋文明史和海上贸易史为主线，通过文献、图片和文物等立体呈现共和国水下考古作业的发展历程和考古成果。广东海上丝绸之路博物馆的建成为在室内进行古沉船及其相关文物的长期保护、持续发掘、深入研究和动态展示，推动中国水下考古的发展和推进文化遗产保护融入社会大众，提供了必要条件，它的建成开放打破了以往博物馆静态展陈的方式，是在世界范围独有的大型水下考古专题博物馆。

【继续深化博物馆、纪念馆免费开放工作】

国家文物局与中宣部、财政部研究确定了 2009 年全国免费开放博物馆名单，加上 2008 年首批名单，中央财政支持的免费开放单位总计 1444 个，约占文化文物部门归口管理博物馆纪念馆和全国爱国主义教育示范基地总数的 77%，此外各地有一批博物馆、纪念馆和爱国主义教育示范基地主动自行免费开放。2009 年中央财政安排专项补助经费 20 亿元，重点补助地方博物馆纪念馆免费开放所需资金，鼓励改善陈列布展和举办临时展览，支持重点博物馆纪念馆提升服务能力。

2009年，中宣部等四部局研究制定了《关于进一步做好博物馆纪念馆免费开放的意见》，筹备召开全国博物馆免费开放工作会议，对深化博物馆免费开放工作作出进一步的部署，提出要强化调查研究，加紧完善各种配套的政策措施和管理制度，充分发挥公共博物馆纪念馆和爱国主义教育基地宣传和传播先进文化的作用。

编印并免费发放《博物馆展览交流信息》册页（首批收录19个省级以上博物馆的83个展览信息），并在国家文物局政府网站同步发布和适时更新，搭建博物馆交流合作平台。编印《博物馆免费开放调研报告汇编》《国家一级博物馆导览》《新形势下博物馆工作实践与思考（暂定名）》，为深化博物馆免费开放提供借鉴。

2009年12月11日，国家文物局在河南郑州组织召开全国博物馆“三贴近”工作座谈会，传达学习中央领导同志视察河南博物院的重要指示精神，对进一步落实“三贴近”要求，加强博物馆工作，促进博物馆事业科学发展，提出了具体要求。会议指出，中央领导同志再次对深入推进“三贴近”作出重要指示，充分体现了党中央对博物馆工作的高度重视和极大关怀，对新时期博物馆事业发展具有普遍的指导意义。全国博物馆工作者要认真学习，深刻领会，努力贯彻落实。要进一步提高认识，理清发展思路，增强时代意识、社会意识、群众意识、服务意识，坚持面向大众，增加陈列展览等文化产品的知识性、趣味性、观赏性、互动性和可参与性，积极主动地融入当地社会发展，以保障公民基本文化权益为着力点，努力构建公共文化服务体系，使参观博物馆成为公众精神文化生活的追求和时尚，努力把博物馆事业发展成为政府支持为主、群众广泛参与、社会贡献率高的公共事业。

【启动中央地方共建国家级博物馆工作】

为推进博物馆管理体制创新，充分调动中央和地方两个积极性，加大投入力度，使有关博物馆的藏品保护、展示、科研和运行水平显著提高，社会教育和服务能力显著增强，创建一批最能够展现中华文明、反映中国文化价值，并具有国际一流水准的博物馆，并构建以点带面、立足区域、辐射全国、面向世界的博物馆综合资源共享平台。2009年12月，国家文物局会同财政部联合召开中央地方共建国家级重点博物馆座谈会，印发《关于开展中央地方共建国家级博物馆工作的通知》，确定上海博物馆、南京博物院、湖南省博物馆、河南博物院、陕西历史博物馆、湖北省博物馆、浙江省博物馆、辽宁省博物馆等8个博物馆为首批中央地方共建博物馆，重庆中国三峡博物馆、首都博物馆和山西博物院等3个博物馆为培育对象。

【深化博物馆评估定级工作】

在2008年组织开展国家一级博物馆评估定级工作之后，国家文物局组织开展国家二、三级博物馆评估定级工作。并于2009年5月19日，公布了国家二级博物馆171个、国家三级博物馆288个，加上此前公布的首批国家一级博物馆83个，国家一二三级博物馆合计542个，约占全国博物馆总数的1/5。评估定级有效促进了对博物馆专业化的理解和关注，极大地调动了各地进一步改良博物馆运行、管理和服务的动力和积极性。为督促定级博物馆不断提升管理水平和服务质量，形成长效评议监督机制，国家文物局组织北京化工大学经济管理学院完成国家一级博物馆运行状况评价课题研究，制定国家一级博物馆运行评估规则、国家一级博物馆运行评估指标体系；并委托中国博物馆学会启动国家一级博物馆年度运行评估试点工作。

【促进民办博物馆健康发展】

国家文物局组织完成了《关于规范和促进民办博物馆发展》课题研究。

据不完全统计，截至2009年8月，除广西、西藏、新疆外，各地文物部门登记注册的民办博物馆为386个，约占全国博物馆总数的13.3%。国家文物局联合民政部、财政部、文化部、国土资源部、住房和城乡建设部、国家税务总局等七部门研究制定了《关于促进民办博物馆发展的意见》。11月12日，在北京召开全国民办博物馆工作座谈会，针对我国民办博物馆发展状况，总结、交流各地发展民办博物馆的做法、经验，系统分析了民办博物馆发展状况、特点、发展趋势及存在的问题，研究新形势下促进民办博物馆健康发展的对策，并提出了促进民办博物馆健康发展的具体思路和对策。

【藏品保护】

“文物调查及数据库管理系统建设项目”加快推进。

2009年2月，召开专题会议，对在北京等21个省份全面推进文物调查及数据库管理系统建设项目作了部署。12月，印发《关于加快推进文物调查及数据库管理系统建设项目工作的通知》，进一步明确了相关要求。北京等17省（区、市）按计划启动了数据采集工作，吉林、山东、广东、重庆、贵州、西藏等6省（区、市）已陆续向国家文物局数据中心报送馆藏一级文物数据和珍贵文物数据。

【展示宣传和社会服务】

1. 第八届（2007～2008年度）全国博物馆十大陈列展览精品评选

此次评选由中国博物馆学会、中国文物报社承办。从26个省份69个博物馆、纪念馆的展览中，评选出“井冈山革命斗争史”（井冈山革命博物馆）等3个特别奖、“陕西古代文明”（陕西历史博物馆）等10个精品奖和“神奇的自然 美丽的家园——常州博物馆自然资源陈列”（常州博物馆）等14个单项奖，代表了近年中国博物馆在展示上所达到的最高水平，参评项目内容和形式异彩纷呈，亮点频出，特色鲜明，不仅具有古代文明的独特魅力，而且展示了改革开放的时代气息，无论从主题立意、题材选择，还是从展示手段、科技含量等方面看，均较以前的陈列展览有了显著的提升，评选活动引起社会广泛关注和强烈反响。

2. 2010年国际博协第22届上海大会筹备工作推进顺利

2009年4月13日，中国博物馆学会在北京举行专业委员会工作座谈会，推动中国博物馆学会下属各专业委员会加强与国际博协对应专门委员会的联系，积极参加各项活动，在活动中宣传和推广上海大会。5月19日，“第二期国际文博合作项目协调人培训班”在西安开班，为ICOM 2010年大会培训培养人才、为以后的国际文博合作项目储备人才提供支持。6月，国际博协正式确认大会主题为“博物馆致力于社会和谐”，中国博物馆学会组织了一系列国际或全国性学术研讨会，深入研讨大会主题，并通过大会官方网站、国际博协官方网站和《国际博协新闻》等途径阐述大会主题。7月2日，国际博协第22届上海大会执委会第三次会议在上海召开，研究部署加紧筹备工作。下半年开始，大会主旨报告人邀请工作顺利推进，11 月，大会网上注册开始启动，大会电子投票系统获得认可。

3. 各地组织“5·18”国际博物馆日宣传活动

2009 年国际博物馆日的主题为“博物馆和旅游”。5 月 18 日，国际博物馆日主会场启动仪式和白鹤梁水下博物馆开馆仪式在重庆市涪陵区隆重举行，中央电视台第 10 套节目对活动进行了现场直播。各地博物馆围绕主题，开展了一系列各具特色的宣传活动，普及了“文化遗产人人保护，保护成果人人享用”的理念。国家文物局还组织中国博物馆学会开展了“首届中国博物馆十佳志愿者之星”评比活动，对优秀博物馆志愿者进行评选、表彰，以激励更多的人关注和投身博物馆事业，促使博物馆进一步面向社会。

4. 全国博物馆文化产品开发座谈会在北京召开

2009 年，国家文物局组织开展了博物馆文化产品专题调研，并于 2 月 3 日在北京召开全国博物馆文化产品开发工作座谈会，研究部署加强博物馆文化产品开发工作，并为参加博物馆文化产品评选的获奖单位颁奖。会议指出，充分利用博物馆的文化资源和技术优势进行文化产品开发，是在博物馆免费开放的新形势下推动博物馆体制机制创新、增强博物馆活力的有效举措，是利用、发挥博物馆稀有宝贵的资源，将资源转化为生产力，拓展博物馆文化传播渠道的重要手段，也是向社会提供更多高雅特色文化产品，满足人民群众日益增长的多样化文化消费需求，促进社会主义发展和繁荣的重要渠道。要扎实推进博物馆文化产品开发工作，创造博物馆文化产品开发的良好环境，充分发挥政策引导促进作用。

【重要的全国性展览】

1. 2009 年 7 月 30 日～10 月 7 日，“秦汉—罗马文明展”在北京中华世纪坛举行。

展览由中国国家文物局和意大利文化遗产与艺术活动部共同主办，分为序幕、帝国的建立、物质文明、日常生活、精神世界、日益融合等六部分，通过展示中意 70 余家博物馆的 489 件（套）珍贵文物，辅助模型、图片、视频等组合，再现了公元前 3 世纪到公元 2 世纪之间，雄踞世界东西的秦汉、罗马帝国的辉煌文明。这次展览是中国与意大利政府间第一个文物交流项目，也是 2010 年意大利中国文化年的开幕庆典项目。此后，该展在洛阳展出。作为 2010 年意大利中国文化年开幕庆典项目，还要在意大利米兰和罗马举办。

2. 2009 年 9 月 19 日～10 月 20 日，“辉煌六十年——中华人民共和国成立 60 周年成就展”在北京展览馆举行。

作为首都国庆 60 周年重要庆祝活动之一，60 周年成就展以“伟大历程·辉煌成就·美好未来”为主题，分为序展、综合展、专题展和展望四个部分。序展分为导言和伟大的历程两个单元；综合展分为经济建设、政治建设、文化建设、社会建设和党的建设五个单元；专题展分为农业、工业、基础设施、科教、文化、人口健康社保、对外开放、资源环境、少数民族、国防、一国两制和外交十二个单元。系统展示了新中国成立 60 年来特别是改革开放以来中国共产党领导全国各族人民不懈探索中国特色社会主义道路的伟大历程；系统展示了新中国成立 60 年来特别是改革开放以来经济建设、政治建设、文化建设、社会建设和党的建设取得的巨大成就；展望 2020

年全面建成小康社会和到本世纪中叶基本实现现代化的美好前景。

3. 2009 年 9 月 25 日，“复兴之路”大型主题展览在国家博物馆开幕

展览于2007 年10 月在中国人民革命军事博物馆举办，后经充实修改后于2008 年 3 月再次举办。作为庆祝新中国成立 60 周年的重要活动，此次又进行了充实修改，并将作为国家博物馆的基本陈列长期展出。展览共分五部分：中国沦为半殖民地半封建社会、探索救亡图存的道路、中国共产党肩负起民族独立人民解放历史重任、建设社会主义新中国、走中国特色社会主义道路。首次以陈列的方式全面展示了中华民族近 170 年复兴之路的宏大主题。展览通过 150 多件珍贵文物和 980 多张历史照片，真实再现了自 1840 年鸦片战争以来 100 多年间，陷入半殖民地半封建社会深渊的中国人民在屈辱和苦难中奋起抗争，为实现民族复兴上下求索，特别是中国共产党领导各族人民争取民族独立、人民解放、国家富强、人民幸福的奋斗历程，展示了盛世中华团结和谐的繁荣景象。

4. 2009 年 5 月 22 日 ~ 8 月 30 日，“凤舞九天——楚文物特展”在湖南省博物馆举行

展览由湖南联合湖北、河南、安徽等省共同推出，为继“走向盛唐”“国家宝藏”后的又一次文物精品大展。展览遴选 264 件（套）楚文物精品，分“尚武修文”“尊礼崇乐”“蕴美求奇”“好巫祈福”等四个部分，全面展示了楚国的政治、军事历史、礼乐文明、艺术成就、思想文化与社会生活等各个领域的高度发展水平和独特魅力。为配合该展组织开展的公共教育讲座、家庭日等教育活动，扩大博物馆的社会影响，丰富了观众的博物馆参观体验。该展在百日内吸引了 22 万人次参观，成为当地轰动一时的文化盛事。

社会文物管理

【简述】

2009 年，国家文物局进一步规范文物市场及民间收藏文物的管理，开展文物拍卖许可证年审和申报第一类文物拍卖资质的集中审批工作，推动文物拍卖专业人员资格认定管理的试点工作。加强文物进出境审核机构建设和人才培养，启动文物进出境审核信息管理系统建设。

【文物市场监管】

1. 文物拍卖许可证年审

国家文物局对 2008 年 12 月 31 日前取得文物拍卖许可证的 260 家拍卖企业依法进行了审核，通过年审的文物拍卖企业 198 家，暂停文物拍卖资质 18 家，撤销文物拍卖资质 44 家。2009 年授予 27 家企业文物拍卖资质。截至 2009 年底，具有文物拍卖资质的企业共有 243 家。

2. 文物拍卖企业增加第一类文物拍卖经营资质的审批

2009 年初，国家文物局启动文物拍卖企业增加第一类文物拍卖经营资质的审批工作。3 月，国家文物局组织专家委员会，对申报增加第一类文物拍卖经营资质的拍卖企业进行了集中评审，批准 10 家拍卖企业增加第一类文物拍卖经营资质。

3. 申报第一类文物拍卖经营资质企业专业人员考试

2009 年 11 月，申报第一类文物拍卖经营资质企业专业人员考试参考人数为历年最多，来自18个省（市、自治区）的91家企业共253人报名参加了考试，最终有33家企业报考的48人通过了68门次的考试。

【文物进出境管理】

1. 启用2009年版文物进出境审核文件和火漆印章

为进一步规范和加强文物进出境审核工作，自2009年7月1日起，国家文物局启用2009年版的文物出境许可证、文物临时进境审核登记表、文物复仿制品证明、文物禁止出境登记表、文物出境审核申请表等文物进出境审核文件和火漆印章。并要求各国家文物进出境审核管理处负责从所在省（直辖市）各口岸申报进出境文物的审核事项。

2. 召开2009年度国家文物进出境审核管理工作会议

2009年11月5日~7日，国家文物局在山东济南召开2009年度国家文物进出境审核管理工作会议。就文物进出境审核机构体制现状和发展思路进行了探讨，并就《文物进出境责任鉴定员管理办法》的起草制定和文物进出境审核管理信息系统建设等议题进行了讨论。

3. 进一步加大文物进出境责任鉴定员的培训工作力度

2009年6月，国家文物局在天津举办玉器类文物进出境审核鉴定培训班，12月，在南京举办了杂项类文物进出境审核鉴定培训班，来自14个审核管理处和相关省市的60余名鉴定专业人员参加了培训。同时，为推进西北、东北各省、自治区文物进出境审核机构建设，重点开展拟新设文物进出境审核机构的人员培训工作，于10月在西安举办了“青藏地区文物进出境审核鉴定培训班”。

【流失文物追索】

1. 就圆明园流失文物在法拍卖发表严正声明

2009年2月26日，法国佳士得拍卖圆明园鼠首和兔首铜像一事，引发了中国政府和人民对海外流失文物的高度关注。国家文物局严正声明坚决反对拍卖圆明园文物等非法流失的中国文物，认为这种行为有悖于相关国际条约的基本精神，严重损害中国人民的文化权益和民族感情。鉴于佳士得拍卖行多次公开拍卖从中国劫掠、盗窃、盗掘和走私文物的行为，所涉及的文物均为非法出境，为加强文物进出境审核管理，国家文物局发布了《关于审核佳士得拍卖行申报进出境的文物相关事宜的通知》，要求各国家文物进出境审核管理处认真审核佳士得拍卖行及其委托机构申报文物。

2. 鼓励和支持有关机构和学者开展流失海外中国文物的调查工作

2009年10月29日，就圆明园管理处对原属圆明园的流失文物进行调查研究一事，国家文物局明确表示国家文物局鼓励和支持有关机构和学者开展流失海外中国文物的调查工作，并重申中国政府支持非法流失文物返还原属国的立场。主张通过外交和法律的手段，按照国际社会处理非法流失文物返还问题的法律框架和原则，促使非法流失出境文物回到中国。

【国家重点珍贵文物征集】

1. 对重要文物拍品行使国家优先购买权

根据《文物保护法》第五十八条和国家文物局《文物拍卖管理暂行规定》，国家对文物拍卖企业拍卖的珍贵文物拥有优先购买权。在中国嘉德2009年春拍上，国家文物局行使国家优先购买权，以拍卖成交价554.4万元购买了其中的陈独秀等致胡适信札，并交由中国人民大学代藏。这批信札涉及鲁迅、李大钊、胡适、钱玄同等新文化运动时期的重要人物，所反映内容填补了新文化运动和近现代史研究文献的一些空白。

2. 一批国家征集海外流失文物入藏国有收藏机构

2009年，一批国家征集的重点珍贵文物入藏国有博物馆，包括：10490件道场画交由成都博物院代藏；伯梁其盨等8件青铜器交由中国文字博物馆代藏；宋代耀州窑牡丹纹碗1件交由陕西铜川耀州窑博物馆代藏，有效发挥了征集文物的研究和展示价值。

3. 范季融、胡盈莹捐赠文物交接仪式在京隆重举行

2009年11月23日，“范季融、胡盈莹捐赠文物交接仪式”在北京国子监彝伦堂隆重举行。范季融、胡盈莹夫妇是美国著名的中国文物收藏家。1991年以来，曾多次向国家捐赠青铜器、书画等珍贵文物。此次，又将其收藏的9件秦公晋侯青铜器捐赠给国家。鉴于范季融先生为中外文化交流与合作所做出的突出贡献，文化部授予范季融先生“文化交流贡献奖”。

【国家文物鉴定委员会相关工作】

开展了国家文物鉴定委员会委员增聘工作。经国家文物鉴定委员会委员全体会议推荐，国家文物局批准，共有11位新委员加入了国家文物鉴定委员会。2009年，国家文物鉴定委员会承担了10多项涉案、征集文物的鉴定工作，有力配合了司法、海关等部门的工作。

文物科技与信息

【简述】

2009年，在科技创新方面，开展行业科技和信息化“十二五”规划的可行性研究，组织实施国家科技计划重点项目，加强科研成果的转化、推广和展示、宣传工作，启动文化遗产保护领域科研联合体建设，促进了开放、流动、竞争、协作的文化遗产保护科技创新体系的形成。

【启动科技发展“十二五”规划战略研究】

2009年国家文物局启动实施了文化遗产保护领域科学和技术发展规划战略研究工作，从文化遗产保护领域科技发展总体战略、考古领域科技问题，以及文化遗产保护传统技术和工艺科学化和文化遗产保护科技成果转化问题等12个方面展开系统研究，为“十二五”科技发展规划的编制奠定坚实基础。

为摸清行业发展现状和存在的问题，科学合理的安排工作，部署开展了科技、标准化、信息化“十二五”规划的前期调研工作，通过课题形式组织有关科研单位编制，并多次召开会议督促进展、指导做好相关工作。

【开展体制机制创新，稳步推进创新联盟试点建设】

积极推动创新联盟试点工作。国家文物局与浙江省人民政府，拟采取省部共建的方式，共同支持建设国家文化遗产保护科技区域创新联盟，通过区域创新联盟的建设，充分整合和利用中央和地方资源，优化科技布局，建设成高水平的技术研发平台、人才培育平台。

2009年10月15日，为进一步促进资源共享，推动科技成果的转化应用，协同解决关键技术问题，积极开展体制机制创新，陶质彩绘文物保护国家文物局重点科研基地（秦始皇兵马俑博物馆）、古代陶瓷科学研究国家文物局重点科研基地（中科院上海硅酸盐研究所）、中科院上海有机化学研究所、砖石质文物保护国家文物局重点科研基地（西安文物保护中心）等单位成立了第一个专业性技术创新联盟——陶质彩绘文物保护技术创新联盟。

【加强行业指导，提升科研基地自主创新能力】

为进一步加强行业重点科研基地的建设管理，2009年4月，国家文物局召开科研基地管理座谈会，进一步总结经验，查找问题，并研究制订了《关于加强国家文物局重点科研基地建设和管理的意见》，完成各基地年度工作报告编撰工作。目前国家文物局重点科研基地12个。

2009年7月30日，古代壁画保护国家文物局重点科研基地（敦煌研究院）获批成立古代壁画保护国家工程技术研究中心，全国政协副主席、科技部万钢部长出席揭牌仪式。该中心是我国社会公益领域第一家国家级工程技术中心，是文化遗产保护科技进入国家科技创新体系的重要标志。

【国家科技支撑计划项目顺利通过验收】

2009年6月4日，国家文物局组织专家在西安召开“十一五”国家科技支撑计划课题《文物出土现场保护移动实验室研发》结项验收会，我国首台功能全面机动灵活的车载式文物出土现场保护移动实验室研制成功。

在科技部的支持下，国家文物局深入研究、申报确定重点项目列入国家“十一五”科技支撑计划项目，内容涉及文化遗产保护关键技术研究、大遗址保护关键技术研发与开发、古代建筑保护技术及传统工艺科学化研究、室外大型石质文物保护关键技术研究等文化遗产领域内的重点、难点和瓶颈问题。国家文物局积极组织，科学管理，研究制定专项管理办法，对课题实施科学化、规范化管理。“十一五”期间国家科技支撑课题顺利通过结项验收，成果显著，获得自主知识产权和专利177项，发表论文342篇，出版专著15部，制定行业标准（草案）28项。《石质文物保护关键技术研究》列入国家科技支撑计划。

【中华文明探源工程成果丰硕】

2009年1月，《中华文明探源工程（二）》顺利通过科技部结项验收。3月，科技部、教育部、财政部、广电总局、中科院、社科院、文物局、中国科协等部门和单位，成立中华文明探源工程部际联席会议制度，统筹协调中华文明探源工程全面实施。《中华文明探源工程及其相关文物保护技术研究》通过科技部组织的专家论证。

2009年9月~10月，国家文物局、科技部、财政部、文化部联合举办“早期中国——中华文明起源展”，这是我国第一次以展览的形式向社会公众宣传、展示中华文明的起源与早期发展历程，受到社会的热烈欢迎和学术界的积极肯定。编辑出版了《中华文明探源工程文集》，集中展示该项目的阶段性科研成果。

【指南针计划——中国古代发明创造的价值发掘与展示】

2009年2月17日，国家文物局会同

中宣部、教育部、财政部、科技部、文化部等部门，以及中国科学院、中国社会科学院、中国工程院和中国科协等有关单位，成立了“指南针计划”专项领导小组，并组织召开了领导小组第一次会议。2009 年“指南针计划”试点项目的立项评审、启动实施、结项验收等工作按计划有序进行。11 月，中宣部、教育部、科技部、财政部、文化部、国家文物局等部门，以及中国科学院、中国工程院、中国社会科学院、中国科协等十部门联合印发《关于全面推进“指南针计划——中国古代发明创造的价值挖掘与展示”专项的意见》。

【积极开展文化遗产保护科研成果的推广应用】

国家文物局通过开展保护科技培训班，将科学研究和技术研发中形成的成果向广大基层文博保护科技工作人员转化。2009 年，陶质彩绘文物保护科研基地结合文物修复项目，在山东青州举办了为期 3 个月的培训班，使 50 位学员系统学习和实践了陶质文物的修复。古代壁画保护科研基地与英国伦敦大学肯特艺术学院和兰州大学联合办学，培养壁画保护专业人员，第一批壁画保护硕士研究生已于 2009 年毕业，为壁画保护培养了一支生力军，加强了专业人才队伍建设。通过组织编纂出版不同材质文物的保护修复报告和技术手册，进一步加强馆藏文物保护的管理与指导，提高馆藏文物保护工作的科学性和规范性，宣传了文物保护知识。

【推进文物保护标准化建设】

1. 加快文化遗产保护领域标准化进程，全面提升文化遗产保护标准化水平

国家文物局启动实施了文物保护标准体系研究项目，针对不可移动文物保护、可移动文物保护、文物调查与考古发掘、博物馆，以及文物保护、博物馆信息化及信息建设等 5 个方面，开展标准体系研究工作，构建文物保护标准化体系框架。2009 年颁布国家标准 2 项，行业标准 11 项，30 项国家标准列入国家标准委制修订计划，并有 11 项行业标准完成送审稿。71 项国家标准建议列入国家标准委《全国服务业标准 2009 ~ 2013 年发展规划》。

2. 开展前期研究，积极筹建文化遗产国际标准化技术委员会

组织开展《在国际标准化组织设立文化遗产保护技术委员会的可行性研究》，对成立文化遗产保护国际标准化组织的必要性、可行性、国际现状、工作方案等进行了深入研究，提出了政策性建议和工作计划。国家标准委将“文化遗产领域走向国际化，建立文化遗产保护国际标准化组织”列入《全国服务业标准 2009 ~ 2013 年发展规划》，作为 2009 ~ 2013 年参与国际标准化活动的重要工作。

3. 重视标准宣贯工作，促进科研成果推广应用

依托局重点科研基地科研力量和科技成果，结合国家重点文物保护专项，组织开展 4 期培训班，通过专家授课、现场演示、学员实践等多种形式，对全国文物、博物馆的共 400 余名专业技术人员进行培训，充分发挥标准在文物保护工作中的科学化、规范化作用，切实提高了文物保护的安全性和合理性。

【积极稳妥开展信息化工作】

1. 基于泛在网络理念的文化遗产信息化建设可行性研究

为适应当前文化遗产信息有效传播的迫切需求，国家文物局组织开展了基于泛在网络理念的文化遗产信息化建设的课题研究。课题提出了名为“文化遗产泛在计划”的文化遗产信息化建设实施计划，从“无限尺度、城市尺度、遗址尺度、博物馆尺度、文物藏品尺度”5大尺度，建立文化遗产展示、传播能力的新机制、新模式，满足人民群众对文化遗产的个性化和多样化需求。“文化遗产泛在计划”包含“文博互通计划”（国家层面）、“文博星城计划”（城市层面）和“智能文博计划”（博物馆层面）3个子计划。提出了文化遗产信息化建设产业链，初步明确产业链主体及角色定位；对落地项目实施阶段的风险进行了预测分析，提出相关防范措施；从组织机制、人才队伍保障和国内外交流等方面提出其他保障措施。

2. “灾后文化遗产抢救性保护综合信息平台”课题研究

课题完成了平台建设的需求分析报告、详细设计报告，搭建完成了“灾后文化遗产抢救性保护综合信息平台”，解决了海量影像数据的管理与应用、空间信息技术在文化遗产抢救性保护的应用模式问题，建立了灾后文化遗产抢救业务流程模型，平台数据库建设与文物保护标准化、文物信息资源标准化有效衔接。

3. 完成“文化遗产保护科技平台”的功能扩展和内容更新

项目的实施进一步提升和完善“文化遗产保护科技平台”的课题管理功能，加强科研成果资源管理和共享，提高信息内容发布与传播形式的系统性、新颖性和创新性。对于宣传国家文物局科技工作政策、介绍最新动态、工作的管理和服务发挥重大作用。

4. 研发“可移动文物保护修复综合信息管理平台”

依托现代技术手段，强化可移动文物保护管理。“可移动文物保护修复综合信息管理平台”研发实施，对可移动文物保护修复项目审批、立项、实施和验收等环节实施信息化管理，加强对项目的即时管理和有力监督，确保文物保护修复的安全性和可靠性。

对外交流与合作

2009年，国际文化遗产保护交流与合作继续深化。为配合国家外交大局，国家文物局积极开展文化遗产对外交流，加强政府间文物交流与合作，加大双边文化遗产保护协定及禁止和防止文物非法进出境协定的签署，积极开展与有关国际组织和民间机构的合作，推进与港澳台地区在文化遗产领域的交流与合作，不断提高进出境文物展览的质量和水平，主办学术研讨会，提高中国在国际文化遗产保护领域的影响力。

【加强政府间文物交流与合作】

2009年，为执行政府间文化交流执行计划，国家文物局与阿尔及利亚、埃塞俄比亚、保加利亚、俄罗斯、荷兰、捷克、突尼斯、智利等17个国家顺利实施了互访。

2009年2月18日，国家文物局单霁翔局长率中国文物代表团出访了英国、阿尔及利亚和埃塞俄比亚三国，与阿、埃两国政府探讨了加强文物交流与合作，促成了与埃塞俄比亚签署政府间关于防止盗窃、盗掘和非法进出境文物协定及中国国家文物局与埃塞俄比亚关于合作保护文化遗产谅解备忘录。

2009年3月10日~16日，童明康副局长率团赴美国，应邀出席美国ICOMOS第12届国际研讨会，介绍中国开展四川震后文化遗产抢救性保护的情况。

2009年5月7日～15日，董保华副局长应邀访问突尼斯和捷克，出席"华夏瑰宝展"在突尼斯的开幕式，并与捷克文物主管部门就进一步加强在文化遗产保护领域的交流与合作进行了沟通。

2009年5月16日～25日，张柏副局长率中国文物代表团应邀访问俄罗斯和波兰，就与俄罗斯、波兰在加强文化遗产保护、博物馆交流、人员互访和打击文物走私等方面进行了深入交流。

2009年6月19日～24日，单霁翔局长代表蔡武部长率中国文物代表团应邀赴希腊出席雅典新卫城博物馆开馆典礼。希腊总统、总理以及各部部长、欧盟主席、联合国教科文组织总干事以及多个国家的元首和近30个国家的文化部长出席典礼。正在希腊访问的中共中央政治局常委贺国强同志在单霁翔局长和驻希腊大使罗林泉的陪同下出席了开馆典礼。

2009年11月～12月，张柏副局长应邀率中国文物代表团访问保加利亚和智利，与保、智文化遗产部门就开展在文化遗产领域的交流与合作进行了深入探讨，与保加利亚就商签打击文物走私双边协定达成一致意见。

2009年11月23日～12月3日，应印度考古局和尼泊尔考古局的邀请，童明康副局长率中国文物代表团访问印度、尼泊尔。代表团与印度考古局、尼泊尔考古局负责人进行了会谈与交流，并与尼泊尔就商签打击文物走私双边协定达成一致意见。

中国政府援助柬埔寨二期工程茶胶寺项目进入实施阶段；与蒙古、肯尼亚有关机构合作开展的考古工作顺利推进。

2009年11月13日，中国文化遗产研究院与德国考古研究院签署了合作谅解备忘录，为中德两国在文化遗产保护领域的合作奠定了基础。

2009年11月13日，在国家文物局局长单霁翔和德国大使施明贤的见证下，德国考古研究院聘任国家文物局副局长童明康为该院通讯院士。

2009年11月28日，由国家文物局举办的博物馆高级管理人员国际研修班在京举行结业典礼。为进一步加强与发展中国家在文化遗产保护与管理领域的交流与合作，国家文物局先后与阿富汗、菲律宾、智利、哥伦比亚等19个国家的文物主管部门签署了22个有关文化遗产领域的合作协定和备忘录。此次培训班就是为落实相关双边协定及备忘录，扩大与发展中国家的交流与合作而举办的。来自秘鲁、智利、斯里兰卡、韩国、印度尼西亚、哥伦比亚、菲律宾、埃塞俄比亚、马尔代夫、尼泊尔、阿富汗和印度等12个国家的23名学员参加了为期15天的培训。

【加大与外国政府商签打击文物走私双边协定力度】

2009年1月15日，中国驻美国大使周文重与美国国务院助理国务卿戈利·阿玛利在美国国务院签署了《中华人民共和国政府和美利坚合众国政府对旧石器时代到唐末的归类考古材料以及至少250年以上的古迹雕塑和壁上艺术实施进口限制的谅解备忘录》。国家文物局副局长董保华率领中国文物代表团出席了签字仪式。自1998年始，中国政府即着手与美国政府就签署限制进口中国文物的双边协定进行多次沟通与磋商。谅解备忘录的签署，不仅是防止中国文物非法流入美国的重要举措，而且是推动国际社会在文化遗产领域交流与合作的具体行动。

2009年6月25日，国家文物局局长单霁翔与土耳其文化旅游部次长伊斯梅特·耶尔马兹在北京签署了《中华人民共和国政府和土耳其共和国政府关于防止盗窃、盗掘和非法进出境文化财产的协定》。

2009年9月16日，国家文物局局长单霁翔与埃塞俄比亚文化遗产研究与保护总局局长贾拉·哈雷马里阿姆·马莫在北京签署了《中华人民共和国政府和埃塞俄比亚联邦民主共和国政府关于防止盗窃、盗掘和非法进出境文物的协定》。这是中国政府与非洲国家签署的第一个政府间防止盗窃、盗掘和非法进出境文化财产的协定。

2009年10月30日，在李克强副总理和澳大利亚副总理吉拉德的见证下，国家文物局局长单霁翔与澳大利亚环境、水、遗产和艺术部副部长玛丽·威廉姆斯在澳大利亚悉尼签署了《中华人民共和国国家文物局与澳大利亚环境、水、遗产与艺术部关于文物保护的谅解备忘录》。

截至目前，中国与12个国家签署了防止文物非法进出境的双边协定，是世界上签署此类协定最多的国家之一。

【积极与有关国际组织和民间机构开展合作】

2009年，在文化遗产多边国际舞台上，国家文物局进一步发展与相关国际文博组织的关系，积极参与国际会议和重要国际活动，开展各种国际多边文化遗产交流活动。

2009年2月21日，由国家文物局与联合国教科文组织合作主办的联合国教科文组织保护文化遗产日本信托基金项目成果报告会在北京举行。两项保护工程于2001年开始实施，分别获得联合国教科文组织“文化遗产保护日本信托基金”125万美元的援助。为石窟的科学保护提供了良好范例，培养了一批石窟保护的专门人才，也为以后保护工作的深入和更广泛的国际合作积累了经验。

2009年7月，在成都、西安等地召开震后文化遗产保护国际研讨会，国际古迹遗址理事会（ICOMOS）主席、秘书长、副主席等人参加会议，国际同行就震后文化遗产的抢救、修缮和保护问题进行了深入交流。

2009年9月，国家文物局与ICCROM等国际组织合作举办了博物馆藏品预防性保护国际研修班。来自亚太地区10个国家的18名学员参加了为期三周的培训

2009年10月，中国古迹遗址保护协会理事长童明康率团参加了在马耳他召开的国际古迹理事会咨询委员会会议，并代表中国发言，对完善相关机构建设、充分发挥专业机构咨询作用等提出意见和建议。

2009年11月，国家文物局和联合国教科文组织世界遗产中心共同主办的丝绸之路跨国联合申报世界遗产国际协调委员会第一次会议在西安召开，丝绸之路沿线十几个国家以及相关国际咨询机构的代表参加，就如何建立和完善丝绸之路跨国联合申报的协商机构的工作机制等进行协商和研究。相关国际咨询机构提出了首先编制丝绸之路总体研究报告的技术路线，得到会议的确认。这次会议进一步加强了丝绸之路申报的国际合作。

2009年11月，范季融、胡盈莹夫妇将收藏的9件秦公晋侯青铜器捐赠给国家，以表达爱国之心，支持祖国博物馆事业发展。鉴于范季融先生为中外文化交流与合作所作出的突出贡献，文化部授予范季融先生“文化交流贡献奖”。

2010年国际博协第22届大会的筹备工作得到各方高度评价。为积极宣传、筹备2010年国际博物馆协会第22届大

会，召开中、日、韩国家委员会主席第一届圆桌会议，就2010年国际博协大会加强协调与配合；参与“亚太地区博物馆核心价值宣言”的起草和讨论，广泛宣传2010年上海国际博协大会。

2009年世界遗产委员会第33届大会上，我国申报项目“五台山”经大会审议作为文化景观成功列入《世界遗产名录》，圆满完成了预定目标。

2009年，国家文物局与美国盖蒂保护所正式签署了第七期合作协定。此前，国家文物局与美国盖蒂保护研究所进行了二十余年的合作，取得了良好的合作成果。

2009年度，国家文物局与日本国文化财保护基金、中国三星公司合作，委托中国文化遗产研究院和东京文化财保护研究所承担的中日韩合作丝绸之路沿线文物保护与修复人员培养计划举办了古建筑保护培训班和博物馆藏品保护技术培训班。

此外，国家文物局还派员出席了联合国教科文组织和国际文化财产保护与修复研究中心等组织的一系列重要国际会议，积极参与文化遗产领域的国际事务；同时，派员赴柬埔寨、以色列、日本、意大利等多个国家出席国际学术研讨会、国际博物馆协会相关会议。

联合国教科文组织库木吐喇千佛洞保护修复工程和龙门石窟保护修复工程顺利结项。

【对港澳台地区文物交流工作亮点频出】

与香港民政局合作，在香港历史博物馆举办了“沪港两地发展史”展览；为庆祝澳门回归十周年，与澳门民政局合作，在澳门文化博物馆举办了“九九归一展”，两个展览均在当地社会获得了较好的反响。

针对台海局势及两岸关系出现的新变化，促进两岸文博团组互访，鼓励文物展览入岛展出。

2009年10月7日~2010年1月10日，北京故宫博物院和台北故宫博物院60年来首度合办的展览“雍正——清世宗文物大展”在台北故宫博物院开展。展出的246件文物包括档案、史籍、地图、肖像、绘画书法、瓷器、琉璃等，全面展示这位颇具争议的皇帝的文治武功和艺术品位。两岸故宫直接交流实现历史性突破：首次实现了院长互访；两岸故宫文物首次同场展出，实现了历史性的突破。

2009年6月27日~9月27日，“微笑的俑——汉景帝的地下王国”展由陕西省文物交流中心与台湾联合报系联合举办，在台北历史博物馆展出。

【文物展览的质量和组织水平不断提高】

2009年，国家文物局共审批、组织了赴境外文物展览69项，其中赴比利时“中国古代帝王珍宝展”、“丝绸之路展”、赴突尼斯“华夏瑰宝展”、赴智利“古代中国与兵马俑展”、赴美国“中国秦兵马俑展”、赴日本“西藏艺术与考古展”等展览，有力地配合了重要外交活动并取得巨大成功。

赴日本“大三国志展”于2009年4月在日本圆满结束，展览在日本引起轰动，短短数月观众人数超过百万，成为在日本举办的观众人数最多的中国文物展览。

2009年4月11日，“西藏艺术与考古展”在日本福冈九州国立博物馆开幕。该展由中华文物交流协会与中国西藏文化保护与发展协会合作举办、被列为西藏民主改革50周年宣传活动重点项目之一。展览开幕后，观众非常踊跃，取得了良好的效果。展览展出精选自西藏博物馆、布达拉宫和承德避暑山庄等文博单位的展品 119 件。除日本福冈外，展览还在日本札幌、东京、大阪等地展出。

赴比利时“中国古代帝王珍宝展”是“欧罗巴利亚中国艺术节”的开幕活动一个亮点。习近平副主席在比利时国王、王室成员及政府全部内阁成员共同陪同下，出席展览开幕式并参观展览。

赴美国“中国秦兵马俑展”在休斯敦、华盛顿等四地巡展，好评如潮。在休斯敦历时 5 个月的展出中，观众多达 20 多万人次。美国主流媒体予以长时间的关注和报道，《时代周刊》甚至将该展评为年度全美不容错过的十大展览之一。

2009 年 5 月 8 日，为庆祝中突建交 45 周年，“华夏瑰宝展”在突尼斯迦太基遗址博物馆隆重开幕。董保华副局长率团出席展览开幕式并讲话。这是中国第一次在突尼斯也是首次在阿拉伯国家举办文物展，是庆祝中突建交 45 周年的重要文化活动。突尼斯参议院议长、文化遗产部部长、总统顾问等政要出席了开幕式，对展览给予了高度评价。该展标志着中突文化关系进入了新纪元。展览展出了自商代至明代中国主要历史时期具有代表性的各类文物共 78 件（套）。

“秦汉—罗马文明展”由中国与意大利两国共同提供展品、共同承担费用、在两国轮流展出，是中意两国文化交流中富有国际影响的创新。此展已于 2009 年 7 月、10 月份分别在北京中华世纪坛与洛阳博物馆开幕并展出。2010 年该展赴意大利米兰、罗马展出，成为在意大利举办的中国年活动的重要项目。

2009 年 11 月，美国总统奥巴马访华期间，专门安排时间参观了故宫和长城。在人民大会堂金色大厅内，中国政府专门调集陈列了 6 件中国文物精品，中国悠久的历史、灿烂的古代文化给奥巴马总统留下深刻印象。

赴智利“古代中国与兵马俑展”于 2009 年 12 月 3 日在圣地亚哥开幕，智利总统巴切莱特等出席展览开幕式。巴切莱特在展览开幕式上表示：此次展览是中智两国文化交流与合作深化的又一巨大成果，是中智两国建交 40 周年的重要历史事件，具有非同寻常的意义。

“古代中国与兵马俑”展是为了庆祝智利独立 200 周年和纪念中智建交 40 周年而举办的文物展览，由中国国家文物局、陕西省文物局与智利总统府文化中心联合举办，共展出中国文物 80 件，其中一级品 13 件（套），参展展品主要来自秦始皇兵马俑博物馆、汉阳陵博物馆、咸阳博物馆等陕西省内众多知名博物馆。

【学术研讨会】

中意合作壁画修复学术交流会。2009 年 4 月 24 日，中意合作壁画修复学术交流会在西安召开。中、意两国专家就“意大利壁画修复的方法和技术”“达・芬奇《最后的晚餐》的修复”“中意合作项目唐墓壁画保护修复成果介绍”“章怀太子墓壁画保护与修复”“唐代壁画修复工艺和加固材料选择”等课题进行了交流。

派员参加第 20 届国际碳十四会议。2009 年 5 月 31 日 ~6 月 6 日，美国国家自然科学基金会亚利桑那加速器质谱实验室组织召开了第 20 届国际碳十四会议，国家文物局派员参加了此次会议。会议共有来自中国、美国、英国、法国、德国、意大利、俄罗斯、日本、韩国等多个国家的众多碳十四实验室参加，许多处于世界领先水平的碳十四实验室参加了会议。我国的北京大学、西安加速器质谱中心、广西大学等单位的代表参加了会议。会议围绕碳十四方法改进及在考古领域的应用展开研讨。与会代表对北京大学实验室开展的大量工作和在田螺山遗址发掘中开展的科学细致的工作、发挥的重要作用给予了高度评价，并为中国学者能系统、科学地对考古遗址进行研究表示了赞赏。

派员参加国际冶金史大会。2009 年 9 月 13 日 ~17 日，来自中国、印度、英国、美国、德国、法国、意大利、日本、挪威、毛里求斯、以色列、土耳其、葡萄牙、伊朗、澳大利亚等 15 个国家的近八十位学者参加了在印度召开的国际冶金史大会，该国际会议为国际冶金史学界的盛会，声誉日隆，影响越来越大。经选举，会议成立了由 15 人组成的新的委员会，英国伦敦大学学院（UCL）的任天洛（Thilo Rehren）教授和北京科技大学的梅建军教授当选为主席。

2009 年 9 月 26 日 ~29 日，国家文物局和甘肃省人民政府与澳大利亚环境、水、遗产与艺术部在敦煌共同主办了“文化和自然遗产地旅游可持续发展国际研讨会”，来自 21 个国家的约 100 名专家代表出席会议，并形成了关于在世界遗产地促进旅游可持续发展的会议报告，经中澳双方专家修改完善后已正式提交给联合国教科文组织世界遗产中心，是中国和澳大利亚政府积极履行《世界遗产公约》的重要见证。

2009 年 10 月 14 日，国家文物局在首都博物馆举办“中英博物馆连线：经验与交流”研讨会。英国博物馆代表团、国内有关博物馆代表 150 余人参加，从中英博物馆概览、博物馆管理、博物馆巡展与交流、博物馆陈列设计、博物馆与社区、教育及学习等方面进行研讨，有效增进了两国博物馆之间的了解和专业知识、经验的分享。

2009 年 10 月 17 日 ~19 日，2009 东亚文化遗产保护技术国际研讨会暨东亚文化遗产保护学会第一次年会在北京故宫博物院召开。与会学者围绕东亚文化遗产的内涵、东亚文化遗产的价值体现、东亚文化遗产保护理念与方法、东西方文化遗产保护理念和方法的比较研究、具有东亚特色的文化遗产保护研究成果发表了演讲。

教育培训

2009 年，国家文物局共举办培训班 33 个，培训各类管理和专业人员 1961 人。

【中央党校文化遗产专题培训】

4 月 7 日 ~17 日，国家文物局与中央党校联合举办了地市领导干部文化遗产保护专题研讨班。来自 50 个文化遗产保护重点城市的分管书记、市长参加了培训。国家文物局局长单霁翔和副局长董保华为培训班授课，副局长张柏和机关各部门负责同志与学员进行了座谈。

【地市文博管理干部培训和全国重点文物保护单位保护管理机构负责人培训】

地市文博管理干部培训、全国重点文物保护单位保护管理机构负责人培训继续推进，在宁夏、青海、广西、甘肃、河南等五省、自治区举办了培训班，培训学员 768 人。此项工作开展四年来，全国地市文博管理干部有 2/3 以上接受了系统培训。

【专门业务培训】

配合重点工作，国家文物局开展了新疆坎儿井保护培训班、西藏文物保护工程专项培训、博物馆免费开放社教部主任培训、一级博物馆馆长培训、大运河保护与申遗培训、国际博协大会项目协调员培训、地震灾区文博管理干部培训、出水文物保护培训等一系列专项培训。

【专业技术人员中长期培训】

文博基本业务培训全面展开。举办博物馆专业人员文物鉴定中长期培训青铜器鉴定培训班和书画鉴定培训班；举办博物馆馆藏文物保护与修复中长期培训纸张文物保护培训班、壁画保护修复培训班和陶质彩绘保护修复培训班。培养各类文博专业技术骨干140人。

【涉外培训】

11月16日～11月30日，国家文物局与ICCROM等国际组织合作，举办了博物馆高级管理人员国际研修班，学员为亚洲、非洲、拉丁美洲等12个发展中国家负责博物馆管理的官员及管理人员，共23人。中日韩合作丝绸之路沿线文物保护与修复人员培养计划举办了古建筑保护培训班和博物馆藏品保护技术培训班。

【专家工作】

国务院批准文物出版社张昌倬、中国文化遗产研究院刘兰华为2008年度享受政府特殊津贴人员，并一次性发放奖金20000元。

【文博高级职称评审】

2009年12月，先后召开了2008年度编辑出版、古建工程、文博三个系列高级职称评审会议。本次评审受理了符合参评条件的天津、山西、内蒙古、云南、海南以及中国电信博物馆、中国体育博物馆、民族文化宫博物馆、中央民族大学博物馆和国家文物局直属单位的评审申请共58名。其中申报文博研究馆员资格的35名，申报文博副研究馆员资格的8名，申报编审资格的7人，申报副编审的5人，申报古建高级工程师的3人。经过评委会成员认真审读及讨论，并经过无记名投票，最终通过评审的有24名同志。其中获得文物博物系列研究馆员任职资格的是（共10人）：

天津：蔡长奎、刘渤；山西：张焯、张广善、丁建平；内蒙古：白丽民；海南：涂高潮；中国文化遗产研究院：柴晓明、崔勇；中国文物交流中心：杨阳。

获得文物博物系列副研究馆员任职资格的是（共4人）：

中国电信博物馆：于杰民；中央民族大学民族博物馆：马晓华；北京鲁迅博物馆：戴晓云、肖振鸣。

获得编辑出版系列编审任职资格的是（共3人）：

文物出版社：刘小放；中国文物报社：王征、张伟。

获得编辑出版系列副编审任职资格的是（共5人）：

文物出版社：李睿、孙蕾、郭维富、贾东营；中国文物报社：张俊梅。

获得古建工程系列高级工程师任职资格的是（共2人）：

中国文化遗产研究院：葛川、张金凤。

2009年，补发了1992～2005年度国家文物局高级专业技术职务任职资格评审通过人员的高级专业技术职务任职资格证书。

【机构编制】

2009 年 3 月，国务院批准《国家文物局主要职责内设机构和人员编制规定》（国办发［2009］24 号），规定国家文物局内设办公室（外事联络司）、政策法规司、督察司、文物保护与考古司、博物馆与社会文物司（科技司）、机关党委（人事司与机关党委合署办公）。国家文物局机关行政编制 84 名（含两委人员编制 2 名，离退休干部工作人员编制 6 名）。设局长 1 名、副局长 4 名、正副司长职数 19 名（含机关党委专职副书记 1 名）。

2009 年 8 月，国家文物局印发《国家文物局内设机构、职能配置和人员编制实施方案》，在《国家文物局主要职责内设机构和人员编制规定》基础上明确了内设各部门处室主要职能和人员编制。

【专业技术二级岗位评审】

2009 年 4 月，经国家文物局专业技术二级岗位专家评审委员会评审推荐，国家文物局党组研究同意，苏士澍（文物出版社编审）、孙毅（北京鲁迅博物馆研究员）等 2 人具备专业技术二级岗位任职资格。

【表彰奖励】

中华人民共和国成立 60 年以来，我国文化遗产事业取得丰硕成果；特别是改革开放 30 年以来，伴随着经济社会的快速发展，文化遗产事业取得了令人瞩目的成就。一代又一代文物、博物馆工作者，为中华民族文化遗产的保护和传承，艰苦创业、前赴后继、恪尽职守、勤奋工作，作出了无私的奉献，创造了突出的业绩。为激励全国文物系统广大干部职工承前启后、开拓进取、建功立业，2009 年 6 月 11 日，文化部、国家文物局等在北京举行电视电话会议，隆重表彰获得“中国文物、博物馆事业杰出人物”荣誉称号的 21 位文博工作者。中央政治局委员、国务委员刘延东，文化部部长蔡武，国家文物局局长单霁翔，各有关部门领导以及于坚等 9 位受表彰人员出席北京主会场的会议，各地文化、文物部门干部职工出席了各地电视分会场会议。

中国文物、博物馆事业杰出人物名单（按姓氏笔画排序）如下：于坚（原故宫博物院副院长、研究馆员）、马得志（中国社会科学院考古研究所研究员）、王世襄（中国文化遗产研究院研究员）、王宏钧（原中国历史博物馆副馆长、研究馆员）、毛昭晰（原浙江省文化厅副厅长，浙江大学历史系教授）、刘光启（天津市文物局副研究馆员）、杜仙洲（中国文化遗产研究院教授级高级工程师）、吴良镛（中国科学院院士、中国工程院院士、清华大学建筑学院教授）、佟柱臣（中国社会科学院考古研究所研究员）、余鸣谦（中国文化遗产研究院教授级高级工程师）、宋伯胤（原南京博物院副院长、研究馆员）、罗哲文（原中国文物研究所所长、教授级高级工程师）、郑孝燮（建设部教授级高级工程师）、郑珉中（故宫博物院研究馆员）、段文杰（原敦煌研究院院长、研究员）、侯仁之（北京大学城市与环境学院教授）、耿宝昌（故宫博物院研究馆员）、徐邦达（故宫博物院研究员）、宿白（北京大学考古文博学院教授）、蒋赞初（南京大学历史系教授）、谢辰生（原国家文物局顾问）。

在新中国成立60周年之际，国家文物局向全国从事文物、博物馆工作60年以上的66名同志颁发《文物、博物馆工作60年荣誉证书》；向全国从事文物、博物馆工作30年以上的5700余名同志，颁发《文物、博物馆工作30年荣誉证书》。

2009年8月，为推动地方各级政府更加重视、支持文物工作，促进文化遗产事业科学发展，更好地发挥文化遗产事业在推动社会主义文化大发展、大繁荣和全面建设小康社会中的积极作用，文化部、国家文物局联合开展了2009年全国文物工作先进县评选表彰活动。经过各地推荐和评审，北京市通州区等36个县（市、区）荣获“全国文物工作先进县”称号，西藏布达拉宫二期保护维修工程指挥部荣获“文物保护特别奖”。表彰大会于12月22日在北京召开。

2009年度全国文物工作先进县名单如下：北京市通州区、天津市宝坻区、河北省张家口市桥西区、河北省武安市、山西省榆社县、山西省翼城县、内蒙古自治区扎兰屯市、辽宁省本溪县、吉林省柳河县、黑龙江省林口县、上海市静安区、江苏省太仓市、浙江省杭州市余杭区、浙江省平湖市安徽省固镇县、福建省长汀县、江西省南昌县、山东省莒县、河南省光山县、河南省渑池县、湖北省秭归县、湖南省凤凰县、广东省佛山市高明区、广西壮族自治区荣县、重庆市南岸区、四川省泸县、四川省木里藏族自治县、贵州省务川仡佬族苗族自治县、云南省通海县、西藏自治区江孜县、陕西省富县、陕西省旬阳县、甘肃省庆城县、青海省湟中县、宁夏回族自治区灵武市、新疆维吾尔自治区昭苏县。

2009年6月，国家文物局政策法规司政策研究处处长陈培军同志被国务院军队转业干部安置工作小组、中共中央直属机关工作委员会、中共中央国家机关工作委员会、国务院国有资产监督管理委员会联合授予“中央单位模范军队转业干部”荣誉称号；2009年9月，中国文化遗产研究院袁毓杰同志（2007年~2010年援藏干部）被国务院授予“全国民族团结先进个人”荣誉称号。

【干部管理】

2009年2月，任命杨晋英为北京鲁迅博物馆常务副馆长，主持工作，法人代表；任命赵国顺为北京鲁迅博物馆副馆长；任命姚兆为中国文物信息咨询中心副主任，免去其中国文物信息咨询中心总工程师职务；任命邓贺鹰为中国文物信息咨询中心副主任，免去其国家文物局机关服务中心（局）副主任（副局长）职务；任命顾玉才为中国文化遗产研究院院长、党委副书记，免去其国家文物局文物保护司司长职务；任命朱晓东为中国文化遗产研究院党委书记、副院长，免去其中国文物信息咨询中心副主任职务；任命柴晓明为中国文化遗产研究院副院长，免去其国家文物局文物保护司副司长职务；任命侯卫东为中国文化遗产研究院副院长、总工程师；任命解冰为中国文物报社社长；任命张自成为中国文物报社总编辑，免去其文物出版社副社长职务；任命关强为国家文物局文物保护司巡视员、副司长（主持工作），免去其国家文物局办公室副主任职务；任命李耀申为国家文物局博物馆司巡视员，免去其国家文物局博物馆司副司长职务；任命齐宝利、盛蔚蔚为国家文物局办公室副巡视员。

免去孙毅的北京鲁迅博物馆党委副书记职务；免去张廷皓的中国文化遗产研究院院长、党委副书记职务；免去孟宪民的中国文化遗产研究院党委书记、副院长职务；免去张囤生的中国文物报社党总支副书记职务。

2009年4月，任命叶春为国家文物

局督察司司长，免去其国家文物局办公室副主任职务；任命关强为国家文物局文物保护与考古司司长，免去其国家文物局文物保护与考古司巡视员、副司长职务；任命周成为文物出版社副社长；任命谭平为国家文物局博物馆与社会文物司（科技司）社会文物处处长，免去其国家文物局办公室（外事联络司）预算处处长职务；任命唐炜为国家文物局文物保护与考古司世界遗产处副处长，免去其国家文物局博物馆与社会文物司（科技司）社会文物处副处长职务；任命李培松为国家文物局办公室（外事联络司）巡视员、副主任，免去其国家文物局文物保护与考古司副司长职务；任命李游为国家文物局办公室（外事联络司）副主任；任命刘铭威为国家文物局督察司副司长，免去其国家文物局政策法规司执法督查（安全保卫）处处长职务；任命陆琼为国家文物局文物保护与考古司副司长，免去其国家文物局文物保护与考古司世界遗产处处长职务；任命许言为国家文物局文物保护与考古司副司长；任命罗静为国家文物局博物馆与社会文物司（科技司）副司长，免去其国家文物局博物馆与社会文物司（科技司）科技与信息处处长职务；任命梁立刚为国家文物局机关服务中心（局）副主任（副局长），免去其国家文物局直属机关党委办公室主任职务；任命刘华彬为国家文物局博物馆与社会文物司（科技司）科技与信息处副处长，免去其国家文物局文物保护与考古司世界遗产处副处长职务。

2009 年 5 月，任命尹建明为国家文物局直属机关党委办公室主任，免去其国家文物局博物馆与社会文物司（科技司）博物馆处处长职务；任命陈红为国家文物局办公室（外事联络司）预算处处长；任命陈培军为国家文物局政策法规司政策研究处处长；任命闫亚林为国家文物局文物保护与考古司考古处处长；任命唐炜为国家文物局文物保护与考古司世界遗产处处长；任命辛泸江为国家文物局博物馆与社会文物司（科技司）博物馆处处长；任命刘华彬为国家文物局博物馆与社会文物司（科技司）科技与信息处处长。

2009 年 6 月，任命张和清为国家文物局办公室（外事联络司）副巡视员；任命刘微为国家文物局办公室（外事联络司）秘书处调研员；任命朱晔为国家文物局办公室（外事联络司）外事处调研员；任命丁军军为国家文物局办公室（外事联络司）国际组织与港澳台处调研员；任命李学良为国家文物局博物馆与社会文物司（科技司）博物馆处副处长、调研员；任命刁道胜为国家文物局博物馆与社会文物司（科技司）科技与信息处副调研员；任命赵歆为国家文物局人事司人事处副调研员；任命黄乔生为北京鲁迅博物馆副馆长；任命刘晓晶为国家文物局机关服务中心（局）主任（局长）助理。

2009 年 7 月，任命刘高潮为国家文物局办公室（外事联络司）财务处处长；免去李游的国家文物局办公室（外事联络司）财务处处长职务；任命张喆为国家文物局办公室（外事联络司）秘书处副处长；任命刘洋为国家文物局文物保护与考古司文物处副处长。

2009 年 10 月，任命张立民为国家文物局人事司副巡视员，免去其国家文物局人事司离退休干部处副处长职务；任命丁军军为国家文物局人事司离退休干部处副处长、调研员，免去其国家文物局办公室（外事联络司）国际组织与港澳台处调研员职务；任命赵歆为国家文物局人事司离退休干部处副调研员。

2009 年 12 月，张建华任国家文物局政策法规司法规处处长试用期满，按期转正；张和清任国家文物局办公室（外事联络司）外事处处长试用期满，按期转正。

在调任及接收军转干部方面，调邓超到国家文物局工作，任督察司安全监管处副处长；调肖莉到国家文物局工作，任文物保护与考古司世界遗产处副调研员；调孙忠云到国家文物局工作，任办公室（外事联络司）预算处副调研员。接收军转干部施雪梅到国家文物局工作，任督察司督察处副调研员。

根据中央组织部《关于提高部分离休干部医疗待遇的通知》（组通字［2009］34号），按照干部管理权限进行申报、审批，离休干部马济川享受副部级医疗待遇，离休干部冯屏、田育仁、李世刚、李贤达享受副局级医疗待遇。

【人事档案管理建设】

根据中央组织部有关要求，于8月~12月对局机关管理的人事档案进行集中整理，共整理档案材料130余套，补充档案材料近800份。

分述篇

国家文物局直属单位

北京鲁迅博物馆

【概述】

北京鲁迅博物馆位于北京市西城区阜成门内大街宫门口二条 19 号，1956 年 10 月 19 日正式开馆。

北京鲁迅博物馆是中国人民为了纪念和学习中华民族的思想文化巨人鲁迅先生而建立的社会科学类人物博物馆，为司局级公益性事业单位，隶属于国家文物局，是中央国家机关思想教育基地、北京市爱国主义教育基地。

至 2009 年止，北京鲁迅博物馆收藏有藏品、图书等 81763 件（套、册）。其中文物藏品 17301 件（一级藏品 700 件），主要包含鲁迅文物、鲁迅亲属文物、鲁迅同时代人的文物。

该馆行政管理机构设置：办公室（服务中心）、人事保卫处（党委办公室）、资产财务处、研究室（鲁迅研究中心）、文物资料保管部（信息中心）、陈列展览部、社会教育部。

【博物馆业务建设】

（一）社会教育和陈列展览工作

1. 社会教育工作

2009 年 2 月，北京鲁迅博物馆举办了“走近鲁迅，走进《孔乙己》”社会大课堂活动，联合共建学校打造的文化精品，取得了较好的社会效益，被北京市委宣传部、市爱国主义教育基地领导小组办公室、市教委评为优秀活动一等奖；

2009 年 9 月，“馆校牵手”暨“走近鲁迅”展览开幕式在怀柔县喇叭沟门满族乡中学举行。该展览还计划在北京市其他中小学校，特别是京郊山区的学校巡回展出。北京鲁迅博物馆和共建学校准备将入选中学教材的鲁迅作品以课本剧的形式搬上舞台，形成系列，形成文化品牌。

圆满完成港澳大学生内地文化实践活动培训任务。2009 年 6 月，北京鲁迅博物馆承担了港澳学生来馆实习的工作。学生们通过一个月的讲解培训，加深了对鲁迅先生的了解，激发了爱国情怀。

2009 年，北京鲁迅博物馆被北京市西城区学习型社区建设领导小组办公室评为“西城区市民终身学习服务基地先进单位”，被北京市委宣传部、市爱国主义教育基地领导小组办公室评为“2005～2008年度北京市爱国主义教育基地先进单位”。

2. 陈列展览

4月份，“鲁迅的读书生活”展览在佛山市文化馆举办；5月份，“大浪潮涌风云际会——纪念五四运动九十周年”（繁体中文版）展览在香港浸会大学举办，并在香港网站展出一个月，取得了良好的社会效果；与此同时，“大浪潮涌风云际会——纪念五四运动九十周年”展览（简体字版）在馆内和北京大学展出。8月份，“冯汉江版画展”和“董旭版画展”在馆内展出；9月份，北京鲁迅博物馆与新文化运动纪念馆主办的“新潮澎湃 英杰辈出——五四新文化运动展”在新加坡国家图书馆举办，与日本东北大学联合举办了“鲁迅与藤野展览”。10月份，“鲁迅生平展”参加文化部在尼泊尔首都加德满都举办的中国文化节，尼泊尔总理及外长参观了该展览。

北京鲁迅博物馆与中国美术馆合作，在比利时举办了“怒吼吧，中国——鲁迅、麦绥莱勒与中国先锋派艺术展”。

（二）鲁迅文物资料收藏保管

1. 完成了对捐赠人捐赠文物的征集手续，召开四次专家论证会，形成了2010年文物征集项目文本。其中有两次论证会专门研究评估周海婴所藏二十余件鲁迅文物。

2. 加强信息中心建设，为研究、查询、宣传鲁迅提供良好的平台。坚持日常对机房的服务器、通信线路及各节点交换机进行维护和检测，遇到问题及时解决，保证馆内网络通畅。对北京鲁迅博物馆的网站的内容进行更新维护，发表各类新闻、学术文章五十余篇。

（三）研究与出版

2009年，北京鲁迅博物馆研究筹划了一系列旨在加强学术交流，提高学术水平的活动。完成了《苦雨斋文丛》（五卷）的出版工作，与新文化运动纪念馆联合举办“纪念五四运动九十周年学术研讨会”并编辑论文集。鲁迅外文藏书研究、鲁迅译文研究两个国际学术项目已经启动。全年独立举办学术会议3次，联合举办学术会议5次，举办座谈会2次、学术报告会1次。在国内外的报刊发表研究论文40余篇，出版书稿3部。

1. 《鲁迅研究月刊》每月按时出版，该刊多年来一直是全国社会科学核心期刊，转载量和引用率名列前茅。成为弘扬鲁迅精神，宣传社会主义先进文化，推动鲁迅研究事业的健康发展的重要园地。

2. 2009年1月9日，北京鲁迅博物馆编选的《苦雨斋文丛》（五卷）在该馆序幕厅召开首发式暨学术研讨会；鲁迅博物馆与新文化运动纪念馆合编的“纪念五四运动九十周年”学术研讨会论文集出版。

3. 2009年6月，北京鲁迅博物馆与青岛大学联合招收的硕士研究生进行了论文答辩，两名硕士生毕业，毕业论文均为优秀。

4. 北京鲁迅博物馆先后主办了“大型图文典藏版《鲁迅》首发式暨研讨会”“《苦雨斋文丛》首发式”“鲁迅与老舍——纪念老舍先生诞辰110周年座谈会”，合作举办了“重读萧红——《漂泊者萧红》研讨会暨《萧红十年集》出版发布会”，举办了“左翼文学的大众化与世界性——小林多喜二、鲁迅与普罗文学”学术研讨会、“2009年中国当代散文创作与发展”研讨会、“中日视野下的鲁迅”国际学术研讨会、“纪念五四运动九十周年”学术研讨会。

5. 2009年初，诺贝尔文学奖获得者、日本著名作家大江健三郎先生来鲁迅博物馆举行了座谈。2月下旬，鲁迅博物馆领导赴美参加“多媒体鲁迅”国际研讨会。5月份，鲁迅博物馆领导赴日参加

“内山完造逝世五十周年”纪念活动，进行学术交流。7月份，德国汉学家顾彬在鲁迅博物馆作了鲁迅与中国当代文学的学术报告会并进行了参观座谈。12月，鲁迅博物馆领导赴澳大利亚参加学术会议。同月，举办“胡风与鲁迅精神传统学术研讨会”。

【概述】

国际友谊博物馆隶属于国家文物局，是收藏、研究、展示和宣传中华人民共和国成立以来党和国家领导人、政府机构以及社会团体接受的外交礼品的专题博物馆。

国际友谊博物馆已收藏来自世界五大洲170多个国家和地区以及国际组织的近2万件珍贵礼品，包括金银器、铜器、陶瓷器、玻璃器、漆器、玉石器、牙骨器、木雕、织绣、绘画、摄影作品等三十多个门类近百个品种。这些礼品异彩纷呈，或具有较高的艺术价值，反映了世界各国和地区的文化传统和艺术风采；或具有极高的收藏价值，一些珍贵化石和动植物标本堪称稀世珍宝。这些礼品是当代中外友好往来的实物见证，从一个独特的角度体现了新中国辉煌的外交成就。

2009年，国际友谊博物馆认真组织开展学习实践科学发展观活动，把干部职工的认识和行动统一到推动事业科学发展的高度上，以求真务实的态度和作风，以服务社会、服务观众为主旨，不断增强科学发展的紧迫感和责任感，坚持以巡回展览为主体、以配合大型活动的特展为重点的办展特色，深入各地广泛举办“国礼神州行”系列展览，加强展陈宣教工作，提升社会服务水平，积极实现博物馆社会服务功能，扎实推进博物馆事业向前发展。

【展览宣传】

1. “国礼神州行”展览

2009年上半年，友博的“国礼神州行”系列展览的“国礼西部行”展览分别在陕西省西安市、宝鸡市、汉中市等地展出。“国礼西部行”系列展览从2008年9月底开始到2009年4月结束，历时7个月，途径陕西铜川、西安、宝鸡、汉中四地，以鲜明的主题、深刻的内容、生动的形式、流畅的展示，给三秦大地广大观众留下美好的记忆。

3月份，友博在天津周恩来邓颖超纪念馆西花厅展出了周恩来外交礼品展。该展览得到各界观众的广泛称赞，展期由原定的3个月延长到7个月。

5月份，友博的“国礼进企业”系列展览走进中国黄金集团。这是友博“国礼神州行”品牌的又一个创新之举，它立意将国礼这一独特的历史和文化载体送进企业，送到广大工人面前。国礼走进中国黄金集团，是“国礼进企业”的第一步，它在积极实现博物馆社会服务功能的同时，也给友博的巡展工作提出一些新的问题。友博以科学发展观为指导，不断总结经验，认真研究问题，努力克服展示环境复杂、安保条件薄弱等困难，有计划、有步骤、有措施地把国礼展送到厂矿和车间，送到生产第一线，让更多的观众能够亲切地感受到扑面而来的世界瑰宝的人文艺术之风。

国庆60周年期间，友博精心组织，多方筹划，在北京国家大剧院举办了“乐舞缤纷——开国领袖·表演艺术题材外交礼品特展”，在太原市山西博物院举办了“和平礼赞”展览，在上海市闵行区博物馆和松江区月湖雕塑公园举办了“至尊国礼”和“世界瑰宝”展览。这些展览展出了世界不同地域和风格的礼品以及表现礼品来源、产地民俗文化和艺术特点的各类图片。

11 月份，友博在北京中华民族艺术珍品馆举办了“五洲珍宝”展览。展览以丰富的展品为基础，展示了新中国的辉煌外交成就，展示了异彩纷呈的国礼瑰宝，给广大观众营造了高雅的审美环境。

2009 年友博共举办 10 个国礼展。这些展览展示了世界各地不同风格礼品的历史、艺术、人文价值，有着较高的观赏价值、艺术价值和深刻的教育意义。观众围绕展览，从一个独特的角度了解了新中国辉煌的外交成就，体会了老一辈革命家为国家的稳定与发展做出的丰功伟绩，感知了世界文化艺术的丰富魅力，重温了历史，得到了启迪。而且，这些展览在满足人民群众文化生活需要、取得良好的社会效益的同时，也显著提高了友博的影响力和知名度。

2. 深入学校和社区进行宣传活动

友博落实“三贴近”要求，深入校园、社区发挥宣教服务功能，在国际博物馆日和文化遗产日期间送展进校园和社区，为北京工业大学的师生们和社区离退休的老同志们送去“国礼与世界文化之旅图片展”等展览，紧紧围绕国际博物馆日和文化遗产日主题，以图文并茂的形式，展示珍贵国礼，传播异域文化，帮助观众了解和熟悉各国文化传统和艺术特点，给师生们送去精彩的展览，给离退休的老同志们送去一份文化艺术关爱。这些富有趣味性和教育性的传播博物馆文化的活动，深入社会、贴近群众，增强了大家对文化遗产的了解和认知，产生了积极的影响。

【文物保护】

1. 完善藏品管理信息系统

2009 年，友博对该馆的藏品管理系统做了进一步完善，结合研究成果和巡展中发现的问题，对部分文物藏品的资料、信息和数据做了核对和修正，并录入数百幅数字图片，使得藏品系统查询检索信息更加丰富、准确，提高了系统的实用性，为各项业务工作提供了有效的文物信息保证。

2. 加强巡展中的文物保护工作

友博结合巡展工作实际，科学确定研究方向，认真组织巡回展览中的文物保护课题研究工作。经过多次研讨、反复论证，于 2009 年制定了巡展中文物保护工作规范，并在馆内试行。

【学术研究】

随着“国礼神州行”巡展工作的不断拓展，友博的学术研究工作也逐步加强。友博在征集工作的基础上，与地方政府、国礼生产企业、国礼制作者积极联系，收集我国外赠国礼的相关资料，进行汇总整理和分析研究，以期形成完整的中外交往互赠国礼的资料档案，有力地促进“国礼神州行”系列展览。

【制度建设】

友博为了规范管理、规范工作程序，在梳理近年来制定的各项规章制度的基础上，结合学习实践科学发展观活动中征求的意见和建议，结合工作实际，着手建立健全和修订完善了一批规章制度，并将综合性制度印制成册，公布实施，从而提高了制度建设水平，使各项工作有章可循，为科学发展提供良好的制度保障。

【安全保卫工作】

友博坚持“预防为主、防治结合”的原则，认真抓好安全保卫制度的落实、监督和检查工作。年初，馆里与每个部门及每个工作人员都签订了年度安全责任书，明确了安全责任和预期目标。日常工作中，友博重视经常性安全教育和检查落实，督促职工强化责任意识和风险意识，把坚持制度、防微杜渐、确保安全的要求贯穿始终。在大家的共同努力下，友博的保卫工作质量和水平不断提高，很好地完成了展览期间、两会期间、节日期间以及日常安全保卫工作的各项任务。

【2010 年国际博协大会筹备工作】

友博认真落实国家文物局领导指示精神，倾全馆之力做好第 22 届国际博协大会筹备工作。国际博协 2010 年大会北京办公室等部门明确责任，积极与国际博协、上海市等有关方面沟通联系，协调各类具体事宜，按照计划和部署扎实推进工作，为大会顺利召开打下了良好的基础。

【文物库房改造】

2009 年底，友博文物库房维修改造工作和文物库房安防、空调设备的改造工作顺利完成，并通过专家验收。该项目达到设计要求，显著提升了友博文物保藏水平。

【概述】

2009 年，中国文物信息咨询中心（以下简称“中心”）继续深入学习实践科学发展观，紧密围绕文化遗产事业发展需要和行业信息化建设主流业务，整合资源、夯实基础、自主创新、增强实力，在国家文物局的正确领导和中心全体职工的共同努力下，各方面工作均取得了稳步发展。

【内部建设】

2009 年，中心积极组织全体职工深入学习科学发展观理论，结合文化遗产保护事业的需要和中心的职能任务，认真检查不适应科学发展观要求的突出问题，分析制约单位发展的深层次原因，制订科学合理的发展措施。积极创建学习型单位，坚持“积极事业、自主创新、务求实效、宽松和谐”的共同认识，进一步完善内部制度建设、调整内设机构和职能任务、推进机制创新、规范工作程序、提高工作效率。积极构建创新型、和谐型、学习型、服务型单位，组织和参与多种形式的文体活动，加强思想教育，凝聚团结力量，丰富职工精神文化生活。

【文物信息化建设】

2009 年，中心紧紧围绕文物事业信息化发展的新形势、新要求，积极主动开展工作，在保障重点建设项目、夯实硬件运行基础、加强信息资源建设、提升信息技术服务等方面取得了较大进展：

1. 保障重点建设项目

应用信息技术支撑第三次全国文物普查工作。为保障普查数据大规模接收、存储和管理的需要，中心研发了第三次文物普查数据校验软件和普查数据汇总进度图示管理软件，并相继投入实际应用。向国家测绘部门申请并取得全国 1：250000 万比例电子地图数据，为第三次文物普查的比较、考证和研究工作提供服务。

开展文物调查项目全面推广工作。根

据项目总体目标任务，编制总体工作方案，修订完善了项目管理制度、标准规范和配套软件，分批开展了藏品信息采集、影像拍摄、数据质量监管等方面的骨干师资培训，加强数据资源报送、审核与管理。至2009年底，全国累计采集上报（含补报）馆藏珍贵文物信息数据总量989.2GB，其中2009年新增馆藏文物调查项目数据648.56GB，环比增长190.4%。

2. 夯实硬件运行基础

进一步加强国家文物局数据中心基础设施建设，优化网络和数据存储环境，采取多种安全防护措施。按照国家相关规定建成了符合标准的涉密数据机房，确保涉密数据的存储和使用安全。严格管理制度，落实岗位责任，确保国家文物局机关网络、政府网站及各类应用系统和数据的稳定运行。

3. 加强信息资源建设

通过重点项目建设、业务资料档案整理等多种方式，持续推进文物信息资源建设，建立统一的数据库体系构架，实行统一管理。

完善数据资源管理体系，完成数据资源结构体系设计，研发包括文物身份标识和元数据管理的系列数据管理工具，搭建数据资源交换平台，实现了数据资源整合功能。

研究起草《文物数据资源管理办法（建议稿）》、《文物数据管理规定》等规章制度，加强数据资源管理。

通过业务工作建立起全国文博专业人员文物鉴定培训专业人员、教材及视频数据库和全国各级文保单位基本信息与管理体制数据库，收录数据近5万条。新增调查1万余件流失海外中国文物信息，累计汇总收录各类海外中国文物信息6万余条。

2009年底，中心累计数据存储总量达5.59TB，环比增长126.4%，其中影像视频数据3.5TB，播放总时长约900小时。

4. 规划研究与重点项目立项

根据行业信息化发展趋势，研究编写了《国家文物信息化建设规划纲要（2009～2015）》（建议稿），并组织开展全国文物信息化发展“十二五”规划专题调研。在总体规划纲要的基础上，分别开展了文物数据资源建设与应用、电子政务建设等方面的专题研究，编写了相关专项规划。

围绕加强文物进出境管理和文物安全监管的实际需要，策划并向国家申请“国家重点文物保护管理信息系统（一期）工程”项目立项，以通过信息技术手段强化政府职能，带动行业信息化全面发展。

5. 加强政务技术支撑

落实国家关于电子政务建设与应用的总体要求，按照国家文物局的相关要求，深入调研应用需求，编写了《国家文物局OA系统建设项目工作方案》并通过专家论证，进入系统研发、测试阶段。新版OA系统按照国家统一的标准规范和国家文物局的业务流程特点进行设计，采用当前先进、成熟的技术体系进行开发，界面友好、操作简便、安全可靠、易于更新和维护，有效提升了局机关的信息化工作水平。

适应政府信息公开需要，保障局政府网站建设，优化网站栏目设置。配合“5·18国际博物馆日”、第四个“文化遗产日”等重大主题活动，策划开通了系列专题，加大政府网站的信息宣传与服务力度。局政府网站浏览量稳步提升，2009年达到800余万人次。

6. 面向行业提供技术服务

积极为局机关服务中心、文化遗产研究院、新文化运动纪念馆、国际友谊博物馆、北京鲁迅博物馆、中国文物报社、四川省博物馆、镇江博物馆等兄弟单位提供规划研究、网站建设、网络维护、软件研发、托管维护等专业咨询和技术服务。

在深入调研基层博物馆业务需求的

基础上，进一步升级、完善了博物馆藏品综合管理软件功能，加大软件推广力度，2009 年在陕西省 200 余家博物馆全面推广应用，全国用户累计超过 340 家。

与成都市考古所合作，完成田野考古信息管理系统的需求分析、设计工作，并组织进行了专家论证。

【文物保护与业务培训】

在加强信息化建设的同时，中心认真完成了国家文物局委托相关技术性、事务性工作：组织承办了“全国博物馆专业人员铜器鉴定研修班”和“全国博物馆专业人员书画鉴定研修班”；组织承办由国家文物局、公安部、海关总署联合举办的“执法人员文物专业知识（陶瓷器鉴定）培训班”；组织承办了“申报第一类文物拍卖经营资质企业专业人员考试”“文物进出境责任鉴定员资格考试”；举办了“博物馆藏品综合管理信息系统培训班”等多项培训。

配合完成文物鉴定、征集和文物保护工程方案、规划的技术审核工作：全年共计鉴定文物 407 件，审核各类文物保护工程方案、文物保护单位保护规划、古建维修、遗址保护等方案 692 份。

组织承办了“首届文化遗产与传播论坛”“首届大学生文化遗产保护知识大赛”“第二届文化遗产动漫作品大赛”等活动，通过电视、网络等新媒体拓宽文化遗产信息的传播渠道。

【概况】

2009 年，在继续深入贯彻落实党的十七大报告精神，深入学习实践科学发展观思想指导下，文物出版社在推进转制改企进程中，从实际出发，巩固编辑队伍、扩大作者群、提高出书质量、加大市场宣传力度，在探索中做大做强。

2009 年，文物出版社出版了大量富含学术价值、教育价值、知识普及价值的优秀图书。如《佛教美术全集》《景教遗珍——洛阳新出唐代景教经幢研究》《四川博物院文物精品集》《中国法书全集・明 1》《中国竹木牙角器全集》《法门寺文物图饰》《元瓷之珍》《渤海上京城》（全三册）、《中国考古 60 年（1949～2009)》《秦始皇帝陵》《影像水陆庵》《中国文物地图集・四川分册》等。此外，文物出版社按时完成了《中国考古 60 年（1949～2009)》《20 世纪中国文物考古发现与研究丛书》（全 60 册）等庆祝新中国成立 60 周年的献礼书。

【获奖概况】

2009 年，文物出版社出版的许多图书不但销售情况可喜，还获得多项国际、国家、政府奖项以及其他专业奖项。《20 世纪中国文物考古发现与研究丛书》（全 60 册）《西藏布达拉宫壁画保护修复工程报告》《文物行政执法案例选编与评析》《奇迹天工——中国古代发明创造文物展》《中国记忆——五千年文明瑰宝》《新密新砦——1999～2000 年田野考古发掘报告》《永乐宫壁画》《蒙古国浩腾特苏木乌布尔哈布其勒三号四方形遗址发掘报告（2006 年)》《酒魂十章》《应县木塔》《中国考古 60 年（1949～2009)》《古代瓷器制作术》《古代青铜铸造术》《古代丝绸染织术》《古代造纸印刷术》《中国记忆》《紫檀缘》《四川博物馆——文物精品集》《元瓷之珍》《紫檀文化之旅》《田家青设计家具作品集》《启功书画选集》《真武图像研究》等，分别获得

2008年度全国文博考古十佳图书、2008年全国文博考古最佳图录、2008年度最佳考古发掘报告、最佳普及类图书、中国建筑图书奖、第二十届香港印制大奖、优秀书籍设计奖等。文物出版社《文物》月刊荣获“新中国60年有影响力的期刊”称号、被中国学术期刊评价委员会评为“RCCSE中国权威学术期刊”，并收录入《中国学术期刊评价研究报告(2009～2010)》。

【深入学习贯彻党章】

文物出版社党委在国家文物局党组的直接领导下，严格按照中央的统一部署，深入学习党的十七届四中全会精神和科学发展观，多次参加中宣部、国家文物局直属机关党委、中共中央党校等部门举办的各项学习活动，并组织社党委和全体党员多次召开会议，传达上级党组会议精神和学习成果，取得了较好的效果。

【文物出版社古书画复制成果专家评审会】

文物出版社古书画复制成果专家评审会在北京举行，文物出版社文物复制中心对近几年利用现代数字技术复制中国古代书画的工作进行了综合汇报，并展出了近百件复制的中国古代书画和历史文献。此次展出的复制展品得到国家文物鉴定委员会主任委员傅熹年先生等十余位国家文物鉴定委员会委员、文物专家以及国家文物局和财政部领导的一致好评，受到媒体的广泛关注。

【海内外交流、销售】

2009年，文物出版社努力开拓海内外图书市场，图书销量逐年增加。在2009北京图书订货会，文物出版社参展图书320种，取得订货码洋150万元；在台湾主办的“淬赏集珍——文物出版社、紫禁城出版社在台书画联展”中，文物出版社展出的300余种精品图书、20余种书画复制品销售一空；在英国伦敦书展、开普敦书展、香港书展2009、第61届法兰克福书展和布鲁塞尔中国图书展、第十六届北京国际图书博览会上，文物出版社参展的图书都得到主办方、参展商和当地读者的好评。此外，文物出版社领导参加了在西安主办的“第七届国际书法研讨会”和在奥地利举办的“第三届中国与中亚景教国际学术研讨会”等学术会议。

【版权交易】

2009年，文物出版社与英国国际媒体版权代理公司签订了版权代理协议，与香港商务印书馆就合作出版《文明的长河》《中华与世界文明图表》签订合同。

中国文化遗产研究院

【概况】

中国文化遗产研究院的前身可以追溯到1935年的“旧都文物整理委员会”，该机构1945年改名“北平文物整理委员会”。1949年成为新中国第一个由中央政府设置并管理的文物保护管理机构——“北京文物整理委员会”，1956年更名为“古代建筑修整所”，1962年保留原所名，增名“文物博物馆研究所”，1973年更名为“文物保护科学技术研究所”，1990年，该所与文化部古文献研究室合并为中国文物研究所。2007 年 8 月更名为中国文化遗产研究院。

2009 年，中国文化遗产研究院在职员工中有高级职称者 46 名，具有博士学位者 26 名、硕士学位者 46 名。下设国家文化遗产登录中心、发展研究所、保护科学技术研究所、建筑保护研究所、岩土文物与遗址保护研究所、规划保护所、教育培训中心、图书馆等 8 个业务部门和办公室、人事处（党委办公室）、科研处、预算财务处、工程办等 5 个管理部门和服务中心。

中国文化遗产研究院拥有一批先进的科研仪器设备，如扫描电子显微镜、X 射线衍射仪、RIX—1000X 射线荧光光谱仪、红外光谱仪、离子色谱仪、便携式 X 射线荧光检测仪、物候环境试验箱、万能材料试验机、超软 X 射线仪、XGT 荧光能谱、派拉纶气相真空沉淀等，各类修复、分析检测实验室占地面积约 1700 平方米。中国文化遗产研究院保存拥有全国重点文物保护单位记录档案八千余卷、全国馆藏一级文物档案四万六千余卷和文物保护规划、博物馆建设档案三万余卷（件）等。

【重要专项和科研课题】

1. 应县木塔项目

应县木塔保养性维修与结构健康安全监测取得阶段性成果，保养性维修第一阶段，即木塔第一层檐实验性维修和鼓楼维修施工已完成，结构健康安全监测取得大量数据并做出初步结论，为下一阶段制定保护方案奠定了良好基础。

2. 花山岩画项目

完成了病害详细调查、环境监测研究、保护材料试验研究及第一期抢救性加固工程设计；第一期抢救性保护工程已开始施工。同时依托项目孵化出中国文化遗产研究院重要研究专项——“天然水硬性石灰在岩土文物保护中的应用研究”。

3. 大足千手观音项目

结合“川渝地区石刻造像贴金彩绘工艺调查研究课题”内容，对千手观音的病害以及工艺作进一步研究分析，在工作现场与敦煌研究院技术人员共同研究前期的修复试验，并召开了工艺修复试验专家评审会。截至 2009 年底，完成了近 3 个月的实验室工作，基本达到了试验的预期效果，并在 12 月中下旬进入千手观音工作现场，开始第二阶段的试验工作。

4. 大运河保护规划编制与研究

完成国家文物局委托的《大运河第二、三阶段保护规划编制要求》研究；完成山东、河南、安徽等省的 15 个市级运河规划编制工作，并通过各省评审。

5. 柬埔寨茶胶寺保护工程

已派出专业技术人员赴柬埔寨茶吴哥古迹现场，开展对茶胶寺保护工程的进一步勘察工作。基本完成茶胶寺八座单体建筑的抢险保护工程设计，并通过吴哥古迹保护国际协调会议（ICC）论证和同意。

6. 铁质文物综合保护技术研究

经过两年多科技攻关，国家科技支撑课题《铁质文物综合保护技术研究》圆满通过国家文物局专家组验收。该课题研发了复配脱盐试剂以及室外大型铁质文物真空脱盐工艺；研发了 6 种环保、高效的铁质文物新型缓蚀剂配方；研发了复合氟碳涂层封护工艺，开发了纳米二氧化硅/聚丙烯酸酯以及有机氟硅封护材料。该课题共发表学术论文 19 篇，申请发明专利 6 项，行业标准 3 项，并提出了沧州铁狮子结构加固方案；在锻炼研究院科研团队，提高科研能力的同时，培养硕士生 8 人，博士生 1 人。《溶胶—凝胶法制备负载缓蚀剂的有机无机化涂层及其在铁质文物保护中的应用研究》

课题在该课题基础上，获得国家自然基金委资助立项。

7. **参与四川震区文化遗产保护**

完成德阳汉旺地震遗址评估报告及茂县羌族博物馆设计工作；在抢险加固的基础上，完成德阳龙护舍利塔及七曲山大庙等震区文物维修方案设计工作。此外，受四川省博物馆委托，完成了28件（套）震损文物保养和修复工作。

8. **援藏文物保护项目**

先后承担了布达拉宫、白居寺等维修设计工作；完成了《布达拉宫保护规划》的编制工作。在大昭寺、塔尔寺等重点文物建筑的维修过程中，加强现场指导，有经验的设计人员长期在现场技术把关，确保维修工程质量。

9. **高句丽壁画保护工程**

全面调查了吉林省集安市高句丽壁画墓葬的整体情况，完成了6座壁画墓的保存现状调查，开展了近景摄影、墓葬结构三维重建、壁画的紫外荧光调查、壁画制作材料取样及分析、壁画生物危害调查及取样、墓室内外保存环境监测、考古学和保护修复历史调查、资料整理翻译以及价值评估、墓葬岩土结构前期调查与评价研究、墓葬内部凝结水监测等工作。

10. **二道井子遗址抢救性保护**

根据国家文物局指示，10月中旬组织技术人员赴现场制订工作方案。并组织技术人员现场进行全程技术指导，12月底基本完成了临时性钢构架大棚的建设安装，保证了二道井子遗址的安全。

【业务工作】

1. **国家水下文化遗产保护中心组建并运行**

9月28日，国家水下文化遗产保护中心在中国文化遗产研究院举行揭牌仪式。文化部部长蔡武、国家文物局局长单霁翔、国家水下文化遗产保护工作协调小组各成员单位有关领导、各有关省、自治区、直辖市文物局以及相关专业机构代表参加了揭牌仪式。水下中心业务骨干陆续到位，并开展了南海水下文化遗产保护中心建设的前期论证工作；与海南、广东联合开展“南海Ⅰ号”沉船、“华光礁Ⅰ号”沉船船体和出水文物保护方案编制的前期工作。参与完成《“华光礁Ⅰ号”沉船船体及出水文物保护工作计划》《“南海Ⅰ号”船体及出水文物保护工作计划》，并通过国家文物局审批。

2. **科研工作**

中国文化遗产研究院申报的《石窟岩体稳定性分析研究》《无损或微损检测技术在石窟保护中的应用研究》《南京报恩寺地宫出土文物保护关键技术研究》（合作）通过竞标，获得国家科技支撑计划支持立项，并已开展前期研究工作。

中国文化遗产研究院积极开展涉及文物博物馆事业发展重大理论与实践问题的研究，《馆藏铁质文物保护技术手册》《文化遗产保护公众参与机制研究》《国家考古遗址公园体系建设预研究》《文物保护标准化体系——可移动文物标准化体系》课题获国家文物局立项。《文化遗产保护传统技术与工艺科学化问题研究》课题列入“文化遗产保护领域科学和技术发展‘十二五’（2011～2015年）规划战略研究”，获得国家文物局立项资助。

“濒危馆藏壁画抢救”“早期盐业起源与展示研究”“微生物在石质文物保护加固应用中研究”等课题顺利结项。其中“濒危馆藏壁画抢救”课题形成了《馆藏壁画历史与现状调查规范》和《馆藏壁画病害类型与图示》2项规范；编辑完成了《馆藏壁画保护》一书。完成《国家遗址公园标准》的研究与编制工作，《国家考古遗址公园管理办法》（试行）及其《评定细则》已由国家文物局正式颁布实施。

基本科研费课题进展顺利。2009 年度基本科研业务费课题立项 17 项，2007 ~ 2008 年度课题 15 项通过结题验收，5 项通过中期评审。基本科研业务费课题围绕中国文化遗产研究院重点研究方向，以为重大工程项目提供科技支撑为出发点，对广西花山岩画保护工程、高句丽保护工程、水下文化遗产保护工程、重庆大足石刻千手观音、龙门石窟潜溪寺、中德合作安岳石窟保护工程、应县木塔保护工程、大运河保护规划等课题予以资助。

3. 古建筑维修、遗址保护工程及文物修复

2009 年，完成福建泉州天后宫正殿维修工程维修设计、湖南省江永上甘棠古建筑群维修设计等各类文物建筑维修工程设计 50 项；完成湖北省直立人遗址保护规划、承德避暑山庄及周围文物保护总体规划等 20 项规划编制工作；配合元上都申遗，编制完成元上都遗址保护项目的可行性研究报告。

4. 长城资源调查

根据国家文物局部署，中国文化遗产研究院组织有关专家对山西、辽宁等 10 省（自治区、直辖市）省级明长城资源调查资料进行全面检查验收。在各省分报告的基础上，形成了《明长城资源调查工作报告》，并对明长城资源调查的系列研究成果进行整理。同时，推进长城资源信息系统建设工作，协调开展长城资源调查数据整合、建库工作。同时，主动开展秦汉及其他时代长城野外调查的指导工作，组织力量先后赴河南、湖北、新疆等省，调研秦汉及其他时代长城野外工作情况，并进行督促、检查和指导。

5. 人才培训

中意合作培训项目。根据项目计划，中意合作二期项目已完成教学资料整理和三卷论文集的编辑出版工作，同时完成意大利第三批援助设备的安装、调试及人员培训工作；根据技术推广应用的要求，2 月，在中国文化遗产研究院举办了“激光清洗技术在无机质文物保护修复中的应用”培训班，有来自全国 11 个省、自治区、直辖市的 16 名学员参加学习；作为中意合作文物保护修复培训二期项目成果转化的重要工作之一，中国文化遗产研究院与杭州中国丝绸博物馆联合举办了“天衣有缝——古代纺织品保护修复学术研讨会暨修复成果展”，并配合研讨会出版了《天衣有缝——纺织品修复论文集》。

举办国家文物局交办的“ICCROM 博物馆藏品风险防范培训班”。这是国家文物局第一次与国际文化财产保护与修复研究中心（ICCROM）合作举办国际培训班，通过互动式授课，对 20 名学员（其中亚太地区 10 名，中国 10 名）进行培训。

中日韩合作培训。根据中日韩三方签署的项目计划，2009 年举办的培训专题为“古建筑保护修复培训班”和“博物馆技术培训班”，其中古建筑培训班招生 12 人，学期结束前学员及教师合作完成了《嘉木样活佛府古建筑现状调查报告》和研究论文集。

举办了“考古发掘现场保护技术培训班”“纸张文物修复培训班”“壁画保护修复技术培训班”“出水文物保护培训班”。

5 月 ~6 月，由国家文物局主办、中国文化遗产研究院承办的“2009 年全国考古领队发掘现场保护技术培训班”在湖北省荆州举办，对来自全国 22 个省、自治区、直辖市的 49 名新任考古领队进行培训。

受国家文物局委托，中国文化遗产研究院于4月~7月举办“2009年度馆藏纸质文物保护修复技术培训班”，对16名来自全国各省、自治区、直辖市文博单位从事纸质文物保护修复的技术人员进行培训。

受国家文物局委托，中国文化遗产研究院于8月~12月举办“壁画保护修复技术培训班”，对14名来自全国各省、市博物馆从事壁画保护修复的专业技术人员进行培训，并针对河北湾漳壁画墓揭取壁画，开展具体修复工作。

在上述培训中，强调与文物保护需求紧密结合，注重学员实际动手能力和科研能力的培养。培训期间组织学员修复金属、陶瓷、纸张、纺织品等文物106件（套），每期培训班学员论文都正式结集出版。

6. 资料整理与其他工作

2009年，完成了2005年中国文化遗产研究院接收特藏珍贵古籍等文物、中国文化遗产研究院原藏善本书的鉴定、编目、整理工作；抢救保护修复159件古代书画、古建筑图纸、古籍；对3788件珍贵文物资料进行数字化，并建立电子文档；完成《中国文化遗产研究院藏善本书目》《中国文化遗产研究院藏墨迹精粹》的选编工作。

新疆出土文献项目释文工作已初步完成，保护工作在进行之中；与长沙市简牍博物馆、北京大学历史系合作完成《走马楼三国吴简·竹简》第5、7卷的整理与校对工作；完成《新中国出土墓志》第10卷整理出版工作。

受国家文物局委托，开展了历史文化名城、名镇（村）资料登录及相关工作、方案审批下放省市的方案公示备案检查及网上监管工作；开展了三峡库区、湖北南水北调等考古发掘项目监理；完成国家文物局移交的原存放于红楼的业务档案、第六批全国重点文物保护单位申报资料的整理工作。

【管理、服务保障】

1. 进一步深化文化体制改革，加强财政预算管理和执行力度，采取统筹措施，从工作计划、立项审核、预算编制、预算执行、绩效考核、制度建设等方面切实加强和推动预算执行的进度和质量，预算执行取得较大进步。结合审计意见，加强制度建设，严格执行各项财务制度，规范财务基础工作。

2. 顺利完成党委换届选举工作。经党员大会选举，朱晓东、顾玉才等七位同志当选为中国文化遗产研究院党委委员，并得到国家文物局党组批复。

3. 认真落实党风廉政建设责任制和民主生活会制度，实行民主决策。以“加强领导干部党性修养，树立和弘扬优良作风”为主题，认真开展了批评与自我批评，研究制定了整改措施，制定了《中国文化遗产研究院党风廉政建设责任制规定》和年度工作任务分解方案，把反腐倡廉工作落到实处。同时完善各项规章制度。

【国际合作与交流】

2009年，中国文化遗产研究院先后和意大利、德国、日本、美国、英国、法国、瑞士、印度、韩国、马来西亚、以色列、西班牙、捷克、柬埔寨等国的有关机构开展合作交流。其中参加国际会议和出国培训共计40人次；接待来访10余人，与德国考古研究院签订合作备忘录1份。

1. 中德合作开展安岳石窟保护与研究

根据中国文化遗产研究院与德国慕尼黑工业大学合作计划，2009年相继开展了地形测绘、地质勘察、三维测绘、保存状况调研、病害调查、岩石性能指标分析、人文艺术价值研究、测试技术研究、保护材料及技术、工艺研究等调查、试验、研究，以及人员培训等工作，达到了第一期项目要求，并合作出版《Annual Report 2007～2009 Yuanjue-dong》报告。3 月，中德文物保护领域合作指导委员会在西安召开，指导委员会对安岳项目第一期工作给予了充分肯定。

2. 赴意大利开展震区文化遗产抢救保护调研

受国家文物局委托，中国文化遗产研究院副院长、总工程师侯卫东等 3 人于 6 月底赴意大利世界文化遗产地——拉奎拉进行了文物建筑震害情况考察，向国家文物局提交了对市政厅等受损建筑实施援助保护的可行性报告。

3. 赴德国慕尼黑举办古建筑模型展

10 月，中国文化遗产研究院藏古建筑模型展在德国慕尼黑工业大学建筑博物馆（慕尼黑现代艺术馆内）开幕。新闻发布会及开幕式吸引了包括德新社、南德意志报等重要媒体及建筑专业杂志 DETAIL 的关注，获得良好反响。

4. 参加首届西安中国国际文物保护博览会

通过展览，充分展示了近年来中国文化遗产研究院在文化遗产保护领域所取得的成绩，取得了良好的宣传效果，并获得了博览会组委会颁发的最佳组织奖荣誉奖牌。

【学术成果】

2009 年，中国文化遗产研究院发表学术论文 53 篇，会议提交论文 28 篇，撰写《馆藏壁画保护》《新中国出土墓志》（第 10 卷）、《天衣有缝——纺织品修复论文集》等专著、论文集 11 部，译著 2 部，申请发明专利 6 项。

中国文物报社

【概述】

2009 年对中国人民来说是一个具有历史意义的年份，庆祝新中国成立 60 周年，是 2009 年党和国家政治生活中的一件大事，也是举国上下普天同庆的一件喜事。2009 年也是中国文物事业在新的起点上继往开来、再创辉煌的关键一年。在这一年中，中国文物报社在国家文物局领导下，深入学习贯彻党的十七届四中全会精神，学习实践科学发展观，紧紧围绕国家文物局的中心工作、重点工作，开展采编业务，组织多项活动，各项工作都取得了一定的成绩。

【中国文物报】

全力办好最主要的媒体《中国文物报》，当好党和国家文化遗产工作的喉舌，围绕国家文物局的首要任务和重点工作，全力开展宣传报道，采编业务出现不少工作亮点，在业内外都产生很好的反响。

《中国文物报》按照国家文物局的要求和部署，遵照报社的统一安排，围绕全国文物系统全面落实学习贯彻科学发展观活动，汶川地震灾后重建相关工作，第三次全国文物普查和相关文物调查，文物法规制度建设，文物行政执法督察，文物保护和考古工作，大遗址保护和世界遗产工作，长城资源调查，首批国家一级博物馆运行状况评价，2010 年国际博协大会的筹备工作，中国文字博物馆的筹建工作，博物馆免费开放工作，社会文物管理，文化遗产保护科技工作，文物保护标准化工作，2009 年“文化遗产日”宣传活动，表彰从事文博工作 60 年的老专家、老同志以及从事文博工作

30 年的文物工作者，表彰先进党支部、优秀党员、优秀党务工作者，文化遗产保护教育培训工作，文物对外合作交流工作，政府间文化遗产保护协定的签署等各项重点工作，通过积极策划、认真实施，推出了多层面、多视角、成系列的、有深度的重点宣传报道。各个版面都编发了一批好稿件，一些文章在文博界和社会上产生了一定影响，取得良好的社会效益。

2009 年 6 月 13 日是我国第四个“文化遗产日”，《中国文物报》策划编辑出版了 8 个版的“文化遗产日特刊”，为满足各地（包括北京各区县以及各省会城市、众多地市县）宣传的需要，报社加印了 10 余万份特刊，提前两周就快速发往各地，使各地在文化遗产日当天能够向社会公众广泛宣传散发。

《中国文物报》还特别策划了“2009 中国文化遗产日主场城市杭州特刊”，推出了“中国文物博物馆事业杰出人物暨长期从事文物博物馆工作人员专刊”。加上正常出版的报纸版面，“文化遗产日”这期的《中国文物报》共 20 个版，是创刊以来单期版面最多的一期报纸。从反馈的情况看，各地文物部门和社会公众对特刊内容和发放方式反映良好。

2009 年年初，报社领导班子进行了调整后，就一直酝酿报纸改版，此项工作由社领导亲自抓，具体指导，经过几个月的讨论、筹划，8 月 5 日，改版后的《中国文物报·收藏鉴赏周刊》面世，8 月 7 日，新创刊的《中国文物报·文物考古周刊》面世，8 月 12 日，新创刊的《中国文物报·博物馆周刊》面世，8 月 14 日，新创刊的《中国文物报·保护科学周刊》面世，版面内容给人耳目一新的感觉。报社记者部原仅有两位同志，承担报社大部分采访任务，有些不堪重负。而报纸新闻版的一些年轻编辑却缺少锻炼机会。经过这次调整后，实行编采合一，各个周刊各负其责，编辑们的积极性都大大提高，外出采访的机会增多，为年轻编辑们提供了很好的锻炼机会，同时报道的及时性、准确性也都提高了。

2009 年，根据国家文物局领导指示，报社特派记者组两度赶赴西藏三大重点文物保护维修工程施工现场，千里辗转，精心采编，推出了“西藏三大重点文物保护维修工程特刊”。

【文物天地】

《文物天地》月刊坚持正确的办刊方针，精心采编，在同类型的期刊中独树一帜。

2009 年，《文物天地》完成了全年 12 期的编辑出版任务。作为文物艺术品市场唯一由国家文物局主管的期刊，《文物天地》全体采编人员重视自己肩负的职责，坚持向更广泛的读者宣传国家文物方针政策、法律法规，深度报道国家文物行政部门的相关活动，立足纷繁复杂的文物艺术品市场，努力传达国家文物局的声音，以做到“正本清源”，比如：第 1 期重点报道了国家文物局召开的全国文物拍卖管理工作座谈会；第 3 期《解读〈中美谅解备忘录〉》对中美文物交流史上的这一重要协定进行了详细报道，包括事情源起、交涉过程以及对有关内容的解读。记者对此问题追踪已久——2005 年就着手收集资料、采访，并通过电子邮件采访了美国国务院相关官员。这也是媒体上有关中美协定最详尽、权威的报道；第 4 期的《中国海外回流文物的现状和反思》和第 5 期的《中国文物进出境审核制度观察》，深入报道了中国海外回流文物的历史、现状及存在的问题，介绍了文物进出境审核制度的演变和文物进出境机构为文化遗产保护事业做出的巨大贡献；第 8 期刊登了《文物拍卖企业年度审核情况——国家文物局博物馆与社会文物司司长宋新潮答记者问》；第 11 期的《雍正大展：两岸故宫跨越 60 年的牵手》是对北京和台北故宫有关“雍正展”的详细报道，资料性很强；第 12 期的《海帆留踪——荷兰倪汉克捐赠明清贸易瓷》对上海博物馆举办相应展览做了解读，《文物鉴定的“堵”与“疏”》对国家文物局正在关注研究的问题进行了探讨。

《文物天地》在努力引导文物艺术品收藏健康、理智、有序发展的同时，也尽量发展构建沟通各方的桥梁，2009 年及时报道了文物考古及艺术品收藏界的重大新闻，对文物艺术品收藏界关注的热点进行了追踪报道和深度报道。第 1 期的宋代五大名窑专题、第 3 期的宋代民窑专题、第 4 期的元青花专题、第 6 期的红山玉专题、第 7 期的中国近现代书画专题、第 8 期的康熙瓷专题、第 9 期的明清家具专题以及第 10 期的新中国六十年专题和第 11 期的新中国民间收藏 60 年专题，都赢得了读者好评。

【中国文化遗产】

《中国文化遗产》双月刊围绕文化遗产保护的热点问题，围绕国家文物局 2009 年的中心工作、重点工作，进行选题策划，顺利完成了全年 6 期的编辑出版。

文化景观是世界文化遗产保护和管理长期关注的遗产类型。2008 年世界遗产委员会在杭州召开了关于文化景观的国际研讨会。云南元阳哈尼梯田作为文化景观申报世界文化遗产工作近几年一直在持续开展，并取得了初步成效，列入中国的世界文化遗产预备名单。为此，《中国文化遗产》第 1 期策划了梯田——山地稻作文明的奇迹选题，组织了以元阳哈尼梯田为重点的一组文章，还有已经列入世界遗产名录的菲律宾科迪勒拉水稻梯田的保护和面临的困境，以此作为此类文化景观申报世界文化遗产的借鉴。

河北怀来鸡鸣驿抢修保护工程是国家重点文物维修保护工程，于 2009 年 3 月正式开工。为了配合宣传，《中国文化遗产》第 2 期推出了“中国古代的邮驿”专题，对中国古代驿站作为文化线路方面的价值进行了阐述，重点介绍了鸡鸣驿在文化方面的价值，以及正在开展的保护工程的投入与规划。此期《中国文化遗产》还推出了四川震后文物抢救保护周年记，对灾区一年来的文物抢救保护工作进行概括性的总结介绍。

嵩山历史建筑群是 2009 年中国申报世界文化遗产项目之一。为此，《中国文化遗产》第 3 期推出了嵩山历史建筑群专题，约请清华大学和河南省有关此方面的专家，从不同的方面不同的角度，宣传介绍了嵩山历史建筑群作为“天地之中”，在世界文化遗产方面所具有的价值。

《中国文化遗产》第 4 期、第 5 期相继推出了《大明宫遗址》专辑、《山海关长城》专辑，配合国家重点文物保护工程进行了宣传报道。

西藏三大文物保护工程的顺利竣工受到了社会的普遍关注，为此，《中国文化遗产》第 6 期推出了西藏文物大修专题，以三大文物保护工程为核心，对西藏民主改革五十年以来的重点维修工程进行了梳理，对“十一五”期间的重点工程进行了介绍。

【中国文物信息网】

中国文物信息网紧紧把握网站技术平台打造和内容建设两个基本点，及时、全面、权威地反映国家文物方针、政策以及相关信息，成为业内外人士了解文化遗产保护事业的网上窗口。

中国文物信息网在完成网站日常运转的同时，配合相关工作，制作了汶川大地震一周年纪念、第四个“文化遗产日”专题，组织了全国十大考古新发现评选活动的网上投票等。《中国文物报》每周三、五出报，很多重要新闻不能及时刊登。中国文物信息网开始探索弥补这一不足的方式。“国家文物局为在京部分老专家颁发‘杰出人物’荣誉证书”这一消息，中国文物信息网以本网讯的形式，在第一时间发布了记者的报道和拍摄的 18 幅新闻图片，赢得了新闻时效，国家文物局官方网站和中央人民政府门户网站以及各地文博网站关于这一新闻的跟进报道，几乎全部引自中国文物信息网。

【文物工作】

《文物工作》继续牢牢把握作为国家文物局的机关刊物这一明确定位，着重突出其宏观指导性和政策性，努力提高刊物的质量，2009 年完成 12 期刊物的编辑出版工作。

在内容上，《文物工作》密切配合国家文物局的有关工作，尽可能做到全面、及时刊登有关领导的讲话，刊登了全国文物局长会议，国家文物局深入学习实践科学发展观活动总结大会等有关内容，最新出台的有关文物工作的方针政策、法律法规，介绍了很多文物保护工作和博物馆工作方面的先进经验，努力做到对基层文博工作起到宏观指导作用，基本做到了赠阅范围覆盖全国所有的文博基层单位。

【文化遗产资讯参考】

协助国家文物局政策法规司汇编的《文化遗产资讯参考》，已经成为中国文物报社的第四份刊物。

经过试刊，《文博资讯参考》已经更名为《文化遗产资讯参考》，每期 100 页，9 万字，分为文博舆情、文博杂谈、文博短讯、海外观察四大板块，将国内外主流媒体关于文化遗产的各种信息汇集一册，为领导了解舆情提供参考。

【重要活动】

2009 年，中国文物报社工作的突出亮点和特色就是成功举办一系列在业内外产生较大影响的活动，策划组织编辑出版多部图书，有力地配合了国家文物局的中心工作、重点工作，有效扩大了文化遗产保护宣传力度和影响范围，这一块工作所取得的成绩也得到了有关领导和各地同志的肯定和好评。

1. 2008 年度全国十大考古新发现评选活动

全国十大考古新发现评选活动已连续举办了 19 届。自 2009 年起，评选活动由国家文物局主办，中国考古学会协办，中国文物报社承办。为进一步加强对评选活动的规范管理，国家文物局组织制订了《全国十大考古新发现评选活动章程》。根据章程，正确引导社会大众对文物和考古信息的需求，使其成为推动文化遗产保护事业的重要力量，成为举办全国十大考古新发现评选活动的主要目的之一。

3 月 31 日，2008 年度全国十大考古新发现评选结果揭晓。本届评选，国家文物局考古专家组、中国考古学会 104 位理事、全国 63 家具备团体考古发掘资质的单位共同参与了初评投票，最终按得票高低确定 25 个考古项目入围。经过终评，经过紧张的公开展示和汇报，20 位评委从初评入围的 25 项发掘中，通过无记名投票方式，产生了 2008 年度的全国十大考古新发现，陕西高陵杨官寨遗址、甘肃临潭磨沟齐家文化墓地、山东寿光双王城盐业遗址群、陕西岐山周公庙遗址、云南剑川海门口遗址、河南荥阳娘娘寨遗址、江苏无锡阖闾城遗址、安徽蚌埠双墩一号春秋墓、河南新郑胡庄墓地、四川成都江南馆街唐宋街坊遗址等十个项目入选。

为了进一步扩大宣传，提高公众的关注度和参与度，本届评选活动在初评阶段扩大了投票范围。同时，初评活动在中国文物信息网上尝试进行了网络投票，作为参考。终评阶段的评委中，首次从主流媒体中选出1人担任媒体评委，使评委的构成更加多元化。此外，本年度评选活动得到了人民日报、新华社、中国新闻社等30余家主流媒体的全程关注。

2. 第八届（2007～2008年度）全国博物馆十大陈列展览精品评选活动

自1997年国家文物局组织实施精品工程以来，全国博物馆十大陈列展览精品评选范围逐步扩大，影响日见深远，与全国博物馆工作紧密融为一体，促进了国家文物局对全国博物馆行业的指导，已经成为备受业内外瞩目的文化战线的知名品牌。

本届评选活动没有按照惯例，于评选年的上一年11月启动，而是在评选年当年6月初启动，从6月启动到10月结束，经过申报参评、初评和终评三个阶段。

8月14日～15日，初评评委会在北京对69个项目进行了初评。评选活动终评会暨颁奖仪式10月16日～18日在北京国谊宾馆举行。进入终评的24个项目单位，经过精心准备，向终评会作了精彩的多媒体演示汇报。终评评委会，在认真审核候选项目申报材料并听取汇报介绍的基础上，参考网上投票结果，评选出3个精品特别奖、10个精品奖和14个单项奖。

“井冈山革命斗争史”“风范长存——毛泽东遗物展”“我们的队伍向太阳”荣获本届精品特别奖。

“陕西古代文明”“黑土英魂——东北烈士纪念馆基本陈列”“成都金沙遗址博物馆基本陈列‘走进金沙’”“良渚文化——实证中华五千年文明”“走近金融世界”“古都郑州”“人类的浩劫——侵华日军南京大屠杀史实展”“‘南昌起义’基本陈列”、“石油魂——铁人王进喜生平业绩陈列”“‘深圳改革开放史’陈列”荣获十大精品奖。

“神奇的自然 美丽的家园——常州博物馆自然资源陈列”和“东方‘神舟’——宁波海上丝绸之路主题展”被评为最佳创意奖。“‘煤海探秘’基本陈列”和“辽河文明”被评为最佳内容设计奖。“朔色长天——宁夏通史陈列”和“海南历史陈列”被评为最佳形式设计奖。“武当道教文化展”和“生命之旅——古生物化石及柳州史前文化陈列”被评为最佳制作奖。“曾侯乙墓”被评为最佳新技术、新材料运用奖。“重庆红岩革命历史博物馆红岩魂陈列馆展览”被评为最佳宣传推广奖。“曾侯乙墓”和“东方‘神舟’——宁波海上丝绸之路主题展”被评为最佳服务奖。“重庆红岩革命历史博物馆红岩魂陈列馆展览”被评为最受观众欢迎奖。“黑色长河”被评为最佳综合效益奖。最佳安全奖空缺。

人民日报、新华社、中央电视台、中国国际广播电台、光明日报、北京日报、中国青年报、中国财经报、中国文化报以及中国文物报、中国文物信息网、中国博物馆杂志等几十家中央、地方和专业媒体，对评选活动终评会暨颁奖仪式进行现场报道。评选活动结束后，上互联网搜索，有关本届评选的内容丰富多彩，正面宣传完全达到了预期效果。

本届评选工作，在总结以往经验的基础上，表现出与时俱进的特点：一是参选范围扩大，分布地区更加广泛。获奖的陈列展览，是从全国26个省、自治区、直辖市文物部门和国家文物局直属单位推荐的69个博物馆、纪念馆参选项目中，经专家严格评议投票产生的。2007年至2008年，全国博物馆围绕党的中心工作，围绕博物馆特色文化推广，精心设计，精心制作，推出了一大批主题鲜明、富有思想性和现实针对性的优秀陈列展览。参与精品奖竞争的博物馆，不仅有国家级馆，更有许多地市级馆；不仅有文物系统的博物馆，也包括了几个行业博物馆。二是评选过程完全遵照国家文物局颁布的《全国博物馆十大陈列展览精品评选活动办法》，规范有序，具备科学性和专业性，体现了公开、公平、公正的原则。三是公众参与程度更高。为吸引公众参与，中国文物信息网购置新的服务器，专门开辟“第八届（2007～2008年度）全国博物馆十大陈列展览精品评选专题”，在网上展示全部申报参评的陈列展览项目视频文件，以方便观众和评委随时浏览，同时继续扩大和更加规范地开展网上投票活动，成效显著。四是评选活动越来越受到地方各级党委政府的重视，激发全国博物馆的进取意识、竞争意识和创新意识，极大地推动了展陈工作和社会服务水平的提升，产生了十分积极的影响。

3. 2008年度全国文博考古十佳图书评选活动

新世纪之初，中国文物报社为向全社会集中展示中国文化遗产图书的独有风采，推动文博考古界的学术发展、出版进步和读书活动，利用自己作为全国文博考古全行业最权威媒体特有的优势，在成功举办二十世纪文博考古最佳图书评选活动的基础上，创办了年度全国文博考古十佳图书评选活动。经过艰苦努力，这项文博考古专业图书评选活动坚持举办下来，并且正在文博界、学术界、出版界和读书界产生越来越大的影响，已经成为全行业和中国文物报社的重要品牌活动。

2008年度全国文博考古十佳图书评选活动，从2008年12月5日《中国文物报》发布有关通知后正式启动。共有175种图书入围参评。经过推荐申报、专家初评、读者投票等阶段，最终评选出2008年度全国文博考古十佳图书和最佳论著、最佳文集、最佳图录、最佳考古发掘报告、最佳普及类图书、最佳文物鉴赏图书。

2008年度全国文博考古十佳图书分别是：

《天府永藏：两岸故宫博物院文物藏品概述》郑欣淼著　紫禁城出版社出版

《安徽馆藏珍宝》安徽省文物事业管理局编　中华书局出版

《中国出土瓷器全集》张柏主编　科学出版社出版

《江苏戏曲文物研究》束有春著　大众文艺出版社出版

《西藏布达拉宫壁画保护修复工程报告》李最雄　汪万福　王旭东　陈锦强巴格桑编著　文物出版社出版

《文物行政执法案例选编与评析》国家文物局主编　文物出版社出版

《奥林匹克运动通史》崔乐泉著　青岛出版社出版

《奇迹天工——中国古代创造发明文物展》国家文物局　中国科学技术协会主编 文物出版社出版

《中国记忆——五千年文明瑰宝》首都博物馆编　文物出版社出版

《新密新砦——1999～2000年田野考古发掘报告》北京大学震旦古代文明研究中心　郑州市文物考古研究院编　文物出版社出版

2008年度全国文博考古最佳论著：《十九世纪中国外销通草水彩画研究》程存洁著　上海古籍出版社出版

2008年度全国文博考古最佳文集：《张驭寰文集》（共15卷）张驭寰著　中国文史出版社出版

2008年度全国文博考古最佳图录：《永乐宫壁画》萧军编著　文物出版社

出版

2008年度最佳考古发掘报告:《蒙古国浩腾特苏木乌布尔哈布其勒三号四方形遗址发掘报告(2006年)》中国内蒙古自治区文物考古研究所 蒙古国游牧文化研究国际学院 蒙古国国家博物馆编 塔拉 恩和图布信主编 文物出版社出版

2008年度全国文博考古最佳翻译作品:空缺

2008年度全国文博考古最佳普及类图书:《酒魂十章》葛承雍著 文物出版社出版

2008年度全国最佳文物鉴赏图书:《美源:中国古代艺术之旅》杨泓 李力著 生活·读书·新知三联书店出版

本届评选活动在郑州举行了首次颁奖典礼和文化遗产事业与文博考古图书出版论坛,张柏副局长出席颁奖典礼并讲话。故宫博物院郑欣淼院长以获奖图书作者的身份出席颁奖典礼和论坛。获奖图书作者和出版单位代表,围绕新时期文化遗产事业和文博考古图书出版、文博考古图书评优创优和读书活动的推动、文博考古科普读物的创作与推广、中国文物报社“一报四刊一网”如何服务文博考古图书出版工作等论题,进行了热烈深入的研讨。

评选活动结束后,评选活动办公室制订了《年度全国文化遗产十佳图书评选办法》,故宫博物院已经明确表示要大力支持这项评选活动。

4. 第二届全国文物行政处罚案卷评比活动

为落实国务院《全面推进依法行政实施纲要》的要求,进一步规范文物行政执法行为,确保执法工作的科学、民主、公正,推动行政执法工作的规范化和标准化建设,2006年国家文物局开展了第一届文物行政处罚案卷评比工作,产生了很好的效果,推动了全国文物行政执法工作的规范开展。为了使文物执法工作更加规范化、标准化,国家文物局2008年决定继续开展第二届文物行政处罚案卷评比工作。中国文物报社承办了第二届文物行政处罚案卷评比的具体工作。经过数轮评审,最终评出优秀奖案卷4份,良好奖案卷10份,鼓励奖案卷5份。

第二届全国文物行政处罚案卷评比结果案卷获奖名单

(1)优秀奖

平阳县腾蛟镇忠训庙未经批准擅自在省级文保单位保护范围内进行建设工程案(浙江省文物监察总队选送)

刘锦香发现文物隐匿不报案(江苏省文物局选送)

郑州肯同置业有限公司在国保单位郑州商代遗址保护范围及建设控制地带内擅自施工建设案(河南省文物局选送)

中国佛教协会擅自进行建设工程案(北京市文物局选送)

(2)良好奖

北京兴创房地产开发有限公司损毁文物遗址案(北京市文物局选送)

郑州市长城房屋开发集团有限公司三官庙村城中村改造建设工地未经文物勘探擅自下挖,致使古文化遗存遭破坏案(河南省文物局选送)

上海七重天宾馆有限公司未经批准擅自改变文保单位使用用途案(上海市文化市场行政执法总队选送)

武汉市文化稽查支队接到举报电话,东湖高新区流芳街大艾村古墓葬遭破坏案(湖北省文物局选送)

坤和建设集团有限公司损坏历史文化名城建筑物省保单位北山路近代建筑群静逸别墅案(浙江省文物监察总队选送)

杭州万达钢结构有限公司未取文物保护工程资质证书,擅自在省保单位新

新饭店西楼修缮案（浙江省文物监察总队选送）

徐州日成房地产开发有限公司破坏汉代古墓葬案（江苏省文物局选送）

淮安润阳置业有限公司在市保单位古城墙遗址控制地带内违法建设案（江苏省文物局选送）

江西远宏房地产开发有限公司损毁省级文保单位会昌城墙案（江西省文物局选送）

西安市第二市政工程公司擅自迁移拆除不可移动文物案（陕西省文物局选送）

（3）鼓励奖

青岛大弘化纤有限公司擅自在文物保护范围内进行施工建设案（山东省文物局选送）

上海轨道交通浦东线发展有限公司未经文物管理部门审批在区文保范围内进行建设施工，致使杨氏民宅石库门门头和部分山墙塌毁案（上海市文化市场行政执法总队选送）

全国重点文物保护单位果园墓群保护范围内王运朝擅自开挖引水渠道案（甘肃省文物局选送）

中国人民解放军总参兵种部工程兵大同管理处损毁部分文化遗存案（山西省文物局选送）

未经文物行政部门同意擅自在省级文物保护单位濂溪书院建设控制地带内进行建设工程案（湖南省文物局选送）

组织奖获奖单位有：

北京市文物局

浙江省文物局

江苏省文物局

河南省文物局

陕西省文物局

宁夏自治区文物局

5. 第三次全国文物普查征文活动

为认真贯彻国务院《关于开展第三次全国文物普查工作的通知》精神和国务院第三次全国文物普查领导小组第二次（扩大）会议精神，落实全国第三次文物普查办公室主任工作会议的要求，进一步宣传第三次文物普查工作的重要性，使文物普查工作不断深入人心，掀起新一轮宣传高潮，推动第三次全国文物普查工作深入开展，国家文物局于2008年年底启动了第三次全国文物普查征文活动。中国文物报社承办了此次征文活动。

征文活动得到了全国“三普”工作者和社会各界人士的广泛参与。600位作者投递了近700篇稿件，总计125万字。经过初选和终评，最终评选出218位作者的205篇征文获得优秀奖。优秀征文结集编成了《“三普”人手记——第三次全国文物普查征文选集》，9月由文物出版社出版发行。

6. 庆祝新中国60年华诞“我与文化遗产保护”大型主题征文活动

为庆祝新中国60年华诞，进一步展示60年来中国文物事业所取得的伟大成就和所产生的广泛影响，进一步增强全国文物系统干部职工高举中国特色社会主义伟大旗帜，开拓文物事业美好未来的信心，进一步推动文物事业在新的起点上继往开来、再创辉煌，国家文物局主办、中国文物报社承办了“我与文化遗产保护”主题征文活动。

《中国文物报》4月10日刊登征文活动启动的通知，7月31日发布征文评选结果。征文活动得到了全国文物系统从业人员、离退休人员以及社会各界关心文化遗产保护的人士的极大关注和支持。数百篇饱含真挚情感，记述自己在文化遗产保护中的亲身经历、身边故事、工作感受的征文稿件，投到了征文活动办公室。

征文活动办公室邀请有关专家，根据征文活动的要求，对全部征文进行了认真评选，最终，《首部军内文物保护规定出台的前后》等5篇征文获得一等奖，

《守望晋商大院》等10篇征文获得二等奖，《倔强的守“蛋”人》等20篇征文获得三等奖，《中华第一村“江西乐安县流坑村”》等70篇征文获得优秀奖。这些获奖征文作品结集编成《庆祝新中国60年华诞“我与文化遗产保护”大型主题征文活动文选》，10月由文物出版社出版发行。

9月29日上午，国家文物局在北京国子监举行了“我与文化遗产保护”征文暨第三次全国文物普查征文颁奖仪式，国家文物局局长单霁翔、副局长董保华等出席并为优秀征文获奖作者代表颁奖。

7. 庆祝新中国60年华诞“聚焦中国文化遗产”大型摄影展暨第二届第三次全国文物普查摄影图片展活动

为庆祝新中国60华诞，国家文物局主办、中国文物报社承办了“聚焦中国文化遗产”大型摄影展暨第二届第三次全国文物普查摄影图片展。经过组织参评和认真评选，一批反映第三次全国文物普查工作成果和新中国文物事业60年走过发展历程、取得伟大成就的摄影作品脱颖而出。

9月29日上午，聚焦中国文化遗产摄影展暨第二届第三次全国文物普查摄影图片展开幕式在北京国子监举行。国家文物局局长单霁翔、副局长董保华等出席了开幕式。展览随后在武当山、苏州、宁波、郑州等地巡展，产生了很好的反响。

中国文物信息网上举办了“聚焦中国文化遗产”摄影展暨第二届“三普”摄影图片展。《中国文物报》编辑出版“聚焦中国文化遗产”大型摄影展特刊暨第二届“三普”摄影图片展特刊。

8. 中国文物报社与中国博物馆学会和中国文物保护基金会合作，共同举办“庆祝新中国成立60周年 全国文化遗产保护宣传讲解大赛”

2009年12月10日～13日，由国家文物局指导，中国博物馆学会、中国文物保护基金会、中国文物报社主办，辽宁省张氏帅府博物馆承办的“庆祝新中国成立60周年 全国文化遗产保护宣传讲解大赛”在沈阳市隆重举行。

自1992年以来，我国已举办过五届全国规模的讲解大赛。本次大赛以庆祝新中国成立60周年为契机，以讴歌中国文化遗产保护事业的光辉历程为主题，以展示新时期特别是博物馆免费开放以来我国文化遗产保护和宣教队伍整体精神风貌为目的。是全国文博工作者献给新中国60年华诞的一份非常有意义的礼物。这次大赛也是历届讲解大赛中规模最大、参与范围最广、水平最高的一次，受到了国家文物局和主办单位领导、承办单位所在地领导的高度重视，也得到了各地文物部门和文博团体的大力支持、积极响应，共有来自全国28个省（自治区、直辖市）的158名选手参赛，其中中文选手85名，英文选手35名，还包括26名志愿者选手。

作为三家主单位方之一的中国文物报社，与另外两家主办单位中国博物馆学会和中国文物保护基金会通力合作、紧密配合、统筹策划，从4月～11月，一共召开了六次协调会，认真研究确定大赛方案和各项具体工作，为办好大赛奠定了扎实的工作基础。

9. 受国家文物局委托组织编辑出版《中国文物事业60年》和《2008年第三次全国文物普查重要新发现》

为庆祝新中国成立60周年，全面回顾新中国成立以来中国文物事业的光辉历程，展示中国文物事业发展的伟大成就和广大文物工作者的精神风貌，国家文物局决定于2009年编辑出版《中国文物事业60年》。

国家文物局对编辑出版《中国文物事业60年》高度重视，专门向各地发出《关于编辑出版〈中国文物事业60年〉

的通知》，请各地文物行政部门广泛开展调研活动，组织撰写本地文物事业发展60年调研报告，全面展示和总结新中国成立以来本行政区内文物事业发展的基本脉络、重要成果、成功经验和启示，各地调研报告汇编成《中国文物事业60年》，《中国文物事业60年》编辑委员会主任由单霁翔局长担任。

受国家文物局委托，中国文物报社具体负责《中国文物事业60年》的组稿、联络和编辑工作。为了保证来稿进度和质量，报社编辑工作办公室拟定了《中国文物事业60年》撰稿要求和文章体例，精选了文章范本，将它们连同国家文物局的通知及时发往各地。

2009年各地任务都很繁重，因此，《中国文物事业60年》的组稿工作难度极大。经过奋力拼搏，终于完成了这项重要而艰巨的任务，编成出版了这部108万字的大书，并且按时将第一批样书于12月21日下午直接从装订厂运抵全国文物局长会议会场，22日发给了出席会议的全体人员。《中国文物事业60年》的图书质量也得到了国家文物局领导、各地文物部门领导和谢辰生等老专家的一致肯定。

编辑出版《2008年第三次全国文物普查重要新发现》也是中国文物报社承担的国家文物局交办的任务。从通知的下发到书的出版，仅仅三个月的时间。为了保证图书的按时出版，报社进行了认真的组织，各省、自治区、直辖市普查办同志积极配合，共报送了700多项第三次文物普查新发现，2800多幅图片。考虑到项目的重要性、图片的精美程度，各个分类的比例，以及地区平衡等多方面的因素，经过多次筛选以及专家的把关，最后选定了近150项重要新发现，按时完成了此项工作。

10. 组织召开中国文物报社2009年通联工作会议

为共同努力进一步做好文化遗产保护宣传工作，中国文物报社于2009年10月23日～24日在湖北武当山旅游经济特区召开了2009年通联工作会议。会上，报社领导、各部门负责人和报社驻各省、自治区、直辖市的通联工作负责人聚集一堂，共商贯彻落实科学发展观、做好文化遗产保护宣传工作大事。报社领导介绍了开展学习实践科学发展观活动的成果，以及报纸版面、采编人员的变化，提出了今后报纸的报道需求。各地同志们沟通了宣传工作情况，交流了经验，对报社的采编、发行、经营等各项工作提出了意见和建议。

中国文物交流中心

【概述】

经中编办、国家文物局党组批准，2004年12月中国文物交流中心重新组建。重组后的中国文物交流中心为国家文物局直属的局级事业单位，是从事对外文物交流工作的专职机构。2007年2月14日中国文物交流中心在北京文博大厦举行了挂牌仪式。

中国文物交流中心下设一室、一部，即办公室和业务部。截止到2009年末，已有职工32人，其中党员18人；具有高级职称的业务人员6人（正高1人、副高5人）、中级职称6人、初级职称6人；具有研究生学历的7人、大学本科学历14人、大专学历4人。

几年来，在国家文物局的领导和扶持下，经过全体干部、职工的共同努力，重组后的中国文物交流中心在思想政治工作、行政管理工作、业务工作等各个方面有了较快的发展，取得了较好的成绩。

【学习教育活动】

2009年，中国文物交流中心以开展新中国成立60周年群众性爱国主义教育活动为主线，加强思想政治建设，广大党员、职工的思想政治素质得到进一步提高。

首先注重加强理论学习。按照国家文物局直属机关党委的要求，在继续学习实践科学发展观的基础上，学习中国特色社会主义理论体系及其他政治理论知识。利用多种形式组织广大党员、职工研读十七届四中全会关于《中共中央关于加强和改进新形势下党的建设若干重大问题的决定》《六个“为什么”——对几个重大问题的回答》《理论热点面对面·2009》等教材。通过学习提高了党员、职工的政治理论修养，增强了党性观念，坚定了理想信念。

配合学习开展丰富多彩的教育活动，以小活动带动大教育。5月赴天津开展“弘扬爱国主义精神，保护中华文化遗产”主题交流考察活动；8月赴吉林开展“为科学发展服务，向共和国生日献礼”主题党日活动；在第25个全民义务植树日里，赴世界文化遗产地河北易县清西陵开展了“珍爱文化遗产，保护自然环境”主题植树活动；在庆祝新中国成立60周年到来之际，组织全体职工积极参加国家文物局组织的“祝福祖国——国家文物局系统歌咏比赛”，并荣获一等奖。

2009年中国文物交流中心党支部被国家文物局直属机关党委评为先进党支部，两名党员分别被评为优秀党务工作者、优秀共产党员，两名预备党员按期转为中共正式党员。

【文物展览】

举办出入境文物展览是中国文物交流中心最主要的业务职能。2009年在国家文物局的领导和扶持下，以科学发展观为指导，开拓创新，科学筹划，精心组织，并在坚持“走出去”办展的同时，积极“请进来”，逐步实现双向交流，办展形式更加丰富多样，手段更加灵活主动，不仅成功举办了像“大三国志展”这样深受观众欢迎、影响面广的展览，像“秦汉—罗马文明展”这样超大型、高规格、具有轰动效应的展览，还有“‘大三国志展’归国汇报展”这样办得红红火火的国内巡回展览。

中国文物交流中心2009年主办、承办、协调组织的各类文物展览近30项，其中已圆满结束的6项（包括2008年开幕、2009年结束的展览）、截至2009年末尚在展出中的9项、已开始筹备的10余项。

1. 2009年圆满结束的出境文物展览6项

（1）赴美国“王翚艺术展”

“王翚艺术展”是美国纽约大都会博物馆组织的展览，展品来自多个国家。中国为参展国之一，参展的7件王翚绘画作品由故宫博物院和上海博物馆提供，其中一级品3件。展期为2008年9月9日～2009年1月4日，观众11.5万余人。

（2）赴芬兰“中国茶文化展”

该展由中国文物交流中心与芬兰埃斯堡现代艺术博物馆主办，中国对外艺术展览中心、天津博物馆、中国茶叶博物馆协办。文物展品119件（套）（其中一级品1件）来自天津博物馆和中国茶叶博物馆，包括从东汉到民国时期出土及传世的陶瓷和金属茶具、以饮茶为主题的明清绘画、近代茶叶类产品销售广告。展览期间，中国茶叶博物馆还派员专程赴芬兰为观众做现场茶艺表演，很受观众欢迎。

展览自2008年10月7日～2009年1

月 11 日在芬兰埃斯堡现代艺术博物馆展出，观众 2 万余人。

(3) 赴日本“大三国志展”

“大三国志展”是由日本创价学会名誉会长池田大作先生创意和发起的。中日两国专家、学者历经三年多的时间，遍访了中国境内 70 余处与三国主题有关的文物古迹、遗址和博物馆，从全国 11 个省（市）34 家文博单位遴选了参展展品 138 件（套），辅助展品 8 件（套），其中一级文物展品 50 余件。展览由三国时代出土文物和以“三国故事”为题材的传世文物两部分组成。日方主办单位还将日本国内博物馆藏有关三国主题展品近 60 件汇集于此展，并通过现代化的视听手段，融合动漫、塑像、影像等各种形式，共同营造了一个新颖而富有创意的三国世界。

“大三国志展”由中国文物交流中心与日本东京富士美术馆、黄山美术社共同主办，于 2008 年 5 月 2 日 ~2009 年 3 月 15 日先后在日本东京富士美术馆、北海道立旭川美术馆、关西国际文化中心、福冈亚洲美术馆、香川县立博物馆、名古屋松坂屋美术馆、群马前桥文化馆等地展出。“大三国志展”以其选题独到、内容丰富、展示手段新颖，受到了广大日本民众的热烈欢迎和喜爱，参观人数高达 101.6 万，创多年来我赴日本展览参观人数之最。

(4) 赴澳门“中国古代文物展”

为丰富澳门博物馆的展览陈列，中国文物交流中心与澳门博物馆合作，在澳门博物馆举办为期一年的“中国古代文物展”。参展展品 31 件（套），来自河南、河北两省，包括商周青铜器、战国钱币、北朝至唐代佛造像、秦至唐代建筑构件、唐三彩等。展期为 2008 年 4 月 15 日 ~2009 年 3 月 31 日。包括“中国古代文物展”在内的澳门博物馆系列展览共吸引观众 18 万多人次。

(5) 赴瑞士“独特的视野——罗聘（1733 ~1799）的艺术世界”

“独特的视野——罗聘（1733 ~ 1799）的艺术世界”是关于罗聘这位 18 世纪中国绘画大师首次全方位的展览。近 60 幅作品，除了来自中国外，还有 27 件北美藏品。这一重要的国际性大展向世人展示出罗聘艺术视野之广博精湛以及他在同时代艺术家中的地位。

罗聘的作品丰富而多变，包括肖像、人物、山水、花卉等。中方参展的 30 件（套）绘画作品来自故宫博物院、上海博物馆、天津博物馆和浙江省博物馆，其中一级品 10 件（套）。

“独特的视野——罗聘的艺术世界”于 2009 年 4 月 9 日 ~7 月 12 日在瑞士苏黎世李特伯博物馆展出。展览以其学术性和观赏性，吸引了大批欧洲各国的观众慕名前去参观。

(6) 赴突尼斯“华夏瑰宝展”

文物外展是中国对外文化交流的重要组成部分，对提升我国软实力发挥了十分重要的作用。为主动出击、扩大影响，从 2007 年起国家文物局安排专项资金设立了“赴发展中国家文物交流展览经常性项目”，这是一个重大举措。赴突尼斯“华夏瑰宝展”是此项目框架内举办的第二个展览。

“华夏瑰宝展”是庆祝中突两国建交 45 周年的重要文化活动，是中国第一次在突尼斯举办的文物展览，也是中突建交以来水平最高的文化交流项目，中突双方都对这一展览项目给予了高度重视。展览由国家文物局与突尼斯文化和遗产保护部主办、中国文物交流中心和突尼斯国家遗产研究院承办。为了使对中国文化还比较陌生的北非观众能够对中国文化有一个基本了解，展览定位为普及性的综合展览。展出了自商代至明代中国主要历史时期具有代表性的各类文物共 78 件（套），其中一级品 15 件（套）。

无论是商周青铜器、秦始皇陵兵俑、汉代金缕玉衣，还是唐三彩、宋瓷、明代金银器，每一件珍品都构思奇巧、工艺精湛，使观众近距离地感受到了中华文明的魅力。

自 2009 年 5 月 8 日 ~8 月 8 日，展览在闻名遐迩的迦太基古城中心区的迦太基博物馆展出，参观人数 1.06 万人，创在突尼斯举办的外国展览之最（突全国人口一千万）。特别值得一提的是通过举办这一展览，迦太基博物馆展厅设施得以添置和改善，拥有了第一个基本符合国际标准的展厅，博物馆相关专业人员的视野和经验也得以扩展和丰富。文物展览不仅实现了加强相互了解，增进友谊的目的，也对促进驻在国文化长远发展发挥了积极作用。

2. 尚在展出中的文物展览

（1）赴日本“西藏艺术与考古展”

为向日本民众宣传中华民族文化多样性以及藏民族的文化、艺术、历史及考古成就，由中华文物交流协会、中国西藏文化保护与发展协会与日本大广株式会社主办，西藏自治区文物局和中国文物交流中心共同承办了《西藏艺术与考古展》。展品 119 件（套），其中一级品 38 件（套）。展品选自西藏博物馆、布达拉宫、罗布林卡、萨迦寺等西藏 9 家博物馆和寺院，以及河北省承德市避暑山庄博物馆、外八庙管理处，代表了各个时期藏民族文化的风格和特点，是藏民族生产生活、文化艺术的缩影。

（2）赴比利时“中国古代帝王珍宝展”

在庆祝中华人民共和国成立 60 周年之际，应比利时国王之邀，我国在比利时举办“欧罗巴利亚中国艺术节”。“中国古代帝王珍宝展”作为“欧罗巴利亚中国艺术节”的开幕展览，于 2009 年 10 月 8 日在布鲁塞尔美术宫正式拉开帷幕。国家副主席习近平率团参加了“欧罗巴利亚中国艺术节”开幕活动，比利时国王阿尔贝二世和王后、王室成员以及政要也出席了开幕式。文化部副部长赵少华、欧罗巴利亚国际艺术节主席雅格布· 德哈根伯爵、比利时外交大臣伊夫·莱特姆分别在开幕式上致辞。贵宾共同参观了展览。

“中国古代帝王珍宝展”是展现中国艺术节之“古老的中国”主题的重要活动内容之一，自开幕以来展览受到了来自欧洲各国观众的高度赞赏。

“中国帝王珍宝展”汇集了全国 7 省（市）20 多家文博单位的展品 163 件（套），其中一级品 49 件（套）。这些展品上自新石器时代，下迄明清，既有出土文物，也有传世珍宝。透过这些种类各异、精彩纷呈的古代文物，不仅能使人们感受到中国古代帝王的威严、皇权的至高无上；同时也从历史、文化、艺术的不同角度，向人们展示中华文化的博大精深。

受文化部、国家文物局委托，中国文物交流中心承担了“中国古代帝王珍宝展”的各项筹备工作。

（3）赴比利时“丝绸之路展”

《丝绸之路展》是“欧罗巴利亚中国艺术节”上另一个很有影响的文物展览，是展现中国艺术节之“古老的中国”主题的重要活动内容之一，同样受到了来自欧洲各国观众的高度赞赏。

来自新疆、甘肃、宁夏、陕西、内蒙、青海等省区的 136 件（套）出土文物汇集于此参展，包括一级文物 73 件（套）。其中有武威雷台汉墓的铜车马仪仗俑、宁夏固原李贤墓的鎏金银壶、法门寺的弦纹蓝色琉璃盘、罗马银盘、营盘墓主人服饰等稀世珍品，充分展示了丝绸之路灿烂、辉煌的历史，以及古代丝绸之路上中西方在文化、技术、军事和艺术等领域的交流与发展。

受文化部、国家文物局委托，中国文物交流中心承担了“丝绸之路展”的各项筹备工作。展览于2009年10月23日在比利时布鲁塞尔皇家艺术与历史博物馆开幕。

（4）赴意大利“中国明代文物特展”

为了全面、系统地向友好的意大利民众介绍中国博大精深的历史文化，意大利卡萨马尔卡基金会与中国文物交流中心商定，在“丝绸之路与华夏文明”系列文物展览的框架内连续举办4个中国文物双年展，即：每两年举办一个，共举办4个。

“明代文物特展”是此系列展览中的第三个展览。展览于2009年10月23日在意大利卡萨德·卡拉雷兹博物馆隆重开幕。文物展品152件（套），其中一级品48件（套）；复制品2件（套）。这些展品来自于北京、江苏、湖北、陕西等4个省（市）的9家文博单位，包括工艺精湛的金银器、巧夺天工的玉器、雍容华贵的服饰、情志高远的书画、风格迥然的宗教文物，特别是享誉世界的青花和粉彩瓷器更是令人叹为观止。这些展品有的是出土文物，有的是传世珍品，还有的来自于皇帝陵寝，从一个侧面反映了明代的历史风貌。精美的“金翼善冠”和“孝端皇后嵌珠宝凤冠”是首次同时出国展出。

（5）赴美国“啸虎和跃鲤：中国动物画中的象征意义”

展览由美国辛辛那提博物馆举办，展品来自多个国家。中国参展的15件（套）明清时期的绘画作品，由故宫博物院和上海博物馆提供，其中一级品2件（套）。展期为2009年10月9日～2010年1月3日。中国文物交流中心负责该展览的组织协调工作。

（6）赴日本“中华之耀——山东省玉器展”

展览于2009年12月19日～2010年2月21日在日本山口县立获美术馆·浦上纪念馆举办。展品91件（套），其中一级品6件（套），由山东省博物馆、考古所等多家文博单位及中国社会科学考古研究所提供。中国文物交流中心负责该展览的组织协调工作。

（7）赴美国“独特的视野——罗聘的艺术世界”

此展览曾于2009年4月～7月在瑞士苏黎世李特伯博物馆展出。展览以其学术性和观赏性，吸引了欧洲各国观众慕名前去参观。经美国纽约大都会博物馆邀请，此展结束了在苏黎世李特伯博物馆的展出后，于2009年10月转至大都会博物馆继续展出。中国文物交流中心负责展览的组织协调工作。

（8）国内巡回展览“‘大三国志展’归国汇报展”

经国家文物局批准，“大三国志展”结束在日本的展出回国后举办“‘大三国志展’归国汇报展”。

“‘大三国志展’归国汇报展”以赴日本“大三国志展”展品为主，117件（套）文物展品（其中一级文物50余件）、9件（套）辅助展品，是从全国10多个省（市）30余家文博单位遴选的，并从日本借展1件辅助展品。自2009年4月至年末“‘大三国志展’归国汇报展”已在上海图书馆、湖北省博物馆、良渚博物院、湖州市博物馆四站展出。受到各地观众欢迎，场面热烈。

【国家文物局委托事项】

2009年，按照国家文物局外事联络司的委托任务标准、要求和时限，中国文物交流中心及时完成了国家文物局委托的文物展览初审、外事接待、护照签证办理、外事礼品置办发放、外语口笔译承办等委托事项。

（1）承办出入境文物展览初审共计76项，其中出境文物展览64项，来华12项。申报单位涉及20个省市（自治区）

的28家文博机构，境外合作方超过20余个国家和地区，为全国对外文物展览的顺利开展提供了有力保障。

（2）较好地完成了7个境外来访团组34人次的外事接待任务，包括英国博物馆代表、德国考古研究院代表团、印度考古局代表团、埃塞俄比亚文化遗产代表团、印度尼西亚代表团等。还承办了博物馆管理国际研修班结业典礼的外事任务。

（3）为国家文物局机关和直属单位出访团组办理护照125人次，提供签证服务382人次，涉及出访国家、地区达41个。护照、签证服务工作都能够在规定时限内圆满完成，为文物对外交流工作提供了有力保障。

（4）承办国家文物局出访团组领取外事礼品30余次。

（5）承办并完成外事翻译事项共76项。

【展览交流专业委员会】

受中国博物馆学会委托，中国文物交流中心作为展览交流专业委员会的组建挂靠单位，2009年开始着手展览交流专业委员会的组建工作。

5月，中国文物交流中心派员参加了国家文物局在西安举办的“第二期国际文博合作项目联络人培训班”；7月，与国际博协对应的ICEE（展览交流专业委员会）取得了联系；11月中心主任与联络人赴美国参加ICEE 2009年年会，对ICEE年会模式、组织方式、活动内容有了进一步了解，会上初步确定了2010年ICEE上海大会的年会日程，明确了有关筹备工作。中心代表还在会上做了专题发言，介绍近年来中国文物展览交流的经验和成果，这是中国代表首次参加并在ICEE年会上发言。11月中旬，中国文物交流中心、故宫博物院、国家博物馆、上海博物馆、陕西省文物交流中心5家发起单位召开了筹备会，共商展览交流专业委员会成立事宜。12月份，中心主任赴日本东京参加ICOM亚太地区委员会会议。与此同时，《中国博物馆学会展览交流专业委员会章程》的草拟工作启动。

各省、市、自治区

北京市

2009年，北京市文物系统干部职工紧紧围绕北京市委、市政府建设“人文北京、科技北京、绿色北京”的战略目标，全力落实市委、市政府2009年中心工作，重点做好新中国成立60周年庆典重大系列展览和召开北京市第七次文物工作会，全市文博工作取得了新成绩、新进展。

【不可移动文物保护】

1. 第三次全国文物普查进展顺利

截至2009年底，北京市18个县级行政区和两个特区办事处共调查登记不可移动文物4400余处，其中新发现1000余处。其中，昌平区完成了10个镇、40处工业遗产、167处文物的普查工作。朝阳区新发现10处文物遗迹，确定20余处工业遗产、近现代典型建筑。崇文区野外踏查覆盖率达100%，拍摄照片5131张。大兴区14个镇实地调查工作基本完成，新发现不可移动文物12处。东城区及时公布了第三批区级文保单位名单18处，其中新发现文物占公布总数的88.8%。丰台区新发现卢沟桥减水坝等重要文物10处、抗战遗迹3处。海淀区对辖区426平方公里内的文物进行了全面调查和登记。怀柔区共普查118处，其中新发现

28处，复查项目56处。门头沟区古遗址复查65处，新发现10处，古建筑复查127处，新发现133处。平谷区实地调查不可移动文物共214处，复查137处，新发现不可移动文物77处。石景山区新增传统民居、近现代史迹及代表性建筑等文物41处，使现存文物数量上升至121处。顺义区新发现10处文物点。通州区共采集GPS数据1455组，拍摄资料片12688张，采访座谈人数1932人。西城区复查的各级文物保护单位已完成116处。密云县20个乡镇全部野外踏查完毕，共普查了不可移动文物单位299处，新发现75处。延庆县共调查遗址59处，其中新发现文物古迹7处。八达岭特区办事处重点对7741米的国保段长城墙体和37个墙台、敌台进行摄像、照相、测量。

2. 文物保护基础工作扎实推进

完成了第七批全国重点文物保护单位推荐的准备工作，共遴选候选文物保护单位34处；开展了第八批市保单位申报的准备工作；开展了第八批市级以上文物保护单位保护范围及建设控制地带的划定工作；配合旧城历史文化保护区房屋修缮工作，完成了计划修缮的2万户居民房屋和近4000个院落的调查、分类与评估工作。

3. 中长期文物修缮工程实施顺利

颐和园谐趣园、十三陵茂陵等10余处修缮工程按计划全部开工。钟鼓楼、五塔寺、大钟寺围墙、大公主府等修缮工程已经完工。天坛、德胜门箭楼、香山公园、颐和园等11项文物保护单位结构安全检测工作已经启动。

4. 区县文物修缮工作成绩突出

昌平区投资80万元抢修了区保单位阳坊清真寺，为13个文物修缮项目累计争取资金4479万余元。朝阳区兴隆寺等修缮工程顺利竣工，投资1548万元的龙王庙二期修缮工程已经启动。崇文区完成了阳平会馆戏楼安全配套设施及装修工程和隆安寺二期修缮工程。东城区荷兰使馆旧址、桂公府等修缮项目竣工通过验收。房山区启动了上方山诸寺、弘恩寺等抢险修缮工程。丰台区投入文物修缮专项资金200万元，福生寺二期和达园寺二期修复工程进展顺利。海淀区投入文物修缮经费400余万元，完成了龙泉寺等6处文物修缮工程的设计、招投标和修缮等工作。怀柔区投入395万元对大水峪段长城进行了抢险加固。门头沟区投入230多万元对张家庄戏台、万佛堂过街楼等进行了抢险修缮。石景山区田义墓、慈祥庵展陈改造工程全部竣工并重新对社会开放。通州区起义指挥部旧址修缮工程基本竣工。西城区启动了万松老人塔修缮与周边环境整治工程。宣武区重点推进中山会馆二期等四项文物修缮工程，全年累计修缮面积约2500平方米、完成投资约1485万元。密云县争取资金1000多万元完成了白龙潭普荫殿和观龙台等修缮工程。延庆县双营城城门、花盆关帝庙等两项修缮工程进入验收和备案工作。八达岭特区办事处启动了八达岭长城北十三台至北十九楼2455米城墙抢险加固保护工程。十三陵特区办事处对昭陵左右配殿等处的檐头瓦面进行了查补修缮。

5. 大运河保护申遗工作初见成效

北京市文物局组织成立大运河专项调查工作组，结合历史文献和现场勘查调研，初步完成了遗产点的筛选工作。2009年5月，国家文物局组织专家对大运河北京段遗产点进行了评审确认。同时，大运河保护规划编制工作进展顺利，为大运河保护与申遗工作奠定了基础。

6. 长城资源调查整理初步完成

长城沿线的平谷、密云、怀柔、延庆、昌平、门头沟六区县均成立了长城资源调查队，途经35个乡镇、166个行政村，确认长城墙体近500公里，调查敌台1479座、关堡145座、烽火台149

座、马面43座以及相关遗存44个，拍摄照片7873张，录像2429段。

【考古发掘】

2009年，北京市文物局提出了第四批地下文物埋藏区名单，共涉及15个区县共21项，文物埋藏区面积达15.9万公顷。配合基建工程等完成各类文物勘探项目37项，勘探面积390万平方米，发掘工作25项，发掘面积5.01万平方米，保护各时代古代墓葬1109座，出土各类文物3000余件（套），整理、修复各类文物约1000余件（套）。北京市共完成各项地下文物调查报告15个，出版专题考古报告及图录11部（14册），发表考古报告、文博专业论文100余篇。

2009年9月4日～11月5日，北京市文物研究所对延庆西屯墓地进行了考古发掘。发掘面积35130平方米，共发掘墓葬490座，年代早至战国时期，历经汉、魏晋、唐、辽直至明清，出土了大量有意义的陶器、铜器以及少量的金器、铁器等2000余件，特别是出土了年代较为确切的汉代铜镜和北魏“神龟元年”墓志砖。

2009年12月，北京市文物研究所申报的“北京市大兴区辽金塔林考古重要收获”通过了国家文物局的评定，入选《2009中国重要考古发现》。该书采用中英文双语，旨在及时有效地向海内外宣传中国文物考古领域每年的最新重要考古发现和工作成果。

【博物馆】

2009年，北京市认真贯彻博物馆条例，博物馆新馆注册和博物馆免费开放工作继续推进。朝阳区规划艺术馆正式开馆，新注册登记了中国人民大学博物馆、北京空竹博物馆、怀柔博物馆等博物馆，全市注册登记博物馆数量达到151家。延庆博物馆、通州博物馆、怀柔博物馆免费开放，全市免费开放的博物馆达到36家。

2009年初，北京市成立了“北京地区博物馆行业纪念新中国成立60周年活动协调小组”，印发了《关于做好博物馆迎接新中国成立60周年各项工作的通知》。在此基础上，积极协调与组织“复兴之路”等大型宣传展览活动，重点推出了“辉煌成就，华彩乐章——北京博物馆60年成就展”“早期中国——中华文明探源展”“千古探秘——考古与发现展”等系列展览。各区县也纷纷举办了“没有共产党就没有新中国”新闻史料回顾展、“李大钊生平图文及实物展”等以庆祝新中国成立60周年为主题的展览。

丰台区王佐镇、长辛店镇分别建立了革命文物展陈室。怀柔博物馆于3月18日开馆，先后成功举办6项大型展陈活动。门头沟区博物馆在“从历史走来的门头沟”“龙泉务窑考古发掘成果展”两个基本陈列和“京西巨变——门头沟区改革开放30年成就展”的基础上，全年共举办临时展览10项。平谷区在做好“上宅文化”专题展及“忆·岁月——平谷民俗文化展”的同时，积极开展送展览进社区、进乡村、进集市等活动。石景山区中国第四纪冰川遗迹陈列馆改扩建工程顺利竣工并重新对外开放，馆区面积由原来的3000平方米增加到6338平方米，展室面积由750平方米扩建为4200平方米。通州区博物馆先后举办“我家住在运河旁”“印象通州摄影作品展”等多项展陈活动，累计吸引观众近5万余人次。密云县博物馆全年征集入库各类文物20件，临时民俗文物展共展出各类民俗文物41件。延庆县博物馆共举办“5·18国际博物馆日”区县宣传分会场大型活动1次，增加奥运遗产展和明清家具展2个新展览，开展“我喜爱的博物馆珍宝”评选等3个主题活动，打造

“妫川大讲堂”文化品牌活动1个。十三陵特区办事处为纪念明长陵营建600周年和定陵博物馆建立50周年，举办了“保护文化遗产 传承华夏文明——十三陵特区办事处文物保护与博物馆建设成果展”“永乐皇帝与明长陵历史陈列”等展览。

2009年3月20日，“青花的记忆——元代青花瓷文化展”在首都博物馆开幕。展览汇集了国内外25家博物馆（收藏机构）的73件元代青花瓷，以“汉韵华章——中原传统审美观的延续”“朔漠新风——游牧文化的体现”以及“异域葱翠——青花瓷的异国风情”三个单元，分别从中华青花瓷、蒙古人使用的青花瓷和元代异域青花瓷三个角度全面展示元代青花瓷的容貌。

2009年5月18日，北京地区纪念第33届国际博物馆日主会场活动在北京古代建筑博物馆举行。市委宣传部常务副部长陈启刚、中国社会科学院研究员、著名清史专家阎崇年及国家文物局博物馆司、北京市文物局等领导同志出席开幕式并为“辉煌的成就 华彩的乐章——北京博物馆60年”主题展览剪彩。活动仪式上，有关领导为“我爱博物馆”摄影大赛的一等奖获得者颁发了奖品，向博物馆爱好者荣秀霞同志赠送了礼品，并向博物馆志愿者杜大卫（美）正式颁发了“博物馆规范英语标识工作顾问”的聘书。

2009年6月10日，首届“中国历史文化名街”授牌仪式在孔庙和国子监博物馆举行。北京国子监街入选首批“中国历史文化名街”。

2009年6月13日，北京地区纪念中国第四个“文化遗产日”主会场活动在西城区历代帝王庙举办，主题为“保护文化遗产，促进科学发展”。活动回顾了新中国成立60周年和北京市文物局建局30周年的文物保护历程，公布了第三次全国文物普查、大运河保护调查、长城资源调查等阶段工作成果，启动了无限数字文物语言平台制作，还发布了北京市文物保护公益歌曲“心中的城”。

2009年8月18日，“千古探秘——考古发现展”在首都博物馆开幕。展览集结了全国13个省市25家博物馆、考古所的261件（套）文物，基本上都涵盖了文物年代、出土地点、尺寸等文物资料信息，它们大多为考古发掘品。

2009年8月18日，“城市记忆——百姓之家”在首都博物馆开幕。展览通过复原新中国成立以来自50年代到改革开放、直至新千年的各个时代普通北京人的家居场景，及昔日承载着吃穿住行的800余件“老物件”，讲述60年来北京人的梦想和追求。

2009年9月16日，“礼乐重器，国之瑰宝——晋、豫、鄂三省出土青铜编钟选展”在大钟寺古钟博物馆开幕。共有173件青铜编钟亮相，这是距今两千多年的先秦青铜编钟首次云集京城，其中包括来自湖北随州擂鼓墩二号墓的编钟、来自河南的新郑金城路编钟、来自山西的侯马上马村编钟等。

2009年9月22日，“多彩中华”展在首都博物馆开幕。展览共分为“团结自强——觉醒的中华民族”“多元一体——和谐的民族家园”“百工之艺——深厚的造物文化”“交心神灵——精神世界的造物”四部分，汇聚了国内12家文博单位的百余套民族文物精品。

2009年9月26日，“早期中国——中华文明起源展”在首都博物馆开幕。展览分为“家园”“邦国之路”“王国崛起”三个单元，云集了全国13个省、自治区、直辖市共23家单位的212件（套）珍贵文物，体现了公元前3500年至公元前1400年中华文明起源与早期发展历程。

2009年11月16日，北京市第七次文物工作会议召开。市委常委、宣传部长、副市长蔡赴朝代表市政府作了“大力繁荣发展首都文博事业，为建设‘人文北京、科技北京、绿色北京’做出新贡献”的工作报告，国家文物局副局长张柏出席会议并发表了重要讲话，市委宣传部常务副部长陈启刚作了总结发言。会议全面回顾总结了2003年北京市第六次文物工作会议以来首都文博事业发展的成绩和经验，分析当前和此后一个时期首都文博事业发展面临的形势，安排部署此后五年的工作任务，启动了研究和制定“北京市‘十二五’时期文物、博物馆事业发展规划”“人文北京——文博事业行动计划”等重要工作。

2009年12月11日，由澳门特别行政区政府主办的“澳门特别行政区10周年成就展”在首都博物馆开幕。中共中央政治局常委、国家副主席习近平出席开幕式并为展览揭幕。展览共分为前言、“一国两制”、国家情怀、成就平台、十年历程五个部分，通过大量图片、文字、模型和实物，配合新颖的多媒体影音技术效果，以活泼生动的形式，形象地展示了澳门回归祖国十年的发展和成就，以及城市风貌与韵味。

2009年12月13日，“庆祝新中国成立60周年全国文化遗产保护宣传讲解大赛”在辽宁沈阳圆满落下帷幕。北京地区代表队在本次大赛中获团体一等奖，参赛的六名选手全部进入决赛，分别夺得了中文专业组一等奖、三等奖，英文专业组二等奖及志愿者组一等奖。

2009年12月26日，北京电视台“这里是北京”栏目组将2005年以来的全部节目光盘和相关资料捐赠给首都博物馆，其中包括《这里是北京》图书、印章、演播室中使用的桌椅、屏风等共计30余套，这是首都博物馆第一次收藏一档完整的电视节目。

【民间收藏文物】

截至2009年底，北京地区共有文物艺术品拍卖企业71家，其中52家不同程度地开展了文物艺术品拍卖活动，全年共举办拍卖会157场，成交率达到62%，成交额超过110亿元人民币。完成了157场拍卖会共计17.3万件（套）拍卖标的的拍前审核工作，其中确定国家一级珍贵文物115件，撤拍587件。组织北京地区文物艺术品拍卖企业进行文物资质的年审申报，其中26家因人员资质不健全、违规拍卖等原因被依法暂停文物拍卖资质。

截至2009年底，全市文物商店数量达61家。市文物局会同市法制办、市工商局等相关单位进行调研后，开始对北京古玩城进行文物商店挂牌的试点工作，探讨本市文物商店管理的新模式，保证文物商店的合法经营。

2009年，北京市加大对市文物局属各单位及全市相关单位进行文化创意产业项目扶持资金介绍和推广的力度。完成对34家企业申报的35个项目的评审，推荐12个项目上报市文化创意产业领导小组，其中3个项目获得2009年度文化创意产业专项扶持资金。

2009年4月30日~5月3日，由北京古玩城、天雅古玩城共同举办的首届春季古玩艺术品博览会在北京举办，全国23个省、市、自治区及港台的众多古玩经销商和文物公司参加了此次博览会。博览会设精品交易区、淘宝地摊区、精品文物展览、现场签售、文物鉴定和知识讲座等活动，4天销售额近亿元，客流量达到25万人次。

2009年11月13日，“2009年北京博物馆·旅游·文化创意论坛”在孔庙与国子监博物馆举行。本次论坛由北京市文物局与北京市贸易促进委员会精心打造，吸引了来自全国各地四十余家博物馆的馆长和负责人及多位文化创意产业界的学者专家到会。到会嘉宾围绕如何推动博物馆与旅游结合、文化创意在博物馆与旅游业中的运用和发展等问题进行了主题发言。

2009 年 11 月 25 日 ~29 日，第四届中国北京国际文化创意产业博览会在国家会议中心举办。市文物局参加了此次博览会并负责主展场“文物与博物馆相关产业”展馆的组织、管理等相关工作，同时组织了嘉德、翰海、荣宝等六家拍卖企业参与文博会的拍卖推介活动，另有 51 家文物与博物馆及相关单位参展。

【文物保护科技与科研】

2009 年，北京市在认真落实《北京市文物局文化遗产保护科学与学术研究规划（2009 ~2011 年）》和《课题指南》的基础上，审议通过了《北京市文物局学术带头人管理规定》。完成了“十二五”规划的前期调研与准备工作。

完成了新中国成立 60 周年献礼书《古建大系》前四卷、《京师旧宅》第二卷、《北京历史文化遗产保护研究》、《北京地区汉代城址调查与研究》、《北京元代史迹图志》等书籍的撰写出版工作。

由首都博物馆策划编辑、文物出版社出版的《中国记忆——五千年文明瑰宝》大型画册，荣获 2008 年度“全国十佳文博考古图书”；同时还在德国莱比锡荣获世界图书装帧设计界的最高荣誉——“世界最美的书”称号。此外，首都博物馆策划编制的《物华天宝——高精度文物影像》多媒体光盘荣获由新闻出版总署等组织评选的“第二届中华优秀出版物奖”。

【政策法规与宣传】

2009 年 3 月 31 日，《周口店遗址保护管理办法》经市政府第 31 次常务会审议通过，市政府第 212 号令公布，自 2009 年 6 月 1 日起施行。《北京市文物建筑消防安全管理规定》《北京市文物认定争议裁定暂行管理办法》也分别于 2009 年底公布并实施。北京市组织开展了《地下文物保护管理办法》的前期调研工作。

配合《周口店遗址保护管理办法》的颁布和实施，北京市制作了专题图片展，先后在周口店猿人遗址博物馆、历代帝王庙等地进行巡展。市文物局还分别对公务员、局属单位党政领导、各区县文物执法人员进行了法律法规的培训和考核工作，区县依法行政的能力和水平普遍提高。

【安全督察】

2009 年，北京市文物局以安全第一为出发点，以“文博单位三种级别防控方案”为载体，以领导决策、责任落实、运行保障、预警监控、宣传教育、协调联动、督查督导、突发事件应急处置八种机制为“骨骼”，以“打造安全零死角单位”“设立单位危险点”“绘制安全责任点位图”为重要内容，全面覆盖文博单位的安全保卫工作，初步形成了长效机制，推动了文物安全工作的制度建设进程，实现了全市文物系统第十二个安全年。

2009 年，北京市严格排查整治潜在火灾隐患，制发整改通知书 216 份，重点督办纳入折子工程的 54 家隐患单位，拆除违章建筑 2 处，打通消防通道 4 处，完成了 60 余家重点文保单位的避雷检测工作和局属单位的电路检测、消防报警检测和技防监控检测工作，组织实施了 2009 年度中长期保护计划安全消防工程古崖居避雷等 45 个项目。制定下发了《2009 年元旦春节期间烟花爆竹安全管理工作方案》，保证元旦、春节烟花爆竹燃放期间文物安全。

截至 2009 年底，北京市共调查、核

实、处理群众及上级转来举报 60 余起，处罚文物违法案件 4 起，拆除违法建筑面积 8000 余平方米，申请法院强制执行违法建设拆除案件 1 起。组织文物鉴定委员会专家对公检法部门涉案文物鉴定 37 次，接待鉴定人员 80 余人次，鉴定涉案文物及复仿制品共计 400 余件。完成了对全市国保单位和市保单位的巡视检查与抽查工作，解决了法国邮局旧址等 6 家文保单位的安全隐患问题。

上海市

【不可移动文物】

（一）不可移动文物保护

1. 不可移动文物数量

上海有六千年的文明历史，文化积淀深厚。全市现有各类不可移动文物点 4000 余处，其中全国重点文物保护单位 19 处，上海市文物保护单位 163 处，上海市优秀历史建筑 571 处，区县级文物保护单位 402 处，以及登记不可移动文物 654 处，类别包括古遗址、古墓葬、古建筑、石刻、近现代重要史迹及代表性建筑等。上海市第三次全国文物普查中新发现不可移动文物点 1897 处。

2. 培训

2009 年 4 月 15 日 ~16 日，上海市文物管理委员会举办 2009 年春季文物普查专题培训班，学员共 80 余人。

2009 年 8 月 19 日 ~26 日，上海市文物管理委员会组织开展 2009 年上海地区博物馆纪念馆讲解员培训，共计 63 名学员参加了课程培训，还进行了讲解观摩、讲解测试与点评等。

3. 文物保护工程资质

勘察设计资质：文物保护工程勘察设计单位共有 6 家，其中甲级 4 家［同济大学建筑设计研究院、上海现代建筑设计（集团）有限公司、上海市房地产科学研究院、上海章明建筑设计事务所］；乙级 2 家［上海交大安地建筑设计有限责任公司、上海建筑装饰（集团）设计有限公司］。

施工资质：文物保护工程施工单位共有 2 家，均为一级资质，分别是上海建筑装饰集团第一工程合作公司、上海住总集团建设发展有限公司。

监理资质：文物保护工程监理单位共有 1 家，一级资质，是上海协同工程监理造价咨询有限公司。

4. 工业遗产保护利用现场会

2009 年 6 月 15 日 ~16 日，全国工业遗产保护利用现场会在上海召开。会议由国家文物局主办，上海市文物管理委员会承办。来自国家文物局及全国 30 个省、自治区、直辖市文物部门的领导和全国文化遗产保护专家共 150 余人参加会议。在上海博物馆报告厅进行的开幕式上，上海市委常委、副市长、市文物管理委员会主任屠光绍出席会议并致欢迎词，国家文物局局长单霁翔做了关于《我国工业遗产保护利用面临的问题与对策研究》的主旨报告。

在为期一天半的大会上，上海市文物管理委员会副主任陈燮君介绍了上海工业遗产的全面调查情况、保护利用的经验以及对未来工作的对策研究。会上，北京、天津、辽宁本溪、山东青岛的文物部门及政府领导作了关于工业遗产保护利用情况的报告，以及来自北京、上海的高校和科研机构的五位专家学者从不同视角和层面分析研究了工业遗产的保护利用问题。与会代表结合现场考察进一步了解了上海工业遗产的保护利用情况，参观了三种不同类型的工业遗产保护利用案例，分别是原状加以保护的上海杨树浦水厂、改造成大型创意产业园区的原工部局宰牲场、进行功能重塑的城市雕塑艺术中心。最后，国家文物局童明康副局长作了大会的总结报告。

（二）考古发掘

按照《国务院关于开展第三次全国文物普查的通知》的精神，2009 年，上海地区的考古工作主要结合第三次全国文物普查工作，对本地区考古遗址进行全面调查和复查。同时，为了有效地保护考古遗存，本着“保护为主，抢救第一，合理利用，加强管理”的文物工作方针，正确处理好经济建设、社会发展与考古工作的关系，对工程建设中所涉及可能埋藏古代文化遗存的范围进行了抢救性的考古发掘。主要考古发掘工作有青浦区福泉山遗址发掘、松江区广富林遗址发掘和嘉定区北水关遗址发掘。2009 年度重大考古发现有：

1. 青浦福泉山遗址发掘

福泉山遗址是全国重点文物保护单位，位于上海市青浦区重固镇。以往的工作重心主要集中在“福泉山”这一人工堆筑的土墩上，而对整个遗址的认识还存在着诸多盲点。为更合理有效地保护、管理遗址，以及为制定遗址保护规划提供翔实的考古资料和学术依据，经国家文物局批准，结合第三次全国文物普查，自 2008 年 12 月中旬至 2009 年 4 月中旬，上海博物馆考古研究部在遗址的“福泉山”土墩以外区域以探沟形式进行勘探性发掘。

发掘表明，“福泉山”土墩以北区域的文化堆积比较丰富，从上至下有宋元、晋唐、周代、马桥、良渚、崧泽及马家浜时期文化遗存。局部区域还发现了广富林文化层，这是首次在福泉山遗址发现该时期的遗存。“福泉山”土墩向南约 400 米处，也发现有良渚时期遗存。

福泉山遗址发掘的重要收获是，又发现了一处人工堆筑的台地。新发现的土筑台地位于“福泉山”土墩以北约300 米处的重固镇回龙村吴家场，地势较高，经局部揭露后发现是长方形台地，南北宽约30 米，东西长约90 米，现存高度约 2.45 米，总面积近 2700 平方米。在台地近中心的南坡上已发现良渚文化时期墓葬两座，其中 M204 较为完整。M204 为土坑竖穴，墓坑长约 4 米，宽约 1.7 米，深约 0.5 米。葬具为宽大的弧形木棺，墓向 185 度。棺内葬有两具人骨，一具为仰身直肢葬式，另一具骨殖朽蚀。随葬品分多个层次摆放。第一层置于墓葬的填土上部、墓口内侧东北角，只有 1 件陶豆。第二层置于棺盖上，南面有大口陶尊、陶壶各 1 件，北面有大口陶尊、陶鼎各 1 件，中部玉钺 1 件。第三层则置于棺内，南北顶端各竖置 1 件玉璧，其余随葬品绝大部分摆放在直肢葬式骨架的左边或上面，大型玉器有璧 7 件、琮 2 件、钺 2 件、锥形器 4 件、环 3 件，还有石钺 7 件等。从墓葬所处方位、墓坑与棺的大小以及随葬品种类、精美程度分析，M204 墓主的身份地位相当崇高显赫。

2. 松江广富林遗址发掘

2009 年 3 月 ~7 月，上海博物馆考古研究部对广富林遗址进行发掘，发掘区位于广富林遗址保护区外的东侧。该地点原为广富林村庄所在，已拆迁，划归上海市松江区方松街道广富林建设项目规划范围。经考古调查，在规划区域内虽然在近现代扰动较大，但仍埋藏有古代文化遗存，因此进行了抢救性发掘。发掘总面积约 5700 平方米，发现了不同时期的房址 2 座、墓葬 11 座、灰坑559 个、灰沟20 条和水井90 口等，出土了大量陶、石等各类遗物，获得丰硕成果。

崧泽文化至良渚文化过渡阶段的遗

存主要分布在本次发掘区的西部与东部边缘地带。出土的遗物种类有陶、石器等，以陶器最丰富。陶器以夹砂灰陶和泥质灰陶为主，器形有鼎、甗、豆、罐、杯、盆、壶、器盖等，器表以素面为主，少量装饰有弦纹、刻划纹、长弧线三角与圆点纹等。

新发现一处良渚文化晚期墓地，共发现墓葬11座，编号为M41～M51。墓葬布局相对集中，除M46外，主要分布于一土台之上，为明显高出周围的高地。土台仅保存了北半部小部分，现存东西向最大直径约50米，南北向约20米。土台西部、南部遭到严重破坏，被宋元时期的水沟及近现代水塘打破，已经无法复原墓地全貌。在墓地上，还发现用动物祭祀的现象。

广富林文化是广富林遗址最重要的考古收获之一。本次发掘再次发现了大面积分布的广富林文化遗存。从发掘情况分析，广富林文化遗存基本为片状分布于遗址的不同区域，可能反映了当时社会结构的变化。本次发掘除了发现大面积的文化层堆积外，还发现灰坑150个、水井6个和灰沟1条。这些重要遗迹与出土遗物极大地丰富了广富林文化的内涵。

3. 嘉定北水关遗址发掘

嘉定北水关遗址位于嘉定区嘉定镇北护城河内横沥河北端，桃李园学校操场东北侧，2009年7月10日在嘉定老城区泵闸改建工程（北门泵闸）中发现，7月17日至8月初，市文管委考古部对遗址进行抢救性发掘。

北水关早年曾遭损坏，发掘工作主要在水关的西半部分进行。通过发掘，了解了北水关的面貌和结构。水关西部的石筑结构较完整，在现地表下2.27米，南北长14米，东西现宽9.3米，高1.4米。由多种石材多层合围砌筑而成，中心是经过夯打的硬土，类似于城墙的建造方式。整个水关的底部栽有高低不等密集的木桩。由于石材大小不等、形状各异，之间的空隙又用砖块作契子嵌合。石材之间灌注有黏合剂——石灰与熟糯米拌和的白色灰浆。石筑结构外有木桩及少量荒石作围护，部分木桩上有意倾覆一层厚厚的石灰与熟糯米拌和的白色灰浆。在边缘靠近河面的石条上有一圆形凹坑，可能是水关的门臼。根据东半部分露出的木桩推算，横沥河在通过北水关时的宽度约为5.8米。横沥河道底部亦栽有木桩，木桩上应该铺设有石板，但现已毁损，铺设方式已无从了解。

根据《嘉定县志》相关记载及发掘出土瓷片的器形、纹饰特征，初步推断北水关的建造年代为明嘉靖年间。

嘉定是中国历史文化名城，由不同功能的古代遗存组成，明嘉定县城是其中重要组成部分，在江南一带可谓首屈一指，其形状及保存完好程度在整个中国南方地区亦属罕见。嘉定县城由内外护城河、城墙组成，城墙上有吊桥、水关。县城内经过谋篇布局，城墙平面呈圆形，城中有东西向连祁河、南北向横沥河两条主要水系十字形穿越，将城内各路水系连接在一起。十字形水系又与护城河相通，形成一个相互贯通、既开放又封闭的完整的水域网络。县城通往外界的水路必须经过东西南北四座水关。嘉定南、西二座水关原址已得到保护，也复原了部分关上建筑，但对另外二座水关是否存在，存有疑虑。这次北水关遗址的发现，一方面证实了文献记载，另一方面也为完整了解明嘉定城提供了实物证据。

上海古代水工建筑遗址发现较少，经过科学发掘的也只有元代志丹苑水闸遗址、明代嘉定北水关遗址二处，但却是上海水工建筑发展史的重要实物资料，是宋代《营造法式》的工程实例。水闸功用主要是调节水位、防汛。志丹苑元代水闸由水利专家任仁发主持、中央政府拨款修建而成，由于资金来源充足，时间充裕，因此选材优等、做工精到。水关则是水路城门，以防御功能为主。据嘉定县志记载，嘉靖年间，海上倭患猖獗，为抵御倭患，募资建北水关，当是有钱出钱、有力出力，因此北水关所用石材质地、形状多样。尽管由于时间、财力等因素，嘉定北水关的质量不如志丹苑水闸，但为了解不同功能的水工建筑提供了重要的实物资料，也是嘉定人民抗倭的实物见证。

【可移动文物】

（一）博物馆

2009 年，按照国家文物局、市委宣传部有关工作要求，上海市文管委进一步加强对全市博物馆纪念馆的业务主管工作，并取得了瞩目的成绩。

1. “国际博物馆日”活动

围绕 2009 年国际博物馆日“博物馆与旅游”的主题，组织全市的博物馆、纪念馆积极参与“5·18 国际博物馆日”宣传活动。系列活动的重点活动为由上海市文物管理委员会、卢湾区人民政府主办，中共卢湾区委宣传部、上海市摄影家协会、卢湾区文物管理委员会、中共“一大”会址纪念馆承办的“石库门绽放花样年华——2009 年上海市‘5·18 国际博物馆日’宣传活动启动仪式暨‘八年一瞬间·与共和国同行’全国党报名记者聚焦卢湾活动。同时，结合市民参观的时间需求，组织协调全市主要的博物馆、纪念馆集中于 5 月 16 日（周六）、5 月 17 日（周日）、5 月 18 日（周一）三天免费开放。上海各个区县的文物管理部门、多家博物馆、纪念馆向广大青少年观众和市民推出众多精彩的活动，包括文博专题讲座、知识竞赛、广场活动等。如在上海博物馆举办的由陈燮君、何镜堂、郑时龄等专家学者主讲的关于当代中国城市建筑发展的专题讲座，中共“一大”会址纪念馆举办的“追溯红色之源，找寻历史的记忆”交流互动活动，中共“二大”会址纪念馆举办的“明灯指路，光影留痕”红色影视片播放基地挂牌仪式等。

2. 博物馆纪念馆免费开放

2009 年，继续做好对上海博物馆、中共一大会址纪念馆、上海鲁迅纪念馆、陈云故居暨青浦革命历史纪念馆这四家首批免费开放的博物馆纪念馆总体接待人次的统计与分析。同时，按照国家进一步推进博物馆纪念馆免费开放的工作要求，在注意把握区县均衡、注重革命类纪念馆、兼顾爱国主义教育基地的基础上，协调确定 2009 年度纳入国家财政和地方财政补贴免费开放的博物馆纪念馆范围，将政府财政支持的范围扩大到青浦区博物馆、松江博物馆、闵行博物馆、崇明博物馆、上海龙华烈士纪念馆、海军上海博览馆等 22 家博物馆纪念馆，加强了免费开放的力度。此外，还分别在 1 月、3 月、7 月就 2007、2008 年主要场馆接待人次，免费开放意向确认，免费开放基本情况三个主题对全市的博物馆纪念馆进行过范围大小不同的情况调查。为下一阶段的免费开放工作做好信息摸查工作。

截至 2009 年 11 月底，上海主要的博物馆、纪念馆免费接待观众约 300 万，其中上海博物馆约 142.6 万，中共一大会址纪念馆 33 万，上海鲁迅纪念馆约 25.7 万。

2009 年上海博物馆特别展览有：

展出时间	展览名称	展品件数	参观人次
2009. 9. 19～10. 25	融古开今——纪念谢稚柳百年诞辰书画精品展	60 余件	181393
2009. 9. 24～11. 29	哥伦比亚前西班牙时期黄金艺术展	253 件（套）	293798
2009. 10. 20～2010. 2. 28	海帆留踪：荷兰倪汉克捐赠明清贸易瓷展	93 件	

3. 新馆建设

2009 年 1 月，由上海纺织控股集团发起筹建、市文管委业务指导的上海纺织博物馆正式对外开放。该馆规模较大，占地 6800 平方米，展示面积 4800 平方米，分设序厅、历程馆、撷英馆、科普馆、专题馆等一厅四馆，以古代、近代和现代的史料实物，演绎上海纺织的发展历史。

此外，由上海市文管委予以业务指导的上海中国航海博物馆、上海电影博物馆、上海漫画博物馆等重点项目也在推进之中。

（二）民间收藏文物

截至 2009 年 12 月底，上海有文物拍卖企业 38 家，其中本年度增加 2 家，经年审后取消文物拍卖资质 5 家，暂停资质 3 家。具有一、二、三类文物拍卖资质的拍卖企业 17 家。审核文物拍卖活动 140 余场次，拍卖标的 10 万余件，禁止上拍的文物 20 余件。国有或私人、股份制文物商店 17 家，其中 2009 年度增加 1 家。审核文物商店售前文物 4800 余件。

（三）文物进境出境

截至 2009 年 12 月底，从上海口岸进境申报的文物 4858 件，审核出境文物 1982 件，其中出境文物 505 件，进境复出境文物 1477 件。

【文物保护科技与科研】

2009 年度共开展 26 项科技部、国家文物局和上海博物馆立项科研项目或课题的研究工作。其中“十一五”国家科技支撑计划课题“馆藏文物保存环境应用技术研究”又有新进展，“珍贵文物保存环境控制关键技术研究”启动立项。《馆藏文物保存环境质量监测技术规范》于 2009 年 3 月 1 日起正式实施。馆藏文物保存国家文物局重点科研基地（上海博物馆）运行良好。2009 年保护、处理、消毒文物 26 件，检测分析馆内外各类文物和样品 249 件。《文物保护与考古科学》首次被评定为核心期刊并完成年度编辑出版计划。上海博物馆取得 14 项技术专利，出版论著 1 种，发表独立或合作研究论文 43 篇、翻译科技文摘 12 篇。

【文博信息化】

2009 年 12 月，上海市文物管理委员会根据上海市政府办公厅要求，对上海市文物管理委员会及下属上海博物馆、一大会址纪念馆、上海鲁迅纪念馆和上海市历史博物馆等四家单位进行了信息化梳理。通过对网络现状、专网总体情况、电子业务系统、数据交换现状和视频会议和 VOIP 电话系统的全面梳理，完成《政府系统信息化现状梳理表》并上报上海市政府办公厅。通过此次梳理，基本摸清了上海市文物管理委员会及其下属单位信息化现状和需求，对下阶段信息化中期规划中的关键和瓶颈问题有了清晰的认识，为信息化建设奠定了基础。

【安全督查】

为落实国家文物局《关于开展二、三级博物馆评估定级工作的通知》［文物博函（2008）737号］文件精神，市文管委开展上海区域国家二、三级博物馆评估定级工作，召开全市文物博物馆工作会议动员，布置推进工作要求，在各申报单位组织学习工作文件，开展自查自评，反馈申报意向的基础上，由文管委职能部门组成的联合检查小组，分别对申报二、三级博物馆的上海淞沪抗战纪念馆、朱屺瞻艺术馆、上海公安博物馆、上海韬奋纪念馆、上海松江博物馆、上海南汇博物馆、上海银行博物馆、团中央机关旧址、孙中山故居纪念馆开展了实地抽查，并逐一对各单位的台账内容和设备设施进行现场检查。

2009年7月，市文管委按照国家文物局部署开展汛期文物安全检查工作的要求，认真研究，结合本市文博系统汛期文物安全工作，采取积极措施，由相关职能部门派员按照检查内容的要求，对部分文保单位开展了汛期文物安全的抽查工作。

2009年是中华人民共和国成立60周年和上海迎世博开展各项筹建工作的关键之年，为落实做好国家文物局在迎国庆60周年前夕部署开展文物安全检查工作的要求，文管委认真研究、制定检查内容方案，组织安排相关职能部门落实安全检查的工作任务，着重从强化安全意识、落实安全责任、加强文物安全检查工作的重点，提高服务水准等作了具体布置。

根据国家文物局《关于加强突发事件应急预案制定和落实确保文物安全的紧急通知》精神和《上海市处置恐怖袭击事件的应急预案》，文管委下属单位先后制定了以防爆炸类恐怖事件、防劫持类袭击事件、防其他类恐怖袭击事件为主要内容的应急预案，以及免费开放预警预案，并成立了处置恐怖袭击的组织机构。抽调员工参加上海市反恐防爆业务培训，对四家率先实行对外免费开放的单位，增加经费投入，安装了安检设备，配备安检人员，增加和更换监控设备，使安全防范工作得到进一步加强和落实。

根据国家文物局、公安部制定的《文物系统博物馆风险等级和安全防护级别的规定》（GA27—2002）安全行业标准要求，确定指导工作内容，加强对本市国保单位、博物馆、纪念馆安全保卫、风险等级达标业务工作的指导。指导本市5家全国重点文物保护单位完成达标改建工作。张闻天故居、沈香阁2家全国重点文物保护单位的技防改建经设备调试运行，已通过验收。松江方塔、龙华塔和真如寺大殿3家全国重点文物保护单位的设计方案已通过评审进入施工阶段。

【机构与人员】

上海市文物管理委员会下属共有5个直属单位（上海博物馆、中共“一大”会址纪念馆、上海鲁迅纪念馆、上海市历史博物馆、上海文物商店），截至2009年10月31日，编制数为771人，职工实有总数为670人，离退休人员为308人。大专以下426人，大学本科191人，硕士研究生46人，博士研究生7人。

【教育培训】

2009年共举办培训班23个，培训学员人数共计971人次，如：

上海对口地区文物管理干部培训班，共有西藏地区20位、新疆地区15位、云南地区15位共50位文博单位的同志参加；

上海市文物保护工程执业资格培训

班，共两期，开设监理、施工、勘察设计各两个班的培训，共6个班级，有398位同志参加培训；

上海地区文化遗产讲解员培训班，共有63位同志参加培训；

2009年文物保护行业标准推广实施（上海）培训班，两期，第一期有110家博物馆的130位同志参加了培训；

上海市文博中级职称培训班，共有25位同志参加培训；

上海市文管委系统新员工培训班，共有25位同志参加；

迎世博学双语培训班，六期，共有117位同志参加；

消防安全防范知识培训班，两期，共有109位同志参加；

迎世博——文明礼仪规范培训班，两期，共有42位同志参加；

迎世博——手语培训班，共有12位同志参加；

另有参加大专学历学习者11人，本科学历学习者22人，硕士研究生学习者1人，博士研究生学习者1人，技能培训262人，专业人员继续教育培训43人。

【对外交流】

2009年2月18日，台北故宫博物院院长周功鑫、副院长冯明珠一行九人正式访问上海博物馆。双方就两馆在学术业务领域的合作问题进行会谈，并达成若干合作意向，包括：一、建立合作机制；二、加强学术交流；三、加强展览交流；四、加强出版、资料交流；五、加强文物保护交流；六、加强教育推广交流；七、加强资讯多媒体领域的交流；八、加强文化创意产业的交流。周功鑫表示，此次访问充分体现了双方的合作诚意，希望通过加强合作，在院馆交往中增加一些多元性，从而实现双赢局面。上海博物馆馆长陈燮君于2月25日回访台北故宫博物院。

上海延续2008年及2009年举办的文物出境展览有：

2008.9.16～2009.3.1，新西兰达尼丁奥塔哥博物馆“帝王之龙：上海博物馆珍品展”；

2008.11.25～2009.9.30，澳大利亚昆士兰美术馆“中国陶瓷艺术陈列”；

2009.1.29～3.27，英国伦敦大英博物馆“上海博物馆藏古代青铜、玉器珍品展”；

2009.2.18～5.17，美国圣路易斯艺术博物馆“权力与辉煌：明代宫廷艺术展”；

2009.4.12～7.12，瑞士苏黎世李特博格博物馆“独特的视角——罗聘的艺术世界”；

2009.9.4～11.22，澳门艺术博物馆“豪素深心——上海博物馆珍藏明末清初遗民金石书画特展”；

2009.10.9～2010.1.3，美国辛辛那提艺术博物馆“啸虎和跃鲤：中国动物画中的象征意义”。

文物入境展览有：

2009.9.23～11.29，上海博物馆“哥伦比亚前西班牙时期黄金艺术展”；

2009.10.19～2010.2.28，上海博物馆“海帆留踪：荷兰倪汉克捐赠明清贸易瓷展”。

【不可移动文物保护】

1. 简述

截至2009年底，经天津市文物局登记备案的不可移动文物达1300余处，其中世界文化遗产1处，全国重点文物保护单位15处，省（直辖市）级文物保护单位113处，区县级文物保护单位155处。

2. **文物保护单位**

据第二次文物普查结果统计，天津的古代文物占不可移动文物总数的60%，近现代文物占不可移动文物总数的40%；古代文物的90%分布在涉农的12个区县，近现代文物的85%分布在市内6区。不可移动文物平均分布密度为每百平方公里11.8处，在全国位居第二。此外，天津拥有以长城、大运河、明清海防三大历史遗存为代表的跨区域大型文化遗产，在全国独一无二。

天津市第三次全国文物普查工作在全国居于领先地位，截至2009年12月31日，共调查登记不可移动文物2154处，其中新发现1205处，复查949处；调查登记消失文物377处。天津市工业遗产、乡土建筑、20世纪遗产等新增文化遗产品类调查工作取得实质性进展。新发现的文物点在时代内涵上具有突破性的意义，许多文物点填补了本地区文物时代或类别的空白。

3. **文物保护工程**

2009年，天津市按照文物维修抢救“三优先”的原则——救命的项目优先，能够立即发挥文物作用的项目优先，地方积极性高、配套资金落实到位的项目优先，在调查研究、科学论证维修方案的基础上，确定维修抢救项目。2009年市财政投入文物保护专项经费420万元，由此带动其他渠道投入资金约5000万元，用于文物维修、考古发掘和遗址保护工作。

天津市对于国家重点文物保护专项补助经费的使用十分重视，严格做好资金使用前的项目调研工作，并对资金的使用、管理落实到人，落实到项目。在资金安排上，本着“保护为主，抢救第一”的原则，充分进行实地调查研究，确保重点项目，做好中央专项经费和地方经费的配套使用。在监督管理方面，由财政、文物部门的专业人员对文物维修项目的工程质量、财务状况进行全方位的管理，确保项目高质量完成。

在已经实施的文物保护工程中，主要有全国重点文物保护单位独乐寺东西配殿及西大墙修缮工程、大沽口炮台遗址公园建设工程、广东会馆修缮工程、利顺德饭店维修工程。市级文物保护单位静园、李纯祠堂、文庙、张园、天尊阁保护修缮工程等。这些文物建筑的抢修，使一批不同时期的文物得到及时有效的保护，其中一些景点向公众开放，得到合理利用，成为群众了解历史，接受爱国主义教育和旅游观光的场所。

按照国家文物局申报第七批全国重点文物保护单位的统一部署，天津市初步遴选了天后宫、李纯祠堂、北洋水师大沽船坞遗址、蓟县白塔、蓟县鲁班庙等15处文物保护单位，并将材料报送国家文物局。完成全国文物保护单位标志说明的更新工作。天津市开展了各区县辖域内的全国重点文物保护单位及市文物保护单位记录档案，并建立、完善、调整了各级文物保护单位的保护机构。

4. **大遗址保护**

天津有长城、京杭大运河两项大遗址。

2009年，明长城天津段资源调查工作顺利通过国家长城资源调查工作项目组的审查验收，与会专家对该调查工作给予了充分的肯定和好评。此次调查明确了天津市蓟县北部山区长城的修建年代；精确量测出天津市明长城长度；新发现大量长城相关遗存；掌握了明长城相关遗存和标本的保存现状及损毁原因；从而明确明长城完整的防御体系，并完成上报了《天津市明长城资源调查工作报告》。

京杭大运河于2006年由国务院公布为全国重点文物保护单位。同年年底，国家文物局将大运河列入了我国重新设定的《中国世界文化遗产预备名单》，并计划于2014年申报世界文化遗产。

2009年8月7日，天津市大运河保护和申遗工作领导小组第一次（扩大）会议召开，成立了以张俊芳副市长为组长，市文物局、财政局、规划局、国土房管局、环保局、水务局、交通港口局、测绘院等成员单位组成的大运河保护和申遗工作领导小组，总结天津市大运河保护和申遗前一阶段所做的工作情况，并对下一阶段的工作进行了安排部署。

天津市区、县级大运河遗产第一阶段保护规划的编制与全市域第二阶段保护规划的编制同步进行。规划编制工作由具有文物保护工程甲级勘察设计资质的天津大学建筑研究设计与规划院承担，主要进行了如下工作：

2009年5月~2009年8月，搜集并整理关于大运河及相关遗产、天津城市历史的资料。

2009年8月~2009年11月，对天津市南运河和北运河的河道与相关水利工程、主要的减河和引河（马厂减河、独流减河、新开河、筐儿港减河的一部分）、相关的自然河道（海河、子牙河、永定河的一部分）以及运河两岸500米范围内的不可移动文物进行现场查勘，并形成调研报告。

2009年12月，在查找相关的档案文献和整理现状资料的基础上，形成了部分规划成果。完成了现状评估、价值评估、遗产点的遴选、运河遗产保护范围的划定。形成了六项专题研究项目：运河聚落遗产——杨柳青历史文化名镇保护研究、南运河上减河变迁研究、北运河的引河、天津的调水引水工程研究、天津河道和漕运史研究、天津段大运河之法规研究。

【考古发掘】

2009年，天津市完成了大沽口南炮台遗址考古勘探工作，并取得了新的收获：修正了2003~2004年部分勘查成果；确定了大沽口南炮台遗址南部围墙的位置、埋深、分布范围；确定了“镇”字炮台的位置、埋深、形状、结构及堆积情况；确定了长炮台遗存整体的位置、形状、布局、结构等，发现了2处入口遗迹；在南炮台围墙范围以内发现了多处相关建筑基址遗存及铁炮、火药等遗物；本次考古勘探成果与清光绪时期（1895~1900年）绘制的南炮台布局图基本吻合。

完成了京沪高铁武清区青坨遗址与静海县大王庄等遗址的考古发掘工作。发掘面积近4000平方米，发掘古代遗址2处，古墓葬8座，窑址2处，出土青花瓷器、酱釉瓷器、陶器和银、铜饰件等各类文物百余件。此次发掘较为重要的发现是在武清区青坨遗址首次揭露出天津地区功能相对完备的古代窑场遗存，为同类性质遗存的考古发掘与研究提供了宝贵的实物资料。

完成了万达宏顺蓟县党校南房地产建设工程考古勘探和发掘工作。清理明清时期墓葬29座、迁移墓葬4座，发掘面积共计1007平方米。本次发掘的墓葬分布集中，排列整齐，属于家族墓地。墓葬均为长方形土坑竖穴墓，分合葬与单葬两类。墓葬内出土陶罐、黑瓷罐、银耳勺、银簪、铜钱、铜板等随葬品。此次工作对研究明清时期本地区的丧葬习俗与丧葬观念提供了重要资料，有着重要的学术意义。

【世界文化遗产】

1. 简述

世界文化遗产、天津市级文物保护单位黄崖关长城，坐落在蓟县城北28公里处的崇山峻岭之巅，东有悬崖为屏，西以峭壁为依，楼台林立，关隘扼守水陆要冲，是比较完整的古代军事防御体系。黄崖关长城始建于北齐天保七年，明代包砖大修，占地面积 21 平方公里，有各种楼台 20 座，八卦关城 1 座，黄崖水关 1 座以及长城沿线第一家博物馆。

2. 黄崖关长城保护和管理情况

天津市成立了由蓟县文物局局长任组长，主管副局长任副组长的长城保护工作领导小组，按照“保护为主，抢救第一，合理利用，加强管理”的文物工作原则，把黄崖关段长城的保护、管理和利用纳入了具体工作日程。天津市结合实际，按照《文物保护法》，编制了 2015 年总体规划，对文物保护工作做出了详细规定，长城内所有单位的经营行为都要服从统一规划。天津市认真贯彻《文物保护法》《长城保护条例》和《保护世界文化和自然遗产公约》等法律法规，天津市制定了《文物保护管理规定》《景区基建项目管理规定》等相应的措施，把文物保护工作和旅游经营纳入了法制化管理轨道。

多年来，天津市一直非常重视世界文化遗产的保护工作，累计投资 4500 余万元，用于文物保护和管理工作。先后完成了长城博物馆、兑院、巽院、名联堂、艮院、离院、震院和牌楼的修缮工程，台北碑苑和刘炳南书法碑苑建设工程，正关广场改造工程，山庄宾馆和太平寨污水处理工程，旅游商品市场建设工程。此外，为保护文物安全，天津市实施了水关山体滑坡治理工程，对主体城墙等重点部位进行了保护性维修，在危险部位安装了防护栏和防护网，安装了电子监控系统。以上工程项目从体量、形式、高度、规格、布局、色调、建筑材料等方面均严格按照《文物保护法》和《长城保护条例》等法律法规的要求进行施工，达到了“保护文物，修旧如旧”的目的。

2006 年，国务院颁布《长城保护条例》，蓟县县政府立即成立了由县长任主任的《长城保护条例》指导委员会，加强保护监管。也以《条例》为依据，依法开展保护工作：每年均聘请专业人士对长城进行残损情况调查；制作大量的警示牌来防止游客乱写乱画，在重点地段安装了监视器，有效地防止了游客对长城的破坏；建立了长城主体及其环境的保护范围和建设控制地带，划定了长城保护区域，明确了黄崖关长城的边墙、敌楼、战台、烟墩、关城、水关及长城的有关碑刻、文物，以及关城内的长城碑林、名联堂、提调公署及戚继光像等附属文物，均不得拆建、涂抹和损坏；黄崖关长城的保护范围为长城墙体两侧及关城 50 米以内，在此范围不得进行其他建设工程。黄崖关长城的建设控制地带是长城墙体两侧及关城 500 米以内，在此不得建设危及文物安全的设施。在建设控制地带新建建筑物、构筑物设计方案，须经市文物局同意，报市规划局批准，坚决杜绝各类破坏事件的发生。

为加大对各种破坏长城行为的处罚力度，成立了综合治理办公室，下设督察组，与相关部门联合打击所有破坏长城的违法活动，重点查处直接破坏长城本体、擅自在长城保护范围内进行违法建设、开发经营等严重威胁长城及其环境安全的违法行为，对导致长城破坏的主要责任人，依法追究其行政或刑事责任。

通过采取大量卓有成效的方法和措施，黄崖关长城的管理逐步走向规范化、制度化、法律化轨道，定期进行巡视，多年来未曾发生过破坏、损坏、火灾等责任性事故。

【博物馆】

在国家文物局和中共天津市委、天津

市政府的关怀与领导下，天津市的博物馆事业取得了长足的发展。据统计，天津市共有文化系统市级国有博物馆、文化系统区（县）级国有博物馆、非文化系统国有博物馆、大学博物馆和非国有博物馆70座，内容涵盖历史、经济、军事、戏剧、名人、党史、遗址、民俗、生物、地质、科技、民间艺术、民间收藏等。

天津市拥有文化系统市级、区（县）级国有博物馆共有22座，免费开放11座，即天津博物馆、天津自然博物馆、周恩来邓颖超纪念馆、平津战役纪念馆、鼓楼（世纪危改展览馆）、元明清天妃宫遗址博物馆、中共天津历史纪念馆、中共中央北方局旧址纪念馆、天津民俗博物馆、天津义和团纪念馆、塘沽博物馆；非文化系统国有博物馆共有17座；大学博物馆共有3座；非国有博物馆共有28座。

天津市拥有藏品59万余件，其中珍贵文物43227件；一级文物991件。全年举办陈列展览总数为96个，新举办的陈列展览为65个。市文物局所属博物馆、纪念馆共接待观众2909940人次，其中中、小学生524615人次。

【民间收藏文物】

2009年，天津市共有文物拍卖企业8家、文物商店3家；开展文物商店售前文物审核3次，共审核各类文物3360件；审核文物拍卖活动10场，共审核各类文物标的4042件，撤拍12件。

【文物进出境】

2009年，天津市文物临时进境144件；文物、文物复仿制品出境审核6577件，其中禁止出境36件；文物临时复出境11件。此外，天津市文物鉴定委员会完成司法鉴定3次，共鉴定201件。

【文博信息化】

根据国家文物局《关于全面推进文物调查及数据库管理系统建设项目的通知》（文物博函［2008］1347号）精神，天津市文物局拟定了在全市文博系统全面开展文物调查及数据库管理系统建设（文物调查项目）的实施方案，成立了由市文物局主管领导为组长，由文物处、计财处及各相关博物馆领导参加的全市文博信息化工作领导小组；各参与单位分别成立相应领导小组，加强统一领导。领导小组下设办公室，负责协调各有关方面开展工作。以天津博物馆信息中心为技术平台成立的“天津市文物数据信息中心”，统一负责该项目实施过程中的业务管理和技术指导工作。

2009年4月21日~23日，天津市文物调查及数据库管理系统建设项目工作培训班在蓟县举办。各博物馆、纪念馆从事藏品保管及信息管理的50余人参加了培训。中国文物信息咨询中心及天津博物馆信息中心的专家讲授了“藏品数据采集常见问题解析”“数据采集工作流程及质量控制”“藏品信息采集软件操作及测试”“摄影基础及藏品影像信息采集规范”等课程，从藏品信息采集、影像拍摄及数据质量监管等三个方面进行了培训，使学员初步掌握了文物调查项目组织管理、藏品信息标准规范、数据质量监管等基础知识，并熟悉藏品信息采集软件操作、文物影像拍摄技能，基本达到为本单位开展工作的要求。天津市文物局副局长金永伟在开班仪式上要求大家“认识到建立文物数据库管理系统、实现文物信息的‘动态管理’是一个逐步建设、不断完善的过程。树立长期工作的观念，在保障完成国家局的项目同时，摸清天津市的文物家底。逐步建立和完善天津市的文物数据库管理系统，并通过此项工作来促进天津市馆藏文物的定级、建档等基础性工作。”培训结束后，天津市文物局编制了天津市文物调查项目机构代码，并于5月5日向各区县文化局和局直属博物馆、纪念馆下发了《关于全面开展文物调查及数据库管理系统建设项目的通知》(津文物［2009］33号)，天津市的文物调查及数据库管理系统建设项目工作全面启动。

【安全督察】

按照国家文物局有关文件精神，2009年，天津市对所属单位进行了多次安全督察。周恩来邓颖超纪念馆进行了消防器材改造，共计100万元。

【机构与人员】

天津解放时，尚存4座博物馆，即天津市立天津博物院、天津广智馆、天津市市立艺术馆和北疆博物院，职工数十人，没有专门的文物保护机构，文物商店均为私有。

新中国成立后，特别是改革开放以后，天津的文博事业得到迅速发展，不仅博物馆数量急剧增加，还成立了专门的文物保护机构和国有文物商店。

截至2009年底，天津市共有7家文物保管所（均属区、县文化局)、42座国有博物馆（其中市属文化系统8座，区、县属文化系统14座、非文化系统国有博物馆17座、大学博物馆3座)、3家文物商店（均为市属)。

天津市文物业从业人员总计836人。其中大专以下213人、大专228人、大学本科264人、硕士52人、博士3人；初级职称244人、中级职称144人、副高87人、正高9人。2009年新增23人。

【对外交流】

2009年10月28日，由中日友好协会、周恩来邓颖超研究中心主办，周恩来邓颖超纪念馆承办的“周恩来与日本”展在日本早稻田大学展出。

【概况】

2009年是新中国成立60年和改革开放30年，重庆文物业始终与国家共命运，与时代同进步，始终把自身的作为和价值融汇于实现人民幸福、文化繁荣和社会进步的历史进程，在自身发展、改善民生、促进和谐等方面取得新的成就，重庆博物馆业已经站在一个新的历史起点，实现新的发展跨越。

【三峡文物保护】

2009年5月18日，举办了白鹤梁水下题刻博物馆开馆仪式，标志着三峡工程重庆库区文物保护工作取得决定性胜利。三峡工程重庆库区地面文物保护项目243项，其中留取资料类项目98项已全部完成；原地保护类项目55项已基本完成；搬迁保护类项目90项，已完成了70处新址复建工程，20处已完成搬迁和复建前期准备工作。地下文物保护项目共504项已全部完成田野阶段考古任务及登记建档工作，发掘面积126.38万平方米，勘探面积1015.25万平方米。出土一般文物14.3万余件，其中珍贵文物8千余件，取得了一批重要的考古收获和阶段性学术成果，在很多方面填补了重庆地区历史文化研究的空白，建立了重庆库区史前文化发展序列。

文物保护重点工程基本完成。白鹤梁水下题刻保护工程已基本完工；云阳张飞庙东侧滑坡治理工程已基本完成，滑坡体已经基本稳定，已消除了滑坡对张飞庙的威胁，达到了抢险治理工程的效果；忠县石宝寨工程已完工，4 月对外开放；三峡工程后续工作文化遗产保护规划已编制完成。

重点文物保护工程基本完成。2009 年 5 月 18 日，基本完成了涪陵白鹤梁文物保护工程，成功举办了涪陵白鹤梁水下博物馆开馆仪式，标志着三峡文物保护重点工程基本结束；云阳张飞庙东侧滑坡治理工程已基本完成；忠县石宝寨保护工程通过竣工验收，并对外开放。

【第三次全国文物普查】

文物调查启动率和完成率均达到 100%。累计到位文物普查经费 1908.31 万元（不含中央财政补助经费），其中市级财政到位经费 678.21 万元，区县（自治县）级财政到位 1230.1 万元；2009 年省级财政到位经费 238.02 万元，区县（自治县）级财政到位经费 536 万元。各级普查办人员合计 245 人，一线普查队员合计 587 人。截至 2009 年 12 月 31 日，调查登记不可移动文物近 3 万处。

【抗战遗址保护】

近年来，重庆市的抗战遗址保护利用工作得到中央领导、国家有关部委及市领导的高度关注。中央和市委市政府领导先后做出重要批示，要求制定重庆市的抗战遗址保护利用总体规划，切实加强对重庆市抗战遗址的保护利用工作。8 月 25 日，国家文物局在北京召开了“重庆抗战文物遗址保护座谈会”，中宣部、财政部、中央党史研究室、中央文献研究室等部门的有关领导和专家共 20 余人参加会议，听取了重庆市抗战遗址保护利用工作的情况汇报，研究了重庆抗战遗址认定标准，提出制定重庆抗战遗址保护利用规划。8 月和 10 月，国家文物局局长单霁翔同志两次来渝实地考察调研重庆抗战遗址保护利用工作，并要求加大保护力度，积极申报全国重点文物保护单位，将更多的抗战遗址纳入国家保护范畴。年底，重庆市将 48 个抗战遗址向国家文物局申报为第七批全国重点文物保护单位。

9 月，文化部、财政部联合向中央领导同志上报了重庆抗战遗址保护有关情况的报告。10 月 15 日，熙来书记、奇帆市长分别做出重要批示，要求编制重庆市保护维修抗战遗址的规划，报中央领导同志，并与财政部、文化部对接。根据中央和市领导的重要批示精神，重庆市文物局立即成立了由局领导、有关专家和业务人员共 31 人组成的重庆市抗战遗址保护利用总体规划编制工作组，制定了《重庆抗战遗址保护利用规划工作方案》和规划编制倒计时安排。委托重庆市规划设计研究院、重庆中国三峡博物馆、重庆市文化遗产保护中心具体负责此项工作，并组织高规格的专家组对规划进行咨询和指导。2009 年底，基本完成了重庆抗战遗址保护利用总体规划文本。

为加强抗战遗址保护利用工作，2009 年市政府成立了抗战遗址保护利用工作协调小组，下发了《关于切实加强危旧房改造工程中文物保护工作的通知》，明确了抗战文物遗址保护的工作职责和总体要求。市委三届五次全委会决定：到 2012 年，抢救维修 120 处重要革命遗址和抗战遗址，并逐步对外开放。截至 2009 年底，已完成 13 处，启动 10 处，其余已开始项目前期工作。

【地面文物保护】

1. 保护规划编制

坚持以规划为龙头的文物保护科学理念，继续开展以国保单位规划为重点的文化遗产保护规划编制工作，进一步深化规划内容，做好规划的审核、完善和申报工作。2009 年，高家镇遗址、白帝城、湖广会馆、中国西部科学院旧址保护规划获国家文物局批准。

2. 文物保护工程

2009 年，重庆市国家级和市级文物保护单位的抢救修缮、环境整治及日常养护维修作为维护文物安全的重要手段继续得到加强。同时，区县（自治县）级文保单位、文物保护点的修缮工作也在有条不紊地进行。据不完全统计，2009 年，全市 23 个区县共计进行地面文物维修项目 53 个，维修面积 79373 平方米，投入经费 7075 万元。国家级文物保护单位维修项目 14 个，维修面积 14942.4 平方米，经费投入 770.58 万元；市级文物保护单位维修项目 13 个，面积 34303 平方米，总经费投入 1997.9 万元；区县级文物保护单位维修项目 20 项，维修面积 18824.72 平方米，总投入经费 2279.55 万元；文物点维修项目 6 处，维修面积 11303 平方米，投入经费 2027 万元。

3. 大足石刻千手观音造像抢救性保护工程

从 2008 年 7 月开始启动，2008 年 9 月评审通过了总体工作方案、前期勘察工作方案、岩土体工程详勘方案和小环境监测与评估设计方案，开展了现状病害调查、岩土体地质详勘、小环境监测和保护修复试验。2009 年 4 月，重庆市文物局组织召开了大足石刻千手观音抢救性保护工程工艺修复试验专家评审会，评审专家一致认为，千手观音的工艺修复试验技术路线合理，修复工艺严谨，符合文物保护要求，效果比较理想，受到国家文物局领导和专家的充分肯定。

【考古勘探与发掘】

2009 年，重庆地域考古在保持快速、平稳发展态势的同时，积极探讨新的工作思路，呈现出新的特点和亮点，在一些重难点项目和新兴建设领域取得突破。2009 年签订文物保护工作协议 42 项，其中交通类 21 项，能源类 10 项，市区建设类 11 项，在协议数量上为历年首位。但考古项目资料整理步伐相对有所放缓，考古发掘报告的编写与研究深化仍有待于进一步加强。

在基本建设领域的考古发掘方面，重庆市文物考古所加强项目管理，通过调整优化项目工作人员结构、广泛与区县文物部门密切合作、积极主动垫资开展前期考古调查和发掘工作等措施，推进项目工作有序开展。共开展 84 项地下文物保护工作，其中考古调查 56 项，调查里程 1228 公里，调查面积 107 平方公里，调查发现文物点 583 处；考古发掘 29 项，发掘文物点 93 处，发掘面积 24776 平方米，出土文物标本 1748 件。调查、发掘项目中，实施考古勘探工作的有 13 项，勘探面积 263800 平方米。在合川钓鱼城遗址、乌江银盘水电站遗址群等发掘工作中，取得了丰硕成果。参与了南水北调工程河北省元氏县的 2 个文物保护项目，有力支援了国家重点工程项目文物保护工作。

1. 合川钓鱼城宋蒙古战场遗址

2009 年 2 月 ~3 月，为配合钓鱼城外城园路工程，重庆市文物考古所对遗址外城进行了调查、勘探，首次明确了北一字城墙及北水军码头具体位置，掌握了外城城墙的建筑特点，廓清了遗存城墙及城门年代关系。另发现外城城墙的附属设施如马面、排水孔等及周边汉代至明清时期的崖墓、题刻等文物点 45 处，其中位于镇西门外的南宋咸淳年间“总统戍合军马秦琳”款题刻，内容直接与当时的抗蒙战争有关，具有较高的历史及艺术价值。4 月 ~11 月，为配合嘉陵江草街航电枢纽工程建设，在 2008 年发掘的基础上，继续对淹没区内的南水军码头及南一字城墙进行发掘清理，共揭露面积11388平方米。发掘出由16道石砌挡墙围筑而成南水军码头主体，分为早、中、晚三组，各组上分别有对应的平台、道路、炮台、卵石堆及石臼、柱洞等遗迹。南一字城墙亦由存在早晚关系的三组挡墙构成，发现有道路、平台、卵石堆、柱洞等遗迹。

通过调查及发掘工作，总体上掌握了钓鱼城遗址的布局情况和结构特点，发掘结果也基本印证了文献中关于钓鱼城数次大规模筑城的记载。钓鱼城遗址的新发现，不仅为重新认识钓鱼城防御体系拓宽了视野，而且为鉴识川渝地区广泛分布的抗蒙山城及山寨遗址提供了普遍参考，为深入研究冷兵器时代的山地城防特点增添了实物资料，对考古学、历史学、军事学、建筑学以及嘉陵江流域的水文、环境等多学科研究均具有重要的学术价值。

2. 南水北调工程河北井下墓地、北吴会遗址

2009年7月~9月，参与了南水北调中线干线建设工程文物保护工作，对河北石家庄市元氏县井下墓地、北吴会遗址两处文物点进行考古发掘，完成勘探面积108000平方米，发掘面积2568平方米。北吴会遗址位于元氏县姬村镇北吴会村，勘探面积8000平方米、发掘面积1000平方米，发现并清理灰坑12个、沟10条，出土器物有陶罐、缸、盆、钵、灶、釜、瓷碗、罐、盆等。北吴会遗址、井下墓地的考古发掘，对研究元氏县古代人类活动、历史文化、丧葬习俗等方面具有较大考古学价值。据资料记载，2处文物点均靠近汉代常山郡古城址，为研究常山郡历史文化提供了丰富的新资料。

【全国重点文物保护单位】

近年来，通过三峡文物抢救保护，重庆市形成了一批新的集中搬迁保护文物建筑群，并有许多重大考古新发现；在历史文化名镇、传统街区保护中也有许多新发现文物；第三次全国文物普查新发现了大量重要文物，特别是在体现重庆市特色的抗战遗迹和工业遗产调查方面，收获很大。重庆市按照国家文物局统一部署，采取了一个多处、整合打捆的方式，向国家文物局申报74个文物为第七批全国重点文物保护单位，其中抗战遗址有48个。

【文物宣传活动】

2009年5月18日是第33个“国际博物馆日”，重庆市在涪陵成功举办了“国际博物馆日”中国主会场启动仪式暨涪陵白鹤梁水下博物馆开馆仪式，国家文物局局长单霁翔等领导出席，中央电视台10套节目对活动进行了4小时现场直播，新华网也进行了网上直播，13家中央和地方新闻单位的100多名记者对本次活动进行了报道。

6月14日是第四个“中国文化遗产日”。6月13日~14日，重庆市在江北区观音桥中心广场举行了文化遗产汇展暨系列宣传活动。举办了4个专题展览，开展了专家免费咨询等活动，充分展示了重庆市文物保护成果、第三次全国文物普查重要新发现、历史文化名镇风貌和博物馆风采，达到宣传文化遗产保护工作、增进全社会对文化遗产的认识和了解、营造全社会共同参与文化遗产保护良好氛围的目的。

【博物馆】

1. 事业发展

2009年1月26日，国务院下发《关于推进重庆市统筹城乡改革和发展的若干意见》（国发［2009］3号），将重庆的发展战略上升到国家层面，并提出在文化领域：到2012年，重庆的基本公共服务能力达到全国平均水平；到2020年，高于全国平均水平的战略目标。该《意见》第二十九条对重庆博物馆事业提出了明确要求：积极开展建立公共文化服务体系财政保障机制试点，对基层公共文化机构日常运行经费及博物馆免费开放给予补助。

2009年6月18日，中共重庆市第三届委员会第五次全体会议专题研究了文化工作，通过了《中共重庆市委关于推动文化大发展大繁荣的决定》，将文化视为民族的血脉和灵魂，提出先进文化是一个国家和地区经济发展和社会进步的主心骨、精气神、发动机的战略定位，谋定加快构建覆盖城乡公共文化服务体系的时间表和路线图：2012年前建成重庆自然博物馆、三峡移民纪念馆，扩建中国民主党派历史陈列馆；规划建设重庆廉政教育基地、重庆工业遗产博物馆、重庆三线建设博物馆、重庆非物质文化遗产博物园、大足石刻陈列总馆等项目。做大做强红岩联线品牌，增强红色资源整合功能，打造在全国享有重大影响力的革命传统教育基地。提出到2012年前，多数区县建有博物馆的目标，并将送文博展览到基层与送电影、送图书、送故事作为活跃基层文化生活的重要内容一同纳入。

2. **免费开放**

继2008年18家博物馆、纪念馆实现免费开放后，2009年，免费开放工作向纵深推进。新增万州区博物馆、杨尚昆故里、重庆抗战教育博物馆等14家，至此，全市公共博物馆免费开放总量达到32家，国有文物系统的博物馆、纪念馆基本全面实现了免费开放。全年共举办临时展览98个，其中三峡博物馆举办了“皇室珍宝——故宫珍藏御用金银器特展”“五四运动与重庆青年——纪念五四运动90周年文物特展”“宋庆龄在上海”等临时展览45个。全年共有1301万人走进了博物馆，同比2008年的868万人次增加433万，增幅达33.3%，其中，青少年观众达263万。值得关注的是，红岩联线观众首次突破500万人次大关，达到517万人次的历史新高。

3. **博物馆建设**

一是历经7年建设的白鹤梁水下博物馆在2009年5月18日建成开馆，并在涪陵隆重举行了开馆暨“国际博物馆日”中国主会场活动启动仪式，国家文物局局长单霁翔和国务院三建委等相关部、市领导出席，中央电视台10套节目等媒体全程直播达4个小时。白鹤梁水下博物馆是世界第一座建成的水下博物馆，采用中科院葛修润院士提出的“无压容器”方式修建，这项设计使得现代技术与古老的历史文化水乳交融，达成了建筑与科技的完美结合，其建筑本身也是一大奇迹。在7年的建设中，工程人员克服了技术要求高、施工难度大、工期紧、任务重等困难，不少技术填补了国内空白。其就地水下保护方式在世界水下文物的保护上也具有开创性和里程碑意义，可为此后重庆乃至全国的内陆河水下文物考古和保护等新领域积累经验。白鹤梁水下博物馆建成开馆，也标志着三峡工程重庆库区文物保护重点工程基本完成，为美丽的长江三峡旅游又添胜景，同时，也向世界表明了中国人民对历史文化遗产的尊重！二是市级重大文化设施工程——重庆三线建设博物馆稳步推进，市政府下发了文物征集方案，成立了强有力的文物征集领导小组和专家组，已征集三线建设文物及展品15000件；重庆自然博物馆主体工程在10月破土动工。三是綦江石刻博物馆、川剧艺术博物馆建成开馆，奉节县博物馆新馆实现奠基，巫山县博物馆已破土动工，区县新建博物馆迎来新的高潮。四是向市财政争取文物藏品保护专项资金500万元，为全市各区县文管所、博物馆购置了空调、除湿机、囊、匣、柜架等恒温恒湿和安全设施。涪陵、万州、巫山文物中心库房建设推进顺利，全市藏品安全形势进一步好转。

重庆在博物馆事业的发展中，立足自身文化资源禀赋，紧跟和审视博物馆界发展的最新潮流，逐渐探索形成了一条具有重庆特色、符合重庆历史文化资源禀赋的博物馆发展理念：以三峡博物馆为龙头，构建和发展以巴渝文化为重点的历史博物馆群；以红岩联线为支撑，形成革命文化博物馆群；以重庆工业博物馆为杠杆，建成重庆工业展示利用群；以抗战博物馆总馆为载体，建立重庆中国抗战大后方历史文化展示和利用体系。

4. 价值体现

一是三峡博物馆继2008年获评国家一级博物馆殊荣后，2009年又作为代表中华民族历史文明的重点博物馆被确定为国家级博物馆，全国仅11家，西部地区仅此一家。国家级博物馆采取中央地方共建方式，中央政府将承担更大的投入和更多的管理责任，这将为三峡博物馆提升学术研究水平，提高重庆文化软实力注入无穷动力。重庆自然博物馆被评为国家二级博物馆，万州博物馆等7家博物馆被评为国家三级博物馆。二是红岩革命历史博物馆原创的反应中国共产党和各民主党派荣辱与共、风雨同舟的大型文献故事剧《我们共同走过的路》成为新的时代经典，一演成名，受到全国政协主席贾庆林等中央领导和广大群众的好评。三是积极配合重庆打黑除恶专项斗争，先后接受市公安局、市检察院、市纪委、荣昌县公安局及市公安局沙坪坝分局等委托，共受理开展涉案文物司法鉴定11次，鉴定涉案物品719件，为平安重庆建设贡献了文物工作者的智慧。四是文物市场活跃，文物拍卖成交309件（套），成交金额1471万元。

5. 文化影响力

2009年10月27日～11月8日，市文化广电局和三峡博物馆在宣传部带领下赴台进行抗战大后方历史文化学术交流，与国民党党史馆、“国史馆”、台湾东森电视台广泛接洽，在抗战历史档案、资料、文物、出版等合作方面，取得了积极、广泛的实质性成果，并与国民党党史馆商定在2010年抗日战争胜利65周年之际共同主办“重庆岁月——海峡两岸抗战文物展”，这在全国也具有划时代的政治和文化开创意义。三峡博物馆因其恢弘大气的设计入选“新中国成立60周年百项经典暨精品建设工程”，红岩魂展览在第八届（2007～2008年度）全国博物馆十大陈列展览精品评选中荣获“最受观众欢迎奖”和“最佳推广宣传奖”两项殊荣，红岩革命历史博物馆被评为重庆市廉政教育警示基地。红岩联线管理中心主任厉华同志当选“2009年中国重庆城市形象推广大使”和新中国成立60周年重庆市杰出劳模，这是广大重庆文博人的骄傲！重庆自然博物馆积极实施“走出去”发展战略，全年举办外展8次，在香港举办的“神州生态——中国动植物标本展”引起轰动。

河北省

【不可移动文物保护】

1. 文物保护单位

2009年，河北省拥有全国重点文物保护单位168处，其中古遗址50处，古遗址34处、古墓葬92处、古建筑18处、石窟寺及石刻5处、近现代重要史迹及代表性建筑17处、其他2处；省级以上文物保护单位930处，其中，古遗址230处、古墓葬141处、古建筑333处、石窟寺及石刻89处、近现代重要史迹及代表性建筑132处、其他5处；市县级文物保护单位3780处。2009年，河北省保定市公布7处市级文物保护单位；曲阳县新公布32处县级文物保护单位。

截至2009年底，河北省不可移动文物总量达到33000多处。其中，第三次全国文物普查中新发现不可移动文物20202处，包括古遗址10767处，古墓葬1869处，唐代至清代各类古建筑4707处，北朝至清代石窟寺石刻901处，近现代重要史迹及代表性建筑1828处，其他文物130处。

河北省开展第七批全国重点文物保护单位申报工作，经过各专业专家评议、推荐，全省申报第七批全国重点保护单位为301处。

2. 文物保护规划

2009年，河北省公布4处全国重点文物保护单位保护规划：中山靖王墓、北岳庙、阁院寺、定州开元寺文物保护规划。

3. 文物保护工程

2009年，河北省共有文物保护工程项目45个。其中国家重点文物保护单位维修项目数32个，包括鸡鸣驿城文物保护工程、涿州永济桥保护工程、涿州云居寺塔保护工程、蔚县灵岩寺天王殿修缮、蔚县真武庙维修工程、晏阳初旧居维修工程等。

鸡鸣驿城文物保护工程是河北省继山海关保护工程之后，又一项重要文物文物保护工程。截至2009年底，鸡鸣驿城墙整体加固工程已完成全部工程量的80%。城内文物建筑勘测、设计工作有序推进。

蔚州古城为省级历史文化名城，建于明洪武十年（公元377年），现存城墙大约2000米，护城河完整保存。2006年开始，蔚县政府启动了蔚州护城河整治维修工程。继投资3400万元完成一期工程后，2009年实施投资5600多万元的护城河整治改造二期工程。

河北是国家文物局下放的部分国保单位工程技术方案审批省份之一，为保证国保单位工程技术方案的评审，年初召开了河北省文物维修保护工作会议，进一步明确了文物保护方案的制订、上报、审批、实施等步骤。对国家局授权和本级项目的审批、审核做到精心组织，周密安排，组织全国专家力量对6个文物保护规划、24个文物保护维修方案、66个安防、消防工程和防雷方案进行了评审，通过项目实行了上网。公示上报国家局的规划和方案中，曲阳北岳庙、满城汉墓文物保护规划获同意并得到省政府批准、公布，近20处考古发掘及文物保护工程设计方案得到批复。

4. 大遗址保护

河北省列入国家“十一五”规划的大遗址共6处，分别是燕下都遗址、赵邯郸故城、泥河湾遗址群、定窑遗址、邺城遗址、磁县北朝墓群。

河北大遗址保护“四有”工作趋于完善；大遗址勘查、发掘和研究工作取得丰硕成果；弱化了基本建设与大遗址保护的矛盾；大遗址保护规划编制工作取得初步成果；大遗址重要遗存保护展示和遗址博物馆建设工作取得成效；群众参与大遗址保护的意识明显提高。泥河湾博物馆主体工程竣工，开始进行陈展工作。燕下都遗址古墓葬防爆破盗墓工程进入试运行阶段。

已完成大遗址保护规划的有：邺城遗址、燕下都遗址、中山故城遗址、赵邯郸故城遗址、中山靖王墓等，其中邺城遗址、中山靖王墓规划已批准公布实施。

【考古发掘】

2009年河北省田野考古项目较多。

为保证各项考古工作的顺利完成，省考古所建立健全各项管理制度，严格考古操作规程，规范考古工地管理，及时组织专家检查督导。考古工作者坚持既有利于基本建设，又有利于文物保护的原则，认真做好基本建设工程中的文物保护工作，并深入开展考古课题研究，把考古工作作为揭示人类文明发展的重要途径，在保证各项基本建设工程进度的同时，取得了丰硕的研究成果：完成了《南水北调工程唐县高昌墓群考古发掘报告》《河北重要考古发现（1949～2009）》；定窑遗址考古发掘项目被评为“2009年度全国十大考古新发现”。

2009年2月26日～7月28日，河北省文物考古研究所在南水北调工程邯郸磁县段清理了一座北齐时期贵族墓葬，出土了一批精美陶俑及线刻画像石门等遗物，墓葬壁画对北朝时期仪卫制度、服饰、绘画研究具有重要意义；在元氏县南白楼墓地出土的三块唐代墓志，为我国研究昭穆制度提供了首例实证，具有重要考古学价值。

2009年9月～2010年1月，由省文物研究所、北京大学文博学院、曲阳县文化文物局组成联合考古队对曲阳定窑遗址进行发掘，已发掘780平方米，清理各类遗迹60余处，出土了大量瓷器和窑具标本，发现带有“尚药局”“尚食局”和“东宫”款的器物残片多件。根据各个发掘地点的地层堆积和出土遗物，可以初步确定定窑始烧于中晚唐时期，定窑生产最繁荣的时期在金代，再现了五代、宋、金代贡御器的原貌，证实元代定窑仍在烧制瓷器。在考古发掘过程中，运用新的现场考古理念和做法，如开放式考古、建立专题网站动态化成果公布等，取得了良好的社会反响。

2009年度开展考古发掘项目45个，发掘面积51000平方米。

河北省积极做好基本建设工程中的文物保护工作，重点为南水北调工程石家庄以南段文物保护工作。按照国家南水北调工程的总体要求，河北省确定了27个文物保护项目，邀请中国社科院考古所、北京大学、吉林大学、中山大学等省内外17家考古机构参与省南水北调工程文物勘探和考古发掘工作，完成南水北调工程中99处不可移动文物遗存的考古发掘，实际勘探面积433万多平方米，发掘面积270200平方米，出土各类文物计16000余件（套），发现了一些重要的考古学文化遗存。

在京港澳高速公路改扩建工程、京昆高速石家庄段、廊沧高速、石郑高速铁路客运专线等12项基本建设工程文物保护工作中，集中专业力量，按时完成文物保护任务，保证了各项工程的顺利进行。完成勘探面积100余万平方米，发掘面积3万余平方米，出土各类成型器物1000余件，揭露的遗址和墓葬主要为新石器时代、商、战汉、魏、北朝、宋元、明清等时代的文化遗存。在石郑高速铁路客运专线永年县榆林遗址，揭露了一批龙山、商末周初、春秋末战国初期及西汉时期的遗存；在大广高速下博遗址发现多处汉代灰坑、瓮棺葬和唐代墓葬等古代遗迹，为研究此区域古代历史沿革提供了新资料。

河北省先后发现并发掘的邢台葛家庄遗址、唐县北放水遗址、磁县南城墓地等一批重要先商时期文化遗存，为商文明的渊源、分布格局等课题研究提供了珍贵的实物资料，引起国内外考古学界的关注。省文物研究所与日本京都大学人文科学研究所合作，对北魏塔基出土文物进行研究，对北魏金属器、玻璃器等产品的制作技术进行研讨，并进一步对北魏佛教寺院文化系统问题、中国早期佛寺反映的社会历史和中外文化交流研究等问题进行科学论述。

【世界文化遗产】

河北省拥有3项世界文化遗产，包括长城、承德避暑山庄及周围寺庙、清东陵和清西陵。2009年，河北省实施了一系列文物保护项目，环境治理取得明显成效，安防消防工作得到加强，项目申报工作积极推进，遗产监测工作有序进行，世界遗产保护机构与当地居民和谐共建，研究宣传工作有声有色。但在文物保护项目中仍存在一些急需解决的困难和问题。如经费短缺、安防消防任务紧迫、环境治理任务艰巨、管理体制不顺、机构规格普遍偏低以及与当地林业等相关部门之间的矛盾等。

1. 长城

根据国家长城资源调查总体要求和河北省长城调查工作的实际情况，河北省采集了大量科学数据并完成了对明长城全部的调查工作，测得长城在河北境内长为1338.63千米。调查资料整理工作同时进行，完成了河北省明长城调查工作报告，出版了《河北省明长城碑刻集录》《河北省长城保护管理和执法情况调查研究报告》。河北省早期长城资源调查工作启动，已完成河北境内燕南长城、中山长城、秦、汉长城的外业调查工作。

2009年8月6日，中共中央政治局常委李长春实地考察山海关长城修复工程建设情况，并对此工程表示肯定。他强调，要充分利用历史文化资源，深入开展群众性爱国主义教育活动，生动展示中华民族的灿烂文明，大力弘扬以爱国主义为核心的民族精神和以改革创新为核心的时代精神，不断增强民族自尊心、自信心、自豪感。河北省委书记张云川，省委常委、宣传部聂辰席，秦皇岛市委书记王三堂，省文物局局长张立方一起陪同考察。

2009年8月12日，国家文物局组织专家组对山海关6000米长城保护工程进行了竣工验收，经过实地勘察和听取情况汇报，专家组认为工程达到了预期的设计目的，通过验收。

2. 大运河

河北省文物局组织完成了大运河申报世界遗产的规划编制第一阶段工作。2009年4月，经专家论证，初步确定了57处遗产点，并组织相关编制单位完成大运河（河北段）沿线邯郸、邢台、衡水、沧州、廊坊5市大运河遗产保护规划编制工作。9月，省文物局组织国家、省、市水利、文物和规划专家，召开了河北大运河市域规划评审会，原则通过了运河沿线5个市《大运河遗产保护规划》的评审，并对规划文本、图纸提出了详细修改意见及建议。11月30日，省文物局批复同意修改后沿线市域大运河段的大运河保护规划，衡水、邢台市政府相继批准本市大运河段遗产规划。在此基础上，省级大运河遗产保护规划于年底完成初稿。与此同时，河北省积极开展了大运河遗产点的保护和申报第七批国保工作，并对重要遗产点进行测绘和编制保护方案。完成了邯郸古运河调查报告、大运河河北段水工设施调查报告、陈窑遗址勘察报告等。

3. 承德避暑山庄及周围寺庙

河北省完成了承德避暑山庄丽正门、普陀宗乘之庙群楼、须弥福寿之庙西南群楼、清西陵慕陵、金山岭长城砖垛楼等一批抢险、维修保护工程，其中清西陵文管处发明的慕陵楠木殿古建筑烫蜡清洗新技术，得到国家古建专家组认可。借助全省城市面貌三年大变样的有利契机，承德市投入巨资，陆续实施了避暑山庄迎水坝区域居民拆迁等整治工程，拆迁居民1000多户，拆除违章建筑3万平方米；对避暑山庄及周围寺庙保护范围内环境进行了整治，拆除各类临时建筑2000多平方米；清除垃圾、杂土810立方米；完成园林环境整治项目17个；

开展清西陵泰陵、昌陵环陵3035米马槽沟清淤、蓄水等，项目总投资2649万元。2009年开工，并于当年完成了环陵马槽沟共1500米的清淤量，清除泥沙和垃圾15万方。承德市文物局投入近千万元用于安防基础设施建设，完成了避暑山庄山区安防监控系统建设工程；对已有安防设施、设备进行了全面检修和维护；普陀宗乘之庙安防工程顺利通过国家文物局验收。清西陵投资200万元的三维声敏预警报警系统工程一期工程已全部竣工，安防工作的科技含量进一步加强。

2009年6月4日，国家文物局局长单霁翔、办公室副主任李培松、文物保护司副司长陆琼到承德调研文物保护工作，省政府副省长孙士彬、副秘书长李同亮、省文化厅厅长冯韶慧和省文物局局长张立方、副局长谢飞等同志一同参加调研活动。领导们先后考察了避暑山庄、珠源寺基址、普陀宗乘之庙、殊像寺等文物保护单位，参观了承德市规划馆、双滦区博物馆，与承德市委书记杨汭、市长张古江等有关领导和部门负责同志进行了座谈。

【博物馆】

河北省博物馆品类日益丰富，地域分布更加广泛。除综合地志、历史、革命史类型等博物馆外，专题类博物馆快速发展，陈展水平大幅提高。2009年，河北省有博物馆、纪念馆92座，其中：文化、文物系统归口管理的63座；按属性划分：综合性博物馆28座，专题性博物馆64座；按级别分为：国家一级博物馆2座，国家二级博物馆12座，国家三级博物馆12座。全省博物馆、纪念馆开放基本陈列265个，举办临时展览一百余个，全年共接待观众近1011万人次，其中，未成年人200万人次。

全省馆藏文物91万件，珍贵文物79000多件。其中，一级文物8800多件。2009年，河北省接收文物44件（套）；征集2594件（套）；修复藏品数713件（套），其中，一级品3件（套），二级品20件（套），三级品91件（套）。

2009年，河北省增加河北海盐博物馆、平泉县契丹文化博物馆、迁安博物馆3座博物馆。山海关长城博物馆二期改造工程完工后开馆。2009年6月4日，国务院冠名“霸州中国自行车博物馆”。全省免费开放的博物馆共46座，首批免费开放的博物馆、纪念馆11座，第二批免费开放的博物馆、纪念馆35座。

2009年，河北省批准注册博物馆2家，分别是承德市热河古生物化石博物馆、丰宁古生物化石博物馆。其他系统归口管理的24座，民办博物馆5座。

2009年，开滦博物馆“黑色长河”荣获第八届全国博物馆十大陈列展览精品——最佳经济效益奖。

【民间收藏文物】

河北省有一家拍卖企业：河北翰华拍卖公司，为三类文物拍卖资质的企业；有文物商店3个，库存文物数14464件（套）。

1. 文物进出境

河北省文物鉴定中心于2008年通过了国家文物局文物进出境审核机构资质的审核，授权该鉴定中心负责河北省申报进出境文物的审核事项，使用“国家文物进出境审核河北管理处”的名称履行国家文物进出境审核职能。2009年完成了国家进出境文物审核专用章、许可证的更换工作。并按国家文物局规定，从2009年7月1日起承担执行国家文物进出境审核任务。

省文物鉴定中心完成了省公安、纪委、司法部门的涉案文物鉴定300多件；完成了北戴河、唐山开滦、定州、山海关长城、衡水法贴博物馆等四万多件馆藏文物的遴选、鉴定、定级工作，共确定一级文物150件，二级文物300件，三级文物1158件：完成了对“廊坊杨杨古典家具有限公司（美国独资）”1400多件出境“文物”的鉴定审核工作，其中新工艺品（仿复制品）600多件，经鉴定许可出境的267件，加盖火漆印872件。

2. 文物保护科技与科研

河北省完成省文物保护中心科学实验室部分仪器与设备的购置工作，充实了正置金相显微镜等实验设备仪器，提高了文物保护的科技含量。以壁画科技保护为重点，完成定州大道观壁画前期病害调查、病理分析和壁画保护实验工作，对涿州智度寺塔壁画、定州开元寺塔壁画实施保护工程。实施省文物保护中心库藏古墨、邯郸市文研所战国墓出土青铜器、河间出土隋唐鎏金造像、武强年画木刻板等文物科技保护修复项目。编制完成怀来窖藏铁炮、宣化下八里辽墓出土木漆器等文物保护方案。

《明蓟镇长城考古报告》与《南水北调工程唐县高昌墓群考古发掘报告》已完稿，《河北重要考古发现（1949～2009)》一书整理完毕。省考古所组织整理磁山遗址发掘报告、南水北调徐水东黑山遗址资料、磁县南城遗址资料及其他田野考古勘探发掘资料。《河北省长城保护管理和执法情况调查研究报告》由文物出版社出版，得到文物专家的好评。

【文博信息化】

河北省完成了明代长城资源野外调查和测绘工作，建立了长城资源信息系统。完成了全省馆藏珍贵文物数据库建设工作，包括信息文本填写、影像拍摄、信息文本录入和数据合成等，摸清了全省馆藏珍贵文物家底。

【政策法规与宣传】

2009年，河北省文物系统结合“五五”普法规划，利用12·4全国法制宣传日、6月12日的第四个中国文化遗产日、5·18国际博物馆日、学校寒暑假等节假日，发放、粘贴宣传册页、招贴画5万余份，使文物法宣传活动真正贴近实际、贴近生活、贴近群众。充分发挥政府部门、社会团体及企业的积极性。由河北科技大学23名学生志愿者设计并制作完成了文物法规宣传册，开展文物法规宣传进校园、进社区、进乡村活动。

“5·18国际博物馆日”期间，河北全省博物馆、纪念馆向社会减免费开放，并认真组织各设区市和省直有关文博单位开展宣传活动，举办了专题讲座、知识竞赛、文物展览进校园进社区等一系列活动。

第四个中国文化遗产日前后，围绕“保护文化遗产，促进科学发展”的主题，结合全省文物系统的重点工作，开展了多项各具特色的宣传活动。文化遗产日前举行新闻发布会，通报了河北省文化遗产日活动安排以及近期重点工作。省文化厅冯韶慧厅长接受新华网河北频道专访；张立方局长在《河北日报》发表了第三次全国文物普查署名文章；文化遗产日当天，除已免费开放的11家博物馆、纪念馆外，另有其他75家具备条件的文化遗产地、文物保护单位、博物馆和纪念馆向社会减免费开放。省直文物系统在省民俗博物馆开展文物法律法规、文物知识咨询活动，发放文化遗产日宣传品，并设置展板，生动形象地图示文物保护法，介绍近年文物考古以及科技保护成就等。曲阳县举行了古北岳申报世界自然和文化遗产启动仪式，并举办古北岳文化专家论坛、摄影大赛获奖作品展、百名书法家书写长卷、千名雕刻艺人为申遗贺词或作画、万名群众为申遗签名助威等活动。

《中国文化遗产》期刊对山海关古城墙保护工程、鸡鸣驿城保护工程的实施进行了专题报道；《河北画报》对第三次全国文物普查、长城资源调查、大运河文物保护等项目进行了集中报道；《河北日报》《中国文物报》等为“十大古建筑”“十大文物精品”等河北名片评选，刊登了8个专版。河北省与中央电视台“国宝档案”“探索与发现”节目合作拍摄文物专题片。在定期出版文物学术期刊《文物春秋》的基础上，《河北文物工作》双月刊于1月创刊，全年共编印了6期。

【安全督察】

2009年，河北省加强了文物行政执法和安全工作。实行全省文物行政执法和文物安全通报制度，促进了执法督查工作；为11个设区市建立文物、公安、消防联系沟通平台；将文物安全工作真正纳入各自的工作责任内容；建立长效工作机制。

河北省文物局与省公安消防总队联合召开全省文物安全工作会议，对全省迎国庆60周年文物安全工作进行安排部署，并成立联合检查组，深入到文物保护单位、文物收藏单位、考古与古建维修工地，特别是承办迎国庆庆祝活动的文博单位、世界文化遗产地、全国重点文物保护单位和重点博物馆，检查安全防范和文博单位的安全稳定工作，确保文物安全；联合省公安厅对省博物馆新馆、省民俗博物馆等博物馆的安全防范技术方案组织专家论证会，严格把关，确保安防设计的质量。为加强馆藏文物的保护管理，确保馆藏文物安全，河北省编制了《河北省馆藏文物安全管理工作手册》，分发到全省保管员手中。

2009年，河北省田野文物的安全形势非常严峻，省文物局与省公安厅刑事侦查局、消防局联合召开了全省文物安全与执法督查工作会议，以省公安厅名义宣布68个县为省公安厅挂牌督办市县，与公安厅刑事侦查局出台了“联合打击文物犯罪工机制”，省文物局、省公安厅刑事侦查局成立联合打击文物犯罪领导小组。

2009年，河北省有14起文物盗窃、盗掘案，涉及国保的1起，省市保的6起，已全部由公安部门立案。抚宁县、永年县、石家庄的三起文物案件被列为公安部直接督办案件。已抓获犯罪嫌疑人26人，追缴文物4件。12起文物行政违法事件，基本得到处理和整改。省文物局配合省公安、纪委、司法部门鉴定涉案文物300多件。

【机构与人员】

1. 概述

2009年河北省文物机构数量247个，其中文物保护管理机构161个，博物馆64个，文物商店3个，文物科研机构4个，其他机构15个。文物机构按隶属关系分：省直8个，地市级39个，县（市、区）200个。按部门分，文物部门242个，其他部门5个。

河北省文物业从业人员数6597人，其中博士2人、硕士30人，本科866人，其余为专科以下学历，高级职称345人，中级职称652人。按隶属关系分：省直高级职称88人、中级职称 人；地市高级职称145人，中级职称244人；县（市区）高级职称112人，中级职称344人。

2009年2月12日，“河北省文物系统文物鉴定培训班”在邯郸磁县磁州窑博物馆开班，这是河北省第一次举办大规模的基层文物鉴定培训班，省直及各市县文博单位共计40余人参加了学习。

2009年10月25日～27日，石家庄、邢台、邯郸、沧州、衡水等5市，以及省直相关单位近120名藏品保管员参加了藏品保管员培训班。省博物馆副馆长李建丽和首都博物馆保管部主任武俊玲等文物保管专家应邀就馆藏文物保护管理的工作制度、工作标准、基本规范、操作规程等内容进行了系统授课。

2009年12月8日，省文物局组织全省11个地市和省直相关文博单位400名文物藏品保管员进行考核。

2009年，河北省取得文物保护工程勘察设计资质的单位共10家，其中甲级1个，乙级7个，丙级2个；取得文物保护工程施工资质的单位共23家，其中一级3家，二级16家，三级4家；取得文物保护工程监理甲级资质的单位共2家；取得考古发掘领队资格的共17人；取得文物进出境审核鉴定员资格的共5人。

2009年，河北省文物研究所取得国家团体考古领队资质；河北省文物保护中心取得可移动文物修复一级资质，同时具有可移动文物修复二级资质。

2009年1月20日，河北省文物局对在河北省第三次全国文物普查工作中表现突出的承德市文物局等23个集体及徐建中等43名先进个人进行表彰；2009年12月4日，河北省文物局授予孙大午等11名同志“河北省文物保护模范人物”称号，授予石家庄经济学院工业遗产专项调查组“河北省文物保护模范团体”称号。

【对外交流】

河北省文物研究所与日方签订《中日合作研究河北省定州北魏塔基出土遗物协议书》，同时启动资料调查工作。省考古所积极开展支援省外考古项目，2008年12月底至2009年1月底对湖北丹江口市黄沙河口旧石器时代遗址进行了发掘，发掘面积500平方米，出土石制品200余件。省文物局积极开展文物对外宣传工作。组织“湾漳北朝壁画墓青龙图临摹本”赴日本展出，参加国家文物局赴日本“西藏艺术与考古展”、赴突尼斯“华夏瑰宝展”、赴意大利“秦汉罗马文明展”、赴比利时“中国帝王艺术展”等外展工作；组织参加赴上海博物馆“中国古代雕塑陈列展”、赴北京首都博物馆庆祝新中国成立60周年“见证辉煌——考古与发现文物展”，扩大了河北文物在国内外的影响。

山西省

【不可移动文物保护】

截至2009年底，山西省共有全国重点文物保护单位271处，省级文物保护单位428处，市级文物保护单位222处，县级文物保护单位5683处。

1. 文物保护单位

2009年，山西省共有全国重点文物保护单位270处，按类别分：古遗址21处，古墓葬11处，古建筑223处，石窟寺及石刻5处，近现代重要史迹及代表性建筑10处；共有省级重点文物保护单位404处，按类别分：古遗址107处，古墓葬53处，古建筑220处，石窟寺及石刻23处，近现代1处。

2. 文物保护规划

山西省共有4处全国重点文物保护单位的保护规划经山西省人民政府公布：小会岭二仙庙，介休后土庙，西溪二仙庙，佛光寺。

3. 文物保护工程

山西省共有全国重点文物保护工程25处，其中维修项目15项，国家文物局共投入经费2565万元；共有省级及省级以下文物保护工程40处，其中续建项目8项，省级投入经费365万元。

2009年，山西省共有新开工项目12项，投入经费480万元；共有抢险项目20项，省级投入经费245万元。

4. **大遗址保护**

山西全省共有大遗址10处，各级政府高度重视，积极编制了大遗址保护规划，其中曲村—天马遗址晋侯墓地保护工程设计方案已经国家文物局批复，开始进行深化设计；晋国遗址博物馆施工期间1号车马坑保护措施方案开始根据专家评审意见进行修改完善。晋阳古城遗址保护规划初稿基本完成。

针对山西省大遗址的特点，在保护、利用上也有不同，对于旧石器时代、新石器时代遗址的保护，原则上以现状保护为好，杜绝人为的挖河取土与自然的水土流失，确保遗址本身不遭受破坏；对于城市内的大遗址，如平城遗址、晋阳古城遗址、晋国遗址等，则结合城市规划，建立大遗址公园，以此来提高城市的文化品位、提高市民的生活质量，使人民在休闲娱乐的同时，感觉古代文明的熏陶；对于有重大考古发现的大遗址，如曲村—天马遗址，则利用重大发现建立遗址博物馆，在对遗址本身保护的同时，对遗址本身进行展示；对于一些城池遗址，如晋阳古城遗址、禹王城遗址、蒲州故城与蒲津渡遗址，随着考古工作的进行，则以植被保护为主，建立大遗址公园。

【考古发掘】

2009年，山西省已经出版或完成初稿并分别与科学、文物出版社签订出版合同的考古简报、报告有：《丁村遗址发掘报告》《山西翼城大河口西周墓地》《山西曲沃晋侯墓地1号车马坑发掘简报》《长治分水岭东周墓地》《滹沱河上游考古调查报告》等；已完成文字部分的考古报告有：《屯留西邓遗址考古发掘报告》《蒲津渡遗址报告》《南涅水石刻研究》《吉县考古调查报告》等；开始整理的报告有：《薛关遗址发掘报告》《清凉寺墓地发掘报告》《西部考古——柳林高红夯土基址发掘报告》《侯马白店铸铜遗址报告》《绛县横水西周墓发掘报告》等。

浮山县梁家河西周早期墓地，发掘面积780平方米，山西省文物考古研究所在此范围内清理古墓葬5座。出土铜鼎、铜矛、铜戈、铜车马器、骨梳、漆器等。其中M2、M6两座没有被盗，墓葬中随葬铜鼎一件、车马器一套，M6出土的铜鼎上还有“父已箻”的铭文，这是继翼城凤家坡、曲沃曲村邦墓、曲沃北赵晋侯墓地、浮山桥北和翼城大河口墓地之后，发现的又一处西周时期墓地，对于研究晋国始封地“唐”，意义甚大。

由山西省考古研究所、临汾市文物局、翼城县文物旅游局三家组成的考古队，从2007年开始，对位于翼城县隆化镇大河口村北台地上的西周墓地进行了考古发掘。至2009年已揭露面积15000平方米，发现墓葬615座。其中大型墓葬7座，中型墓葬40座，小型墓葬568座，车马坑21座，圆形灰坑31座。已清理完成大型墓葬1座，小型墓葬60余座，圆形灰坑10座。出土青铜器、陶器、玉器、玛瑙、蚌器、海贝、骨器等各类器物1000余件。如M4055时代为西周晚期，该墓虽已被盗，但在棺椁之间仍然出土青铜鬲、盘、甗、簋、扁壶以及大量铜鱼、蚌坠、铜片饰等。最引人注目的1号墓，在墓口平面四角外发现4个通向墓壁的斜洞，墓室四壁发现11个壁龛，壁龛内放置漆器、原始瓷器、陶器等。在东部二层台上发现漆木俑，在其他二层台上还发现有铜兵器和漆盾牌。在墓室内棺椁之间发现了大量的青铜器、原始瓷器、陶器和木器等，其中青铜器数量最多，包括礼器、乐器、兵器、工具、车马器等。该墓随葬木俑是目前中原地区出土最早的实物资料，出土的数量众多的遗物对于研究西周时期的器用制度无疑是十分重要的资料。从该墓地出土的铜器铭文看，此地是新发现的一个西周封国，它与绛县横水西周墓地存在诸多相似之处，这对于研究西周时期晋南地区的封国及其与晋国间的关系具有非常重要的价值。

【世界文化遗产】

截至2009年底，山西省拥有平遥古城、云冈石窟、五台山三处世界遗产。2009年6月26日，五台山作为文化景观被第33届世界遗产委员会会议列入世界文化遗产，成为我国第38处世界遗产和山西省第3处世界文化遗产。

1. 平遥古城

2009年，山西省完成了城墙上西门瓮城以南至东南角台全长1800余米的城墙外散水修复工程；按轻重缓急实施了补砌内墙夯土、墙顶海墁翻修找平顺水、外墙散水维修、抢修墙体及女儿墙裂缝、堵砌防空洞、更换勾抿敌楼猫头滴水、维修安全设施等200余处局部抢险维修，确保了城墙及游客安全。

2. 云冈石窟

2009年，山西省基本完成了保护范围和建设控制地带重新划定工作；保护史陈列馆、景区主入口广场建筑群整改、游客餐饮及纪念品服务商业街建筑、游客服务中心、遗产价值展示馆、周边环境治理工程整改、云冈石窟西部踏道、栏杆、20窟广场整改等方案已经国家文物局批复；云冈石窟保护总体规划已审核完成并上报国家文物审批；完成了部分石窟文物本体病害评估分析报告；石窟文物本体（如塑像起甲、泥塑彩绘及壁画、崖壁危岩岩体等）抢救性保护方案编制、窟檐深化设计、窟顶试验区考古发掘方案完善和防水保护方案完善等工作已开始。

3. 五台山遗产地

五台山遗产地由台怀核心区和佛光寺核心区两部分组成，总面积18415平方公里。台怀核心区保存有全国重点文物保护单位4处、省级文物保护单位6处、县级文物保护单位31处。佛光寺核心区保存的唐代佛光寺东大殿在我国现存的木结构建筑中仅次于五台县南禅寺正殿，位居第二位。该殿与殿内的唐代雕塑、壁画、题记，历史价值和艺术价值都很高，被称为“四绝”。

五台山的世界文化遗产范围包括：5处全国重点文物保护单位（塔院寺、显通寺、菩萨顶、碧山寺、佛光寺）、4处省级重点文物保护单位（殊像寺、南山寺、龙泉寺、金阁寺）和普济寺，共10处文化遗产点。

《山西省五台山十一处寺庙文物保护总体规划纲要》已经忻州市政府公布实施；五台山遗产管理体制现状、有关五台山文化遗产本体的影响因素、五台山风景区文物消防工作现状及改进措施和环境、旅游、建设等监测以及核心区环境整治等补充材料已按ICOMOS专家要求，经国家文物局如期报送ICOMOS组织。

【博物馆】

2009年是山西博物馆事业快速发展的一年，全省共有142个博物馆参加年检。其中文物系统博物馆90个，非文物系统行业性国有博物馆22个，民办博物馆30个，对外正常开放的博物馆112个。全年各级各类对外开放博物馆举办展览376个，接待观众数量达1000万人次。

山西博物院、八路军太行纪念馆、中国煤炭博物馆被国家文物局评定为国家一级博物馆；山西省民俗博物馆等 13 个博物馆、纪念馆被评定为国家二级博物馆；平遥县博物馆等 7 个博物馆、纪念馆被评定为国家三级博物馆。2009 年，全省有 28 个博物馆、纪念馆对社会免费开放。2009 年全省博物馆安全无事故，正常运行。据不完全统计，全年全省博物馆建设投资达 3.4 亿元，其中陈列展示经费达 1000 余万元。

根据山西省馆藏文物调查及信息采集，全省文博系统各收藏单位（包括博物馆、文管所等）共收藏文物 1212017 件，其中一级文物 1047 件（套），三级以上珍贵文物 54785 件（套）。

2009 年，山西省各级各类对外开放博物馆举办展览 376 个；其中文物系统博物馆举办展览 312 个；国有非文物系统举办展览 26 个；非国有博物馆举办展览 38 个。全年陈列展览经费投入达 1000 余万元。

中国煤炭博物馆完成对基本陈列“煤海探秘”的改陈，对陈展内容进行调整，增设精品展厅，完善“模拟矿井”设施设备，基本陈列荣获第八届全国博物馆十大陈列精品评选最佳内容设计奖。

【民间收藏文物】

2009 年，山西省具有文物拍卖资质企业 6 个，其中具有一、二、三类文物拍卖资质的企业 5 个；经营二、三类文物拍卖资质的企业 1 个。全年省审核文物拍卖活动 7 场次，审核拍卖标的 6744 件（套），其中禁止上拍的文物数量 34 件（套），文物拍卖成交总额 8651 万余元。

2009 年，山西省共有文物商店 4 个，文物库存总量为 275146 件（套），无一级文物。

【文物保护科技与科研】

2009 年，《山西墓葬壁画的科学保护与研究项目申报书》《晋祠国宝彩塑现状研究与保护分析项目申报书》2 个项目向山西省科技厅申请文物保护科技项目。

【文博信息化】

2009 年，山西省对馆藏文物数据进行了系统整理，馆藏文物信息数据全部转换到中国文物信息咨询中心发布的馆藏文物信息管理系统软件中，修改了相应的单位代码，将已经整理完成的图片数据与原平台系统中的原始图片文件数据进行比对，确保数据的完整、准确。“山西省文物保护单位信息管理系统软件”研发完成，并进行测试完善。政务信息发布工作不断加强，特别是以政府文件、政务公告、部门规范性文件、行政审批程序、行政执法依据等为主要内容的政府信息发布工作不断加强。网上办事、部门业务咨询、表格下载等服务功能逐步发挥。以网上征求意见、征集建议、开展民意调查为主要形式的政府与公众的互动交流活动逐步开展，社会公众参与和关注程度不断提高。

在已有的“全国第三次文物普查”“文物世界（网络版）”等专栏不断更新和充实的情况下，山西省又结合省局重要活动陆续开通了“深入学习实践科学发展观”、“5·18 世界博物馆日”“中国文化遗产日”“厚重山西——山西省第三次全国文物普查新发现文物图片展”等新的专栏，集中报道和反映了省局各项活动的情况，充分利用了政府网站政策性强且访问更便捷、影响面更广泛的特点，为省局的宣传工作开辟了新的战场。

【第三次文物普查】

积极落实普查经费，确保普查工作正常开展。自 2008 年实地调查启动以来，截至2009年12月31日，山西省累计落实普查经费4804.8万元（不含中央财政补助经费），2009年省级财政已到位600万元。截至2009年底，共有119个县级行政区域完成了实地文物调查，共调查登记不可移动文物54750处，其中新发现37239处，复查17511处。

加大普查人力投入，完成普查第二阶段即实地普查阶段工作。2009年是普查第二阶段即实地普查阶段完成的最后一年，工作任务量大，困难多。山西省“三普”办组织了27位专家，加强对全省“三普”业务工作的培训、指导和审核。各市县也有增加普查队，扩充普查人员。4月，省“三普”办还组织培训了一批山西大学考古系的学生，补充到各市普查一线。截至2009年12月31日，各级普查办人员合计797人，一线普查队员合计655人。

加大工作检查力度，确保普查数据质量。2009年3、4月，山西省“三普”办全体同志分为三组，分别对全省11个市进行“三普”工作大检查。省“三普”专家组的同志总是奔波于普查一线，深入到普查队员当中去，现场指导、修改文本，解决设备问题。在大同和长治，专家组组织两市全部普查队员，就普查标准规范、设备使用、古建和考古、普查新类型的认定等方面的知识进行了为期两至三天的全面培训，进一步提高普查队员的工作能力和水平。

严格验收程序，分级验收。2009年7月19日，山西省根据国家指导意见，制定了《山西省第三次全国文物普查实地调查登录阶段验收工作实施细则（试行）》，2009年8月5日在太原市清徐县组织验收试点，10月下旬开始了全省的调查单元验收工作。在全省调查单元的验收中，山西省采取了分级验收工作程序。即以县域为验收单元，分县级准备、市级初验、省级验收三个步骤。截至2009年12月31日，山西省第三次全国文物普查省级验收专家分四组开始验收工作，27个县级行政区域验收合格。

【政策法规与宣传】

1. 政策法规

2009年4月22日，山西省文物局制定了《关于印发〈山西南部早期建筑保护工程管理办法〉等管理制度的通知》。

2. 宣传工作

2009年5月8日，山西省召开了全省文物保护宣传工作会议，各市文物局长和分管副局长参加会议。施联秀局长做讲话，回顾了2008年全省文物保护宣传工作并就此后一段时间的文物保护宣传工作进行了安排部署。会议重点安排了全省2009年文化遗产日活动，各市就文化遗产日活动和文物保护宣传工作进行了交流发言。

2009年文化遗产日，山西省紧紧围绕“保护文化遗产，促进科学发展”主题，以第三次全国文物普查工作宣传为重点，部署并启动了一系列宣传活动：6月10日，省“三普”办与山西晚报联合主办了“寻找湮没的历史——山西省第三次全国文物普查研讨会”；6月11日，山西博物院举办了“厚重山西——山西省第三次全国文物普查重要新发现图片展”，省委常委、宣传部长胡苏平，副省长张平参加并为展览剪彩，之后又视察了太原机器局旧址、西北实业公司旧址等“三普”新发现点；6月12日上午，省文物局举行新闻发布会，邀请中央驻晋及省城各新闻媒体50多名记者参加，通报了“全省第三次全国文物普查阶段性成果”“新世纪山西十大考古发现”评选结果、山西省明长城资源调查结果；6月13日，全省各市县（区）同时启动了“共同行动——全省文博系统下基层、促‘三普’”活动，省文物局机关全体干部分赴全省11各市，参加了当地的文化遗产日活动，并对第三次全国文物普查进行了检查督促。省、市两级中心城市悬挂标语、张贴挂图、散发宣传品、摆放宣传板面，进行了中国文化遗产日宣传造势。全省各级各类媒体，对文化遗产日活动进行了及时广泛的宣传报道，尤其是《山西晚报》。当天《山西晚报》破例推出八个版面的“文化遗产日”专版，突出进行文化遗产保护宣传，取得了广泛深入的社会效果。

山西省筹划完成了2010年文物保护宣传册《民族文化的精髓》的编印、发放、赠送工作。此项工作已经连续十年，在全省产生了广泛的影响，受到了普遍赞赏。

山西省文物局在《山西日报》编发“保护文物：政府责无旁贷，公民义不容辞”和“五台山列入世界文化遗产”两个专版。

【安全督察】

山西省文物局认真贯彻落实科学发展观，狠抓文物安全管理和行政执法工作，全省文物安全工作呈现出良好的发展态势，文物安全形势明显好转，抵御风险的能力明显加强。

1. 文物保护员队伍逐步强大

2008年山西省文物局制定下发了《山西省文物保护员管理办法》，要求在全省省保以上文物保护单位，凡未设立专门保护机构的，应当聘用文物保护员，每个保护单位原则上聘用2名保护员，特别重要的单位可根据情况聘用。2009年，山西省对2008年全省聘用的文物保护员履行职责的情况进行了调查，对不称职的保护员，各市及时进行了撤换。整体上看，绝大多数保护员工作认真负责，为保护文物做出了积极的贡献。

2. 金铠甲工程深入进行

从2003年起，山西省在全省文博单位实施的文物安全“金铠甲”达标活动，六年来，经过全省文博系统广大干部职工的艰苦努力，文物安全“金铠甲”活动取得明显成效，省级以上文物单位、博物馆和文物收藏单位达标总数共305处。其中2009年达标23处。

3. 安全基础设施建设逐渐规范

山西省在文物安全设施建设上，设立了省保以上单位、重点博物馆和一级风险单位安全设施项目库。凡是进入项目库的单位，都要预先编制消防方案、技防方案。消防方案由山西省文物局组织专家组进行审核，技防方案由山西省文物局初审后，上报国家文物局审批。对于方案合格的单位的安全工程由山西省文物局或国家局逐步立项。工程立项后，由山西省文物局下达任务通知书，建设单位填报《山西省文物消防（技防）工程施工审批表》，经批准后，方可开工。

山西省在文博单位安全设施工程管理上，对消防工程的设计和施工单位进行了规范并在社会上公开招聘一批技术力量雄厚、管理严格、信誉好、资质高的消防设计和施工单位，作为文物安全工程建设的候选单位，供建设单位择优选用。经过对报名单位进行实地考察，报局务会通过，确定了24家文物消防工程设计和施工单位，并在网上进行了公布。

2009年，山西省改善了运城市博物馆、临汾市博物馆、孝义市中阳楼和灵石县资寿4处文博单位的消防设施建设；审核了21处文博单位的消防方案；通过规划财务处向国家局申报了6处文博单位技防经费、8处文博单位消防经费。全省已完成各级各类文博单位消防工程122处，其中国保单位79处，省保单位24处，县保单位7处，博物馆10处，文物库房2处。完成技防工程31处。

4. 安全检查力度不断加大

按照省政府的统一部署，山西省文

物局决定用一年的时间（2008 年 10 月～2009 年 9 月）在全省范围内开展文物安全隐患排查治理活动。各市文物局对文物安全隐患高度重视，成立主要负责人挂帅的领导组，确定了分工，明确了职责。在具体工作中科学统筹，严格实施，保证了安全隐患大排查的顺利进行。2009 年 3 月至 9 月是隐患治理阶段，山西省文物局安排了 2 个检查组，巡回检查各市的文物安全隐患治理情况。

全年，山西省文物局共检查 11 个市 91 个县 525 个文博单位，共查出 506 处隐患，已整改 325 处隐患。

5. 加大打击文物犯罪力度

2009 年 12 月 17 日，山西省文物局和省公安厅联合召开了“打击文物犯罪专项行动动员部署电视电话会议”。会议要求各级公安机关在这次打击文物犯罪专项活动中，公布举报电话、举报网站，实行有奖举报，发动群众提供文物犯罪线索，检举揭发违法犯罪。

2009 年 3 月 30 日，临汾市隰县千佛庵（小西天）铜佛像被盗后，山西省文物局迅速作了部署，要求临汾市文物局积极配合公安部门破案，开展文物安全隐患排查治理工作。山西省文物局印发了《关于临汾市隰县千佛庵铜佛像被盗情况通报》，要求全省文博系统要以此为戒，汲取教训，加强安全管理，落实安全责任；排除安全隐患，杜绝各类事故发生。通过省、市、县三级文物部门的积极努力和配合，该案经过公安机关的昼夜奋战，于 2009 年 4 月 11 日，在四川成都、泸州警方的配合下，抓获 5 名涉案嫌疑人，追回全部被盗佛像。2009 年 4 月 12 日，警方在四川泸州和贵州赤水将最后两名涉案嫌疑人抓获。

2009 年 5 月 31 日，介休市东岳庙头像被盗抢。案发后，山西省文物局派人到实地进行了调查，提出了具体意见。市、县两级文物行政管理部门积极配合，经当地公安部门数天的努力，于 2009 年 6 月 6 日，抓获了 8 名犯罪嫌疑人，追回 4 颗头像；2009 年 6 月 9 日，又追回其他 2 颗头像。还有 4 名涉案人员在逃。2009 年 7 月 1 日，公安部门已将追回的头像移交给当地文物部门。

6. 加大行政执法力度

2009 年山西省文物局主要对一些影响较大的文物行政违法案件进行了督办，纠正了一些错误做法，处理了一批责任人员，维护了文物法的尊严，教育了广大干部群众。

2009 年 2 月，山西省文物局接到国家文物局《关于请依法处理佛宫寺释迦塔建设控制地带内违法建设项目的函》和《关于请调查了解佛宫寺释迦塔建设控制地带内违法建设行为的函》，局党组高度重视，立即召开局务会议，决定成立应县违法建设项目调查组。经查，应县释迦塔博物馆建设项目，未履行文物保护单位建设控制地带新建项目审核报批程序，违反了《中华人民共和国文物保护法》第十八条的有关规定，是一起违法建设项目。该项目为应县县委等四大班子集体确定的建设项目，由县委旧城改造领导组组织实施，无视文物保护法的相关规定，导致法人违法，造成不良后果。应县文物局对此违法建设项目知情不报，不加阻止，未履行文物行政部门职责，负有监管不力的责任。陕西省文物局提出了处理意见——朔州市政府对应县县委、县政府及有关部门的领导进行了处分，对朔州市文物局进行了通报批评，对施工单位进行经济处罚。应县县委、县政府、朔州市文物局、应县文物局做了深刻检查，当地干部群众受到了教育。2009 年 5 月，山西省文物局向国家文物局作了《关于佛宫寺释迦塔建设控制地带内违法建设项目的调查处理报告》。

山西省对大同市云冈石窟顶部防渗

维修和西部窟群前整治工程项目、云冈石窟周边环境治理工程项目、善华寺文殊阁和东西斜廊违法复建工程项目、华严寺环境治理及辽金文化陈列馆修建工程项目等四处违法建设项目进行了调查处理。

2009 年 3 月，山西省文物局组织专家赴大同，对华严寺、善化寺保护范围内未履行报批程序实施建设工程进行了专项调查和实地勘察。经查，大同市在华严寺、善化寺保护范围内实施建设项目，未依法履行审核报批程序，违反了《文物保护法》的有关规定。

2009 年 5 月，山西省文物局向国家文物局作了《关于在大同市华严寺、善化寺保护范围内实施建设工程的调查处理报告》

2009 年 8 月，山西省文物局对大同市云冈石窟顶部防渗维修和西部窟群前整治工程项目、云冈石窟周边环境治理工程项目进行了调查。2009 年 8 月 19 日，国家文物局到大同督察后，大同市人民政府高度重视，立即成立了违法项目调查组，展开调查。同时，对违法建设单位下达了停工通知书。2009 年 8 月 20 日，山西省文物局施联秀局长带领有关人员到国家文物局报告大同云冈石窟保护范围和建设控制地带违法建设工程的有关情况。2009 年 8 月 21 日，山西省文物局党组会议研究，决定成立处理大同云冈石窟保护范围和建设控制地带违法工程工作组。山西省文物局向国家文物局上报了《关于贯彻落实国家文物局加强云冈石窟等单位近期安全工作的报告》。

2009 年 9 月 5 日，大同市监察局研究决定：对云冈石窟研究院院长张焯行政记过处分，大同市文物局局长高东升等 7 人行政警告处分。2009 年 8 月 25 日，大同市文物局对所有建筑工地下达了《停工通知书》；8 月 26 日，大同市文物局对该项目进行立案查处。2009 年 9 月 12 日，大同市文物局召开紧急局务会议，会议对这起文物违法案件进行集体讨论，通过了这起文物违法案件的处罚决议。会议决定：对山西丹宇古建筑艺术有限公司等 5 家施工单位共处 110 万元人民币的罚款。

【机构与人员】

1. 机构数量

山西省共有文物保护管理机构 358 个，其中省级 18 个，市级 58 个，县级 282 个；行政性质 39 个，事业性质 319 个。

132 个文物行政管理机构中，省级 1 个——山西省文物局，为山西省人民政府直属的正厅级建制文物行政管理机构；全省 11 个市共设有独立的市级文物行政机构（文物局）6 个；文物旅游局 3 个；既是文物局又是文广新局，两块牌子、一套人员的市级文物行政机构 2 个；全省 119 个县（市、区）共设有独立的县级文物行政机构 120 个（含五台山风景名胜区政府宗教文物局），其中独立的文物局 29 个；与旅游局合署的文物旅游局（或中心）51 个；与文广新、体育、教育、科技等部门合并的文体局、文广新局等 40 个。

226 个文博机构中，文物保护管理机构（文管所）107 个，其中省级 2 个，市级 12 个，县级 93 个；博物馆 86 个，其中省级 5 个，市级 15 个，县级 66 个；文物商店 1 个，省级；文物科研机构 14 个，其中省级 2 个、市级 12 个；其他文物机构 18 个。

2. 人员数量

全省文博系统实有从业人员 5880 名，大专以下 1715 名，大专 2295 名，大学本科 1825 名，硕士 45 名，博士 1 名。

专业技术干部 1880 名，其中初级

1179名，中级497名，副高169名，正高35名。按隶属关系分，省级253名（正高级26名，副高级80名，中级96名，初级51名），市级830名（正高级9名，副高级66名，中级238名，初级517名），县级797名（副高级23名，中级163名，初级611名）。

3. **培训情况**

施联秀局长参加了为期两周的“延安干部学院第9期正厅级干部专题培训”；2名局领导参加了“省委组织部调训”；1名处长参加了山西省委党校、山西行政学院“中青年干部培训班”；1名处长参加了国家文物局在北京大学开办的“省级文博处长培训班”；2名处级干部分别参加了山西省委组织部“正副处级公务员任职培训班”。

山西省文物局自办了“第二期全省博物馆长培训班”和“全省玉器鉴定培训班”，全省市、县两级重点博物馆50余名馆长和70余名业务骨干参加了培训。

按照国家文物局和对口业务部门的安排，11名干部参加了境外业务培训。

市县两级举办不同类型的业务培训班12个次（不含党群口各类培训），共培训1226人次。

4. **取得资质的单位、人员情况**

山西省取得文物保护工程勘察设计单位资质的有14家，其中甲级为1家——山西省古建筑保护研究所，乙级9家，丙级3家；取得文物保护工程施工资质的单位数量为16家，其中一级2家,山西省古建筑保护工程有限公司和平遥县古建筑工程有限公司，二级7家，三级7家；取得文物保护工程项目负责人的人员共65人，其中2009年新增32人；取得文物保护工程资质的人员共418人；取得文物保护工程监理单位资质的有山西省古建筑工程监理有限公司、太原市文物考古研究所，均为甲级；取得考古发掘资质单位的有山西省考古研究所、山西大学；取得考古发掘领队资格的人员共36人，其中2009年新增2人；取得文物拍卖专业人员资格的人员共计38人；取得文物进出境审核鉴定员资格的人员共5人。

经国家文物局复核，山西博物院取得玉、石器，陶器，瓷器，铜器，铁器，钱币，琉璃，石刻砖瓦类文物修复一级资质和壁画，书法绘画，碑帖拓本，古籍善本类文物修复二级资质；太原市文物考古所取得壁画类文物修复一级资质和陶器、瓷器、铜器、石刻砖瓦、琉璃类文物修复二级资质；山西省文物技术中心取得玉、石器，瓷器，铜器，铁器，壁画，干燥漆木器，石刻砖瓦，竹木雕，家具，琉璃类文物修复二级资质；山西省考古研究所取得玉、石器，陶器，瓷器，铜器，铁器，金银器，石刻砖瓦，玺印符牌，钱币，琉璃类文物修复二级资质。

5. **表彰**

山西省榆社县、翼城县被评选为“全国文物工作先进县”，在全国文物局长会上得到表彰。

山西全省138个文博单位获得“全省文化遗产保护工作先进单位”称号。

山西省文物局被省下乡领导组评为2009年度定点扶贫先进单位；获得山西省委宣传部“文化宣传工作突出贡献奖”荣誉；获得山西省政府“2008～2009全省消防工作先进单位”通报表彰；获得山西省政府“支持重点公路建设优秀单位”表彰。

【对外交流】

2009年，山西省文博系统对外的主要窗口，山西博物院、山西省艺术博物馆、山西省民俗博物馆及山西省考古研究所等单位积极开展对外合作与交流，先后与美国芝加哥大学、英国牛津大学、日本九州大学、韩国国立庆州博物馆、联合国教科文组织等进行学术交流达100余次，赴外学习交流达30人次；接待外宾超3000人次，其中港澳台来宾923人次。

2009年11月2日上午，由日方“武乡展”执行委员会、长治市对外友协、八路军太行纪念馆共同举办的“二战时期日军对妇女的犯罪图片展”在八路军太行纪念馆举行了开幕仪式，展览所需资料均由日方提供，展出为期一年。此展览共分为4个展区，由600多幅图片和文字说明组成：第一展区的主要内容是整个亚洲的日军“慰安妇”制度，第二展区讲述了女性国际战犯法庭对日本政府的审判，第三展区展示的是在中国大陆发生的日军性暴力和受害女性的斗争（以山西省盂县、南京、海南岛等地为主），第四展区重点是中国以及日本和国际社会对“慰安妇”的态度。展览以丰富的图片和翔实的文字系统地向世人揭示了日本侵略者在亚洲犯下的罄竹难书的滔天罪行，使广大的观众对全亚洲女性的性暴力实情和日军的战争犯罪有一个详细的认识。将受害女性的人生和充满勇气的战斗铭刻在历史的记忆里，从而使参观者从更深、更广的角度理解战争与和平的意义，促进两国民间真正的相互理解，为建设面向未来的中日关系发挥积极的作用。开展以来，参观人数达50000人次，取得了良好的社会效果。

应东京国立博物馆的邀请，山西博物院石金鸣院长于2009年10月26日~11月8日前往日本东京，参加2009年第二届亚洲国家博物馆研究会。会议旨在就亚洲博物馆的共性的课题进行讨论，同时提升亚洲博物馆之间的交流与合作。

应国际博物馆协会区域博物馆委员会（ICR）的邀请，山西博物院张春生副院长于2009年10月18日~10月24日前往意大利的曼图阿和特伦比亚山谷参加国际博物馆协会区域博物馆委员会2009年年会。应美国博物馆协会邀请，山西博物院李勇副院长于2009年4月28日~5月7日前往宾夕法尼亚州费城，参加由美国博物馆协会举办的美国博物馆协会年会和博物馆博览会。应国际博协安全委员会的邀请，2009年9月13日~9月18日，山西博物院安全保卫处处长任宝玉，参加了在加拿大举行的国际博协安全委员会2009年年会。

应海峡两岸第五次经贸文化论坛及台湾自然科学博物馆文教基金会的邀请，山西博物院组成了以副院长王晓明为团长的考察团，于2009年10月20日~30日赴台湾参加了为期11天的海峡两岸经贸文化论坛。此次论坛与台湾自然科学博物馆等进行了交流，增进了两地博物馆界的相互了解与认知，构建了山西省博物馆与台湾博物馆界的互访互学平台，为中华文化在海峡两岸的传承与发展起到积极的推动作用。

内蒙古自治区

【政策法规与宣传】

2009年1月，国家文物局单霁翔局长一行，在内蒙古自治区副主席刘新乐陪同下，深入内蒙古呼伦贝尔市，对鄂伦春、鄂温克、达斡尔、俄罗斯民族文物保护工作进行考察调研。考察结束后，内蒙古自治区文化厅向自治区人民政府呈报专文，报告了国家文物局要在内蒙古开展少数民族文化遗产保护国家工程的事项，提出了关于加强文化遗产行政能力建设，加强文保项目建设，加强民族文化遗产保护研究的建议。此报告得到刘新乐副主席的高度重视，并提请巴特尔主席、任亚平副主席阅示，获重要批示和大力支持。

在自治区人民政府的大力支持下，由自治区文化厅、文物局完成了《内蒙古民族博物馆体系建设纲要》，对于加强全区民族特色博物馆体系，重点抢救保护鄂伦春、鄂温克、达斡尔、俄罗斯民族的文化遗产意义重大。

2月，由内蒙古自治区刘新乐副主席带队，内蒙古自治区厅局晋京向国家文物局汇报，并首次以自治区人民政府名义向国家文物局呈文，提出了申请元上都遗址保护、考古、申报世界文化遗产工作；内蒙古文物大遗址保护工程；内蒙古少数民族文物保护、博物馆建设；内蒙古明清古代建筑群保护工程等项目报告，以及由自治区文物局聘请专家编制的项目计划书。

国家文物局对内蒙古文物事业予以大力支持，对内蒙古全国重点文物保护单位的补助经费由1180万元增加到1950万元。

国家文物局主要领导，先后来到内蒙古考察指导工作，并与自治区党委、政府领导同志会晤。国家级专家组先后抵达内蒙古，对自治区元上都申报世界文化遗产、辽上京、居延、二道井子保护工程以及呼伦贝尔少数民族文化遗产保护与国家级保护项目试点工作等，予以论证和指导。

以上重要举措，极大地推动了自治区的文化遗产保护工作，密切了自治区与国家文物局的关系，使内蒙古文物保护项目建设走上了高速发展的道路。

2009年8月28日~29日，内蒙古自治区全区博物馆工作座谈会在内蒙古呼伦贝尔市召开。会议为迎接新中国成立60周年，总结2008年以来全区博物馆、纪念馆和爱国主义教育基地实行免费开放所取得的成绩，研究探讨在全区建设民族博物馆体系，推动博物馆改革向深层发展，研讨发展民营博物馆事业的健康发展做了部署。

【考古发掘】

2009年4月，内蒙古文物考古研究所为配合赤峰—朝阳高速公路的基本建设，组队对位于内蒙古赤峰市文钟镇二道井子村的夏家店下层遗址进行了抢救性发掘工作，获得重大考古发现。已揭露面积3500平方米，清理房屋、窖穴、灰坑、墓葬、城墙等遗迹单位近300处，出土各类文物近千件。从发掘情况看，二道井子遗址文化内涵属于典型的夏家店下层文化聚落遗址，遗迹现象保存完整，文化堆积极为深厚，聚落布局井然有序，是此前发现的国内保存最为完整的夏家店下层文化聚落。

在发掘过程中，中国历史博物馆、中国社会科学院考古研究所、中国文化遗产研究院、吉林大学边疆考古研究中心、各省考古研究所、赤峰博物馆等单位的考古专家学者先后到工地参观考察，对遗址的学术价值给予了高度评价，形容其为“东亚地区保存最好的废墟”。

2009年9月18日~19日，“内蒙古二道井子青铜时代古文化遗址保护国家级专家论证会”在赤峰举行。

内蒙古赤峰市二道井子遗址，是我国保存最好的古代文化遗址，其房屋遗址之完整，文化内涵之丰富，对我国的考古研究具有极高的价值，要全力以赴加强对二道井子遗址的保护工作。

自治区赤峰市人民政府，要加强对二道井子这样全国罕见的大遗址的保护工作，并通过赤峰市人民政府报请自治区人民政府将其公布为自治区级重点文物保护单位，在此基础上，再报请国务院公布为全国文物重点保护单位。

为加强对赤峰市二道井子夏家店下层文化遗址的保护工作，高速公路要改道，不能因为修高速公路而在遗址中施工；要考虑在遗址上建一座博物馆，让观众了解四千年前中华草原青铜文明的灿烂辉煌。

【世界文化遗产】

2009 年内蒙古自治区文化厅、文物局把元上都保护和申遗工作列为工作的重点，并做了大量工作。

经国家文物局单霁翔局长，内蒙古自治区党委常委、宣传部部长乌兰同志的提议，元上都遗址申报世界文化遗产工作汇报会，于 2009 年 9 月 19 日 ~20 日，在锡林郭勒盟正蓝旗召开。

国家文物局局长单霁翔，中国考古学会理事长张忠培，中国世界文化遗产委员会副主席郭旃，自治区党委常委、宣传部部长乌兰，自治区副主席刘新乐，以及文化厅、财政厅、发改委、社会科学院负责人出席会议。

自治区党委宣传部副部长、文化厅厅长王志诚，做元上都申遗工作报告。国家文物局单霁翔局长对元上都的重大价值给予了充分的肯定，指出游牧文化是在草原都城的集中体现。根据中央领导指示，国家文物局在内蒙古元上都申报世界文化遗产继续给予支持，特别是在元上都遗址保护、研究、考古、展示方面加大支持力度。

2009 年国家文物局对元上都遗址保护拨出专款，对元上都遗址考古发掘给予资助，单局长在以下两点做了具体安排：中国文化遗产研究院对元上都明德门遗址保护，精心做好方案设计工作，争取在 2010 年开展明德门遗址维修工程；国家设计单位对元上都申报世界文化遗产文本的编制给予具体的指导。

内蒙古自治区党委常委宣传部部长乌兰，代表自治区党委、政府全面部署了元上都申遗工作任务，要求自治区各有关厅局、单位，以及锡林郭勒盟各级党政部门都要认真学习单局长和乌兰部长的重要讲话精神。抓住 2010 年这一关键的年度，全面完成元上都申遗工作的各项任务。力争确保在 2013 年元上都申报世界文化遗产取得成功。

2009 年 9 月 30 日，内蒙古自治区党委副书记、自治区主席、元上都遗址申报世界文化遗产领导小组组长巴特尔主持召开元上都遗址申报世界文化遗产领导小组第一次工作会议。自治区党委常委、宣传部部长、元上都遗址申报世界文化遗产领导小组副组长乌兰，自治区副主席、元上都遗址申报世界文化遗产领导小组副组长刘新乐出席会议。元上都申遗领导小组各成员单位负责人出席会议。会议听取了自治区文化厅厅长、元上都申遗领导小组办公室主任王志诚所作的《元上都遗址申报世界文化遗产工作汇报》，研究决定了元上都申遗工作的有关事宜。

会议对近年来元上都申遗工作所取得的成绩给予充分肯定。2008 年，在国家文物局和自治区党委、政府的高度重视和大力支持下，元上都遗址申遗工作进入了实质性操作阶段。

会议进一步明确了元上都申遗工作的时间表和任务书：2010 年 8 月，向国家文物局呈报符合国际标准的《元上都申遗文本》；2010 年 12 月前，由国家文物局呈联合国世界遗产委员会初审；2011 年 6 月，完成接待联合国专家组到元上都实地考察的准备工作；2012 年 7 月 31 日前，由联合国专家组将考察报告报联合国世界遗产委员会审议；2013 年 6 月，派出代表赴联合国世界遗产大会作元上都申报世界遗产报告，由大会进行表决。

根据以上时间进度安排，元上都申

遗工作时间十分紧迫，任务相当艰巨，必须全力以赴，确保申报一举成功。会议要求自治区各有关部门、锡林郭勒盟和正蓝旗、多伦县，一定要统一思想，提高认识，各负其责，按照元上都申遗的时间、任务进度表，在自治区人民政府的统一领导下，按时完成各自的工作任务。

会议强调，元上都申遗工作已进入冲刺阶段，为确保2012年申遗成功，各有关部门都要把各自所承担的工作任务列出时间表，倒排计划，争分夺秒，做到任务到位，工作责任到位，全力以赴，力争在2012年7月召开的世界遗产大会上一举申报成功。

2009年11月4日，元上都申遗领导小组办公室向领导小组各成员单位发出了《关于组建元上都遗址申报世界文化遗产各工作小组的通知》（内申遗办［2009］7号），公布了各工作小组的组建情况，其要点为：

1. 经费保障工作小组由自治区财政厅副厅长刘义胜任组长，负责筹划与落实元上都申遗和保护工作的经费；

2. 项目工作小组由自治区发改委副主任包满达任组长，负责审定和落实元上都博物馆和重点项目的立项；

3. 文本工作小组由自治区政协教科文体委员会副主任刘兆和任组长，负责元上都申遗文本工作；

4. 考古、保护与展示工作小组由内蒙古博物院院长塔拉任组长，负责组织内蒙古文物考古研究所等单位，开展元上都考古发掘与保护、元上都遗址展示；

5. 环境保护工作小组由自治区环保厅副厅长石玉山任组长，负责对元上都地区的草原环境进行保护和治理，并提供元上都地区的自然资料；

6. 草原保护工作小组由自治区农牧业厅副厅长纪大才任组长，负责指导元上都地区草原保护工作，并提供有关草原保护等方面的资料；

7. 服务保障工作小组由锡盟盟委副书记、盟长张国华任组长，负责领导盟各有关部门，对元上都申遗工作给予指导和帮助；

8. 申遗联络工作小组由自治区文化厅副厅长安泳锝任组长，负责元上都申遗的日常工作和联络上述各小组的工作。

自治区元上都申遗领导小组办公室设在自治区文化厅，由王志诚厅长担任主任。申遗办公室在通知中要求各工作小组尽快开展相关工作，把所承担的工作任务列出时间表，做到任务到位，责任到位；并与自治区元上都申遗领导小组办公室保持联络。

【博物馆】

为认真贯彻中宣部、财政部、国家文物局《关于全国博物馆、纪念馆免费开放的通知》（中宣发［2008］2号）精神，内蒙古自治区文物局会同自治区财政厅、国家财政部驻内蒙古专员办，在2008年度3家国家财政拨款的基础上，又增加35家博物馆、纪念馆，共确定内蒙古自治区107家博物馆、纪念馆免费开放名单，并上报国家35家、自治区72家。

据统计，截止到2009年11月，全区各博物馆已免费接待观众300万人。2009年7月，在呼和浩特召开的全国文物局长座谈会上，内蒙古自治区的此项工作得到了国家文物局的高度评价。

2009年，内蒙古自治区总计有18座博物馆，分别被国家文物局评为国家一、二、三级博物馆，其中内蒙古博物院是自治区唯一被评为国家一级博物馆的单位。

【文博信息化】

在国家文物局领导下，全区长城资源调查工作顺利进行，截止到2009年11

月，全区完成了明长城调查数据的统计公布，明长城总里程为 712.6 公里。同时，开展了全区战国秦汉长城调查，共调查 900 余公里。

为保护长城遗址，自治区文化厅、文物局在全区 12 个盟市的 12000 公里长城沿线，普遍树立长城保护碑，重点抢修呼伦贝尔、巴彦淖尔、呼市、锡林郭勒盟、兴安盟等地长城遗址险段。

组织专家重点对辽陵遗址、元上都遗址、居延遗址、辽上京遗址进行了保护。

开展大遗址科学保护、技术防范工作。在国家文物局大力支持下，为保护大遗址的安全，开展了“草原神灯”技防报警工作，取得了良好的成效。8 月，国家文物局文物执法督察组一行，前往乌兰察布市四子王旗净州路故城遗址、通辽市奈曼旗陈国公主墓地，对草原神灯的使用情况，进行了督察和检验工作。认为防控效果十分明显，自安放以来两大遗址未发生文物被盗案件。国家文物局对内蒙古开展“草原神灯”安防工作的成绩给予了充分的肯定，鼓励向全区推广。此后，自治区境内的 9 处全国重点文物保护单位编制了安防设施设计方案。

【第三次全国文物普查】

2009 年，自治区第三次文物普查进入到最后的攻坚阶段。全区到 11 月底，已完成全区总面积的 80% 以上。在 2008 年购买 50 辆文物普查越野车的基础上，自治区政府在 2009 年 10 月，又批拨专项经费 300 余万元，购买文物普查越野车 50 辆，及时下发给奋战在文物普查一线的普查队员，为全区文物普查的攻坚提供了巨大的支援。

截至 2009 年 11 月 10 日，全区各级普查办人员合计 587 人，一线普查队员合计 637 人，累计到位文物普查经费 2402.46 万元（不含中央财政补助经费），其中自治区级财政到位 1000 万元，共有 11 个地市级财政到位 380.5 万元，93 个县级财政到位 1021.96 万元；2009 年自治区级财政已到位 500 万元，共有 7 个地市级行政区域到位 115.5 万元，68 个县级行政区域到位 385.4 万元。全区 101 个县级行政区域全部启动了实地文物调查，经过调查登记不可移动文物 13702 处，其中新发现 7887 处，复查 5815 处；调查登记消失文物 528 处。

2009 年 2 月，国务院第三次全国文物普查领导小组办公室，向全国公布了“2008 年度全国第三次文物普查重要的新发现”，共计 147 项新成果。

在这 147 项新成果中，内蒙古共有 5 处重要发现荣列其中，它们分别是阿拉善盟阿拉善右旗塔林拜兴西夏障城遗址、满洲里市俄式建筑群（现市工商银行旧址）、呼和浩特市清水河黑矾沟古窑遗址群、通辽市库伦旗夏家店下层文化墓葬群、包头市达茂旗满都拉岩画群。

【安全督察】

2009 年 9 月，内蒙古自治区文物局领导呼和浩特市文化、文物部门，配合公安部门和各大新闻媒体，依法查处位于呼和浩特市大青山地区的全国重点文物保护单位“长城—秦汉・坡根底村段”遭到采矿企业的严重破坏事件，国务院、自治区党委政府领导的高度重视，得到了社会的广泛关注和大力支持。

遭到破坏的秦汉长城地点位于呼和浩特市新城区豪沁营镇坡根底村北的大青山顶，为全国重点文物保护单位“长城—秦汉・坡根底村段”中的一部分。

秦汉长城遭挖掘破坏是自治区长城资源调查队于 2009 年 9 月 15 日发现的，并向自治区文物局报告了情况。接到反映大青山顶秦汉长城遭到采矿企业挖掘破坏的报告后，自治区文物局立即紧急通知呼和浩特市文物行政部门，要求依法进行查处。经调查，挖掘人为呼和浩特市科考矿业有限责任公司，法人代表武可考。该公司派出探矿工程队在这段长城墙体上及其附近区域钻探金矿，施工活动使西北至东南走向的长约100米长城墙体造成了严重破坏。9月17日，呼和浩特市文物行政部门执法人员赶赴破坏现场，向当事人（呼和浩特市科考矿业有限责任公司）下达了《停止侵害通知书》《责令改正通知书》，并向市110报警。

呼和浩特市科考矿业有限责任公司在接到《停止侵害通知书》《责令改正通知书》后，虽然口头表示立即停工，仍继续非法在长城墙体及保护范围内大肆挖掘，使城墙墙体遭到进一步破坏。

事件发生后，呼和浩特市文物行政部门按照自治区文物局的部署，迅速成立了“秦汉长城遭挖掘破坏事件”专门调查组开展调查工作。自治区、呼和浩特市文物行政部门执法人员先后5次上山，对被破坏的场地进行核查，发现违法当事人仍继续在长城墙体上搭架钻探，要求施工方立即停工，并对该公司在长城墙体下采得的24盒岩芯标本作为违法证据进行登记封存。

为及时将违法犯罪分子绳之以法，自治区文物鉴定委员会受呼和浩特市文物行政部门的委托，组织专家赶赴遭破坏的长城地段，对当事人挖掘行为造成秦汉长城坡根底村段损毁程度进行鉴定，并出具了鉴定书。

10月9日，自治区文物局致函公安厅报送了秦汉长城坡根底村段遭破坏案件相关材料。10月20日，内蒙古自治区公安厅接受了自治区文物局的报案材料，根据属地管理的有关规定，责成呼和浩特市公安局立案侦查。

10月22日，呼和浩特市科考矿业有限责任公司，拆除了勘探井架并撤离了工人。

11月5日，自治区文物局与自治区公安厅、呼和浩特市公安局有关部门的负责人，具体研究了下一步联合执法的方案。

11月9日下午，自治区人民政府副主席刘新乐，率呼和浩特市人民政府及自治区、呼和浩特市两级文化、文物、公安、国土资源等部门负责人，来到被破坏长城遗址现场视察。

呼和浩特市科考矿业有限责任公司，在大青山秦汉长城坡根底段长城墙体及保护范围内大肆挖掘钻探金矿，屡禁不止，对此段长城主体造成了摧毁性破坏，情节十分严重。鉴于当事人的行为已经涉嫌违反《中华人民共和国刑法》的规定，呼和浩特市公安局已经开始对市科考矿业有限责任公司涉嫌犯罪行为的案件进行立案审理。

【文物科学研究与展示宣传工作】

1. 10月29日～31日，由国家文物局、中国国际贸易促进委员会、陕西省人民政府主办的中国国际文物保护博览会在古城西安隆重举行。自治区人民政府刘新乐副主席应邀率团参加此次博览会。自治区文化厅安泳锝副厅长以及文化厅直属文博单位的有关专家学者，共同参加了博览会。

2. 积极参加“第六届草原文化节”活动，在内蒙古博物院举办“文明之旅”文物精品展览，迎接新中国60周年大庆。

3. 为宣传元上都申遗工作编制了《元上都申遗宣传片》，与水晶石电影数字合成设计人员共同配合，用数字的形式，生动地再现元上都宏大的场景和13世纪的历史景象。

4. 2009年12月13日，为期4天的“庆祝新中国成立60周年全国文化遗产保护宣传讲解大赛”在辽宁沈阳圆满结束。内蒙古代表队由内蒙古博物院4名讲解员、1名志愿者和包头博物馆1名英文讲解员组成。经过激烈的角逐，内蒙古博物院讲解员布和朝鲁获中文专业组一等奖、婷婷、徐鹿获中文专业组二等奖、程柏森获英文专业组一等奖、包头博物馆讲解员李志宏获英文专业组三等奖、内蒙古博物院志愿者乔纳森获“志愿者特别奖”。经大会评选，内蒙古代表队又以整体优异的成绩荣获“团体一等奖”。

辽宁省

2009年，在省委、省政府的领导下，在国家文物局的大力支持下，全省文物系统以中国特色社会主义理论为统领，以科学发展观为指导，认真学习、全面领会、深入贯彻党的十七大和十七届三中、四中全会精神，按照“高举旗帜、围绕大局、服务人民、改革创新”的总体要求，紧紧围绕辽宁全面振兴这一中心，团结拼搏，锐意进取，全省文化遗产保护事业取得了新的成就。

【不可移动文物保护】

1. 概述

不可移动文物保护力度进一步加大。各级财政进一步增加了文物保护资金的投入力度，先后对20余处省级以上文物保护单位实施了维修保护工程，取得了良好的社会效益和经济效益。这些工作的开展，也得到了地方政府的大力支持，各地在动迁、修路、绿化等配套工程中投入大量资金，极大地改善了文物周边环境。

2. 文物保护单位

组织完成了申报第七批全国重点文物保护单位的遴选、文本修改和审定工作，向国家文物局上报了96处申报文本。完成了98处省级以上文物保护单位保护标志碑的制作工作。

依法审核和审批了沈阳故宫、清永陵、清福陵等10余处文物保护单位保护区域内涉及文物保护的建设项目方案，强化了对文物保护单位历史风貌的管理。

3. 文物保护规划

启动了清永陵、九门口长城、小河口长城、前所城、北镇庙、龙岗墓群等近10处全国重点文物保护单位和省级文物保护单位保护规划编制工作。

4. 文物保护工程

全面启动38座辽塔的文物本体维修工程及11座辽塔的基础设施建设和环境整治工程。6座先期启动的辽塔保护工程进展顺利，大城子塔、海城银塔维修工程已经完工并通过了技术验收，青峰塔、安昌岘舍利塔进入工程实施阶段。大连市负责的普兰店一塔、二塔已经完成文物本体加固和环境整治工程。其余30座辽塔，已经有29座完成了脚手架搭设工程，所有30座辽塔维修方案编制工作已经完成并通过了论证和审批。

省财政厅为先期启动的6座辽塔安排了365万元补助经费，为新启动的辽塔文物本体保护工程安排了专项经费1783万元，为全面实施辽塔保护工程提供了有力的物质保障。11座辽塔的环境整治和基础设施建设项目可研方案编制完成并得到省发改委批复；初步设计方案已编制完成并通过文物专家论证，并正式上报省发改委待批复。

完成了赫图阿拉故城、明长城墙体及烽火台、明性寺、四面城城址、关山辽墓等20余项文物保护工程方案编制、论证和审批工作。实施了沈阳故宫、北镇庙、凤凰山山城、大孤山古建筑群、彭公馆、明性寺、牛庄太平桥、城子山山城、龙岗墓群等10余处全国重点文物保护单位和省级文物保护单位的文物保护工程。启动了东北讲武堂、前卫歪塔等市级文物保护单位的文物保护工程。

正式授予省文物保护中心等3家设计单位和辽宁正中古建筑工程有限公司等4家施工单位为辽宁省文物保护工程勘察设计和施工资质单位。

进一步做好支援灾区的文物抢修工作。协调和指导省文物保护中心赶赴四川安县地震灾区，完成了文星塔、飞鸣禅院、开祈寺等文物保护单位的勘察设计、方案编制任务。

5. 大遗址保护

加快实施牛河梁大遗址保护工程。按照国家文物局的工作要求和省政府的工作部署，完成了牛河梁遗址第一地点、第二地点保护工程方案核准工作，对《牛河梁遗址博物馆和管理研究中心建设项目方案》提出了修改意见，协调国家文物局批复同意了牛河梁遗址保护范围内供水及施工临时用电建设项目。启动了牛河梁红山文化国家遗址公园规划编制。组织开展了牛河梁遗址保护工程范围内的考古勘探、发掘工作。争取财政部、国家文物局支持，投入大遗址保护专项经费6000万元。

举行了牛河梁考古遗址公园建设启动仪式，召开了“苏秉琦百年诞辰暨牛河梁遗址发现30周年纪念大会”，国家文物局局长单霁翔、副局长张柏，省政府副省长滕卫平和省有关部门领导，以及来自国家和地方文物考古界的专家总计100余人出席启动仪式并参加了纪念活动。

继续对永陵南城址、凤凰山山城等4处遗址进行资料整理；完成了对永陵南城址、凤凰山山城、上古城子墓群3处遗迹的野外测绘。

6. 第三次全国文物普查

深入开展第三次全国文物普查工作。全省100个县级行政区域全部完成了实地文物调查。调查登记不可移动文物24000余处，新发现率超过100%。组织专家和有关人员350余人次分赴全省各地，指导各地确认重要新发现及其属性和价值，保证了各地“三普”工作的质量和水平。

召开了“全省第三次全国文物普查工作会议暨铁岭市银州区、铁岭县‘三普’野外实地验收现场会”，国家“三普”办有关领导和专家应邀到会并参加了验收试点，对辽宁省验收试点工作表示满意。

7. 历史文化名镇

会同省建设厅，完成了大洼县田庄台镇省级历史文化名镇的评审和东港市大孤山镇、大洼县田庄台镇国家级历史文化名镇的初评和申报工作。

【考古发掘】

2009年，辽宁省开展了朝阳—赤峰等10余条高速公路和铁路、锦州热电厂等10余项大型基本建设过程中的文物保护工作，调查总面积近85平方公里，调查线路总里程2737公里，勘探总面积近185万平方米，发掘总面积达24000余平方米，有力地支持了地方经济建设。对燕州城山城进行了主动发掘，科学地获取了一批考古学资料。为配合文物保护工程的实施，对牛河梁遗址、高俭地山城、四面城城址开展了考古发掘工作。完成了对下古城子城址、石台子山城的测绘工作。

历时20余年的《中国文物地图集辽宁分册》正式出版发行。积极推进积压的6部考古发掘报告的编写工作，《小孤山》已经出版，《姜女石》已送交出版社，其他报告的编写工作进展顺利。

【世界文化遗产】

在各级政府的领导下，辽宁省各世界遗产地在管理、保护、宣传、展示工作方面有了长足的进步，取得了令人可喜的成绩。世界文化遗产事业带动了遗产所在地社会经济和文化的发展，极大地提高了当地广大人民群众的生活水平，改善了他们的生活环境，真正给他们带来了实惠。在国家文物局的大力支持下，先后启动了清永陵、九门口长城、小河口长城保护规划编制工作，实施了沈阳故宫维修和清永陵部分建筑维修等工程，实现了世界遗产地无险情出现的保护和管理目标。

举办了辽宁省第三届世界文化遗产地年会，来自6处世界遗产地和2个世界文化遗产预备名单单位的代表参加了会议。组织召开了由桓仁、新宾等5县有关人员参加的全国文物工作先进县座谈会。

明长城资源调查取得了丰硕成果。最终确认了我国明长城东端起点在辽宁丹东虎山，精确测量了辽宁省明长城长度为1218.8公里。完成了明长城资源调查资料整理、国家验收及报送工作，编写、上报了《辽宁明长城资源调查工作报告》，完成了《辽宁明长城资源调查业务报告》初稿编写，启动了《辽宁明长城资源调查记录档案》资料整理、汇总、制作工作以及《辽宁长城》图录所需图片资料的野外拍摄工作。

全面启动了燕秦、汉、北齐、辽四个时代早期长城调查，初步确认各时期长城墙体约160公里、敌台3座、烽火台169座、堡城12座、相关遗存15处，调查进度和质量位居全国前列。

【博物馆】

根据国家四部委文件要求，经与各市沟通并经国家文物局确认，辽宁省又有32个博物馆、纪念馆成为免费开放单位，使辽宁省免费开放单位的总数达到38个。全省文化文物系统归口管理的免费开放博物馆、纪念馆年累计接待观众达370余万人次，广大观众参观踊跃，社会效益十分显著。

财政部、国家文物局确定了8个中央地方共建的国家级重点博物馆，辽宁省博物馆成功入围，这将对辽宁省博物馆的管理体制、经费保障、业务建设等多方面产生深远影响，形成长远效益。2009年，举办了“辽宁省博物馆建馆60周年庆典活动”和“中国博物馆学会区域博物馆专业委员会沈阳论坛”。

在第八届全国博物馆十大陈列展览精品评选中，沈阳金融博物馆“走进金融世界”展览获十大陈列展览精品奖，省博物馆“辽河文明”展览获最佳内容设计单项奖，标志着辽宁省博物馆陈列展示水平得到了进一步提升。

2009年，辽宁省组织开展了非国有博物馆调研工作，全面掌握了全省27个非国有博物馆的基本情况、发展与管理上存在的主要问题，确定了下步发展思路。沈阳故宫博物院、张氏帅府博物馆等4个博物馆和沈阳新乐遗址博物馆、锦州市博物馆等4个博物馆分别被国家文物局批准公布为国家二级和三级博物馆。铁岭市博物馆通过展示与服务水平提升项目的实施，改善了基础设施，充实了展览内容，丰富了展览形式。

鞍山市博物馆新馆落实了馆址，本溪市博物馆、辽阳市博物馆完成新馆建设并对外开放，丹东市博物馆布展工程已经动工，辽西博物馆新馆建设工程进展顺利，葫芦岛市博物馆新馆完成选址和施工设计。

省博物馆馆藏金属类文物修复、张氏帅府博物馆馆藏书画类文物修复、鞍山市博物馆馆藏明清家具修复等6项工程进入实施阶段，实现了辽宁省馆藏文物科技保护工作的新突破。

紧扣“博物馆与旅游”这一主题，组织全省博物馆、纪念馆举办了形式多样的纪念第三十三个国际博物馆日宣传活动。全省共举办阵地展览100多个，临时展览20余个，免费接待观众30余万人次，取得了良好的社会效益。

【民间收藏文物】

省文物总店举办了2009年文物艺术品展销会，销售文物艺术品950件，累计销售额220余万元。省文物总店全年经营收入突破600万元，年度各项经济指标稳步上升。

对7场文物艺术品拍卖会拍卖标的进行了审核，审核文物拍卖标的2896件，6件出土文物被依法禁止拍卖。

涉案文物鉴定79次，鉴定物品405件，其中被盗文物118件，一级文物7件，二级文物35件。

【政策法规与宣传】

根据省政府《关于切实加强文化遗产保护的通知》要求，全面收集资料，积极配合有关部门，完成了制定《辽宁省文物保护条例》的准备工作，为做好辽宁省文物立法工作奠定了基础。

全省文物部门以文物为依托，积极开展丰富多彩的宣传活动，宣传《中华人民共和国文物保护法》，普及文化遗产保护知识。将文物保护法纳入全民普法规划，纳入国家全面推进依法行政实施纲要，努力形成全社会珍爱文化遗产的良好风尚，促进全社会依法保护文化遗产意识的提高。辽宁省文物各级部门以“文化遗产日”“国际博物馆日”为契机，不断拓宽宣传思路，各种宣传活动卓有成效。各文博社会组织积极开展政策宣传、技术咨询、业务指导、建言献策等活动，多方筹集资金，拓宽了文化遗产保护领域，为文化遗产事业提供了技术、经济上的支撑。

组织开展了第四个“文化遗产日”广场宣传活动，制作宣传展示板30多块，印发宣传单10000余份，订购文化遗产日宣传专刊5000份，免费向社会发放，收到较好的宣传效果。

【安全督察】

举办了全省文物行政执法培训班，对优秀执法案卷进行了表彰。以文物行政执法队伍建设情况、文物行政执法工作开展情况、文物安全情况为督察重点，先后对鞍山、本溪等6个市进行了文物行政执法督察，检查了博物馆、文物库房、省级以上文物保护单位。深入海城、本溪等4个县，检查了解县级文物保护情况。对督察中发现的问题，向被督察市进行了反馈，并提出了相关工作建议。

实施了五女山山城、清永陵、抗美援朝纪念馆等10余处风险等级单位安防设施建设工程，提高了文博单位的技防水平。

调查处理了锦州市民孟彬红“生生果园”文物上访事件，查处了绥中姜女石遗址遭破坏案、朝阳凤凰山云接寺塔建设控制地带内违法工程佛宝塔案等文物违法案件，对义县奉国寺宗教活动进行了明察暗访。

配合公安机关，对牛河梁遗址违法开矿部分犯罪嫌疑人进行了调查取证并组织了专家论证；对朝阳、葫芦岛等地区4处盗掘古墓葬案件进行了调查、鉴定。与省建设厅协调，解决了“沈通高速公路”建设工程破坏“建州三关”以及在清永陵建设控制地带内建设服务区问题。

【机构与人员】

通过采取引进高学历人才、对现有人员脱岗再培训等多种办法，加强文物系统队伍建设，全省文物从业人员的知识结构、学历结构、职称结构都有了很大改善，形成了一支具有较高政治和业务素质、结构比较合理的文博工作队伍。

【对外交流】

年内，省博物馆、沈阳故宫博物院及各市级博物馆与国外、省外相关单位开展了丰富多彩、形式各异的交流活动，取得了良好的工作效果和社会反响。

吉林省

【不可移动文物】

（一）不可移动文物保护

1. 文物保护单位

截至2009年12月31日止，据吉林省第三次全国文物普查统计，吉林省境内共登记不可移动文物9148处，其中古遗址5625处、古墓葬806处、古建筑195处、石窟寺及石刻32处、近现代重要史迹及代表性建筑2386处、其他104处。

截至2009年12月31日止，吉林省境内共有各级文物保护单位1312处。全国重点文物保护单位33处，其中古遗址21处、古墓葬7处、古建筑2处、石刻1处、近现代重要史迹及代表性建筑1处；省级文物保护单位272处，其中古遗址160处、古墓葬22处、古建筑16处、石刻8处、近现代重要史迹及代表性建筑66处；市（州）级文物保护单位313处；县（市）级文物保护单位694处。

2. 文物保护规划

2009年编制完成了《罗通山城保护规划》《集安国内城南城垣遗址本体保护工程设计方案》《城四家子城址西城墙抢救性保护工程设计报告》等3处全国重点文物保护单位的保护规划或抢救性保护工程设计方案，并得到了国家文物局的批复。截至2009年12月31日止，全省已有8处全国重点文物保护单位的保护规划得到了国家文物局的批复，已报请省政府批准公布。

3. 文物保护工程

2009年共实施文物保护工程28项，其中全国重点文物保护单位工程15项，分别为白城市城四家子城址西城墙抢救性保护维修、柳河罗通山城本体保护工程等；省级文物保护单位工程12项，分别为王百川居址旧宅抢救性维修工程、侵华日军机场测绘项目、乾安县狼牙坝墓群保护维修、新屯子西山遗址保护设施建设、爱民石棚墓保护设施建设、老岭石碑修建防护碑亭、延吉边务督办公署保护维修、杨木顶子山城保护维修、二十四块石保护维修等；市级文物保护单位保护工程1项，为长春市二道沟邮局中共地下党活动旧址保护维修。

（二）考古发掘

2009年度吉林省共开展考古发掘工作10项，其中主动性考古发掘4项，分别为通化市自安山城、柳河县罗通山城、通化县赤板松古城、集安市国内城，均已于2009年度结项。自安山城清理了城址3、4号门址，西墙涵洞、城中部房址区4大区域，发掘面积2100平方米，通过发掘出土遗物认定城址的年代在高句丽中期前后，并通过城内房址的叠压关系，初步将城内遗存分为三期。罗通山城2009年度发掘面积1000平方米，清理了北门西侧台地房址群、城址东北角瞭望台，通过发掘确认城址的时代为高句丽时期始建，金代沿用。赤板松古城发掘面积1000平方米，清理了城址中部一座院落遗迹，并对城墙进行了解剖，通过发掘认定城墙形制与中原汉代城址接近，而区别于高句丽城址，该城可能为汉代县城。国内城发掘面积约2000平方米，清理了高句丽时期马面6个、角楼1个、门址1处，并对城址墙体进行了局部清理和解剖，确认了国内城墙体形制、始建年代及城址的修缮情况。抢救性考古发掘项目6项，分别为白城市永平遗址、金家遗址、孙长青屯遗址、镇赉县北岗遗址、抚松县新安遗址、德惠市后城子古城，上述抢救性发掘遗址除白城市永平遗址2010年度继续报批为主动性考古发掘外，余者皆于2009年度结项。永平遗址发掘面积2000平方米，发掘清理3座各类设施完备的大型夯土台基建筑，出土大量瓦当、兽头等陶质建筑构件，是近年东北地区少见的高等级建筑群遗迹，对金代考古学研究起到重要推动作用。金家遗址发掘面积800平方米，发现1座大型台基建筑和大量陶质建筑构件，发掘者推测台基建筑可能为金代寺庙建筑。孙长青屯遗址发掘面积300平方米，发掘认定遗址时代单一，为金代聚落遗址。北岗遗址发掘面积1000平方米，发现新时期时代房址7座，陶、石、骨器若干，为嫩江流域新石器时代考古学文化的研究提供了新材料。新安遗址发掘面积2100平方米，发掘确认了3期遗存，并清理出大型建筑基址，为新安遗址性质的认定提供了考古学依据。后城子古城发掘面积1000平方米，发掘确认该城为金代城址。

2009年度最重要的考古发现为白城永平遗址的发掘，遗址发现3座设施完备的台基建筑，出土建筑构件级别较高，是少见的金代建筑群遗迹。该遗址入选2009年度中国重要考古新发现，并入选2009年度全国考古十大新发现提名。

2009年度出版考古报告集一部，《吉林集安高句丽墓葬报告集》，4000册。

（三）世界文化遗产

集安高句丽王城、王陵及贵族墓葬世界文化遗产共有42处高句丽遗迹，包括2座王城，12座王陵，27座贵族墓葬，1通古碑。

2009年度遗产的保护和管理工作主要完成了国内城本体维修和环境整治工程和丸都山城宫殿遗址回填保护展示工程。

遗产的监测和巡视工作除严格按照《保护规划》开展遗产本体和环境监测工作外，还实施了五盔坟四号、五号墓等壁画墓外部大气环境和内部微环境以及凝结水、渗水、微生物的监测工作。

【可移动文物】

（一）博物馆

国有文物系统博物馆30家，其中2009年建成的4家。2009年，吉林省27家博物馆、纪念馆开始免费开放，累计免费开放博物馆、纪念馆达30家。免费开放的博物馆都制作出了精彩纷呈、各具特色的展览奉献给观众，这是全省博物馆作为社会公益机构对社会的一大贡献，同时也是全省文博事业的一大成就。在免费开放工作中，博物馆处及各免费开放单位做了大量而卓有成效的工作。诸如免费开放前的学习及调研工作，免费开放补助经费的申报工作，博物馆基础设施、安防设施及服务设施完善改造工作，各类专业技术培训工作，文物征集及科技保护工作，展陈更新及思维创新工作，对外宣传及展览交流工作等等。另有自行免费或低票价运行博物馆23家。

国有非文物系统博物馆27家，其中2009年建成4家，分别是东北老航校暨飞行训练基地历史纪念馆、乾安泥林博物馆、板石矿业博物馆和吉林省长白山人参博物馆。

全省文博单位藏品184200件（套），其中一级文物353件（套），二级文物3158件（套），三级文物9709件（套），一般文物170980件（套）。

博物馆陈列展览 166 个，其中 2008 年延续陈列展览 64 个。博物馆陈列展览投入经费 3420 万元。

博物馆参观人数 433.4 万人次，其中青少年观众 82.9 万人次，外国观众 7.2 万人次，团体观众 214 万人次。博物馆门票收入 2979.8 万元。

（二）民间收藏文物

文物商店数量是 1 个，2009 年度审核文物商店销售文物 86 件（套），销售金额 4.3 万元。

（三）文物保护科技与科研

吉林省文物保护工作逐步在加强，许多破损文物得到了及时保护，确保了文物的安全，为文物展陈和研究提供了有力保障。

2009 年，文物科研论文及资料整理完成 132 篇，专著 5 册，古建研究 2 册。

【政策法规与宣传】

2009 年，配合省人大完成了《高句丽王城、王陵及贵族墓葬保护管理条例》的制定工作，并于 2009 年 7 月 31 日经吉林省第十一届人民代表大会常务委员会第三十二次会议通过。该条例的颁布标志着吉林省世界文化遗产保护工作纳入法制化轨道。同时，制定了《吉林省文物保护工程施工资质管理办法》和《吉林省文物保护工程勘察设计资质管理办法》。

【安全督察】

2009 年，加大了文物行政执法前置检查的工作力度。印发了《关于开展汛期文物安全检查的通知》《关于开展迎国庆文物安全检查工作的通知》等，要求各地区进行文物安全检查，同时及时将检查结果上报国家文物局。另外，各地也结合本地区实际情况进行不定期的文物执法检查，检查范围涵盖全省文博单位，这些执法检查有效遏制了文物案件的发生，全省文物安全形势得到巩固和加强。

【机构与人员】

吉林省文物机构人员整体素质不断提高，绝大多数人员都能够胜任本职工作。存在的不足是人员结构不太合理，老龄化现象突出。

机构总数 82 个，文物保护机构 51 个，博物馆 30 个，文物商店 1 个。

人员数量 1220 人，大专以下 322 人，大专 210 人，大学本科 598 人，硕士 88 人，博士 2 人，初级职称 455 人，中级职称 270 人，副高级职称 352 人，正高级职称 143 人。

取得文物保护工程甲级监理资质的单位 1 个：吉林省工程建设监理有限责任公司。

取得考古发掘资质的单位 2 个：吉林大学边疆考古研究中心、吉林省文物考古研究所。

取得考古发掘领队资格的人员为 25 人：朱永刚、杨建华、滕铭予、王立新、李伊萍、冯恩学、赵宾福、王培新、陈全家、陈国庆、彭善国、吕军、张文立、潘玲、井中伟、张全超、宋玉彬、唐音、王洪峰、李东、李光日、赵海龙、王志刚、方启、段天璟；其中本年度新增人员 3 人，分别为王志刚、段天璟、方启。

【对外交流情况】

举办入境展览 2 个：“伊朗文化艺术展”，展览地点是伪满皇宫博物院，主办单位是长春市人民政府与伊朗驻华使馆；“第十四届中韩书法美术作品交流展”，展览地点是伪满皇宫博物院，主办单位是长春市文联、长春市书画院及韩国釜山美术馆。

黑龙江省

【不可移动文物】

截至2009年底，黑龙江省共发现各类文物遗址4700余处，公布文物保护单位600余处。其中全国重点文物保护单位29处，省级文物保护单位192处，市（县）级文物保护单位400余处。国家级历史文化名城1座，即哈尔滨市。省级历史文化名城3座（原呼兰县、阿城市撤县、市变区，并入哈尔滨市，故减少2座），分别是齐齐哈尔市、宁安市、依兰县。中国历史文化名镇2个，分别是海林市横道河子镇（第三批）、黑河市爱辉镇（第四批）。大遗址2个，分别是渤海国上京龙泉府遗址、金上京会宁府遗址。

2009年10月19日，省政府（黑政发［2009］86）文件增补马迭尔宾馆为第五批省保单位。

【第三次全国文物普查】

（一）领导力度空前加强。各市（地）、县（区）政府通过多次召开普查领导小组会议、普查工作现场经验交流会、签订政府责任书等形式，加强对普查工作的组织领导，推进普查进度。有些地区，如大庆市，还建立了市、县、乡、村四级普查机构，并把第三次全国文物普查工作落实情况纳入政府业绩考核指标内容。多数地区主管领导亲自率队参加田野调查工作，解决普查用车的问题，如佳木斯市政府副市长谭灵芝多次前往田野调查一线参加普查，伊春市乌伊岭区文体局局长将自家汽车无偿提供给普查队使用，并亲自驾驶。

（二）普查经费得到了落实。虽然全球金融危机不同程度地冲击了黑龙江省经济运行的各个领域，但是各级政府仍然能够切实贯彻省政府“三普”工作精神，落实普查经费。截至2009年12月15日，全省累计到位文物普查经费1445.33万元（不含中央财政补助经费），其中省级财政到位307.69万元，13个地市级财政到位359.54万元，107个县级财政到位778.1万元；2009年省级财政已到位68万元，13个地市级行政区域到位165.24万元，101个县级行政区域到位364.12万元。其中哈尔滨落实经费50万元，居全省13个地市之首。双鸭山市集贤县落实经费16万元，哈尔滨市依兰县、五常市各10万元，大庆市肇源县10万元，牡丹江市林口县10万元。值得表扬的是，林口县连续落实了2007年、2008年和2009年三年的普查经费，计26万元。

（三）大力开展督察工作，加强了对基层文物工作的指导。为推进普查进度，保证普查质量，省普查领导小组办公室和省“三普”办同志多次深入基层，对13个地市及所辖大部分县（市、区）的普查工作进行了全面检查和指导。省“三普”领导小组对督察结果进行了通报，并对实地调查阶段工作推进快、当地政府重视、普查队员兢兢业业、普查各项工作落实有效的部分市和县进行表扬和奖励。

（四）多次开展培训，提高了普查队员业务水平。各级“三普”领导小组办公室先后多次组织各项培训，使黑龙江省普查队员普遍掌握了《第三次全国文物普查标准规范》《田野调查方法》、GPS仪器的使用、CAD制图技术等专门知识和技能，电脑操作得到了普及，使普查队员具备了数字化办公的条件，大大提高了自身素质。

（五）全面完成实地调查阶段工作。普查队员深入贯彻落实省“三普”工作电视电话会议精神，顶风雪、战严寒，穿山越岭、跋山涉水，甚至牺牲节假日时间，坚持把田野调查工作做实、做好，对旧石器时代、新石器时代、汉魏、南北朝、辽金等时期的文化遗存，以及工业遗产、乡土建筑、文化线路和近现代文化遗产展开全面普查，收获颇丰。截至 12 月 15 日，全省普查启动率为100%，全境普查完成率为98.9%，位居全国前列；共调查登记各类不可移动文物12999处，其中新发现9270处，复查3729处，使黑龙江省不可移动文物量在原有的基础上翻了两番。

（六）抓住区域特点开展“三普”调查。黑龙江省地域广阔，地理环境差异显著，文化面貌存在区域特点。针对历史和地理等因素造成的文化面貌的多样性，各地区开展了多个专题调查。哈尔滨市对特色近现代建筑物进行了全面调查；齐齐哈尔市十分注重对工业遗产的调查；牡丹江市对俄式建筑进行了全面调查和登录；佳木斯市文管站完成了“明代海西东水陆城站”和“合江省旧址”的专题调查；大庆市始终把调查保护大庆石油会战时期的工业遗产放在首位。鸡西市对日伪时期建筑物进行全面调查和登录。鹤岗、佳木斯等地发现了大量日军侵华罪证遗址。七台河市对东北抗日联军战斗和密营遗址进行了调查和保护。伊春市作为林区和革命老区，充分抓住此次文物普查契机，开展了林业开发初、中期遗址、建筑、设施的调查和抗联革命遗址调查，取得了可喜成果。

（七）省、市、县联手共同推进实地调查工作。黑龙江省第三次全国文物普查实行市级责任制。多数地市文物管理站发挥了对县（市、区）文物普查部门的业务指导作用。佳木斯文物管理站的同志多次深入基层，协助调查，指导填写《不可移动文物登记表》，还对经费上有困难的县给予资助；绥化市文物管理站派专人逐县推进田野调查工作；伊春市文管站派业务人员到各县蹲点工作；齐齐哈尔市派业务人员到文物工作基础薄弱的县（市）指导调查。十月份，省考古所派专家前往漠河与当地普查人员开展驿站线路调查。省考古所专家除对10处清代古驿站进行文化线路的调查外，还新发现18处不同时期遗址。通过此次普查，黑龙江省形成了省、市、县联手攻坚克难的良好合作势头。

（八）积极参加各项活动，尽显普查队员风采。各地市、县普查队积极参与国家文物局、中国文物报组织的各项“三普”活动，收获颇丰。在国家文物局举办的第三次全国文物普查征文活动中，黑龙江省共投稿54篇，位列全国各省区第四，其中牡丹江市、鸡西市、鹤岗市、伊春市、林口县、尚志市、依安县、讷河市、汤原县、勃利县和北安市的14篇作品荣获优秀奖。摄影作品《林口县日军兵营遗址》和《北安县伪满商工金融合作社北安支社旧址》被收录在国家文物局主办的“聚集中国文化遗产摄影展第二届第三次全国文物普查摄影图片展”中。鸡西市鸡东县“半截河要塞”入选“2008年第三次文物普查重要新发现”。

（九）“三普”宣传更加深入。为配合第三次全国文物普查工作，各地市纷纷利用网络、报纸等媒体进行广泛宣传，营造良好的文物保护氛围。黑河市面向社会各界征集第三次文物普查宣传标语，对筛选出的优秀标语在黑河电视台黄金时段轮回播放；哈尔滨、佳木斯、黑河等地开辟了“三普”专题网站，大庆、佳木斯等地在当地报刊上连载“三普”调查成果。在一年一度的“5·18博物馆日”和“6·13文化遗产日”，各地张贴海报，展示“三普”成果专题展板进行宣传。大庆市文物普查办与大庆日报报业集团等单位联合举办了《大庆市第三次全国文物普查百题知识有奖竞赛活动》和《致市民一封信》的活动，大大提高了公众的文物保护意识。佳木斯市多位农民为普查队做向导，不计任何报酬，提供文物遗址线索50多条。

【长城资源调查】

2009年，黑龙江省长城资源调查工作按照国家文物局的总体部署，以及《黑龙江省长城资源调查工作实施方案》的计划安排，继续开展田野调查、资料整理及宣传工作。继续进行牡丹江边墙（唐长城）、金界壕遗址（金长城）的田野调查及资料整理工作。收获部分成果。迄今已完成牡丹江边墙60公里、金界壕遗址85.27公里调查任务，两处长城合计完成145.27公里田野调查任务。采集到了许多金代遗物，金界壕遗址发现3座烽火台，牡丹江发现574米墙段。

2009年1月，省文化厅建立了全国第一个长城资源调查网站——黑龙江长城资源调查网（www.hljcc.gov.cn），以宣传黑龙江及国内各省长城资源调查、长城保护工作为主要内容，扩大了黑龙江文物工作影响。

【文物保护工程】

启动第七批国保单位申报工作，12月底完成全部申报工作，共申报46个项目，涉及古遗址、古墓葬、古建筑、近现代重要史迹和代表性建筑。

《金上京会宁府遗址保护规划》通过省级论证，已上报国家文物局待批。《侵华日军第七三一部队旧址保护规划》通过三审论证，仍需修改。东北烈士纪念馆和哈尔滨文庙分别完成了大楼粉刷和建馆80年来的首次大修。刀背山墓地和八里城遗址列入国家发改委和国家文物局2010年文物保护设施抢救性建设项目。

省文化厅对宝清炮台山古城遗址抢救性设施建设、阿城区金上京会宁府遗址看护用房建设、哈尔滨伍连德纪念医院维修使用、霁虹桥和滨洲铁路松花江大桥保护、增补马迭尔宾馆为第五批省保、萧红纪念馆设计、哈尔滨世贸中心建设、第五批中国历史文化名镇名村推荐、黑龙江省美术馆馆舍维修保护工程、哈尔滨关道衙门旧址修缮、兴华煤矿增扩资源可能涉及勋山要塞安全问题等项目进行了论证和处理，有效保护了文物安全。

与29个市（县）签订了《制作树立省级文物保护单位保护标志工作责任状》，对哈尔滨市等21个市县下拨保护标志首批制作经费。完成67处“省保”单位保护标志碑文的修改任务。省级文物保护单位2009年的保护标志与界桩制作任务全面展开。下拨了2007、2008两年文物保护监察员补助费。

【考古发掘】

发掘伊春至绥化、齐齐哈尔至甘南高速公路遗址5处，面积4700平方米，发现文物700余件。调查勘探北安至黑河、建三江至虎林、虎林至鸡西高速公路，漠河机场至北极村公路，同江中俄跨江铁路大桥及各地风电场项目20多个。成功承办中国考古学会第十二次年会。出版《肇源白金宝遗址》《渤海国上京城》《宁安虹鳟鱼场渤海墓地》3部共6册考古发掘报告。

【博物馆】

黑龙江省近年来博物馆事业发展迅速，2009年黑龙江省博物馆总数达到115座。其中文化系统67座，其他行业23座，民营博物馆25座。行业和民营博物馆的比重明显增加，加强对博物馆的宏观管理，推进第三批地市级博物馆免费开放工作和文物调查及数据库管理系统建设，实施博物馆陈列展览精品工程，加速黑龙江省博物馆新馆、渤海遗址博物馆工程的前期建设和东北抗联博物馆的改扩建工作。

（一）扶持行业和民营博物馆建设，加强博物馆宏观管理工作

近年来，黑龙江省行业、民营博物馆呈现出快速增长趋势，文物部门管理的国有博物馆之外，行业部门和高校及个人兴办的农垦、石油、大学、艺术、科技、地矿等专题博物馆发展迅速，并显示出旺盛的发展潜力，行业和民营博物馆总数已增加至48座。

行业和民营博物馆的存在对国有博物馆文物收藏和保护管理是一种补充。对行业博物馆进行有效管理，不但提升了这些博物馆的业务管理水平，也使公益性博物馆无力收藏的部分文物得以妥善保管，其举办的陈列展览也是国有博物馆之外的重要宣传阵地。2009年，黑龙江省文化厅组织北大荒博物馆、大庆油田历史陈列馆、大庆铁人纪念馆立足本行业特点，专题征集与农垦、大庆油田开发历史及相关文物，发掘文物内涵，举办专题陈列，取得了良好的社会效益，对行业和民营博物馆的管理成效显著。大庆铁人纪念馆在2008年被评为国家首批一级馆的基础上，其基本陈列获2009年十大精品陈列奖。这是省文物行政部门探索对全省各种类型的博物馆实行宏观管理的一次成功实践。

（二）开展第三批地市级博物馆免费开放，实现文化成果人民共享

根据中共中央宣传部、财政部、文化部、国家文物局《关于全国博物馆、纪念馆免费开放的通知》（中宣发［2008］2号）文件要求，黑龙江省2008年初以来省直四馆及全国爱国主义教育示范基地等8馆率先向社会实行常年有序免费开放。2009年，率先免费开放的8馆共接待观众3852333人次，其中接待青少年观众1514613人次，青少年观众占参观人数的40%，参观人数是免费开放前的5~6倍。免费开放博物馆共举办基本陈列17个，临时展览46个。在此基础上，2009年还开展了第三批市县级博物馆免费开放工作，年初在广泛调研的基础上，向国家文物局上报2009年拟免费开放的黑龙江省市县级文物系统博物馆免费开放名单，并将门票收入及运营经费统计上报，积极配合财政部门深入基层调研，及时有序地推进黑龙江省文物系统内博物馆全部实行免费开放。为做好免费开放工作，2009年，黑龙江省文化厅重点做了以下工作：

1. 为避免观众人数急剧增多引起拥堵现象，保证观众参观质量，省文化厅在广泛调研的基础上采取了一系列相关措施：一是采取“免费不免票”的办法控制观众流量。在节假日人数急剧增多时，及时调整门票发放数量，并适当延长发放时间，尽可能满足观众需求。二是对团体参观采取提前一周预约的方式，适当错开市民观众参观高峰期。三是增加义务讲解次数。根据观众量的上升增加义务讲解次数，省直四馆由原定的每天两场增加至六场，并针对不同的观众群体实施各种不同的讲解方式，力求满足不同层面观众需求。

2. 加强管理制度建设，强化内部规范管理。出台《免费开放实施方案》《对观众免费开放服务管理制度》等，进一步规范工作，服务观众。成立应急指挥机构，制定《火灾事故应急处置预案》《群体性突发事件应急处置预案》等应急预案，力争在第一时间解决问题，将损失控制在最小范围内。加强工作人员管理。对工作人员进行集中培训，强化服务意识和文明礼貌意识，用自身的文明行为引导观众文明参观，共同打造博物馆高雅文化殿堂。

3. 加强安全措施，建立联动机制。免费开放后，观众人数激增，对文物、人员和场馆设施安全都造成巨大压力。逐步在领票处和入口处增设安全围栏，增加保安人员组织疏导，引导观众排队入场参观，形成良好的参观秩序。黑龙江省已有8个博物馆设置了电子安检门、监控探头，利用电子监控设备对展厅内重点文物进行严密监控，增加展厅内安全护栏数量，悬挂安全警示标牌，切实保证观众人身安全和文物安全。

4. 提升展陈质量。免费开放后虽然会在短期时间内令观众数量剧增，但是，长期固定不变的陈列内容不能满足广大人民群众日益增长的文化需求。各馆坚持“三贴近”的原则，不断更新办展手段，提升陈列展示水平。黑龙江省博物馆举办的“馆藏精品‘每月一星’特别展览”，以新颖的形式开创了黑龙江省博物馆专题陈列常换常新、规律有序的先河，吸引了大量观众的参观。

（三）发挥博物馆宣传作用，举办特色陈列展览

省直及地市博物馆根据馆藏文物特点举办临时陈列展览：黑龙江省博物馆“凝固的乐章——中国古典建筑与传统木工具”“寻觅从林中的精灵——黑龙江省博物馆与哈师大联合野外考察成果展”“活体恐龙展”“省博物馆新馆建筑方案展示”；东北烈士纪念馆推出反映全国纪念馆特色建筑的专题展览“共和国的纪念”；黑龙江省民族博物馆“鱼皮、桦树皮和兽皮少数民族文化展”；革命领袖视察黑龙江纪念馆“毛泽东与贺子珍”“颐园街建筑史话展”；哈尔滨市艺术馆举办“王靖祥工笔画展”“哈尔滨地区‘三普’成果展”；齐齐哈尔市博物馆“动物标本科普知识展”“三十年来教育成果展”“黑龙江省著名商标展”“航天英雄从这里走来”等；黑河市博物馆“建国60周年成就展”“中俄摄影展”“中俄青少年书画展”“城市建筑摄影展”等。

（四）组织专家严密论证，精心打造博物馆陈列精品

积极组织全省各类博物馆利用特色文物资源举办具有地域收藏特色的文物举办专题陈列。并组织专家对全省各级各类博物馆的陈列展览进行内容和形式论证把关，这是博物馆能否推出陈列精品的重要环节之一。2009年，组织专家重点对“黑土英魂——东北烈士纪念馆基本陈列”“石油魂——铁人王进喜生平业绩陈列”进行论证，同时对其参评全国十大精品陈列进行策划和业务指导，两馆在2009年度全国十大优秀陈列展览评选中，双双荣获十大精品奖。

（五）黑龙江讲解在“全国讲解大赛”中再获佳绩

参加为庆祝新中国成立60周年，由国家文物局、中国博物馆学会、中国文物保护基金会、中国文物报社主办，沈阳张氏帅府承办的“全国文化遗产保护宣传讲解大赛”。

经过精心培训和选拔，黑龙江省代表队最终由东北烈士纪念馆的四名讲解员和黑龙江大学博物馆的两名英语讲解员共同组成。6名选手均进入决赛，并取得了团体一等奖，个人单项一等奖1名、二等奖1名、三等奖4名的骄人成绩，展示了黑龙江文博讲解队伍的专业水平，讲解风格和鲜明个性。

（六）推进文物调查及数据库管理系统建设

根据国家文物局《关于全面推进文物调查及数据库管理系统建设项目的通知》的要求，迅速启动黑龙江省藏品数字化建设工作，成立工作机构，制定黑龙江文物调查及数据库管理系统建设项目工作方案，并上报国家文物局。

按照国家文物局关于项目数据采集对设备技术参数的要求，利用国家文物局拨付的第一笔项目建设资金，配合计财处完成项目建设最基本设备的政府集中采购工作。

分两期召开《黑龙江省文物调查及数据库管理系统建设项目业务人员培训班》。培训班采取先试验后推广的方式，先在哈尔滨市举办省直博物馆培训试讲班，之后根据试讲的效果调整授课内容。在大庆市正式召开《黑龙江省文物调查及数据库管理系统建设项目业务人员培训班》，为期8天，培训对象包括省直博物馆、地市博物馆或文管站及县级重点博物馆的电脑录入、藏品保管及研究、文物摄影等方面专业人员。两次培训90余人次。

根据项目建设要求，摸清文物收藏家底。按照黑龙江省藏品数字化工作计划，省直馆及地市博物馆或文管站，按照省文化厅下发的藏品收藏清单，将本单位及辖区内收藏单位的珍贵文物汇总后报省文化厅。按照统计数字，黑龙江省有三级以上珍贵文物16662件（套），其中一级品277件（套）。

根据黑龙江省藏品收藏情况及工作实际，分步开展藏品数字化工作。黑龙江省16662件珍贵藏品中有一万余件收藏在省直文博单位，因此藏品数字化工作集中在省直文博单位及部分地市中心博物馆中进行。截止到2009年年底，黑龙江省藏品数字化工作已在全省展开。

（七）推进大型博物馆的新建和改扩建工作

1. 黑龙江省博物馆新馆建设

黑龙江省博物馆新馆建设是省委、省政府决定的重点工程项目。在省政府领导和有关部门的支持下，省文化厅全力推进了博物馆新馆建设工作。

2009年初，组织设计单位哈工大建筑设计研究院根据哈尔滨市规划局的意见，对省博物馆新馆修改方案。5月，经过专家论证，哈尔滨市规划局批准哈工大建筑设计院的中标方案为实施方案。8月中旬，哈工大设计院完成建筑方案初步设计。9月，该方案通过中国建筑设计咨询公司有关专家的论证。

在组织哈工大建筑院进行初步设计的同时，省文化厅组织有关人员办理规划用地许可证，进行建筑方案土地、规划、消防、人防、卫生、安全等系列审批工作。并结合博物馆馆藏文物和标本，开展了征集、文物标本制作，充实完善陈列设计大纲。

2. 东北抗联博物馆的改扩建

根据哈尔滨市规划局《关于黑龙江省革命博物馆改扩建（东北抗联博物馆）项目规划建筑设计条件》的书面意见，东北烈士纪念馆邀请黑龙江省城市规划勘探设计研究院专家，对该项目做改扩建方案平面设计，并通过现场勘探，形成东北抗联博物馆扩建工程岩土工程勘察报告和勘察工程预算书。

根据黑龙江省文化厅的申请，省机构编制委员会已批复同意撤销东北烈士纪念馆加挂的黑龙江省革命博物馆牌子，改为加挂东北抗联博物馆的牌子。

在东北抗联博物馆筹建期间，东北烈士纪念馆一直组织研究人员开展东北抗联博物馆陈列展览大纲的研究编写工作和陈列形式的概念设计工作。并根据陈列设计方案做出了陈列概念设计文字构想和陈列概算。

东北抗联博物馆的扩建方案已上报省发改委审批。

3. 推进渤海遗址博物馆主体工程建设

已完成渤海遗址博物馆建筑方案初步设计、施工图设计，举办施工合同签字仪式。2009年6月工程开工，已完成道路平整、输电线路架设、打井、场地铺垫工作，主体工程年底前封顶。

开展渤海上京遗址博物馆文物征集、陈列展览工作。已初步完成渤海遗址博物馆陈列大纲细化工作。

【中国文化遗产日宣传活动】

2009年6月13日，省暨哈市充分利用“中国文化遗产日”，以省会哈尔滨市为中心，举行了大型集中宣传活动，举办“‘三普’展览”“长城资源调查展览”“博物馆展示”等展览。省政协副主席陶夏新、省政府副秘书长衣恩普、省委宣传部副部长潘春良等省领导参观了在哈展览。文化遗产日既向社会宣传了文化遗产知识，又成为省领导了解文物工作的窗口。各地也通过“中国文化遗产日”大力开展广场宣传，张贴海报，散发宣传单，举办“三普”成果展览，展示了广大文物普查工作者的精神风貌。

【执法督查与安全保卫】

依法处理依兰县五国城遗址遭受严重破坏事件、甘南县金界壕遗址遭工程破坏事件，维护了文化遗产的尊严。为迎国庆保安全，对7个市县国保单位安全状况及2008年保护标志碑安装工作进行了专项检查，提出了整改意见。

【机构与人员】

全省共有文物管理机构99个，其中省级文物管理机构1个，地市级文物管理机构13个，县（市、区）级文物管理机构85个。各级管理人员389人，文博系统的各级各类博物馆工作人员581人。其中具有高级职称人员133人，中级职称的人员288人。

全省现有文物保护工程乙级勘察设计资质单位2家，分别是牡丹江市文物管理站、哈尔滨工业大学建筑设计研究院。

【表彰与荣誉】

黑龙江省林口县被文化部、国家文物局公布为全国文物工作先进县。

江苏省

【文物保护与管理】

大运河（江苏段）遗产保护第一阶段规划编制。江苏省文物局分别在扬州、无锡两地召开苏北苏中片、苏南片大运河保护规划编制工作联席会议，明确时序进度要求，加大对大运河沿线8市保护规划编制进展情况调研督查的力度。2009年6月4日，由省政府11个部门有关领导和运河沿线8市分管市长组成的大运河（江苏段）遗产保护与申遗市厅际会商小组成立并召开第一次会议，副省长曹卫星到会讲话。各地组织落实到位，经费配套到位，确保第一阶段保护规划编制任务按时完成，并通过省级专家组审查验收。按照国家文物局要求，大运河保护第一阶段规划由所在市人民政府批准公布，扬州市、淮安市的规划已由市政府批准公布，其他市也在陆续公布之中。江苏的大运河保护与申遗工作一直走在全国前列，得到国家文物局的充分肯定。加强文化线路研究和线性遗产保护，利用第三次全国文物普查之机，进一步摸清运河沿线的文物资源，拓展运河文物品类，集中力量做好运河沿线文物保护单位维修保护和历史文化名城名镇名村保护工作，为大运河保护与申遗奠定基础。

第三次全国文物普查第二阶段实地文物调查。截至2009年8月31日，江苏13个省辖市106个县级行政区域实地文物调查完成率均达到100%，在全国率先完成实地文物调查阶段性工作。截至年底，全省共调查登录不可移动文物点21299处，其中新发现13371处，复查7928处，新发现文物占调查总数的63%。苏州志仁里、句容城上村遗址、太仓海运仓遗址入编国家文物局《2008年第三次全国文物普查重要新发现》。在国家文物局“第三次全国文物普查摄影图片展”活动中，江苏省普查办荣获组织奖，9位同志的8幅作品入展，3幅作品获优秀奖。在“第三次全国文物普查征文活动”中，江苏有7篇论文入选。省普查办在全国首创开展江苏省第三次全国文物普查十大新发现的评选活动，并率先编辑出版《江苏省第三次全国文物普查——新发现》。《中国文物报》对江苏普查工作模式进行宣传推广。省普查办组织专家赴南京、连云港、徐州、宿迁、苏州等地开展巡查，召开文物普查工作分片座谈会，对全省各地文物普查工作进行全面了解和督查。省文物局从省普查经费中拨出专款，支持宿迁、连云港、淮安、徐州、盐城、南通等地做好普查工作。组织专家赴宿迁地区进行蹲点帮扶。协商南京军区等有关军事机关，较好地解决军事管理区文物普查难点问题。举办第三次全国文物普查登录工作培训班，集中解决全省普查实地调查和数据信息登录工作中遇到的实际问题。省普查办制定下发《江苏省第三次全国文物普查实地调查阶段验收实施办法》，积极协助国家普查办组织对常熟市第三次全国文物普查实地文物调查阶段国家级验收试点工作，在丹阳市组织省级验收试点，并联合各省辖市相继开展市级验收试点工作。截至2009年末，全省106个县区有89个已经完成验收工作，其余各县区将于2010年春节前全面完成。国家普查办在太仓市召开东部片区第三次全国文物普查验收工作试点会议，总结推广江苏普查验收经验。根据国家文物局的要求，协助青海省完成兴海、河南、泽库、玉树等四个县域范围内的文物普查实地调查及数据录入工作。

第七批全国重点文物保护单位申报。5月，省文物局召开全省第七批全国重点文物保护单位申报工作会议，对第七批国保单位申报时间及程序、材料内容、申报文本制作提出明确要求。7月，组织第七批全国重点文物保护单位申报工作培训班，各市、县（区）90余人参加培训。各地结合第三次全国文物普查新发现的成果，积极申报，并注重乡土建筑、工业遗产、20世纪遗产等新型遗产品类的保护。各市按期递交第七批全国重点文物保护单位申报材料，省文物局于12月如期完成江苏第七批全国重点文物保护单位申报材料集中上报工作，申报数目达255个。

第四至六批省级以上文物保护单位保护范围和建设控制地带划定。自1996年第四批省级以上文物保护单位公布后，全省第四至六批省级以上文物保护单位保护范围和建设控制地带划定工作一直未能完成。2009年，借助第七批全国重点文物保护单位申报的契机，省文物局集中推进全省第四至六批省级以上文物保护单位保护范围及建设控制地带划定工作。8月，省文物局、省住房和城乡建设厅联合召开全省第四至六批省级以上文物保护单位保护范围及建设控制地带划定工作督察会议，进一步加大对此项工作的推进力度，并予以措施保障。截至年底，全省尚未完成此项工作的12个省辖市市级层面的工作已全部完成，划定方案文本已报送省文物局、省住房和城乡建设厅，省文物局、省住房和城乡建设厅联合对各地上报文本进行审核。无锡市的划定文本已经获得省政府批准，由省文物局、省住房和城乡建设厅联合公布。

历史文化名城名镇申报管理和历史街区保护。2009年1月，国务院批准公布南通市为国家历史文化名城，至此江苏拥有国家历史文化名城9座。省文物局会同省住房和城乡建设厅，先后向省政府推荐兴化市沙沟镇、江阴市长泾镇等5个镇、村为江苏省历史文化名镇、名村；向国家住房和城乡建设部、国家文物局推荐苏州市东山镇、无锡市荡口镇等8个镇、村为中国历史文化名镇、名村。省文物局、省住房和城乡建设厅联合拟订《关于进一步规范我省历史文化名城名镇名村申报认定工作的通知》，报请省政府下发。扬州市文化博览城建设、无锡市创建历史文化名城群工程取得新进展。

文物保护单位维修保护。江苏省文物局组织开展第二届江苏省文物保护优秀工程评比活动，共有71个工程项目报名参评。11月，省文物局举行全省文物保护优秀工程评比表彰大会暨全省文物保护工程业务培训班，20个优秀工程项目获奖，近300名同志参加培训，全省文物维修保护工程队伍素质得到进一步提高。全年审核审批有关文物保护的方案、规划103个，南京净觉寺等一批文物古迹得到及时维修保护并对社会开放。列入2007年启动实施的第一批全省名人故居、古民居抢救保护工程的10个项目绝大部分已经完成，同时确定第二批6个项目，10月下旬，省文物局与第二批项目所在市文物行政部门签订责任状，11月下旬在项目之一的仪征市盛氏兄弟故居抢救保护工程现场举行启动仪式，标志着第二批全省名人故居、古民居抢救保护工程正式实施。

大运河保护和申遗市厅际会商小组成立。根据国务院以及国家“大运河保护和申遗省部际会商小组”第一次会议要求，江苏省政府决定成立“江苏省大运河保护和申遗市厅际会商小组”，会商小组组长由副省长曹卫星担任，副组长由省政府副秘书长唐建和省委宣传部常务副部长、省文化厅厅长章剑华担任。会商小组成员单位联络员由各部门相关处室和各市文化（文物）局负责人担任。会商小组由省发展和改革委员会、省财政厅、省国土资源厅、省环境保护厅、省建设厅、省交通厅、省水利厅、省文化厅、省测绘局、省文物局、省南水北调办公室等11个部门有关领导和运河沿线的徐州、宿迁、淮安、扬州、镇江、常州、无锡、苏州等市人民政府分管市长组成。6月4日，省政府在南京召开“会商小组”第一次会议，副省长曹卫星出席会议，并对此后一段时期江苏省大运河保护和申遗工作提出要求。

第二届江苏省文物保护优秀工程评比。根据《文物保护法》和文化部《文物保护工程管理办法》，2009年3月，江苏省文物局启动第二届江苏省文物保护优秀工程评比活动，共收到全省申报项目71个，其中申报优秀设计奖16个、优秀工程奖29个、工程组织奖19个、特别贡献奖7个。经专家组无记名投票，确定苏州市计成文物建筑研究设计院等20个单位获第二届江苏省文物保护优秀工程相关奖项。11月17日，江苏省文物局在南京举行第二届江苏省文物保护优秀工程评比表彰大会，全省13个市文化（文物）局分管局长、文物处处长，第二届江苏省文物优秀工程获奖单位及来自全省各资质单位的主要负责人参加会议。省文化厅党组成员、南京博物院院长龚良出席会议。

江苏省3处文物点入编《2008年第三次全国文物普查重要新发现》。2009年3月，由国家文物局主编的《2008年第三次全国文物普查重要新发现》正式出版，全书以图文并茂的形式，从全国各地众多新发现不可移动文物中，遴选147项重要发现进行展示。江苏省共有3处重要新发现入编，其中句容城上村遗址、太仓海运仓遗址入编古遗址类重要新发现，苏州志仁里入编近现代重要史迹及代表性建筑类重要新发现。

对口支援青海省第三次全国文物普查工作。根据国家文物局《关于请协助青海省做好第三次全国文物普查工作的函》，2009 年 9 月，江苏省文物局组织人员赴青海省考察文物普查基本单元工作开展情况，并就文物普查对口支援工作事宜与青海省文物局商议，签订《江苏省文物局对口支援青海省文物局文物普查工作协议书》。根据协议，2009 年 9 月 ~12 月，江苏省对口支援青海省海南藏族自治州兴海县、黄南藏族自治州河南县、泽库县、玉树藏族自治州玉树县等四个县域范围内的文物普查实地调查及数据录入工作的开展。截至年底，四县共调查登录不可移动文物点 215 处，其中新发现 69 处，复查 146 处。

【博物馆】

县级博物馆展览展示和服务水平提升工程。此项工程由省文物局统一组织，市级文物行政部门予以指导，县级文化（文物）部门负责实施，所需经费由省级财政给予补贴，地方财政给予一比一以上的资金配套。吴江博物馆、盱眙县黄花塘新四军军部纪念馆等 10 家县级博物馆入选 2009 年全省县级博物馆展览展示和服务水平提升工程实施单位。在充分挖掘各地地域文化特色和馆藏文物特点的基础上，通过提升工程的实施，打造一批精品工程和服务项目，更好地为基层群众服务。

全省馆藏文物精品巡展。2009 年，江苏省文物局策划组织“南京云锦特别展”“汉画像石精品拓片展”“南京博物院藏扬州八怪书画展”“金玉满堂——宁镇扬馆藏金银器玉器联展”和“世界精品蝴蝶展”5 个展览，先后在南京、扬州、徐州、仪征、张家港、吴江等 11 个市县博物馆和高校展览馆巡回展出。展览按照“贴近实际，贴近生活，贴近群众”的要求，集中各馆文物精品，突出地域文化特色，宣传江苏特色文化，受到展出地广大群众的普遍欢迎。南京博物院全年接待海内外观众达 60 余万人次，其中外宾 10 万人次、大中小学生 26 万余人次。2009 年 11 月，在“台湾—江苏周”活动期间，南京博物院与台北故宫博物院就两院合作事宜达成若干共识。在第八届（2007 ~ 2008 年度）全国博物馆十大陈列展览精品评选活动中，江苏的南京大屠杀遇难同胞纪念馆“人类的浩劫——侵华日军南京大屠杀史实展”荣获精品奖，常州博物馆“神奇的自然，美丽的家园——常州博物馆自然资源陈列”被评为“最佳创意奖”。

馆藏文物调查及数据库管理系统建设。江苏省文物局下发《关于开展全省文物调查及数据库管理系统建设工作的通知》，全面启动全省馆藏文物调查及数据库管理系统建设。8 月，省文物局召开全省文物调查及数据库管理系统建设工作会议并举办业务人员培训班，对各市工作组和项目试点单位计 60 多人进行业务培训。项目建设和试点单位数据采集工作有序开展，部分单位已基本完成数据采集工作，进入数据审核报送阶段。

博物馆设立审批与评估定级。在 2009 年国家文物局博物馆评估定级评选工作中，江苏的南京市博物馆等 12 家博物馆入选国家二级博物馆，南京市云锦博物馆等 15 家博物馆入选国家三级博物馆。加强对博物馆设立、藏品交流的审批和藏品保护的审核工作，先后审批东海圣时水晶博物馆、金陵竹刻艺术博物馆等一批新设立博物馆的申请。南通、淮安、常州等地博物馆群建设进展顺利。完成全省馆藏鉴定文物的初选工作，确定拟定级馆藏一级、二级、三级文物收藏单位和数量，完成拟定级一级、二级文物的定级评审鉴定书，并组织专家对连云港、南京、盐城、南通、镇江、扬州等市的馆藏文物进行定级。做好馆藏文物保护方案的审核论证，通过汉代贴金琉璃棺席修复、新四军纪念馆纸质文物修复等一批文物修复方案。组织开展苏州丝绸博物馆、南京市太平天国历史博物馆申报可移动文物技术保护设计资质单位和修复资质单位工作。

博物馆安全防护方案审批及其工程审核验收。省文物局审核批复漕运博物馆、茅山新四军纪念馆等7家单位的安防设计方案；与省公安厅联合组织对苏州碑刻博物馆、常州博物馆安防系统工程进行验收；对苏州博物馆新馆、无锡博物院安防工程进行检查。

【考古发掘】

抢救性考古发掘。配合国家基本建设，组织实施沪通铁路、宁启铁路、沪宁城际铁路、宁杭城际铁路等跨省市的线型工程以及张家港沙洲电厂工程等10余项建设工程的考古调查、勘探和发掘工作，发掘各类遗址墓葬共22845平方米，出土大批各时代的珍贵文物。2009年6月，省文物局组织编制的《南水北调工程江苏段文物点文物保护规划》通过国务院调水办组织的专家评审。无锡阖闾城遗址入选国家文物局“2008年度全国十大考古新发现”，梁王城遗址考古荣获2008～2009年国家文物局田野考古奖三等奖，张家港市东山村新石器时代遗址考古被评为中国社会科学院考古学论坛“2009年度中国考古六项重大新发现”。南京博物院与无锡市联合主办“2009东亚古遗址保护国际学术研讨会”，加强中日韩三国在大遗址保护方面的交流与合作，对东亚地区大遗址保护理论体系走向成熟起到了积极的推动作用。

梁王城遗址考古发掘属于南水北调东线工程历时最长、发掘规模最大的文物保护项目，历时5年，发掘总面积10200平方米。遗址文化层堆积深厚，内涵丰富。最早为新石器时代的大汶口文化，其后依次为龙山文化层、西周文化层、春秋战国文化层、北朝—隋文化层及宋元文化层。

【社会文物】

全省现有文物拍卖企业13家，其中，具有一类资质的4家，二、三类资质的9家。2009年共审核文物拍卖21场（次），经审核允许上拍的涉及文物拍卖的标的6333件，撤拍涉及文物拍卖的标的7件。抓好“拍前审核、拍中监督、拍后备案”三个阶段的管理，江苏文物拍卖企业等文物市场发育程度、管理力度和服务水平始终居于全国同行前列。2009年，江苏省文物局承担国家文物局文物拍卖资质专业人员试点工作，为国家文物局制定相关政策提供依据。

【文物法制建设】

文物行政执法机构建设。截至2009年底，江苏省10个省辖市已经完成文化行政综合执法改革，淮安市楚州区等一批县级行政区也已完成，其中楚州区文物行政执法机构核定为副局级编制。常州市文物行政执法体制改革走在全省前列，应邀在全国文化行政执法体制改革会议上作执法体制改革经验介绍。全省文物行政执法人员共计629名。

江浙沪文物行政执法合作工程。经多次商讨和专家论证，《江浙沪文物行政执法合作宣言》《江浙沪文物行政执法合作协议》等文本已基本确定。江苏省文物局在常州、苏州举办江浙沪文物行政执法合作培训班，启动三地执法合作工程。江浙沪文物行政执法合作机制得到国家文物局和江苏省有关方面的充分肯定。

文物保护奖励制度。省文物局确定

徐州、淮安、常州三市为2009年扩大试点单位，指导出台依法保护文物奖励制度和落实机制，三市分别拿出10万元用于表彰奖励在文物保护工作中作出突出贡献的社会各界人士。

文物法制建设。指导无锡市制定《无锡市历史文化遗产保护条例》，对《南京市中山陵园风景区管理条例修正案（草案）》等地方性法规提出修改意见。

文物安全。全年各级各类文物保护单位、文博机构未发生人为安全事故。南京博物院二期改扩建工程10多万件珍贵文物大规模集中迁移，实现万无一失。徐州、镇江等地将文物安全工作放在文物保护工作的重要位置，落实责任，加强巡查，确保安全。徐州市制作《文物安全检查表》，要求被查单位负责人逐一对照、签字备案。

执法督察和案件查处。省文物局制定《2009年文物行政执法示范单位验收标准》，对申报单位文物法制培训、文物行政执法机构建设、文物行政处罚等方面工作进行检查，提出整改意见。苏州、常州、丹阳等10个市县被评为2009年江苏省文物行政执法示范单位。加强执法督察工作。省文物局接待处理无锡小娄巷、南京老城南等一批群众来信来访、国家文物局交办信访件和行政复议案件，依法作出处理决定，并及时向国家文物局汇报情况。2009年，全省文物系统开展文物行政执法巡查10719次，查处重大文物违法案件15起，罚款人民币80多万元，533件珍贵文化遗产得以挽回并得到及时有效保护。在省文物局的督办下，淮安市楚州中学投入700多万元，重建被违法拆除的“中共中央华中分局旧址”东楼，对当地的文物保护工作起到很大的警示作用。经省文物局指导督查的“刘锦香发现文物隐匿不报案”“徐州日成房地产开发有限公司破坏汉代古墓葬案”等案例分别获全国文物行政处罚案卷评比优秀奖和良好奖，获奖案卷数量全国最多。加大运用刑事手段打击文物领域违法犯罪活动力度，向公安机关移交文物违法案件13起，一批文物违法犯罪分子被追究刑事责任。扬州市文物部门积极配合公安机关集中破获一批盗墓案件，追缴一批出土文物，20余名犯罪嫌疑人落入法网，其中4人被判刑。

【表彰】

2009年7月，江苏省2007～2008年度全省政府法制系统先进集体和先进个人评选活动结果揭晓，江苏省文物局被授予“2007～2008年度全省政府法制工作先进集体”荣誉称号。

【科研及人才培养】

2009年，省文物局先后组织完成国家文物局2009年度文物科研课题、文化遗产保护“十二五”规划战略研究课题的申报工作，完成2008年度江苏省文物科研课题评审立项、2009年度江苏省文物科研课题申报、2006年度江苏省文物科研课题结项、《2002～2006年度省级文物科研课题成果汇编》编辑等工作。《第二届江苏省文物保护优秀工程评比集粹》《江苏省文博论文集2009》编辑出版。江苏省文物局束有春同志撰写的《江苏戏曲文物研究》一书荣获2008年度全国文博考古“十佳图书”称号。各地普遍重视和加强文物信息宣传工作，江苏文物宣传工作走在全国前列，在《中国文物报》的发稿量位居前五位（含国家文物局）。

江苏省文物局先后组织第七批全国重点文物保护单位申报工作培训班、江苏省文物保护工程资质队伍管理培训班、全省文物调查及数据库管理系统建设培训班、江苏省第三次全国文物普查登录工作培训班等多个高水平培训班，完成各类人员培训逾1000人次。为配合国家文物局60周年国庆表彰活动，省文物局在全省开展从事文物、博物馆工作30年、60年及中国文物、博物馆事业杰出人物表彰推荐工作，245名同志荣获荣誉证书，宋伯胤、蒋赞初获“中国文物、博物馆事业杰出人物”称号。

2009年12月28日～30日，江苏省文物局在南京举办“十二五”规划项目及经费编制培训班，启动江苏文物保护事业“十二五”规划编制工作。13个市及南京博物院的有关负责人、“十二五”规划编制人员等40余人参加培训。培训班总结江苏“十一五”期间文物保护事业取得的成绩，明确“十二五”规划编制工作的意义、目标和要求。国家文物局相关负责同志对国家文物保护项目及经费需求、“十二五”规划编制的主要政策问题和项目填报工作作了介绍，对国家文物局“十二五”规划编制思路作了说明。

【文物宣传】

2009年6月13日是我国第四个文化遗产日，第四届江苏省文物节同时举办。江苏省确定的活动主题是“江苏文物工作六十年”。各地紧扣这一主题，集中宣传六十年来江苏文物事业所走过的不平凡历程、取得的不平凡成就。6月13日上午，江苏省文化厅、江苏省文物局在南京博物院举行第四个文化遗产日暨第四届江苏省文物节开幕仪式，省人大常委会副主任朱龙生，省政协党组副书记、副主席张九汉，以及省暨南京市有关方面领导出席开幕式，为“江苏60年征集文物展”“‘锦绣江苏’织绣艺术精品展”等展览展示揭幕，为江苏荣获“中国文物、博物馆事业杰出人物”及“文物、博物馆工作60年”的代表宋伯胤、梅晓春颁发荣誉证书。“双节”期间，全省各地组织展览、讲座、论坛、社会宣传等系列活动累计达200多项。省文物局在南京图书馆举办“江苏文化遗产事业科学发展论坛”，到场观众达400多人。组织省级报纸、电视、广播、网络等媒体开展江苏文物事业60年专题宣传，新华日报整版报道，江苏卫视深入盐城、徐州、扬州、南京等地实地采访。省文物局组织的文化遗产“三进（进学校、进社区、进军营）”宣传活动，历时三个月，在16个单位巡回展出，参观人数超过2万人，取得广泛的社会影响。

2009年，江苏省文物局协助国家文物局成功举办大运河保护与申遗扬州系列会议、第四届中国文化遗产保护无锡论坛——文化线路遗产保护、薪火相传——中国文化遗产保护年度杰出人物无锡颁奖典礼暨事迹报告会、中国大运河文化遗产保护无锡峰会等一系列重要活动。

太仓市被文化部、国家文物局评为“全国文物工作先进县”。扬州中国雕版印刷博物馆（扬州博物馆）、常州博物馆，洪泽县洪泽湖博物馆馆长裴安年、金坛市博物馆馆长李国平、无锡市文化遗产局文化遗产处处长杨建民、泰兴市博物馆馆长赵固平，分别被国家人力资源和社会保障部、文化部评为全国文化系统先进集体和先进个人。江苏省文物局被省委宣传部、省司法厅、省人事厅、省法宣办评为“江苏省‘五五’普法中期先进单位”，被省人事厅、省政府法制办评为“全省行政复议工作先进集体”，获国家文物局颁发的第二届全国文物行政处罚案卷评比活动“组织奖”。

【工业遗产保护】

2009年11月18日～21日，江苏省政协文史委员会组织部分委员在省文物局有关人员的陪同下，先后赴南通、无锡、常州三市进行实地调研考察，专题调研工业遗产保护工作，为加强工业遗产保护工作建言献策。期间，调研组分别听取三市人民政府及规划、文物等相关部门的工业遗产保护工作汇报，实地察看南通唐闸镇近代工业遗存片区、无锡民族工商业博物馆、北仓门文化创意园、常州运河五号文化创意园区（原国棉五厂）、梳篦博物馆等工业遗产，并与有关方面进行座谈交流。

此前，省政协文史委员会全体委员听取省文物局关于全省工业遗产保护工作情况的介绍，并就工业遗产的定位、分布、保护方式方法等问题进行交流。省政协副秘书长唐立鸣参加通报会。

【文物保护经费检查】

2009 年 8 月，江苏省文物局会同省财政厅、省文化厅联合组成检查组，分苏南、苏中、苏北三片，对全省 2006 ~ 2008 年度省级以上文物保护经费使用和管理情况进行专项检查，形成检查分析报告。此次检查采取全面普查与重点抽查结合、账目检查与项目实地检查结合、经费检查与工作调研结合，全面了解文物保护专项经费使用情况和存在问题，对规范和促进经费管理工作，建立经费使用绩效评估机制，提高专项经费管理水平和使用效益有着重要意义。

【不可移动文物保护】

2009 年，浙江省继续全面提升不可移动文物的保护、利用与管理水平，加大文物保护抢救力度，推进文物保护工程的实施和管理，加强对杭州飞来峰造像、绍兴禹庙保护利用工程等 6 项浙江省第一批文物保护利用示范预选项目的跟踪管理和实地指导，在全省范围内推广了文物保护单位科学维修理念、规范化工程及合理、适度利用的经验与模式。全省严格坚持文物保护工程项目管理制度，加强对维修工程的资质审核和质量管理，审查、批准了磐安榉溪孔氏家庙等 60 余处省级以上文保单位维修方案，实施了杭州之江大学旧址（一期）维修工程等一批文物保护单位维修工程。湖州双林三桥等一批省级以上文保单位维修工程通过竣工验收或初步验收。浙江省文物主管部门继续做好保护单位设计资质、施工单位施工资质的审核、报批，授予临海古建工程公司等 2 家单位相应的文保工程施工资质，受理了 13 家单位的文保工程勘察设放施工资质申报申请，并进行了专业审查。全省各地继续重视文物保护基础性工作，完成了平湖莫氏庄园等 6 处省级以上文保单位保护规划的省级论证。温州瓯海四连碓造纸作坊等 6 处保护规划上报省政府审批。第五批省级文物保护单位记录档案建档工作进展顺利，73 处第五批省保单位记录档案获审查通过，淳安龙门塔等 24 处省级以上文保单位保护区规划划定方案被审定。全省完成了第七批全国重点文物保护单位的申报推荐，启动了第六批省级文物保护单位的申报推荐；并继续做好历史文化名城、历史文化街区、村镇的保护管理，继续会同省建设厅抓好相关保护规划的编制、审查和实施，继续履行省城市规划审查联席会议成员单位的职责，主动介入城市总体规划及其他相关规划的审查，先后参与了嘉兴新塍、永康厚吴、德清新市等历史文化村镇的保护规划审查。

截至 2009 年底，浙江省共有全国重点文物保护单位 132 处（古遗址 21 处、古墓葬 8 处、古建筑 73 处、石窟寺及石刻 4 处、近现代重要史迹及代表性建筑

25 处、其他 1 处)，省级文物保护单位 480 处（古遗址 52 处、古墓葬 26 处、古建筑 304 处、石窟寺及石刻 24 处、近现代重要史迹及代表性建筑 71 处、其他 3 处)，市县级文物保护单位 3099 处，其他不可移动文物数量（未公布级别）4365 处。其中 2009 年度新公布市、县级文物保护单位 97 处，全国重点文物保护单位保护规划 6 处。

2009 年是浙江省第三次全国文物普查实地文物调查的最后一年，据不完全统计，全省共调查登录不可移动文物 76804 处，其中新发现 64054 处、复查 12750 处。全省实现行政村普查覆盖率 100%、自然村普查覆盖率超过 98% 的目标，第三次全国文物普查实地调查阶段工作通过了国家文物局整体验收。

浙江省总结多年来的经验，积极探索具有地方特色的大遗址保护之路，举行了良渚遗址保护行动暨良渚国家遗址公园启动仪式；与浙江大学合作开展良渚古城科技考古项目，基本完成了良渚古城的考古勘探工作。由国家文物局、杭州市政府共同主办，中国古迹遗址保护协会、浙江省文物局协办的“大遗址保护良渚论坛”以大遗址保护与国家考古遗址公园建设为主题，邀请国内知名遗址考古专家、各省文物局和重大遗址所在地代表共同参与，交流了大遗址保护的先进经验，分享了大遗址保护的实践成果，共谋大遗址保护利用可持续性发展的大计，通过了《关于建设国家考古遗址公园的良渚共识》。良渚遗址、上林湖越窑遗址、大窑龙泉窑遗址、临安城遗址名列《“十一五”期间大遗址保护总体规划》公布的大遗址项目库百处重要大遗址名单中。省政府批准公布慈溪上林湖越窑遗址保护规划，并对余姚河姆渡遗址、浦江上山遗址、嘉兴马家浜遗址等重点大遗址保护规划进行报批审查。大窑龙泉窑枫洞岩遗址保护展示工程告竣并对外开放。

【考古发掘】

在国家投资 4 万亿用于促进经济增长的背景下，浙江省继续重视考古管理，为配合大型建设项目，大力开展大量抢救性考古调查和发掘。2009 年，全省共实施 29 项考古发掘项目，完成了甬绍金衢成品油输油管线、金温铁路扩能改造工程、杭长、绍嘉和绍诸高速公路工程、太湖清水入湖工程等大型交通、能源、水利设施建设项目的考古调查、勘探和发掘，重点实施了良渚梅家里遗址、余杭玉架山、茅山遗址、海宁小兜里遗址等重要发掘项目。与此同时，浙江省积极拓展考古研究领域，推进水下考古研究进程，与中国国家博物馆水下考古研究中心合作开展了浙江沿海水下考古探测与探摸工作，完成了象山渔山列岛古沉船群遗址重点调查，以及象山石浦港、温州洞头列岛、舟山嵊泗列岛等海域的水下文物普查活动。

2008 年 10 月 ~2009 年 12 月，浙江省文物考古研究所、余杭博物馆对余杭玉架山遗址进行发掘。遗址面积近 25000 平方米，发掘面积约 7700 平方米。遗址内发现了良渚文化环壕聚落。结构完整的环壕聚落遗址为长江下游新石器时代考古中首次发现，堪称长江下游新石器时代完整环壕聚落认识上的重大突破。2008 年 11 月 ~2009 年 3 月，浙江省文物考古研究所、湖州市博物馆在湖州白龙山发现、清理了西汉至南宋时期古墓葬 48 座（其中汉六朝墓 34 座，宋墓 14 座)，出土各类文物 100 余件。这也是浙江省内保存较好且具有重要学术价值的历史时期墓地。2009 年 2 月 ~6 月，浙江省文物考古研究所基本完成了德清县境内的古窑址调查，发现了大量古窑址，基本建立了从商代至战国时期更完整的年代序列，为进一步深入探索青瓷起源提供了大量标本材料。2009 年 3 月 ~ 12 月，由浙江省文物考古研究所、长兴县文物保护管理所组成的考古队继续对合溪洞遗址进行发掘，发现了大量动物化石、碎骨标本和石器、骨器，还发现了人类牙齿化石，这是浙江首次经发掘获得的古人类化石。该发现对研究晚更新世浙江地区的旧石器时代文化和古人类进化有着重要意义。2009 年 4 月 ~ 2010 年 1 月，浙江省文物考古研究所联合海宁市博物馆对海宁小兜里遗址东、西部进行了一、二期分阶段考古发掘，揭露面积 2000 平方米，共清理崧泽晚期—良渚文化时期墓葬 26 座，出土 322 件（套）文物，丰富了这一阶段的考古学文化变迁资料。2009 年 5 月 ~ 8 月，浙江省文物考古研究所对萧山新坝遗址进行了抢救性发掘，发掘面积 500 平方米，发现古井及一些陶器，为研究钱塘江以南地区新石器时代文化及历史时期浦阳江的河道变迁历史提供了重要材料。2009 年 7 月 ~ 12 月，浙江省文物考古研究所和余杭江南水乡博物馆联合对余杭茅山遗址进行正式发掘。发掘已揭露面积 8000 多平方米，出土各类器物 500 余件（套），为了解距今 6000 年前后太湖地区先民的精神世界提供了重要物证。更为重要的是，遗址发掘揭露了一处聚落布局和结构比较清晰完整的良渚文化中晚期坡地型遗址聚落形态，发现了此前国内保存最理想、发掘规模最大、遗迹种类最丰富明确的水稻田遗址，从而为研究良渚文化时期的聚落形态、稻作生产方式，进而深入理解良渚文化在中华文明起源中的作用具有重大意义。同时，茅山遗址稻田农耕遗迹三叠层的发现，对全面、系统研究新石器时代中国东南地区稻作农业的起源及发展过程提供了珍贵资料。2009 年 7 月 ~ 8 月，浙江省文物考古研究所对长兴红卫桥遗址进行抢救性发掘，发掘面积 1045 平方米，初步推断此遗址是崧泽晚期阶段一处重要遗址。2009 年，浙江省文物考古研究所还对余杭良渚梅家里遗址实施发掘。发掘布方面积约 900 平方米，清理良渚文化墓葬 32 座，发现良渚建筑台基 1 处，出土玉器、陶器、石器等器物，其中部分玉器具有珍贵价值。

2009 年，浙江省文博系统完成了新中国成立 60 周年献礼书籍《中国考古 60 年》（浙江部分）、《浙江考古新纪元》、《浙江省文物考古研究所学刊》（第九辑）的撰写编辑，出版了《龙泉大窑枫洞岩窑址出土瓷器》（760 册）、《浙江越墓》（600 册）、《浙江宋墓》（990 册）、《浙江考古新纪元》（1000 册）、《浙江省文物保护工程设计案例与研究》、《求索与守望》（浙江省考古学会成立 20 周年学术研讨会论文集）、《牟永抗考古学文集》、《揽翠集》（朱伯谦陶瓷考古文集）等 10 部考古报告及专著。《浦阳江流域考古报告》、《七里亭》考古报告已完成（待出版）。良渚古城遗址考古发掘项目获 2007 ~ 2008 年度田野考古奖二等奖。

【世界文化遗产】

浙江省继续重点推进以杭州西湖文化景观、大运河为重点的世界文化遗产申报工作，大力推进西湖申遗项目进程，争取 2011 年杭州西湖申遗成功，实现浙江省世界文化遗产零的突破。浙江省文物部门实施了对西湖文化遗存的调查，开展了西湖价值评估及真实性、完整性研究，完成并进一步修改、完善了西湖申遗文本和申遗环境政治规划编制，做好与世界文化遗产保护组织、机构间的沟通和交流。按照世界遗产的标准与要求，有序开展西湖保护和环境整治规划编制等有关基础性工作。

2009年3月，浙江省举办大运河与世界文化遗产保护培训班，成立了浙江省大运河保护与申报世界文化遗产专家组，继续推进大运河（浙江段）资源调查、价值评估、设区市级和省级规划编制等保护工作。嘉兴、湖州、杭州、绍兴、宁波五个设区市市级保护规划的省级论证宣告完成，大运河浙江段保护规划编制顺利启动。浙江省文物考古研究所结合京杭大运河浙江段的保护申遗，完成了《对京杭大运河（杭州段）文化遗产保护的思考》《京杭大运河（嘉兴段）遗产构成与价值研究》，合作完成了《京杭大运河嘉兴段遗产保护规划与申报世界文化遗产前期工作探讨》，开展了对运河历史变迁及其特色的初步研究。在加大大运河（浙江段）保护的基础上，全省着力解决大运河（浙江段）保护与申遗工作面临的困难，积极对大运河（浙江段）沿线有关市、县（市、区）及省级有关部门进行协调，配合国家大运河联合申遗办公室做好大运河申报世界文化遗产的前期准备工作。

【博物馆】

浙江文博系统以繁荣展览活动、提升展示服务质量为重点，扎实推进博物馆各项工作。全省继续深入开展博物馆免费开放，共有90余家博物馆实行常年免费开放，实现了持续、健康发展。浙江省“陈列展览精品项目”实施取得新成效，馆际交流合作和馆藏文物资源整合利用得到加强，展陈整体水平实现进一步提升。全省博物馆新馆建设有序推进，民办博物馆扶持力度加大，富有浙江地域特色的博物馆网络日趋健全，馆藏文物保管、征集、鉴定、建档、修复等基础工作也逐渐趋向规范，从而为博物馆馆藏文物的管理和利用打下了良好基础。省文物保护科技项目的顺利实施，使文物保护科技开始向体制、机制创新的新阶段迈进。文博风险单位安全技防工程及文物库房新建、改造达标工作循序渐进中，馆藏文物未发生重大人为安全事故。

2009年，浙江省国有文物系统博物馆总数达122家，新增西溪湿地博物馆、跨湖桥遗址博物馆、宁波帮博物馆3家。国有非文物系统博物馆33家，新增浙江中医药博物馆、刀剪剑博物馆、鄞州滨海博物馆3家。非国有文物系统博物馆71家。免费开放的博物馆、纪念馆及全国爱国主义教育示范基地为75家，已全部按照规定向社会常年免费开放。2009年，全省博物馆参观人数1736.6万，其中未成年人参观人数496.3万。博物馆门票收入807.6万元，其他收入4196.7万。

在第八届（2007～2008年度）全国博物馆十大陈列展览精品评选上，良渚博物院“良渚文化——实证中华五千年文明展”获精品奖，宁波博物馆“东方‘神舟’——宁波海上丝绸之路主题展”获最佳创意奖、最佳服务奖两个单项奖。2009年度省陈列展览精品项目评奖中，共有21个陈列展览项目获奖，其中中国丝绸博物馆“裙曳彩虹——中国古今女裙展”、杭州历史博物馆“武林旧事——纪念南宋建都870周年文物展”等8个展览荣获精品奖。

【民间收藏文物】

2009年，浙江省具有文物拍卖资质的拍卖企业28家，其中本年度新增拍卖企业4家；具有一、二、三类文物拍卖资质的拍卖企业10家。在国家文物局组织的2008年度年审中，被取消文物拍卖资质4家，暂停文物拍卖资质3家。全年举办拍卖37场，拍卖标的21106件，成交额12.56亿元。与2008年相比，2009年拍卖总场次减少13场；拍卖标的总数减少4963件；总成交额增加5.65亿元，增幅达45%。

2009年，浙江全省共有文物商店18家，其中国有文物商店8家，民营文物商店10家。本年度新增民营文物商店为浙江义乌宝缘文物有限公司1家。

【文物进境出境】

2009年，浙江省共办理文物临时进境审核登记38起、852件（套）（包括瓷器78件、玉器44件、书画475件和杂项255件）；文物复出境许可14起、162件（套）（瓷器10件、玉器19件、书画59件、杂项74件），办理个人携运文物出境许可1起，允许出境文物1件（书画）；另办理旧家具出境申请154起，经审核允许出境的一般旧家具（包括新仿制品，其中上虞2634件、慈溪30030件、宁波市本级168件、象山县1359件、鄞州区11700件）45891件，禁止出境24件。全年审核国有博物馆文物出境展览4起，查验文物206件（套）。

【文物保护科技与科研】

浙江省继续推进浙江省文物保护科研基地实验室、修复室的建设，基本完成第二期建设的设备采购任务，完成了饱水木质文物脱水实验室、预处理室、金属文物保护实验室等专业实验室建设，文物保护的科技支撑力度得到增强。省级文博单位与高等院校、科研院所开展广泛合作，提高了文物保护科研工作的社会参与度。全省先后开展大型饱水木质文物真空冷冻脱水研究、浙江省可移动文物环境控制方法研究、古代纺织发明创造文化遗产科学价值试点——古代夹缬工具与技术复原、东周纺织织造技术挖掘与展示——以出土纺织品为例等课题，出版了《馆藏丝织品保护修复方案编写规范》《馆藏丝织品病害分类及图示》和《馆藏丝织品保护修复档案记录规范》等三项纺织品文物保护标准。浙江省政府与国家文物局就共建国家文化遗产保护科技区域创新联盟达成一致意见：双方将通过共建领导小组的方式尽快建立起协调合作机制，在共同协商的基础上签订省、局共建协议。试点建设期间，区域创新联盟将充分发挥中央和地方的优势，以体制机制创新为先导，加强相关创新制度的研究与制定；以重点项目为载体，以实际应用为目标，推动技术研发、人才培养、装备升级、基地建设和体制机制的创新。

2009年，浙江全省共有省级文物保护科研基地1家，即浙江省文物保护科研基地；重大文物保护科技项目3个，分别为国家文物局“古代纺织发明创造文化遗产科学价值试点——古代夹缬工具与技术复原”课题、国家文物局“东周纺织织造技术挖掘与展示——以出土纺织品为例”课题和浙江省科技厅“大型饱水木质文物的真空冷冻脱水研究”。全省共完成文物科研论文及资料整理264部，其中专著图录58部、论文（省级及以上刊物公开发表）206篇、考古报告10部、专利1项。

【文博信息化】

浙江省文物局网站全年更新信息近8000条，其中原创文博信息1519条，向国家文物局政府网站报送稿件787篇、刊发720篇，并制作了“2009文化遗产日浙江系列活动”“全省文物单位消防安全专项检查”等专辑。浙江省文物局网上审批平台建设宣告完成，实现了审批事项发布与管理、网上申报、信息公示与进度查询等功能，将门户网站、行政审批系统、网上申报平台有机结合。浙江省第三次全国文物普查管理平台全年受理市、县（市、区）上报数据971条，发布各类信息1147余条，新增普查日记651篇。《关于浙江省文物执法监察网络监管平台建设的意见》获省文物局行政办公会议通过，在省文物监察总队及杭州、宁波、温州、湖州等地文物监察部门参与下，完成了项目的可行性调研和业务需求分析，修订了《浙江省文物行政执法网络监管平台设计方案》。2009年年底，项目进入编程阶段。浙江省文物执法监察网络监管平台属内部业务管理系统，采用外网登陆模式，与浙江文物网现有文物执法栏目形成内、外网互动，实现“内网处理，外网发布”。此系统将覆盖省、市、县三级文物行政执法部门，实行分级、分地区监管模式，集信息交流、数据传递及处理于一体。

此外，浙江省博物馆文物藏品数据库建设基本完成，全年共完成珍贵文物数据采集和《浙江省文物藏品信息指标登记表》15432份。浙江自然博物馆结合新馆开放，对网站进行改版升级，并开通了英文版。杭州西湖文化景观动态信息管理平台、宁波历史文化遗产数据库和天一阁举行古籍数字化系统等项目建设有序推进。杭州市青少年“第二课堂”影视教育基地在杭州西湖博物馆正式成立，余杭博物馆虚拟展馆项目建成并提供上网服务。

【政策法规与宣传】

2009年，国家文物局首次推出文化遗产日活动主场城市申办机制，杭州市被确定为首届主场城市。6月13日第四个“文化遗产日”期间，由国家文物局、杭州市政府、省文化厅、文物局联合主办的首个文化遗产日主场城市活动开幕式暨广场主题活动在杭举行。仪式上，国家文物局为一批从事文博工作60年和30年的老专家颁发了荣誉证书。中央电视台对主场城市活动进行现场直播，《中国文物报》辟专版介绍了杭州文物工作的经验和成就。同时，全省各地纷纷围绕“保护文化遗产，促进科学发展”的主题，组织、开展了一系列活动，充分展示了文化遗产的魅力，激发了大众热情，展现了浙江省乃至全国文化遗产保护的有力举措。

2009年12月4日，由中国博物馆学会等单位主办的“中国博物馆学会志愿者专业委员会成立大会暨首届中国博物馆志愿者论坛”在宁波博物馆举行，来自全国三十余家博物馆的代表及优秀志愿者出席了会议。会上，中国博物馆学会志愿者专业委员会正式宣告成立，并选举产生了第一届领导机构，审议通过了专业委员会章程。随后举行的首届中国博物馆志愿者论坛通过了引领博物馆志愿者发展理念的《2009中国博物馆志愿者论坛宁波倡议》。当晚，由中国博物馆学会、宁波市文化广电新闻出版局共同主办，中国文物报社、《中国博物馆》杂志社、中国博物馆学会志愿者委员会、宁波博约博物馆文化发展基金会等单位承办的“牵手历史——首届中国博物馆十佳志愿者之星”评选颁奖晚会在宁波博物馆举行。此外，为纪念《浙江省历史文化名城保护条例》颁布十周年，2009年年底，浙江省文物局会同浙江省建设厅在杭召开专家座谈会。与会人员对《条例》的制定与实施给予高度评价，并就与国务院《历史文化名城名镇名村保护条例》的衔接，关注名城、街区、村镇的保护与民生，加强保护规划的实施、监督、管理等发表了意见与建议。

2009年12月20日，“庆祝浙江省博物馆、浙江自然博物馆建馆八十周年暨浙江省博物馆武林馆区、浙江革命历史纪念馆开馆典礼”在杭举行。开馆典礼之后，有关领导和相关人员参加了“浙江文博八十年暨博物馆建设馆长论坛”。当天下午，由中国博物馆学会区域博物馆专业委员会主办，浙江省博物馆承办的“中国博物馆学会区域博物馆专业委员会杭州论坛暨2009年会”在武林馆区举行。全国30余家区域博物馆的馆长、专家到会并探讨了“区域博物馆的基本陈列”主题。为庆祝两馆建成开放，武林馆区从中国国家博物馆引进了“国家宝藏——中国国家博物馆馆藏文化精品展”，举办了“岁月有痕——浙江省博物馆八十春秋纪实展”。浙江省博物馆孤山馆区举办了“笔墨心运——中国美术名家系列作品特展”之“傅抱石作品展”。浙江自然博物举办了“与海怪同行——中国三叠纪海生爬行动物化石展”及“天梦迷离——浙江省援藏干部西藏摄影作品展”两项特展，承办了“浙江文博八十年暨博物馆建设馆长论坛———自然史博物馆分会场论坛”。

根据省人大部署，浙江省文物系统认真开展法律法规清理工作，提出了相关修改建议，并积极配合省人大教科文卫委员会开展《中华人民共和国文物保护法》《中华人民共和国文物保护法实施条例》《中华人民共和国水下文物保护管理条例》《历史文化名城名镇名村保护条例》《浙江省文物保护管理条例》《浙江省历史文化名城保护条例》执行情况的专项执法检查，对全省各地文化遗产保护依法行政、文化遗产保护基本保障及文化遗产保护与利用等情况进行了检查，进一步加强了浙江省文化遗产保护相关法律法规执行力度。

为规范行政许可，加强政务信息公开，浙江省文物系统自觉将文物行政审批事项办理工作纳入电子监察系统全程监督，并根据部署开通省政府电子信息政务通咨询平台，继续强化涉及文物保护的建设工程项目前置审批和文保单位保护范围、建控地带建设项目许可审批，严格文物保护单位维修方案的审核、藏品管理的规范和技防方案的审查，全年共做出拍摄文物保护单位、授予文物保护工程资质、文物借用、技防方案等项目审批134件（次）。

浙江省文物监察总队以“维护文物法律尊严，喜迎国庆六十周年”为主题，筹划了文物执法宣传画全省巡展，概述了浙江省文物执法机构在队伍建设、法制建设、文物保护、打击违法犯罪上取得的成果，直观反映了文物执法监察的作用和意义，进一步提高了全社会的文物保护意识。

【安全督察】

浙江省文物行政执法与监察工作继续以巡查为重点，全年共出动15198人次，对9个设区市28个县（市、区）进行巡查，检查全国、省、市（县）级文物保护单位、文博单位150余家、8393次，立案查处文物违法案件32起，其中督查重大案件8起，罚款161万元。在国家文物局召开的全国文物安全与执法督察工作会议上，浙江省介绍了健全文物执法机构网络、突出日常巡查的经验。

为确保文物安全，浙江省积极与当地建设规划部门沟通，提前介入3万平方米以上建设项目，要求建设单位依法在划定勘察红线前报请文物管理部门，进行必要的考古调查。为全面推动浙江省文物执法监察工作向规范化、标准化、信息化发展，浙江省启动了省文物执法监察监管网络系统建设。经过半年多努力，该监管系统的基本框架已设计完成，杭州、宁波、温州等市、县（市、区）开始了采集巡查信息、填报巡查数据等基础工作，省文物监察总队也完成各项目格式规范及录入标准的制定。此外，全省开展执法技能培训，努力提高各地文物执法水平。在省文物监察总队组织下，浙江省在第二届全国文物行政执法案卷评选活动中获多项大奖。由浙江省文物监察总队和杭州市文物监察支队联合编写的《文物行政处罚案卷范本选编》被全文收录到国家文物局主编的《文物行政执法案例选编与评析》一书中，该书获“2008 年度全国文博考古十佳图书”奖。

在上级主管部门领导、支持下，浙江省文物执法监察机构加大对文物违法案件的查处力度：4 月，浙江省文物监察总队与温州市文物执法监察人员现场督办了全国重点文物保护单位圣井山石殿违法挖掘案件。7 月，浙江省文物监察总队、杭州市园林文物监察支队对全国重点文物保护单位良渚遗址重点保护区内擅自兴建部分违章建筑的拆除进行了现场督查。12 月，浙江省文物监察总队现场督办了温岭街后街 75 号以北部分古民居被违法拆建案件。

2009 年 1 月，金华市婺城区人民法院依法对故意放火焚烧太平天国侍王府的被告人判处有期徒刑 14 年。2009 年 3 月 26 日，长兴县在进行第三次全国文物普查野外调查时，在泗安镇庆丰村现场捉住一正在实施盗墓的犯罪嫌疑人。2009 年 3 月，台州市中级人民法院对盗掘古墓葬案予以宣判。萧山、上虞等地制止了文物保护范围内的违法行为，绍兴县等地追缴了一批出土文物，有效保护了文物的安全。

【机构与人员】

2009 年，全省共有各类文物机构 209 个，从业人员 4405 人。其中文物保护管理机构 93 个，从业人员 1440 人；博物馆 100 个，从业 2690 人；文物商店 8 个，从业 65 人；文物科研机构 5 个，从业 98 人；其他文物机构 3 个，从业 112 人。全省文物机构各项经费收入总额 15.14 亿元，较 08 年增加 4.3 亿元。

2009 年，浙江省取得文物保护工程勘察设计资质的单位为 17 家，其中甲级 1 家、乙级 11 家、丙级 4 家、暂定级 1 家，2009 年新增温州市城乡规划设计院有限公司 1 家乙级文物保护工程勘察设计资质单位。全省取得文物保护工程施工资质的单位为 41 家，其中一级 12 家、二级 19 家、二级（暂定）3 家、三级 5 家、暂定级 2 家，2009 年度新增长业建设集团有限公司、浙江新天地市政环境绿化有限公司、越烽建设集团有限公司等 3 家；文物保护工程监理资质单位为浙江省古典建筑工程监理有限公司 1 家，甲级资质。

截至 2009 年底，浙江省取得可移动文物修复资质的单位共 5 家；取得考古发掘资质的单位有两家，分别为浙江省文物考古研究所和宁波市文物考古研究所；取得考古发掘领队资格在职共 32 人，其中新增 4 人。

浙江省各类文物机构共有文博、工程系列高级职称人才 373 人。2009 年，浙江省取得“申报第一类文物拍卖经营资质企业专业人员考试”合格人员 2 人；有 6 人取得文物进出境审核鉴定员资格。

2009 年，杭州市余杭区、嘉兴平湖市被文化部、国家文物局授予“全国文物工作先进县”荣誉称号，浙江省文物考古研究所被人力资源与社会保障部、文化部授予“全国文化系统先进集体”荣誉称号，毛昭晰被文化部、国家文物局授予“中国文物、博物馆事业杰出人物”荣誉称号。康美业被国家文物局授予“从事文物、博物馆工作 60 年人员”荣誉证书，另有丁友甫、马争鸣、王及等 80 余人被授予“从事文物、博物馆工作 30 年人员”荣誉证书。

【对外交流】

2009 年 3 月 12 日，“永恒的博弈——莉扎·利窦作品展”在湖州博物馆正式开幕。这是该展览在浙江的首度亮相，也是湖州博物馆首次引进国外艺术展。2009年4月23日~28日，第九次日本国际墨画会中国杭州展在浙江西湖美术馆开幕。本次展览共展出水墨画130幅，作品来自中国、日本、韩国、新加坡、马来西亚及欧洲、非洲等国家和地区。2009年11月11日，“小林斗庵先生遗作展暨怀玉印室藏印展”在中国印学博物馆开幕。展览不仅展示了小林斗庵从20岁到60岁的书法篆刻作品，还展出了小林斗庵怀玉印室所藏的明清浙派名家丁敬、蒋仁等古印章、西泠印社早期名家王福庵、吴隐等作品以及日本印坛名家高芙蓉、河井荃庐的名印。

2009年3月15日，“2009墨西哥·中国浙江文化节”重要文化交流项目之一的“天上人间——中国浙江丝绸文化展”在墨西哥下加利福尼亚州开幕。展览共展出80余件古代丝绸文物和近当代服饰精品。2009年7月18日~8月30日，浙江省博物馆赴日本奈良国立博物馆举办“圣地宁波——日本佛教1300年的源流·一切从这儿开始”展。展览汇集了来自日本、中国、韩国、美国等多家博物馆的众多佛教精品，其中浙江省博物馆与温州博物馆、黄岩博物馆联手展出文物23件（套），主要包括杭州雷峰塔、金华万佛塔、丽水碧湖宋塔、黄岩灵石寺塔、温州白象塔出土的珍贵文物，反映了我国五代至宋元时期浙江地区佛教的繁盛，以及对日本佛教产生的影响。2009年9月5日，浙江博物馆“千峰翠色——浙江龙泉青瓷特展”在台北县十三行博物馆开幕。本次展览是浙江省2009年“台湾浙江文化节”的重要文化交流项目，共展出龙泉青瓷60件（套）。2009年10月，中国茶叶博物馆应美国罗德岛州布莱恩特大学孔子学院邀请，赴美推出“中华茶文化展”，展出了名茶30种、茶具精品19套。2009年10月3日，“抚慰心灵的艺术——2009浙江·中台山文物联展：地涌天宝——浙江省博物馆藏雷峰塔天宫地宫出土文物暨中台山博物馆佛教文物展”在台湾中台山博物馆开幕。浙江省博物馆提供了96套（110件）珍贵文物，涉及雷峰塔地宫出土文物、雷峰塔遗址出土文物、与雷峰塔有关的文物及其他佛教文物四个类别，其中包括2000年雷峰塔遗址出土的天宫五代鎏金纯银阿育王塔，和2001年雷峰塔地宫出土的唐五代鎏金铜释迦牟尼佛说法像，以及与雷峰塔有关的五代吴越·涂金铜阿育王塔、明·周龙《西湖十景》图、清·刘度《雷峰夕照》图、隋唐五代精美佛教造像、唐五代写经、刻经等。此次展览是浙江省博物馆历史上规模最大、精品最多的佛教类文物出境展览，也是中台山博物馆开馆的首档特约大展。2009年12月1日~12日，“百年西泠·中国印”西泠印社巴黎特展在法国巴黎举行。这是西泠印社在获得联合国教科文组织“人类非物质文化遗产”称号后首次登陆欧洲，共展出百方印章原石及百余幅书画作品。浙江省博物馆、浙江自然博物馆、浙江省文物考古研究所还与日、美、英、意、瑞典、斯洛伐克等专家开展合作交流。

中国丝绸博物馆赵丰、浙江省文物考古研究所曹锦炎应香港城市大学中国文化中心邀请赴香港进行讲学。浙江省文物考古研究所沈岳明应台北故宫博物院邀请赴台湾参加研讨会，浙江博物馆沈琼华等赴台北县十三行博物馆，浙江自然博物馆金幸生赴日本福井县立恐龙博物馆，中国丝绸博物馆罗群赴美国历史自然博物馆开展学术交流。浙江省文物考古研究所有关人员先后赴缅甸、韩国、日本等地，参加了第74届每周考古学大会美洲考古学会、印度—太平洋史前学会、韩国古美术学会学术研讨会等学术活动。中国丝绸博物馆与法国吉美亚洲艺术博物馆开展敦煌纺织品研究项目的学术交流，商讨出版、写作等事宜，还赴英国为2012年在诺丁汉举办丝绸展进行前期考察。在浙江省文物局组织下，浙江文物保护与利用管理培训班于7月赴希腊，接受了文物保护与管理利用专项培训。

安徽省

2009年，安徽省文物部门在省委、省政府的高度重视下，在国家文物局的精心指导下，在省文化厅党组的坚强领导下，认真贯彻文物工作方针，全面落实科学发展观，努力建设和谐文化，围绕中心，服务大局，认真开展文物保护工作，以优异成绩向六十周年国庆献礼，在文物保护、考古发掘、博物馆事业、对外交流、政策法规建设、文物安全等各方面工作均取得了优异成绩。进一步提升文物工作在经济社会发展中的地位，为促进安徽文化发展繁荣、提升安徽知名度和美誉度做出了新的贡献。

【不可移动文物】

（一）不可移动文物保护

1. 简述

安徽历史悠久，人文荟萃，保存大量珍贵的文化遗产。不可移动文物数量多、价值高、类型丰富，繁昌人字洞遗址、和县猿人遗址、薛家岗遗址、凌家滩遗址等。皖南徽派古民居更是一枝独秀，被誉为“东方建筑艺术的瑰宝”。徽派民居是全国七大民居类型中保存较好的一种民居，徽学已成为中国三大地方显学（藏学、敦煌学、徽学）之一。

2. 文物保护单位

截至2009年底，安徽省有国保单位56处，其中古遗址13处，古墓葬4处，古建筑30处，石窟及石刻2处，近现代重要史迹及代表性建筑7处。

省保单位455处，古遗址77处，古墓葬44处，古建筑234处，石窟及石刻30处，近现代重要史迹及代表性建筑70处。

市县保单位约2000处，国家历史文化名城5座，中国历史文化名镇名村9座，省级历史文化名城9座，省级历史文化名镇名村39处。

3. 文物保护规划

2009年组织编制并上报了宣城广教寺双塔保护总体规划、六安双墩一号汉墓暨王陵区保护项目方案建议书、六安双墩汉代王陵墓地保护规划立项报告书。

在国家文物局统一部署下，中国文化遗产研究院编制了大运河淮北、宿州段保护规划9月，组织召开大运河（安徽段）淮北、宿州两个市级保护规划专家详审会，按时向国家文物局报送了保护规划文本。

4. 文物保护工程

2009年上报12处国保维修方案：刘铭传旧居主体建筑群设计方案、凌家滩遗址墓葬——祭祀区保护展示设计、霍邱李氏庄园保护维修方案、金寨革命旧址修缮设计补充方案之三红三十二师成立旧址——斑竹园朱氏祠部分、泾县查济古建筑群查济村宝公祠、镏公厅保护修缮设计方案、祁门县古戏台群——闪里镇磻村嘉会堂古戏台修缮设计方案、凤阳皇陵碑亭抢险加固方案、旌德江村古民居群——溥公祠、江泽涵修缮设计方案、程氏三宅建设控制地带内建设工程设计方案、江村古民居群——江氏宗祠修缮设计方案、龙川胡氏宗祠五凤楼大门门神修复方案、潜口民宅博物馆白蚁、粉蠹、木蜂综合防治方案。

2009年审批9处省保维修方案：马

鞍山采石矶太白楼建筑群彩画复原设计、寿县魁星楼修缮设计方案、六安南门塔维修复原设计方案、怀远禹王宫设计方案、歙县太平桥修缮复原方案、芜湖市中江塔维修工程方案、阜阳程文炳宅院维修方案、岳西法云寺塔维修方案、绩溪龙川胡炳衡故居修缮方案。组织专家验收新四军军部修械所旧址、休宁三槐堂、芜湖中江塔、岳西法云寺等维修工程。

2009 年投入经费国保为 935 万，省保为 1700 万，共计 2635 万。

5. 大遗址保护

分别对含山凌家滩、和县猿人遗址、蒙城尉迟寺、潜山薛家岗、淮北与宿州大运河遗址及柳孜码头遗址、六安汉墓王陵区、固镇垓下遗址、蚌埠双墩遗址等给予指导、协调和支持。积极向国家申报、争取凌家滩遗址、大运河（安徽段）专项经费。

7 月，接待省政府大遗址调研组到省文物局调研座谈，撰写了《大遗址管理情况汇报》。2009 年国拨经费 300 万。

（二）考古发掘

1. 简述

2009 年配合合蚌高铁、繁昌核电站、蚌淮和芜雁高速公路，以及马鞍山、肥东、六安、寿县等地城市建设和开发区建设等共计 20 余项重点工程，开展全面的考古调查和抢救性发掘工作。同时围绕重要学术课题、配合大运河安徽段申遗、第三次文物普查等事项，相继开展了区域考古调查和重点遗址的发掘，为深入研究和重点保护提供了一批科学资料。全年累计调查文物点 100 余处，完成考古调查和发掘项目 20 余项，进行考古勘探 100 多万平方米，发掘古遗址 1.2 万平方米、古墓葬 800 多座，出土各类文物标本 3000 多件，取得了一批重要考古发现。

2. 重大考古发现

从 2006 年 12 月开始发掘的蚌埠市双墩一号春秋墓获得重大成果，该墓葬型制罕见，根据铜器上铭文分析，墓主为钟离国国君柏。这一发现填补了有关钟离国历史的空白，对研究淮河流域独特的地域文化现象以及历史、宗教等多学科研究具有极其重要意义。

固镇垓下遗址发现大汶口晚期城址和排房，对探索境内文明起源具有重大意义；宿州芦城孜龙山至周代遗迹、马鞍山五担岗周代遗存和水井、寿县战国车马坑等一批重要考古遗存的发现，对研究安徽先秦古文化有着重要价值。

此外在配合亳州古井贡酒厂申报国保的考古中，发现一批古代酿酒遗存，确定了遗址的时代，丰富了古井酒老字号的历史文化内涵。上述考古发现，既保护了文物又支持了经济建设，文物考古工作受到了社会的普遍关注。

3. 考古发掘报告

2009 年，出版了《安徽合肥市淝河流域先秦遗址调查报告》等考古发掘报告 30 余份，归集出版了《文物研究》第 16 辑，共发行 1500 册。

4. 获奖情况

2009 年 3 月，蚌埠双墩一号春秋墓考古发掘被评为“2008 年度全国十大考古新发现”和国家文物局田野考古三等奖。

（三）世界文化遗产

1. 简述

安徽省目前有世界文化遗产 2 处：皖南古村落·西递、宏村和黄山。西递、宏村于 1999 年 12 月被列入世界文化遗产名录，黄山于 1990 年 12 月被列入世界文化与自然双遗产名录。

2. 世界文化遗产的保护和管理

黄山：一是开展文物普查。重点是对摩崖石刻和文物古迹进行了全面的普查。基本摸清了景区摩崖石刻和文物古迹的数量、分布及保存状况，建立了档案，有力推进了新时期景区文物保护工作的科学性、针对性和有效性。二是实施文物维修。黄山风景区管委会不断加大专项资金与文保科技投入，抓好古建筑的修缮、环境整治及防雷工程。三是开展文保申报。2009 年，“黄山登山古道”和“黄山摩崖石刻群”通过省文物局审核，作为第七批“国保”申报对象向国家文物局进行推荐。针对文保单位，管委会划定了保护范围和建设控制地带，建立了“四有”档案。四是不断加大投入。2009 年，投入 4165 万元，实施了人文景观维护、环境保护等九大类遗产保护项目。

西递宏村：一是加大宣传力度。利用“文化遗产日”、“国际博物馆日”、“古民居消防知识讲座”和“江淮普法行、送法进乡村”活动，通过媒体、网络及展览等多形式宣传西递、宏村及世界文化遗产保护法律法规，提高遗产地的知名度和美誉度，增强全民文化遗产保护意识。二是完成西递、宏村保护规划报批前期工作，保护规划方案报经县政府同意，并经县人大审议通过，公示后已按照法定程序报市政府同意并转报省政府审批，报国家住房与城乡建设部、文物局备案。三是加大古民居修缮力度。利用县文物保护专项资金 85.8 万元对县内重点古建筑进行抢救性修缮，完成了宏村镇万村爱敬堂、碧山云门塔、柯村乡三合村漩溪塔、孙氏祠堂，西递镇石印村文叙堂、宏潭乡佘溪村观音桥、洪星乡奕村仁寿堂祠堂维修方案及投资估算编制；利用国保项目资金 95 万对西递迪吉堂、追慕堂进行抢修并已完工；认真编报宏村南湖书院抢修项目，经省、县两级同意后，利用国保维修专项资金 80 万元，对南湖书院开始施工抢修；规范古民居修缮程序，强化古民居修缮申请监管，对西递、宏村、碧阳镇私有古民居提出的修缮申请进行审批，修缮了古建筑 21 幢，防治白蚁虫害古建筑 238 余幢。四是积极筹措资金，加大古民居保护力度。完成向省争取西递、宏村遗产地保护资金项目建议书申报工作，项目总投资约 1770 万元，争取补助资金 750 万元；向国家文物局申报国保修缮资金上报工作（项目为宏村冒华居、树志堂，西递秀华堂、拥翠楼，南屏叙秩堂，总投资 383 万元，拟申请补助资金 270 万元）；完成向上争取国家文保资金方案编制（西递三畏堂、宏村南湖书院、南屏叶奎光堂），南湖书院、南屏叶奎光堂方案已获国家文物局审查通过；按照遗产保护要求，邀请专家对承志堂进行全面检查、诊断，制定维修方案，报省、国家文物局审批，积极争取补助资金；申报程氏民宅省保维修资金 32 万元。五是全面推进遗产地整体保护。先后对西递、宏村古村落实施道路基础整修、周边环境整治、古民居消防安全与维修整治等各项保护项目。完成了旅游线路上的铁皮门、卷闸门、玻璃门整治方案；编制了旅游线路上所有店招更换方案；制订了西递明经湖和牌楼广场北侧沿街立面和宏村古韵斋地段、月沼 2 户立面等风貌整治方案，交由镇政府具体实施完成；同时完成了西递停车场、大夫第绣楼前、敬爱堂旁的摊点棚按统一规范、且与古村落风貌一致的要求重新设计更换的方案；完成了对南湖书院内“朱子格言”背景墙按历史原状的改造方案并交由中坤公司实施。

3. 世界文化遗产监测巡视

黟县成立了以县长为组长、分管副县长为副组长，各有关乡镇政府与县建设、文物、国土、旅游等职能部门组成的世界文化遗产保护管理领导组，综合协调、指导世界文化遗产的保护管理工作。西递、宏村成立了遗产管理委员会、遗产保护管理监察大队及民间保护协会。形成县、镇、村、民四级保护管理网络。

《西递古村落保护规划》和《宏村保护规划》分别于1997年和1998年编制完成，并通过建设部组织的文物、规划等部门专家的评审。在此基础上，2001年编制完成西递、宏村基础设施建设和古建筑修缮设计。2006年，着手对西递、宏村保护规划进行修编，黟县政府制定《黟县西递、宏村世界文化遗产保护管理办法》及实施细则，以政府令形式发布实施。

黟县先后印发了《保护世界文化和自然遗产公约》《皖南古村落保护条例》《西递、宏村古村落保护管理办法》等宣传手册，并借助电视、网络等宣传媒体广泛宣传文化遗产地。

4. 大运河安徽段申报世界文化遗产进展

2009年，国家大运河申遗办赴淮北、宿州调研督察大运河保护申遗情况，向国家文物局汇报安徽省大运河保护规划和申遗点遴选工作。7月，组织召开由淮北市、宿州市两市政府及文化、文物部门等参加的大运河保护与申遗会议。9月，组织召开大运河（安徽段）淮北、宿州两个市级保护规划专家详审会，向国家文物局报送了保护规划文本。与省财政厅联合上报2009年度大遗址保护专项经费项目。参加并协调由全国政协主办，淮北市承办的“中国大运河第五届文化节大运河保护与申遗高峰论坛”。举行隋唐大运河博物馆揭牌仪式。做好大运河考古发掘工作，4月，向国家文物局上报了第二次考古发掘申请书，国家文物局已同意发掘1500平方米，发掘准备工作已开始。

【可移动文物】

（一）博物馆

1. 简述

2009年，全省博物馆事业有了较快发展，博物硬件设施、服务理念、内部管理等都得到提升。

2. 国有文物系统博物馆

现有各级各类博物馆、纪念馆104座，隶属文物部门管理的72座。在隶属文化文物部门的72座博物馆中，省级博物馆1座，市级博物馆18座，县级博物馆53座，其中71家博物馆对外免费开放，2009年新增22家免费开放博物馆。

随着经济社会的快速发展，文化文物事业逐步被列入各级党委政府的重要议事议程。各地政府对文博设施建设的重视程度明显提高。2009年，马鞍山市博物馆、安庆市黄梅戏艺术馆、界首市博物馆、定远县博物馆业已建成并正式开放；皖西博物馆、巢湖市博物馆、含山县博物馆等已加紧建设；宿州市博物馆、广德县博物馆、亳州市博物馆新馆陈列方案已通过专家评审；阜阳市博物馆、芜湖市博物馆、池州市博物馆新馆已筹划建设。省博物馆新馆业已经竣工。

3. 国有非文物系统博物馆与非国有文物系统博物馆

隶属于政府、乡镇、教育等非文物行政部门所属的行业性国有博物馆25座。

2009年，经批准备案的民办博物馆有7座，为加强对民办博物馆的引导和管理，省文物局专门拟定了《民办博物馆管理办法》，已报省政府法制部门。

4. 藏品

安徽馆藏文物丰富，种类齐全，据统计，有各类馆藏文物约55万件，其中国宝级文物11件（套），一级文物1600多件（套）。

2009年度，全省共从有关部门接收文物1290件（套），征集文物539件（套），共修复各类文物886件（套）。

5. 陈列展览

2009年全省免费开放的博物馆71家，共举办基本陈列128个、临时展览

241 个，全年共接待观众总量 1098.5 万人次，其中青少年观众 492 万人次。

为庆祝新中国成立 60 周年，举办了“建国 60 周年安徽重要考古成果展”，反响热烈。该展览是安徽省近十年来举办的最为重要的文物展览之一，由全省 60 多家文物单位提供展藏品联合打造，汇集了数十年来的考古发现，国家珍贵文物就达 800 多件。该展自 2009 年 6 月“文化遗产日”开始展出，各界观众络绎不绝，仅国庆期间参观人数达数万人，在全社会产生了广泛而积极的影响。

开展“青少年走进博物馆”活动，效果良好。自博物馆免费开放以来，全省博物馆在基本设施和服务水平等方面都有了显著改善和提高，博物馆已成为广大青少年学习知识的第二课堂。为进一步推进将博物馆纳入国民教育体系工作，全省博物馆系统抓住全省上下六十周年国庆的契机，积极开展青少年走进博物馆系列活动，全省以省博物馆为龙头，带动全省博物馆制作了相关文物宣传展板，组成宣传小分队深入中小学，开展“文物知识进校园”等活动。

（二）民间收藏文物

据统计，2009 年全省审核文物拍卖活动共计 2 场，拍卖标的数量达到 507 件，无禁止上拍的文物。文物商店的文物库存总数为 22690 件，其中一级文物为 12 件，2009 年新增 200 件。

（三）文物进境出境

安徽省博物馆等提供凌家滩出土“玉龙”等文物赴比利时参加“中国古代帝王珍宝展”；安徽省博物馆、阜阳市博物馆等提供西汉“鎏金铜驼镇”等文物赴意大利参加“秦汉—罗马文明展”。

（四）文博信息化

1. 简述

安徽文博信息化建设主要是馆藏文物调查与文物数据库建设项目。该项目从 2008 年年底启动以来，安徽省文物局组织制订了实施方案和时间计划表、数据库项目藏品信息采集工作安全操作规范、采集人员工作须知和采集设备管理办法等。分片举办培训班，以全省一级文物纸质信息的采集为切入点，层层深入影像拍摄、计算机录入、合成等各项工作；在开展文物信息采集工作的同时，积极筹措经费，建立中心机房，完善中心机房配套设施；做好文物数据库建设项目的工作简报、工作总结和宣传工作。截至 2009 年底，全省各地已基本完成一级、二级文物的文字信息采集，同时，安徽省文物数据库中心机房装修完毕，设备安装已到位，为继续开展一般文物信息采集工作做好准备工作。

2. 省级文物信息中心建设项目

2009 年 3 月，正式启动文物调查及数据库管理系统建设项目工作。

3 月，“安徽省文物调查及数据库管理系统建设项目领导小组和办公室”正式成立。安徽省财政厅、文化厅分管厅长担任领导小组组长。项目办公室设在安徽省文物鉴定站内，下设 4 个业务组：技术指导组、影像数据采集组、数据审核汇总组、数据录入组，共计 16 人。

为高质量地完成文物调查项目工作，安徽省项目领导小组从省鉴定站和省博物馆抽调青年专家分别赴青岛、重庆等地参加国家文物局举办的文物数据库建设各类专题培训班学习，并以这批骨干为中心，组织全省项目办全体工作人员集中培训学习，全面掌握数据库工作要求和专业技能。

3 月，协助国家文物局在合肥举办了“全国文物调查及文物数据库建设项目藏品影像拍摄培训班”。4 月，分别在六安、宣城两市举办全省文物调查及文物数据库建设项目培训班，邀请国家文物局等有关领导和专家对文物调查项目、藏品信息采集软件安装与操作、藏品信息标准规范与录入、藏品影像采集技能等知识进行培训，全省文博系统近300人参加了培训。

7月17日，针对各市县一级品文物信息采集中遇到的问题，对全省信息采集专业人员进行了专门培训。12月28日~30日，结合发放采集设备，再次举办全省藏品影像采集培训班。

2009年12月底，全省一级品文物文字信息采集全部完成。

【政策法规与宣传】

1. 简述

2009年，安徽省狠抓制度建设，切实加强文物立法和执法工作。整合各种资源，积极创新形式，加大文物宣传，取得了一系列新业绩。

2. 文物保护规章、规范性文件

为引导、推动和规范安徽省非国有博物馆建设的发展，加强安徽省博物馆群建设，在省政府法制办和文化厅的重视支持下，安徽省文物局在多次调研、召开会议、征求意见的基础上，数易其稿，制定了《安徽省非国有博物馆管理暂行办法》（征求意见稿）。请示国家文物局回复后，已上报省政府，争取早日出台。

为了规范文物保护工程的管理，把文物维修工程纳入法制轨道，安徽省文物局根据国家的有关规定，结合安徽省实际，起草制定了《安徽省文物保护工程管理办法》（试行），以确保文物维修工程质量，减少和杜绝工程中的腐败现象。

安徽省文物局为了加强单位的内部管理，加强局机关效能建设，制定了《省文物局机关公文运转和督查催办管理办法》《省文物局机关效能建设条例》《省文物局财产管理暂行办法》等管理制度，进一步改进工作作风，提高工作效能和服务水平。

3. 文物保护宣传

2009年3月23日，成功组织、召开全省博物馆、纪念馆免费开放新闻发布会。由安徽省宣传、财政、文化、文物四部门联合主持召开，中央驻皖新闻单位和安徽省十多家主要媒体参加了会议。省文化厅党组书记、厅长杨果代表四家主办单位发表讲话，要求各开放单位要把好事办实、实事办好，把博物馆建成安徽老百姓的精神家园。全省各主要新闻媒体采取了追踪报道、新闻特写、人物专访等形式着力宣传报道免费开放的盛况和社会反响等。尤其是免费开放首日，各新闻媒体所刊登的报道文章达20多篇。

在《安徽日报》“国宝巡礼”专栏中，刊登了十多篇图文并茂的宣传、推介安徽省文化遗产的文章；安徽电视台在公共新闻频道的《天下安徽人》栏目中先后分期推出了5集系列片《考古探秘系列》，对安徽省淮南、青阳、太湖、怀远、繁昌五市县的基层文物工作者进行专题报道。同时又以《考古专家系列》为题，对安徽省考古学家进行了连续6集的集中报道；《安徽市场报》在“书品读”栏目周刊中，全新推出以《宝器·韵——安徽珍藏文物精品特辑》为标题7个版面的篇幅，对《安徽馆藏珍宝》一书进行介绍和宣传。

积极利用安徽省文物考古发掘和第三次全国文物普查时机进行宣传。如在各地文物保护单位、各考古工地和文物普查点悬挂宣传标语，在全省各地举办的文物普查培训班上专门设置文物法律法规课程，印发《安徽省实施〈中华人民共和国文物保护法〉办法》宣传册等。为了创新宣传形式，安徽省文物局联合合肥市专门制定省城合肥区域的普查宣传计划，在合肥市重要场所和交通繁华路口制作宣传彩虹门与专栏等。随着文物普法宣传的不断深入，全省各地保护文物、爱护文物、关心文物的社会氛围愈加浓厚，打击文物犯罪的力度不断加大，一些地方的人民群众上交文物、捐赠文物的先进事迹不断涌现。2008 年，安徽省青阳、怀远和太湖等县的农民就主动上交了 4 件国家珍贵文物，受到表彰。

安徽省文物局与繁昌县人民政府联合主办了“繁昌人字洞遗址发现十周年国际学术研讨会”。来自全国 15 个省市的文博考古界代表及美国、法国、加拿大、韩国、日本、南非等国家和地区的专家共计 80 余人参加了研讨会。安徽省人大常委会副主任朱维芳参加会议并发表讲话，会议取得了圆满成功。

《安徽馆藏珍宝》由安徽省文物局与省文物鉴定站联手从全省 50 多万件馆藏文物中挑选了 400 件（套）一级珍贵文物精品，集铜器、陶瓷器、玉器、书画以及杂项五大类，并包括竹木牙角雕刻、漆器、文房用具、金银器等文物于一书。该书集百年老店中华书局的品牌和国内印刷艺术品图录最具实力的雅昌艺术公司技术力量于一体，图文并茂、典雅大方，既注重文物图录的学术性，又兼顾其可视性与可读性，是安徽省文物图录出版物中最为精美的一部佳作典籍。

完成《博物馆免费开放参观指南》安徽部分的撰稿工作，并已交由文物出版社出版发行。组织工作人员积极向《中国文物报》等国家级专业报刊投稿，展示安徽省文物工作成果。全年共计在国家级报刊发表文章 300 多篇。

省考古所十分重视田野发掘报告的整理和科研成果的汇集工作。各市文物部门也相继出版了一批有较高质量的文物图书。省考古所利用所庆 50 周年的契机，一次便出版了 3 部文物著作。《道远集》荟萃了全所优秀论文；《流金岁月》记述了该所五十年的发展历程；与六安市文物局合编的《六安出土铜镜》是安徽省第一部专题性著作。上半年推出的《蚌埠双墩遗址》，是安徽省近年来史前考古的一个重要学术成果。马鞍山市博物馆出版了《马鞍山市六朝墓葬发掘与研究》一书，表明安徽省市一级文物科研水平有了显著提高。黄山市徽文化博物馆出版的《徽州文化》图录，六安市文化局出版的《六安诸侯王》《历史的星光》等等，也都精美纷呈，可圈可点。

【安全督查】

1. 简述

2009 年，全省文物安全形势总体较为稳定，文物部门把文物安全工作放在工作首位，地方立法、队伍建设、执法实践等方面取得了一定成绩，2009 年，全省有 300 余名文物行政执法人员通过省法制部门组织的考试，取得了执法资格和执法证件。为迎接新中国成立 60 周年，开展了汛期文物安全检查，全省文物行政执法与文物安全工作大检查工作。

2. 文物安全情况

2009 年，安徽省在全省文物系统开展了两次全面的文物安全大检查，在 1 月的大检查中发出 5 份安全隐患整改通知书，春节前各安全隐患单位均按要求完成了整改。8 月，接国家文物局开展迎国庆文物安全检查工作通知后，立即传达全省各文博单位，同时召开专题会议。会同公安部门对博物馆等对外开放的单位多次进行检查，特别注重对防恐、防突发事件、消防求助应急预案的检查。各地主管部门负责人均亲自带队对所辖区的博物馆、文物库房、古建筑等单位进行了安全大检查。

田野文物保护方面，在全力配合公安部门打击文物犯罪活动的同时，不断加强对田野文物的有效监管，加大对古遗址、古墓葬等田野文物所在地群众的法规宣传力度，设立田野文物巡防队伍，有些地方在田野文物核心安装隔离栅栏。

文物消防安全方面，注重做好古建筑的安全消防工作。安徽省境内古建筑尤其是皖南古建筑多为木结构，容易引起火灾，而这些建筑多建于山区乡村，或散落于村落民居之中，由于经济条件差，很多文物保护单位无法按规范要求完成系统的防范设施建设，省局根据需求，因地制宜，在不影响环境风貌的前提下，在文物建筑附近建设消防井、蓄水池、消防泵等消防供水系统。

3. 重大文物案件及处理情况

督促宣城市严格按照国家文物局的要求，落实双塔广教寺违法建筑的拆除工作。在省政府的高度重视和国家文物局的大力督查下，经过不懈努力，多方协调，在省文化厅、省文物局的全程监督下，违法建筑山门于9月2日正式开始拆除，至9月20日拆除工作结束，山门全部被拆除。11月，按照厅领导要求，省文物局发出通知并派员到宣城进一步督促广教寺违法建筑的拆除工作。

及时督查淮南寿州窑被破坏案件。淮南寿州窑是六朝晚期至唐末的瓷窑址，窑址主要分布在淮南市大通区上窑镇，包含五个保护区，为全国重点文物保护单位。2月，窑址的医院住院部保护区遭到破坏。安徽省文物局在第一时间赶赴现场，会同淮南市政府立即采取有力措施，查明案情，快速予以处理，制止了事态的发展，淮南市公安和检察机关迅速逮捕了犯罪嫌疑人，并及时拆除违法建筑物，被破坏的窑址用新土进行了填埋覆盖。在省文物局的要求下，淮南市抓紧编制寿州窑遗址的保护规划，全面拓展寿州窑保护和利用的新空间，同时对全市市级以上文物保护单位进行了一次全面的文物安全专项大检查，对寿州窑所在地的干部群众进行了文物法规宣传等。对这一案件的及时查处，受到国家文物局的高度评价和赞扬，按照国家局领导的要求，《中国文物报》在第一版面及时宣传报道了这一案例的查处情况。

【对外交流】

积极配合国家文物局，开展文物对外交流。在北京奥运会和六十年国庆期间，根据国家文物局通知精神，从“建国六十周年安徽重要考古成果展”中遴选文物精品赴北京等参加展览。提供凌家滩出土的“玉龙”等赴比利时参加“中国古代帝王珍宝展”，“玉人”等文物参加首都博物馆举办的“早期中国——中华文明起源展”；提供西汉“鎏金铜驼镇”等文物赴意大利参加“秦汉—罗马文明展”；提供战国“吴王光鉴”和“鄂君启舟节”赴河南参加中国文字博物馆开馆展览。

【不可移动文物】

1. 简述

继续协助国家文物局做好第七批全国重点文物保护单位申报材料的审核工作，福建省人民政府公布了204处第七批省级文物保护单位，开展了全省文物保护工程设计、施工、监理资质培训和认定工作。在《福建省文物保护管理条例》重新修订后，进一步规范文物保护项目的行政许可程序。

2. 文物保护单位

2009年，省政府核定公布了204处第七批省级文物保护单位，新公布的省级文物保护单位加大了具有福建特色的革命文物、涉台文物等的比例。目前，福建省省级文物保护单位达到511处。按照国家文物局的统一安排，开展第七批全国重点文物保护单位的申报遴选推荐工作，拟推荐76处（其中四处水下文物）省级文物保护单位和第三次文物普查重要新发现申报列入第七批全国重点文物保护单位。

3. 文物保护规划

组织编制《福建省涉台文物保护总体规划》，完成了《鼓浪屿近现代建筑群文物保护规划》《集美学村及厦门早期建筑文物保护规划》等规划的编制。

4. 文物保护工程

稳步推进全省涉台文物维修和保护工程，结合文物普查开展涉台文物复查、补查，完成施琅宅和祠、天一总局、泉州天后宫大殿、东山关帝庙、漳州林氏宗祠、汀州文庙、清水、李纲祠、南山遗址等一批重点涉台文物保护规划或保护方案的编制，继续实施昙石山遗址、三坊七巷建筑群等首批重点涉台文物的维修和保护工程。福州三坊七巷建筑群等一批重点文物得到保护维修，漳州江东桥、莆田元妙观三清殿二期工程通过国家文物局组织的竣工验收。完成《漳州红军东路军领导机关旧址保护工程方案》《福安狮峰寺大殿保护工程方案》等一批文物保护维修方案的编制。泉州开元寺东西塔勘察、测绘及保护方案编制等工作进展顺利。

【考古发掘】

积极配合经济建设和基本建设，先后组织开展龙岩核电厂、惠安电厂、云霄沿海大通道、福州绕城高速公路、宁武高速公路（宁德段）、龙浦高速公路（浦城段）等省重点项目的考古调查和勘探工作。启动城村遗址、德化窑遗址等大遗址保护工程项目，完成城村遗址保护工程方案编制和德化窑遗址保护规划立项工作。

【世界文化遗产】

继续做好“武夷山”和“福建土楼”世界文化遗产地监测和保护管理，着手组织编制《“福建土楼”保护总体规划纲要》。“福建土楼”荣获联合国教科文组织授予的“遗产保护杰出成就奖”。配合国家文物局，开展“武夷山”和“福建土楼”世界文化遗产地巡视和检查。全面启动厦门鼓浪屿申报列入《中国世界文化遗产预备名单》工作，完成申报文本编写和保护规划编制；启动福建船政建筑群、闽东北贯木拱廊桥等申报列入“中国世界文化遗产预备名单”的前期调研工作。

【博物馆】

根据《全国博物馆评估办法（试行）》，全省有7座博物馆（纪念馆）评估定级为国家二级博物馆，13座博物馆（纪念馆）定级为国家三级博物馆。

在中华人民共和国成立60周年之际，建宁县红一方面军领导机关旧址暨反“围剿”纪念馆、闽西革命历史纪念馆、冰心文学馆等3个文博单位被中宣部公布为第四批全国爱国主义教育示范基地。

国家文物局授予福建博物院和泉州海外交通史博物馆等两家博物馆可移动文物技术保护设计甲级资质证书和可移动文物修复一级资质。

围绕纪念新中国成立60周年和古田会议80周年活动主线，继续加强革命文物保护。以福建博物院为龙头，组织开展向新中国成立60周年献礼系列庆祝活动。组织完成福建博物院基本陈列“福建古代文明之光”展览改版及对外开放，完成福建闽越王城博物馆基本陈列展览更新，完成昙石山遗址第二期保护工程及遗址厅改建工程。初步完成“福建省民俗博物馆”前期筹备工作。组织评审十年来福建省在文物保护、博物馆建设、文物科研、文物考古等方面的重大成就，在福建博物院举办专题展览。联合主办第二届木拱廊桥国际学术研讨会。

完成古田会议旧址群第三期保护维修工程。通过闽西革命历史博物馆、毛泽东才溪乡调查纪念馆新馆、中共闽西“一大”旧址——蛟洋文昌阁、中共闽西特委机关旧址——苏家坡树槐堂、古田红四军军医处和士兵委员会旧址等革命文物陈列布展或改版更新，进一步提升全省革命文物陈列展示和服务水平。

【民间收藏文物】

加强文物鉴定、审核、监管工作和文物拍卖标的的审核管理。经国家文物局批准，省文物鉴定组通过了机构资质认定，2009 年，福建省又有两家拍卖行取得二、三类文物拍卖资质。

【文物保护科技与科研】

加强两岸文化遗产交流与合作，继续扩大和增加两岸文化交流的途径和方式，牵头举办“海峡两岸文化遗产保护论坛”，并且每年轮流在大陆和台湾举办一届。同时，将福建一年一度的以闽台特色文化为主题的“海峡两岸文化遗产学术研讨会”纳入论坛范畴。

加大文物科研力度，收集整理文物档案资料，编辑出版各项研究成果。组织完成永定初溪村（土楼）、湖坑镇、光泽崇仁乡、永安吉山镇等历史文化名镇（村）的调查课题。

【文博信息化】

2009 年，全省各级政府财政到位文物普查经费 1040 万元；至 11 月底，全省实地调查完成率达 94.3%，共登记不可移动文物 27456 处，其中新发现 18056 处，复查 9400 处。由中国国家博物馆水下考古研究中心会同福建博物院考古所组织的“福建沿海水下考古调查队”，对福建省福州、莆田、泉州、漳州等沿海地区开展水下考古调查，以及继续进行的平潭碗礁一号沉船遗址水下考古发掘，都取得了丰硕成果。

进一步加强涉台文物、革命文物和水下文化遗产的调查、登记、评估和建档工作，对于普查中发现的重要文化遗产，价值特别重大的，在第七批全国重点文物保护单位申报评审中予以重点关注。

积极推进文物信息化管理系统建设，全面启动“文物调查及数据库管理系统建设”项目。举办全省博物馆（纪念馆）文物调查数据库建设的文物采集登录培训班。按照国家文物局数据库建设的相关标准和规范，先行在福建博物馆和设区市级博物馆等 10 个博物馆作试点单位，组织开展馆藏珍贵文物数据采集工作。

【政策法规与宣传】

《福建省文物保护管理条例》由省第十一届人民代表大会常务委员会第十次会议于 2009 年 8 月 2 日修订，自 2009 年 10 月 1 日起施行。新修订的《福建省文物保护管理条例》工作，紧密结合本省文物保护的实际和特点，增加了“水下文物的保护”“涉台文物保护”和“中央苏区革命文物的保护”等章节。

【安全督察】

依法规范文物、考古和博物馆建设等方面的行政许可程序。完成文物行政权力编目工作，规范行政执法、审批审核程序、自由裁量权等行为，建立健全惩防体系建设。开展全省文物行政执法督察工作，按照安全工作“四不放过”

的原则，重点对文物盗掘、盗窃案件和火灾事故，进行专项执法督察工作，并向全省文化文物系统进行通报。

指导督促各级文博单位进一步建立文物安全防范体系。加强文博单位安全技术防范系统和消防设施建设，推进福建闽越王城博物馆、漳州市博物馆、南平市博物馆、宁德市博物馆等一批高风险单位安全技术防范系统建设。开展文物安全大检查，进一步完善文物安全制度，排查安全隐患，确保各级文物保护单位和馆藏文物的安全。

【机构与人员】

通过举办“博物馆馆长论坛”“文博高级人才研修班”“文物数据调查采集登录培训班”“文物行政执法培训班”“文物保护工程培训班”等形式，加强文博队伍建设。

2009 年，举办了全省文物保护工程培训班暨文物保护工程汇报会。130 多人参加培训并通过了考试，获得岗位培训证书。组织开展全省第二批文物保护工程资质申报评定工作。

启动编制《福建省文物博物馆事业“十二五”规划》的前期工作，举办“全省文物博物馆‘十二五’规划编制培训班”。

1995 年，将乐县博物馆副馆长廖国华同志为保护文物，与盗窃文物的犯罪分子搏斗英勇牺牲，省政府于 2009 年 3 月授予廖国华同志革命烈士光荣称号。“文化遗产日”期间，福建省有 63 位从事文物、博物馆工作 30 年以上的文物、博物馆工作者受到国家文物局表彰，获得“荣誉证书”。

【对外交流】

首届“海峡论坛”期间，以“同根共祖，血脉相连”为主题，利用各地征集的闽台姓氏族谱，主办“闽台姓氏族谱和涉台文物展暨宗亲恳亲会”。依托厦门市博物馆集中展示了 141 个姓氏、5759 册迁台姓氏族谱资料，其中台湾和金门地区宗亲参展的族谱近 300 册，通过展览和恳亲活动打造两岸民间交流的平台。

江西省

2009 年，在江西省委、省政府的正确领导和省文化厅党组的统一部署下，围绕庆祝新中国成立 60 周年，抓项目，抓重点，抓创新，攻难点，求实效，显特色，积极争取国家文物局和相关部门对文物工作的支持，争取地方政府对文物工作的重视，全省文物事业呈现出良好的发展态势，全省文物工作攻坚破难、扎实推进、讲究实效、成绩斐然。

2009 年是近年来全省文物经费投入最大的一年。2008 年以前，省财政文物保护经费多年来一直徘徊在 200 万元；2008 年，省财政文物保护经费历史性地跃上了 2000 万元大台阶，增加到 2200 万元；2009 年，省财政文物保护经费再次被刷新，迈上了 3000 万元新台阶，增加到 3200 万元，国家下拨的经费也显著增长，全省文物保护保存条件得到了进一步改善。

2009 年是工作最为紧张繁忙的一年，全省文物系统工作千头万绪，工作任务非常繁重，压力也很大。第三次全国文物普查、文物维修、博物馆建设等工作一项接一项，时间紧，要求高，任务重，全省文博工作者经常加班加点，辛勤耕耘，扎实工作，各项工作有序推进，全省文物工作向全省人民交出了一张满意答卷。

2009年也是工作成效较为显著的一年。全省第三次全国文物普查、文物维修、博物馆建设等各项工作齐头并进，取得了显著的工作成效，引起全社会高度关注。全省第三次全国文物普查实地调查如期完成，新发现数量接近3万处，全省不可移动文物总量大幅跃升；信江书院等30余个保护维修项目和赣州市博物馆新馆安防设施项目顺利竣工，其余约60个项目已按要求有序开展维修等工作。

【法规建设与文物安全】

在2009年里，为了有效预防、科学应对文物保护工作中的各种突发事件，最大限度预防、减少突发事件的发生及其危害和影响，省文化厅制定下发《江西省文物违法事件、安全事故报告制度》和《江西省文物安全突发事件应急预案》，并陆续出台系列制度和措施，强化预防措施，强化细致排查，努力减少突发事件发生概率，不断构建科学有效文物安全工作机制，确保全省文物安全。

1. 严肃查处文物违法案件。以召开现场会形式对全国重点文物保护单位闽浙赣省委机关旧址周边农民违章建房问题进行严肃处理，拆除违章建筑4幢；同时，要求当地文化（文物）部门在当地村民中开展《中华人民共和国文物保护法》宣传，旧址周边违规建房现象得到初步遏制；严肃查处瑞昌市码头镇三源村牛头岭、樟树市店下镇松湾村等地盗挖古墓案件，多名犯罪嫌疑人移交司法机关处理。

2. 抓好文物行政许可项目清理工作。大力精简文物行政许可项目和文物行政许可项目审批时间，进一步提高文物行政审批效率。对全省保留的16项文物行政许可项目进行细化分解，对每一个许可项目的设立依据、许可程序、许可期限等进行全面梳理。在此基础上，通过软件设计，简化审批流程，大幅缩减审批时限。

3. 认真清理文物行政执法职权。按照相关法律法规，制定出58项文物行政处罚目录及细则，上报省政府统一公布实施。制定《江西省文化厅文物行政处罚自由裁量权适用规则》和《江西省文化厅文物行政处罚自由裁量权参照执行标准》，对文物行政处罚自由裁量权条款进行细化，进一步规范全省文物行政机关文物处罚行为。会同省公安厅开展全省文物安全专项检查整治活动，进一步提高全省各级文物行政部门和文博单位安全意识，明确文物安全责任，强化安全制度建设，排查安全隐患，确保全省文物安全。

4. 文物保护队伍建设步伐明显提速。举办文物保护工程施工资质与项目负责人培训班、国保单位“四有”培训班、全省第三次全国文物普查暨第七批全国重点文物保护单位和第六批省级文物保护单位申报工作培训班、全省第三次全国文物普查实地文物调查验收试点培训班、全省讲解词编写培训班等，累计培训500余人次。进一步扩大全省文物保护工程施工队伍，推荐1家公司向国家文物局申报文物保护工程施工一级资质，批准1家公司申报文物保护工程施工二级资质行政许可申请，批准3家公司申报文物保护工程施工三级资质行政许可申请，同时认真做好外省具有相关文物保护工程施工资质单位入赣管理工作等。

【第三次全国文物普查】

全力推进全省第三次全国文物普查。2009年，全省第三次全国文物普查田野调查取得令人振奋的成果，截至2009年12月31日，全省99个县、市、区均按时按质按量完成实地调查工作，文物总量和文物类型均获大丰收，全省共调查登记不可移动文物34087处，其中新发现29018处，复查5069处，调查登记消失文物324处，使江西省不可移动文物总量较普查前的2007年翻了近6番。在普查过程中，将乡土建筑、20世纪遗产、文化景观等新型文化遗产类型及时纳入普查范围并取得喜人成果。在向国家文物局推荐申报第七批全国重点文物保护单位的287处不可移动文物中，就有毛主席用瓷（7501瓷）生产车间等20余处为普查重要新发现。全力抓好实地调查。通过召开现场会、下发文件、组织普查专家指导组开展实地督查等形式加大实地调查推进力度。经过全省上下共同努力，这项硬任务已经如期完成。

及时启动实地调查验收。提前下发多个文件对验收工作做出部署；在南昌县召开普查验收试点现场会，为全省全面铺开普查验收工作奠定扎实基础；同时要求各设区市普查办认真制定本辖区验收时间进度表，科学安排好本辖区验收时间，确保验收工作按计划有序进行；强调验收工作必须严格按照验收办法和验收标准认真进行，确保验收工作不走过场，验收质量经得起国家的检验和历史的检验。

召开全省第三次全国文物普查专家指导组座谈会，对《江西省第三次全国文物普查成果系列丛书》目录及第七批国保和第六批省保申报等议题进行细致深入的讨论；要求各级“普查办”根据普查进展情况，制定普查成果转换方案，适时转换文物普查成果。加大普查宣传。在《中国文物报》刊发江西省第三次全国文物普查专版；与《江西日报》联合开展第三次全国文物普查新发现暨文化遗产保护征文活动，在固定版面和栏目共刊发3万余字62篇征文；在省博物馆成功举办全省第三次全国文物普查与文化遗产保护摄影图片展，全面展示全省第三次全国文物普查新发现及普查成果；有6位作者7篇征文在由国家文物局与中国文物报社联合举办的第三次全国文物普查征文活动中获优秀奖，并入选《普查人手记——第三次全国文物普查征文选集》。

【文物事业的发展】

2009年，全省各级地方政府、有关部门和单位进一步明确各自的管理职责，强化了文物事业所需经费的多元化投入机制，全面加大了文物行业的管理力度，凸显文物事业的公共服务功能并明确目标，加快加大了文物事业的发展步伐。

1. 以规划为向导，文物保护纳入科学管理轨道

积极协助国家文物局在南昌召开湘鄂赣革命文物保存现状调查工作座谈会，并认真按照国家文物局要求，按时按质完成全省革命文物保护专项规划编制和网上填报工作，为此后几年向国家争取更多支持、进一步做好全省革命文物保护工作、巩固江西革命文物强省地位奠定坚实基础。加大全国重点文物保护单位保护规划编制力度，湖田窑遗址、筑卫城、鹅湖书院等9个全国重点文物保护单位保护规划通过省级专家组评审，多项保护规划通过了国家文物局批准。积极配合建设部门做好城市规划、风景名胜区总体规划和历史文化名城、名镇、名村的保护规划工作。公布青原区富田镇等18个村镇为第三批省级历史文化名村镇，全省国家级和省级历史文化名村镇总数分别增加到49个和67个；召开全省历史文化名镇名村工作会议，进一步推动全省历史文化名镇名村保护工作迈上新台阶；积极申报第五批国家级历史文化名村镇和第四批省级历史文化名村镇，进一步扩大全省历史文化名镇名村总量。

2. **全国重点文物保护单位和省级文物保护单位申报**

在做好全省第三次全国文物普查的基础上，精心做好全省第七批全国重点文物保护单位和第六批省级文物保护单位申报这项直接关系到江西未来在全国文物地位的工作。2009 年，省文化厅在抓好部署，及时下发文件，部署申报工作的同时，通过举办培训班、召开座谈会等形式，加强申报工作培训指导，不断提升申报质量。为确保江西省第七批全国重点文物保护单位申报材料质量，省文化厅倾力抓好申报材料专家评审环节，从全省抽调了 18 位专家组成 3 个评审小组，对提交的 320 余处不可移动文物申报材料进行评审。经认真评审，最终确定推荐 287 处不可移动文物申报第七批全国重点文物保护单位。经省文化厅研究并报省政府同意，江西省第七批全国重点文物保护单位申报材料已于 2009 年年底前上报国家文物局。

【博物馆】

为不断提升全省博物馆讲解水平，省文化厅认真研究，精心组织，各地积极响应，积极参与，全省博物馆讲解工作得到了一次大练兵。举办了全省讲解词编写培训班和全省博物馆（纪念馆）基本陈列讲解词比赛。举办了全省“十佳”讲解员讲解大赛，引领全省博物馆、纪念馆讲解水平不断提升。值得一提的是，此次全省“十佳”讲解员讲解大赛除现场讲解外，首次增加了知识问答、才艺展示、专家点评等环节，比赛精彩纷呈，高潮迭起。经激烈角逐，产生 10 位十佳和 10 位优秀文博讲解员。为扩大比赛社会影响，充分展示新时期全省文博工作者的亮丽风采，2009 年 11 月 18 日晚，“美丽江西——八一杯全省十佳讲解员暨讲解词比赛颁奖晚会”在江西电视台五套精彩播出，省领导亲自为获奖者颁奖。尤为喜人的是，2009 年 12 月，江西省组队参加由中国文物保护基金会、中国博物馆学会、中国文物报社联合主办的“庆祝新中国成立 60 周年全国文化遗产保护宣传讲解大赛”，取得了团体三等奖和 1 个个人二等奖、2 个个人三等奖的好成绩，这标志着江西省博物馆讲解水平有了质的提升。

赣州、抚州、萍乡等 20 余家市县级博物馆相继开馆或立项奠基。同时，突出抓好场馆周边环境整治、展厅通风通畅、展品保护监控、人性化设施增设和陈列展览更新换代等工作；根据情况更新或增设导览标志、咨询台和参观指南，配备存包柜和医药箱，开辟残疾人通道，改造卫生设施，进一步优化博物馆参观接待环境。

【考古发掘】

通过各地、各单位的共同努力，2009 年江西省考古发掘成绩喜人。

1. **文物考古重大项目**

2009 年，在做好沪昆铁路江西段、赣州至龙岩铁路复线、西气东输支线等工程文物资源评估、勘查和抢救性考古发掘工作的基础上，召开了南方片区基本建设文物保护工作协调会。完成鹰潭角山商代窑址考古发掘报告出版工作。启动靖安东周大墓、明宁王夫人吴氏墓考古发掘整理以及鄱阳湖水域水下考古前期准备等工作。完成高安华林造纸作坊遗址申报 2009 年度全国十大考古新发现后续跟踪工作以及靖安高湖镇老虎墩商周遗址等主动性考古发掘项目。通过积极努力，进一步增加江西省成功入选全国十大考古新发现项目数量，不断引领提升江西省的文物考古水平，扩大江西省文物考古工作在全国的影响。

继续加强考古发掘项目的管理，重点组织了江西省基本建设范围内古遗址、古墓葬的抢救性考古发掘工作。配合大型基本建设项目的考古调查、发掘及文物保护工作取得新进展，全年完成20余项大型基本建设项目的文物资源评估和文物考古调查工作；完成10余个文物点的抢救性考古发掘工作，抢救出一大批珍贵文物。

主动性考古发掘项目取得重大成果。在一期发掘基础上，省文物考古研究所创新发掘思路、扩大调查和发掘范围，全力以赴做好高安华林造纸作坊遗址二期发掘工作。通过二期考古发掘，弄清了造纸作坊遗址的整体布局状况、造纸型水碓的形态演变，完善了明代造纸作坊遗址的工艺流程，新发现了元代造纸作坊遗迹；进一步证实了华林造纸作坊始建于宋代，并对华林古代造纸的规模与商贸路线有了详细了解。这是此前我国发现的造纸遗迹最多、年代最早的造纸遗址，又历经元明两代，对研究我国古代造纸科技发展史有重要研究价值。这些重要考古成果，使华林造纸作坊遗址顺利入选“中国社会科学院考古学论坛·2009年中国考古新发现”，入围“2009年度全国十大考古新发现”。

省文物考古研究所联合厦门大学认真做好靖安高湖镇老虎墩商周遗址主动性考古发掘项目并取得丰硕成果。

靖安水口东周大墓文物保护工作取得重要进展。省文物考古研究所加强与荆州博物馆文物保护中心合作，认真做好靖安东周大墓出土的漆木器和丝织品保护工作，其中丝织品的保护和研究入选“指南针计划”。经过专题组为期一年的研究，成功复制出中国最早的纺织机械和朱砂染织织锦等纺织品，东周纺织织造技术挖掘与展示项目顺利结项。

通过运用先进科技手段和极具感染力的表现手法，成功举办“新世纪江西考古成果展”，全面展示新世纪以来江西省取得的考古成果，向新中国成立60周年庆典献礼。展览共展出文物140余件。

【文物工程】

以《文物保护工程管理办法》等规范性文件的贯彻实施为重点，进一步规范文物保护工程管理，对50余处省级文物保护单位进行了维修方案的审查，其中部分维修工作已经结束。

峡江水利枢纽等重点工程的文物迁移保护工作顺利展开。省级以上文物保护单位维修调查如期完成。文物保护单位保护规划的编制和审批管理有所加强。

2009年是实施全省基层文物保护工程的第三年，对全省各级各类文物，尤其是国家重点文物和全省基层文物实施了保护工程。在全面总结过去经验的基础上，省文物局重点抓好保护规划和维修方案编制和审批、设计和施工单位资质管理、资金使用和工程质量验收等环节工作，确保所有项目工程质量合格，资金专款专用。

此外还顺利完成对口支援四川省小金县的文物工作。经过近2年的努力，小金县全国重点文物保护单位红军长征两河口会议会址维修工程2009年11月竣工，群众文化体育活动中心（含县博物馆）新建工程2009年12月竣工，全国重点文物保护单位红军长征会师桥和天主教堂维修工程由省文物保护中心帮助完成勘查设计和维修方案编制工作。

【遗址保护】

近年来，国家高度重视大遗址保护工作，投入巨资打造了一批很有影响的大遗址保护项目。大遗址保护几年来的实践证明，大遗址保护对优化城市空间格局、合理配置资源、促进旅游等相关产业的理性发展，对建设城市文化、彰显城市特色、保持文化多样性等均具有积极作用。江西省大遗址资源比较丰富，数量较多，其中全国重点文物保护单位10余处，省级文物保护单位20余处，尤以城址、窑址、矿山遗址居多，这些大遗址年代早、价值高、知名度高，其中景德镇御窑厂遗址、湖田窑遗址、樟树吴城遗址已列入全国“十一五”大遗址保护总体规划。

瑞昌铜岭铜矿遗址保护取得突破性进展。省文化厅、省文物局积极与九江市政府协调，推进九江冶金总厂改制，落实改制资金；与瑞昌市政府磋商，解决九江冶金总厂职工住房建设用地和社保、医保问题。经2009年6月3日九江市政府常务会决定，九江冶金总厂整体搬迁，瑞昌市政府落实50亩地，负责400余名职工安置以及身份置换等内容，已经筹措资金6000万元。遗址已正式移交瑞昌市政府，由瑞昌市铜岭铜矿遗址管理处实施管理，遗址保护规划已经顺利通过省级专家评审。

【博物馆】

进一步提升全省博物馆社会服务质量、不断深化博物馆免费开放工作，做到“免费不降质，免费不免责”。进一步丰富博物馆服务产品和内容，不断扩大博物馆工作社会影响。召开全省民间文物收藏监管座谈会和全省非国有博物馆调研座谈会，进一步加强社会文物管理，推进民间博物馆发展。继续加大博物馆陈展提升和安防消防设施更新力度，不断改善全省博物馆硬件条件。积极推进博物馆管理和运行体制机制创新，努力构建体制机制灵活、社会服务功能完善的新型博物馆管理和运行体制。

博物馆免费开放为群众提供更好的服务。2009年，为适应免费开放形势发展和观众需求，着力对9个免费开放的博物馆纪念馆陈列展示进行了改善提升设计；举办了全省博物馆纪念馆讲解词、讲解员大赛，提升全省博物馆纪念馆讲解水平和服务质量。全省92家博物馆纪念馆共免费接待观众1681万人次，同比增长166%。在第八届全国博物馆十大陈列展览精品评选中，井冈山革命博物馆的基本陈列“井冈山革命斗争史”名列榜首，获得特别奖，南昌八一起义纪念馆的基本陈列“南昌起义”获得精品奖。

涌现出一批受国家表彰的先进单位和先进个人，省博物馆被人事部、文化部评为全国文化系统先进单位；南昌县评为2009年“全国文物工作先进县”；在“庆祝新中国成立60周年全国文化遗产保护宣传讲解大赛”中，取得团体三等奖和个人一个二等奖、两个三等奖。

全省文博展览异彩纷呈，各地外引内联办展览，不断推出高质量的展览。江西省博物馆举办了诸如“西风东渐——甘肃佛教造像艺术珍品展”“於越——浙江省博物馆藏古越文物特展”“大千视界——张大千绘画作品展”“滇王归来——云南古滇国文化展”“天骏神驹——云贵两省博物馆藏徐悲鸿书画精品展”“红色记忆——中国人民革命军事博物馆馆藏油画展”“故宫金银器展”等一系列精彩的展览。

山东省

【不可移动文物保护】

2009年，山东省不可移动文物保护扎实推进。全省组织开展省级以上文物重点保护单位划定保护范围、建设控制地带、树立保护标志、落实保护单位等工作，部署开展第七批全国重点文物保护单位、第四批省级文物保护单位申报工作。

截至2009年底，山东省文物点计3万余处，其中全国重点文物保护单位101处，省级文物保护单位687处，市县级文物保护单位6843处。本年度新公布市县级文物保护单位332处，其他未公布级别的保护单位15541处。本年度文物保护工程总计118项，投入维修经费约13195万元，其中全国重点文物保护单位维修保护工程26项，投入经费约7053万元。

1. 文物保护工程

为适应经济和社会发展需要，2009年全省开工建设的工程项目达40项，涉及铁路、公路、油气管道、电力、煤矿、水利、民航等领域。全省文物系统积极配合支持，先后签订榆济输气管道工程、华电国际莱州电厂工程等近20项文物保护工作协议，完成高唐至临清公路、日照疏港公路、莱州疏港公路等20多个工程项目的文物调查工作，在确保各类重点建设工程顺利推进的同时，文物资源得到有效保护。

2. 大遗址保护

2009年山东省入选国家大遗址项目库的6处大型遗址中，齐国故城、两城镇遗址、大辛庄遗址获得国家文物局正式批准，下一步将进入工程施工阶段。

历城区文物行政主管部门与陕西西北大学文化遗产保护规划中心签订了“大辛庄遗址保护总体规划项目协议书”，编制《大辛庄遗址保护总体规划及说明书》，组织专家对规划进行评审。历城区政府先期投入经费30万元，支持陕西西北大学文化遗产保护规划中心对大辛庄遗址进行了钻探。

山东省日照市按照“保护为主，抢救第一，合理利用，加强管理”的方针，继续加强对两城镇遗址的日常保护和重点保护工作。为确保大遗址保护工作顺利实施，山东省加大了对两城镇遗址保护的经费投入，保护规划工作已投入经费150万元。

中国文化遗产研究院已编制完成《日照市两城镇遗址保护总体规划》草案，日照市政府组织召开了市直、东港区有关部门参加的规划征求意见座谈会，两城镇遗址保护工作得到了大力推进。

大运河“申遗”工作顺利开展，已登录不可移动文物点229处，其中全国重点文物保护单位25处，省级文物保护单位27处。运河沿线考古发掘工作获得重大发现，发现明代弘治年间运河河道北侧堤岸和庙前石泊岸内侧夯土遗址，确定了南旺湖、马踏湖、蜀山湖三个水柜位置及马踏湖、蜀山湖部分湖堤，掌握龙王庙建筑遗址三组建筑平面布局。中国文化遗产研究院等五个单位的专家们进行了实地勘察，收集资料，编制了运河保护第一阶段总体规划。

3. 第三次全国文物普查工作

为保质保量完成第三次全国文物普查工作，黄胜副省长代表省政府与各市签订政府责任书，要求做到领导、机构、人员、经费“四落实”。省文物局及时组织协调普查进度，加大督导力度。制定《山东省第三次全国文物普查实地文物调查阶段验收办法（试行）》和《山东省第三次全国文物普查实地调查阶段验收工作方案》，明确规定文物普查验收程序、验收内容、验收权限、评分标准。召开水下文物普查工作会，全面启动山东省第三次全国文物普查涉及的水下文物普查工作，发现两处重要沉船遗址。曲阜、嘉祥、邹城已完成验收；全省实地文物调查启动率为100%，完成率为97%；共调查登记不可移动文物33553处，其中新发现21637处，复查11916处；济宁、德州、枣庄、青岛、菏泽等13个市已经完成实地调查；全省累计到位经费4688.31万元，其中省财政投入1300万元，地方财政投入3388.31万元，平均每个县域普查单元投入15.45万元。

【考古发掘】

2009年，山东省共进行考古发掘10项，其中重大考古发现5项：山东高青县陈庄西周遗址发掘、山东寿光双王城盐业遗址发掘、山东章丘市东平陵城遗址考古发掘、山东临沭县东盘遗址发掘、山东济南市张马屯遗址发掘。2009年12月，《鲁中南汉墓》（上、下册）由文物出版社出版。山东高青陈庄西周城址获评“2009年度全国十大考古新发现”。

2009年部分重大考古发现：

1. 山东高青县陈庄西周遗址

为配合南水北调东线工程山东段的建设，山东省文物考古研究所对高青陈庄继续进行大规模勘探和发掘工作。遗址位于淄博市高青县花沟镇陈庄村东，坐落于陈庄和唐口村之间的小清河北岸，东北距县城约12公里，北距黄河约18公里，周围属地势平坦的黄河冲积平原。共揭露面积6650平方米。遗址的文化内涵以周代遗存为主，还有唐、宋、金时期的文化遗存。

西周城址是这次发掘的重要收获。经勘探及东墙的解剖，城址近方形，城内东西、南北各约180多米，城内面积不足4万平方米。东、北两面城墙保存略好，南墙中部应有一个城门，城内有宽约20～25米的道路通往南墙中部。四周壕沟环绕，西北角有小块低洼地，可能为积水区，东北角壕沟向东北延伸，应为城内排水沟。壕现存宽度约25～27米，最深约3.5米。根据层位关系及出土遗物判断，该城址时代为西周早中期，使用时间不长。这是鲁北地区发现的第一座西周城址，为研究早期齐国历史具有重要意义。

夯土台基1处，位于城内中部偏南。其中心部位近圆台形，北部略凸，直径5.5～6米，面积近20平方米，残存高度约0.7～0.8米。平面从内向外依次为圆圈、方形、长方形及圆圈、椭圆形圈相套叠的夯筑花土堆积，土色深浅有别。中心圆台的外围仍有多层水平状的堆积向外延伸，当为中心圆台使用期形成的堆积。每层堆积厚5～12厘米不等，有的两层间夹杂薄层白色沙土或灰烬。外围堆积平面大致为长方形，周缘被大量的灰坑破坏，从形成过程分析，可分两期。由于周缘多被东周遗迹打破，唯北边界尚存，呈斜坡状，其余三面外围原始边界不清。东西残存宽度约19米，南北长约34.5米。根据台基形制和所处位置初步判断，此类台基可能与祭祀有关。

发现房基9处，但均遭严重破坏。从保留现状分析，可能多为长方形台基式建筑，部分为地面式小圆形房基。

在城内中部偏南和东南部清理14座墓葬。9座为长方形竖穴土坑墓、2座“甲”字形大墓、3座小型瓮棺葬，其中5座为出青铜器的贵族墓葬。头向均东北。墓圹长多在3.5～5米、宽2.5～3.5米之间，深5～8米不等。大多一棺一椁，有头箱。随葬陶、铜器皆在头箱内。个别棺内有少量玉器或海贝、蚌串饰。出土青铜器40多件，器形有鼎、簋、觚、爵、甗、尊、卣、壶、盉、盘等，其中鼎、簋、觥、甗、卣上皆有铭文，铭文大部分字迹清晰。铭文内容有“丰启作文祖甲齐公尊彝”等内容。在一座“甲”字形大墓内出土两件方座铜簋，盖和器内底部均有70字的长篇铭文，但锈痕严重，尚待解读。

另外，该遗址还出土周代卜甲，其中一残片上残存有数字卦辞，这是山东地区首次发现西周刻辞卜甲。

陈庄遗址为山东地区近年来发掘周代遗址中最重要的一处，在许多方面填补了山东地区周代考古的空白，对研究早期齐文化可以说是突破性的进展。

2. 山东寿光双王城盐业遗址

为做好南水北调工程寿光双王城水库建设的文物保护工作及课题研究，山东省文物考古研究所、北京大学考古文博学院、寿光市博物馆联合对双王城水库工程范围内的遗址进行有计划的大规模发掘，2009 年度对 SS8 遗址发掘 2000 余平方米，清理商代和宋元时期大量与制盐有关的重要遗迹。

遗址商代遗存主要为商代晚期的制盐作坊遗址，其基本布局为：以盐灶为中轴线，南北两侧对称分布有储卤坑，坑池围于四周，而生产垃圾如盔形器碎片、烧土和草木灰则倾倒在盐灶南北两侧。盐灶由工作间、椭圆形大型灶室、长条状灶室、两条烟道组成。盐灶灶室的南北两侧各有一个圆角长方形坑，坑周壁均涂抹一层薄薄的深褐色黏土，并经加工，应是储卤坑。5 个坑池分布于盐灶四周，之间有沟渠相连通，底部多加工有一层防渗水的黏土。出土遗物多为制盐用具——盔形器，多为残片，极少生活用器具。

宋元时期遗迹多为与制盐有关的盐井、盐灶、沟、灰坑等，出土的器物如盆、瓮，体型较大，应与制盐有关。

SS8 遗址的发掘对商代制盐方式的研究提供了新的重要资料，宋元时期的盐井、盐灶、沟等遗迹以及体型较大的盆、瓮等制盐器具的发现，为研究当时的制盐工艺提供了重要的实物资料。

3. 山东章丘市东平陵城遗址

东平陵故城位于山东省章丘市龙山镇阎家村北，西距济南市约 35 公里，著名的城子崖龙山文化遗址在其西南 2000 米处。2009 年秋，由山东省文物考古研究所、北京大学考古文博学院、济南市文物考古研究所三家单位组成联合考古队，开始对东平陵故城进行考古发掘。冶铁遗址区发掘面积 508 平方米，宫殿或官署建筑遗址区发掘面积 705 平方米。

冶铁遗址区发现的主要遗迹为西汉中晚期的冶铁工场，根据地层堆积和打破关系，主要遗迹可分为三个时期：属于西汉中期的有熔铁炉、残房基、藏铁坑、石灰坑等；属于西汉晚期的有烘范窑、储泥池、水井及含多件“大四”铁器铸范的灰坑等；属于王莽至东汉时期的有竖穴土坑水井及多个灰坑、灰沟等。遗物主要为大量汉代的残铁器、铁块、铁板材、铁条、炉壁残块、砖块、瓦片、陶片等。东平陵故城西汉时期大面积冶铁工场的发现，显示出东平陵城作为汉代北方工业重镇的重要地位。西汉中期的熔铁炉保存状况较好，这种双圈结构的熔铁炉形制尚未见过，在冶金史上具有重要意义。

宫殿或官署建筑遗址区发掘区发现大型夯土建筑基址一处，该建筑位于东平陵城内正中偏北处，只发掘了一号建筑基址的东半部。从发掘及钻探情况看，该建筑基址东西总长约 50 米，南北宽 30 米（不包括室外散水部分）。夯土台基外围散水保存较好，与散水连接的地面廊道尚存部分铺地砖，柱础痕迹尚存，由此大体可复原出该建筑的基本结构。从发现的大量的瓦片堆积，以及瓦当、钱纹空心砖等分析，一号建筑基址始建年代大约为西汉中晚期，东汉时期仍沿用。

在中国城市发展史上，战国秦汉进入一个大发展期，地方城市数量大增，但以往对中央都城所做工作较多，而对地方城市重视不够，东平陵故城考古工作的全面展开，不仅为东平陵故城大遗址保护规划的编制提供科学依据，对地方城市史的研究也起到推动作用。

【博物馆】

2009 年，山东省有各级、各类、各所有制博物馆数量 175 家，其中文物系统博物馆 124 家，行业博物馆 42 家，民办博物馆 9 家。2009 年新增聊城中国运河文化博物馆、滨州市博物馆、德州市博物馆、莱芜市博物馆等 11 家博物馆。

全省免费开放的博物馆共 115 家，包括全国爱国主义教育基地、文化文物部门管理的博物馆、行业博物馆和民办博物馆。除中央核定免费开放的 70 家博物馆，自行免费开放博物馆 45 家。全年免费接待观众 1705.7 万人次，其中青少年观众 532.53 万人次，

全省馆藏文物 121.9 万件，珍贵文物 100338 件，其中一级文物 2970 件（套），2009 年新增藏品 45416 件，主要来源于考古发掘和文物征集。其中一级文物增加 35 件，二级文物增加 330 件，三级文物增加 83 件。全年修复文物 900 件，其中一级文物 27 件，二级文物 25 件，三级文物 158 件。

2009 年，山东省博物馆以庆祝新中国成立 60 周年和第十一届全运会在山东举办为契机，推出了一系列陈列展览。全年共举办陈列展览 1859 个，比 2008 年增加 937 个，其中新增基本陈列 75 个，改造原有陈列 32 个。

2009 年全省开工新建或改扩建的博物馆有 20 家，另有 6 家新建博物馆已完成建设规划。山东省博物馆新馆建设工程以“国际先进、国内一流”为目标，按照“一流选址、一流设计、一流建设、一流展陈、一流管理”的要求，全力推进，进展顺利，2009 年 1 月 20 日完成主体混凝土浇筑，顺利实现主体结构封顶；5 月 30 日四角钢结构复合楼盖结构完工，至 6 月 25 日全部完成包括四角钢结构及复合楼盖在内的二次结构、屋面附属结构施工，6 月 30 日完成穹顶钢结构施工，之后全面进入装饰装修和机电设备安装阶段；12 月 26 日完成配套工程封顶，进入工程收尾和陈列布展阶段。烟台市博物馆、威海市博物馆、临沂市博物馆、寿光市博物馆、高密市博物馆等都新建或改扩建了馆舍，德州、滨州、莱芜三个未建立博物馆的地级市的博物馆建设工程也相继开工。

【民间收藏文物】

2009 年，山东省文物局以规范文物拍卖企业、文物商店经营行为为突破口，加强对民间收藏文物的监管，出台了《山东省文物拍卖标的审核程序规定》等规范性文件，严格审批标准和程序，从制度上强化对文物拍卖企业、文物商店的管理，促进文物市场健康有序发展。按照国家文物局的要求，山东省组织开展了 2008 年度文物拍卖许可证年审，帮助文物拍卖企业顺利通过年审，完成了注册和换证工作；配合文化遗产日主题宣传活动，为广大人民群众和收藏爱好者提供个人藏品免费鉴定服务，增强了全社会对文物的了解，提高了文物保护意识。

2009 年，山东省的文物拍卖企业数量由 5 家减少为 3 家，其中具有一、二、三类文物拍卖资质的企业 1 家，具有二、三类文物拍卖资质的企业 2 家。2009 年度审核文物拍卖活动 4 场、拍卖标的上千件，无禁止上拍的文物，拍卖成交总额与往年基本持平。

山东省共有文物商店 10 家，其中 2009 年度新增 2 家，文物库存数量 10 余万件。2009 年度审核文物商店销售文物 5000 余件，销售金额上千万元。

【文物保护科技与项目】

2009 年全省博物馆承担科研项目 13 项，其中省部级以上项目 5 项。发表论文（省级及以上刊物）139 篇，出版专著或图录 6 部，发表考古报告 6 篇、古建维修报告 7 篇。

“山东渤海沿海盐业考古研究”是国家文物局“指南针计划——中国早期盐业的创造与发明”课题中的子课题，

2008年6月，山东省文物考古所与北京大学考古文博院签订了有关山东渤海沿岸盐业考古子课题承担合同书。经过一年多的工作，完成结题报告《鲁北地区先秦时期盐业考古调查、发掘与初步研究》。

2009年6月~7月，山东省文物考古研究所与美国哥伦比亚大学、中国社会科学院考古所联合对龙口归城城址进行了调查、钻探与试掘工作。

【文博信息化】

山东省于2009年4月正式启动文物调查及数据库管理系统建设项目工作。为做好项目工作，山东省文物局专门成立了以山东省文化厅副厅长兼文物局局长谢治秀为组长的项目领导小组，在济南召开了全省文物调查及数据库管理系统建设项目工作会议，制订了《山东省文物调查及数据库管理系统建设项目实施工作方案》，分别于青岛和济南举办了两期馆藏文物信息采集骨干暨馆藏文物影像拍摄骨干培训班，培训业务骨干100余人，为省直和17市配置达标的影像信息采集设备。截至2009年底，全省共采集一级文物2786件（套）、二级文物3919件（套）、三级文物967件（套）的数据，包括文物照片3万余张。经审核，向国家文物局数据中心报送一级文物的2605件（套）的数据，包括照片14889张。已采集和报送的一级文物数据在全国20个推广省份中位居第一。

山东省境内的齐长城资源调查工作于2008年10月上旬正式启动，齐长城资源调查办公室从山东省文物考古研究所、山东省文物保护中心、山东省博物馆抽调8名业务骨干组成了调查队，与齐长城穿越的市、县文博干部一起，对齐长城经过的8地市18个区、县的长城进行了全面的调查、测绘和记录。2009年7月，野外调查工作基本完成，准确测绘出齐长城长度，发现鲁国长城、周代遗址、壕堑、烽燧等遗迹，确认长清、肥城齐长城复线的西端起点及其长度等。调查工作获得大量准确翔实的资料，为编制长城保护规划，开展长城保护工程，加强保护管理和进行科学研究奠定了基础。

为编制山东省文物保护“十二五”规划，进一步落实“国家长城保护工程（2005~2014）”总体工作方案，省文物局委托山东省文物科技保护中心承担《齐长城保护总体规划》及专项保护工程方案的编制工作。

【政策法规与宣传】

2009年，全省文物系统广大干部职工以贯彻落实全省文物工作会议精神和《山东省人民政府关于进一步加强文物保护工作的通知》为重点，认真执行各项文物保护政策法规，制定配套措施和规定，广泛开展文物保护普法宣传和教育活动，取得了良好效果。山东省文物局配合国家文物局开展了《文物保护单位保护管理办法》《大运河保护条例》和《长城保护条例》的立法调研，参与了《大运河保护管理条例》的起草工作。

文物宣传力度不断加大。依托省各地主流媒体，先后举办了北魏佛像回归、东平汉画像石墓、《中国文物地图集·山东分册》、高青陈庄遗址考古发掘等新闻发布会。强化山东文博网管理，突出窗口作用，在全省建立了一支较高素质的文物保护宣传员队伍，发布文物信息近2000余条，向国家级新闻机构提供信息近200条，编发了33期工作简报。结合“5·18国际博物馆日”“文化遗产日”文物普法进社区等活动，进一步加大文物普法、宣传力度，使文化遗产保护的成果和知识见之于众、惠及于民，不断提高广大文物工作者和社会公众的文物保护意识，营造文化遗产保护的浓厚氛围，推动文化遗产事业的科学发展。

2009年，山东省文物局完成了《山东省文物拍卖标的审核程序规定》（鲁文物〔2009〕5号）。

【安全督察】

2009年，山东省不断加大文物安全督察力度，以建章立制为基础，同时加强了执法机构和保护网络建设，落实了文物行政执法和安全责任制，加强了对执法人员的培训，不断提高执法人员的素质。与建设、公安、海关等部门密切合作，联合打击盗窃、破坏、走私文物等违法活动。加大文物安全检查力度，开展文物行政执法专项督察，督促整改安全隐患，使全省文物安全形势持续好转。

1. 文物安全情况

2009年，山东省继续坚持“以制度为抓手，以制度促工作”的理念，把文物行政执法和安全工作方面的制度建设作为一项基础性和长期性的重要工作来做。针对全省文物安全形势，在省文物局领导的大力支持下，不断加大安全检查工作力度，坚持把日常检查与专项检查相结合，全面检查与重点检查相结合。组织开展了文物消防安全大检查、考古和文物保护工程工地安全检查、重点文物古建筑消防安全专项检查、夏季文物消防安全专项检查、汛期文物安全检查等一系列专项安全检查，并在全省范围内开展了文物安全百日督查专项行动，被国家文物局督察司领导称为“是全国第一个开展此项活动的省，也是首创”。

2009年，山东省各级文物行政部门共进行执法检查、安全检查1759次，出动6091人次，检查不可移动文物、文物收藏单位3794个，整改安全隐患355个，查处违法违规行为90余起。

2. 重大文物案件及处理情况

2009年以来，先后对大辛庄遗址遭破坏事件、四王冢周边环境遭破坏事件、五莲县齐长城遗址环境风貌遭破坏事件和诸城市齐长城遗址遭破坏事件等8起文物违法事件进行了依法查处，下达了督查意见，使违法者得到了应有的惩罚，最大限度地挽回了文物损失，提高了当地政府和有关部门的文物保护意识，产生了较大的社会影响。对五莲山光明寺被非法拆毁案、威海刘公岛部分遗址遭破坏案的处理情况进行了复查，对四王冢周边环境的整治工作进行了不间断的督办，逐条落实了督查意见，使淄博和潍坊的整治工作取得了明显成效。对济南市长清区古墓葬被盗情况进行了现场查看，提出了具有针对性的建议。组织文物鉴定站依法对沂南县、淄博市临淄区等地区的17起盗掘古墓葬案中被盗掘的文物和古墓葬进行了鉴定，为案件审理和依法惩处盗墓分子提供了有力证据。另外，还对17起群众举报进行了登记、落实和督办，做到了“事事有登记，件件有回音”。

【机构与人员】

截至2009年底，山东省文物点共计2万余处，各级文物保护单位7000余处，其中全国重点文物保护单位101处，省级重点文物保护单位687处，市县级文物保护单位6834处，世界遗产3处，省级优秀历史建筑373处，历史文化名城18座，其中国家级历史文化名城7座。各级博物馆文物藏品121.9万件，其中一级品6623件。山东全省文物系统从业人员3897人，各级各类博物馆170余个，文物商店9个，文物保护管理机构97个，具有文物保护工程资质的单位11家，文物科研机构5个。

2009年，山东省取得考古发掘资质的单位有3家：山东省文物考古研究所、烟台市博物馆、山东大学考古系。

2009年，山东省取得考古发掘领队资格的人员共33人，其中本年度新增2人。

2009年，山东省共有文物安全保卫人员2185人，其中在编人员1107人。共有责任鉴定员6人。

【对外交流】

2009年，山东省文物系统在国家文物局、省委省政府的正确领导下，全面落实科学发展观，围绕山东省文化对外交流工作，努力促进文物外事工作不断取得新的进步。

山东省积极配合国家文物局对外文物交流工作。国家文物局与意大利文化遗产与组织活动部联合举办的“秦汉—罗马文明展”选用山东省5家单位11件（套）展品。山东省有关单位积极推荐和精选展品，并做好参展展品拍摄、调运、填报材料等相关工作。

中国文物交流中心与日本东京国立博物馆、日本放送协会（NHK）及NHK推广中心拟于2012年在日本举办“中国文物展”，为遴选展品，2009年11月山东省配合接待了日方文物考察团。

2009年，山东省继续赴日本山口县立萩美术馆，举办了“中华之耀——山东省玉器展”，共展出文物91件（套），受到日本业界广泛好评。

2009年，山东省与新加坡亚洲文明博物馆共同举办了“净界：青州佛像之宝”展，与法国巴黎市亚洲艺术博物馆共同举办了“青州出土佛教造像展”。参展造像雕凿之精美、彩绘贴金之富丽，震惊两地。新颖的展览形式也备受国外观众关注。

在与日本MIHO博物馆多年合作的过程中，山东省并不仅仅局限于本省失窃文物的追索，在该馆举办山东文物展览后，又启动了双方合作进行山东佛教文物的系统调查和研究。该项目2009年进行了部分地市的系统调查，课题进展良好。山东省考古所与日本有关学术机构合作进行的出土铜镜调查与研究，也进入成果结集阶段。

河南省

【不可移动文物】

（一）不可移动文物保护

1. 文物保护单位

截至2009年底，河南省已公布全国重点文物保护单位189处（其中古遗址类63处；古墓葬17处；古建筑78处；石窟寺及石刻17处；近现代重要史迹及代表性建筑14处）；省级文物保护单位1046处（其中古遗址类427处；古墓葬79处；古建筑338处；石窟寺及石刻85处；近现代重要史迹及代表性建筑111处；其他6处）。

2. 文物保护工程

开封城墙维修保护工程维修城墙外墙4500米、内墙2000米，完成了年度维修任务，有效提升了古都开封的城市品位，为市民提供了文化休闲的优美场所。开封延庆观玉皇阁整体顶升工程是国家文物局重点文物保护工程之一，经过科学的技术测试和充分的前期准备，顶升工程顺利实施。临颍陈星聚纪念馆建成开放，台湾亲民党主席宋楚瑜出席开馆仪式，陈星聚纪念馆已成为弘扬爱国主义精神，加强豫台两地文化交流的平台和桥梁。对已开放文物保护单位加强环境整治，完善配套设施，提升服务水平。2009年全省开放的文物保护单位达200多处，取得了良好的社会效益和经济效益，成为河南旅游发展的重要支撑。

3. 大遗址保护

2009年，河南省大遗址保护工作继续围绕列入国家“十一五”大遗址保护规划的14处大遗址（偃师二里头遗址、偃师商城、殷墟、郑韩故城、汉魏洛阳故城、隋唐洛阳城、古城寨遗址、北阳平遗址、郑州商城、黄冶三彩窑址、宋陵、清凉寺汝官窑遗址、邙山陵墓群、内黄三杨庄遗址）而展开。

规划编制方面，完成了隋唐洛阳城遗址、内黄三杨庄遗址、汉魏洛阳故城、新密古城寨城址等4处大遗址保护规划的编制。截至12月底，14处大遗址中有11处完成保护规划的编制。

方案制定方面，完成了宝丰清凉寺汝官窑遗址保护展示厅及博物馆设计方案、二里头遗址展示设计方案、隋唐洛阳城天堂遗址保护暨宫城遗址博物馆建筑设计方案、隋唐洛阳城宫城区北宋太极门遗址保护展示方案、隋唐洛阳城含嘉仓遗址保护展示方案、洛阳玻璃厂工业及历史遗址保护与开发利用方案、汉魏洛阳故城二道宫门遗址保护展示方案、汉魏洛阳故城铜驼街遗址保护展示方案、新密古城寨城址城墙抢险加固保护方案、郑州商城城垣遗址保护展示设计方案、永昌陵陵园遗址保护方案等11个文物保护方案的制订。

保护展示工程方面，完成了隋唐洛阳城定鼎门遗址保护展示工程，10月30日，定鼎门遗址博物馆建成并对外开放；完成了内黄三杨庄二号庭院遗址保护大棚工程，9月25日，三杨庄遗址博物馆对外试开放；配合郑州商城西南城墙保护展示项目，完成了对周边居民的拆迁；偃师商城大城西城墙保护展示工程继续稳步推进；配合汉魏洛阳故城内城北城墙保护展示工程，完成了相关考古发掘工作。

2009年10月31日~11月2日，国家文物局、河南省人民政府联合在洛阳召开“大遗址保护洛阳高峰论坛”，对前一阶段全国大遗址保护工作进行总结，各地交流大遗址保护工作经验。高峰论坛举办期间，隋唐洛阳城定鼎门遗址博物馆建成并正式对外开放；隋唐洛阳城宫城核心区考古遗址公园项目正式启动。由国家文物局、洛阳市人民政府组织的“秦汉—罗马文明展”“大遗址保护成果展”“中国古代都城文明展”“洛阳文物珍宝展”等四大展览同期在新落成的洛阳市博物馆新馆举行。

（二）考古发掘

2009年，河南省各考古发掘研究机构主要配合各类基本建设项目开展考古发掘研究工作。截至2009年12月底，河南省已获国家文物局批准的考古发掘项目95个，发掘遗址总面积78160平方米，发掘古墓葬1131座，出土了一大批珍贵的文物。

2009年重要的考古发现主要有：

1. 洛阳市第二文物工作队在配合连霍高速公路洛阳段改扩建工程中发现多座大型古代墓葬，四处东汉墓园遗址、两处陵园遗址、一处东汉—北魏时期的村落遗址。

2. 河南省文物考古研究所发掘的新郑胡庄墓地二号墓，出土青铜鼎、豆、编钟、戈、车马器、构件等各种质地文物1000余件。其中在铜鼎、戈、樽和银箍扣上发现多组“王后”“王后官”和“太后”刻铭，与“少府”“左库”等韩国官署名称，可以确定为战国晚期韩国王陵，填补了韩国王陵的发现空白。

3. 河南省文物考古研究所在配合焦桐高速公路平顶山段建设工程中，对舞钢平岭楚长城遗址焦桐高速穿越区进行的抢救性考古发掘，是河南省境内首次对楚长城实施的考古发掘，对于推动楚长城资源调查工作、楚长城研究乃至楚文化研究均具有重要的突破意义。

4. 河南省文物考古研究所在配合兰郑长成品油输送管道工程中，在巩义宋陵区域清理永熙陵陪葬墓一座。该墓为较大型的砖雕墓，出土有墓志、瓷器等随葬品，对于研究宋陵内亲王埋葬制度具有重要的研究价值。

5. 河南省文物考古研究所在对淇县宋庄被盗墓葬的抢救性发掘中，钻探发现战国墓葬30余座，已发掘10座，其中6座为甲字形墓葬，3座为土坑墓。除M1、M3被盗严重外，其他墓葬保存完好，出土一批青铜器、玉器、陶器等珍贵文物。该墓地应为东周时期豫北地区一处重要的贵族墓地，其发掘为豫北地区东周历史的研究提供了重要的实物资料。

6. 河南省文物考古研究所在安阳县西高穴抢救发掘大型汉魏墓葬1座。该墓规模较大，陪葬品等级颇高，多件出土文物上有“魏武王常所用”等字句。综合墓葬地望、年代，尤其是“魏武王”等石铭文，基本可以确定其为魏武帝曹操的陵墓，其历史、考古价值极为重要。

7. 河南省文物考古研究所在许昌灵井旧石器时代遗址发现1件用鹿角雕刻的微型鸟雕，距今约1.5～1.2万年，属旧石器时代晚期，此类立体雕刻艺术在我国旧石器时代晚期遗址中尚属首次发现，说明我国和西方一样，在旧石器时代晚期，已拥有娴熟的立体雕刻技术。

2009年，河南省各考古发掘研究机构共有2个考古发掘项目——河南省文物考古研究所主持的安阳西高穴曹操高陵、郑州市文物考古研究院与北京大学文博学院联合发掘的新密李家沟遗址入选“2009年度全国十大考古新发现”。

2009年出版的考古发掘报告有8部：河南省文物考古研究编写出版的《灵宝西坡墓地》《三门峡南交口》《安阳鄣邓遗址》《巩义白河窑考古新发现》和《河南新出宋金名窑瓷器特展》。洛阳市文物工作队编写出版的《洛阳王城广场东周墓》《洛阳瞿家屯遗址发掘报告》以及洛阳市第二文物工作队编写出版的《富弼家族墓地考古报告》。

【可移动文物】

（一）博物馆

截至2009年12月31日，河南省国有文物系统博物馆有120家，于2009年建成的博物馆有中国文字博物馆、延津县陈玉成纪念馆、陈星聚纪念馆等。纳入国家财政补助范围的免费开放博物馆、纪念馆74家。各免费开放博物馆运行平稳、观众参观秩序良好，陈列展览和观众服务进一步得到提升，对丰富人民群众精神文化生活、保障公众的基本文化权益起了重要作用。

2009年，河南省被国家文物局认定为国家二级博物馆的有8家：开封市博物馆、洛阳古代艺术馆、洛阳周王城天子驾六博物馆、鹤壁市博物馆、三门峡市虢国博物馆、内乡县衙博物馆、新县鄂豫皖苏区首府革命博物馆、新安县千唐志斋博物馆；被认定为国家三级博物馆的有18家：郑州二七纪念馆、郑州市大河村遗址博物馆、洛阳民俗博物馆、八路军驻洛办事处纪念馆、焦作市博物馆、许昌市博物馆、三门峡博物馆、南阳市博物馆、南阳知府衙门博物馆、新郑市博物馆、巩义市博物馆、沁阳市博物馆、林州市博物馆、安阳市民间艺术博物馆、汤阴岳飞纪念馆、周口关帝庙民俗博物馆、兰考县焦裕禄纪念馆、镇平县彭雪枫纪念馆。

另有国有非文物系统博物馆11家；非国有文物系统博物馆10家，原郑州火车文化博物馆注销。

河南全省国有馆藏文物1618398件，其中珍贵文物20万件，一级文物1623件。

2009年，全省博物馆共推出正式展览138个，临时展览378个。全年观众人数1712万人次，青少年观众910万人次，投入经费近亿元。中国文字博物馆于11月16日正式对外开放。河南博物院经过近一年的努力，于2009年11月18日完成基本陈列“中原古代文明之光”的提升改造并对外开放，改造后的陈列以10年来河南考古新发现为依托，展出文物比以前增加2000多件，充分表现了中原地区在中国文明进程中的核心地位。郑州市博物馆精心推出的“古都郑州”基本陈列，荣获“全国十大陈列展览精品”。洛阳博物馆引进举办“饮水思源·中国画6人联展”“巾帼集邮之星·颁奖典礼暨大型邮展”“洛阳牡丹扇面精品展”等20个临时展览，特别是在举办“2009第二届洛阳民间收藏精品展·古都洛阳与丝绸之路”期间，洛阳市收藏爱好者向该馆捐赠珍贵文物28件。

郑州市博物馆“古都郑州”陈列荣获全国十大精品陈列。

12月10日~14日，由中国博物馆学会、中国文物报社、中国文物基金会联合主办的“帅府杯”讲解员讲解大赛在沈阳市举行。河南省获得团体二等奖，参赛选手获1个个人一等奖，3个个人三等奖。

（二）民间收藏

2009年度，河南各级文物行政部门采取多种措施，依法行政，严格文物经营单位设立审批，加强文物流通市场主体管理，督促各文物经营单位严格履行文物商品审核备案手续。建立健全本地区文物流通市场管理的各项规章制度和长效监管机制，严厉打击各类非法文物经营活动，坚决取缔各类非法文物经营场所，切实维护文物流通市场秩序。

开展了2009年度文物经营单位经营资质年检工作，会同有关省辖市对取得文物经营资质的各文物经营单位进行了全面检查。指导省文物交流中心成功举办了“河南2009春、秋季全国文物艺术品交流会”。完成河南原田拍卖有限公司、河南省方迪拍卖有限公司申报文物拍卖许可证工作。

文物拍卖企业有8家，2009年度新增文物拍卖企业2家，具有一、二、三类文物拍卖资质的企业有1家，具有二、三类文物拍卖资质的企业有7家。

2009年度审核文物拍卖活动7场，拍卖标的2667件，其中禁止拍卖的文物有2件；2009年度拍卖成交总额约3356万元。

文物商店9家，2009年度无新增文物商店，文物库存总数26万余件（其中一级文物16件），其中2009年度新增数量为1219件。

2009年度审核文物商店销售的文物3163余件，销售金额979万余元。

（三）文物保护科技与科研

积极组织2009年度省级文物科技保护课题的申报工作。对2009年拟安排的科技保护及课题进行筛选工作。初步选定了省文物考古研究所的“古代农业施肥研究和干缩木质文物复原保护研究”和“黄河古遗迹调查”、省古代建筑保护研究所的“河南古民居调查”、郑州大学的“东汉帝陵研究”，华北水院的“文化遗产信息数据共享研究”等作为2009年的省级课题。

河南省文物考古研究所的“干缩变形木漆器复原”和洛阳古代艺术博物馆的“古代壁画修复研究”等科研项目通过国家文物局专家组验收通过。

经过精心组织，科学评审，河南省文物局依托省文物考古研究所设立了三杨庄汉代遗址研究基地。

（四）文博信息化

2001年，财政部和国家文物局联合启动“文物调查及数据库管理系统建设”项目，2002年河南省作为首批试点省份之一开始启动项目，2003年初全面展开工作。至2009年底，河南省一、二级文物数据已经基本采集完毕，一级文物已经上报国家文物局数据中心审核入库。

委托北京市太极华青信息系统有限公司开发了河南省省级藏品管理系统，已投入使用。

【安全督察】

文物行政执法是文物保护工作的难点和热点，是衡量文物保护管理水平的重要标尺，也是保护文物最有效的手段之一。2009年，河南省文物局坚持把调查处理文物违法案件与加强文物行政执法实践培训相结合，与加强文物保护法宣传相结合，与从机制和制度上预防类似案件发生相结合，不断提高行政执法水平。市、县两级文物行政部门也加大了文物行政执法力度，郑州、洛阳、开封等省辖市文物行政部门每年查处的文物违法案件均在10起以上。全省文物安全技术防范工程建设得到加强，共有中国文字博物馆等8个单位分别通过了风险等级达标验收。

为遏制盗抢田野文物的严峻态势，河南省文物局与河南省公安厅召开了联合打击盗抢田野文物专项工作会议，对打击文物犯罪、加强田野文物保护等工作进行了部署，公安厅挂牌督办了10起盗抢田野文物犯罪案件，联合奖励了10个打击文物犯罪成绩突出单位；河南省成功承办了在郑州召开的第一次全国性文物执法督察与安全工作会议，国家文物局局长单霁翔，河南省委常委、宣传部长、省政府副省长孔玉芳，公安部刑侦局副局长黄祖跃，公安部消防局副局长王沁林，以及监察部、国土资源部、环境保护部、住房与城乡建设部、海关总署、工商行政管理总局、国家旅游局、国家宗教局和公安部边防局、缉私局等相关部、局的有关负责同志出席了会议，总结了近年来文物安全与执法督察工作取得的成绩与经验，分析了当前形势与突出问题，明确下一阶段工作任务与重点，同时对“全国重点地区打击文物犯罪专项行动”与“全国文物单位消防安全大检查”工作进行了动员部署。河南省文物局联合河南省公安厅先后开展了5次全省文物安全和消防安全大检查，整改消除一批安全隐患；大力加强文物公安派出机构建设，济源、巩义、叶县、信阳城阳城址等12个文物公安派出机构在防范打击文物犯罪方面发挥了重要作用；组织进行文物安全技防、消防、防雷等工程审核、验收30余次；评选表彰了96名全省优秀业余文物保护员。顺利实现了馆藏文物安全年。

在全省范围内开展了文物行政执法专项督察工作，督察、指导基层文物行政部门依法查处各类文物违法案件，督促查处了开封恒基公司在开封城墙保护范围内违法建设案等重大文物违法案件10余起。充分发挥联合打击文物犯罪工作机制的作用，会同省公安厅部署开展全省打击盗抢田野文物犯罪专项行动，全年直接督促破获重大文物被盗抢案件13起，抓获犯罪嫌疑人70余名，追缴文物220余件。

【机构与人员】

1. 基本情况

到2009年底，全省文物机构共有257个，比上年减少2个。从业人员8438人，比上年增加781人，增长10%。文物藏品1744709件（套），其中一级品2472件（套）。文物事业总收入96565万元，其中门票收入 19315 万元。文物事业总支出 88860 万元。全年共完成基本建设投资 46452 万元。全省共计维修文物保护单位 95 个，其中全国重点文物保护单位 5 处，省级文物保护单位 53 处，维修经费支出 4598 万元。

全省共有文物保护管理机构 135 个，从业人员 3464 人，其中高级职称 87 人。文物藏品 547092 件（套），其中一级品 534 件（套）。总收入 27798 万元，其中门票收入 14430 万元，总支出 25025 万元。

全省有其他文物机构 5 个，从业人员 57 人，其中高级职称 3 人，总收入 1579 万元，总支出 1291 万元。

全省有博物馆 103 个，从业人员 3827 人，其中高级职称 156 人。综合性博物馆 49 个，从业人员 1967 人，其中高级职称 105 人。文物藏品 578318 件（套），其中一级品 1383 件。历史类博物馆 49 个，从业人员 1674 人，其中高级职称 44 人。文物藏品 93239 件（套），其中一级品 285 件（套）。艺术类博物馆 3 个，从业人员 88 人，其中高级职称 7 人。文物藏品 6789 件（套），其中一级品 119 件（套）。全省文物系统博物馆基本陈列 340 个，举办展览 506 个，接待观众 1510 万人次，其中未成年人参观 603 万人次。总收入 31465 万元，其中门票收入 4871 万元，经费支出 25591 万元。

全省有文物科研机构 10 个，从业人员 388 人，其中高级职称 70 人。文物藏品 304840 件（套），其中一级品 47 件（套）。总收入 7553 万元，总支出 8311 万元。

全省国有文物商店 4 个，从业人员 115 人，其中高级职称 5 人。营业总收入 1219 万元，营业总成本 1173 万元。

全省文物行政主管部门机关文物事业费总收入 26951 万元。实际支出 27469 万元。

2. 培训

2009 年度举办重要培训 3 次。经国家外国专家局批准，省文物局首次组织境外文物保护技术培训班，选派 16 名专业技术人员赴意大利进行了为期 21 天的培训。把文物保护纳入全省干部教育培训计划，经省委组织部批准，在登封市举办了由 150 余名县（市、区）长参加的首届全省分管文物工作县（市、区）长培训班，在开封市举办了由 230 余名文博干部参加的全省市级文博单位管理干部和国保单位保护管理机构负责人培训班。

3. 资格资质

2009 年，河南省共有 6 人获国家文物局 2009 年度考古发掘领队资格：张家强（郑州市文物考古研究院）、潘付生（洛阳市文物工作队）、赵晓军（洛阳市第二文物工作队）、刘彦军（安阳市文物考古研究所）、邢心田（焦作市文物工作队）、赵海洲（郑州大学）。

具有文物保护工程勘察设计资质乙级的单位有 4 家：河南省城市规划设计研究院有限公司、河南华北水利水电勘察设计有限公司、河南黄科工程技术检测有限公司、洛阳市文物工作队文物保护中心。另有丙级 4 家：光山文物保护设计所、焦作市文物保护设计所、商丘市豫东公路勘察设计有限公司、巩义市华磊园林有限公司。

具有文物保护工程施工资质二级的单位有 8 家，三级单位有 3 家。

文物保护工程监理资质乙级 1 家。

河南博物院、河南省文物考古研究所获国家文物修复一级设计和一级施工资质。

在文物安全监管机构和队伍建设方面，河南省有 62 个县级以上文物行政部门成立了专职的文物安全监管机构，专兼职安全保卫干部 447 名，设立了 12 个文物公安派出所。

【对外交流】

1. 文物展览

2009年，河南积极整合全省文物资源，独办和参加境外展览共5个，承接境外文物展览1个。其中独立举办文物展览2个，即12月5日在日本大阪市立东洋陶瓷美术馆举办了专题性展览“北宋汝窑青瓷——考古发掘成果展”和8月在南非展出的“中国河南·文明摇篮”文物图片展；参加国家文物局举办展览3个，即赴突尼斯“华夏瑰宝展”、赴比利时“天子——中国帝王艺术展”、与意大利合作的“秦汉—罗马文明展”，参展文物约152件（套）。

赴日本大阪“北宋汝窑青瓷——考古发掘成果展”。为了展示我国古代制瓷艺术的杰出成就，进一步扩大中原文化的国际影响力，从2007年下半年开始，省文物局就举办汝瓷文物展览与日本大阪市立东洋陶瓷美术馆进行了细致的协商，先后确定展品目录、协议书等。该展于2009年12月5日在大阪市立东洋陶瓷美术馆顺利开展，展期为3个月。展出熏炉、方壶、龙形器盖、盘口折肩瓶等代表性瓷器80件（套），全部选自河南省近年来在宝丰清凉寺汝窑遗址发掘出土的文物，集中了出土汝窑瓷器的精品，是出土汝窑瓷器第一次集中出国亮相。这是近年来中国河南继2004年在日本东京、名古屋举办“洛阳之梦——唐三彩展”和2008年在日本奈良举办“黄冶唐三彩窑的考古新发现展”之后，再次推出的一项特色专题展览和重要文化交流活动。

2009年8月~9月，由河南省主办的“中国河南·文明摇篮”文物图片展在南非国家大剧院展出。此次展览是应中国驻南非使馆的邀请，为参加南非第二届“首都艺术节”而策划、设计和制作的。该展览以图片形式形象生动地介绍了中国的史前文化、青铜冶铸技术、最早的文字、瓷器等，以一部浓缩的河南文明史反映出半部中华文明史。近日，中国驻南非大使馆专门致电河南省和文化部外联局，对此展览的成功举办表示感谢，此外，因该展览在南非反响热烈，南非北方博物馆机构及其旗下的国立文化历史博物馆计划于2009年12月~2010年4月承接该展览。

2. 对外合作交流

随着文物对外交流与合作进一步加强，河南省文物系统人员出访频繁。据统计，河南省文物系统全年约有30个团组，因公出访日本、美国、澳大利亚、突尼斯、南非和毛里求斯等地，执行协商展览、洽谈合作、学术交流、参加国际会议和展览开幕式等公务活动。为提升文物系统业务人员的业务素质，经国家外国专家局批准，河南省于2009年9月15日~10月5日在意大利罗马举办了文化遗产保护与利用培训班。参加此次培训的16名学员来自全省文物系统的13家文博单位，均为从事文物保护的专业技术人员。培训班在意大利罗马、佛罗伦萨等地的大学、文化遗产机构进行了教学和实践，培训内容涉及意大利文物保护制度、文物维修技术、文物科技保护等。这是河南省文物系统举办的第一个境外培训班，是河南省培养高层次专业技术人员、加强文物人才队伍建设的新举措。此次境外培训将对提升河南省文物工作队伍素质、增进与世界文化遗产保护先进国家的沟通与交流、促进全省文物事业发展起到积极作用。

由河南省文物考古研究所与日本国立奈良文化财研究所合作开展的唐三彩研究项目2009年继续扎实稳步进行，取得了重要成果，双方合作编辑出版了《巩义白河窑考古新发现》（中文版），并进行了人员互访。

【文博宣传】

完成《河南文物工作》内刊4期及《大遗址保护洛阳高峰论坛专辑》编辑出版工作，编发《河南文物工作》信息15期、《文物要情》22期，按时报送《河南大事月报》稿件11期。组织协调向《中国文物报》发送工作信息、宣传文章等130余篇。联系媒体组织开展了首届河南五大考古新发现评选活动、龙门擂鼓台遗址考古发掘取得重大发现、中国文字博物馆开馆、全国十大考古新发现、陈星聚墓园开园、河南省文博事业发展座谈会召开等宣传工作。协调《河南日报》和《中国文物报》专版宣传河南文物事业改革开放30年成就、贯彻落实徐光春书记重要讲话精神等，在《河南日报》组织发表河南文物事业发展60年专版。结合文化遗产日、博物馆日等节庆日做好宣传工作。文化遗产日期间，统一制作宣传海报，在全省范围开展“文物普法到现场”活动，把文物保护法律法规宣传到广大农村和城市社区；印制太阳伞、环保购物袋等文物宣传品向社会发放；协助资源处举办河南省第三次文物普查知识竞赛；组织开展文化遗产日主题活动：“实地版《中国历史》——‘埋藏在地下的商王朝’公众考古活动”吸引了来自北京、上海、广州、香港、台湾等地的学生、企业家、政府官员、工人、农民代表及北京大学、复旦大学、中国人民大学、社科院考古所的顶尖学者共100多人参加，中央电视台、新华社、光明日报、中新社、河南日报、河南电视台、大河报等20多家媒体对活动进行了全程跟踪报道，活动专题网页在河南省人民政府网站首页展示，并被国家文物局网站、中国文化遗产网站链接。加大对省政府门户网站内容保障工作力度，河南省文物局信息报送总量和采用量在49个省直单位中保持前列（11月份为第10名），河南省文物局的信息报送工作也得到了国家文物局网站的好评。同时，加强河南文物网建设，充实网站内容，重点推进和加强《新闻动态》栏目建设。

【政策法规】

2009年度出台规范性文件2份，分别是河南省人民政府办公厅《关于进一步加强田野文物保护工作的通知》和《河南省文物行政处罚裁量标准》。

湖北省

【概述】

2009年，在湖北省委、省政府、文化部和国家文物局领导的关心下，湖北省文物工作贯彻落实科学发展观，坚持“保护为主、抢救第一、合理利用、加强管理”的文物方针，团结奋进，真抓实干，不断创新，各项工作成绩斐然：第三次全国文物普查田野调查基本完成。房县彭家祠、南漳板桥乡公所旧址、黄石华新水泥厂旧址三处重要新发现列入国家文物局《2008年第三次全国文物普查重要新发现》。第七批全国重点文物保护单位申报工作顺利完成，有近300处文物被推荐申报全国重点文物保护单位。文物维修保护工程有了新进展，武当山玉虚宫、显陵大碑楼、襄樊城墙等重要文物得到修缮。考古发掘取得新收获，襄樊韩岗南北朝韩氏家族墓出土了文字砖和青瓷等珍贵文物，荆州熊家冢墓地部分殉葬墓及车马坑考古发掘顺利推进。博物馆工程建设有了新进展，咸宁、鄂州、黄冈博物馆新馆相继开工，钟祥博物馆、丹江口博物馆主体工程完工。博物馆展览工作有新成绩，湖北省博物馆“曾侯乙墓”荣获全国博物馆十大精品陈列“最佳服务奖”和“最佳新技术、新材料应用奖”，武当博物馆作为全国唯一获奖的县级博物馆，其制作的“武当道教文物展”荣获“最佳制作奖”，中山舰博物馆陈列布展顺利推进，赤壁市博物馆、长阳博物馆等展览改陈后对外开放。三峡文物保护各项任务全面完成，完成考古发掘面积47万平方米，考古勘探面积近200万平方米，出土文物约11万余件，其中珍贵文物2万余件；屈原祠仿古新建主体工程已经竣工，秭归凤凰山古建筑群、巴东狮子包古建筑群及兴山古夫民居群全面建成并对外开放。南水北调文物保护工作稳步推进，对丹江口库区的郧县余嘴遗址等24个项目，以及引江济汉、兴隆水利枢纽工程的严仓墓群、新城遗址等11个项目进行了抢救保护，已累计完成考古勘探面积439.5万平方米，考古发掘面积19.8万平方米，出土各类重要文物两万余件。文物行政执法能力进一步提高，一些破坏文物的违法案件得到严肃查处。文物安全状况显著改善，实现了消防和馆藏文物安全年。郧县辽瓦店子遗址被国家文物局评为田野考古二等奖，秭归县被文化部、国家文物局评为全国文物工作先进县。

【文物工作会议】

湖北省文物局长会议于2009年12月29日在武汉召开，会议全面总结和回顾了2009年湖北省文物工作取得的成绩，对2010年全省文物工作进行了部署。

湖北省文化厅厅长杜建国同志在讲话中，客观分析了当前经济社会发展对湖北省文化遗产保护带来的挑战与新的机遇，提出了推进湖北省博物馆建设及“十二五”时期文化遗产保护的主要任务和要求，指出要做好重大工程建设中的文物保护抢救，抓好文物普查等基础性工作，使文物复仿制等利用工作更好地服务社会。

湖北省文化厅副厅长、省文物局局长沈海宁在会上作了题为《系统总结、科学规划，奋力推进湖北省文化遗产保护事业跨越式发展》的报告，报告全面总结和回顾了2009年文物工作取得的成绩并提出2010年湖北省文物部门要重点做好的工作，如科学编制文物保护项目及经费需求“十二五”规划，全面推进博物馆建设，实现湖北省第三次全国文物普查转段，积极做好普查资料整理和数据处理，积极利用“三普”成果，发挥效益等。

2009年5月15日，湖北省文物局在枝江召开全省县市级博物馆陈列展览工作座谈会。省文化厅副厅长、省文物局局长沈海宁，省文物局副局长方学富，省财政厅和省文物局有关处室负责同志，部分县市级文化（物）局局长，全省第一批免费开放的县市级博物馆馆长等70余人出席会议。枝江市市委副书记、市长刘建新到会致辞。沈海宁作了题为《以科学发展观为指导，全面提升湖北省县市级博物馆陈列展览水平》的重要讲话。为做好全省县市级博物馆陈列展览工作，他讲了三点意见：一是要以科学发展观为指导，进一步提高对做好县市级博物馆陈列展览工作的认识；二是要充分利用馆藏文物和地方文化资源，提高陈列展览水平；三是要强化社会服务意识，努力实现博物馆工作“三贴近”。座谈会上，枝江市博物馆、石首市博物馆、黄冈李四光纪念馆、孝昌县博物馆等单位分别结合工作实际，交流了县市级博物馆陈列展览工作中的经验和思路。

2009年7月30日，湖北省召开第三

次全国文物普查田野调查工作中期督办会，并对咸宁市文体局、随州市文物局等25个单位进行表彰，授予湖北省第三次全国文物普查田野调查工作组织奖、特别奖和优秀奖。省文化厅副厅长、省文物局局长沈海宁在会议上讲话，总结了田野调查前期工作中存在的一些问题：一是田野调查进度参差不齐，个别县区进展缓慢；二是仍有部分县区文物普查经费困难，配套资金不能足额落实；三是普查文物点认定、定名、年代、计量等标准执行不一，影响了工作质量；四是高强度的长期野外作业使得一些普查队员出现疲态。此外，重点安排部署了下一阶段工作。

2009年12月29日，湖北省文物安全与执法督察工作会议在武汉召开。各市、州文物（化）局长、文物科长、博物馆长，省直文博单位负责人，荆州、十堰、黄冈、宜昌、襄樊、荆门等六个重点地区的公安治安、刑侦、消防部门负责人以及部分文物、公安部门获奖单位和个人共110余名代表与会。省文物局与省公安厅联合对近几年来为湖北省文物事业作出突出贡献的文物安全先进集体和先进个人进行了表彰，授予武汉市晴川阁管理处等15个单位“全省文物安全工作先进集体”称号，鄂学玉等40名同志“湖北省文物安全先进工作者”称号。

【文物保护单位】

按照国家文物局统一部署，开展第七批全国重点文物保护单位申报工作，湖北省共推荐申报240处文物保护单位，其中古遗址43处，古墓葬16处，古建筑87处，石窟寺及石刻8处，近现代重要史迹及代表性建筑84处，其他2处。

第三次全国文物普查：截至2009年12月31日，累计到位文物普查经费3490万元（不含中央财政补助经费），其中省级财政到位800万元，共有13个地市级财政到位889万元，104个县级财政到位1801万元；湖北省全境第三次全国文物普查田野调查工作全面完成，共调查登记不可移动文物40648处，其中新发现29296处，复查11352处；调查登记消失文物1127处。

文物保护规划是实施文物保护单位保护工作的法律依据，是各级人民政府指导、管理文物保护单位保护工作的基本手段，对于正确处理文物保护与经济建设的关系、文物保护与合理利用的关系，促进文物保护事业的可持续发展具有非常重要的作用。在湖北省文物局积极沟通协调下，湖北省人民政府批准公布了荆州城墙、龙港革命旧址、盘龙城遗址、怡亭铭摩崖石刻、湘鄂西革命根据地旧址、擂鼓墩古墓群、明楚王墓群、建始直立人遗址、元祐宫9处全国重点文物保护单位保护规划，为下一步开展文物保护工作打下了坚实的基础。

配合1+8城市圈、鄂西生态文化旅游圈建设，加强了文物维修方案和保护规划的编制，加大了对武当山、显陵等重点文物的维修力度，以进一步推动文物工作在当前经济社会发展中的积极作用。《钟祥文风塔保护工程勘察设计方案》《明显陵外罗城、外明塘修缮设计方案》《开元观文物保护工程勘察设计方案》《武当山太和宫保护用房设计方案》《武汉大学早期建筑之周恩来、郭沫若故居保护修缮工程勘察设计方案》《武当山玉虚宫玄帝殿和龙虎殿抢救性保护及展示性修复方案》等一批全国重点文物保护单位维修工程方案得到了国家文物局的认可与批复。

纳入财政部、国家文物局“十一五”大遗址保护重点项目库的5处大遗址保护展示工作有了新进展。《盘龙城遗址保护工程设计方案》编制完成并经国家文物局原则通过，盘龙城遗址博物馆筹备工作稳步推进。《盘龙城遗址博物馆暨文物保护工程可行性研究报告》《盘龙城博物馆建筑设计方案》已经完成。楚纪南故城大遗址（包括楚纪南故城、八岭山古墓群、纪山楚墓群、熊家冢墓地等）1：2000数字化地形及文物点测绘成果完成。熊家冢墓地车马坑和部分殉葬墓的考古发掘、文物保护工作继续进行，获得大量珍贵文物及历史信息，为保护规划编制和遗址展示奠定了坚实基础。龙湾遗址，复原疏浚古河道570米，完成固填放鹰台1至6号台基和古河道部分护坡硬化工程，修建了遗址保护工作站，启动了1000亩退（耕）池还湖和环境绿化工程，并正式动工修建省道通往遗址的专用公路。石家河遗址保护规划编制完成并通过国家文物局批准。屈家岭遗址保护规划编制工作继续进行。

【考古发掘】

2009年，湖北省文物局主要围绕南水北调、武汉至宜昌铁路、大庆至广州高速公路湖北南段等国家重点基本建设项目开展考古发掘工作。

考古发掘项目28个（不含南水北调）：黄陂北李湾墓地、江夏丁家咀墓地、荆州高台汉墓、荆州谢家桥墓地、崇阳戴家窝遗址、大冶草王嘴墓地、大冶蟹子地遗址、襄樊桃花岭墓地、襄樊韩岗遗址、襄樊余岗墓地、郧西白龙洞遗址、随州文峰墓地、云梦城郊墓群等。其中江夏丁家咀墓地是武汉地区长江以南首次发现的楚墓，也是鄂东南地区已发现的最大战国楚墓，墓中出土竹简亦为鄂东南地区首次发现。襄樊韩岗遗址发现春秋早期墓葬30座，初步推断为邓国士族和庶民的公共墓地，是研究邓文化及考证邓国地望的重要考古材料。还发现3座南朝韩氏家族墓、42座隋唐韩氏家族墓，为研究东晋南朝侨民等问题提供了重要材料。大冶蟹子地遗址中发现丰富的新石器时代末期文化遗存（部分遗存相当于中原夏王朝时期），有望解决鄂东南地区新石器时代末期的文化谱系。遗址还发现丰富的稻谷炭化种子和冶炼遗迹遗物，对于研究当时的农业经济和冶炼状况具有重要价值。

出版的考古报告有《荆州荆南寺》《钟祥楚墓》《老河口九里山秦汉墓》等3部。

共有湖北省文物考古研究所、武汉市文物考古研究所、荆州市博物馆、武汉大学等四家具有考古发掘资质的单位。

湖北省孟华平、王然、魏航空、王明钦等40余人取得考古发掘领队资格。2009年有2人获得考古发掘领队资格，分别为湖北省文物考古研究所罗运兵、武汉市文物考古研究所许志斌。

【博物馆】

2009年，在湖北省委、省政府和国家文物局领导的关心下，湖北省博物馆事业取得了长足的进步。湖北省博物馆是全国八家中央地方共建国家级博物馆之一。博物馆建设发展迅速，湖北省共有博物馆、纪念馆130余家，逐步形成了以省博物馆为龙头，以市州博物馆为骨干、以县级专题博物馆为补充的，特色鲜明、布局合理的博物馆体系。博物馆免费开放工作逐步规范化和日常化，成为湖北省文化惠民的品牌工程，获得了广大群众的一致好评，产生了良好的社会效益，全年观众参观人数达到840万人次。与此同时，博物馆陈列展览提升、藏品管理、科学研究、社会教育、安全保卫等工作也得到了发展和提高，呈现蓬勃发展的良好局面。

湖北省归口文化文物系统管理的博物馆、纪念馆共有105个，其中2009年增加博物馆2个，分别是竹山县博物馆和黄冈市民俗博物馆。已经列入免费开放名单的博物馆共有79个。

据不完全统计，国有非文物系统博物馆数量为25个。

全省博物馆、纪念馆共有藏品及标本115万件，其中全省文物系统管理的博物馆、考古所（处）、文管所、文物商店等共99个文物收藏单位馆藏三级以上珍贵文物10万件，一级文物2514件（套）。

2009年全省归口文化文物系统管理的博物馆、纪念馆陈列展览总数为814个，其中延续2008年陈列展览590个，2009年举办的基本陈列展览53个，临时展览171个。博物馆陈列展览投入经费合计1758万元。

2009年全年归口文化文物系统管理的博物馆、纪念馆参观总人数为840万，其中青少年人数为280万，外国观众为28.2万，团体观众为285万。

【信息化建设】

湖北省文物信息中心机房是省级文物数据信息管理的重要平台与物质载体。2007年2月，湖北省文物信息中心机房按照“运行稳定、技术先进、经济合理、安全适用”的技术要求，由省古民居抢救保护中心（文物信息中心）负责建设完成。机房硬件设备主要包括PC服务器、光纤通道交换机、光纤磁盘阵列、备份管理服务器、路由器、交换机、UPS设备、专用空调等。自运行以来，经有效管理和维护，机房整体运行状态良好，为保质保量完成全省“文物调查及数据库管理系统建设”项目，全面促进湖北文物信息化建设提供了有力的保障。

湖北省文物数据中心机房系统框架设计合理，服务对象明确，系统运行基本稳定，可以较好地实现全省馆藏文物数据信息的科学化统一管理。同时，经过集成商同方公司良好的协调与服务，及时解决设备保修期内出现的各类故障和问题，并提供详细可行的技术指导，保障了全省文物调查项目顺利推进。

2005年，湖北省被国家文物局、财政部确定为全国第二批“文物调查及数据库管理系统建设”项目“试点”省份。2009年8月，湖北省文物局向国家文物局、中国文物信息咨询中心正式报送了《湖北省“文物调查及数据库管理系统建设”项目结项报告》，这标志着湖北省“已鉴定、已入藏”珍贵文物信息采集工作圆满完成，“摸清家底”与“动态管理”两个目标顺利实现，项目工作也较好地实现了由任务性试点阶段到基础性常规阶段的转变。据统计，全省此次共采集文物文字数据70815条，数码照片249372张，数据总量1475.6G，其中一级文物文字数据2514条，数码照片13464张，数据量18.21G。

【社会文物管理】

加强对文物拍卖企业的管理工作。截至2009年底，湖北省有两家取得一、二、三类文物拍卖资质的企业，为武汉市大唐拍卖有限责任公司和武汉中信拍卖有限公司，其一类文物拍卖经营资质均为2009年度获国家文物局批准。进一步做好湖北省文物拍卖标的审核备案工作。2009年组织专家审核了武汉市大唐拍卖有限责任公司和武汉中信拍卖有限公司申报的拍卖标的共762件（套）。

【文物进境出境】

国家文物进出境审核湖北管理处按照国家文物局的要求，换领了2009版文物进出境火漆印章和审核专用章，自7月1日起正式启用。为钟祥市、蕲春县、南漳县、通城县、当阳市、谷城县、通山县等公安部门鉴定涉案物品201件（套）。经鉴定，一级文物2件（套），二级文物15件（套），三级文物13件（套），一般文物151件（套），新工艺品20件。为江岸区检察院鉴定涉案文物340余件（套），其中8件（套）为一般文物，其余均为新工艺品。为武汉海关鉴定涉嫌走私文物228件，经鉴定，其中一般文物14件（套），仿制品及新工艺品214件。完成多项征集文物的鉴定工作。为黄梅县博物馆鉴定拟征集书画2件；为辛亥革命武昌起义纪念馆鉴定拟征集文物共60余件。

【安全督察】

文物安全始终是文物保护管理的重中之重，作为贯穿全年工作的主线常抓不懈，基本实现湖北省馆藏文物安全年和文物消防安全年。下发了《省文物局关于切实加强文物安全保护工作的紧急通知》，转发了《国家文物局关于2009年元旦、春节期间加强文物博物馆安全工作的通知》，通报了湖北省的文物安全形势，要求各地严密部署，明确分工，落实责任，认真开展安全检查和隐患整改，做到警钟长鸣，常备不懈。重大节假日均会同省公安厅组成联合检查组对全省重点博物馆和文物保护单位以及省直文博单位进行文物安全检查，督促整改。新疆乌鲁木齐“7·5”严重暴力犯罪事件发生后，及时组织对省直文博单位进行防爆、防盗、消防等安全检查，督促及时整改隐患。

国家文物局督察司刘铭威副司长与公安部五局相关领导赴荆门、荆州等地就文物安全、特别是古墓葬保护和打击文物犯罪进行了专项检查调研，对湖北省文物安全工作给予了充分肯定。

进一步实施文博单位安防、消防工程。组织公安、质检、文物专家审核论证了《湖北省钟祥市元祐宫安全技术防范系统设计方案》《湖北省秭归县凤凰山古建筑群——屈原祠安全技术防范系统设计方案》《纪山楚墓群防盗墓智能化振动监控系统升级改造工程设计方案》《荆州博物馆考古修复楼、开元观和临时展厅安全技术防范系统设计方案》《红安县红二十五军军部鄂东北道委会旧址安全技术防范系统设计方案》《湖北省鄂州市博物馆（三国吴都博物馆）安全技术防范系统设计方案》《湖北省雕龙碑遗址安全技术防范系统工程设计方案》，连同《黄冈市东坡赤壁安全技术防范系统工程设计方案》《黄冈市东坡赤壁消防系统工程设计方案》《荆州市博物馆消防报警、灭火系统工程设计方案》《红安县红二十五军军部鄂东北道委会旧址消防报警、灭火系统工程设计方案》《钟祥市元祐宫消防系统设计方案》《武汉市八七会议会址纪念馆火灾自动报警系统设计方案》上报国家文物局审批。

【对外交流】

2009年，湖北省与港澳台地区馆际交流日益加强，这对于增强港澳台地区民众对中国传统文化的认知和认同，加强湖北与港澳台地区的联系与交流发挥了重要的作用。台湾鸿禧美术馆“心游目想·鸿禧美术馆藏中国书画系列”、台北历史博物馆“南张北溥——张大千、溥心畬书画展”、香港中文大学文物馆“岭南三高画艺”展览在湖北省博物馆陆续展出。

2009年湖北省组团出境共19人次，分别参加了香港“中国艺术博物馆论坛”、日本“亚洲博物馆会议”、意大利“中国明代文物特展”等学术交流活动。此外，参与意大利“中国明代文物特展”、比利时“中国古代帝王珍宝展”、香港“孙中山纪念馆展览”的布展、撤展工作。

湖南省

【概况】

2009年，湖南文物工作突出重点，注重特色，狠抓基础工作，积极投身文化强省建设，努力探索文物大保护大利用机制，文物事业的各项工作取得了重大进展。

“十大文物保护利用体系”建设进展加快并取得实效；省政府对文物保护的力度进一步加大，省财政投入的文物保护专项资金在2008年基础上增加了90%，达到2100万元；全省博物馆、纪念馆为社会提供了一大批优秀文化产品，免费开放工作成效显著；文物实地普查扎实推进，获得了大量重要新发现；全省各级考古工作机构配合基本建设进行抢救性考古发掘工作成效突出；打击文物犯罪措施得力，受到国家文物局与省政府的高度肯定。

【免费开放】

2009年10月，湖南第二批57家博物馆、纪念馆顺利实现向社会免费开放。至此，湖南全省共有71家博物馆、纪念馆向社会免费开放，并实现了参观人数大增长、接待服务零投诉、安全工作零事故的目标。其中，首批14家免费开放单位共接待观众达1212.7万人次，是免费开放前的2倍多。省博物馆被人力资源和社会保障部、文化部授予“全国文化系统先进集体”称号，被湖南省委、省政府授予“文化强省建设有突出贡献先进集体”称号。刘少奇纪念馆获得“湖南省文明单位”称号。

【文物保护工程】

2009年，全省各地加快了“十大文物保护利用体系”建设的进度，实施了洪江古建筑群一期、岳阳张谷英村古建筑群二期、里耶古城遗址一期、上甘棠村古建筑群、塘田战时讲学院旧址、蔡锷故居等全国重点文物保护单位和濂溪故里古建筑群、夹山寺、湘阴文庙、南岳区藏经殿、祝融殿、南台寺、湖南烈士纪念塔、常德会战阵亡将士公墓、左宗棠墓等省级文物保护单位的修缮保护工程；竣工并验收了通道芋头侗寨古建筑群一期、新宁刘氏宗祠、宁乡密印寺一期和贾谊故居等文物保护单位修缮保护工程，有力推进了“十大文物保护利用体系”的建设。

【博物馆建设和评估定级】

2009年，湖南的博物馆建设工作有了很大进展。5月8日，益阳市博物馆新馆开馆，该馆总投资5000多万元，占地50亩，建筑面积10200平方米；8月2日，郴州市博物馆开馆，该馆位于郴州市文化中心四、五层，展厅面积1800多平方米；9月30日，张家界市博物馆正式开工建设。该馆占地24亩，总建筑面积15329平方米，预计主体建筑在2010年年底以前完工；12月，全国首家红军标语专题博物馆——炎陵红军标语博物馆主体工程竣工，该馆建筑面积5230平方米，其中展厅1500平方米。

截至2009年底，全省各级、各类博物馆、纪念馆共101家（其中由文化文物部门主管的博物馆、纪念馆94家，行业博物馆3家，民办博物馆4家）。在2009年的全国博物馆评估定级工作中，湖南省博物馆、毛泽东纪念馆、刘少奇纪念馆等 3 家被评为国家一级博物馆（纪念馆），长沙市博物馆、常德市博物馆等 7 家被评为二级博物馆，衡阳市博物馆、岳阳市博物馆等 8 家被评为国家三级博物馆。

【省博物馆升级改造】

10 月 23 日，财政部和国家文物局在北京联合召开会议，共同确定了首批 8 个中央与地方共建的国家级重点博物馆，湖南省博物馆以其管理、效益和影响的优势，成功跻身其中。12 月 11 日，中共湖南省委副书记、省长周强主持召开第 44 次省政府常务会议，决定实施省博物馆改扩建工程，打造国家级博物馆。并指出这是贯彻党的十七大关于掀起社会主义文化建设新高潮的实际行动，贯彻落实省第九次党代会和全省文化强省建设工作会议精神的具体举措，对传承、弘扬中华文化和湖湘文化意义重大。要高起点规划，高水平建设，举全省之力，把省博物馆改扩建工程建设成为代表湖南文博事业发展水平的标志性、基础性工程，把省博物馆建设成为展示湖湘历史和文化的重要窗口。

【考古发掘】

2009 年是湖南基本建设的高峰期，全年配合建设工程进行的考古调查勘探发掘项目共 70 个（其中调查勘探 54 项、考古发掘 16 项），编写调查勘探报告 25 个、考古发掘报告 9 个，发现古文化遗址面积达 12400 平方米。仅省考古研究所就完成考古调查勘探发掘项目 40 余个，全年调查勘探面积 3700 万平方米，重点勘探面积 8 万平方米，考古发掘古遗址和遗存面积 7000 平方米，各类古墓葬 500 余座，清理出各类文物 2000 余件，开展的“公众走进考古工地”活动得到了国家文物局的高度肯定。

在配合建设工程进行的考古调查深入开展的同时，省文物考古研究所开展了澧阳平原聚落考古调查，并在潇水流域聚落考古方面取得了重要突破。

2008 年 9 月 ~ 2009 年 6 月，湖南省文物考古研究所在潇水流域开展了大规模区域聚落考古调查与发掘，发掘与试掘了 18 处商周遗址，发掘面积达 3000 多平方米，取得了多项重大成果。首次提出在潇水流域存在“坐果山”与“望子岗一期”两类商周文化遗存，并指出了它们各自的陶器组合、年代分期与分布地域。初步建立了潇水流域商周文化谱系与年代序列，为湘南地区以及相邻粤桂山区同时期考古文化的研究，树立了一个标尺，对于建立华南地区宏观历史图景，推动古越文化进入更高的研究层次，都有重大意义。

【文化遗产申报】

2009 年 8 月 20 日，国务院下文特批增补安江农校纪念园为第六批全国重点文物保护单位。为做好第七批全国重点文物保护单位、第九批省级文物保护单位的申报工作及“四有”档案编制工作，3 月 31 日，在郴州举办了全国重点文物保护单位、省级文物保护单位申报暨科学记录档案编制工作培训班，全省各市州、县文物局（所）的有关工作人员 128 人参加了培训。至 12 月底，全省各地共向省局上报了 368 处全国重点文物保护单位、505 处省级文物保护单位的申报材料，完成了全国重点文物保护单位的申报文本及其修改完善工作并上报国家文物局。南岳、凤凰古城申遗工作稳步推进。

认真开展了第五批中国历史文化名城名镇名村、第三批省级历史文化名镇名村和第二批中国历史文化街区的申报工作，共上报中国历史文化名城 1 处、名镇2处、名村6处，省级历史文化名镇10处、名村23处，中国历史文化街区2处。

【陈列展览】

2009年，全省文博单位坚持“三贴近”宗旨，积极创新工作，提高服务质量，原创了一批文化产品，为社会公众提供一系列文化服务，全年共举办各类展览200多个。为庆祝新中国成立60周年，2009年4月~10月，省文化厅、省文物局组织全省有关文博单位成功承办了“三湘巨变——新中国成立60周年湖南经济社会发展成就展览”，圆满完成省委、省政府交办的任务。该展览在一个月展期内观众人数达30多万，观众留言1万多条。省博物馆推出了原创展览“凤舞九天——楚文物特展”，两个月展期内吸引观众达22万人次，实现门票收入200余万元。一些市、县级博物馆、纪念馆根据馆藏文物的特色，推出特色展览，如怀化市新增了基本陈列“五溪往事”，郴州市推出了基本陈列“从古道走来——郴州历史文物陈列”，益阳市举办了“国际正义人士何凤山博士生命签证展览”“益阳非物质文化遗产展览”“竹艺之美——益阳竹文化展览”等基本陈列，长沙市推出了“长沙市民间收藏精品展”。这一系统文化产品极大地丰富了人民群众的精神生活，产生了强烈的社会反响。在第八届全国博物馆十大陈列展览精品评选活动中，韶山毛泽东遗物馆“风范长存——毛泽东遗物展览”荣膺第八届全国博物馆十大陈列展览精品特别奖。

【第三次全国文物普查】

2009年是湖南第三次全国文物普查的关键之年，湖南省人民政府第三次全国文物普查领导小组下发了《关于推进我省第三次全国文物普查县域实地调查工作的考评激励措施》，将“三普”县域实地调查工作计入省人民政府对各市州的目标考核范围，以及作为省文物局对各市州文物局（处）的考核目标，同时确定了“三普”田野调查工作的验收程序和主要内容。该文件的下发明确了任务，落实了责任，鞭策各地全面切实地开展普查工作。到12月31日，全省普查率已达98.78%，调查登记不可移动文物2.32万处，其中新发现文物1.29万处，复查1.03万处，调查登记消失文物2585处，基本实现了国家局既定的工作目标。全省一线普查人员克服种种困难，千方百计，因地因时制宜，在工作中创造了许多经验。特别是与交通部门联合开展的交通文化遗产专项普查，经省人民政府同意，成立了湖南交通历史文化遗产保护规划领导小组，联合下发了《关于在交通建设过程中抢救保护好交通文化遗产的紧急通知》，并制定了切实可行的普查方案。通过全省文物和交通部门的共同努力，交通遗产专项普查取得了丰硕的成果，发现了近2000处古桥梁、古驿道、古路亭等交通遗产，极大地丰富了湖南省在第三次全国文物普查中新发现文物的门类和数量，有效推进了湖南省田野文物实地调查工作的深入开展。

【项目规划和编报】

2009年，在省委宣传部、省财政厅、省发改委、省住房与城乡建设厅等部门的支持下，通过深入调研，综合考察，科学评估，积极编报，全省共向中央有关部委上报各类文博项目30多个，有29个项目得到了国家资金的支持。

4月~6月，按照国家文物局等十部委《关于加强革命文物工作的若干意见》及全国革命文物工作会议精神，组织编制了《湖南省革命文物保护规划》，从各地报送的500多处革命文物保护项目中，遴选了335处革命文物及纪念设施列入规划（其中国保单位19处、省保单位205处、市县保单位45处），并上报国家文物局，进一步明确了全省革命文物保护和利用的思路和目标。同时，还启动了《湖南省近现代工业遗址规划》课题。完成了《长沙铜官窑国家考古遗址公园》《舜帝陵庙国家考古遗址公园规划》和《中国汨罗屈子文化园规划》的编制上报。7月31日，国家文物局局长单霁翔，省委副书记、省长周强，省委常委、长沙市委书记陈润儿前往铜官窑现场办公，共同确定了“长沙铜官窑国家考古遗址公园”保护建设项目，并列入国家文物局的全国考古遗址公园建设重点项目。12月1日，中共中央政治局常委李长春同志考察屈子祠，对《中国汨罗屈子文化园规划》予以肯定，并亲笔题名“屈子书院”。

【文物执法】

2009年上半年，通过省、市、县文物、公安部门的紧密协作，经过7个月的内查外调、顺线跟踪、艰苦追捕，跨越山东、江西、河北、辽宁等省，行程数万里，成功侦破长沙2008年“12·29”古墓葬被盗掘案，抓捕犯罪集团主犯、从犯共50余人，追回文物300多件，经鉴定共有一级文物12件。彻底摧毁了一个横跨湘、鲁、赣三省，作案多年的特大盗墓团伙，得到中央领导的高度赞扬。7月31日，省人民政府和国家文物局在长沙联合召开了表彰大会，国家文物局单霁翔局长及省领导周强、李江、路建平、陈润儿、郭开朗出席了表彰会，周强省长发表了重要讲话。另外，还严肃查处了宁乡县炭河里遗址、宁远县宁远文庙建设工程违法案件。湖南省的文物执法经验在全国文物执法工作会上作了重点推介。

【文物宣传】

充分利用电视、报纸、网络、内刊等各种传播手段，大力宣传湖南省文物工作。积极加强与媒体合作，创建了“湖南发现之旅”“博物馆翻箱底”“湖湘文化溯源之旅——老祖宗的那些事”等文物宣传品牌，在全国产生了良好影响。

【学术会议】

7月15日~16日，在长沙召开了由湖南省文物局主办、湖南省文物考古研究所负责承办的“中国南方基建考古区域协作会议”第二届会议。来自湖南、湖北、江西、福建、云南、贵州、重庆、广东、广西的11家省、市级文物考古研究所的32位代表参加了会议。会议就新形势下如何既保证工程建设顺利开展，又做好考古和文物保护工作，如何协调文物部门和工程方之间的关系等重要问题进行了探讨。与会的11省市文物部门的相关负责人共同交流和讨论了配合基本建设进行考古的经验。

11月28日，由中国文物信息咨询中心主办，湖南省文物考古研究所承办的“田野考古信息技术应用研讨会”在长沙召开。出席会议的有来自中国文物信息咨询中心、中国测绘科学研究院、湖南省文物局的领导和技术人员，以及陕西省、江西省、山西省、湖北省、浙江省、江苏省、四川省、湖南省、重庆市等省市的考古研究所、博物馆的负责人。

会上，中国文物信息中心向与会者介绍了田野考古信息技术应用方案。湖南省文物考古研究所展示了该所近几年来在考古信息化方面的一些成果以及未来的设想。与会代表们介绍了各自单位的数字化、信息化情况，并就田野考古信息技术在实际工作中的可操作性等问题提出了各自的见解，在田野考古信息技术应用方面达成了共识。

【科学研究】

国家文物局博物馆数字展示重点科研基地自2008年落户湖南后，该基地积极开展相关工作，重点完成了国家科技支撑计划课题《古代建筑保护技术信息系统开发》和《古代建筑虚拟修复及Web表现技术研究》。马王堆汉墓女尸及出土文物保护中心的相关科研工作也取得了良好进展。

湖南省博物馆承担并完成了国家文物局《博物馆文化产品开发》课题，起草了《关于促进博物馆文化产品开发的实施意见》并上报国家文物局。湖南省文物考古研究所申请到了《中华文明探源工程项目（三）长江中游》的国家级课题，发表考古学术论文18篇，完成了大型考古报告《里耶秦简一、二卷》。

【文博产业】

据统计，湖南省各级文物开放单位和各类博物馆、纪念馆、爱国主义教育基地，全年接待观众和游客人数近5000万人次，为湖南经济社会发展做出了贡献。文博产业发展势头良好，省文物商店改制取得了初步成功，成立了湖南文物总店和湖南古玩艺术品市场，经营收入大幅攀升。省博物馆馆属企业“文化产业中心”和“山水乘云公司”经营呈良性发展态势，并成立了“湖南省君幸食饮食文化服务有限公司”，全年经营收入达1100万元。省考古所组建了“湖南省古迹遗址保护有限责任公司”和“湖南省古遗研发中心”，省文物保护利用中心组建了“湖南省文博设计研究院”，为大力发展文化产业提供了良好的平台。

广东省

2009年，广东省文物系统以科学发展观统领全局，坚持服务人民、改革创新，坚持依法保护和科学保护，妥善处理文物保护与人民群众生产生活的关系，为推进全省文物博物馆事业的全面发展作出了努力，取得了一些新成绩。

【不可移动文物保护】

截至2009年底，广东省共有国家级历史文化名城6座，省级历史文化名城16座，国家级历史文化名镇、名村19个，全国重点文物保护单位66处，省级文物保护单位365处，市、县级文物保护单位2151处，全国近现代优秀建筑9处。

1. 文物保护单位

2009年，广东省启动了第六批广东省文物保护单位评估和第七批全国重点文物保护单位评审推荐工作，成立评审专家委员会，对全省参与申报的不可移动文物逐一考察、评估，并已分别向广东省政府和国家文物局推荐第六批省级文物保护单位49处和第七批全国重点文物保护单位44处。此外，广东省文化厅会同广东省建设厅共同评审推荐了第五批中国历史文化名镇4个、名村6个，并公布了第二批广东省历史文化名镇7个、名村15个、历史文化街区8个。

2. 文物保护规划和保护工程

2009年，广东省文物局认真组织各

级文物保护单位保护规划、勘察设计方案的评审、审核、审批和文物保护工程的验收工作。组织广东省文物保护专家委员会专家分别完成南越王宫遗址等十处保护规划的评审任务；审核、审批了三元里平英团旧址等31项文物保护单位的勘察设计方案；组织专家对南华寺大雄宝殿等18项文物保护工程进行了验收；审核在文物保护单位保护范围和建设控制地带内进行的建设工程方案共11项；对两海会馆等多项工程进行现场检查。

2009年5月，广东省针对个别单位违规承接文物保护工程的现象，下发了《关于进一步加强文物保护工程管理的通知》，要求各级文物行政管理部门进一步加大监管力度，确保文物保护工程的勘察设计、施工、监理单位具有相应的文物保护工程资质，勘察设计方案符合规范并依法履行报批手续，施工工程履行验收程序，以保证文物保护工程顺利开展，全面提高全省文物保护工程管理水平。

3. 第三次全国文物普查

2009年是广东省文物普查田野实地调查工作关键年。在省第三次全国文物普查领导小组的指挥下，广东省文化厅、省文物局领导亲自带队到全省各地市检查普查工作、落实普查进度，确保了广东省文物普查工作顺利进行。广东省文物普查办积极组织全省文物普查的各项工作；举办广东省第三次全国文物普查队长培训班；成立10个督查小组，对全省21个地市的普查进行督查复核；制定《广东省第三次全国文物普查实地文物调查阶段质量督查与验收管理办法》；编印80期普查工作简报和《2008年广东省第三次全国文物普查新发现》等。2009年7月，佛山市顺德区通过了国家文物局第三次全国文物普查办公室的试点验收。

截至2009年底，广东省文物普查实地田野调查阶段全部完成，共调查和复查文物点约37000处，其中新发现26000多处。为做好全省123个县级行政区域（含东莞、中山市）的实地文物调查阶段验收，广东省普查办将全省分成东、南、西、北四个片区，分别安排专家组验收。

【考古发掘】

1. 重大考古项目

2009年8月~9月，“南海Ⅰ号”试掘工作在广东海上丝绸之路博物馆内进行。其主要目的是检验水晶宫内古沉船及船载文物的保存状况，探索博物馆环境中进行古沉船发掘的有效方法，提取不同材质的文物标本进行出水文物保护研究。为了更好地完成工作目标，考古队根据沉船上覆沉积物的结构特点、博物馆发掘环境和文物保护需求，采用了水下考古技术和陆地考古技术相结合的方法进行，一方面可以以最有效的方式清理沉船表层淤积物，另一方面可以最大限度地兼顾文物保护、资料采集和博物馆展示的需要。试掘过程中使用的三维激光测绘技术，实时高精度记录各探方发掘资料并建立已揭露船体三维数字模型，摸索出进行沉船测绘的新方法。试掘期间，中央电视台等多家媒体进行了现场直播和专题报道，社会反响强烈。

9月26日上午，“南澳Ⅰ号”水下考古抢救发掘启动仪式在汕头市南澳县举行，广东省文化厅厅长方健宏，交通部救捞局副局长丁平生，交通部广州打捞局局长陈北先等领导出席启动仪式并共同推动“南澳Ⅰ号”水下考古抢救发掘启动吉祥杆。考古发掘工作后因天气原因无法进行，但经积极协调，有关单位达成2010年上半年继续进行“南澳Ⅰ号”考古的共识。

2. 考古发掘情况

2009年，广东省共完成田野考古发

掘项目14个，发掘面积约17800平方米，清理发掘古墓葬631座。完成配合基建工程的考古调查、勘探项目共48个，调查路线累计954公里，调查、勘探面积约309.6万平方米。较为重要的遗址有：

象边山遗址，位于江门市新会区东部古井镇长沙村东象边山脚下的坡地上，商周时期沙丘遗址。考古清理出西周时期灰坑6个、灶4个。出土遗物有陶器和石器。陶器包括夹砂陶、泥质陶，其中夹砂陶有夹砂绳纹釜、罐、盆、大口尊、器座等，部分釜底见烟炱。泥质陶有小口四系罐、双耳罐、折腹罐、圈足罐、簋、豆、钵等。初步分析，夹砂陶为本地制造，大部分泥质陶为交换所得。出土石器除了工具类的桃形刀、梯形石锛、双肩石锛，制作石器的工具砺石、石钻，狩猎器具石球之外，还出土了铸造铜剑的石范以及商周礼器石璋、石璜。石范外形呈圆柱形，分两块是双面合范，内面平滑刻有剑形凹槽，合范后后端有浇注孔，外壁有捆扎绳子的凹槽。石璋呈长条状梯形，深灰色板岩制成，磨制精细，上部有两个上下对称的穿孔，刃部锋利。璜呈扁状半圆环，深灰色板岩，磨制精细。

上夫利遗址，位于珠海市斗门区乾务镇马山村西，新石器晚期遗址。出土物有陶器和石器。陶器包括夹砂罐、釜、甑。罐、釜外壁都拍印绳纹。甑为夹砂灰白陶，残件呈梅花状镂孔，应是甑的底部。石器有双肩和梯形石锛，均为板岩。另有砺石若干，形状和规格不等，均为砂岩。

象边山遗址和上夫利遗址均为配合广珠铁路建设进行的发掘，取得了多方面的收获：一是两处遗址文化内涵与以往发掘的有不同程度的区别，填补了珠三角地区考古学上的空白；二是发掘出土的铸剑石范和璋、璜礼器，充分说明了商周时期江门地区已进入了具有高度文明的农耕文化和青铜文化发展阶段；三是填补了江门地区夔纹陶的空白，说明在商周时期新会地区和东江地区已有文化交流。

龟山遗址，位于普宁市东南郊马栅村南，为配合厦深铁路建设，对该遗址进行抢救性发掘。共清理新石器时代晚期至商周时期遗迹20个，其中陶窑7座、灰坑6个、墓葬5座、灰沟1条、房屋1座，出土大量陶器、石器等。遗址文化遗存延续年代较长，上迄新石器时代晚期，下至两周之际，其文化主体是以几何印纹硬陶为主要特征的南方土著文化，具有强烈的粤东地区新石器时代晚期至早期青铜时代的地域特色，也存在部分外来文化因素。龟山遗址不同时期的文化面貌表现出较大的差异性，分别与新石器晚期虎头埔文化以及稍晚的后山文化具有密切关系，这对于完善粤东地区考古文化序列和研究本地区新石器时代晚期至早期青铜时代社会历史具有重要意义。

3. 获奖考古项目

2009年10月，国家文物局公布了2007～2008年度“田野考古奖”，广东台山新村沙丘遗址发掘项目荣获一等奖。台山新村沙丘遗址是史前沙丘遗址考古中发掘面积最大的一处，遗址保存了6个古代人的活动面，由新石器晚期到商代（距今4500～5000年），最小的活动面1500平方米，最大的4000多平方米。这片背山靠海的空间，古人生活的遗迹基本被原封不动地保存了下来，加之交通非常闭塞，没有遭到人为破坏，使这里成为研究新石器晚期海滨人类社会和生活的一份理想的资料。

2008年7月～2009年4月，广东省文物考古研究所主持了这项发掘工作，使用的新方法和新技术均获得成功。一是探方壁面的固化技术。沙丘发掘的遗址，最困难之处就在于探方四壁非常容易风化坍塌，扰乱古代文化层和遗物的原始位置，台山新村沙丘遗址采用了一种俗称“玻璃水”的化学加固材料，能够使沙壁坚固而不板结，这项技术成功对抗了超强台风“黑格比”。二是三维激光测量技术。这种技术目前只在国内的古建筑上运用，用于考古发掘现场还未见披露。台山新村沙丘遗址使用的三维激光技术拥有无与伦比的精确性——可以每秒测量50万个点位的数据，测量精度达到1毫米。三是多学科交叉应用。在发掘期间和资料整理过程中，考古专家进行了景观学研究、陶器产源研究、石器原料产地与制作技术研究，并聘请中科院地理所的专家对遗址内发现的古代先民石器表面进行淀粉分析，破解出古代海滨居民的一份多元食谱。

此外，“南海Ⅰ号”整体打捞与水下文化遗产保护项目获文化部创新奖；“南海Ⅰ号”古沉船整体打捞及保护技术研究和实施项目获中国航海协会科学进步奖一等奖。

【世界文化遗产】

2007年6月28日，“开平碉楼与村落”申报世界文化遗产成功，成为中国第35处、广东省第1处世界文化遗产。

开平市现存1833座碉楼，为了依法加强对开平市世界文化遗产的保护，确保有关法规的贯彻执行，开平市文物局与北京大学等大专院校或科研机构合作，修订包括四个世界遗产点及全国重点文物保护单位碉楼在内的《开平碉楼与村落保护规划》。为了理顺文物的管理权，开平市文物局持续推行“产权不变、政府代管”的模式，依法开展碉楼文物托管工作，在外侨局、各镇政府等部门的支持下，至2009年底，共完成了四个世界遗产点核心区内的31座重点碉楼的托管工作。

开平市文物局有关人员组成安全生产应急领导小组和排除安全隐患领导小组，认真落实安全生产责任制，针对台风、雨水季节，不定期组织有关人员或与安监、旅游部门联合开展四个遗产点及文物保护单位安全巡查和实地演练，及时纠正各种违章违规行为，排除各种文物安全隐患。

【博物馆】

2009年，广东省年检合格的博物馆共186家，其中民办博物馆24家，文化文物系统外国有博物馆13家，系统内国有博物馆149家，包括综合类、艺术类、历史类、自然科学类等十余种类别。全年举办各类展览1062个，吸引观众2000余万人次，成为保障人民群众基本文化权益的重要途径之一。广东革命历史博物馆、广州博物馆、珠海市博物馆、孙中山大元帅府纪念馆等11座博物馆被评为国家二级博物馆，汕头市博物馆、东莞市可园博物馆、深圳市中英街历史博物馆等14座博物馆被评为国家三级博物馆。

1. 博物馆免费开放

2002年4月24日，湛江市博物馆正式宣布免费开放。随后中山市博物馆、汕头市博物馆、惠州市博物馆等一批地级、县级市博物馆实施免费开放。2008年1月，中央四部委联合下发了《关于全国博物馆、纪念馆免费开放的通知》，要求各级博物馆采用免费开放的保障机制，截至2009年底，广东已有123家博物馆实行免费开放。省文物局要求各博物馆牢固树立起以人为本的思想，多在提升公共服务水平上下工夫，努力将请进来、走出去相结合，加大向农村、社区、学校的送展力度，让公众无需远足就可以享受博物馆文化。积极推进博物馆信息化建设，增强博物馆文化的辐射力，为公众提供更广泛的服务。加强安全防范力度，切实保障观众和文物的安全。经过一年多的努力，各博物馆均走上了管理规范、服务创优、活动出彩的创新之路，赢得了社会各界的普遍赞誉。

2. **博物馆陈列展览**

2009 年，全省博物馆以庆祝新中国成立 60 华诞为契机，精心策划了各类主题鲜明、内涵丰富的展览，最大限度满足不同层次观众的需求，获得社会广泛好评。据统计，全省各类博物馆全年共举办陈列展览 1062 个，具有代表性的重要展览有：

“广东省第三次全国文物普查成果展”“粤港澳博物馆风采图片展”由广东省文化厅、鸦片战争博物馆等单位在“国际博物馆日”期间推出，精选广东省新发现的价值较高的文化遗产和特色博物馆、港澳部分博物馆，于 5 月 19 日在东莞海战博物馆广场首次展出，随后两个展览被纳入“广东流动博物馆”在全省各地巡展。

“第五届连州国际摄影年展”由广东省文化厅、广东省旅游局、清远市人民政府、连州市人民政府联合主办，来自英国、法国、美国等十多个国家和地区的 100 多位摄影家携 7000 幅作品前来参展，展期 5 天。据不完全统计，吸引了近 10 万中外人士参观。

“星火燎原的岁月——井冈山精神主题展”由中共广州市委党史研究室、广州市文化局、井冈山革命博物馆联合主办，广东革命历史博物馆承办，展览通过 160 余张图片和十余件实物，全面生动地展示 1927 年 10 月～1930 年 2 月以毛泽东为代表的共产党人创立、巩固和发展中国第一个农村革命根据地，进行建党、建军、建政等一系列伟大革命探索和实践，深刻反映中国共产党在井冈山斗争中形成的“坚定信念、艰苦奋斗，实事求是、敢闯新路，依靠群众、勇于胜利”的井冈山精神。

“消失的战争——中国古代冷兵器展”由东莞市文化广电新闻出版局主办，鸦片战争博物馆承办、湖北省随州市博物馆合办。此展览是规模较大、品类较齐全的冷兵器展览，共展出文物 107 件。展品“越王勾践剑”在中国冷兵器史上占有十分重要的地位，是中国文物史上少有的同时具备历史价值、科学价值、艺术价值的重要文物。展览期间还播放了影片《赤壁之战》，并组织文物专家进行文物鉴定活动。

“典藏东莞·传承文明——东莞市首届收藏文化联展”由东莞市文化广电新闻出版局、东莞日报社主办，展品涉及字画、玉石、古玩、瓷器、奇石、盆景等多个领域，其中不乏价值连城的国宝级珍品，如明代永乐官造鎏金佛、徐悲鸿的画作《鹰》、清代官窑瓷器以及犀角观音等。许多展品都是首次在东莞公开展出，可谓众宝云集、蔚为壮观。

“翠亨·南京——孙中山先生安葬南京 80 周年纪念展览”由孙中山故居纪念馆与广州中山纪念堂管理处、上海孙中山故居纪念馆、武汉辛亥革命博物馆、北京中山堂管理服务办公室、南京中国近代史遗址博物馆、南京孙中山纪念馆五地七馆联合举办，首次尝试在五地七馆同时展出，取得良好反响。

“深圳改革开放史陈列”由深圳博物馆制作，于2009 年10 月获得第八届全国博物馆十大陈列展览精品奖。展览全面、系统、准确地总结和展示了深圳改革开放的历史，生动再现了深圳经济特区建立 28 年来的辉煌历程和几代特区建设者艰苦创业的难忘岁月，宣传我国改革开放的路线、方针和政策。自 2008 年 12 月 25 日开幕以来，共接待观众 60 多万人次。

3. **博物馆社会服务**

免费开放使博物馆走出自我的小圈子，融入社会，使博物馆有了更强的紧迫感和责任意识。广东省各博物馆以加强对未成年人和普通民众服务为重点，拓展服务领域、方式、手段，提供更加人性化的服务设施和服务项目，将观众的认识、感悟、休闲、参与等现实需求作为博物馆改进服务工作的指向。

2009年，广东省部分地市有针对性地对博物馆标志牌进行统一调整，全部采用规范的标志图案，增加英文内容，以满足中外观众的需求。此外，贴近大众的活动也越来越丰富，如东莞可园博物馆举办的“可园文化大讲堂”，蚝岗遗址博物馆的“小小考古学家”，唯美陶瓷博物馆的“陶瓷文化艺术之旅”，东莞饮食风俗博物馆的“花园粥城”杯庾家粽子包裹大赛等活动充分挖掘了当地的文化特色。此类活动在春节、国庆节、国际博物馆日、文化遗产日等节庆期间得到了更为广泛的开展。

随着文化休闲旅游的兴起和博物馆的免费开放，观众的不断增多，给博物馆的服务能力带来新的挑战。为缓解人力资源短缺，促进博物馆长远发展，各馆纷纷成立了“博物馆之友”“博物馆志愿者”等组织，有效地解决了人手紧张问题，充实了博物馆的讲解力量。中山市博物馆在2009年“国际博物馆日”当天举行了“中山市博物馆之友”及“中山市博物馆志愿者”成立仪式，仅一个半月就吸引了150余人参加。茂名市博物馆也于“国际博物馆日”期间成立了“博物馆志愿者服务队”，举办了免费鉴宝活动。8月，东莞市石龙博物馆与石龙团委、石龙大学生交流中心共同举办了首期“小小博物馆讲解员培训班”，这是给暑假中小学生度身定制的体验项目。

4. 大型博物馆建设

2009年，广东省博物馆新建、改扩建工程此起彼伏。惠州市博物馆新馆于9月27日开馆，广东海上丝绸之路博物馆于12月24日开馆，云浮市博物馆新馆和海丰县博物馆新馆分别于12月28日和30日开馆。此外，辛亥革命纪念馆、南越王宫博物馆和佛山市博物馆新馆等已开始筹建。

广东海上丝绸之路博物馆位于广东阳江市海陵岛试验开发区的“十里银滩”上。该馆于2005年12月28日动工兴建，总投资约2亿元，建设用地12.9万平方米，控制用地10万平方米，总建筑面积1.75万平方米。博物馆主体工程由五大“关联舱体”组成，水晶宫是五大“关联舱体”中最大的一个舱体，“南海I号”宋代沉船就是安放在水晶宫里，其水深12米，水质、水温及其他环境均模拟沉船当时所在的海底环境参数。此外，博物馆还设有“南海I号”水下考古发掘现场、海上丝绸之路史和水下考古史三个固定陈列，展出从古船里打捞出的金、铜、铁、瓷、玉类等文物4500多件，宋代铜钱6000多枚。这些文物以瓷器为主，产自浙江龙泉、福建德化、闽清义窑、江西景德镇等南宋几大著名窑系，造型独特，工艺精美，使“南海I号”成为“海上丝绸之路”主航道上的珍贵文化遗产。

5. 流动博物馆

“广东流动博物馆”以广东省博物馆为中心，整合全省博物馆陈列展示资源，组织、策划和制作具有较高水平的展览，截至2009年底，已发展成员单位69个，推出了“广东革命历史图片展”“中华文明之光大型图片展”“世界环境保护及珍稀动物保护图片展”“中西合璧——开平碉楼与民居”“人体奥妙科普展览”“穿越——2009广东青年画院画家作品巡回展”等巡回展览40个，展出156场次，吸引观众440余万人。

【民间收藏文物】

1. 文物拍卖管理

广东是全国最早从事文物拍卖试点

的省市之一，创造了许多国内艺术品和文物拍卖之最。经多年实践，文物拍卖管理工作走上了规范化、法制化的轨道。截至2009年底，全省共举办拍卖会11场，上拍文物1900件（套），全省年审合格的文物拍卖公司共有9家，其中中国嘉德广州国际拍卖有限公司为一类文物拍卖资质，其他公司为二、三类文物拍卖资质。

2. 文物进出境管理

2009年，广东省文物鉴定站按照国家文物局《关于启用2009年版文物进出境审核文件和火漆印章的通知》要求，从7月1日起正式启用2009年版文物进出境审核文件和火漆印章。为了确保申请文物进出境审核在15个工作日内完成，省鉴定站实行了文物进出境审核预约制度，全年共办理文物出境审核7853件，其中禁止出境18件；办理复仿制品出境审核3174件；办理临时进境审核3156件；为公安司法部门鉴定疑似文物35宗549件；为各拍卖公司鉴定文物拍卖标的23宗9890件；为省内各博物馆馆藏文物鉴定31宗7482件，其中二级文物2件，三级文物232件。

2009年4月，广东省文物鉴定站与广州海关缉私局正式签订了《关于加强交流与沟通备忘录》，落实人员分头负责收集最新的文物政策法规、考古发掘材料、文物市场动态、文物拍卖行情、文物走私动向、文物进出境情况等，经过汇总整理和综合分析，及时向海关通报。通过网络鉴定和现场鉴定的方式，省鉴定站全年为广州海关、黄埔海关、深圳海关、拱北海关等各关口查验疑似文物21834件，涉及案件229宗。

【文物保护科技与科研】

1. 博物馆藏品管理保护

文物藏品是博物馆开展业务的物质基础，是博物馆发展壮大的重要因素。2009年，广东省按照博物馆业务工作的要求，切实做好文物藏品管理与保护，加大文物征集力度，充实馆藏文物资源。据统计，全年各博物馆共征集文物19561件（套），较2008年增长30%。修复藏品15537件（套），其中，一级品1件（套），二级品156件（套），三级品14872件（套）。

2. 文物科研

2009年，广东省各地共完成科研项目63个，出版专著图录69册，公开发表论文71篇。

广东省文物局编辑出版了《广东文物》《文物保护法律法规宣传册》《中国文物60年（广东卷）》《广东文物考古30年》等书籍。广东省博物馆编辑出版了《广东省博物馆开馆五十周年纪念文集（1959～2009）》，完成“广东省博物馆离退休专家著作丛书”中《走近鲁迅世界》《岭南文物考古论集续集》《古陶瓷文博研究论集》等7本著作的终审工作。广东省文物考古研究所出版了专著《历史选择中国模式》和《先秦两汉古建筑研究》书籍，并与广州市文物考古研究所、深圳文物鉴定所联合编辑出版《华南考古》第2辑，与茂名文化广电新闻出版局合作编辑出版《茂名文物集萃》。

2009年3月，广东省文物鉴定站派员赴京参加由中科院上海硅酸盐研究所和北京故宫博物院共同主办的“2009年古陶瓷科学技术国际讨论会”。2009年10月，赴京参加由文化部中国艺术科技研究所和首都师范大学共同主办的“首届艺术品科学鉴定研讨会”，并在会上作了专题报告《热释光测定古陶瓷实例分析》。

2009年6月，广东省文博学会和广东省博物馆联合邀请大英文物保护研究院湛旭华进行油画、丙烯画藏品的保护、照片的保护、现代艺术品的保护专题讲座，受到省内同行的热烈欢迎。

2009 年 12 月，广东省博物馆参与并承办了“中国博物馆学会藏品保护专业委员会第二届学术研讨会”，并参与广东省科技厅岭南地区博物馆藏品虫害及防治技术研究、广东地区纸质文物藏品的老化及保护材料研究等多个科研项目。

由南方报业传媒集团，江门市委、市政府和开平市委、市政府联合主办的“第三届国际文化产业论坛之世界遗产分论坛”在开平市塘口镇自力村举行。来自国内外的专家学者看碉楼，说碉楼，讨论世界遗产的功能发展和保护利用。

【文博信息化】

2009 年 2 月 26 日，国家文物局在广东省召开了“文物调查及数据库管理系统建设”项目推广工作会，进一步明确文物调查项目要求，落实项目任务。6 月，广东省组织开展了文物调查项目培训班，全省 140 余名博物馆专业人员参加了培训，广东省珍贵文物信息采集工作全面开展。各级博物馆迅速集中力量投入项目工作，摸清珍贵文物“家底”，指派专人负责联络和数据报送。各地级以上市文物行政部门根据辖区内珍贵文物分布情况和各博物馆运行情状，统筹安排，在确保本馆完成任务的同时，抽调部分人员帮助力量薄弱的博物馆开展工作。截至 2009 年底，全省共上报一级文物 1019 件（套），采集文物照片 7005 张。

【政策法规与宣传】

1. 政策法规的制定和实施

2009 年 3 月 1 日起，《广东省实施〈中华人民共和国文物保护法〉办法》正式实施，这是广东省第一部省级地方性文物法规，标志着广东省在文物保护的地方性立法工作方面取得重大突破，为全省文化遗产事业的发展提供了可靠的法律依据。

《实施办法》强化了不可移动文物的保护力度，注重文物保护的实践取向，突出文物保护的地方特色，规范不可移动文物的使用方式，创新文物保护工作的管理机制，补充和细化了《文物保护法》的有关规定，有望对广东省的文物保护工作起到积极的推动作用。

2. 文物保护宣传

2009 年，广东省充分利用“国际博物馆日”和“文化遗产日”等节日活动，大力宣传《文物保护法》和文物工作方针，宣传新中国成立 60 年来全省文化遗产事业的发展成果，宣传开展文物普查以来的新发现及各行各业博物馆的创新展览。5 月 19 日，广东省文化厅、中共东莞市委宣传部等 9 家单位联合举办了“国际博物馆日”粤港澳文博交流活动暨“走进东莞文明”、纪念虎门销烟 170 周年系列活动。粤港澳三地近 50 家博物馆推出了文艺演出、主题展览、文物鉴定和各类知识性、趣味性强的游戏项目，吸引附近部队、企业、学校、社区等观众千余人参与，多家媒体跟踪报道，取得了良好的社会效益。

广州市与广州博物馆 80 周年庆典相结合，在 5 月 16 日举行了“广州博物馆建馆八十周年碑记”揭幕仪式和“爱我博物馆——广州博物馆馆藏捐赠文物特展”开幕仪式，并推出了两条精品旅游路线：“广州海上丝绸之路千年秀”和“民国遗珍，珠江人文”新航线。东莞市博物馆推出以传统书画艺术为主题的“文物鉴赏大讲堂”，联合东莞电视台制作了书法专题节目，在《焦点关注》栏目中播放，吸引了大批市民以及珠三角周边城市的收藏爱好者和文博工作者。广东东江纵队纪念馆的宣教品牌活动“东纵小战士”推陈出新，以无线电情报为主题，辅以战地小记者、端午包粽子、合作大型绘画《印象东纵》等环节，也吸引了广大青少年参与。

【安全督察】

2009年，针对广东省相继发生的多起文物安全事故，广东省文物局发出了《关于进一步加强文物安全工作的通知》，就文物安全事故进行了通报，并就文物保护提出了相关要求。根据国家文物局《关于试行文物行政执法与安全监管情况公告制度的通知》和《关于联合开展文物单位消防安全大检查工作的通知》，省文物局要求全省各地建立文物定期巡查制度和重大文物安全事故公告制度，并联合公安部门开展了消防安全工作大检查。全省共出动千余人次，对1894处全国重点文物保护单位、省级文物保护单位、市县级文物保护单位和百余处博物馆、纪念馆进行了全面检查。检查内容包括消防安全工作的组织领导和岗位职责情况；消防安全管理制度、消防安全档案建立情况；消防设施设备及其使用情况；消防安全预案的制定和演练情况；消防安全检查和火灾隐患整改情况；用火用电管理情况及文物保护现状等。广东省文物局与广东省消防局联合组成检查组，对重要的32处文物保护单位和博物馆进行抽查。

通过文物安全检查工作，广东省各级文物保护单位、世界文化遗产地、各文博单位、考古发掘工地和文物保护工程维修工地进一步完善了防火、防盗、防坍塌等安全措施，提高了各地文博单位安全防范和应对事故的能力，安全意识和忧患意识得到加强，对存在的文物安全隐患进行了及时整改。此外，广东省文化厅会同广东省公安厅完成了广州博物馆镇海楼展区安防系统工程深化设计方案等8项博物馆、文物保护单位安防技防方案的审核、审批工作。

【机构与人员】

截至2009年底，广东省共有文物主管部门44个，从业人员103人；文物科研机构5家，从业人员120人；文物保护管理机构35个，从业人员359人；文物商店6家，从业人员111人；其他文物机构3个，从业人员128人；系统内国有博物馆149家，从业人员3000余人。

1. 培训情况

5月31日~6月4日，广东省文物局举办了“文物调查及数据库管理系统建设项目培训班”。培训对象为各地级以上市文物行政部门管理人员和各博物馆业务人员，共计141人。

11月2日~6日，广东省文物博物馆学会、肇庆市文化广电新闻出版局、肇庆市旅游发展局主办了“广东省第七期讲解业务培训班”，来自全省各地博物馆和艺术馆的70多名讲解员接受了培训。

12月7日~12日，广东省文物局举办了“文物保护工程业务培训班”。培训对象为各地级以上市文物行政部门文物保护工程管理人员和已获得或拟申请各级资质的文物保护工程勘察设计、施工、监理单位技术负责人，共计140余名。

2. 文物保护工程资质

截至2009年底，广东省取得文物保护工程勘察设计资质的单位共有12家，取得文物保护工程勘察设计职业资格的人员共20人；取得文物保护工程施工资质的单位共有18家，取得文物保护工程施工职业资格的人员共有109人；取得文物保护工程监理资质的单位是佛山市立德工程建设监理有限公司，业务范围包括古建筑维修保护和近现代文物建筑维修保护。

【对外交流】

2008年8月，文化部将广东省设立为对港澳文化交流基地。基地设立一年来，按照文化部的决定和广东省委、省政府关于深化粤港澳文化交流合作的总体部署，在开展对港澳文化交流基地建设的工作中，紧密结合《珠江三角洲地区改革发展规划纲要》的贯彻实施，紧密结合粤港联席会议、粤澳联席会议确定的工作任务，围绕《粤港澳艺文合作协议书》确定的基本架构和《粤港澳文化交流合作发展规划》确定的目标、任务，适时拓展合作范围，着力提升合作层次，完成了一批质量较高的交流合作项目，为粤港澳三地文化交流深化拓展营造了良好的开局。

1. 学术交流

2009年3月，应台湾中央研究院历史语言研究所邀请，广东省文物考古研究所赴台湾参加“2008年度台湾考古工作研讨会”，并积极参与“香港出土陶瓷研究”专题计划，安排专业研究人员参加交流与合作。

2009年10月，广东省博物馆应香港艺术有限公司邀请，赴香港调研19世纪玳瑁盒以及外销画等文物。

2009年10月、11月，广东省文物考古研究所分别应香港中文大学、香港历史博物馆的邀请，赴港参加了《陶瓷下西洋》及中外文化交流项目、“族群、历史与社会：北部湾的水上人”学术研讨会和以“探索粤东历史的先行者——麦兆良神父考古藏品的历史意义”为题的公开讲座。

2009年11月，应澳门历史文物关注协会邀请，广东省文物考古研究所赴澳门参加澳门历史文物关注协会十周年庆典活动和第二届世界遗产旅游博览会暨第五届世界遗产论坛活动。

深圳博物馆和香港文博界、史学界、考古界以及开设有文史博物专业的高校之间的学术交流非常密切。该馆多次与香港康乐文化署、霍英东基金会讨论建立霍英东纪念馆的相关事宜。博物馆继续与香港康文署、古物古迹办、中文大学中国考古艺术研究中心等单位探讨共同举办深港澳出土文物联展事宜。多年来，深圳博物馆与香港考古协会等单位在深港地方史研究等方面的合作已经非常深入，研究人员参与港方主持的“香港大埔碗窑青花瓷研究”。

2. 展览交流

3月23日~7月10日，应香港各界文化促进会有限公司邀请，该馆与香港大会堂联合举办“纪念五四运动90周年展览”。5月4日~28日，应澳门中华新青年协会邀请，该馆在澳门市政厅广场举办“闪亮的青春——纪念五四运动90周年大型图片展览”。应香港各界文化促进会有限公司邀请，毛泽东同志主办农民运动讲习所旧址纪念馆于6月16日~23日在香港大会堂举办“香港：共和国与你同行——纪念中华人民共和国建国60周年大型展览”。

应澳门林则徐纪念馆邀请，鸦片战争博物馆于11月8日~14日在澳门莲峰庙广场举办“珍惜生命，拒绝毒品”图片展览。澳门行政长官何厚铧为鸦片战争博物馆颁发了“禁毒先锋、嘉惠良多”纪念牌。

香港孙中山纪念馆于4月10日~8月31日在孙中山大元帅府纪念馆举办“施塔福与辛亥革命”展览。

香港中文大学文物馆、香港艺术馆于2009年11月12日~2010年2月12日在广州艺术博物院举办“丁衍庸艺术作品展”。

3. 粤港澳文化交流合作示范区

为充分发挥广东省客家文化在粤港澳文化交流中的独特作用，深化和扩大粤港澳文化交流与合作，2009年5月，广东省文化厅决定将梅州市设立为粤港澳文化交流合作示范区。这对于在粤港澳文化交流合作中深化合作领域、扩展合作层面、创新合作形式、充实合作内容、打造合作品牌、共享合作成果都具有重要的意义。示范区的设立进一步加强了同港澳文化社团、演艺机构的联系、沟通和合作，不断扩大文化交流合作的工作层面；进一步整合了客家文化艺术资源，努力创新同港澳的文化交流合作品牌。

4. 国情教育基地

2009 年，中英街历史博物馆与香港国民教育中心开展共建“国情教育基地”活动，于 4 月签署了“国情教育基地协议书”，并以“中英街历史文化之旅”的形式组织了香港 800 名学生到中英街参观。这是香港教育机构就青少年国情教育事宜与内地博物馆签署的首次协议。“香港国民教育中心国情教育基地”的建立，明确了双方在开展国情教育方面的责任和义务，为双方此后长期开展国民教育活动提供了稳定的共建关系，是中英街历史博物馆充分利用中英街历史资源对香港青少年进行国情教育的有益尝试和良好开端。

5. 历史文化巡礼

2009 年 7 月 12 日 ~20 日，广东省文化厅与香港特区政府民政事务局、澳门特区政府高等教育辅助办公室联合，在粤港澳三地成功举办了“2009 年粤港澳青年文化之旅”。这次活动以“文化、青春、沟通、友谊、追求”为主题，组织了粤港澳三地十多所高校近 150 名大学生参加。在 9 天的旅程中，大学生们先后在香港、澳门和广东中山、江门、佛山、广州等地考察了著名的历史文化景观、文体教育机构和城市公共设施，了解三地特色文化和传统技艺，亲身感受富含中华文化的民风、民情和社会风貌，并开展了互动式的联欢表演和团体拓展训练活动，以及“一对一”社区家庭访问活动等。广东省副省长雷于蓝、香港特区民政事务局局长曾德成、澳门特区高等教育辅助办公室副主任郭小丽以及文化部港澳台办、省直有关单位负责人出席了 7 月 20 日广州闭幕仪式，并同三地大学生共同签名留念。

广西壮族自治区

【不可移动文物】

（一）不可移动文物保护

1. 简述

2009 年，国家、自治区和地方投入 2967.6 万元，对北海近代建筑群的涠洲盛塘天主堂、城仔教堂，宁明花山岩画，贺州临贺故城，桂林李宗仁故居，忻城莫土司衙署，全州燕窝楼等 21 处全国重点文物保护进行保护、维修。对南宁市广西壮族自治区土改工作队二团团部旧址、恭城瑶族自治县朗山民居、柳州市摩崖石刻、灌阳县关帝庙、龙州业秀园等 13 处自治区文物保护单位，以及南宁商会旧址等 25 处市（县）文物保护单位进行修缮。

广西壮族自治区文物局、广西文物考古研究所联合中国文化遗产研究院、北京双宁文物保护技术有限公司、哈尔滨工业大学景观设计研究中心、中国地质大学（武汉）等 6 家研究机构组成项目组，完成了靖西、那坡、大新、宁明、龙州、凭祥、东兴等 12 市、县（区）沿海沿边 1200 多公里的勘察、测绘工作，中国文化遗产研究院完成了《广西连城要塞遗址和友谊关文物总体保护规划》（初稿），开始细化编制《大连城遗址文物保护专项规划》和《小连城遗址文物保护专项规划》。

配合自治区党委、政府纪念百色起义、龙州起义80周年和韦拔群烈士诞辰115周年活动，文化文物部门组织开展了东兰韦拔群故居遗址、劳动小学旧址、广西农民运动讲习所旧址（列宁岩）等旧址维修保护工程，红八军军部旧址修复和龙州起义纪念馆陈列改造等工作，百色市组织百色起义纪念公园建设，保证了纪念活动的顺利进行。另外，龙州中国工农红军第八军军部旧址、八路军桂林办事处旧址等利用旅游国债修建基础设施，文物保护的环境有了很大改善。

12月28日，由广西文物保护研究设计中心承担的因汶川地震受损的世界文化遗产——四川省都江堰古建筑群伏龙观抢救保护工程竣工，国家文物局单霁翔局长、童明康副局长和自治区文化厅覃溥副厅长参加了竣工仪式，并通过工程验收。国家文物局、四川省领导高度评价伏龙观抢救保护工程，对广西文物保护研究设计中心给予表扬。

2. 文物保护基本情况

各级文物保护单位1948处，其中全国重点文物保护单位42处200多个点，自治区文物保护单位355处，县（市）级文物保护单位1671处。

2009年5月4日，《广西壮族自治区人民政府关于核定并公布第六批自治区文物保护单位的通知》（桂政发［2009］38号）公布了79处自治区文物保护单位，其中古文化遗址7处、古墓葬5处、古建筑38处、石刻4处、近现代重要史迹及代表性建筑25处。至此，广西的自治区文物保护单位增至355处。

2009年文物保护工程59个，投入经费2967.6万元，其中全国重点文物保护单位保护工程21个，投入经费1849.8万元。

广西列入国家大遗址名单的有靖江王府及王陵、合浦汉墓群。2009年国家投入50万元用于靖江王陵保护规划编制工作。《靖江王陵保护规划》由中国文化遗产研究院编制，已上报国家文物局审批。

（二）考古发掘

1. 简述

为配合国家拉动内需，加快大型基本建设项目，积极为地方经济发展服务，完成了6条铁路（南宁至北海、钦州至防城港、贵阳至广州、玉林至铁山港、黎塘至钦州、湘桂铁路），10条高速公路（南宁市外环、六景至钦州港、河池至都安、岑溪至水汶、六寨至河池、河池至宜山、三江至柳州、灌阳至全州、百色至靖西、玉林至铁山港），11个建设项目（长洲水利枢纽三线四线船闸工程、防城港核电站、德保县多旁水库、华能百色电厂、百色嘉亿纸业、广西冠桂糖业、合浦工业大道、贵港绿洲小区B地块）涉及用地的考古调查、勘探，勘探面积129万平方米。

完成合浦草鞋村遗址、玉林至铁山港高速公路用地、新建贵阳至广州铁路贺州寿峰古墓群、贵港绿洲小区B地块建设用地等建设项目涉及的83座古墓葬的抢救性发掘工作，发掘面积4000余平方米，抢救了一批珍贵文物，发现一批重要的遗迹，为考古科学研究提供了新线索、新依据。

广西自然博物馆获国家和自治区自然科学基金资助，开展“广西那派盆地早白垩世脊椎动物群及其古环境研究”“亚洲两栖动物多样性及主要类群的系统发育研究”和“桂西南中越边境地区两栖爬行动物多样性调查与研究”等项目调查。

2. 考古发掘

2009年9月8日~2009年9月30日，广西文物考古研究所对贵港绿洲小区B地块用地范围所涉及古墓葬进行发掘。此次发掘共清理墓葬4座，除一座为砖室墓外，其余3座均为土坑墓，时代均为汉代。全长为11.75米的砖室墓由东西侧室、横前堂、甬道、封门、墓道六部分构成。虽然该墓屡遭盗扰，但出土的器物依然丰富、共出土器物 58 件（套），类别有陶、铜、铁、玉石等，器类不仅有鼎、罐、壶、簋一类实用器皿，还有井、仓、灶等模型明器。在一些器物内还发现一些实物及香料；3 座土坑墓中有两座为同坟异穴竖土坑合葬墓，出土的文物有井、仓等模型明器，该墓还出土了铜弩、铜箭镞等兵器，从出土器物判断，这两座墓应为夫妻合葬墓。另外一座土坑墓出土的器物较为丰富，除了出土模型明器外，还有鼎、盒、壶一类的礼器。此次发掘为研究两汉时期器物形态的发展演变、岭南地区青瓷器的发展历程提供了很好的资料。

2008 年 9 月 ~2009 年 8 月，广西文物考古研究所因合浦工业园的建设在公路东侧的寮尾村民小组发掘古墓 32 座。墓葬均为砖室墓，多合葬，形制丰富，有带单或双侧室墓、直列式双墓道合葬墓、穹隆顶合券顶砖室墓、横直券顶合穹隆顶砖室墓、横直券顶砖室墓、砖木合构墓、双穹隆顶砖室墓等类型。墓葬都曾被盗掘，有的被盗多次，所余随葬品不多且破碎严重，有陶瓷器、铜器、铁器、滑石器、琉璃玛瑙串饰等，约 500 件。从形制和随葬品初步判断，墓葬的年代从东汉晚期至三国时期。

贺州凤凰岭古墓群位于贺州市贺街镇西塘村背后的凤凰岭上，西距临贺故城约 5 公里。因贵阳至广州快速铁路工程建设，2009 年 3 月 ~5 月对贺街制梁场及货运站用地范围进行考古发掘，共发掘墓葬 51 座，类别有土坑墓、砖室墓及石室墓三种，初步判断时代分属于东汉晚期至三国、南朝及明清等时期。东汉晚期至三国墓共 21 座，均为竖穴土坑墓，形制有长方形和“凸”字形两种，其中长方形墓葬 11 座，均为窄长条形，长宽比多大于 4：1，个别墓葬达 5：1；“凸”字形 10 座，除 4 座规模稍大外（墓室长度一般在 5 米左右，宽度不足 3 米），其余 6 座规模均较小（墓室长宽比一般在 3：1，个别墓葬达 4：1）；墓道均较窄较短，随葬品基本组合为罐、釜、铁刀、纺轮。这批墓葬是广西东汉晚期至三国土坑墓最集中的发现；对研究汉代土坑墓发展及延续使用时间提供了重要的实物参考。另外，在这些土坑墓中，特别是长方形竖穴土坑墓，多数长宽比大于 4：1，少数甚至达到或超过 5：1，这种情况与广西战国时期土著越人墓十分相似，对了解这批墓葬的族属及汉越文化的交流融合很有帮助。南朝墓共 25 座，其中砖室墓 22 座，土坑墓 2 座，石室墓 1 座。除 5 座小砖室墓无墓道外，其余墓葬均有短甬道及墓道，且规模稍大，墓葬大部分破坏较严重，多数墓葬四壁及铺地砖都被取走，很少有随葬品出土。另外，南朝墓中发现 5 座小型砖室墓，其墓室内宽均在 20 ~ 30 厘米左右，有两座为合葬墓，两个墓室并列相连，浑然一体，显然为一次性构筑而成，推测这类墓葬属于二次葬。明清墓葬共 5 座，其中明代墓 4 座、清代墓 1 座，均为竖穴土坑墓。规模较小，一般仅在两侧放置粮坛。本次发掘墓葬数量多、时代跨度大、墓葬类型较丰富，对于研究这一地区墓葬类型及文化遗物的演变，确立历史编年及文化发展系列具有较为重要的参考价值。

为开展海上丝绸之路——合浦港的研究，同时结合厦门大学学生考古实习，经国家文物局批准，广西文物考古研究所对位于合浦县城西南郊的草鞋村遗址进行了第二次主动发掘。发掘和清理的面积达 1000 多平方米，清理出包括窑、水井、沟、工作坑、灶坑、房址等较为完整的遗迹 70 多处。地层堆积统一划分为 7 层：1 层为表土；2 ~3 层为近现代扰乱层；4 层土色灰，质疏松，夹较多红砖块，出土陶瓷器以红砖、陶碗、钵为主；5 层可分为 A、B、C 三小层，土色灰红、灰黄或灰白，包含物主要为筒、板瓦、瓦当，也有网坠、纺轮、陶罐、陶盆等；6 层为红土，仅分布于 1 区，包含物不多，见少量板瓦片和陶片；7 层为灰褐色土，见少量几何印纹硬陶和夹砂陶。出土遗物的年代从西汉中期一直到明代，由于窑址的地层破坏扰乱严重，地层与大部分窑床的对应关系尚不明晰，需进一步的发掘和研究。

柳州白莲洞洞穴科学博物馆编著，蒋远金研究员等主编的《柳州白莲洞》由科学出版社出版，印数 1600 本。

【可移动文物】

（一）博物馆

1. 简述

4 月 30 日，广西民族博物馆正式对公众免费开放，“西部记忆——西部五省（区）民族历史瑰宝联展”在广西民族博物馆隆重举行了开幕仪式。国家文物局张柏副局长出席开幕式并致辞，并为“西部记忆——西部五省（区）民族历史瑰宝联展”剪彩。2009 年，崇左市壮族博物馆、梧州市博物馆、贵港博物馆、防城港市博物馆、环江毛南族博物馆、浦北县博物馆、融水苗族自治县民族博物馆等先后开工建设。广西铜鼓博物馆、南宁市博物馆、桂林博物馆、柳州工业博物馆、西江文化博物馆、北部湾博物馆、贺州矿业遗址博物馆等已开始规划建设。广西民族生态博物馆建设“1 +10 工程”项目之一的灵川县长岗岭商道古村生态博物馆、东兴京族博物馆暨东兴京族生态博物馆和融水苗族自治县小桑苗族生态博物馆举行了开馆仪式。

1 月 25 日，中共中央宣传部、财政部、文化部、国家文物局联合下发了《关于印发免费开放博物馆纪念馆名单的通知》（文物博发［2010］9 号），确定广西壮族自治区自然博物馆、广西民族博物馆等 31 个博物馆、纪念馆为第二批免费开放单位。至此，广西免费开放博物馆、纪念馆增至 36 个，其中文物系统占了 34 个。截至 2009 年 12 月 31 日，免费开放博物馆、纪念馆接待参观人数近 400 万人次。2009 年，国家和自治区安排广西壮族自治区博物馆、纪念馆免费开放专项经费 3161.75 万元，使免费开放博物馆、纪念馆完善了配套服务设施，改造提升了陈列展览，提高了讲解队伍业务素质。

5 月，桂林博物馆、桂海碑林博物馆、柳州市博物馆、百色起义纪念馆被评为国家二级博物馆；广西地质博物馆、桂林市靖江王陵博物馆、桂林甑皮岩遗址博物馆、八路军桂林办事处纪念馆、靖西县壮族博物馆、右江革命纪念馆、右江民族博物馆、兴安县博物馆、博白县博物馆、横县博物馆、金秀瑶族自治县瑶族博物馆、中国红军第八军革命纪念馆被评为国家三级博物馆。

完成了列入全国红色旅游景区（点）、自治区爱国主义教育基地——百色起义纪念馆、右江革命纪念馆、韦拔群纪念馆，以及全国免费开放博物馆纪念馆——广西博物馆等陈列展览的改造提升工作。2009 年举办文物陈列展览 164 个。柳州市博物馆“深邃的侏罗纪世界——古生物化石展”荣获国家文物局第八届全国博物馆陈列展览十大精品评选最佳制作奖。

国有文物系统博物馆 62 家，免费开放博物馆 36 家。

藏品总数量 299625 件（套），其中珍贵文物 24832 件（套），一级文物 333 件（套）。

2009 年接收、征集、修复藏品数量 19395 件（套），其中接收文物 57 件（套），征集藏品 19163 件（套），修复藏品 175 件（套）。

博物馆陈列展览 301 个，其中延续

2008年陈列展览137个，2009年举办陈列展览164个。

博物馆参观人数6708000人次，其中青少年观众2084000人次。博物馆门票收入95.80万元，其他收入978.9万元。

（二）文博信息化

从集成、管理和共享资源的利用出发，完成了广西文物信息中心的基础设施建设和中心机房建设，广西文物信息中心选址定在广西民族博物馆内，该信息中心面积300平方米。广西文物信息中心机房按照“运行稳定、技术先进、经济合理、安全适用”的技术要求，由新建的广西民族博物馆负责完成建设。通过政府采购的机房硬件设备主要包括PC服务器、光纤通道交换机、光纤磁盘阵列、备份管理服务器、路由器、交换机、UPS设备、专用空调和台式电脑、笔记本电脑、打印机、复印机等办公设备。投入经费500多万元。2009年12月，经过技术人员数月的精心调试后，机房开始正式运行。

广西作为全国第三批“文物调查及数据库管理系统建设”项目推广省份之一，完成了全区“文物调查及数据库管理系统建设”项目馆藏一级文物和部分二、三级文物信息数据、影像数据录入、汇总工作。柳州市、玉林市文物影像数据采集工作组和广西自然博物馆继续开展所承担的河池、百色、崇左市（县、区）馆藏二、三级文物影像数据采集工作。11月20日~12月20日，自治区文物局在南宁市举办全区“文物调查及数据库管理系统建设”项目管理系统软件培训班，来自全区14个地市的各文博单位60多名学员参加了培训班学习。培训由老师授课，学员集中汇总本辖区文物收藏单位的馆藏珍贵文物信息、影像数据。截至2009年12月31日，完成26720条珍贵文物信息数据、25825件文物影像数据的汇总工作。

【第三次全国文物普查】

3月和8月，自治区第三次文物普查领导小组办公室两次组织全区第三次文物普查工作督察，检查问题，及时采取措施解决，推进调查。10月，各地级市文物普查领导小组办公室专门召开会议督促辖区内的县（市）加快普查工作进度，组织本辖区工作督察巡导。

6月11日，自治区财政厅、自治区文化厅联合印发《广西壮族自治区第三次文物普查专项经费使用管理办法》（桂财教［2009］64号），规范专项普查经费的使用和管理，解决普查人员补助费和购买人身意外伤害保险等问题，提高了一线普查人员的工作积极性。12月11日，根据国家文物局《第三次全国文物普查实地文物调查阶段验收指导意见》（文物普查函［2009］1001号），自治区第三次文物普查领导小组办公室制定《第三次全区文物普查实地文物调查阶段验收工作方案》。

截至2009年12月31日，全区累计到位文物普查经费2423.01万元，其中财政部、国家文物局安排广西本年度文物普查专项补助经费172万元，自治区财政安排170万元。一线普查人员合计1015人。按乡镇计，全境普查启动率为99.9%，109个县（区）中共有99个完成实地文物调查，全境普查完成率为98.8%，调查登记不可移动文物11491处，其中新发现6140处，复查5351处，基本完成田野调查任务。

在开展田野调查的同时，自治区第三次文物普查领导小组办公室组织广西文物考古研究所开展广西明清边防军事设施调查、广西江河流域古文化遗址、骆越文化遗址调查、广西少数民族代表性建筑普查；广西自然博物馆开展广西洞穴遗址及古人类化石地点调查；南宁市孔庙博物馆开展广西文庙调查；百色市右江民族博物馆开展百色旧石器遗址调查等14个专题普查，深化普查成果。

【政策法规与宣传】

为了保护好珍贵的精神家园，进一步提高社会公众的文化遗产保护意识，营造了全民共同参与保护文化遗产的良好氛围，自治区文物局下发了国家文物局《关于开展“5·18国际博物馆日”宣传活动的通知》（文物博发［2009］12号）和国家文物局《关于开展2009年文化遗产日活动的通知》（文物政发［2009］10号），围绕国际博物馆日“博物馆和旅游”和文化遗产日“保护文化遗产，促进科学发展”的活动主题，开展了形式多样，内容丰富的大型活动。如梧州市文化局和市级文博单位6月13日晚在市政广场开展全国第四个文化遗产日大型宣传活动，通过“三普”图片展、文艺演出、有奖问答、散发宣传资料等宣传活动，向广大市民展示了该市文化遗产保护及第三次全国文物普查所取得的重要成果。玉林市举办“广西非物质文化遗产保护成果图片展”“馆藏文物精品图片展”“民俗民间文化图片展”“第三次文物普查成果图片展”等现场图片展览，设立有奖竞猜活动，吸引群众前来参与。容县文博工作人员向群众发放“容县各级文物保护单位简介”“博物馆日之由来”及“中国文化遗产的保护”等宣传资料，免费向群众提供陶瓷、玉器、青铜器等文物知识咨询。

【安全督察】

2009年，完成广西博物馆、桂平市博物馆、平乐县文物管理所等3个重点博物馆、文物库房的安防、消防和库房保管设施安装工作。6月9日～10日，组织有关技防方面专家对桂林市李宗仁文物管理处管理的李宗仁官邸、八路军桂林办事处纪念馆文物安全技术防范系统工程进行了验收。

根据国家文物局的工作部署，开展了元旦、春节、国庆期间文物博物馆安全和服务、汛期文物安全、文物消防等工作的大检查。9月14日～18日，国家文物局文物行政执法专项督察组刘铭威副司长一行5人在自治区文化厅文物处处长、文物局常务副局长谢日万的陪同下，赴南宁、百色、柳州、桂林等市督察了广西壮族自治区博物馆、右江工农民主政府旧址、田东县博物馆、百色起义纪念馆、中国工农红军第七军军部旧址、柳州市博物馆、柳侯祠、韩国临时政府抗日斗争活动旧址、胡志明旧居、三江侗族博物馆、程阳永济风雨桥、灵渠和靖江王陵等博物馆、文物保护单位执行文物保护法律法规情况和文物安全情况。

【教育与培训】

自治区文物局组织全区各市文化局、文博单位28人于10月28日～11月1日赴陕西省西安市参加国家文物局、中国国际贸易促进委员会、陕西省人民政府举办2009年中国国际文物保护博览会，考察了陕西省历史博物馆、大明宫遗址、兵马俑博物馆、法门寺博物馆、碑林博物馆、半坡遗址博物馆、汉阳陵博物馆等文物保护单位和博物馆，与陕西省历史博物馆进行交流。

11月3日～16日，由国家文物局主办，广西壮族自治区文化厅、广西壮族自治区文物局承办的广西地市级文博单位管理干部暨全国重点文物保护单位保护管理机构负责人培训班在南宁市广西民族博物馆举办，来自全区各市文化局分管文物工作的局领导和科室负责人，各市、县级文博单位管理干部和全国重点文物单位保护管理机构负责人，以及自治区文化厅直属文博单位负责人共130人参加了培训。此次培训历时12天，培训内容包括文物保护法律法规、文物保护管理、博物馆管理、文物行政执法、文物博物馆安全防范、管理学基础等相关课程。集中在10天的时间内安排了18个专题讲座。邀请对文化遗产保护研究深入、理论素养较高的国家文物局、中国文物信息咨询中心、中国文化遗产研究院、中国城市规划设计院、西北大学、中共广西壮族自治区党校、广西壮族自治区博物馆、广西文物考古研究所、广西文物保护研究设计中心等单位16位领导和知名专家进行授课。培训期间组织学员考察了广西壮族自治区博物馆、广西民族博物馆、南宁市昆仑关战役遗址博物馆、南宁孔庙博物馆、东兴京族博物馆暨京族生态博物馆、京族哈亭、交东贝丘遗址、“大清国钦州界”1号和5号界碑等博物馆和文物保护单位。此次培训收到参训学员理论文章近100篇。

11月20日~12月20日，自治区文物局在南宁市举办全区“文物调查及数据库管理系统建设”项目管理系统软件培训班，来自全区14个地市的各文博单位60多名学员参加了培训班学习。培训由老师授课，学员集中汇总本辖区文物收藏单位的馆藏珍贵文物信息、影像数据。

12月30日~31日，由自治区文物局和玉林市文化局联合举办的玉林市文博干部业务培训班暨文博单位讲解大赛在玉林城区举行，来自全市7个县（市）区文博系统的工作人员50余人参加培训并获得了结业证书。此次培训班为期两天，邀请了经验丰富的领导专家——自治区文化厅副厅长、自治区文物局局长覃溥，自治区文化厅文物处处长、自治区文物局常务副局长谢日万，自治区文化厅文物处副处长吴兵，广西博物馆馆长吴伟峰，广西民族博物馆党委书记梁志敏等前来授课。课程内容包括新形势下的文化遗产保护和博物馆工作面临的问题、文物保护工作、古建筑基础、生态博物馆概论、文物征集与保护以及博物馆管理基础等课程。通过两天的培训，学员们的业务水平和综合能力得到一定的提高。

【表彰】

6月11日，国家文物局下发了《关于向长期从事文物博物馆工作人员颁发荣誉证书的决定》（文物人发［2009］20号），对从事文物工作30周年以上的文博干部职工进行表彰。广西壮族自治区有关文博单位共71位同志获得国家文物局颁发的从事文物工作30年荣誉证书。柳州市博物馆“深邃的侏罗纪世界——古生物化石展”荣获国家文物局“第八届全国博物馆陈列展览十大精品”评选“最佳制作奖”。12月4日，广西壮族自治区博物馆推荐的南宁市中山北段小学志愿者服务团队获得中国博物馆学会、宁波市文化广电新闻出版局主办，中国文物报社、《中国博物馆》杂志社、宁波博约博物馆文化发展基金会承办的“牵手历史——首届中国博物馆十佳志愿者之星”提名奖。12月21日，容县获得中华人民共和国文化部、国家文物局授予全国文物工作先进县光荣称号。

【对外交流】

应越南文化体育旅游部和越南国家历史博物馆的邀请，5月13日~20日，时任自治区文化厅副厅长陈映红带领广西文化代表团一行10人拜会了越南文化体育旅游部副部长陈战胜先生、越南国家历史博物馆馆长范国军先生，考察了越南占美岛、会安古镇、美山圣地遗址、国家历史博物馆、越南民族学博物馆等文物保护单位、博物馆。5月14日越南国家历史博物馆和广西壮族自治区博物馆共同签署了《越南国家历史博物馆和广西壮族自治区博物馆未来五年合作意向书》，并就项目的具体事宜进行了洽谈和交流。

4月28日~30日，由自治区文化厅、自治区文物局举办的“博物馆藏品和人力资源的交流共享与共谋发展研讨会”在南宁市召开，中国博物馆学会、国家博物馆、中国文物报社、广西博物馆、广西自然博物馆、广西民族博物馆等国内20多个部门、博物馆30多人以及全区各市文化局、各文博单位的负责人130人参加了会议，还特别邀请了东盟地区（除新加坡）的9个国家及日本、韩国的博物馆馆长参加会议。自治区文化厅副厅长陈映红代表文化厅致辞。国家文物局副局长、中国博物馆学会会长张柏应邀出席会议并发表主旨演讲。会议共收到论文20篇（东盟与日韩共11篇），19人就会议主题发言。会议就中外博物馆之间的文物藏品和人力资源的交流、共享、发展，国际合作议题进行了广泛探讨。

广西民族博物馆引进了印度尼西亚国家博物馆文物珍品展，与缅甸国家博物馆相互赠送纪念品。广西博物馆引进越南出水陶瓷展，并同广西文物考古研究所与越南国家博物馆合作出版《海上丝绸之路遗珍——越南出水陶瓷》，着手编辑出版《越南铜鼓》一书。广西文物考古研究所与越南考古研究院举办了广西—越南考古工作交流会，与越南、老挝签订合作发掘古文化遗址的协议，拟于2010年赴老挝发掘。9月8日~14日，桂林博物馆举办“俄罗斯功勋艺术家列宾美术学院教授克林姆·李作品展”。龙州县红八军纪念馆与越南有关机构在胡志明研究、史料征集、展览方面建立了长期的交流合作。

为纪念民族英雄刘永福赴台115周年，扩大对民族英雄刘永福的宣传，11月19日~27日，钦州市委宣传部组织钦州市台湾事务办公室、钦州市博物馆等单位一行6人赴台湾开展“追寻刘永福在台足迹”文化交流活动。活动组考察了高雄市旗律炮台、台南市安平古堡炮台、亿载金城炮台、彰化县八卦山炮台和开会地台南市孔子庙明伦堂等刘永福在台抗日时曾战斗过的地方。收集了有关刘永福在台湾抗日期间的史料。

海南省

【文物保护单位】

2009年6月，省人民政府公布了第二批省级文物保护单位名单，共有66处文物保护单位入选。经统计，至2009年，全省共有国家重点文物保护单位14处17点，省级文物保护单位92处，市县级文物保护单位313处。海口骑楼老街被评为“中国十大历史文化名街”。在发改、财政、建设部门的支持下，海南省的文物保护单位，有计划有步骤地进行了修缮和保护。

崖城镇历史文化名镇保护规划、海口市历史文化名城保护规划已开始修编。

2009年，省级文物保护工程有4个，分别为文昌学维修工程、张岳崧故居维修工程、陵水农民协会旧址维修方案编制、李氏宗祠维修方案编制，投入经费共53.5万元。

2009年，全国重点文物保护单位保护工程有6个，分别为美榔双塔维修、五公祠安防系统、蔡家宅安防系统、陵水县苏维埃政府旧址维修、落笔洞遗址保护工程、美榔双塔安防系统，投入经费650万元。

全国重点文物保护单位中共琼崖一大旧址已经完成修缮工作。省级文物保护单位孔庙节孝祠年久失修，投资约20万元对其进行了维修，有效地保护了文物安全。省级文物保护单位张岳崧故居由于时间长久，风剥雨蚀严重，安防工作堪忧，2008年拨款维修了该故居的后庭院，2009年继续拨付15万元用于维修故居主座。在做好古建筑修缮工作的同时，完成对中共琼崖一大旧址、丘浚墓、海瑞墓、丘浚故居、蔡家宅、儋州东坡书院等文物保护单位的安全防范系统工程设计方案的申报和行政审批工作。

【考古发掘】

完成了对崖州古城文物明门、盛德堂等文物保护单位的考古调查与勘探。配合大型基本建设，省考古所先后对三亚滨海路新发现的珊瑚石墓群进行考古调查，对昌江核电厂工程建设用地、洋浦省燃料乙醇工程建设用地、洋浦30万吨级原油码头及配套储运设施工程建设用地等进行考古调查与勘探。

【文物普查】

海南省制订了国家文物普查专项经费72万使用计划，完成了省级文物普查专项经费500万元使用计划的编制并报省财厅批准。完成了第二批文物普查专用设备的采购和配发工作。截至2009年12月31日，全省的文物普查野外调查工作已完成89%，全省共调查登录不可移动文物2737处，其中复查1066处、新发现1671处，消失不可移动文物121处。2009年5月10日~29日，根据国务院关于开展第三次全国文物普查的要求。由海南省西南中沙办事处组织，对西沙永兴岛、东岛、浪花礁、玉琢礁和七连屿一带海域进行了水下文物普查，普查海域面积约7096平方公里，新发现11处重要的文物遗存。2009年8月23日~9月10日，经对琼海、万宁、陵水、三亚、乐东、昌江、儋州等市县沿海进行水下文物普查，取得水下文化遗存线索46处，经调查确认沉船遗址12处。沿海水下文物普查完成总工作量的80%。

【博物馆】

2009年，海南省共有省博物馆、海口市博物馆、李硕勋烈士纪念亭、定安县博物馆等21家博物馆、纪念馆向社会免费开放，参观人次达150万人次以上。省博物馆除四个固定展览外，通过各种渠道，充分利用场地，和相关单位合作，已举办了“中国书画名家十人展”“国家宝藏”“海南生态省建设十年成果展”“海南省统一战线庆祝建国60周年书画摄影展”“中国共产党执政兴国60年图片展”等各类临时展览20个。省博物馆2009年观众人数在100万人次以上。

海南国有文物系统博物馆共有16家，其中历史类7家，专题类4家，建筑类2家；有机构无馆舍3家：万宁市博物馆、白沙县博物馆、屯昌县博物馆博物馆。

海南非国有文物系统博物馆3家，分别为海南师范大学生物多样性博物馆、五指山蝴蝶博物馆、海南天涯雨林博物馆。

国有文物收藏单位文物藏品总量约4万件，其中经鉴定为一级文物的80多件，二级文物250件，三级文物1280件。

全省博物馆陈列展览约50个，2008年度延续的陈列展览6个，2009年举办陈列展览44个，博物馆陈列展览投入经费共计131.7万元。

【社会文物管理】

海南省有泰达拍卖有限公司和安达信拍卖有限公司2家文物拍卖企业，均为二类文物拍卖资质企业。

2009年，审核海南泰达拍卖有限公

司申报的“2009 欢乐节艺术品拍卖会”所拍卖标的267 件。

【安全监督】

在国家文物局的领导和省委、省政府的高度重视下，海南省在加强文物保护工作、加强法制建设等方面做了大量工作，取得了一定的成绩。破获非法盗窃、买卖西沙文物刑事案件30 起，追回各类珍贵历史文物2012 件。2009 年潭门边防派出所荣获“文物保护特别奖”。

为加强安全防范，完善各种制度，使文物安全工作做到制度化，海南省制定完善了《海南省文物安全突发事件应急预案》，在以人防为主的基础上，充分发挥物防、技防设施的作用；切实做好防火、防盗、防破坏工作；对尚无专门保护机构的古建筑，责成使用单位或安排专人负责管理，并定期或不定期进行安全检查。在馆藏文物安全方面，坚持技防、人防并重的原则，一方面加大技防设施投入，另一方面坚持不懈地检查馆藏文物安全，及时整改安全隐患。作为重点博物馆的省博物馆安防工程已全部完成，为保证文物安全，省博物馆坚持以人防为主、技防为辅、制度配合的管理模式，确保文物的安全。一是配备精干的安全保卫队伍，保证二十四小时不间断值班，消除安防死角。针对省博馆区四面通透的特点，科学地设置岗哨，做到了每一个在岗人员都能互相监督，有效监控。二是加强人员培训，提高安保人员的素质。三是实行全馆联防制度。全馆工作人员都是安全保卫人员，都有安全保卫责任。四是加强制度建设。针对新馆的安全保卫形势，研究制定了《海南省博物馆安防监控中心管理规定》《海南省博物馆安全保卫制度》《海南省博物馆馆区安全管理规定》《海南省博物馆安全保卫工作细则》等制度和规定，很好地规范了安全保卫工作，取得了显著的效果。

文物安全是维系文化遗产事业发展的生命线，是文化遗产工作的重中之重。经过努力，近年来海南省文物系统内未发生安全责任事故。

【宣传活动】

在“国际博物馆日”和“文化遗产日”期间，采取设立咨询台，宣传横幅、发放资料等方法，积极宣传文物法规。通过电视、报刊、网络等媒体广泛宣传报道海南省的文物保护工作。

四川省

【不可移动文物保护】

1. 简述

2009 年，四川省文物保护工作始终坚持“保护为主、抢救第一、合理利用、加强管理”的文物工作方针，贯彻落实科学发展观，推进灾后文物恢复重建，开展全国第三次文物普查工作，取得了较好的成绩。2009 年四川省共有文物保护工程90 个，其中全国重点文物保护单位保护工程21 个，省级文物保护单位以下工程52 个。

2. 第三次全国文物普查工作

完成了第三次全国文物普查实地调查阶段的工作。根据统计（截至2009 年12 月31 日），各级普查办人员共有1141 人，一线普查队员有1593 人；累计投入文物普查经费5393.092 万元（不含中央财政补助经费），其中省级财政投入文物普查经费950 万元，21 个市州财政投入文物普查经费899.26 万元，181 个县级财政投入文物普查经费3543.832万元；2009年省级财政投入500万元，18个市州财政投入335万元，155个县级财政投入1678.742万元。调查登记不可移动文物105402处，其中新发现90180处（古遗址类4275处，古墓葬类40936处，古建筑类22187处，石窟寺及石刻类4582处，近现代重要史迹及代表性建筑类13257处，其他类4943处），复查15222处；调查登记消失文物5679处。

3. 都江堰古建筑群伏龙观灾后抢救保护工程

2009年12月28日上午，都江堰古建筑群伏龙观灾后抢救保护工程顺利竣工。国家文物局、四川省人民政府在都江堰市隆重举行世界文化遗产都江堰古建筑群伏龙观灾后抢救保护工程竣工仪式。仪式由四川省文化厅党组书记、厅长郑晓幸主持。国家文物局党组书记、局长单霁翔，中共四川省委常委、省委宣传部部长黄新初，四川省人民政府副秘书长陈保明，国家文物局党组成员、副局长童明康，四川省文化厅党组成员、四川省文物管理局局长王琼，中共成都市委常委、市委宣传部部长何华章，都江堰市委书记刘俊林等领导同志和四川汶川地震灾后文物抢救保护专家组部分专家以及成都市、都江堰市设计、施工、监理队伍等有关部门的相关人员，中央、省内有关新闻媒体的朋友和游客共计500余人参加了竣工仪式。

单霁翔局长在竣工仪式上发表了重要讲话："都江堰作为世界文化遗产，历来备受关注。'5·12'汶川地震发生后，温家宝、李长春、刘云山、刘延东等党和国家领导人先后视察了都江堰的灾情，多次就抢救保护好这一处珍贵的文化遗产作出重要指示。国家文物局在灾后第一时间，会同四川省文化厅、省文物局，汇集全国一流的专家和一流的文物保护工程队伍，突破常规，采取'同步勘察设计、同步监理、同步施工'的创新方式，于去年6月30日及时启动了世界文化遗产都江堰古建筑群抢救保护工程，向全世界表明了中国政府在大灾大难面前抢救保护文化遗产的坚强决心。都江堰古建筑群伏龙观抢救保护工程的顺利竣工，得益于党中央、国务院的高度重视和战略部署，得益于四川省各级党委、政府的正确领导和周密组织，得益于国家发展改革委、财政部等有关部门的全力支持和密切配合，得益于广大文物工作者对文化遗产保护事业的执着追求和无私奉献，得益于四川省文物局、各参建单位的突破创新和精心施工。工程的顺利竣工，为我国乃至国际灾后文化遗产抢救保护工作积累了极为宝贵的实践经验，向全世界有力地证明了中国政府战胜灾难、抢救保护好文化遗产的能力，同时也必将更加坚定灾区人民重建美好家园的信心，为促进灾区社会经济的全面恢复与发展做出重要贡献。衷心希望四川广大文物工作者继续发扬伟大的抗震救灾精神，以都江堰伏龙观灾后抢救保护工程的顺利竣工为契机，深入贯彻落实科学发展观，按照党中央、国务院灾后恢复重建的战略部署，在四川省委、省政府的正确领导下，继续加快灾后文化遗产抢救保护工作进程，有力推动和促进当地经济、社会的全面发展，圆满完成灾后文化遗产抢救保护的各项任务，向国家和全国人民交上一份满意的答卷。"

都江堰古建筑群伏龙观灾后抢救保护工程是"5·12"汶川地震灾后启动的第一个文化遗产抢救保护工程，也是灾后竣工的第一个世界文化遗产抢救保护工程。

【考古发掘】

1. 简述

2009年，四川省文物考古工作结合第三次全国文物普查，对广安嘉陵江、渠江流域，成都平原及岷江上游地区，川西高原新石器时代遗址等进行了考古专题调查，发现各时期文物点80余处；在配合全省大中型基本建设和地震灾后恢复重建项目进行的考古调查、勘探工作中，发现各类文物点300余处，进行了40处遗址、墓地的考古发掘工作，发掘面积32000余平方米，出土陶器、玉石器、青铜器、铁器、漆木器等各类文物8000余件，以及20000余件文物标本。

2. 重大考古新发现

（1）麦坪遗址

位于汉源县大树镇麦坪村大渡河中游的二、三级南岸台地上的麦坪遗址，是瀑布沟水库淹没区内最为重要的新石器时代遗址。为配合瀑布沟水电站建设，四川省文物考古研究院先后进行了8次发掘。2009年发掘面积为4500平方米，出土完整或可修复陶器1500余件，石器500余件，青铜器20件，陶片标本近万件。

（2）叫化岩遗址

位于屏山县楼东乡沙坝村三组，地处金沙江北岸一、二、三、四级台地上。分布面积约4000平方米，核心区域约2000平方米。2009年6月~9月，四川省文物考古研究院配合瀑布沟水电站建设对该遗址进行了发掘，发掘面积2500平方米。清理各时期房址11座，墓葬16座，灰坑27个，灰沟2条，灶1座。出土陶器、瓷器、石器、青铜器等各类遗物共计563件（套）。屏山叫化岩遗址的发掘，为川南地区首次发现新石器时代晚期遗存，填补了四川新石器时代文化在川南地区的空白。其绝对年代在距今4700~5000年之间。从该遗址的文化内涵来看，具有其自身的特色，应该代表了川南地区金沙江下游的一种全新的考古学文化类型。战国晚期至西汉早期墓地保存良好，未被盗掘，是川南地区发现的最为重要的巴蜀墓地之一。出土的器物具有明显的巴蜀文化特征，证明该区域为蜀人南迁路线上的重要据点。

（3）绵阳小横子山墓地

位于绵阳市涪城区磨家镇茅针寺二组，地处安昌河冲积平原上。东北距双包山约2000米，北面距茅针寺小学约200米。2009年4月26日，绵阳市涪城区磨家镇镇政府在绵阳师范学院新校区村民住房拆迁集中安置小区建设工程中发现古墓葬，2009年5月1日~6月10日，四川省文物考古研究院、绵阳市文物管理局组成联合考古队对墓地进行勘探发掘，共勘探数万平方米，并在施工范围内发掘3000平方米。清理墓葬17座，出土陶、铜、铁及漆木器等200余件。

（4）桃坪墓地

位于汉源县市荣乡桃坪村及新民村，地处流沙河右岸的二级阶地之上。2009年7月~11月，为配合瀑布沟水电站建设，四川省文物考古研究院对桃坪墓地进行了第三次发掘，发掘面积2600余平方米。清理战国至唐代墓葬74座，其中战国至西汉早期的墓葬8座，西汉晚期至东汉早期的土坑墓44座，东汉砖室墓21处，东汉石室墓5个，唐代石室墓3个，唐代砖室墓1座。出土陶器、瓷器、青铜器等各类文物2000余件。

（5）炉霍呷拉宗遗址

位于四川省甘孜州炉霍县仁达乡呷拉宗村，处于鲜水河左岸的缓坡地带。为解决雅砻江中上游地区石棺葬文化内涵和西北地区青铜器的起源问题，2009年9月~10月，四川省文物考古研究院与日本九州大学联合开展的“西南地区北方系青铜器及石棺葬研究”第二年的项目选择该遗址进行考古发掘，发掘面积300平方米，共清理冶炼遗存1处、石棺葬14座。陶器、石器、铜器和玉器、骨器等100余件。并出土大量动物、植物（粮食）标本。

（6）布瓦群碉考古调查及勘探

2009年4月29日~5月16日，汶川县文物管理所、成都市文物考古研究所、阿坝藏族羌族自治州文物管理所继在小布瓦和龙山组范围内发现和确认了一处新石器时代遗址（命名为布瓦遗址）之后，又对布瓦村境内的石棺葬遗存进行了详细的调查工作。同时，对布瓦碉楼群开展了详细勘察，并选择1处残黄土碉楼和1处黄土碉楼遗址进行了解剖，取得了较为丰富的实物资料。此外，为配合汶川县第三次全国文物普查工作，调查发现了龙溪寨新石器时代遗址。

（7）人民商场二期工地遗址

2009年2月15日~3月10日，成都市文物考古研究所对成商集团股份有限公司负责建设的人民商场二期工地进行发掘。发现了9口水井、1座房址、一座木桥。9口水井中有明清时期水井4口，均为圆形；宋代水井5口，有圆形、七角形、八角形、十角形等；出土有四耳瓷罐、双耳瓷罐，铁釜、铁剑、铁刀，铜带钩，骨簪，陶珠以及白色的围棋子等大量文物。人民商场二期工地所在位置一直是成都市的中心区域，密集的水井是古代成都人口稠密、城市繁荣的象征，是研究古代成都历史街区的重要资料；首次发现的白色围棋子是研究中国围棋历史、了解宋代围棋的罕见的珍贵文物；汉代木桥在成都市区内是第二次发现，对于研究汉代成都具有极为重要的历史价值。

（8）三观村遗址

位于成都市郫县红光镇三观村六组，海拔约为537米，总面积近140000平方米。2009年4月发现，8月~9月，成都市文物考古研究所联合郫县望丛祠博物馆对遗址南部边缘进行了试掘。遗址的地层堆积分为7层，第1至4层年代较晚，而且出土遗物极少，第5、6层属于十二桥文化时期，第7层属于宝墩文化时期。宝墩文化遗存发现的遗迹有座房址、灰坑、沟、卵石堆、墓葬等。宝墩文化和十二桥文化是成都平原先秦时期的两个重要的文化阶段，这两个阶段的文化遗存同时出自同一遗址的情况并不多见，而且此次试掘出土遗存丰富，为当时丧葬习俗、聚落形态以及社会结构等方面的研究提供了不可多得的材料。

3. 考古发掘报告的出版

（1）2009年4月，由文物出版社出版的《成都十二桥》获“四川省第十四次哲学社会科学优秀成果二等奖”。

（2）四川大学出版社出版了《中国西南石棺葬文化的调查与发现（1938~2008）》，印数3000册。

（3）2009年1月，科学出版社出版了《成都考古研究（一）》（上、下），印数1500册。

（4）科学出版社出版了《2007成都考古发现》，印数1500册。

（5）科学出版社出版了《南方民族考古》（第六辑），印数1500册。

（6）由文物出版社出版的《老龙头与盐源青铜器》，荣获四川省人民政府表彰的社会科学优秀成果三等奖。

（7）文物出版社出版了《商业街船棺葬》，印数1500册。

4. 考古发掘项目的获奖情况

江南馆街唐宋街坊遗址被列入“2008年度全国十大考古新发现”名单。江南馆街唐宋遗址的发现填补了成都城市考古的空白，是我国此前发现的为数不多的、在大型城市中心城区保存完整的古文化遗址，在城市里坊制研究这一重大学术课题中起到了不可替代的关键作用。

【世界文化遗产】

1. 青城山

5月10日，世界遗产青城山天师洞黄帝祠灾后维修工程举行竣工仪式。

5月10日，国家文物局局长单霁翔第十一次视察青城山与都江堰文物古建筑灾后重建工作。

2. 都江堰

2月11日，参加中日文化遗产地震

对策研讨会的专家、学者及代表70余人，对都江堰地震受灾情况及抢救维修工作进行了考察。

2月13日，中共中央政治局常委李长春在文化部部长蔡武、国家文物局局长单霁翔，四川省省委书记刘奇葆、省长蒋巨峰，省委常委、成都市委书记李春城的陪同下，视察了都江堰灾后文物维修情况。

3月28日，国家文物局局长单霁翔第十次视察都江堰文物灾后重建工作。

4月28日，国家文物局副局长童明康视察都江堰文物灾后重建工作。

5月28日~29日，联合国教科文组织北京办事处主任辛格、文化项目官员卡贝丝、文化项目助理卢叶等一行5人，对都江堰灾后重建情况进行了的考察。

7月7日，国家文物局副局长董保华视察都江堰文物灾后重建工作。

7月11日，日本东京文化财研究所上席研究员、文化遗产专家冈田健先生，原文化遗产国际协助联合会议特别研究员、世界遗产学博士小关久乃女士一行调研了都江堰灾后文化遗产复兴状况和国际协助活动情况。

7月24日，ICOMOS主席及多国官员约30人，在国家文物局局长单霁翔、中国ICOMOS副理事长、秘书长郭旃等的陪同下，考察了都江堰震后文化遗产保护及维修情况。

3. 峨眉山和乐山大佛

1月5日~6日，乐山市文物管理所会同峨眉山—乐山大佛景区宗教局、消防中队、公安分局、乐山市佛教协会消防办公室对峨眉山文物保护单位进行了文物安全工作检查。

2月13日，乐山市文化局到报国寺检查普贤殿前坝子维修情况。

2月18日，就报国寺侧门车场拓宽整修一事，乐山市文物管理所协调峨眉山—乐山大佛景区宗教局、规建局、报国寺管理处、市佛教协会共同召开现场协调会。

6月23日~27日，湖北麻城白蚁防治研究所工作人员在峨眉山博物馆及凤凰堡周围治理白蚁。

7月14日~17日，乐山市文物管理所会同峨眉山—乐山大佛景区宗教局、消防大队、市佛教协会消防办公室对峨眉山各寺庙开展了消防安全检查。

9月15日~17日，乐山市文物管理所会同峨眉山—乐山大佛景区宗教局、消防大队、市佛教协会消防办公室开展“迎国庆”文物安全联合大检查。

【博物馆】

截至2009年底，四川省博物馆共有138家。其中国有博物馆108家，非国有博物馆30家。国有博物馆中，文物系统博物馆101家，其中综合历史类博物馆41家，科技自然类博物馆5家，古建遗址类博物馆18家，名人故居类博物馆21家，文化艺术类博物馆16家。新增广元红军文化博物馆1家。30家非国有博物馆中，综合历史类博物馆6家，科技自然类博物馆2家，古建遗址类博物馆1家，文化艺术类博物馆21家。新增成都茂林博物馆1家。

成都永陵博物馆、四川宋瓷博物馆、自贡市盐业历史博物馆等7家博物馆被评为二级博物馆；凉山彝族奴隶社会博物馆、什邡市博物馆、彭州市博物馆、皇泽寺博物馆、大邑刘氏庄园博物馆等9家博物馆被评为三级博物馆。

全省免费开放博物馆纪念馆50家，新增38家，中央补助专项资金15056万元，省级财政补助免费开放运转经费增量补助512.75万元。

2009年，四川省藏品总数1503177件（套），其中珍贵文物154094件（套），一级文物4385件（套）。新增藏品15324件

（套），修复藏品2824件（套）。全年博物馆举办陈列展览561个，投入经费6173万元。其中2008年延续展览223个，新增展览338个。成都金沙遗址博物馆基本陈列“走进金沙”在第八届全国博物馆十大陈列展览精品奖评选活动中获得“全国博物馆十大陈列展览精品奖”。

2009年，全省博物馆参观总人数2592万人次，其中青少年740万人次、外国观众201万人次、团体观众765万人次。博物馆门票收入15419万元，文化产业收入6054万元。

“5·12”汶川地震受损馆藏文物修复工作，完成了2000余件馆藏文物修复；重灾县德阳市博物馆、什邡市博物馆、广元皇泽寺博物馆等馆展览修复后相继开放；绵阳市博物馆、茂县羌族博物馆等重要博物馆灾后重建工作开展了前期筹备和基础施工。地震遗址遗迹保护及纪念馆建设前期工作：北川、映秀、汉旺、深溪沟四地子项目方案经专家评审后，先后在四川省人民政府常务会议和四川省灾后重建委会议上通过。

2009年5月9日，四川灾后第一个重要文化基础设施建设工程——四川博物院正式建成开馆。国家文物局局长单霁翔、故宫博物院院长郑欣淼、中国军事博物馆馆长郭得河、国家博物馆党委书记黄振春、四川省委副书记、省长蒋巨峰、省政协主席陶武先、省委常委、宣传部长黄新初、省人大党组书记、省人大副主任甘道明、副省长黄彦蓉、省政协副主席陈杰等领导出席了开馆典礼。

【民间收藏文物】

2009年，文物商店共有2家，分别是四川省文物总店、成都市文物商店。无一级文物，无审核销售文物。四川省文物总店文物库存总数为29896件，无一级文物，新增293件；成都市文物商店文物库存总数为185件，无一级文物，新增37件文物。

【文物保护科技与科研】

2009年，全省文博系统出版图书10部，发表学术论文106篇。四川省文物考古研究院开展的绵阳双包山出土漆木器修复保护工作取得进一步成果，完成258件漆木器脱水保护。同时，四川省文物考古研究院还与故宫博物院合作开展了“康定明代经堂碉壁画报告编写”项目、与武汉大学合作开展了“秦简牍综合整理与研究”项目。成都博物院与成都华通博物馆合作开展了出土瓷片分析研究工作，与日本开展了中日合作铁器调查项目，与美国哈佛大学、华盛顿大学、北京大学联合进行了成都平原区域聚落考古调查，与德国科研机构合作开展“安岳圆觉洞十号窟的保护项目”的田野调查和研究工作，参加台湾中央研究院历史语言研究所“四川地区佛教摩崖造像调查与研究”项目。

为促进中日两国专家在文化遗产震后恢复重建、博物馆震灾预防等领域开展广泛的交流和合作，提高我国文化遗产从业人员对地震灾害的防护意识和防震减灾的技术水平，切实推进受灾各省文化遗产灾后恢复重建工作，国家文物局与日本文化厅于2009年2月9日~13日在四川成都举办“中日文化遗产地震对策研讨会”，四川省文物考古研究院、成都博物院、绵阳博物馆、广汉三星堆博物馆多家单位参加会议。

【文博信息化】

2009年，四川省完成了除四川博物院外全省珍贵文物数据的整理工作，省级文物数据中心机房开始筹备。中国文物信息咨询中心对四川省珍贵文物数据进行了审核，基本符合有关要求。

在中国文物信息咨询中心的帮助和支持下，四川省文物管理局组织了全省馆藏文物信息管理系统培训班。

【政策法规与宣传】

2009年，四川省文物管理局建立了网站，在网站上设立了“政策法规”栏目，公布了文物保护的相关法律、法规和制度；网站“新闻动态”栏目及时上传全省各地进行文物保护法规宣传的新信息，弘扬先进，促进了全省《文物保护法》的宣传工作。

【安全督察】

2009年2月9日20时30分，自贡市盐业历史博物馆所属的省级文物保护单位吉成井天车（清末期木制井架）的木支架顶部因外界燃放烟花飞落井架顶部引起火灾，过火面积约2平方米。值班人员及时发现火灾情况并立即报警，消防人员迅速到场扑灭火患，天车顶部被熏黑，尚能正常使用。

2009年7月25日5时50分左右，地震后开始维修加固的省级文物保护单位——四川大学文物建筑群“怀德堂”（1919年建筑）发生火灾事故，大楼二楼会议室屋顶梁、檩、椽木质构件被烧毁，过火面积360平方米，无人员伤亡，火灾直接财产损失31万元。

【概述】

在科学发展观的指导下，2009年贵州省文物保护工作按照国家文物局和贵州省委、省政府的要求，通过建立健全文物保护、博物馆和考古发掘的各项管理制度，抓住特色、重点突破，提高办事效率和服务水平，使全省文物保护工作扎实、有序开展，有力地推动了贵州文物保护事业的蓬勃发展。

【规划编制】

启动《渝黔、贵广高快速铁路沿线文化遗产保护与文化产业发展专项规划》编制工作。2009年初，贵州省文物局积极与有关部门研究、策划并委托国家发改委宏观经济研究院编制《渝黔、贵广高快速铁路沿线文化遗产保护与文化产业发展专项规划》，以充分发挥文化遗产的作用，推动文化遗产保护工作跨越式发展。贵州省文化厅徐圻厅长亲自带队到遵义市、安顺市、贵阳市、黔南州、黔东南州等地进行调研，收集和掌握第一手资料，并向有关地区领导和群众做宣传动员。到年底，《规划》初稿已经完成。

【法规建设与执法督查】

组织进行《贵州省建设工程文物保护办法（草案）》、《贵州省民族村寨保护办法（草案）》的立法调研和文本修改等工作。制定贵州省文物巡查制度，开展文物安全等专项执法检查，形成督察报告，促进各项工作开展。

【不可移动文物的保护和管理】

各级政府按照“五纳入”的要求，加大文物保护专项经费的投入。大多数市、州、地以及习水、镇远、湄潭、黄平、遵义、铜仁、务川等县市，将文物保护专项经费纳入了地方财政预算，并逐年有所增长。

第三次文物普查工作进展顺利。2009年初，召开了贵州省第三次文物普查领导小组扩大会议，开展文物普查督察工作，全力推进不可移动文物普查和实地文物调查阶段验收工作。在全省文物工作者的共同努力下，到2009年12月底，调查登记不可移动文物11446处，其中新发现6519处，复查4927处；调查登记消失文物1253处。

文物保护规划和方案编制工作稳步推进。组织了铜仁东山古建筑群、镇远青龙洞古建筑群等保护规划的修改和申报工作，得到了贵州省政府的批准。组织开展了安顺文庙、凤冈玛瑙山营盘、兴义刘氏庄园保护规划编制工作。对《湄潭浙江大学旧址保护规划》进行了评审；编制完成红军四渡赤水战役旧址（习水土城）、从江增冲鼓楼、平坝天台山、思南古建筑群、遵义会议会址毛泽东旧居、织金古建筑群等保护维修方案；审查批准了习水袁氏宗祠、贵阳东山寺、黔西李世杰墓、遵义陈公祠、松桃大路风雨桥、天柱王天培故居、安龙袁祖铭故居、荔波水庆小学、龙里冠山、遵义海龙屯飞虎关等保护维修方案。

文物保护维修工作扎实开展。指导实施了铜仁川主宫、普安松岿寺、绥阳卧龙山寺、务川罗峰书院、镇远天后宫、黄平旧州仁寿宫、修文阳明洞、黎平两湖会馆、安顺武庙、遵义海龙屯飞虎关、龙里冠山、桐梓周西成祠、增冲鼓楼等保护维修、抢险工程。对地坪风雨桥、赤水复兴江西会馆、镇远天后宫、镇远四官殿、盘县城隍庙、绥阳卧龙山寺、刘氏庄园刘登吾旧居、安顺圆通寺牌坊等维修工程进行了验收。

组织第七批全国重点文物保护单位申报工作和文物保护单位“四有”工作。2009年3月，对各地第七批国保申报情况进行摸底，积极开展第七批全国重点文物保护单位申报的前期准备工作。6月，制定贵州省第七批国保申报工作计划及时间进度，组织召开全省第七批国保单位申报工作会暨培训会。12月底，申报第七批全国重点文物保护单位140处。组织全省开展了第六批全国重点文物保护单位、第四批省级文物保护单位保护范围和建设控制地带划定工作。目前，各地已陆续上报初步划定方案。文物保护标志及说明，文物保护档案和文物保护组织的建设也在有序推进中。

配合做好历史文化名城、名镇、名村保护工作。参与了贵州省建设厅遵义历史文化名城、黎平历史文化街区、贞丰历史文化街区、安顺旧州历史文化名镇、湄潭永兴古镇保护规划审查工作；参与了贵州省建设厅组织的黎平县城总体规划（修编）、遵义市总体规划、舞阳河风景名胜区规划评审工作；与省建设厅共同组织了贵州省首批历史文化名村、第三批省级历史文化名镇评选工作。

【考古发掘】

配合基本建设文物保护工作。组织贵州省考古所开展了67个配合基本建设文物保护工作。主要有输变电、高速公路、铁路、水电站、煤化工基地以及轻轨项目。其中大部分为省、市级重点工程。调查共发现文物点200余处，其中地下140余处，地面60余处。与贵州省移民局、贵州省乌开司、沿河县人民政府就沙沱水电站淹没区淇滩文物保护工作进行了协商，开展淇滩古镇文物搬迁保护方案编制及相关准备工作。组织审查了董箐电站花江铁索桥保护维修方案。

【博物馆工作】

全面提高博物馆、纪念馆免费开放工作水平。贵州省在2008年成功申报6个博物馆、纪念馆免费开放的基础上，2009年又有27个博物馆、纪念馆和爱国主义教育基地列入免费开放名单。33个免费开放单位申请资金6700余万元。为提高免费开放博物馆、纪念馆的服务水平，贵州省文物局组织到遵义、铜仁、黔东南、安顺等地调研，制定了2009年免费开放工作计划，根据财政部《关于做好2009年地方博物馆、纪念馆免费开放经费测算工作的通知》，贵州省文物局召开了全省博物馆、纪念馆免费开放工作会议，对经费测算工作进行安排部署，并同财政部驻贵州财政专员办和贵州省文化厅计财处到被列入免费开放名单的27个博物馆、纪念馆进行实地查看和资金审核。同时，贵州省财政厅、贵州省文化厅、贵州省文物局联合下发了《贵州省博物馆、纪念馆免费开放专项资金管理办法》，与贵州省委宣传部联合下发了《关于进一步做好2009年全省博物馆、纪念馆免费开放工作的意见》，免费开放管理思路与制度建设都走在了全国前列。

贵州省博物馆新馆建设前期准备工作已经全部完成。贵州省文物局还开展了民办博物馆调研工作，指导黔南州民族博物馆和大方县奢香博物馆完成三级博物馆评定工作，组织开展了2008年博物馆登记年检工作，组织参加“2007～2008年度全国十大精品陈列”评选，其中四渡赤水纪念馆“红军四渡赤水战史”和贵阳曾宪阳藏品博物馆“无字天书”入围；组织选送贵州省文博系统讲解员参加了“庆祝建国六十周年全国讲解员大赛”。

【科研和利用】

村落文化景观保护工作受到国家高度重视。在村落文化景观保护理论和实践的基础上，经过多方努力，由贵州省文化厅、国家文化部民族民间文化发展中心和贵州省文物局共同承担的“多民族地区村寨文化建设与社会发展示范项目”，被文化部确定为国家文化创新工程7个首批项目之一，标志着贵州省村落文化景观保护受到国家层面的关注。一年来，贵州省在保护民族建筑与环境、传统工艺，合理利用，加强管理等方面，探索了新方法和新机制，取得多方面的经验。

深入开展文化遗产合理利用工作，研究确定利用主题，大力推进试点工作。黄平县飞云崖以文化遗产为核心的人文旅游景区、镇远县天后宫“贵州省文物专家工作站”等处的建设及合理利用工作已经初见成效。发挥贵州省博物馆的社会教育功能和宣传文化阵地的作用，全面展示贵州丰富多彩的文化遗产，合理利用文化遗产资源与场所，开展了“省博物馆广场和小舞台传统民族文化展演活动”，金牛聚福大家乐、寅虎闹春大家乐两次省博物馆春节文化活动，受到了广大群众的欢迎和社会各界的高度评价。

【文博教育、宣传与出版】

在贵州省文化厅的统一部署下，组织开展了“2009年中国文化遗产日贵州省系列活动”。协助北京大学文博学院文化遗产保护专业研究生班在贵阳的授课，使30名学员顺利完成学业。举办免费开放博物馆、纪念馆负责人和文物行政执法等培训，颁发上岗证书。编辑出版《贵州文化遗产》杂志。

云南省

截至2009年底，云南省共有各级文物保护单位2046个，其中全国重点文物保护单位76个，省级文物保护单位286个，州、市、县、区级文物保护单位1727个。云南省有馆藏文物29.95万件。有各级各类博物馆（纪念馆）53个、有国家级、省级历史文化名城（村、镇）52处。云南历史文化的多样性、文化遗产的民族性使云南省成为全国的民族文化遗产大省。

【不可移动文物保护】

在立项申请、制订方案、履行报批的基础上，云南省向国家申报并落实保护项目28个，补助经费3739万元。申请省级财政文物保护经费909万元，使云南省文物保护经费达到4648万元（不包括博物馆免费开放经费），比2008年3259万元有大幅度增加。开始实施省保单位濒危文物建筑抢救保护工程，落实经费527万元，集中经费开展了6个抢救性维修保护工程。组织编制了9个文物保护单位保护规划，审核和批复54个国保和省保单位的规划方案和维修方案，比2008年多完成24个。完成文物维修工程28项，比2008年多完成10项，使一大批残损的文物得到及时保护维修。

2009年7月9日，姚安地震对文物建筑造成严重损伤。7月17日，国家文物局单局长及时赴灾区进行了考察。7月28日，国家文物局专家组赴灾区现场指导文物建筑抢救维修工作。10月31日，国家文物局和云南省人民政府在姚安共同举行了“姚安龙华寺古建筑群抢救维修工程开工仪式”，开始对地震灾区文物建筑进行抢修，并落实姚安地震灾区文物保护抢救专项经费1100万，计划投入2000多万元用于姚安龙华寺整体维修和大姚白塔加固保护。

【考古发掘工作】

完成了澄江金莲山第二次发掘工作。配合国家水电、公路、铁路等大型基本建设工程完成了昆明至玉溪铁路、丽江至香格里拉铁路、曲靖绕城高速公路等55项工程的考古勘探、调查工作。通过对每个项目调勘报告的审核，分别为建设方出具了《云南省建设工程文物保护意见书》。云南省文物考古研究所主持发掘的剑川海门口遗址入选“2008年度全国十大考古新发现”。这是云南省考古发掘项目第四次获此殊荣。

2009年7月9日，云南省人民政府副省长高峰同志率云南省文化厅、省文物局，红河州委、州政府及有关部门的主要领导赴国家文物局专题汇报红河哈尼梯田保护、管理和申报世界文化遗产工作，表明对哈尼梯田申遗的决心。9月29日~30日，国家文物局单局长赴哈尼梯田进行调研，在红河州召开汇报会，单局长做了重要讲话，坚定了申遗的决心。启动哈尼梯田申遗保护规划和申报文本的编制，使申遗工作进入实质性操作阶段。12月21日，国家文物局在北京召开全国文物局长会，单局长在会上作工作报告时，将哈尼梯田与河南嵩山、杭州西湖、丝绸之路、大运河列为近几年申遗项目。

2009年6月9日~12日，云南省文化厅、云南省文物局举办“文化遗产保护与经济文化发展”论坛。论坛从文化遗产保护经济社会发展理论、世界文化遗产、历史文化名城（村镇）的保护、博物馆、文物企事业单位改革、非物质文化遗产传承等4个方面展开讨论。省文化厅厅长黄峻作了主旨发言，省文物局局长熊正益作了总结发言。来自城建、旅游、宗教、文化、文物等部门的80位领导、专家和学者参加了论坛。论坛回顾了近年来云南在文化遗产保护与利用方面的运作模式，总结了文化遗产开发利用的先进经验，对提高云南省文化遗产的开发和利用水平取到了极大的促进作用。

【第三次全国文物普查】

云南省文物普查实地调查从2008年

开始，历时两年。截至 2009 年 12 月 30 日，云南省共有 2745 人参加文物普查，是建国以来规模最大的一次，累计投入普查经费 4256 万元；全省 129 个县启动了实地文物调查，启动率和完成率均为 100%，圆满完成了文物普查第二阶段的工作任务；调查登记不可移动文物 15047 处，其中新发现 11184 处。经文物普查文物数量由 5300 处新增到 15047 处，增幅近 300%，极大地丰富了云南文化遗产的数量和类型，充分体现了云南省文物普查取得的丰硕成果。

【博物馆】

西双版纳、昭通等五个州、市和十余个县开展博物馆建设。全省博物馆、纪念馆数由 2008 年的 64 个增加到 129 个（昆明市新挂牌 100 个博物馆），其中国有博物馆 69 个，民办博物馆 60 个。以国有博物馆为主题，民办博物馆为补充的博物馆体系初步形成。开展博物馆评估定级工作，云南省博物馆、云南民族博物馆被国家文物局评为一级博物馆；昆明市博物馆、禄丰县博物馆等 30 家博物馆被评为二级、三级博物馆，使云南省博物馆的建设、管理和服务有了规范化的评估标准。

在 2008 年云南省博物馆等 5 家博物馆、纪念馆免费开放的基础上，“一二·一”运动纪念馆等 33 个博物馆、纪念馆向公众免费开放，并落实中央财政补助经费 1833 万元，省级财政配套经费 228 万元。博物馆、纪念馆免费开放后，参观人数成十倍上升，博物馆的公众服务水平也有新提高，使发展博物馆事业成为一项“民生”工程。

【其他】

云南省文物局圆满完成了云南省人民政府交办的国庆 60 周年庆典群众游行彩车的制作和展示工作。云南彩车以“七彩祥云”为设计主题，行云流水，写意浪漫，色彩明朗，气氛热烈，得到了中央领导和社会各界的一致好评。

西藏自治区

【概述】

截至 2009 年底，西藏已调查登记的各类文物点有 4268 处，各级文物保护单位 743 处，其中全国重点文物保护单位 35 处，自治区级文物保护单位 224 处，县市级文物保护单位 484 处。其分布为：自治区文物局下属单位有全国重点文物保护单位 2 处；拉萨市有全国重点文物保护单位 6 处，自治区级文物保护单位 49 处，县（市）级文物保护单位 59 处；日喀则地区有全国重点文物保护单位 8 处，自治区级文物保护单位 43 处，县（市）级文物保护单位 93 处；山南地区有全国重点文物保护单位 12 处，自治区级文物保护单位 44 处，县（市）级文物保护单位 101 处；林芝地区有全国重点文物保护单位 1 处，自治区级文物保护单位 14 处，县（市）级文物保护单位 34 处；昌都地区有全国重点文物保护单位 2 处，自治区级文物保护单位 33 处，县（市）级文物保护单位 81 处；那曲地区有全国重点文物保护单位 1 处，自治区级文物保护单位 21 处，县（市）级文物保护单位 53 处；阿里地区有全国重点文物保护单位 3 处，自治区级文物保护单位 20 处，县（市）级文物保护单位 63 处。世界遗产一处 3 个点，即布达拉宫及其扩展项目大昭寺、罗布林卡。

各级文物管理专门机构 24 个，博物

馆2个，文物科研机构1个，文物总店1个，文物鉴定机构1个。西藏自治区文物局隶属自治区文化厅，为自治区人民政府的副厅级文物管理部门；直属单位有布达拉宫管理处、罗布林卡管理处、西藏博物馆、自治区文物保护研究所、西藏文物总店和西藏文物鉴定组。拉萨市设有副县级文物局，日喀则和山南地区设有正区级文物局，昌都、那曲、林芝、阿里四个地区在文化广播影视局内设有文物科，日喀则地区的日喀则市和江孜、吉隆、拉孜、昂仁、康马、萨迦县共七个县（市）设有正科级文物局，阿里地区的扎达、普兰、革吉、日土、噶尔、措勤、改则等七个县设有正科级文物局。

西藏现有从事文物工作的人员288名，其中藏族占85%。具有中专以上学历的196人，占总人数的68%。专业技术人员100人，占总人数的35%，其中文博研究员2人，副研究员11人，文博馆员30人。

【政策法规与宣传】

1. 重要法规的制订情况

自治区“十一五”重点文物保护工程协调领导小组办公室在积极组织实施“十一五”重点文物保护工程项目建设工作的同时，制订了《西藏十一五重点文物保护工程协调领导小组办公室工作规则》及文物保护工程方面的12项工作制度。经领导小组同意，已印发全区贯彻执行。为规范古建维修取费标准，还编制印发了《西藏自治区古建定额标准》。为规范管理和依法维权，防患于未然，聘请了律师事务所的专业律师为西藏文物局常年法律顾问，使各项工作更加法制化、规范化、制度化。

2. 文物保护法宣传

2009年6月13日是我国第四个“文化遗产日”。按照国家文物局《关于做好2009年“文化遗产日”活动组织工作的通知》精神，西藏自治区文物局向全区文化文物部门下发了《关于在全区范围内组织开展我国第四个“文化遗产日”宣传活动的通知》，并制定了“文化遗产日”宣传活动方案。6月13日，自治区和各地市文化文物部门紧紧围绕“保护文化遗产，促进科学发展”的主题，在全区范围内开展了形式多样、内容丰富的宣传咨询活动，共发放各类宣传资料4万多册（张），为进一步营造全社会共同参与文物保护工作起到了很好的促进作用。

为宣传和展示建国60周年，特别是西藏民主改革50年来西藏文物事业在党中央、国务院高度重视和亲切关怀下所取得的显著成就，9月30日，“西藏自治区文物事业五十年成就展”正式对外开放。时任区党委副书记、自治区人大常委会主任列确，区党委常委、宣传部部长崔玉英，自治区副主席甲热·洛桑丹增和自治区政协副主席央金出席开幕式并参观了展览。西藏自治区文物局配合相关单位举办了庆祝西藏民主改革五十周年大型主题展“西藏今昔”，通过提供优质的服务和讲解，国内外观众对西藏新旧“两重天”有了深刻的认识，起到了很好的宣传教育作用。与西藏电视台、西藏日报、中国文物报合作，通过制作专题电视片、特刊等方式，着力宣传民主改革50年来西藏文化遗产保护工作取得的成就。

3. 培训工作

为进一步加大干部队伍的培训力度，在国家文物局的关心支持下，举办了“全区文物保护工程培训班”，各地市、县文物行政主管部门和区内文物保护工程勘察、设计、监理、施工资质单位共140人参加了培训。这是西藏自治区文物史上规模最大、层次最高、针对性最强、时间最长的一次业务培训，进一步提升了自治区文博单位的工程管理水平，提升了设计单位的设计水平，强化了监理单位的责任意识，提高了参建队伍的施工技能和工程质量。国家文物局局长单霁翔同志3次进藏考察、指导西藏文物工作，出席“西藏自治区文物保护工程培训班”开班仪式，并克服强烈高原反应，为学员讲授第一堂课，长达150分钟。

全区各级文化文物部门分别利用节假日和各地的物交会，如拉萨的雪顿节、日喀则的珠峰文化艺术节、山南的雅砻文化艺术节、昌都的锅庄节、林芝的杜鹃花节、那曲的羌塘赛马节等时机，在人员较多的街道设立文物宣传咨询点，向过往的广大干部群众和学生散发《文物保护法》宣传单，讲解文物保护的相关知识。同时，还利用自治区寺教办每年举办“全区寺庙民管会主任培训班”的机会，向学员讲述《文物保护法》《西藏自治区文物保护条例》《西藏自治区文物单位消防安全管理办法》及文物保护管理和安全防范知识。

【文物保护工作】

积极编制并衔接落实“十二五”文物保护规划。西藏自治区文物局2008年5月组织开展了西藏文物事业“十二五”规划的编制工作，并于2009年6月份完成了《西藏自治区文物保护“十二五”规划纲要》，西藏文物保护“十二五”规划项目方案，并积极向国家申请。6月中旬至7月初，自治区文物局顺利完成了国家文物局赴藏调研组、专家组在藏期间的考察接待工作，积极向国家发改委、财政部和文物局汇报衔接了涉及总投资20亿元的西藏文物保护“十二五”规划项目。同时，自治区文物局还组织力量着手开展“十二五”规划项目白居寺等重点文物保护单位保护维修工程的调研、勘察设计等前期工作。

西藏“三大”重点文物保护维修工程成效显著。国家批复三大文物工程总投资38059万元，到位资金37061万元。2009年安排和完成投资6411.55万元，开工建设了布达拉宫、罗布林卡、萨迦寺的安防、消防、给排水和电气照明系统工程等12项。三大工程自2002年6月开工建设以来，累计开工154项子项目，完工142项，完成投资35726.79万元，已经完成了布达拉宫、罗布林卡、萨迦寺的主体古建筑维修工程，并顺利通过了国家文物局专家组的检查验收。

西藏“十一五”重点文物保护工程建设进度加快。国家批复“十一五”重点文物保护工程总投资5.7亿元，累计到位资金2.9亿元。截止到2009年底，涉及“十一五”22处文物保护维修工程的拉萨关帝庙、大唐天竺使出铭、朗赛林庄园、科迦寺已完工并完成了初验，扎什伦布寺、昌珠寺、色喀古托寺文物保护维修工程在建项目进展顺利。2009年新开工建设了夏鲁寺、哲蚌寺、大昭寺、小昭寺、东嘎寺、太昭古城、亚东清代海关遗址等7项文物保护维修工程，累计完成投资2亿元。波密中心县委红楼、中央人民政府驻藏办公处即将完成招标并开工建设。

全区抢救性文物保护维修工程进展顺利。日吾其金塔、丹萨梯寺、向康大殿、达杰林寺、鲁定颇章、同卡寺、邦纳寺等抢救性文物保护维修工程在建项目进展顺利，其中达杰林寺、鲁定颇章已完工并通过终验。2009年，自治区安排资金2310.6万元，实施甲日寺、噶玛丹萨寺、阿沛管家庄园、卓玛拉康、帕拉庄园、拉隆寺、平措林寺、唐波切寺等8处文物应急抢救性工程，待古建定额标准认定后，可望抓紧组织招投标并开工建设。年内，西藏文物局共安排资金500多万元，对14处文物单位进行维修保护，改善了33处文物单位的安全防范设施，支持全区各地市文物部门开展文物征集和普查工作，有力地推动了基层文物行政部门的保护和抢救工作。

全区重要历史和革命文物保护维修工程扎实推进。2009年，自治区安排资金1886.9万元，实施山南乃东克松村历史教育基地、昌都解放委员会办公旧址、萨旺府和昌都、左贡、丁青、芒康、边巴、江达烈士陵园等一批具有代表性的“红色遗迹”的保护维修工程，已完成招投标工作。

组织开展了第五批自治区级文物保护单位的申报工作。为进一步加强自治区文物保护工作力度，各地市向自治区文物局推荐135处文物单位为自治区级文物保护单位，自治区文物局在征求相关部门的意见后，向自治区人民政府推荐了清代亚东海关遗址等112处文物保护单位，并建议公布为自治区级文物保护单位。经9月27日自治区人民政府第15次常务会议研究，于10月16日下发《关于同意正式公布清代亚东海关遗址等112处为第五批自治区级文物保护单位的批复》。至此，全区自治区级文物保护单位由112处增加到224处。

组织开展了第七批全国重点文物保护单位的遴选和推荐工作。根据国家文物局的部署，各地市共推荐了50处文物单位申报全国重点文物保护单位。在征求了自治区民宗委、社科院、西藏大学等单位的意见后，自治区文物局向自治区人民政府推荐了拉萨关帝庙等36处文物保护单位，向国家申报第七批全国重点文物保护单位。经9月27日自治区人民政府第15次常务会议研究原则同意，申报材料已按国家文物局的编制要求按时上报。依照国家文物法规的相关规定，为扶持自治区文物保护施工企业的发展，向3家施工企业发放了文物保护工程施工二级资质，向区内1家设计单位发放了文物保护工程勘察设计二级资质，向国家文物局申报4家施工单位升级为文物保护工程施工一级资质。

全区贝叶经保护调查工作取得成效。按照自治区贝叶经保护抢救领导小组的部署和要求，已完成全区贝叶经的保存状况调查工作，并制作成珂罗版影印件，其保护方案业已制定完成，待自治区贝叶经保护抢救领导小组审批同意后即可组织实施。此项工作的完成将进一步规范全区贝叶经的保存和研究。

积极引导群众参与文物工程，为当地农牧民增收创造条件。文物维修是一项农牧民参与性较强的工程。在实施三大文物工程和“十一五”重点文物保护工程中，西藏自治区文物局认真贯彻中央和自治区党委、政府关于“改善民生”“支农扶农”和“确保农牧民增收”等一系列决策部署，注重引导当地群众参与，在保证质量的前提下，尽可能吸纳当地农牧民群众参与工程建设，帮助群众增收，让农牧民群众参与文化遗产建设，共享文化遗产成果。据不完全统计，三大工程自实施以来，共使用农牧民工近4万人次，增加农牧民现金收入3000多万元；2009年已经开工建设的各项文物保护工程，1000多万元直接用于农民工工资，且无一拖欠农牧民工工资现象。

【文物普查工作】

在自治区第三次全国文物普查工作领导小组的领导下，各地市普查领导小组认真落实年初签订的《西藏自治区第三次全国文物普查目标责任书》，加强领导，精心部署，落实经费，深入开展以县域为单位的实地调查工作，严格按照国家普查规范和技术标准，以质量优先为原则，使第二阶段的普查启动率、调查区域覆盖率达到了98.55%。2009年8月~9月，自治区普查办公室组织各地市普查办负责人组成西藏自治区第三次文物普查质量控制会检查组，对六地一市进行实地检查。一年来，累计到位资金1509万元（中央财政安排资金772万元，自治区及各地市、县财政安排资金737万元）；组织一线普查队员305人，深入开展了全区73个县692个乡镇的文物调查工作，调查面积约117.6万平方公里。共调查、登录不可移动文物点4268处，包括古遗址类1513处，古墓葬类501处，古建筑类1443处，石窟寺及石刻类581处，近现代重要史迹及代表性建筑类207处，其他类23处；其中新发现文物点3004处。至此，西藏第三次全国文物普查第二阶段工作任务基本完成，受到了国家文物局和普查办的充分认可。

【博物馆】

为贯彻落实国务院相关部委关于博物馆免费开放的部署，确保文物和观众的绝对安全，重新安装了西藏博物馆安防、监控系统，新设大门安检系统，充实了展览，规范了服务，并于2009年8月11日举行了西藏博物馆免费开放仪式。区党委副书记、自治区人大常委会主任列确、区党委常委、区党委宣传部部长崔玉英、自治区副主席甲热·洛桑丹增出席了仪式。仅仅半年，西藏博物馆免费接待观众89119人次，比2008年增长56.2%。免费开放让更多的人走进了博物馆。

8月11日，布达拉宫珍宝馆建成并对外开放，珍宝馆共展出各类文物精品200多件。开馆以来，完成了王刚、刘延东等党和国家领导人以及国内外媒体记者共200人次的接待任务，接待观众2.8万多人次。

【民间收藏文物】

根据国家有关政策和法规，在加强对西藏收藏家协会和民间文物收藏活动进行规范和业务指导的同时，对文物征集工作和丰富馆藏活动给予有力扶持。全区共投资127万元，征集唐卡文物32件（幅）、古迹文献、佛像和民俗文物11件，区直文博单位无偿接收个人和相关部门捐赠文物282件。征集和无偿接收的文物，进一步充实、丰富了馆藏和陈列内容。

【安全督察】

为进一步加强全区文物安全工作，2009年初，西藏自治区文物局全区文物工作会议召开。会上，区文物局与各地市文化（文物）部门和区直文博单位签订了《2009年度文物安全责任书》，随后各地市文化（文物）部门也与各县和文保单位层层签订了《年度文物安全责任书》，始终将安全工作作为文物工作的生命线，建立健全安全防范长效机制和奖惩机制，将文物安全责任落实到基层单位，落实到每一个岗位，落实到人。在三大节日和重大活动期间，加大对文物单位的安防、消防检查和督导力度，坚持定期会同公安、消防等部门组成检查组，开展全区文物单位安防、消防和施工现场大检查，对存在的问题和隐患及时排查、整改。截至2009年底，全区“三级”文保单位没有发生安全责任事故，确保了文物系统的安全。

2009年，区文物局组成由局领导和处（室）负责人带队的工作组33个共97人次，深入七地（市）和文物重点县（区）开展调研、业务指导和安全督导、检查工作，对基层文物工作给予了强有力的扶持，逐步解决了部分基层单位的突出问题和实际困难，受到了基层单位的普遍欢迎和赞誉，所做的调研为促进西藏文化遗产事业的发展提供了重要的决策依据。

【文博出版】

《西藏文物》（半年刊）出版四期，每期印刷500册，向全区各级文化文物部门和文物保护单位无偿发行。

根据自治区地方志办公室的要求，积极组织专业人员开展并完成了《西藏自治区志·文物志》的终审工作，拟于2010年上半年出版发行。

《布达拉宫珍宝馆画册》《罗布林卡综合画册》和《西藏博物馆馆庆十周年论文专集》的拍摄和审定工作已经完成，拟于2010年出版。

【文博信息化】

全区馆藏文物调查及数据库管理系统建设项目有序推进。按照国家文物局《关于全面推进文物调查及数据库管理系统建设项目的通知》要求，结合自治区国有文物收藏单位的实际，自治区文物局安排资金55万元用于国有文物收藏单位数据库管理系统建设工作，组织专人开展并完成了布达拉宫、罗布林卡、西藏博物馆和山南雅砻历史博物馆馆藏一级文物数据的采集、汇总、整理工作，已上报国家文物局。

截至2009年底，全区各级文化（文物）部门报送信息325条；其中自治区文物局撰写、报送信息45条，被国家文物局采用21条，区党委办公厅《业务通讯》采用20条，区政府办公厅《内部情况通报》采用9条。这些文物信息的报送和采用，为各级领导了解自治区文物发展态势、指导自治区文物保护工作发挥了积极作用。

【对外交流与合作】

在文物外事交流合作工作中，始终坚持“以我为主，于我有利”的外事工作方针，积极探索，充分发挥独特的宣传作用，努力推进自治区文物外事工作的发展。由中央统战部、国家文物局主办，中国文物交流中心、西藏自治区文物局承办的赴日“西藏考古与艺术展”于4月12日在日本九州国立博物馆正式举行。对此展览，区党委、政府高度重视，我驻日使馆全力支持，崔天凯大使还就办好此展览提出了具体的要求和意见。自治区副主席甲热·洛桑丹增受国家文物局和区人民政府的委托，率团参加了展览的开幕仪式，产生了积极的影响。截至2009年底，已完成了在日本九州、北海道、东京、大阪等城市的展览工作任务，共有37万人次参观了展览。

积极组织人员参加首届中国国际文物保护博览会。由国家文物局主办、中国贸促会和陕西省人民政府共同承办的“首届中国国际文物保护博览会”于10月在西安隆重举行。区党委副书记、自治区主席向巴平措同志十分重视并作出重要批示，组成了以自治区副主席甲热·洛桑丹增为团长的西藏代表团一行30人参加了此次博览会。区文物局组织区直5家文博单位参展，并充分利用这一平台，大力宣传西藏文物事业民主改革50年来在党中央、国务院亲切关怀和区党委、政府坚强领导下所取得的显著成就。展示达到了预期目的，受到国家文物局、承办方及国内外参展单位的充分肯定和赞誉，并获得了最佳组织奖。自治区文物局还积极协调世博办从区直文博单位推荐了5件一级文物，拟在上海世博会西藏馆用数字模拟技术展示，同时选出28件（套）文物，拟在上海世博会文物展览上展出。

陕西省

【概述】

2009年，陕西省文物局深入贯彻落实科学发展观，围绕保增长、保民生、保稳定工作大局，按照“提升文物保护水平，加快展示利用步伐，促进文化强省建设”的发展思路，在复杂经济形势下，文物保护基础、博物馆建设、文物安全管护、对外交流等工作得到了全面加强，各项工作科学推进，全省文物事业呈现出良好发展态势。

【不可移动文物保护】

1. 重点项目

2009年，陕西省文物重点工程项目建设和重点工作稳步推进。完成了秦始皇陵遗址公园、汉长安城遗址考古工作和保护工程、唐大明宫国家遗址公园保护展示工程年度目标任务。国家文物局单霁翔局长莅陕视察唐大明宫国家遗址公园保护展示工程时给予充分肯定。西安碑林博物馆新石刻艺术馆、西安事变纪念馆建成并对外开放。碑林博物馆新石刻艺术馆建设获得省、市两级文明工地奖。西安市超额完成了乐游塬历史文化公园（青龙寺遗址保护项目）建设任务；宝鸡市投资50万元完成了北首岭遗址博物馆围墙建设、园区绿化、自来水管道铺设等工作；渭南市投资1080万元实施司马迁祠抢救性文物保护设施建设和韩城城隍庙抢救性文物保护设施建设。延安市高标准地抓好全国爱国主义教育基地“一号工程”建设，延安革命纪念馆建设经过三年的努力，于2009年8月28日对外开放。该工程被国家建筑业协会评为建国60年来“百项经典工程”。13处革命旧址维修建设工程已全面完工，“三山两河”清凉山建设项目进展顺利。

完成了丝绸之路跨国申遗陕西段12处20个点保护管理规划的编制工作，文物保护展示工程进展顺利，环境整治工作已加紧实施。西安市落实申遗环境整治（世行贷款项目政府配套资金）资金5000万元，完成了申遗环境整治方案的编制工作，组织实施了兴教寺塔、鸠摩罗什舍利塔、清真寺木牌坊、兴庆宫勤政务本楼遗址、大秦寺以及小雁塔院内环境等一批申遗点的考古、保护、展示等相关工作，督促指导各申遗点建立了申遗档案。宝鸡市编制完成了《法门寺唐代地宫出入口及防排水保护维修工程方案》和工程议标并组织实施。咸阳市丝绸之路跨国联合申报世界文化遗产工作取得新进展，完成了茂陵、昭陵、乾陵及彬县大佛寺四个申遗点的保护规划，启动了四个申遗点的保护展示工程，申遗点的周边环境治理工作全面铺开。汉中市积极做好张骞墓申遗工作，完成了《张骞墓石刻保护方案》，完善《张骞纪念馆基本陈列方案》，制定了《张骞墓申遗工作任务分解表》，颁布了《张骞墓保护管理办法》。按照《张骞墓保护管理规划》，完成了核心区绿化工程和对石刻进行技术保护工作。

2. 文物普查

2009年，陕西省文物普查田野实地调查工作圆满完成。陕西省采取加强领导、加大投入，增强力量，扩大宣传、典型引路、以老带新、群众参与、学生参加、集体会诊和省局机关人员深入一线参与、督导普查工作等方式，扎实推进陕西省第三次全国文物普查工作。宝鸡市在普查表格的填写、标本资料的辨认识别等方面，通过集体讨论、专家指导、相互品评、互相监督，达到集思广益、共同提高的目的，体现出普查队员科学严谨的工作态度，形成了“宝鸡经验”。西安市从编队方式、普查工作程序以及对普查成果的保护管理等方面指导高陵县，使其通过周密安排，既做到全面普查，又加强了保护，形成了“高陵模式”。咸阳市实行队长负责制，把普查进度、普查质量以及安全等指标进行分解，落实到人，形成了“咸阳做法”。这些经验和做法是普查队员在长期实践过程中总结形成的，被国家普查办在全国推广，产生了较大影响。文物普查队员这种挚爱工作、敢于吃苦、乐于奉献的工作态度，充分展示了陕西省文物人“爱岗敬业、科学严谨、吃苦耐劳、甘于奉献”的精神风貌，陕西文物大省的形象也得到进一步彰显。中央电视台对陕西普查工作多次进行了报道，并拍摄了专题片，在央视科教频道连续播出。

截至2009年10月底，陕西省普查队员行程60多万公里，踏遍了全省107县（区）1747个乡镇（街办）、31197个行政村、1989个居委会，实地文物调查覆盖率达到100%，登记不可移动文物点8.4万余处（包括第三次全国文物普查待核定的新增加数量），极大地丰富了陕西省文化遗产资源宝库。在全国率先“规范、有序、安全、扎实”地完成了省域内田野调查工作，基本摸清全省不可移动文物的数量、分布、保存现状、环境状况等，文物普查的自然村覆盖率、普查质量、文物登记数量和新发现数量均居全国前列。许多新发现的文物点在时代、内涵上具有重要学术意义，填补了本地区文物时代或类别的空白。同时，陕西投入600多万元建设了国内第一家文物普查标本库，部分县（市、区）的普查标本已入文物普查标本库管理。2009年12月22日，陕西省第三次全国文物普查领导小组以陕西省政府的名义，召开了陕西第三次全国文物普查田野实地调查工作总结表彰大会，表彰了西安市人民政府等58个先进集体和马艾秦等345名先进个人。

3. **长城资源调查**

2009年4月22日，陕西省文物局组织专家对陕西明代长城资源调查工作进行了检查并通过验收。4月26日～27日，国家文物局长城资源调查项目验收组对陕西省明长城资源调查工作进行了检查，并通过了验收。这标志着陕西省明长城资源调查工作顺利结束并取得了重大成果，调查成果对陕西省明长城的保护和利用工作提供了科学、翔实的依据。在明长城资源调查的基础上，上报了《陕西省明长城资源调查工作报告》，编制完成了《榆阳区牛家梁—麻黄梁段明长城抢险加固工程方案》，已经国家文物局批复。启动了《明长城保护规划》的编制工作，编制了《陕西段明长城保护规划大纲》，已经国家文物局批复立项。

2009年10月16日，由国家文物局主办、陕西省文物局承办的全国长城资源调查工作会议在西安召开。会议由国家文物局文物保护司副司长陆琼主持。会上，相关各省作了长城资源调查工作汇报，并就存在的问题进行了热烈讨论。国家文物局副局长童明康出席会议并做了重要讲话，对陕西的工作给予了高度评价和充分肯定。

【考古发掘与研究】

2009年，陕西省考古调查勘探和发掘工作再创佳绩。全年组织考古发掘单位签订考古勘探协议300多项，比2008年增长3%；实施勘探面积4000多万平方米，比2008年增长25%；发掘古墓葬1200余座、其他各类遗迹10余处，比2008年增长41%；发掘面积约1.59万平方米，出土各类文物 5 千余件（套）。2009 年是改革开放以来陕西省考古成果获得国家奖励最多的一年，杨官寨遗址和周公庙遗址考古项目荣获“2008 年度全国十大考古新发现”，省政府予以通报表彰。唐帝陵考古调查、周公庙遗址发掘等 5 个考古项目获得全国田野考古奖，占全国获奖总数的四分之一，其中一等奖占全国三分之二，景俊海副省长亲赴考古院予以表彰并慰问项目获奖人员。

为配合基本建设做好考古工作，陕西省制定了《关于规范和加强大型基本建设工程中文物考古勘探工作的意见》。与省交通厅建立了联席会议制度，共商公路建设中文物保护工作，及时协调、磋商解决相关问题，这种工作模式在全国也是首创。与省发展和改革委员会、交通厅、国土资源厅、住房和城乡建设厅、水利厅、西安铁路局、铁路投资集团公司、电力公司联合组建了“陕西省文物局配合大型建设项目考古勘探发掘管理协调办公室”，统一负责全省配合大型建设工程中的考古调查、勘探、发掘管理工作。对新建铁路宝鸡至兰州客运专线等 20 多项大型建设项目进行了文物调查和评估，向建设单位提交了文物保护评价报告。完成了青兰高速、王圪堵水库、准朔铁路等大型建设工程的考古勘探工作。

各市积极配合，进一步做好基本建设文物保护工作。西安市坚持相关职能部门“联动审批、统一收费”的工作机制，主动配合西安地铁、西宝客运铁路专线、浐灞国家生态区以及未央宫汉代道路保护等建设工程，开展文物保护工作。西安地铁工程累计投入文物保护资金 2700 多万元，顺利实现地铁隧道安全通过南门、钟楼、北门等文物保护单位。2009 年 9 月，召开了西安市地铁工程中的文物保护成果新闻发布会，受到了社会广泛好评。商洛市文物局组织考古队会同省考古研究院对沪陕高速商州二线拟通过的路线进行勘探，并到该线段部分线路经过的省保单位——商州紫荆遗址地段现场勘察和办公，提出具体意见，及时回复建设单位，保证了该线路的按期开工。渭南市完成了陕西实丰水泥厂、富平工业园、陕化煤化工有限公司、西潼高速公路拓宽、渭蒲高速新征地的文物调查及考古勘探，勘探面积达 100 万平方米，发现古墓葬、古遗址 80 余处。榆林市完成了榆林东方集团、府谷煤业集团等 17 个单位建设用地的考古调查及勘探工作。

【世界文化遗产】

丝绸之路跨国联合申报世界文化遗产是在联合国教科文组织世界遗产中心的协调下，由中国和乌兹别克斯坦等中亚五国联合提出的。中国的申报活动是在国务院的领导下，由国家文物局组织和协调，丝绸之路沿线的陕西、甘肃、新疆等 6 省区共同参与申报，陕西省共 12 处 20 个文物点被列入预备名单。

按照丝绸之路申遗工作计划，陕西 12 处 20 个文物点的保护管理规划已全部完成，按照国家文物局《关于提交丝绸之路申报世界文化遗产补充材料的通知》，及时组织各申遗点提交保护规划、保护管理规划及申报文本等相关资料，报送中国古迹遗址保护协会。陕西省各申遗点的文物保护工程均列支专项补助经费，保证了工程的顺利实施。陕西省政协委员赴宝鸡、咸阳、西安三市，就陕西省丝绸之路跨国联合申报世界文化遗产工作进行视察，完成了视察汇报材料的编写工作。协办了“丝绸系列申遗协调委员会第一次会议”。会议商讨了关于进一步推进丝绸之路申遗工作的《资源和责任主体计划》及制订《丝绸之路申遗委员会参考条款及工作方法》相关工作。

【博物馆】

2009 年，全省文博单位接待观众逾 1000 万人次，比 2008 年增长 10%；全年门票收入 3.4 亿元，比 2008 年增长 36%；23 个博物馆分别被评为国家二、三级博物馆；全年举办各类临时展览 81 个，比 2008 年增长 30%。陕西历史博物馆“陕西古代文明”陈列被评为全国博物馆十大精品陈列第一名。陕西文物系统参加全国讲解员大赛荣获团体一等奖和三个单项一等奖。制定了《陕西省免费开放博物馆工作意见》，并在全国率先制定了《陕西省博物馆、纪念馆免费开放绩效考核暂行办法》，陕西列入免费开放的博物馆、纪念馆增至 48 座。博物馆纪念馆免费开放工作取得的成绩和经验在全国博物馆纪念馆免费开放工作会议上进行了介绍交流，得到了中宣部、财政部、文化部、国家文物局领导的充分肯定。全省博物馆、纪念馆已与 500 余所各类大中小学校签订了教育基地协议书，与中小学和大专院校学生开展各类活动 400 余次，比 2008 年增长 20%。法门寺博物馆被中央文明委授予“全国精神文明建设工作先进单位”，陕西历史博物馆、秦俑博物馆、西安碑林博物馆被省文明办等四家单位联合授予“陕西省文明风景旅游区”的荣誉称号，陕西历史博物馆志愿者李恺当选“首届中国博物馆十佳志愿者”。根据省政府 2009 年第 107 次专题会议纪要的要求，省文物局按时将直属的西安半坡博物馆和西安事变纪念馆移交西安市管理，法门寺博物馆移交宝鸡市管理，乾陵博物馆移交咸阳市管理，四家博物馆的移交工作做到了文物清、人员清、资产清、债务清。

2009 年，陕西省完成了全省文博系列人才调研工作，对全省文物系统的职称结构、年龄结构、学历结构以及技能人才进行统计，完成了《陕西文博人才队伍现状与发展调研报告》。完成了全省从事文博工作 30 年以上人员的推荐上报工作，整理了 244 名上报人员的资料，经审核符合条件人员 236 人，上报后由国家文物局颁发了荣誉证书。完成了“三秦学者”岗位设置和《关于“三秦学者”特聘专家岗位招聘意向、条件及岗位目标》制定工作。组织 14 人次参加了国家文物局的 9 项培训；组织 49 人次参加了省委组织部、省人力资源和社会保障厅的 21 项培训。与西安市文物局联合举办了技术工人等级培训，共培训 13 人次。

【文物保护科技与科研】

1. 文物保护工作

2009 年，陕西省文物保护管理工作成效显著：编制完成了首部《陕西省文物保护总体规划》，开创了省域文物保护规划制定的先河，为陕西文物保护和重大项目规划提供了科学依据；制定了《陕西省文物局文物保护及博物馆建设专家咨询评审工作规程》，规范了文物保护工程审批程序；上报 14 个文物保护规划和设计方案，已得到国家文物局批准；完成了《延安革命纪念地旧址保护总体规划》等 16 个保护规划设计方案的评审工作，《秦始皇陵保护规划》《汉长安城遗址保护规划》和《梁带村遗址保护规划》根据省政府的要求开始修改完善；上报了第七批 292 处全国重点文物保护单位名单和 8 处陕西省国家级历史文化名镇（村）名单；组织验收了西安事变指挥部旧址维修工程、韩城普照寺大佛殿、渭南文庙等 15 个文物保护工程项目，工程质量全部合格；组织调整 11 处 29 个全国重点文物保护单位的保护范围和建设控制地带，绘制了保护范围及建设控制地带图，并上报省政府。

2009 年，陕西省文物保护工作继续贯彻省局领导提出的“重点项目带动战略”的工作方针，积极推进秦始皇陵遗址公园建设、大明宫遗址公园建设、韩城早期古建筑保护等重点工程项目工作进度。

完成了大遗址专项经费及国家重点文物保护专项经费申报工作。2009 年国家文物保护专项经费到位 31212 万元，其中大遗址专项 7495 万元、重点文物保护专项 3074 万元、博物馆免费开放专项 13460 万元、中地共建博物馆专项 2307 万元、红色旅游 751 万元、文化体育与传媒 100 万元、文物普查 267 万元、“十一五”文物保护抢救性基础设施建设经费 1630 万元、历史文化名镇名村保护经费 2128 万元。与 2008 年同比增长 35.7%，是近年来争取中央财政文物保护专项经费最多的一年。

2009 年，陕西省作为第二批试点省份纳入国家文物局《文物保护工程审批管理暂行规定》试点范围。国务院办公厅调研了延安一号工程及革命旧址保护情况。首届中国国际文物保护博览会在西安举行。

2. 文物科技工作

2009 年 8 月 26 日，“砖石质文物保护国家文物局重点科研基地”在西安文物保护修复中心揭牌，国家文物局副局长张柏、陕西省副省长景俊海、陕西省文物局领导和文物、高校、科研等有关方面的专家参加了揭牌仪式。2009 年 11 月 3 日，在西北大学举行了西安文物保护修复中心文物保护、西北大学光电技术与功能材料及应用等五家科学技术部国际科技合作基地揭牌仪式，“国际科技合作基地”是科技部国际合作司为落实《十一五国际科技合作规划纲要》、实现国际科技合作方式战略性转变而推出的重大举措。西安文物保护修复中心是第三批被授予的国际科技合作基地，也是迄今为止我国唯一一家定位于文物保护领域发展的授牌单位。

组建成立了陕西省文物局文物保护技术专家组；验收了中日合作唐陵石刻保护修复项目；主办了中德文物保护合作指导委员会第十三次会议；召开了第二届秦俑及彩绘文物保护与研究国际学术研讨会、中意合作壁画修复学术交流会、“国家文物局重点科研基地运行管理”座谈会。完成了文物系统有关单位科技基础条件资源调查的数据采集和网上填报工作；经科技部批准，在陕西成立了国内首个“文物保护国际科技合作基地”。另外，为了整合文物信息、技术资源，促进文物保护与利用工作，省文物局组织西安文物保护修复中心、陕西省文化遗产保护规划设计研究院、陕西省文物交流中心、陕西省文物信息咨询中心四家单位搬迁西安高新区陕西文物科技大厦，搭建了新的文物科技保护平台。

3. 学术科研

2009 年，陕西省文物系统继续按照《国家文物事业“十一五”发展规划》、《文化遗产保护科学和技术发展“十一五”规划》和《陕西省文物事业“十一五”发展规划》确定的目标和主要任务，开展科研和学术研究工作，举办各类学术会议 330 余次。全年陕西省文博系统共承担了国家科技部“十一五科技支撑计划”课题 3 项；国家文物局等省部级课题 13 项；省文物局代管及省文物局课题 6 项；对外合作项目 12 项；2009 年新申报的科研课题及科研实验室项目为 8 项。

陕西省文物局出版各类图书 42 部，发表各类学术或专业文章 522 篇，组织出版的考古报告和专著主要有《少陵原西周墓地》《周秦文化研究论集》《商洛东龙山考古报告》《米家崖遗址考古发掘报告》《高陵益尔遗址》《梁带村芮国墓地2007发掘报告》《唐懿德太子墓发掘报告》《凤翔孙家南头考古发掘报告》《西安南郊明墓发掘报告》《唐长乐公主墓发掘报告》《西安尤家庄汉墓》等。

【文物相关产业】

2009年，陕西省文物局先后派代表参加了深圳文化产业博览会、第十三届东西部合作贸易洽谈会、陕西省第二届旅游商品博览会。在第十三届中国东西部合作与投资贸易洽谈会上，陕西26家单位的展品备受观众的青睐和好评，同期举办的中国西部文物相关产业项目推介会暨文化产业高峰论坛成果显著，实现了跨区域文化产业项目的有效对接，达成多个领域的文化产业合作意向。与省贸促会联合承办的首届中国国际文物保护技术博览会，吸引了13个国家16个省区近150余家专业文物保护机构参展，展示了文物保护及考古勘探技术、古迹遗址保护和修复技术及综合开发、博物馆展陈及管理技术、艺术品收藏及市场等成果，省文物局参展的中德、中日文物保护科技等成果受到与会代表高度关注。另外，召开了全省文物相关企业表彰工作会，授予15家企业“诚信守法企业”荣誉奖牌，推动了文物相关产业的发展。

【政策法规与宣传】

1. 政策法规

2009年，陕西省文物局起草了贯彻《文物认定管理暂行办法》的意见，下发了《关于贯彻〈文物认定管理暂行办法〉的通知》，要求各市、县文化文物局和杨凌示范区文物局要依据该办法的要求，成立相应组织，积极开展文物认定工作，并根据文物普查资料，组织专家开展评审认定。根据陕西省的资源优势，形成了《陕西省文物局关于贯彻陕西省委〈关于加快陕西省文化体制改革有关问题的会议纪要〉的意见》上报了陕西省政府。在“五五”普法和依法治理工作中，举办了2期法律培训班。

制定了《陕西省博物馆条例（草案)》并上报省政府法制办。配合陕西省人大开展《陕西省秦始皇陵保护条例》贯彻落实情况检查。完成了《陕西省文物局关于贯彻执行〈陕西省秦始皇陵保护条例〉的工作汇报》，报陕西省人大，并协同省人大在秦俑馆、临潼区政府座谈、调研。对《陕西省消防条例（征求意见稿)》、《博物馆条例》（征求意见稿)、《陕西省人事争议处理暂行办法（修订)》、《陕西省档案条例》（修订草案修改建议稿)、《陕西省防震减灾条例》（征求意见稿)、《陕西省质量奖管理办法》、《黄帝陵园景区保护管理办法》（征求意见稿)、《西安城墙保护条例》（草案)、《陕西省古树名木保护条例》（草案)、《陕西省部门和行业不正之风行政责任追究办法》（草案）等10部规章草案提出了建设性意见。

2. 文物宣传

2009年，陕西省文物宣传工作力度进一步加大。积极组织各文博单位，通过向游客发放宣传册、免费讲解、与媒体联合等形式做好宣传工作。2009年，各种媒体对陕西文物工作进行报道近6000次，比2008年增长25%。汉唐网首页收录信息7300余篇、图片8500幅左右，首页和论坛访问IP超过35万个，日点击超过3万次，综合排名、点击率均居国内省级文博类政府网站首位。

省文物局与国（境）外组织合作拍摄了《食彩王国》《中国画像》《铁木真》《唐长安城》和《历史灿烂的中国》等10余部电视片；积极与省外专局联系，为在省文物系统工作的德国专家法尔克·戴姆（Falko Daim）和日本专家冈田健申报“三秦友谊奖”，获得省政府批准，文物系统外国专家获奖人数名列全省第一。铜川市文物局与中央电视台《国宝档案》合作，拍摄了7集铜川文物专题片，进一步提升了该市文物的知名度和影响力。安康市、宝鸡市、杨凌示范区、商洛市等市（区）积极利用“5·18国际博物馆日”和“6·13中国文化遗产日”抓好宣传。西安市在博物馆日期间，围绕“博物馆与旅游”主题，组织30多家博物馆开展宣传活动，发表了《西安博物馆馆长宣言》，启动了“博物馆进学校、进社区、下农村”活动，收到了比较好的效果。

由于宣传工作做得有声有色，群众主动保护、捐献文物年年都有新亮点。2009年，西安市东郊60岁拾荒老人唐舍娃捐献唐代珍贵文物的动人事迹，被中央电视台等30余家媒体进行了报道，在社会各界引起了强烈反响，唐舍娃获得“中国文化遗产保护年度杰出人物”提名奖，中国文物保护基金会专门就此向陕西省文物局发来感谢信。另外，由海外华人邓芳先生组成的团队向汉阳陵博物馆捐赠文物，经省文物局申报，获得中国文物保护基金会“薪火相传——中国文化遗产保护年度杰出人物”奖。

【执法督察与安全保卫】

2009年，陕西省文物局筹办了“西北五省（区）文物安全协作会”，建立了五省（区）文物安全协作机制；对全省各市文物执法工作进行了巡查，使执法工作不断科学规范；指导各市文物局与公安部门协商，采取行政为主、刑事为辅、共同办案的方式开展文物执法工作。西安市全年开展了8项专项整治活动和103次安全检查，召开现场会16次，实现了连续19年馆库藏文物安全年。渭南市委、市政府十分重视文物安全工作，主要领导分别就西岳庙、唐陵、仓颉庙等处的文物安全工作召开专题会议，并先后6次就文物安全做出书面批示，责成文物及相关部门全力保护好文物安全工作，全年市、县两级公安文物部门坚持联手打击文物犯罪活动，共抓获17名盗墓分子，扣押3辆作案用车，特别是对唐陵非法开采进行了集中整治，取得了良好的效果。安康市文化文物局依法制止了旬阳县气象局、旬阳县第一中学在省级文物保护单位旬阳文庙保护范围和建设控制地带非法进行大规模建设的行为。延安市与公安部门密切配合，侦破了黄陵双龙石窟暴力抢劫案，追回被盗文物14件。榆林、汉中等市加强群众文物保护员队伍建设，形成了明与暗、保护与打击紧密呼应的四级保护网络。宝鸡市、咸阳市与公安、工商部门联合对古玩市场进行了专项整治活动，取得了好的效果。

2009年，陕西省文博系统认真落实文物安全责任制，不断加大文物安全管护力度、提升管护水平，全省未发生任何馆藏文物案件和火灾事故，及时遏制住了田野文物犯罪势头。同直属单位和各市文物行政部门签订了文物安全和消防安全责任书，组织召开了“西北五省（区）文物安全协作会”，甘肃、宁夏、青海、新疆、陕西五省（区）文物行政部门和博物馆的领导以及保卫处长参加了会议，国家文物局督察司刘铭威副司长到会指导工作。会议交流了文物安全工作经验和信息，建立了西北五省（区）文物安全协作机制，达成了文物安全工作的共识。围绕中华人民共和国国庆60周年部署做好全省文物系统的安全保卫工作，召开了全省文管所、文物稽查队代表安全工作座谈会，研讨了进一步加强田野文物安全管护的措施。在全省文物系统开展“文物消防安全年”活动。

【对外交流与合作】

2009 年，陕西省文博系统接待外宾 74 批 1127 人次，组织专家学者参加国际间学术交流活动35 批94 人次，邀请境外专家来陕进行交流合作13 批49 人次。全年举办文物外展 10 项，出访 6 个国家和地区，参观人数超过 100 万人次，每个展览均收到了良好效果。特别是在美国佐治亚州亚特兰大海伊艺术博物馆举办的“中国秦兵马俑展”，美国前总统卡特夫妇、中国驻美国大使周文重夫妇等政要参加了新闻发布会等活动，40 万名观众参观了展览，创下了该馆单展参观人数的历史最高纪录。此展览被美国评为最受欢迎的十大展览之一。在智利举办的“古代中国与兵马俑”展被作为庆祝智利建国 200 周年的重要活动之一。2009 年 12 月 3 日，智利总统米歇尔·巴切莱特、前总统拉戈斯夫妇、文化部长帕·乌拉、空军总司令和中国驻智利大使刘玉琴及智利各界政要约 600 余人参加了展览开幕式，来宾规格之高史无前例。智利总统米歇尔·巴切莱特对该展览作出了高度评价，她说：“作为世界文化遗产的兵马俑举世瞩目，全世界都在期盼能举办一个兵马俑展。此展是两国文化交流重要项目，其成功举办显示出中智双方在文化以及其他各领域合作的进一步深化，相信会有成千上万的智利人来参观这个展览，同时也希望明年五月能有更多的中国人去参观上海世博会智利馆。这次展览不仅会让智利民众了解源远流长的中国灿烂文化与悠久历史，而且能进一步增强两国之间的文化交流与合作。”智利各电视台、报刊和电台对展览及开幕式进行了大量报道，“古代中国与兵马俑”展轰动了圣地亚哥。

甘肃省

【不可移动文物保护】

1. 简述

2009 年，甘肃省文物局组织开展了第七批全国重点文物保护单位申报工作，共推荐申报 136 处文物保护单位；报请省政府公布了全省第六批 33 处全国重点文物保护单位的保护范围和建设控制地带；组织开展了省级文物保护单位保护范围和建设控制地带划定公布工作，庆阳、平凉、酒泉、嘉峪关、兰州等市已完成划定工作。文物保护规划编制工作继续开展：除被列入丝绸之路申遗备选点的国保单位保护规划外，拉卜楞寺保护规划由国家文物局批准后已报请省政府待公布实施，嘉峪关关城保护规划已报国家文物局审批，北石窟寺、齐家坪遗址、文殊山石窟、鲁土司衙门旧址等国保单位的保护规划已完成初稿。

2. 各级党委政府重视文物工作

2009 年，各级政府和上级主管部门对甘肃文物工作给予了高度重视和大力支持。国家文物局主要领导多次赴甘肃调研、指导工作，对甘肃省藏区文化遗产保护事业、文物保护单位管理体制和开放情况进行了专项调研。单霁翔局长为省文物局机关和省直文博单位负责同志作了关于学习贯彻科学发展观与文化遗产保护的专题讲座。根据国务院扶持西部省份发展政策的有关要求和部署，甘肃省配合国务院相关调研组对全省文物保护与利用工作进行深入调研。省政府主管领导亲赴天水、陇南、白银、临夏等市州调研考察文物工作，研究解决工作中的有关问题。省政府主持召开协调会议，协调解决张家川马家塬战国墓地考古发掘与文物保护工作中的有关问题。兰州、天水、庆阳、平凉、武威等市召开文物工作会议，专题研究部署文物工作。天水市出台了《关于加强历史文化名城保护工作的意见》，制定了《天水市历史文化街区古民居抢救性保护工作实施方案》。山丹县、武威市凉州区公布实施了长城保护专项管理办法。张掖、酒泉、天水市政府及有关县区政府通过召开会议、现场调研等方式，不断推进丝绸之路申遗工作。

3. 重要文物保护维修

居延遗址防洪、张掖大佛寺保护维修、靖远钟鼓楼修缮、天水仙人崖石窟壁画塑像修复、山丹峡口古城过街楼及城门洞修缮等工程全面竣工。莫高窟崖体加固、莫高窟栈道、莫高窟风沙防护、水帘洞石窟群塑像壁画维修、水帘洞石窟群崖体加固、水帘洞石窟群古建筑修缮、东千佛洞石窟维修工程等12项重点文物保护维修工程开工实施。许三湾城址及墓群防洪、骆驼城遗址抢险保护加固等7项文物保护工程得到国家文物局批准立项。酒泉鼓楼、泾川王母宫等5项文物保护维修工程通过验收。地震灾区灾后文物保护方面，武都广严院、徽县栗川白塔、康县龙凤桥、谈家大院、白马关城址等8处文物保护单位维修方案通过论证，获准实施。世界银行贷款645万美元的兰州文化自然遗产保护与开发项目——永登鲁土司衙门旅游景区和榆中青城镇古民居保护工程开工实施。

4. 重点工作与重点建设工程

2009年1月14日，省政府公布甘肃省第六批33处全国重点文物保护单位保护范围和建设控制地带。

2009年2月3日~4日，国家文物局局长单霁翔到甘肃调研，与副省长咸辉座谈，听取了甘肃省重点文物工作情况汇报，考察了兰州市的工业遗产点，为省文物局全体人员及省直文博单位领导作了题为“学习实践科学发展观与文化遗产事业科学发展”的主题报告。

2009年10月26日~27日，省文物局召开全省第七批全国重点文物保护单位专家推荐论证会。

“敦煌莫高窟保护利用工程”被列为2009年甘肃省重大建设项目和省政府主要工作任务之一，工程进展顺利。四个子项目中，最先开工实施的风沙防护工程已完成超过一半的工作量，完成了安防工程中主干沟和支干沟开挖及管道铺设，崖体加固及栈道改造工程已开始工程实验，完成了游客服务中心建设工程施工招标，确定了洞窟三维数字化节目制作单位。

2009年10月27日，大地湾史前遗址博物馆土建工程完成并通过竣工验收，暖通工程完成设备安装，安防消防工程开始实施，室外环境工程完成初步设计，陈列展览大纲完成初稿。省文物局组织完成了F901遗址保护大厅拆除重建项目、遗址保护设施建筑设计方案的省级论证，并报国家文物局审批。

此外，甘肃省文物考古研究所文物周转库房综合楼开工建设，已完成地下一层的施工任务。

5. 第三次全国文物普查

2009年6月26日，省文物局在兰州召开全省第三次文物普查暨第七批全国重点文物保护单位推荐申报工作会议。

2009年，甘肃省文物局积极落实普查经费，加强督促检查，全力推进第三次文物普查，基本完成了野外调查任务。截至12月底，全省共抽调专职普查人员1015人，调查登记各类不可移动文物17028处，其中新发现6099处，占已调查登记总量的48.38%，复查10929处，占已调查登记总量的64.18%，调查登记消失文物947处。全省乡镇普查启动率为100%，完成率为97.11%。组织制定了普查验收管理办法和工作方案，在开展验收试点和现场观摩的基础上，逐步组织开展验收工作，截至12月底完成16个县市区实地文物调查阶段验收。各地在做好普查工作的同时，结合实际加强了新发现文物点的保护工作，秦安县新公布县级文物保护单位19处，肃南县新公布县级文物保护单位40处，兰州市为已消失的文物点立碑标示。

【考古发掘】

甘肃省文物部门配合全省电力、交通、铁路、能源等部门，积极主动地做好工程涉及区域的文物调查和考古发掘，努力做到既有利于基本建设，又有利用文物保护。省文物考古所对九甸峡水库建设工程淹没区内涉及的文物遗址进行了抢救性考古发掘；配合兰新铁路第二双线、宝兰铁路、敦格铁路、兰渝铁路、酒航铁路、西平铁路，以及西气东输二线工程、营盘水至双塔、雷家角至西峰、永登至古浪高速公路和正宁、金塔、华亭电厂等国家重点建设工程项目，组织开展了考古调查和文物保护方案编制工作，确保了工程项目的实施和文物的安全保护。

1. 考古发掘情况

在以科研为目的的考古工作中，甘肃省继续深入推进早期秦文化研究项目，2009～2018年的考古研究规划获得国家文物局批准。2009年2月25日，省政府副秘书长张正锋主持召开会议，专题研究张家川县马家塬战国墓地考古发掘与文物保护事宜并形成了协调会议纪要。省文物考古研究所组织发掘张家川马家塬战国墓地墓葬6座，出土珍贵文物50余件；对清水李崖遗址和张家川下城子遗址进行了发掘；对秦安县葫芦河干支流两岸进行了考古学调查，发现各类遗址63处；发掘临潭陈旗磨沟齐家文化墓地墓葬560座，出土各类文物4400余件，并首次发现了中国最早的墓葬封土，在考古学上具有重要意义和学术价值，因而入选“2008年度全国十大考古新发现”，并荣获2007～2008年国家文物局田野考古奖三等奖。此外，玉门金鸡梁墓地、秦安王家洼墓群、民乐五坝新石器时代墓地考古发掘也获得重要发现，出土一批珍贵文物。基于以上工作，省政府对省文物考古研究所给予了通报表彰。

2. 考古资料

2009年，甘肃省出版了《天水放马滩遗址发掘报告》《水帘洞石窟群》《崇信于家湾周墓》《悬泉汉简研究》《天水放马滩秦简》等发掘报告和专著；完成和发表了兰州红古下旋子遗址、永昌水泉子汉墓、礼县高寺头遗址、张家川马家塬战国墓地、临潭县磨沟齐家文化墓地等考古发掘简报；居延遗址、悬泉置遗址、礼县西山坪与鸾亭山遗址、广河齐家坪遗址、玉门火烧沟遗址、高台地埂坡魏晋墓等考古发掘报告也已开始编写。

【世界文化遗产】

2009年，甘肃省11个备选申遗点在文物本体保护、环境整治、规划编制、“四有”基础工作等方面取得很大进展。

在文物本体保护维修方面，炳灵寺石窟大佛保护勘察测绘工作完成，壁画塑像保护有序开展；水帘洞石窟拉稍寺崖体加固和壁画塑像保护维修工程全面实施；张掖大佛寺大殿维修和壁画保护工程已竣工；马蹄寺石窟保护工程顺利开展。

在规划编制方面，炳灵寺石窟保护规划经国家文物局批准后已报请省政府公布，麦积山石窟、骆驼城遗址、锁阳城遗址、水帘洞石窟保护规划编制完成并由国家文物局原则批准，开始修改完善；榆林窟、马蹄寺石窟群、悬泉置遗址、玉门关遗址、果园—新城墓群保护规划开始组织编写。

在环境整治和基础工作方面，协调落实经费，积极推动各申遗点保护范围和缓冲区标志碑、界碑、界桩制作埋设工作，其中榆林窟、麦积山石窟、骆驼城遗址埋设工作已完成，炳灵寺石窟更换了窟区陈旧的文物标志牌和说明牌，标志碑、界碑、界桩埋设工作已开始；榆林窟窟区生态植被更换工作完成，麦积山石窟旧办公用房整治改造工作已开展；正式编制上报了甘肃省世界遗产申报文本，接受了国家文物局世界遗产专家组对麦积山石窟、大佛寺、马蹄寺石窟的检查指导。

【长城资源调查】

2009 年，甘肃省历时两年的明长城资源调查工作顺利结束，通过国家验收。已查明，甘肃省明长城分布于 9 个市州 24 个县市区，长城墙体、壕堑及山险总长度为 1738.3 千米，居全国之首。整理印制明长城资源调查资料 107 卷 247 册，明长城资源调查工作报告完成初稿。明长城独立烽燧调查工作基本完成。甘肃境内秦汉及其他时代长城资源调查工作全面启动，已调查长城 14.7 千米、烽火台 42 座、关堡 3 座。

【博物馆】

1. 博物馆免费开放

2009 年，甘肃省在全面做好 2008 年实施免费开放的 39 个博物馆、纪念馆的免费开放工作的基础上，进一步加强管理，提升服务，确保安全。同时，继续推进全省博物馆免费开放工作，组织开展了新增免费开放博物馆的遴选和审核等工作，此后又有 49 个博物馆、纪念馆陆续实施免费开放，使甘肃省向社会免费开放的博物馆、纪念馆总数达 88 个。甘肃省文物局印发了《甘肃省免费开放博物馆（纪念馆）管理办法（试行）》，使博物馆、纪念馆的社会教育和服务功能得到更好发挥，社会影响进一步扩大。2009 年，全省文物系统免费开放博物馆共接待观众约 500 万人次，比 2008 年增长近 50%，其中青少年 120 余万人次，比 2008 年增长 22%，外宾 8 万人次，比 2008 年增长 60%。

2. 博物馆基础工作

以博物馆免费开放为重点，全省综合管理水平显著提高，博物馆建设热潮持续升温，博物馆面向公众、服务社会的能力有效增强，社会效益不断扩大。兰州市博物馆等 4 座博物馆被公布为国家二级博物馆，临夏回族自治州博物馆等 9 座博物馆被公布为国家三级博物馆。

3. 博物馆建设与管理

天水、临夏、礼县、西和、陇西、成县及山丹艾黎捐赠文物陈列馆等市县博物馆新馆开土建设。临洮、渭源、甘谷、崆峒等县区博物馆对文物库房和展厅进行了维修改造。全省馆藏二、三级文物纸质档案建档工作基本完成，馆藏一般文物的数据采集工作继续开展。

4. 博物馆陈列展览与讲解服务

按照博物馆免费开放工作的有关要求，省文物局督促指导已实施免费开放的博物馆对原有陈列展览进行提升改造或增加新展览，更好地服务社会和广大群众。由省文物局主办的“新中国成立六十年甘肃重大考古发现展”在省博物馆开幕并向观众免费开放。省文物局组队参加了全国文化遗产保护宣传讲解大赛，获团体三等奖，2 名选手荣获个人二等奖，1 名选手获“全国爱国主义教育基地十佳讲解员”称号。

5. 文博队伍建设

2009 年 1 月 13 日，省文物局在兰州召开省直文博单位工作会议，总结 2008 年度省直文博系统目标管理工作并表彰目标管理获奖单位。2009 年 4 月 20 日 ~ 30 日，省文物局在兰州举办全省文物局长培训班，各市州、县市区文物（文化）局长及省直文博单位负责同志 110 余人参加培训，组织召开了西北五省区博物馆馆长座谈会，组织部分市县博物馆馆长赴外省市进行了学习考察。

6. 博物馆学会

2009 年，甘肃省博物馆学会进入筹备阶段，兰州市博物馆学会正式成立，并组织开展工作。

【民间收藏文物】

2009 年，甘肃省文物局会同有关部门对文物监管物品市场进行了实地检查，全年征集社会流散文物 2000 余件。省文物鉴定委员会全年鉴定民间收藏文物 1526 件、涉案文物 1131 件。

【文物保护科技与科研】

1. 文物保护科技

2009 年，甘肃省继续开展对病险文物的科学保护修复工作。开始了张家川马家塬战国墓地出土青铜器修复工作，并着手启动车辆及棺内遗迹室内显微考古研究和保护工作。完成了省简牍保护研究中心 442 枚秦简的脱水、脱色和整形保护修复工作。完成了敦煌佛爷庙湾、岷县占旗遗址、临潭陈旗磨沟遗址出土的青铜器、陶器等 2600 件文物的修复保护。完成了全省 298 件馆藏木质文物及馆藏画像砖、书画、新征集文物的保护修复工作。

敦煌研究院完成了莫高窟文物资料档案的数字化处理与存储，结合莫高窟保护利用工程建设项目，开展了洞窟数字化工作，编写了《壁画数字化工作手册》，完成了 3 个洞窟的数字化采集和 1 个洞窟的虚拟漫游摄影。在石窟塑像数字化方面，麦积山石窟艺术研究所进行了应用研究，完成了一个洞窟塑像的数据采集和虚拟漫游。2009 年 6 月 4 日，由敦煌研究院主持完成的“十一五”国家科技支撑计划项目“文物出土现场移动实验室研发”通过国家文物局组织的验收。

2. 文物科研基地

2009 年，甘肃省继续巩固和发挥在敦煌学、简牍学等领域和土遗址及壁画保护、文化遗产地保护管理、馆藏文物科技保护等学科上的传统优势和领先地位，以课题为导向，不断推进文物科研和文物科技保护工作的开展。在敦煌研究院与中国建筑设计院历史研究所、美国盖蒂保护研究所、澳大利亚遗产委员会开展合作研究取得的研究成果的基础上，省政府、国家文物局、澳大利亚环境遗产部在敦煌莫高窟联合主办了“自然及文化遗产地管理与可持续旅游”国际研讨会，取得了富有成效的成果。敦煌研究院承担的“十一五”国家科技支撑计划项目“大遗址保护关键技术研究与开发”中的“土遗址保护关键技术研究与开发”“古代壁画脱盐关键技术研究与开发”“文物出土现场保护移动实验室研发”等三个子课题全面完成并通过验收。其研发的文物出土现场移动实验室是国内首台功能全面、机动灵活的文物出土现场保护移动实验室（车）；麦积山石窟数字化技术应用研究、全省馆藏木质文物保护修复、甘肃出土糟朽木器病害腐蚀机理分析研究、简牍中经济管理史料比较研究、河湟谷地齐家文化时期前后人地关系演变过程与机制、先秦时期甘肃游牧民族文化研究、甘肃古民居等科研课题结项并通过验收。省博物馆“智能建筑集成信息系统研发与应用”项目获 2009 年甘肃省科学技术进步三等奖。

2009 年，我国文化遗产保护领域首个国家工程技术研究中心——科技部国家古代壁画保护工程技术研究中心在敦煌研究院揭牌成立。挂靠在敦煌研究院的国家文物局古代壁画保护重点科研基地建设和研究工作进一步加强，“多光谱无损分析技术在敦煌壁画中的应用”等三项课题均按计划开展，完成了本年度研究任务。

【政策法规与宣传】

1. 法规

2009 年 6 月 1 日，省文物局印发《甘肃省文物安全检查巡视报告制度》。

2009 年 8 月 17 日，省文物局印发《甘肃省免费开放博物馆（纪念馆）管理办法（试行）》。

2. 文物行政执法

2009 年，甘肃省文物局配合省人大对《文物保护法》和《文物保护法实施条例》实施情况检查中提出的有关问题进行了研究办理；对文物行政审批事项进行了进一步清理；对永登—古浪高速公路天祝段施工过程中损毁明代长城、榆中县毛洼山和秦安县王洼古墓葬（遗址）被盗挖等事件依法进行了调查处理。

3. 文物安全

2009 年，甘肃省文物安全形势相对平稳。野外文物基本安全，偶有零星盗掘古遗址（墓葬）现象，经过打击，得到了有效遏制。馆藏文物实现了绝对安全，无被盗案件或责任事故发生。

全省文物安全工作进一步制度化和规范化，省文物局制定了《甘肃省文物安全检查巡视报告制度》，省文物局和省公安厅联合印发了《甘肃省文物风险单位安全防范工作规范（试行）》。进一步加大了全省文物单位安防设施建设力度，省文物局对大地湾史前遗址博物馆等六处文物风险单位安防设计方案进行了论证，对武威文庙等文物单位安防工程进行了竣工验收，组织编制了张掖大佛寺等文物单位防雷系统设计方案。为漳县汪氏家族墓地、张家川马家塬战国墓地、高台骆驼城遗址安装了地下声敏报警系统，已投入试运行。

省文物局与省公安厅、省消防局沟通，就建立打击防范文物犯罪长效机制、开展打击文物犯罪专项行动、全省文物系统消防安全大检查等工作进行了协调部署。

4. 文化遗产宣传

在中国文化遗产日期间，甘肃省组织开展了隆重的纪念宣传活动。省文物局举办了全省“第三次文物普查图片展”和“甘肃省明长城资源调查成果汇报展”，组织志愿者赴临潭陈旗磨沟齐家文化墓地考古发掘现场开展“走近考古现场、体验考古工作、感触古代文明”活动，取得了较好的社会效果。兰州市在全国重点文物保护单位兰州黄河铁桥举办了“中山铁桥百年庆典”活动。

5. 庆祝新中国成立六十周年活动

2009 年，甘肃省文物局组织编写出版了《甘肃文物事业六十年纪事（1949—2009）》一书，并在兰州举行了首发式暨甘肃文物事业发展六十年座谈会。省文物局主办，省博物馆、省文物考古研究所承办的“新中国成立六十年全省重大文物考古发现展”在省博物馆开幕并免费开放。

【对外合作与交流】

2009 年，甘肃省与日本秋田县签订了关于促进第二次文化交流协议书，举办了“丝绸之路文化国际学术研讨会”。甘肃省组织文物藏品在意大利举办了“秦汉—罗马文明展”、在比利时举办了“丝绸之路展”，在法国举办了“敦煌花雨展”，在德国举办了“敦煌艺术展”，这些展览扩大了甘肃文物的世界影响。

2009 年 9 月 26 日，由国家文物局、甘肃省政府和澳大利亚环境遗产部联合主办的“文化和自然遗产地旅游可持续发展国际研讨会”在敦煌莫高窟召开。

【表彰】

敦煌研究院院长樊锦诗荣获“100位新中国成立以来感动中国人物”和“时代领跑者——新中国成立以来最具影响的劳动模范”称号。

敦煌研究院名誉院长段文杰荣获“中国文物、博物馆事业杰出人物”称号。

敦煌研究院马学礼和天水市博物馆李宝善分别荣获“2009中国文化遗产安全卫士”和“2009中国文化遗产安全贡献者”称号。

2009年6月19日，省文物局、省公安厅联合下发决定，对侦破2008年崇信县博物馆“3·31”重大文物被盗案的崇信县公安局进行表彰奖励。

青海省

【不可移动文物】

截至2009年底，青海省已公布全国重点文物保护单位18处，其中古遗址6处，古墓葬1处，古建筑7处，石窟寺及石刻1处，近现代重要史迹及代表性建筑3处。青海省省级文物保护单位383处，其中古遗址164处，古墓葬45处，古建筑122处，石窟寺及石刻18处，近现代重要史迹及代表性建筑28处，其他6处。县（市）级文物保护单位369处，其中古遗址219处，古墓葬58处，古建筑70处，石窟寺及石刻9处，近现代重要史迹及代表性建筑10处，其他3处。第三次全国文物普查共登记不可移动文物6493处，其中新发现2463处，复查4030处。

全国重点文物保护单位保护规划：塔尔寺保护规划经国家文物局审核通过，已由省政府批准公布；玉皇阁、喇家遗址，瞿昙寺，隆务寺保护规划已进行专家论证，并报国家文物局审批。

对塔尔寺、玉皇阁、隆务寺等全国重点文物保护单位的维修工作已按计划进行；对格尔木市将军楼、共和县千卜录寺、西宁班禅办事处、西宁烈士陵园、西宁总寨堡、循化县街子拱北等修缮项目进行了现场检查、方案论证与审批。

投入400万元实施塔尔寺安防工程；投入400万元实施塔尔寺消防工程；投入300万元实施贵德玉皇阁古建筑群修缮工程；投入40万元实施贵德玉皇阁（文庙）消防系统工程；投入40万元实施贵德玉皇阁（文庙）安防系统工程；投入50万元实施青海省博物馆安防系统工程设计方案。

批复修缮全国重点文物保护单位第一个核武器研制基地旧址科技楼，西海郡故城遗址绿化，黄南藏族自治州同仁县郭麻日寺墙、门的维修，黄南藏族自治州同仁县年都乎壁画及省级文物保护单位湟源县火祖阁，贵德县河西文昌庙等古建筑。

组织完成喇家遗址正式移交地方管理事宜，编制完成喇家遗址规划报国家文物局待审批；投资79万元完成喇家遗址一号展厅陈列展览。对都兰热水墓群的规划编制已委托有资质的单位进行编制。

【考古发掘】

配合基本建设，积极做好全省考古工作，组织完成兰新铁路第二双线青海段沿线考古调查基础工作；完成积石峡水电站淹没区的考古勘探工作和拉西瓦水电站淹没区贵德县拉西瓦镇下多隆沟抢救性考古发掘工作；完成大河家水电站文物保护的调查、勘探；完成西宁市城北工业、科技、农业、大学园区项目文物保护的调查；完成都兰县洼沿水库文物保护的考古调查、评估；完成中电投火电厂文物保护中的调查、勘探。

【博物馆】

国有博物馆共16家，均为综合性博物馆。青海省博物馆2008年经国家批准开始免费开放。2009年获国家批准免费开放的国有州（地市）、县级博物馆共12家：海北州民族博物馆、西海郡博物馆、海南州民族博物馆、黄南州博物馆、海西州民族博物馆、格尔木市博物馆、西宁市博物馆、乐都博物馆、民和博物馆、互助博物馆、湟中博物馆、贵德县博物馆。

国有非文物系统博物馆数量1个：青海省国土资源厅博物馆。

非国有文物系统博物馆3个：青海省阳光医学历史博物馆、青海藏医药文化博物馆、青海雪域民俗博物馆。

藏品数量：藏品总数128241件，珍贵文物2469件，一级文物282件。

2009年收集、整理、鉴定社会流散文物200余件（套），征集文物100余件（套）。

博物馆陈列展览数量：2009年，各级博物馆举办陈列展览共计41个，延续2008年临时陈列展览共计55个：其中青海省博物馆2009年度举办陈列展览数量1个，延续2008年临时陈列展览数量34个；青海柳湾彩陶博物馆2009年度举办临时展览1个；青海民俗博物馆2009年度举办陈列展览15个，延续2008年临时陈列展览数量1个；格尔木博物馆2009年度举办陈列展览数量1个；贵德县博物馆2009年度举办陈列展览数量1个，延续2008年临时陈列展览数量1个；海南州博物馆2009年度举办陈列展览3个；海西州博物馆2009年度举办陈列展览3个，延续2008年临时陈列展览数量1个；互助县博物馆2009年度举办陈列展览7个，延续2008年临时陈列展览数量7个；黄南州博物馆延续2008年临时陈列展览数量2个；湟源县博物馆2009年度举办陈列展览1个，延续2008年临时陈列展览数量2个；湟中县博物馆2009年度举办陈列展览1个，延续2008年临时陈列展览数量2个；乐都县博物馆2009年度举办陈列展览3个，延续2008年临时陈列展览数量3个；民和县博物馆2009年度举办陈列展览1个，延续2008年临时陈列展览数量2个；西海郡博物馆2009年度举办陈列展览2个。

博物馆参观人数：全年省博物馆免费开放接待观众60余万人次，其中青少年约20万人次。全省各级博物馆全部免费开放，无门票收入。

青海省共有文物商店1个，从业人员12名，其中中级职称2人，文物库存数量是4792件（套），2009年度增加了73件（套），共销售183件（套），销售额为8.8万元。

【文物保护科技与科研】

青海省文物考古研究所是青海省唯一的具有考古发掘资质的文物保护科研机构，在编人数43人，其中具有考古发掘个人领队资格6人，高级职称7人。

2009年抽调部分业务人员，在瑞士阿贝格基金会派遣专家指导下，继续对海西州郭里木乡夏塔图出土的唐代吐蕃丝织品进行了室内清洗和保护。派3名文物科技保护业务人员，赴杭州参加丝织品保护培训班。

【文博信息化】

2009年度重大文博信息化项目：

1. **第三次文物普查**

2009年是第三次全国文物普查的关键之年，即田野调查阶段。青海省“三普”领导小组及其办公室通过强化组织领导，充实工作力量；召开专题会议，总结经验，寻找差距；加强检查指导，推进田野调查工作；积极争取国家文物局和兄弟省份的支持，开展“对口支援”；多方筹措资金，奖励先进，鞭策后进；强化文物普查工作宣传等有效工作措施，全力推进文物普查工作，取得了阶段性成效。截至2009年12月31日，全省各级参加“三普”工作人员合计218人，一线普查队员合计201人，2009年累计到位文物普查经费282.85万元，其中中央财政补助经费116万元，省级财政到位61万元，共有4个地市级财政到位19.65万元，42个县级财政到位86.2万元；全省县级行政区域全部启动了实地文物调查，共有17个县级行政区域完成实地文物调查，全境普查完成率为89%，居全国第五位，共调查登记不可移动文物4824处，其中新发现1725处，复查3099处。

2. **长城资源调查**

青海明长城资源调查工作验收之后，其调查报告编写工作已开展。其他时代长城资源调查方案已上报国家文物局，环青海湖五县的长城资调查已按计划有序展开。

3. **丝路申遗**

青海省文物局组织相关单位继续开展青海段的“申遗文本”和规划文本的资料补充、图纸测绘工作。根据国家文物局《关于提交丝绸之路申报世界文化遗产补充材料的通知》要求，积极向中国古迹遗址保护协会、中国建筑设计研究院建筑历史研究所等单位提供西海郡故城、伏俟城、热水墓群、日月山故道等申遗点的文字、图片、考古资料等工作，进一步完善“申遗文本”和规划文本，确保申遗工作顺利推进。

4. **文物调查及数据库管理建设项目**

2009年2月20日，青海省成立了以省文化新闻出版厅厅长曹萍为组长的项目工作领导小组，并向国家文物局上报项目实施方案；2009年11月18日向全省相关单位下发了《关于开展全省文物调查及数据库管理系统建设项目工作的通知》，委托青海省博物馆承担项目工作，省博物馆针对具体工作，拿出了具体工作实施方案，成立了专家鉴定小组、影像拍摄小组、数据采集审核小组、录入上报小组，安排了各小组工作任务和工作进度。同时，省文物局下发了纸质采集表及填表说明，要求各单位做好文字及数据的采集工作。由于青海省多年来未对馆藏文物进行过全面统一的鉴定，致使2006年前的珍贵文物定级标准较乱，数据不准确，为此，项目领导小组克服时间紧、任务重的困难，组织青海省文物鉴定委员会专家于12月7日开始对全省3562件珍贵文物进行鉴定，并对采集表做了初步审核。

【政策法规与宣传】

青海省文物局起草了《青海省宗教寺庙文物管理办法》《青海省文物安全管理条例》《青海省配合基本建设工程文物保护管理办法》《青海省文物钻探管理办法》《青海省移交罚没文物管理办法（征求意见稿）》，完成《青海省实施〈中华人民共和国文物保护法〉办法》立法调研工作。

2009年“5·18”国际博物馆日和6月13日“文化遗产日”期间，全省组织直属单位，联系6家省内媒体和教育部门，在西宁市新宁广场开展了形式多样、内容丰富的宣传教育活动。全省各文博单位也同时举办宣传活动，共展览图片1.5万余幅、印发宣传资料10万余份。通过设立现场宣传咨询点、图片展览、发放文化遗产宣传资料、开展专题讲座及文化遗产日书画展等形式，增强了广大群众的文化遗产保护意识。

【安全督察】

2009年，青海省积极安排部署博物馆及各类古建筑、考古发掘工地的防火、防盗等安全工作，对重点单位和古建筑安全工作进行了巡回检查，对存在的问题进行了整改，增强了“文物安全无小事”的意识。2009年配合公安机关开展涉案文物鉴定工作7次，鉴定涉案文物66件套。完成上报国家文物局基层文物安全监管机构情况调查及全国重点文物保护单位和重点博物馆安全情况调查。完成《青海省实施〈中华人民共和国文物保护法〉办法》的立法调研工作，加强文物法制建设，提升法规建设和制度建设，使文物工作进一步纳入法制化、规范化、制度化的轨道。

积极协调处理文物保护工作中的突发事件。对9月8日《中国青年报》网上关于《青海民和大量新石器时代文物被私藏贩卖》的报道文章，国家文物局及青海省文化和新闻出版厅领导高度重视，省文物局及时向当地政府主管部门了解核实相关情况，会同省公安厅刑警总队成立专案调查组赴民和展开调查，共查扣文物43件，并就收藏家协会的问题向民政部门进行了核实。同时，继续积极加强与公安、工商等有关部门的联系，根据青海省文物安全形式，适时在重点地区开展打击文物违法犯罪的专项活动，进一步规范文物市场管理。

【文博教育与人才培养】

组织全省各级领导和专业干部10余人次，分别参加了国家文物局主办的“文物调查及数据库管理系统建设项目藏品影像信息采集标准规范和技术应用培训班”“文物调查及数据库管理系统建设项目数据审核培训班”“全国工业遗产保护利用现场会”“新修订《田野考古工作规程》培训班”“第三次全国文物普查实地文物调查阶段验收试点工作”“2009年度第三次全国文物普查西部六省区工作会议”“文物保护立法调研”“青藏地区文物进出境审核鉴定培训班”“2009年全国文化文物统计工作会议暨制度及软件培训班”“丝绸之路跨国申报世界遗产区域协商委员第一次会议”的学习。

【机构与人员】

截至2009年底，青海省文博单位共35个，其中博物馆16个，占全省文博单位总数的46%；文管所18个，占总数的51%；文物商店1个，占总数的3%。全省文博单位中，省级单位5个，占15%；州级单位5个，占15%；地市级单位2个，占6%；县级单位22个，占64%。

截至2009年10月，青海省从事文博事业的专业、专职人员260余人，其中具有高级职称的26人，中级职称的80余人，有文物保护管理及收藏研究单位42个，收藏有珍贵文物8700余件（其中不包括约4万余件近两年考古发掘出土文物和馆藏未鉴定文物），纳入国家一级文物建档数据库的397件。

取得一级文物保护工程施工资质的有青海塔尔寺古建筑工程有限公司，项目负责人是扎西尖参。

取得考古发掘资质的单位：青海省文物考古研究所。

取得考古发掘领队资格的人员：许新国、任晓燕、王倩倩、肖永明、胡晓军、吴平。

取得可移动文物修复资质单位：青海省博物馆取得可移动文物修复资质乙级资格，主要业务范围为玉器、石器、陶器、铜器、织绣的修复，档案文书类文物技术保护设计。

宁夏回族自治区

【不可移动文物】

2009年，宁夏不可移动文物保护体系日臻完善，以抓好丝绸之路联合申遗、推进行业专题博物馆建设、第三次全国文物普查田野实地调查和战国秦长城田野调查为工作重点，组织完成了《宁夏银川市贺兰山贺兰口贺兰山岩画保护总体规划》《宁夏固原市须弥山石窟文物保护规划》《拜寺口双塔保护规划》《同心清真大寺保护规划》编制工作。宁夏第三次全国文物普查实地调查阶段工作已于2009年底如期完成。完成了宁夏战国秦长城田野调查工作。实施一批重点文物保护单位的维修保护工程。截至2009年12月，宁夏共有不可移动文物4569处（包括第三次全国文物普查新增加数量），有各级文物保护单位293处，其中全国重点文物保护单位18处，自治区级文物保护单位98处，市、县级文物保护单位174处。20处文物保护单位拟申报第七批全国重点文物保护单位。水洞沟遗址和西夏陵被列入全国100处大遗址。须弥山石窟、开城遗址、固原古城、和固原北朝—隋唐墓地列入“丝绸之路跨国联合申报世界文化遗产”推荐名单。贺兰山西夏王陵风景名胜区进入首批13家中国国家自然与文化双遗产名单。

按照国家文物局《关于做好申报第七批国保单位的通知》要求，组织开展了第七批国保单位申报工作，对全区各市、县拟申报的33处文物保护单位的价值评估、保存现状、保护范围、建设控制地带等相关材料进行检查指导，确保按时完成第七批全国重点文物保护单位申报。

完成了宁夏回族自治区文物保护单位贺兰县宏佛塔、银川玉皇阁的维修工程，永宁纳家户邦克楼、石嘴山市北武当寿佛寺维修工程已开始实施。

积极配合固原市开展古丝绸之路宁夏段原定4个遗产点的环境治理，全面完成了工程保护管理设施、看护和管理用房、防范自然灾害设施等全部工程建设，会同宁夏回族自治区发改委对工程进行了初验。同时，根据申遗需要，把固原博物馆纳入联合申报遗产点，完成了馆舍改建工程，联合申遗点维修改造。

宁夏回族自治区被列入全国100处大遗址名单的有水洞沟遗址、西夏陵。2009年开始实施了西夏陵4号陵抢救性保护工程。

【考古发掘】

2009年，宁夏文物考古工作积极配合西气东输二线、高速公路、宁夏电网等重大基本建设工程考古发掘为主，继续组织对西气东输二线沿线文物点的调查，集中力量对该管道沿线中宁—彭阳段进行了考古勘探和发掘。勘探和发掘了彭阳新集乡小河湾秦汉遗址、固原原州区南塬汉—北朝墓地、原州区清河镇阎家庄汉代城址、中卫海原石岘子汉墓、原州区开城镇柳沟新石器时代遗址、原州区大马庄唐宋墓地和窑址等。截至2009年底，共对西气东输二线工程宁夏段考古调查360公里，考古勘探遗址、墓葬11处，共计769500平方米；发掘遗址、墓葬8处，其中遗址6500平方米，墓葬60余座，窑址1座。出土了一批“五铢”铜钱、铜镜、陶灶、陶罐、玉蝉、弩机、平裆鬲、袋状铲足分裆鬲、鬲足、陶斧、陶盆、瓦当、夹沙灰陶器、青铜器、铁器、石器等，为研究宁夏南部地区和我国北方地区同类文化遗存提供了重要的实物资料。

1. **彭阳小河湾遗址**

小河湾遗址2008年10月西气东输二线考古调查时被发现，位于彭阳县新集乡下马洼村东部的冲积台地上，东北距彭阳县城15公里，遗址被大河、小河、驮龙河所环绕，均为茹河上游的支流。遗址中心区位于沟口—青峰的北部，面积约40万平方米。另有与遗址相关的圪垯峁墓地和秦沟墓地两处。

遗迹主要为灰坑，另有壕沟、水井、道路、房址、瓮棺葬等，发现灰坑177个、水井4眼、道路3条、房址1处，方形，为宋代建筑。通过对出土的鬲、釜、罐、盆等主要器型与中原同类器的比较，初步认为该遗址的时代上限在战国中期，下限到西汉早期或中期。

圪垯峁墓地位于遗址的东北部、小河的北部。据调查，墓地面积约3万平方米，部分墓葬村民平整土地时被毁；秦沟墓地位于遗址南3000米的大河南部山前台地及其山坡上，墓地范围从山坡中上部直至山前台地，面积约40多万平方米。出土了陶器、瓦片、瓦当、铁器、石器和少量的铜钱、骨器。另出土大量的残碎动物骨骼，种属有马、牛、羊、鹿、狗等。陶器以罐、盆、釜、鬲为主要器型，瓮、壶等较少。铁器有削、斧、铲、凿等。

该遗址位于北方草原文化和中原农业文化的交汇处，是宁夏首次大面积发掘的秦汉时期遗址，为研究宁夏南部秦汉时期文化构成、文化交流和民族构成等提供了重要的资料。

2. **中卫石砚子墓地**

中卫石砚子墓地位于中卫市高崖乡石砚子村东南的荒地中，距村子约600米，东侧紧临福银高速公路。该墓地位于海原县城东约45千米，同心县城南侧约18千米处。2008年9月份，为配合西气东输二线管道工程，宁夏文物考古研究所对管道沿线内的中卫市海原县石砚子墓地进行了抢救性清理发掘。共发掘墓葬10座，其中8座为汉墓，2座为元墓。8座汉墓有3类：竖穴土坑墓仅有M4一座，长斜坡墓道土洞墓有M1、M2、M7、M8、M9五座，长斜坡墓道砖室墓有M3、M10两座。M5、M6为元墓，均为竖穴小斜坡墓道土洞墓。M4未遭盗扰，棺木腐朽严重，仅存痕迹，棺内有人骨架一具，头向朝东，腐朽严重无法辨识性别。随葬器物有泥质灰陶罐3件，其中一陶罐中装有小兽骨骸，另还有随葬羊骨数块；M2封门已遭盗扰破坏，仅余较多的石块，墓室内原有木柱，现已不存，仅余孔洞，部分孔洞内有朽木痕迹，墓室内人骨凌乱分布；M7被M6打破，封门处发现有盗洞，封门被破坏不存，墓室内发现有棺椁各一套，椁木部分保存较好，棺木腐朽严重，骨架散乱分布于墓室内；M3墓室前部有一盗洞，封门保存较好，未遭破坏；M10顶部发现有盗洞痕迹，封门保存较好。

M1、M2、M7、M8、M9、M10六座墓葬墓道内的工具痕迹较为明显，其他的墓葬在清理时工具痕迹无法辨识。可辨识的工具痕迹长约20至35厘米，宽3至5厘米，深约1厘米。

8座汉墓除M4外均有不同程度的盗掘现象，土洞墓盗洞多在封门处，封门遭破坏不存；砖室墓盗洞则直接出现在墓室上部。汉墓常见器物有罐、壶、灶、铜镜等。部分墓葬内出土有博山炉、弩机等。

3. **固原闫家庄汉代城址**

固原城东、北、南三面环山。在城西南的白马山与固原城之间有一片开阔平坦的塬地，塬地南北宽约6公里、东西长约9公里，闫家庄汉代城址位于此塬北部，北约2公里处为战国秦长城，南部为固原南塬北朝、隋唐墓地 。城址地处固原市原州区清河镇闫家庄—大堡村之间。城址处于开阔的塬地，地势较为平坦，地表现为耕地，种植有玉米、土豆、小麦等农作物。为配合西气东输管道工程建设，2009 年 5 月宁夏文物考古研究所对管道所经城址西侧部分以及城址墙体部分进行考古勘探，勘探面积 194000 平方米。

此次发掘仅限于西气东输管线所占地，发掘区位于城址西侧，距离城址西墙 3 ~ 10 米，远离城址中心区域，因此发现遗迹较少，主要为汉代遗迹，有窑址 2 座，窑址形制大致相同，由操作间、窑门、火塘及窑室构成；灰坑 44 个，以长方形及不规则圆形灰坑为主，坑口多不规则，坑壁较不规整，多为平底。出土器物以绳纹板瓦居多，有部分筒瓦、陶器残片等；灰沟（排水沟）2 条；另外城墙与城壕之间发现有宋代遗迹，主要为一处房址，由三间小房间构成，三间房屋有门道相连，其中南部一间较大；此外发现在城址内西南发现一座墓葬，坐南朝北，由墓道、墓室构成，墓道为竖穴土坑式，墓室为土洞室，平面为长方形，圆弧形顶。单人葬，葬具为木棺，残存板木朽痕。人骨保存较好，仰身直肢，头南足北，头骨扰至棺木南端，在墓主人右肩部放置有陶罐一件。

出土文物陶、铁、铜、石器等标本 300 件（套），主要以陶器、铁器居多，另外，出土有少量钱币。陶器，汉代遗迹出土绳纹板瓦、筒瓦、陶器盆、罐、纺轮；瓷器，出土较少，主要为宋代及明清瓷片；铁器，以农具、铁刀、削居多；钱币，有半两、五铢、货泉、开元通宝；此外，出土有数枚铜、铁箭镞。

【博物馆】

2009 年，宁夏博物馆事业稳步向前推进，行业专题博物馆建设步伐加快，博物馆基础工作扎实推进，展览有新亮点，已建成和充实完善 51 座独具特色、形式多样、内容丰富的行业专题博物馆，基本构建起覆盖宁夏的博物馆网络。根据《宁夏博物馆事业发展规划》，到“十一五”末，宁夏建成行业专题博物馆 60 座，实现每 10 万人拥有 1 座博物馆的目标。宁夏文物局在自治区有关厅局和各市县区的协助推动下，截至 2009 年底，在行业和社会力量的广泛参与下，建成反映宁夏民俗民情、民间文化、医药、独特自然地理资源开发利用、重要历史特别是革命历史等为重点的各类博物馆 8 座：宁夏民俗博物馆、长城博物馆、古方中医药博物馆、六盘山生态博物馆、宁夏军区军事博物馆、宁夏民间文化博物馆、沙漠博物馆、陕甘宁预海县回民自治政府办公旧址；另有 12 行业专题博物馆已开始建设，分别是贺兰山生态博物馆、水洞沟遗址博物馆、红寺堡移民博物馆、宁夏农垦文化馆、石嘴山博物馆、须弥山石窟博物馆、石空寺石窟文物陈列馆、灵武会盟楼博物馆、枸杞博物馆、吴忠回民民俗博物馆、隆德博物馆、108 塔佛教文化陈列馆。

建成的行业专题博物馆，按地域划分：银川市 25 座、石嘴山市 7 座，吴忠市 9 座，中卫市 2 座，固原市 8 座；按照投资主体划分：各级政府建设 26 座，行业单位建设 15 座，民营博物馆 10 座；按照主题和行业划分：涉及工农业生产、交通、电力、通信、科技、医药、自然地理资源开发利用和革命历史等多个门类。基本形成了以宁夏博物馆为龙头，各行业专题博物馆为支撑的现代博物馆体系的雏形。初步实现了宁夏回族自治区党委、政府提出的政府规划指导，社会广泛参与，鼓励和支持各地区、各行业依托地域和行业优势，大力创建专题博物馆，构建门类齐全、风格多样、布局合理、功能完善的博物馆体系第一阶段的建设目标。

2009 年，宁夏对外开放的博物馆、

纪念馆共举办学术性、专业性、知识性、趣味性、观赏性为一体的展览 47 个。宁夏文物局还部署开展文物调查及数据库管理系统建设项目，并按照国家文物局的要求，首先将宁夏博物馆作为试点，逐步展开此项工作。

2009 年，宁夏文物单位共有馆藏文物 83813 件（套），其中国家一级文物 367 件（套），二级文物 3412 件（套），三级文物 7507 件（套）。本年度征集各类文物 4586 件（套），修复文物数量 150 件（套）。

截至 2009 年 12 月，宁夏各级各类博物馆、纪念馆根据自身特点和优势，举办各种展览 48 个，投入陈列经费 4000 余万元。宁夏对外开放的 16 处文博单位 2009 年接待观众 170 余万人次，其中青少年观众 17 万人次。宁夏博物馆、固原博物馆除举办“盛世回乡——中国（宁夏）回族精品文物展”“吴焕宇黑水城遗址出土释迦牟尼壁画摹本展”“宁夏 2009 社科普及宣传系列活动暨宁夏哲学社会科学成果展”“民族瑰宝 书苑奇葩——首届全国（宁夏）阿拉伯文书法艺术展”“与鹤共舞——孙正东油画作品展”等展览外，还举办了“巧手绘六盘、巾帼展才艺、廉风进万家”才艺展、“庆祝建国 60 周年、大力弘扬不到长城非好汉的六盘山精神暨学习实践科学发展观活动”书法展、“原州区庆祝新中国成立 60 周年摄影、书画、非物质遗产保护成果展”等专题展览；还与其他省、市博物馆合作在广西民族博物馆举办“西部记忆——五自治区博物馆民族历史文物精品联展”，在云南昆明举办“回乡漫步——宁夏回族民俗展”，在福建举办“塞上古韵——宁夏文物特展”，在香港举办“宁夏丝绸之路文物展”，在意大利、比利时联合举办了“丝绸之路文物展”。这些展览满足了广大群众的不同需求，取得了良好的社会效益。2009 年 10 月，宁夏博物馆报送的“朔色长天——宁夏通史陈列”夺得第 8 届全国十大陈列展览精品最佳设计奖，这是宁夏在陈列展览方面的一次重大突破，对宁夏陈列展览技术的发展具有深远意义。

【学术研究】

2009 年，宁夏文物工作者在省级以上刊物发表论文 65 篇，在全国性学术研讨会提交学术论文 3 篇，论文《胡汉之间》获宁夏回族自治区人民政府社会科学优秀成果一等奖。出版了《北周田弘墓》《开城安西王府遗址勘探报告》《博苑秋实——宁夏博物馆成立五十周年纪念文集》《走进宁夏博物馆》等学术著作。出版图录《吴昌硕书画展》《贺兰山阙：宁夏丝绸之路》。《固原历代碑刻》一书出版前的各项工作已完成。

【战国秦长城资源调查】

根据国家文物局关于长城资源调查工作的进度安排，2009 年 5 月中旬，在宁夏文化厅、文物局主持下，由宁夏考古所组织成立了早期长城资源调查队，于 6 月初展开了野外调查工作。宁夏长城以战国秦长城为主，其最早为战国秦昭王时期所筑，距今已有 2200 多年。它西起甘肃临洮，东北至内蒙古包头西北，宁夏境内部分长近 200 公里。整体为黄土夯筑，从西向东穿越宁夏固原市的西吉县、原州区、彭阳县，东西两端分别与甘肃省镇远县、静宁县境内长城相接。

宁夏战国秦长城调查工作从彭阳县东端孟塬乡与甘肃省镇原县交界处的战国秦长城米岔塬 1 号敌台处开始，向西经彭阳县、原州区、西吉县三县区 12 个乡镇 59 个行政村，共计调查长城墙体 121 段，长 195769.4 米。按县域统计，彭阳县墙体长 52923 米，原州区墙体长 98982.4 米，西吉县墙体长 43864 米；不分县域，按保存状况统计，保存较好段长6574米，保存一般段长6992.8米，保存较差段长16231米，保存差段长69325.6米，消失段长96646米。沿线还调查敌台170座，城址37座，烽火台14座。沿线采集有效GPS点645处，采集文物标本450余件。另外，在原州区以往所谓的“内城”沿线调查确认宋代长城12段，长23799米。11月~12月间，调查队还对红寺堡文物普查中新发现的长城进行了复查，沿红柳沟在徐冰水至鸣沙三十余公里范围内调查发现人工墙体5段，共计长5530米，即明代所谓的“徐冰水新边”。沿线调查的30余座城址，大部分为战国至秦汉时期城障，规模较小，面积仅数百平方米，相距数公里，以固原长城梁段保存较好。另有数座城址，如三里河城址、火家集城等规模较大，为宋代修筑或沿用。沿线敌台彭阳、西吉境内未经修缮者皆为卧鲸状，台体规模较小，而固原城北长城梁上一段敌台密集，呈四角方台状，外侧壕沟浚阔，经剖面发掘证明为明代时期维修加固过。

至此，这项调查工作告一段落，开始按照国家标准和要求，对田野调查资料进行自查和系统的梳理、整合，并撰写调查报告和工作报告。

通过长城资源调查工作，全面准确掌握宁夏历代长城的规模、分布、构成、走向及其时代、自然与人文环境、保护与管理现状等基础资料，测量长城长度、长城基础地理信息和长城专题现状要素数据，建立科学、准确、翔实的长城记录档案和长城资源信息系统，为编制宁夏长城保护规划、开展长城保护工程、加强保护管理和进行科学研究提供依据。

【第三次全国文物普查】

根据《国务院关于开展第三次全国文物普查的通知》要求和国家文物局统一部署，宁夏第三次全国文物普查实地调查阶段工作自2008年4月7日正式启动，于2009年底全部如期完成。本次文物普查覆盖了全区5个市22个县（市、区）、232个乡镇（街道办）、2382个行政村（居委会），全区共登录不可移动文物3870处，其中新发现2493处，复查1377处，复查确认消失155处。从文物类型上看，古遗址2235处，古墓葬418处，古建筑368处，石窟寺及石刻115处，近现代重要史迹及代表性建筑717处，其他17处。新发现的宁夏黄河青铜峡拦河大坝、青铜峡双曲砖拱拱形粮仓、青铜峡水利电力部“五七”干校、彭阳新集乡小河湾秦汉聚落遗址、彭阳王洼镇大庄秦汉聚落遗址、彭阳祁家梁头新石器时代遗址、中卫北长滩细石器文化遗址、盐池县第一口油井——大21井、同心县麦垛山清真寺、西吉县马其沟城址、原州区禅塔山石窟、中宁龙坑汉墓群等都是具有重要文物价值的新发现。

2007年以来，宁夏回族自治区人民政府三次召开全区第三次全国文物普查领导小组扩大会议，研究部署全区文物普查工作，与五个地市政府签订了《宁夏第三次全国文物普查目标责任书》，各市县区也相继签订了目标责任书。2009年7月2日，自治区政府召开专题会议，作出“认真对照检查，切实加以整改；加大工作力度，落实保障措施；组织专项督察，确保工作质量；加强组织协调，形成工作合力”的决定，并要求每月定期向政府汇报普查工作情况，有力地推动了全区普查工作的开展。

为了提高普查质量和效率，宁夏回族自治区普查办先后举办了“第三次全国文物普查培训班”、“第三次全国文物普查技术培训班”，采取了自治区培训和市、县级培训相结合、理论学习与实地调查相结合的方式，集中对全区文博系统的领导和业务骨干开展了一系列培训。通过试点，达到以试代训、锻炼队伍、掌握技术和规范的目的，为文物普查实地调查工作的全面展开奠定了重要基础。截至2009年10月，共举办各级各类普查培训班12期，培训业务骨干200余名。随着普查工作有序开展，普查队伍不断发展壮大，普查质量逐步提高。

2009年年底，全区实地调查工作完成后，根据国家文物局《第三次全国文物普查实地文物调查阶段工作验收指导意见》，及时制定了《宁夏第三次全国文物普查实地调查阶段检查验收规范和办法》《宁夏第三次全国文物普查验收报告》。2009年11月，在青铜峡市召开了全区第三次文物普查实地调查阶段验收观摩会，聘请专家组专家深入普查现场，按照普查规范对普查方法、年代断定、资料整理等方面工作进行检查指导，与各市县普查队员一起进行总结交流，对下阶段的验收工作起到示范作用。

在落实普查经费方面，除了国家文物局支持的设备购置费、培训费、国家级贫困县野外调查补助费外，宁夏各级财政克服困难，对文物普查工作给予了经费支持，将“三普”经费列入年度财政本级预算，并予以拨付。各市县区克服困难，积极筹措资金，积极支持“三普”工作。自第三次全国文物普查启动至2009年底，全区累计到位文物普查经费300余万元。

【政策法规与宣传】

2009年进一步完善了宁夏地方文物法规体系，健全完善考古发掘调查、馆藏文物、社会文物、文物安全责任体系。建立和完善行政执法与文物安全各项执法检查制度，加大了文物保护法宣传力度，加强了文物行政执法力度，加强了与公安部门的密切协作，建立和完善了部门联合打击文物犯罪的长效机制，加大了打击文物犯罪的力度，积极查办各类文物违法案件，沉重打击了犯罪分子的嚣张气焰。加大了对文物单位安全和消防的检查力度，切实提高文物单位的安全防范意识，确保文物安全。为加强岩画的保护和管理，依据《中华人民共和国文物保护法》和《宁夏回族自治区实施〈中华人民共和国文物保护法〉办法》，颁布了《西夏陵保护条例》《银川市贺兰山岩画保护条例》。宁夏文物局起草了《宁夏回族自治区岩画保护条例》，各项立法已经启动。根据国家文物局的部署和要求，宁夏文物局还组织相关人员定期对全区文博单位贯彻落实《宁夏回族自治区实施〈中华人民共和国文物保护法〉办法》执行情况进行检查。通过检查全面了解了宁夏文物保护工作情况，对进一步落实文物保护法律法规、加强文物保护工作提出了新的要求。

制定印发了《宁夏文物安全事故行政责任追究规定》《宁夏文物收藏单位文物安全工作规范及检查标准》《宁夏文物违法事件安全事故报告制度》《宁夏文物局突发事件应急预案》《宁夏回族自治区文物安全工作规范及检查标准》《文物行政处罚程序》等规章制度。为便于文物安全和文物行政执法人员依法行政，宁夏文物局编印了《文化遗产保护法律法规汇编》。

【安全督察】

为了依法严厉打击文物违法犯罪活动，坚决遏制盗掘古墓葬、古遗址的案件发生，全面落实文物安全保卫工作责任制度，确保宁夏文物安全。2009年，宁夏文化厅会同公安厅在全区开展打击盗掘古墓葬、盗窃田野文物和非法买卖地下出土文物等违法犯罪活动专项行动。同时，继续在全区文物系统推行文物安全和消防安全责任制，下发《关于联合开展文物单位消防安全大检查通知》，成立自治区文物单位消防安全检查领导小组，组织对直属文博单位和全国重点文物保护单位进行安全大检查，并对重大文物隐患和消防安全管理存在的重大问题进行汇总分析，通报各地工作开展情况，并制定相应的科学的整改方案，有效遏制事故的发生。

2009年，加强了文物行政执法工作，依法查处破获了一批文物违法案件。在宁夏各市县文物部门的配合下，公安机关成功破获彭阳马氏父子盗掘汉代古墓案、海原县西安镇湖湾村盗掘古墓案、青铜峡市西夏古墓被盗案，抓获犯罪嫌疑人10名，追缴大量文物；先后有8名盗墓分子受到法律的严惩，严厉打击和震慑了文物违法犯罪分子的嚣张气焰，确保了全区文物安全形势的总体稳定。在积极配合公安机关侦破文物案件的同时，组织专家对3起案件中涉案物品进行鉴定，为公安、司法部门打击文物犯罪提供了量刑的依据。

2009年，宁夏文物行政执法督察力度进一步加大，宁夏文化市场行政执法总队文物执法监察队共出动执法人员1183人次，执法车辆164车次，重点查处额托克前旗宁东煤炭公司公路建设穿越长城破坏长城案；及时纠正大武口区兴民村道路规划对长城造成隐患等文物违法、违纪案件，并联合公安、工商等部门开展了集中整顿和规范文物市场的专项行动，切实维护良好的文物经营秩序。在国家文物局组织的全国第二届文物行政处罚案卷评比活动中，宁夏文物局荣获组织奖。

【机构与人员】

2009年，宁夏共有文物保护管理机构29个，从业人员519人，具有高级职称的29人，比2008年增加了6人；中级职称的89人，比2008年增加了22人；安全保卫人员63人，孙昌盛、陈伟、朱存世、樊军、周赟获得国家文物局颁发的考古发掘个人领队资格。

灵武市荣获“全国文物工作先进县”光荣称号 。马汉夫、马振福等20人获得国家文物局颁发的“文物、博物馆工作30年荣誉证书”。

为提高基层文博单位业务人员素质和水平，2009年5月，宁夏文物局举办了全区市县文博单位管理干部和全国重点文物保护单位机构负责人培训班，基层文博单位80多人参加培训，系统学习了《文物保护法规与文物行政执法》等法律法规。通过深入扎实的法制宣传教育，进一步增强了全区各市县文物行政管理机关以及所属各基层文博单位依法管理和服务社会的能力和水平。

【对外交流】

2009年2月，协助中国文物交流中心等有关单位筹办赴比利时“丝路文物展”，与香港中文大学在香港举办“宁夏丝绸之路文物展”，外展文物总数105件，其中一级文物有：鎏金银壶、玻璃碗、金戒指、环首刀、金覆面、鄂托饰、镶绿松石金条饰、金币、拓片等。

为加强两岸文化交流，进一步扩大宁夏岩画的影响，增进台湾文化业界人士对中国石器时代古岩画的了解，2009年10月6日~11月8日，宁夏岩画研究中心在台北县立十三行博物馆举办了“跃出草原——宁夏岩画特展”。以岩画图片（筛选了具代表性的岩画图片资料，其中包括太阳神、狩猎、祭祀、图腾组图、动物组图等多幅）、遗址分布图、珍贵的岩画拓片、文字说明、岩画实物等形式，充分展示了宁夏岩画的美与神秘。宁夏岩画参访团一行9人于2009年11月1日~10日赴台湾举行了一系列文化交流活动。此次展览不仅加深了台湾观众对宁夏历史文化内涵的了解和认知，提高了宁夏的知名度，对促进海峡两岸文化交流与研究起到了积极的推进作用。

【文化遗产日宣传】

为了组织好2009年“文化遗产日”暨“宁夏长城保护日”宣传活动，宁夏文化厅制定了《宁夏2009年“文化遗产日”暨“宁夏长城保护日”活动方案》，对全区文化遗产日宣传活动进行了安排部署，文物局专门印发了通知，要求各市县文物部门和区直文博单位，在文化遗产日前后结合重点工作和各地、各单位实际，组织开展内容丰富、形式多样的宣传活动。

遗产日当天，全区各地同步举办了集中宣传活动。各市、县都在人流集中的广场搭起了宣传“文化遗产日”暨“宁夏长城保护日”的彩拱门、挂起气球、横幅标语，设置了宣传点，展出了图文并茂的展板，摆放了由宁夏文物局印制的《文物保护法律法规选编》《关于严厉打击盗掘古遗址和非法买卖地下文物的通告》等法律、法规宣传资料，全方位向公众介绍我国文化遗产保护相关方针政策、宁夏文化遗产保护成果、重要的非物质文化遗产资源等，吸引了大量的观众。

由宁夏文化厅、银川市人民政府联合举办的2009年“文化遗产日”暨“宁夏长城保护日”宣传庆祝仪式在银川市文化城举行。宁夏回族自治区人大常委会副主任冯炯华、自治区政协副主席安纯人、中国民间艺术家协会副主席张昌、自治区党委宣传部副部长尤艳茹、自治区文化厅厅长杨玉经、副厅长陶玉芳等领导出席宣传活动。区直文化、文博单位干部职工及群众数千人参加活动。在活动开幕式上，宣布了自治区人民政府公布的第二批自治区级非物质文化遗产代表作名录，表彰了全区文化遗产保护先进集体和个人。出席活动的领导为中卫市香山乡南长滩村颁发了由国家住房和城乡建设部、国家文物局颁发的“中国历史文化名村”牌匾，为全国泥塑展揭幕并参观了展览。

在宣传活动现场，宁夏文化厅、文物局及区直文化、文博单位以展版形式全面介绍了一年来文化遗产事业特别是丝绸之路申遗、长城资源调查、第三次文物普查、博物馆免费开放、非物质文化遗产保护等重点工作所取得的成绩。

参加宣传活动的自治区法制办现场开展了文物法律咨询、自治区博物馆开展了免费鉴定文物等活动，吸引了大量观众。同时还举办了宁夏民间艺术、民间工艺展示、展演活动和民间刺绣培训班，中国泥彩塑的产业化发展方向研讨会。向公众散发了3000多份宁夏日报2009年6月12日专版《珍贵的文化遗产——宁夏岩画》，13日专版《保护文化遗产、促进科学发展》，中国文物报2009“文化遗产日”专刊等宣传资料。

通过举办“文化遗产日”暨“宁夏长城保护日”宣传活动，增强了社会各界保护文化遗产的意识，推动了宁夏文化遗产保护工作。

新疆维吾尔自治区

【不可移动文物】

截至2009年底，新疆维吾尔自治区共有文物点3969处，其中全国重点文物保护单位58处（古遗址25处，古墓葬18处，古建筑5处，石窟寺及石刻7处，近现代重要史迹及代表性建筑3处）；自治区级文物保护单位373处（古遗址195处，古墓葬79处，古建筑40处，石窟寺及石刻23处，近现代重要史迹及代表性建筑36处）；市县级文物保护单位1931处；其他未公布级别的不可移动文物1607处。

截至2009年12月31日，新疆维吾尔自治区第三次文物普查共调查登记不可移动文物9070处，其中新发现5801处，复查3269处。

1. **文物保护规划**

2009年度新公布的全国重点文物保护单位保护规划有8个：《新疆库木吐喇千佛洞文物保护规划》《克孜尔尕哈烽燧保护总体规划》《克孜尔尕哈石窟保护总体规划》《北庭故城遗址保护总体规划》《乌拉泊古城保护利用规划》《新疆维吾尔自治区焉耆县七个星佛寺遗址保护规划》《新疆维吾尔自治区喀什市艾提尕尔清真寺保护规划》《新疆维吾尔自治区喀什市阿巴和加麻扎保护规划》。

2. **文物保护工程**

新疆维吾尔自治区文物保护专项经费投入375万元，实施哈密市小南湖佛塔及巴里坤城墙加固工程、塔城双塔及伊山赛提清真寺修缮工程等14项文物保护工程。详细列表如下：

全国重点文物保护单位保护工程：哈密回王墓修缮工程、白杨沟佛寺遗址防洪坝项目、吐峪沟石窟抢险加固工程、伊犁将军府维修二期工程、阿日夏特石人墓保护设施工程、奴拉赛铜矿抢险加固、抢险防护工程。

3. **大遗址保护**

2009年2月，联合国教科文组织援助的库木吐喇石窟保护工程竣工会在北京举行。库木吐喇千佛洞完成防洪坝工程方案编制工作，并进入工程实施阶段，计划于年底完工。完成安防方案并报国家文物局批准。

项目名称	金额（万元）
小南湖佛塔及巴里坤城墙加固工程	30
塔城双塔及伊山赛提清真寺修缮工程	35
昌吉州四道沟村落遗址保护设施工程	20
阿勒泰海流滩古墓群保护设施工程	15
哈密市新麦德尔斯修缮工程	35
于田艾提卡清真寺修缮工程	40
巴州巴格希恩随木喇嘛庙修缮工程	55
疏勒县热比娅—赛依丁墓	30
夏克勒克封建庄园修缮工程	25
昭苏圣佑庙修缮工程	10
三海子墓葬及鹿石保护设施工程	15
林基路纪念馆修缮工程	5
玛纳斯陕西会馆修缮工程	30
台台尔石窟基础设施建设工程	30
合　计	375

北庭故城完成临时保护设施的拆除工作。安防工作已进入工程实施的准备阶段。委托敦煌研究院编制的壁画泥塑保护方案经国家文物局批准，该项目已进入实施阶段。2009 年 3 月，国家文物局局长单霁翔视察北庭故城遗址，对北庭故城的保护利用做了重要指示，要在国家文物局的支持下把北庭故城建设成国家考古遗址公园。

4. 考古发掘

完成西气东输二线的精河、乌苏、哈密、昌吉所涉及文物古迹的考古调查勘探发掘。库尔勒至库车铁路复线、喀什至和田铁路所涉及文物古迹考古勘探发掘。阿勒泰地区布尔津水库及引水工程青河萨尔托海水电站工程和克孜加尔水利枢纽工程所涉及古墓葬的考古调查、发掘工作。伊犁尼勒克引水电站建设涉及古墓葬的考古发掘。塔城地区白杨河水电站和昌吉阜康白杨河水电站所涉及古墓葬的考古调查工作。哈密东黑沟遗址等相关学术科研课题的主动性考古发掘。配合丝绸之路（新疆段）大遗址保护工程的高昌古城三期、台藏塔、柏孜克里克石窟、胜金口石窟的考古清理发掘工作。配合阿克苏地区库俄铁路建设沿线苏巴什古墓葬、可可沙冶炼遗址、提克买克冶炼遗址考古发掘。

5. 世界文化遗产

丝绸之路联合申报世界文化遗产工作进展顺利，按照国家文物局要求完成了申遗文本补充材料的收集整理工作。根据申遗工作的宣传要求，委托新疆画报社编辑出版了《丝绸之路世界文化遗产图录》。2009 年 3 月 18 日 ~21 日，国家文物局主办的“新疆坎儿井保护利用培训班”在吐鲁番召开，国家文物局局长单霁翔出席培训班并做了专题讲话。12 月 17 日，吐鲁番坎儿井保护工程启动，国家文物局局长单霁翔出席启动仪式，并作重要讲话。

2009 年 4 月，国家文物局在无锡举办“无锡论坛”，论坛主题是文化线路的保护研究，新疆文物局文物保护处处长乌布里·买买提艾力发表题为《丝绸之路总体价值研究》的演讲。11 月 3 日 ~6 日，国家文物局在西安召开“丝绸之路系列申遗协商委员会第一次会议”，会议重申包括新疆 12 个遗产地的丝绸之路，将按计划在 2012 年提交世界遗产大会审议。11 月 19 日 ~ 28 日，国家文物局在厦门举办“世界文化遗产地保护管理的理念与实践”高级培训班，新疆申遗相关单位的 9 名代表参加了培训。

【可移动文物】

1. 博物馆

2009 年，新疆维吾尔自治区文博系统共有 64 家博物馆，全部实行免费开放。从业人员 456 人，藏品总数 113578 件，其中一级文物 707 件，二级文物 1339 件，三级文物 4038 件。

2009 年国家拨付博物馆文物库房改造经费 1374 万元，免费开放资金 1627 万元，文物征集经费 200 万元，新疆本级财政配套博物馆文物库房改造经费 25 万元，免费开放配套资金 65 万元，文物征集 168 万元，安防 120 万，藏品保护 30 万。

2009 年新疆馆藏文物建档备案工作全部结束，文物调查及数据库建设项目基本完成。积极推进博物馆、纪念馆建设和免费开放工作。全面提升博物馆、纪念馆文物存放环境、展示服务功能和管理水平。加强人才队伍建设，加强博物馆行业管理。筹建新疆文物进出境审核管理机构，加强文物流通市场管理，加强对民间文物鉴定行为的规范管理。抓紧筹建新疆考古人类学博物馆、新疆维吾尔自治区博物馆二期工程的相关准备工作。

2009 年新疆文物系统共有 64 家博物馆，比 2008 年增加了 25 家博物馆。

国有非文物系统博物馆 2 家：新疆地质矿产博物馆、新钱币博物馆。

2009 年接收文物 768 件，征集文物 5505 件，修复文物 469 件。

博物馆举办基本陈列 77 个、展览 102 个，按单位性质分，文物科研机构 7 个，文物保护管理机构 25 个，博物馆 102 个；按隶属关系分，省（区）级 1 个，地州、市级 48 个，县市级 78 个。其中 2008 年延续陈列展览数量 35 个，2009 年度新举办陈列展览数量 77 个。

2009 年博物馆参观人数 273.8 万人次，其中青少年观众 105.3 万人次，外国观众 30 万人次，团体观众 70 万人次。因免费开放无门票收入。

2. 民间收藏文物

新疆维吾尔自治区文物局一直很重视社会文物的管理工作，新疆维吾尔自治区至 2009 年止尚无民间收藏文物机构，只有少数私人收藏，社会文物流通市场比较规范。

新疆维吾尔自治区文物拍卖企业仅 1 家——新疆华鼎国际拍卖有限公司，是二类文物拍卖资质企业。

新疆维吾尔自治区文物商店仅有 1 家——新疆文物总店，其文物库存数量 31309 件，无一级文物，其中 2009 年增加 651 件。

3. 文物保护与科技

2009 年，国家拨付 225 万元保护新疆博物馆藏品，其中新疆维吾尔自治区博物馆馆藏彩绘泥塑文物修复用了 200 万元，新疆文物考古研究所出土古尸保护用了 25 万元。

2009 年，新疆文物工作者发表论文 50 篇（省级及以上刊物公开发表），编写专著、图录 7 本。

【文博信息化】

2009 年，新疆文物调查及数据库管理系统项目、第三次全国文物普查及长城资源调查项目继续进行。

新疆维吾尔自治区文物信息中心机房建设已经完成，机房面积 200 平方米，专业人员 3 名，存储设备 10 个，安防消防设施完备，投入经费 80 余万元。

遥感、测绘等高科技信息技术已运用到第三次全国文物普查工作当中。

【政策法规与宣传】

2009 年，发布了《新疆维吾尔自治区人民政府关于进一步加强文物工作的意见》（新政发［2009］47 号）、《新疆维吾尔自治区人民政府关于公布新疆维吾尔自治区全国重点文物保护单位保护范围、建设控制地带的通知》（新政办发［2009］124 号）。

【文化遗产日宣传】

2009 年，编印了《自治区文物行政执法工作手册》（二），收录了包括《文物保护法》《文物保护法实施条例》《文物行政处罚程序暂行规定》《自治区实施〈文物保护法〉办法》《国务院办公厅关于西部大开发中加强文物保护和管理工作的通知》《自治区文物局行政许可事项》等与文物保护工作密不可分的法律法规、规范性文件 41 个并附新疆境内全国重点文物保护单位和自治区级文物保护单位名录、保护范围及建设控制地带，发送到各基层文博单位和有关部门，起到了积极的效果。2009 年，新疆维吾尔自治区文物局还利用《新疆文物》期刊增刊印发《新疆文物法制专刊》500 册，积极推动了新疆文物保护工作。

【安全督察】

2009 年，新疆维吾尔自治区文物局积极落实完成国家文物局组织的在全国范围内开展文物安全大检查工作，充分认识文物安全工作面临的严峻形势，进一步明确文物安全责任制，着重对涉及文物安全工作的突出问题进行检查。主要包括：安全保卫机构和队伍的建设、文物安全日常检查和监管、文物安全隐患排查治理、应急机制和安全预案的制定与演练、安全防范设施建设和达标、安全工作经费投入、文物保护单位和馆藏文物保护现状、文物安全突发事件信息上报、单位职工安全技能培训等。为庆祝建国60周年，确保文化遗产安全和文博单位的稳定，新疆维吾尔自治区文物局下发了《关于开展迎国庆文物安全检查工作的通知》，要求做到拉网式全面排查与重点要害部位深入检查相结合；日常巡查与重点抽查相结合；安全检查与隐患整改相结合；纵向到边，横向到底，不留死角和安全隐患，坚决遏制了文物安全事故的发生。

截至2009年底，新疆共发生文物案件7起。先后对玛纳斯县多木拉克脱拜古墓葬盗掘案、哈密市艾斯克霞尔南古墓盗掘案、吉木萨尔县北庭故城违规发掘、楼兰古墓葬被盗进行执法督察。4名进入楼兰地区的盗墓嫌疑人员已移交司法机关处理。伊犁霍城县自治区级文物保护单位索伦古城址南西城墙被整体夷为平地，辟为林带和道路，造成大面积破坏，伊犁州文物局对霍城县文物局因管理不善造成的破坏进行了通报。伊犁昭苏县种马场一座古墓被盗，盗洞直径1米深1.5米，石棺露出1.1厘米，已经回填保护。阿布力米提·买吐肉孜等5名犯罪嫌疑人曾于2009年3、4月进入位于和田洛浦县布亚乡境内的全国重点文物保护单位热瓦克佛寺遗址进行盗掘，盗窃五尊泥塑佛像。在案件侦破过程中，阿布力米提·买吐肉孜等人又于2009年12月1日再次进入热瓦克佛寺遗址进行盗掘，被文物看护人员当场抓获，并立即移送司法机关处理，洛浦县人民法院依照相关法律对阿布力米提·买吐肉孜等五名犯罪分子分别判处7年至12年有期徒刑，没收作案汽车一辆，并处罚金。

【机构和人员】

截至2009年底，新疆维吾尔自治区文物业机构162个，其中文物科研机构2个，文物保护管理机构95个，博物馆63个，文物总店1个，其他文物机构1个。

新疆文物行业从业人数1261人，其中具有高级职称的90人，中级职称171人。

新疆维吾尔自治区文物保护工程勘察设计乙级资质单位为新疆维吾尔自治区文物古迹保护中心，丙级资质单位为乌鲁木齐市园林设计院有限责任公司、新疆安达孜文物保护工程设计有限公司。

新疆维吾尔自治区文物保护工程施工一级资质单位为新疆建工集团第六建筑工程有限责任公司，二级资质单位是新疆文物古迹保护中心、新疆金满文物保护有限责任公司。2009年度无新增文物保护工程施工资质单位。

新疆维吾尔自治区甲级文物保护工程监理资质单位是新疆城乡建设工程项目管理有限公司。

新疆维吾尔自治区取得考古发掘资质的单位是新疆文物考古研究所。

新疆维吾尔自治区已取得考古发掘领队资格的12人，其中新疆文物考古研究所8人，新疆维吾尔自治区博物馆2人，吐鲁番地区文物局1人，伊犁哈萨克自治州文物局1人。

新疆维吾尔自治区一级可移动文物修复资质单位为新疆维吾尔自治区博物馆、新疆文物考古所，二级可移动文物修复资质单位新疆龟兹研究院、吐鲁番学研究院，均为2008年度国家文物局批准。

伊犁哈萨克自治州昭苏县被文化部、国家文物局授予2009年度“全国文物工作先进县”称号。新疆龟兹研究院文物看护员艾米都拉·牙克被中国文物保护基金会评为2009年“首届中国文化遗产安全卫士”。巴音郭楞蒙古自治州若羌县楼兰文物保护站荣获2009年度“小岛康誉新疆文物事业优秀奖”集体奖，再努尔、张玉忠等9位同志荣获2009年度“小岛康誉新疆文物事业优秀奖”个人奖。

【对外交流】

根据新疆维吾尔自治区文物局与台北历史博物馆签订的协议，于2008年12月~2009年3月在台北历史博物馆举办的“丝路传奇——新疆文物大展”圆满结束。台湾“丝路传奇展”展品共计119件（套），其中一级品20件（套），占参展展品总数的17%，具体为褐长衣、汉晋时期锦覆面（茱萸回纹锦覆面、“世毋极锦宜二亲传子孙”锦覆面）、王侯合昏千秋万岁宜子孙锦被、云头锦鞋、棕色尖顶帽、蜡染蓝白印花棉布、天王踏鬼俑、人首豹身镇墓兽、蘑菇形立耳圈足铜釜、蹲跪铜武士俑 、绢画（树下美人图、舞伎图、双童图、美人花鸟绢画）、围棋木盘、随葬冥器（木质五弦琴、琴几、彩绘木箭箙）、金牌饰（狮形、对虎纹、虎形圆）、立鹿铜镜、婴尸、楼兰美女、《弥勒会见记》残卷（回鹘文、焉耆文）、喀拉汗文请伯克赐给财物书、三国志孙权传。此次文物展览开创了新疆台湾两地文物交流的先河。

2009年7月，新疆维吾尔自治区文物局与美国保尔博物馆签订在美举办“丝路奥秘”新疆文物展协议。根据协议要求，此次出展文物共计99件（套），其中一级品19件（套），占参展展品总数的19%，具体为冥器，锦鞋，且渠封戴墓表，文书残片，劳动妇女佣，画卷（舞伎图、彩绘双童图），面点，织锦残片，金饰件，立耳圈足铜釜，帽子，锦袍，“马人”武士壁挂，树叶纹毛织鞍毯，人首牛头陶水注，蹲跪铜武士俑，木雕女像，锦覆面，“王侯合昏千秋万岁宜子孙”锦被。这是中国新疆首次在美举办文物展览。

筹备选送文物参加由国家文物局和意大利文化遗产部于2009年7月~2010年12月联合举办的“秦汉—罗马文明展”，新疆维吾尔自治区有5件文物参展，其中一级品1件，为东汉“阳”字菱纹锦袜。

筹备选送文物参加由文化部与比利时欧罗巴利亚国际协会于2009年10月22日~2010年2月7日在比利时布鲁塞尔皇家艺术和历史博物馆举办的“丝绸之路展”，新疆维吾尔自治区有60件（套）文物参展，其中一级品33件（套），为弓箭、镶嵌红玛瑙虎柄金杯、镶嵌红宝石包金剑鞘、错金银瓶、镶嵌红宝石金戒指、镶嵌红宝石带盖金罐、金珠绣绮（缀金珠绣绮残片）、镶宝石金面具、唐烟色狩猎纹印花绢、墓主人生活图、彩绘小木罐、翼兽铜圈、唐彩绘侍女双人图、唐女舞俑、联珠鹿纹锦覆面、贴饼玻璃杯、唐阿尔卡特石人、狮形金牌饰、蘑菇状立耳圈足铜釜、对虎纹金带饰、八龙纹金带扣、马人武士壁挂、绿地对鸟对羊灯树纹锦、劳动妇女俑、天王踏鬼俑、木质五弦琴、琴几、沮渠封戴墓表、木围棋盘、织成履、云头锦鞋、彩绘木箭箙、粟特文买卖女奴文书、粟特文书信。

新疆维吾尔自治区文物局与台北历史博物馆共同举办的“丝绸之路——新疆文物大展”文物展于2009年3月15日圆满结束，应主办方邀请，新疆维吾尔自治区文物局一行3人赴台湾与台方进行文物点交、撤展工作。

新疆维吾尔自治区文物考古研究所与法国国家科研中心 - UMR 7041（原中亚考古研究所）合作对克里雅河流域进行考古调查发掘，就举行文物交流以及克里雅河流域考古调查发掘报告整理、克里雅河流域出土相关织物的研究进行交流。自治区文物局局长盛春寿和自治区文物考古研究所所长伊弟利斯·阿不都热苏勒人等应主办方邀请赴法国进行交流活动。

文物局常务副局长艾尔肯·米吉提率新疆文物代表团一行4人于2009年9月7日~2009年9月18日赴美国，在美国期间分别对加利福尼亚州的宝尔博物馆以及休斯敦的自然科学博物馆两个场地进行实地考察。

根据国家文物局文物拍摄相关规定，应日本邀请，新疆文物局常务副局长艾尔肯·米吉提、新疆文物局办公室主任李军等一行5人于2009年10月20日~27日访问日本，就拍摄纪录片《探访玄奘之路》所涉及的新疆文物及遗址进行内容审查。

其他

故宫博物院

2009年是新中国成立60周年，是贯彻十七大精神、学习实践科学发展观的重要一年。在文化部的领导下，故宫博物院以迎接60年国庆为契机，在古建修缮、文物展览、安全开放、观众服务等多方面采取措施，全面展示了故宫文化遗产保护和博物馆建设事业的新成果。同时，也继续做好藏品清理、非物质文化遗产保护、研究出版、数字故宫、对外交流等各项工作，为促进文化大发展大繁荣作出新的贡献。其中，与台北故宫的交流实现历史性突破，双方院长互访，达成八项共识并开始逐项落实。全年接待观众1182万人次，门票总收入5.6亿元。2009年，故宫博物院获得北京市旅游局颁发的“接待服务突出贡献奖”，还得到人力资源和社会保障部、文化部联合表彰，获得“全国文化系统先进集体”光荣称号。

【文物保管】

《文物清理七年规划》进入收尾阶段，《故宫博物院藏品大系》继续编辑出版，同时做好文物科技保护和文物征集工作。

文物清理七年规划自2004年启动，到2009年，共完成98.8万件藏品的清理核对任务，完成文物清理的主体工作。同时，60万册（件）古籍善本特藏清理完毕。全年共修复文物340件（套），开展文物保护修复档案的科学化构建工作。随着清理工作的逐步完成而适时推出的《故宫博物院藏品大系》编辑出版工作，绘画编元代以前已经出齐，玉器编、雕塑编、青铜器编均已启动。

对古书画人工临摹复制技术、古代钟表传统修复技术、中国青铜器传统修复等三项传统文物保护修复技艺进行整理，申报第三批国家非物质文化遗产。继续做好电视资料片《故宫绝活·古书画修复》的拍摄工作，做好非物质文化遗产的保护与传承工作。

先后举办了2009年古陶瓷科学技术国际学术讨论会、2009年东亚文化遗产保护技术国际研讨会，加强文物科技保护和文化遗产保护领域的中外交流与合作。古陶瓷保护研究国家文物局重点科研基地（故宫博物院）12月8日挂牌。

在文物征集方面，联系接受张仃先生捐赠的10件书画作品，以及中国工艺美术大师林亨云、王祖光等捐赠13件寿山石作品，丰富充实了馆藏。除继续接受多批次社会捐赠外，完成了对日本银杏堂株式会社收藏的中国历代印章167件（套）的收购，这是故宫博物院首次直接从海外回购中国文物。此外，经过国内青铜器专家一致鉴定同意，购回流失海外多年的西周晚期重器“克”钟，是继《出师颂》之后故宫博物院又一次抢救收购国宝文物的重大举措。

【完整保护与整体维修】

5月5日，召开了第6次修缮工程专家咨询委员会全体会议，文化部蔡武部长作为新任的故宫维修工程领导小组组长出席会议并讲话，故宫大规模修缮工程进入新阶段。

寿康宫、慈宁宫和御史衙门三项跨年度大修工程中，寿康宫维修工程8月底全面完工，慈宁宫维修工程和御史衙门维修工程继续进行，预计2010年完工。与美国世界建筑文物保护基金会合作，全面启动乾隆花园的保护。与香港中华文物保护基金会合作的中正殿一区的维修保护工程已经交付使用。

经过调研考察，初步完成了故宫整体监测项目方案，拟从2010年开始，开展具体项目的监测，更有针对性地、更系统地保护故宫。以研究推进游客管理系统为切入点，通过调研起草游客风险评估及应对报告，逐步构建基于信息系统的游客监测疏导系统，全面提升对世界文化遗产的管理水平。

协调大高玄殿由部队交还故宫一事取得重大进展，做好接收、勘测等的财政预算和相关技术准备工作。

西玉河基地业务用房及库房建设项目于6月15日开工，进展顺利。西河沿文保科技中心项目通过立项专家论证，已开始方案论证。

【安全保卫与开放管理】

安全保卫与开放管理工作进一步加强。不断强化开放一线职工安全和服务教育工作，严格制度，加强管理。深刻吸取春节期间央视新址发生火灾的教训，加强对全院职工的安全教育，增强安全防患意识。落实市文物局“雷霆行动”要求，加强全院安全检查，保证故宫安全。

积极配合新中国成立60周年庆典活动，实现了“确保国庆安全零事故和万无一失”的工作目标，获得北京市旅游局颁发的“接待服务突出贡献奖”。圆满完成接待美国总统奥巴马参观故宫，以及在人民大会堂金色大厅布置小型文物展展品的任务。顺利完成开放接待任务，全年共接待观众1182万人次，门票收入5.6亿元，与2008年相比，观众人数增长22.17%，票款收入增长22.31%。所有售票窗口全部实现电子售票。

【展览与宣教】

2009年在故宫院内共举办了8项文物展览：“卡地亚珍宝艺术展”“白鹰之光——萨克森—波兰宫廷文物精品展”、武英殿“中国历代书画展”（第4~6期）、“丘壑独存——张仃书画艺术展”“中国寿山石精品展”“蓬莱宿约——故宫藏黄易小蓬莱阁汉魏碑刻特展”。

结合故宫的展览和历史文化，推出了“走进文化故宫，领略故宫文化”国际博物馆日系列庆祝活动和中国文化遗产日活动，举办了“故宫知识课堂”（第四届）、“皇帝的新衣”动手彩绘教育活动等各类主题宣教活动。面向校园和社区制作大型“紫禁城图片展”，以展板的形式宣传故宫。

【科研与出版】

以故宫学整合学术资源，加强科研出版工作，进一步提高故宫学的学术影响力。组织完成了故宫博物院1991~2008年科研成果评奖，总结了科研成果，活跃了科研气氛，促进了故宫学的研究。组织开展科研课题项目的申报、立项与结项工作，批准立项13个课题和3个项目。举办学术讲座6期，学术沙龙12期。

《故宫与故宫学》等一大批有故宫学术特色的著作陆续问世。郑欣淼院长的《天府永藏：两岸故宫博物院文物藏品概述》获“全国文博十佳图书奖”荣誉称号。《故宫百科全书》进入实质性编纂阶段。编辑出版《故宫博物院院刊》6期，《故宫学刊》1辑，《紫禁城》12期。此外还编辑出版了《故宫博物院年鉴2008》以及配合文物展览的各种图录。继续出版“故宫专家学术文库”系列、“大家研究与鉴定”系列、“明代宫廷史”系列、“大家文集”系列等。

10月，成立故宫博物院明清宫廷史研究中心与故宫博物院藏传佛教文物研究中心，同时召开学术研讨会。配合院藏传佛教文物研究中心成立，出版了考古报告式的大型图集《梵华楼》。

根据中央统一部署进行紫禁城出版社体制改革，改革方案已上报。出版社出书128种，销售码洋2937万元，回款实洋1185万元。《紫禁城》单期印数突破7000份，创历史新高。

【信息化建设】

数字故宫建设工作进展顺利。院信息化办公平台及文物管理系统被文化部选中参加中国电子政务应用成果评选，被评为“中国电子政务效能管理（部委级）优秀奖”。

继续推动将信息化建设成果融入博物馆各项传统领域的工作。院信息化工作平台的功能不断扩展，完成了3.0版本的升级工作。采购管理的新系统已经上线，固定资产管理的系统建设也已经开始，逐步规范了财务支出管理工作，极大地提高了工作效率和监管能力。

完成第3部虚拟现实作品《养心殿》的修改工作，初步完成第4部虚拟现实节目《倦勤斋》的制作。

秉承“帮助各种文化背景的人们读懂博物馆，读懂故宫博物院”的信息化展示工作理念，改版故宫博物院网站。上线后的日平均页面点击率上升40%，达到119万次，受到观众好评。

【文化产业】

为文化产业新发展谋篇布局。开展与产业发展、产业布局相关的各项调研活动，编写完成《关于故宫博物院文化产业发展及文化产品开发的情况报告》。打造东长房观众综合服务区，经营各具故宫特色的纪念品，提升购物休闲环境和服务品质。同时，落实《故宫博物院商品准入制度》。

做好文化产品开发。进行市场调研，开发适销对路商品。配合院内展览，推出特色商品。与专业公司合作，开发生产故宫博物院首届职工文化产品设计与创意大赛作品。制定第二届职工文化产品设计及创意大赛的方案，为2010年在全国范围内开展的故宫文化商品设计大赛做好准备。故宫自己的文化服务中心也不断苦练内功，在加强管理、培训员工方面采取多项措施，调动大家积极性，取得了良好的经营效益。

【对外交流】

不断扩大对外交流成果，增强文化影响力。举办和参展出国（境）展览14项，引进外展2项。14项出国（境）展览为：赴日本“大三国志展”、赴日本长崎孔子庙中国历代博物馆“故宫宫廷文物展（第11期）”、赴美国旧金山、印第安纳波利斯、圣路易斯“明代宫廷艺术展”、赴德国德累斯顿艺术收藏馆“金龙银鹰1644～1795——故宫博物院/德累斯顿艺术收藏馆文物联展”、赴日本吉岛家缎通博物馆“地毯展”、赴澳门艺术博物馆“钧乐天听——故宫博物院珍藏戏曲文物特展”、赴新加坡文明博物馆“康熙大帝展”、赴德国巴伐利亚国家博物馆“中国与巴伐利亚四百年展”、赴瑞士李特伯格博物馆、美国大都会艺术博物馆“罗聘的艺术世界展”、赴美国辛辛那提艺术博物馆“中国动物画展”、赴比利时“天子——中国帝王艺术展”、赴比利时“再序兰亭展”、赴台湾“雍正——清世宗时期文物特展”、赴澳门艺术博物馆“九九归一——故宫文物精品大展”。

引进展览2项：“白鹰之光——萨克森—波兰宫廷文物精品展（1670～1763）”、法国“卡地亚珍宝艺术展”。

一些中外合作项目继续进行，包括与荷兰国家自动音乐博物馆合作修复故宫藏钟表文物、与美国世界建筑文物基金会合作保护乾隆花园、与日本凸版印刷株式会社合作的“故宫文化资产数字化应用研究”项目、与德国马普科学史研究所合作的“中国古代宫廷与地方技术交流史”课题研究等都在继续进行。

配合文化部相关部门，接收来自美国耶鲁大学和参加2009年港澳大学生内地文化实践活动的港澳大学实习生共18人来院实习。

【与台北故宫交流】

建立与台北故宫的交流合作机制。圆满实现两岸故宫院长的首次互访。2009年2月14日～17日，台北故宫周功鑫院长首次率团访问北京故宫，在北京故宫实现了两院院长的首次聚首；随后，郑欣淼院长率团于3月1日～4日赴台回访了台北故宫博物院，达成了两岸故宫合作交流的八点共识。这一里程碑式的开端，对于共同传播和发扬中华文化具有重要意义。

10月，北京故宫出借37件文物，联合台北故宫举办“雍正——清世宗时期文物特展”，并参加展览的学术研讨会。展览开幕后观众如潮，平均每天参观人数近万人。

【内部管理与建设】

根据事业发展要求，进行部分机构和干部的调整。按照上级部门的要求开展岗位设置工作，完成全院岗位设置首次聘用。

完善制度，加强管理。完成《故宫博物院古建筑保护管理办法》《故宫博物院商品准入管理办法》《科研成果奖励办法》《关于非建制性学术机构的管理办法》《关于确定故宫博物院硕士研究生导师的规定》《关于故宫博物院与科研院所联合招收硕博士生的报名条件及管理办法》等9项院规的修订和发布。

中国国家博物馆

【事业发展总体情况】

2009年，中国国家博物馆在文化部的正确领导下，在国家文物局的指导下，围绕建国60周年大庆这个中心，馆领导班子带领全馆职工深入学习实践科学发展观，用科学发展观统领全馆各项工作，在“抓建设、求改革、促发展”的总体思路下，坚持“人才立馆、藏品立馆、业务立馆、学术立馆”的办馆方针，全馆上下团结一致，努力开创工作新局面，在以下十个方面取得了显著成绩：

1. 中国国家博物馆坚定执行中央领导指示，全力做好“复兴之路”基本陈列的各项筹备工作，圆满完成了中央交办的重大任务，为国庆60周年献上了一份厚礼。

2. 改扩建工程取得了重大进展，主体结构建设已全面完成，质量优良。同时，按照国家和北京市的政府采购和招投标办法，完成了重大工程的招投标工作。

3. 中国共产党中国国家博物馆第二次代表大会圆满召开，系统总结了五年来全馆党的建设情况，选出了新一届党委领导班子。

4. 39万余件文物移交暨人员划转方案得到文化部和国家文物局的批准并实施。

5. “古代中国陈列”筹备工作已全面铺开，展览的内容、形式以及照明、设备等设计工作已开展。

6. 积极开展全员培训工作，完成了包括业务培训、计算机培训、中层干部培训、青年干部培训在内的多层次、全方位的人员培训，全馆干部和职工的管理水平和认识水平不断提高。

7. 高度重视安全工作，充分发挥安保部门的职能作用，圆满完成60周年大庆活动、“复兴之路”基本陈列开展、改扩建工程施工的综合安保工作，获得了“北京市国庆安保先进集体”称号。

8. 科研成绩突出，藏品保管、展览等部门陆续出版了多种高质量的学术出版物，如《聊斋图说》等馆经典藏品出版物等。

9. 进一步扩大与国内外博物馆在展览、学术、人员等方面的合作交流。

10. 进一步建立和完善各项规章制度，全馆制度建设和规范工作取得了阶段性成果，综合管理水平大为提高。

【基本建设】

2009年，国家博物馆紧紧围绕年初确定的改扩建工程工期目标以及5月底“复兴之路”基本陈列展区交付布展、8月25日“复兴之路”基本陈列办公区交付使用两大节点目标，全力推进改扩建工程建设。

为建设精品工程和百年工程，实现2009年度改扩建工程目标，国家博物馆要求总承包商整合城建集团优势，合理安排施工计划，并坚持每周召开一次工程监理例会，召集业主、施工监理和工程施工方，共同讨论施工进度、质量和安全等有关问题。为了确保施工进度，国家博物馆坚持以合同为依据，以设计为龙头，在确保安全和工程质量的前提下，合理安排人力，在具备条件的施工部位24小时不间断施工。同时，把对质量的重视落实到工程的各项工作中去。联合监理公司对工程质量进行了多次检查，针对检查出的质量隐患，改扩建工程办公室多次召开工程质量专题会，及时向施工单位提出整改要求，并组织整改验收。

经过参建各方的努力，2009年顺利完成了四大工期目标：

1. 5月底完成老馆北区展厅装修，8月25日完成老馆北区办公用房装修。

2. 变配电工程通过竣工验收，并于7月31日正式送电。

3. 10月底完成了工程的全面封顶。钢筋混凝土结构工程的混凝土强度100%达到了设计要求，外形尺寸偏差符合规范要求；钢结构焊缝的焊接质量经第三方探伤检测100%达到了设计要求。桁架安装过程的变形，经观测，小于规范的允许值。本工程的结构工程经“长城杯”评委的检查，对钢筋混凝土的结构施工质量和钢结构安装质量均给予了好评，并取得10个分项精品的成绩，已通过四方验收。

4. 年底完成了老馆南区办公用房装修、机电设备安装调试、消防安防工程系统调试、电检、消检等各项工作，并进行了消防验收，完成了环境检测，初步达到职工回迁的条件。

【重要展览】

1. “复兴之路”基本陈列

为使“复兴之路”大型主题展览于建国60周年前夕在中国国家博物馆展出，中国国家博物馆在中国人民革命军事博物馆“复兴之路”展览的基础上，认真执行中央领导指示，全力进行“复兴之路”基本陈列的各项筹备工作，在保障安全和质量的基础上，千方百计加快施工进度，并集中力量对展览内容进行了深入修改，大量充实文物，深化形式设计，丰富展示手段，组织美术作品创作等。

经过全馆各个部门的努力，“复兴之路”基本陈列按期于2009年9月25日上午10时隆重开幕，中共中央政治局常委李长春，中共中央政治局委员、中央书记处书记、中宣部部长刘云山，中共中央政治局委员、国务委员刘延东，全国人大常委会副委员长陈至立，全国政协副主席、中国社会科学院院长陈奎元出席开幕式并剪彩。出席开幕式的还有中宣部常务副部长雒树刚、文化部部长蔡武、中央党史研究室主任欧阳淞、解放军总政治部副主任刘永治、中央文献研究室副主任陈晋、中央档案馆副馆长李明华、国家发展和改革委副主任彭森、财政部副部长张少春、中共北京市委常委、宣传部长、副市长蔡赴朝、国家文物局副局长张柏、中国国家博物馆馆长吕章申以及400多名首都各界群众代表。

开幕式由蔡武主持，刘云山代表中共中央、国务院发表讲话，他在讲话中指出，“复兴之路”大型主题展览是对广大干部、群众特别是青少年进行近代史教育和爱党、爱国、爱社会主义教育的生动教材。要充分发挥展览的重要作用，引导人们了解中华民族近代以来反对外来侵略的抗争史，了解中国共产党领导人民的奋斗史、创业史、改革开放史，深刻认识历史和人民为什么选择了马克思主义、选择了中国共产党、选择了社会主义道路、选择了改革开放，进一步加深对中国共产党领导全国各族人民实现中华民族伟大复兴这一历史进程的理解，增强对社会主义核心价值体系的认同，坚定走中国特色社会主义道路的信念和信心。

“复兴之路”基本陈列通过1150多件珍贵文物和980多张历史照片，真实再现了自1840年鸦片战争以来100多年间，陷入半殖民地半封建社会深渊的中国人民在屈辱和苦难中奋起抗争，为实现民族复兴上下求索，特别是中国共产党领导各族人民争取民族独立、人民解放、国家富强、人民幸福的奋斗历程。陈列共分五部分：中国沦为半殖民地半封建社会；探索救亡图存的道路；中国共产党肩负起民族独立人民解放历史重任；建设社会主义新中国；走中国特色社会主义道路。

在两个月的时间里，“复兴之路”基本陈列共接待观众30多万人，得到中央领导同志、文化部领导的充分肯定和社会各界的一致好评。2009年11月25日，该陈列暂时关闭。

2. 国家宝藏——中国国家博物馆馆藏精品展

2009年，“国家宝藏——中国国家博物馆馆藏精品展”（以下称“国家宝藏展”）继续在全国巡展：

2009年3月，在深圳展览结束后，“国家宝藏展”转至建成不久的海南省博物馆继续展出，成为该馆开馆以后最高级别的展览，为新馆开放增加了声势和影响。随后，2009年6月~8月，“国家宝藏展”在辽宁省博物馆展出，在开幕后的4个开馆日内就接待了近2万名观众。“国家宝藏展”在天津博物馆的展期只有40天，是历次展览展期最短的一次，但仍然是天津博物馆近年来举办的规模最大、档次最高、文物等级最高的文物特展。同年 12 月，为纪念浙江省博物馆建馆 80 周年和武林馆区新馆开放，“国家宝藏展”在浙江省博物馆武林馆区新馆展出。

【重要入藏藏品】

1. 国家文物局划拨的 39 万余件文物

国家文物局保管的 39 万余件文物，是二十世纪六、七十年代以来，国家文物部门和有关部门致力文化遗产抢救保护工作的成果，主要由两部分构成：一是来自北京、天津、上海、广州等外贸口岸验扣并移交文物部门的玉器、书画、金铜佛造像和杂项等文物，后统称“文留文物”，共计 24 万余件；二是从天津外贸工艺品进出口公司接收的 15 万余件文物。这批珍贵文物，由中国文物信息咨询中心代国家文物局保管。

为了支持国家博物馆新馆建设，更好地发挥这些文物资源的社会作用，国家文物局从文物事业发展的大局出发，决定将这 39 万余件珍贵文物划拨国家博物馆。这是国家博物馆藏品入藏史上的重大事件。

2009 年，文物移交工作已取得了实质性的进展，国家博物馆和中国文物信息咨询中心共同上报的文物移交方案得到了文化部和国家文物局的批准。国家博物馆已完成文物单据制作、包装、运输的测算及相关计算机设备的购置等工作。

2. 明清佛造像

2009 年 4 月 8 日，著名收藏家李巍先生将 22 件佛造像精品捐赠给国家博物馆。该批佛造像为明清时期造像，铜色润雅，造型风格、工艺特色迥异，蕴含了丰富的历史文化内涵和宗教艺术情趣。其中铜鎏金吉祥天母像、“大明永乐年施”铜鎏金无量寿佛像均制作于明初宫廷，最为稀少珍贵。

3. 珍贵照片

2009 年，中国国家博物馆收藏的珍贵照片和摄影器材有：二十世纪初美国摄影师在中国用立体相机拍摄的照片 99 张和玻璃干片 200 余张、老摄影器材 10 件；二十世纪五、六十年代陈宗烈拍摄的反映西藏政治、宗教和民俗的原版照片 100 张；二十世纪初日本间谍拍摄的原版照片 34 册约 3000 张和 20 张地图。内容涵盖了中国的重大历史事件、城市风貌、军事要塞、百姓生活、民风民俗等，具有重大的历史研究价值。

2009 年，中国国家博物馆还征集入藏了非洲艺术品 707 件、藏族文物 937 件（套）、北京奥运会实物 180 余件（套）、“复兴之路”基本陈列相关实物 300 余件（套）、杨得志同志的勃朗宁手枪及三级红星奖章等文物。

【2009 年大事记】

1 月 8 日，中国国家博物馆吕章申馆长主持馆务会议，学习胡锦涛同志在纪念党的十一届三中全会召开 30 周年大会上的讲话、习近平同志在深入学习实践科学发展观活动视频会议上的讲话、李长春、刘云山同志在全国宣传部长会议上的讲话并传达了蔡武同志和欧阳坚同志在文化部总结工作会议上的讲话。

1 月 16 日，人力资源与社会保障部授予中国国家博物馆文物科技保护部副研究馆员赵家英同志全国技术能手荣誉称号。

1 月 20 日，中国国家博物馆举办“航天精神走进国家博物馆——神舟七号搭载《红旗画刊》特制本”捐赠仪式。

1 月 29 日，中国国家博物馆吕章申馆长与德国三家国家博物馆馆长在德国柏林总理府签署《中国国家博物馆与德国柏林国家博物馆、德累斯顿国家艺术收藏馆及巴伐利亚国家绘画收藏馆关于举办“启蒙的艺术”（工作题目）展览合作协议》。

2月10日，中国国家博物馆举办杨得志同志亲属捐赠文物仪式。

2月18日，中国国家博物馆举办学术讲座，邀请中央文史研究馆馆员、馆研究馆员孙机先生作“中国古代物质文化——农业与饮食”专题讲座。

3月18日，中国国家博物馆举行陈宗烈西藏摄影作品捐赠仪式。

3月20日，文化部副部长周和平到中国国家博物馆改扩建工程建设工地考察工作。

4月22日，中国国家博物馆吕章申馆长会见德国“启蒙的艺术”展览工作组及德国驻华大使施明贤先生，介绍了国博概况及改扩建工程建设情况。同日，中国国家博物馆董琦副馆长与德国“启蒙的艺术”展览工作组进行工作会谈。

5月26日，文化部党组书记、部长蔡武到中国国家博物馆视察改扩建工程施工现场，了解展厅建设的有关情况，并就布展的相关内容做出重要指示。

6月8日，中国国家博物馆吕章申馆长会见德国外交部文化宣传司司长马丁·科普勒一行，介绍了中德博物馆合作的展览项目情况。

6月9日，中国国家博物馆吕章申馆长主持召开39万余件文物清点建账工作启动会议。

6月10日，中国国家博物馆举行当代著名漫画家孙晓纲捐赠《郎雀》连环漫画手稿仪式。

6月23日，中国国家博物馆召开干部大会。文化部人事司司长高树勋宣读文化部干部任命文件：任命张威同志为国家博物馆副馆长。

8月6日，北京市领导刘淇、郭金龙、王安顺、吉林、马振川、张和平到中国国家博物馆改扩建工程建设工地实地考察周边环境，研究国庆60周年庆典活动有关事宜。

9月3日，公安部副部长刘京到中国国家博物馆改扩建工程建设工地检查安全工作，并召开国庆安保工作会议。

9月9日~11日，中国国家博物馆黄振春书记一行4人赴香港，出席由大公报、香港中华文化总会和中国国家博物馆共同主办的“祖国不会忘记——港澳同胞奉献祖国六十年大型图片展览”开幕式活动。

9月16日，文化部部长蔡武检查“复兴之路”基本陈列布展情况，中国国家博物馆吕章申馆长、黄振春书记、马英民、都海江副馆长陪同。

9月18日，中央办公厅、中宣部、中央党史办公室、中央文献研究室、国家发展与改革委员会、总政治部等领导审查“复兴之路”基本陈列。

9月20日，中共中央政治局常委李长春同志率中央宣传思想领导小组成员审查“复兴之路”基本陈列。

9月21日~25日，由香港特区政府康乐及文化事务署主办、中国国家博物馆协办、香港历史博物馆具体筹办的“百年中国”展览开幕。

9月23日，中国国家博物馆召开“复兴之路”基本陈列境内媒体新闻发布会。

9月25日，中国国家博物馆基本陈列“复兴之路”隆重开幕。

9月26日，国家文物局局长单霁翔到中国国家博物馆检查端门和改扩建工程建设工地安全工作并参观“复兴之路”基本陈列。

10月4日~7日，中国国家博物馆张威副馆长一行4人赴香港，出席由香港文汇报社、中央文献研究室和中国国家博物馆共同举办的“开国大典——新中国成立大型图片文物回顾展”开幕式。

10月28日~11月6日，中国国家博物馆黄振春书记率5人代表团赴日本，出席第四届中日韩国家博物馆馆长会议、亚洲国家博物馆联合会第二届理事会及亚洲博物馆研究集会。

10月29日~11月9日，朝鲜革命博物馆代表团一行5人访问中国国家博物馆。

12月4日，中国文物信息咨询中心向中国国家博物馆移交39万余件文物工作正式启动。

中国古迹遗址保护协会

【概述】

2009年，在业务主管单位文化部的正确领导、在业务指导单位国家文物局的具体指导下，中国古迹遗址保护协会（以下简称协会）坚持以文化遗产保护为宗旨，围绕党和国家文物工作的中心工作，挖掘自身潜力，发挥协会优势，服务文化遗产保护大局，加强对外交流与合作，结合国际文化遗产保护的发展趋势，举办了一系列主题鲜明、内容丰富的文化遗产保护与管理的专题研讨会和培训活动。加强自身建设，承担社会责任，团结凝聚广大文物工作者和热心保护祖国文化遗产的积极力量，为推进文化遗产保护事业的科学发展作出了新的贡献！

【重要工作会议与活动】

7月16日，协会2009年理事会暨理事长会议在北京召开。协会常务副理事长顾玉才主持会议。理事长童明康做协会工作报告，对2008年4月协会换届以来的工作进行了系统总结。理事会的25名理事参加了会议。

根据《章程》，理事会增选国家文物局文物保护与考古司司长、协会理事关强为协会副理事长，并由理事长会议任命为常务副理事长。顾玉才不再担任常务副理事长。

加强人才队伍建设，于5月底至6月，完成协会秘书处工作人员的招聘，秘书处办事人员扩充为6人。

编制协会内部刊物《通讯》4期。

【专业培训】

受国家文物局委托，在福建省文物局、福建厦门鼓浪屿管理委员会的支持下，11月18日~27日，协会在鼓浪屿举办了“世界文化遗产地保护管理的理念与实践”高级培训班，对来自基层文物行政管理部门和世界文化遗产地的管理工作者38人进行了培训，收到良好效果。

【对外交流与合作】

1. 丝绸之路跨国联合申遗区域协商会和价值研讨会

5月，国际古迹遗址理事会副主席、协会副理事长兼秘书长郭旃，协会副秘书长陆琼，协会专家王力军参加了在哈萨克斯坦阿拉木图召开的第五轮联合国教科文组织（UNESCO）丝绸之路跨国联合申遗区域协商会和价值研讨会。

2. 世界遗产委员会第33届会议

6月22日~30日，联合国教科文组织第33届世界遗产委员会会议在西班牙塞尔维亚举行，国家文物局副局长兼协会理事长童明康，协会常务副理事长关强，国际古迹遗址理事会副主席、协会副理事长兼秘书长郭旃，协会副秘书长陆琼参加了会议。会上我国申报的世界遗产项目五台山正式通过，以世界文化景观列入《世界遗产名录》。

3. 震后文化遗产考察及保护

7月21日，以古斯塔夫·阿罗兹（Gustavo Araoz）主席为首的国际古迹遗址理事会执委会代表团考察了国际古迹遗址理事会西安国际保护中心。国家文物局副局长兼协会理事长童明康，协会常务副理事长关强，国际古迹遗址理事会副主席、协会副理事长兼秘书长郭旃，协会副秘书长陆琼等陪同考察。阿罗兹一行与童明康等专门讨论了如何进一步发挥协会在国际、尤其在亚太地区文化遗产保护领域的作用和影响，密切协会与国际古迹遗址理事会的联系与合作等问题。

7月23日~25日，代表团考察了四川“5·12”地震灾区，国家文物局局长单霁翔向代表团介绍了我国文化遗产抗震救灾中贯彻的保护理念和总体情况，并现场介绍了世界遗产地青城山—都江堰抢救性保护工作情况。阿罗兹一行对我国灾后文物保护工作所取得的成就给予高度评价。

7月25日，在成都举行了“震后文化遗产保护国际研讨会”，协会领导童明康、关强、郭旃、吕舟、陈同滨、侯卫东、陆琼等出席了会议。童明康理事长在主旨发言中介绍了中国同行在四川地震后开展的文物抢救性保护工作，并向国际同行重点介绍了震后文物保护的主要措施和手段。国际古迹遗址理事会专家在与中国同行交流灾后文化遗产保护经验的同时，也就四川震后文物保护工作提出了很好的建议。

协会副理事长陈同滨2009年2月参加了国家文物局和日本国文化厅共同主办的中日文化遗产地震对策研讨会并发言。

4. 云冈石窟反应性监测

8月，协会组织专家两次对世界文化遗产云冈石窟进行反应性监测。协会副理事长兼秘书长郭旃、副理事长吕舟、陈同滨、侯卫东、理事张立方、专家王力军及协会顾问委员会和中国世界文化遗产专家委员会委员谢辰生、徐苹芳、黄克忠、王景慧、张之平等参加监测。

5. 国际古迹遗址理事会咨询委员会会议

9月，国家文物局副局长兼协会理事长童明康、国家文物局文物保护与考古司世界遗产处处长唐炜、国际古迹遗址理事会副主席、协会副理事长兼秘书长郭旃参加了国际古迹遗址理事会（ICOMOS）2009年度咨询委员会会议。

6. 丝绸之路系列申遗协调委员会第一次会议

为落实2009年5月在哈萨克斯坦阿拉木图召开的“联合国教科文组织第五次丝绸之路联合申遗区域协调会”的相关决定，11月3日~5日，国家文物局和联合国教科文组织世界遗产中心在西安主办了“丝绸之路系列申遗协调委员会第一次会议”，协会和国际古迹遗址理事会西安国际保护中心承办了此次会议。来自哈萨克斯坦、吉尔吉斯斯坦、塔吉克斯坦、乌兹别克斯坦中亚四国与阿富汗、印度、伊朗、日本、尼泊尔、韩国、德国、比利时等国的代表，联合国教科文组织世界遗产中心的代表，及来自国家文物局、丝路（中国段）文本编制单位和丝绸之路沿线六省相关文物部门的领导、专家共计50余人与会。

会议一致通过了关于协调委员会职权与工作程序的备忘录。会议决定，协调委员会是各成员国申报与管理丝绸之路世界遗产的政府间协调机构，当前的主要工作是确定丝绸之路的申遗策略、协调文本编制、组建专家组开展相关主题研究等。会议选举国际古迹遗址理事会副主席、协会副理事长兼秘书长郭旃与乌兹别克斯坦文化与体育部文物保护司副司长阿布迪萨康·拉赫马诺夫（Abdisafikhon Rakhmanov）为协调委员会的首任联合主席，任期两年，可以连任一届。

相关国际专家、国际古迹遗址理事会世界遗产顾问苏珊·丹妮尔（Susan Denyer），英国伦敦大学考古研究所教授提姆·威廉姆斯（Tim Williams），德国巴登符腾堡州斯图加特地区古迹遗址巡视员、博士安德雷亚斯·蒂欧（Andreas Thiel），比利时鲁汶大学教授科恩·范·巴伦（Cohen van barren）等出席会议并介绍了相关经验与实践。

会上各国代表交流了丝路申遗的最新信息与成果，明确了下一阶段的工作目标，为实现阿拉木图会议确定的申遗时间表迈出了坚实的一步。

7. 国际会员

2009年，协会副理事长陈同滨、会员傅晶被接纳为国际古迹遗址理事会灾害防范专业委员会会员；王力军被接纳为国际古迹遗址理事会历史村镇科学委员会专家委员并继续担任国际古迹遗址理事会乡土建筑专业委员会会员。

8. 世界遗产申报评审及评估

8月4日、9月8日，组织举办两次杭州西湖世界遗产申报文本专家论证会，并翻译世界遗产申报文本。

8月5日，组织举办元上都世界遗产申报文本专家论证会。

12月，国际古迹遗址理事会副主席、协会副理事长兼秘书长郭旃参加国际古迹遗址理事会（ICOMOS）总部一年一度的世界遗产新申报项目评估推荐会。

协会副理事长安家瑶参加了国际古迹遗址理事会组织的关于越南河内升龙城申遗文件的书面评审工作。

【学术研讨会】

4月10日～11日，作为协办单位，中国古迹遗址保护协会参与筹备了“4·18”古迹遗址日以“文化线路遗产科学保护”为主题的中国文化遗产保护无锡论坛。会上围绕跨国家、跨地区的大型文化遗产线路的科学保护，对文化线路遗产的概念和外延，及其真实性与完整性等展开研讨，形成《关于文化线路遗产保护的无锡建议》。

8月23日～27日，国家文物局文物保护与考古司在世界文化与自然双遗产所在地福建省武夷山召开“中国世界文化遗产监测专家座谈会”，协会与国家文物局机关服务中心、福建省文物局、武夷山市人民政府共同承办了会议。此次会议是自2006年12月《中国世界文化遗产监测巡视管理办法》和《中国世界文化遗产专家咨询管理办法》颁布之后，国家文物局举办的第一次集世界遗产专家监测、巡视、座谈于一体的专业指导活动，协会副秘书长陆琼，世界遗产处处长唐炜等出席并主持会议。17位来自全国科研院所、高等院校、世界遗产地管理机构的专家、学者出席了会议。与会专家讨论了协会秘书处起草的《中国世界文化遗产监测导则》，并提出意见和建议。听取了苏州古典园林保护监管中心、颐和园管理处、周口店北京人遗址管理处、武夷山市政府和风景区名胜区管委会等关于开展世界遗产监测报告编制试点工作的汇报。

纪事篇

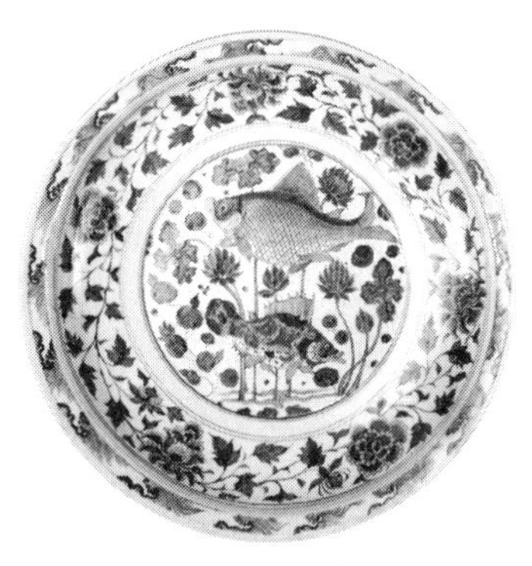

2009 年 1 月

1 月 4 日　全国宣传部长会议在北京举行。

1 月 6 日　内蒙古呼伦贝尔扎兰屯市中东铁路博物馆开馆。

1 月 7 日　国家文物局在北京举行座谈会纪念新中国文博事业的主要开拓者和奠基人之一王冶秋的百年诞辰。

1 月 8 日　国家文物局 2009 年文物专家暨党外人士迎春座谈会在北京召开。

1 月 9 日　国家文物鉴定委员会全体会议在北京召开。

1 月 9 日　中国公民参与文化遗产保护模式示范项目成果展在北京宣武区文化馆举行。

1 月 10 日　山西省文物局在北京召开了山西南部早期建筑保护工程专家座谈会。

1 月 13 日　“中国社会科学院考古学论坛——2008 年中国考古新发现”召开。

1 月 13 日　“30 年后再回首——纪念中美建交 30 周年图片展”开幕式在民族文化宫举行。

1 月 14 日　国家文物局召开深入学习实践科学发展观活动分析检查阶段和总结整改落实阶段动员会议。

1 月 15 日　（美国东部时间 1 月 14 日）中国驻美国大使周文重与美国国务院助理国务卿戈利·阿玛利在美国国务院签署了《中华人民共和国政府和美利坚合众国政府对旧石器时代到唐末的归类考古材料以及至少 250 年以上的古迹雕塑和壁上艺术实施进口限制的谅解备忘录》。

1 月 19 日　由中国建筑学会建筑师分会、BIAD 传媒《建筑创作》杂志社主办的建筑中国六十年活动启动仪式暨第四届建筑师与建筑传媒新年论坛在北京举行。

1 月 21 日　由成都市文化局和成都市青羊区人民政府联合主办，成都博物院和成都文旅营销管理有限责任公司共同承办的首届“成都金沙太阳节”在金沙遗址博物馆隆重开节。

1 月 29 日　中国国家博物馆馆长吕章申与德国三家博物馆馆长在德国柏林总理府签署了《中国国家博物馆与德国柏林国家博物馆、德累斯顿国家艺术收藏馆及巴伐利亚国家绘画收藏馆关于举办〈启蒙的艺术〉（工作题目）展览合作协议》。

2009年2月

2月9日　中国非物质文化遗产传统技艺大展系列活动在北京农业展览馆开幕。

2月9日　中日文化遗产地震对策研讨会在四川省成都市召开。

2月12日　由美国华美协进社与中国湖南省博物馆主办的“马王堆汉墓：古长沙国的艺术和生活展”在美国纽约华美协进社中国美术馆开展。

2月16日　国家文物局召开传达贯彻十七届中央纪委三次全会精神大会。

2月17日　中宣部、教育部、科技部、财政部、文化部、国家文物局等部门会同中国科学院、中国社会科学院、中国工程院、中国科协、中央电视台等相关单位，成立了“指南针计划——中国古代发明创造的价值挖掘与展示”专项领导小组，并在北京召开领导小组第一次会议。

2月17日　国家文物局第三次全国文物普查办公室在西安召开第三次全国文物普查质量控制专题座谈会。

2月18日　南京明孝陵博物馆新馆开馆暨360°环幕电影首映仪式举行，明孝陵博物馆新馆正式向公众免费开放。

2月21日　由国家文物局与联合国教科文组织合作主办的联合国教科文组织保护文化遗产日本信托基金项目成果报告会在北京举行。

2月24日　“西藏民主改革50年大型展览”在北京举行。

2月25日　国家文物局局长单霁翔与埃塞俄比亚文物研究保护局局长杰拉在亚的斯亚贝巴签署了《中华人民共和国国家文物局与埃塞俄比亚联邦民主共和国文物研究保护局关于合作保护文化遗产的谅解备忘录》。

2月26日　为纪念李苦禅110周年诞辰，李苦禅唯一官方网站（www. likuchan. com）开通仪式在北京举行。

2月26日　国家文物局在广东省召开全国文物调查及数据库管理系统建设项目推广工作会。

2月27日　国家文物局在宁波召开全国水下文物普查工作会。

2月27日　中央国家机关人防办召开了中央国家机关人防工作表彰会议。经评审授予国家文物局“2008年中央国家机关人防工作目标管理与责任制评议考核先进单位”称号，并颁发了奖牌。国家文物局同时获得了“中央国家机关平安奥运行动地下空间安全管理表扬单位”称号。

2月28日　“永远的冰心——冰心逝世10周年纪念展”在北京中国现代文学馆开展，并由此拉开冰心逝世10周年纪念系列活动的序幕。

2009年3月

3月2日　国家文物局召开2009年第一次局务扩大会议。

3月2日　国家文物局召开深入学习实践科学发展观活动总结大会。

3月3日　中国人民政治协商会议第十一届全国委员会第二次会议在人民大会堂开幕。

3月5日　第十一届全国人民代表大会第二次会议在人民大会堂开幕。

3月6日　受国家文物局委托，全国文物保护标准化技术委员会在北京举办2009年文物保护标准编制工作培训班。

3月8日　“中国现代美术奠基人系列展·徐悲鸿大型艺术展”在北京炎黄

艺术馆举行。

3月8日 由文化部妇女工作委员会、国家文物局妇女工作委员会、中国青少年网络协会和北京市妇联主办的"播撒绿色的希望，拥抱网络的春天——净化青少年社会文化环境社区行"活动启动仪式在北京举行。

3月11日 国家文物局召开2009年预算执行管理工作会议。

3月14日 由北京大学考古文博学院和陕西省考古研究院组成的周公庙考古队，在北大赛克勒博物馆举行了周公庙遗址考古汇报暨新出土甲骨专家座谈会。

3月20日 由北京市文物局主办，首都博物馆、北京艺术博物馆和北京市元青花文化交流中心合作承办的"青花的记忆——元代青花瓷文化展"在首都博物馆开幕。

3月21日 中国人民抗日战争纪念馆民族精神大讲堂正式开讲。

3月22日 "琢瓷做鼎碧于水——大窑龙泉窑发掘成果暨元、明时期龙泉窑精品展"在北京大学赛克勒考古与艺术博物馆开幕。

3月22日 "模范·中国——商周青铜器的技法、形制与纹样"展览在北京大学赛克勒考古与艺术博物馆开幕。

3月23日 中国博物馆学会2009年第1期讲解员培训班开学典礼在位于西安半坡博物馆内的全国讲解员培训基地举行。

3月23日 第2届秦俑及彩绘文物保护与研究国际学术研讨会在西安召开。

3月25日 由中国科学院上海硅酸盐研究所和故宫博物院主办的2009年古陶瓷科学技术国际讨论会在故宫博物院召开。

3月26日 中国2009世界邮展主展馆布展启动仪式在洛阳博物馆新馆举行。

3月27日 国家文物局在江西南昌召开湘鄂赣革命文物保存现状调查工作座谈会。

3月30日 世界文化遗产——福建土楼故里福建省漳州市南靖县在香港举行福建土楼旅游说明会，向香港各界展示土楼魅力，推广土楼旅游。

3月31日 "2008年度全国十大考古新发现"评出。

2009年4月

4月2日 北京市"深入开展群众性爱国主义教育暨追思励志做栋梁"活动在中国人民抗日战争纪念馆启动。

4月2日 河南巩义市文物公安派出所挂牌仪式在市博物馆举行。

4月7日 文化遗产保护专题研讨班在中央党校举办。

4月8日 华东地区35座国家历史文化名城市、县长和专家齐聚浙江金华，共商城市科学发展与历史文化名城保护良策。

4月8日 香港国民教育中心国情教育基地揭牌暨中英街历史文化之旅启动仪式在中英街历史博物馆广场举行。

4月9日 中国2009世界集邮展览在河南省洛阳市开幕。

4月9日 中华木作委员会成立大会在北京恭王府举行。

4月9日 国家文物局在杭州召开重点科研基地运行和管理座谈会。

4月10日 "中国文化遗产保护无锡论坛"在江苏省无锡市举行。

4月11日 徐悲鸿艺术展馆在无锡博物院挂牌开馆。

4月11日 2009东亚古遗址保护国际学术研讨会在无锡召开。

4月11日 西藏艺术与考古展在日

本福冈九州国立博物馆开幕。

4月11日 国内第一座匾额专题博物馆——洛阳匾额博物馆开馆。

4月12日 “中华智慧的文化符号——‘大三国志展’归国汇报展”在首站上海开幕。

4月13日 中国博物馆学会专业委员会工作座谈会在北京民族文化宫召开。

4月13日 中国孔庙保护协会第12届年会在杭州召开。

4月13日 国家文物局召开部分副司级领导职位竞争上岗大会。

4月13日 山西曲沃曲村—天马遗址发掘30周年晋文化论坛在曲沃召开。

4月14日 西柏坡廉政教育馆开馆仪式举行。

4月15日 “晚清碎影——汤姆逊眼中的中国（1868—1872）”中国巡回摄影展在北京中华世纪坛世界艺术馆开幕。

4月16日 陕西省韩城市梁带村遗址出土文物精华展对外开放。

4月16日 经国务院办公厅批准，梅州市的“广东客家博物馆”升格为“中国客家博物馆”，并举行了冠名挂牌仪式。

4月20日 解放军总后基建营房部组织的军队营区文物现状调查培训班在南京举办。

4月21日 国家文物局组织机关党员、干部职工及直属单位代表到河北省张家口市怀来县鸡鸣驿古城前，开展主题为“植树造林绿化秀美古城，保护古驿传承文化遗产”的植树活动。

4月21日 中国文物交流中心与中国文物信息咨询中心职工在河北易县清西陵举办“珍爱文化遗产，保护自然环境”为主题的植树活动。

4月22日 2008年度全国文博考古十佳图书颁奖典礼暨文化遗产事业与文博考古图书出版论坛在河南省郑州市举行。

4月22日 北京新文化运动纪念馆重新开馆。

4月23日 博物馆行业信息资源与知识服务模式研讨会在中科院上海分院举行。

4月23日 大运河保护和申遗省部际会商小组第一次会议在北京召开。

4月23日 “李岚清篆刻艺术展”在重庆中国三峡博物馆开展。

4月24日 中意合作壁画修复学术交流会在西安召开。

4月24日 南京渡江胜利纪念馆正式实行免费试开放。

4月25日 第二届“薪火相传——中国文化遗产保护年度杰出人物”评选在北京举行了初评。

4月27日 “历史的釉光——醴陵釉下五彩瓷珍品展”在首都博物馆开展。

4月28日 “纪念五四运动90周年书画作品展”在北京民族文化宫开幕。

4月28日 “丘壑独存——张仃书画艺术展”在故宫博物院神武门展厅对外开放。

4月29日 “五四运动与重庆青年”文物特展在重庆中国三峡博物馆开展。

4月29日 “清宫遗珍——沈阳故宫院藏文物珍宝展”在长春伪满皇宫博物院开幕。

4月29日 中国人民解放军海军60周年史料展览馆在江苏省泰州市白马镇举行开馆典礼。

4月30日 广西民族博物馆正式对公众免费开放暨“西部记忆——西部五省（区）民族历史瑰宝展”开幕仪式在南宁广西民族博物馆举行。

2009年5月

5月1日 南京市博物馆举办“圣塔

佛光——阿育王塔特别展”。

5月1日 山东省聊城中国运河文化博物馆开馆。

5月4日 周口店遗址保护、发掘专家论证会在周口店遗址召开。

5月6日 中国电信集团公司向中央档案馆捐赠了珍贵的“5·12”汶川大地震抗震救灾原始资料。

5月8日 湖南省益阳市博物馆新馆开馆。

5月8日 由中国国家文物局与突尼斯文化和遗产保护部主办的“华夏瑰宝展”在突尼斯市郊的国立迦太基博物馆开幕。

5月9日 四川博物院新馆开馆，这是“5·12”地震灾后四川首个建成使用的重大标志性公共文化工程，也是西部最大的历史、艺术综合类博物馆。

5月10日 上海市文物管理委员会、四川省文物管理局和都江堰市人民政府在青城山天师洞共同举办了“青城山天师洞黄帝祠灾后抢救保护工程竣工仪式”。

5月11日 “万众一心、众志成城——抗震救灾主题展览”在成都大邑县建川博物馆开展。

5月12日 汶川大地震极重灾区四川茂县举行纪念“5·12”抗震救灾一周年暨羌族博物馆重建奠基活动。

5月12日 “明清宫廷建筑文化”学术研讨会在沈阳召开。

5月13日 由首都博物馆和北京铁路局共同主办的“工业遗产——京张铁路青龙桥车站”展览在北京延庆八达岭镇青龙桥车站开幕。

5月13日 独具藏汉建筑风格的西藏夏鲁寺维修工程正式开工。

5月13日 国家文物局召开落实审计整改动员布置会议，正式启动了局系统财经法规集中学习培训活动。

5月16日 江西省农村信用社银行博物馆在南昌开馆。

5月16日 2009年国际博物馆日、中国文化遗产日暨广州博物馆建馆80周年系列活动启动仪式在广州博物馆镇海楼广场举行。

5月18日 2009年“国际博物馆日”中国主会场启动暨白鹤梁水下博物馆开馆仪式在重庆市涪陵区举行。

5月18日 “至尊国礼——国际友谊博物馆馆藏珍品展”在中国黄金集团大厦开展。

5月18日 中国人民抗日战争纪念馆和卢沟桥文化旅游区联合推出的“红色之旅——弘扬抗战精神”活动在卢沟桥广场举行。

5月18日 “安徽省馆藏玉器精品展”在马鞍山市博物馆开展。

5月18日 位于北京报国寺南广场的北京空竹博物馆开馆。

5月18日 南阳市博物馆新馆（又称文化博览中心）建设工程奠基。

5月20日 中国古陶瓷学会2009年元青花专题研讨会在北京召开。

5月20日 甘肃省武山县全国重点文物保护单位水帘洞石窟群壁画、彩塑、浮雕保护修复工程正式启动。

5月22日 “1409—2009明长陵营建600周年学术研讨会”在北京居庸关长城古客栈召开。

5月22日 “人类演化与科技考古联合实验室”在中科院古脊椎动物与古人类研究所举行挂牌仪式和学术报告会。

5月25日 由国家文物局主办、中国文物信息咨询中心承办的“文化遗产与传播论坛”在北京举行。

5月26日 在中国第一个核武器研制基地——青海省海北藏族自治州西海镇建成的原子城爱国主义教育示范基地纪念馆正式开馆。

5月26日 首届国际河姆渡文化节、国际遗址博物馆馆长河姆渡峰会在浙江余姚召开。

5月27日 位于广西桂林市灵川县的长岗岭商道古村生态博物馆开馆。

5月28日 从日本载誉归来的“千古英雄——‘大三国志展’归国汇报展”在湖北省博物馆开幕。

5月31日 四川省渠县获得由中国文物学会授予的“中国汉阙之乡”荣誉称号。

5月31日 宋庆龄同志故居暨生平展重新开放仪式在北京宋庆龄故居举行。

2009年6月

6月1日 以“多彩民族文化·人类精神家园”为主题的第二届中国成都国际非物质文化遗产节在成都开幕。

6月1日 中国人民革命军事博物馆政委程建国向著名演艺明星成龙颁发了证书，成龙成为该馆聘请的首位“荣誉馆员”。

6月3日 由中国文物学会文物修复专业委员会和宁波市文物保护管理所举办的第7届全国文物修复技术研讨会在宁波召开。

6月5日 浙江省民办博物馆馆长论坛在杭州举行。

6月5日 由国家文物局主办，中国文物信息咨询中心和中国教育电视台承办的首届大学生文化遗产保护知识大赛在北京举行。

6月8日 2009年度第三次全国文物普查西部六省区工作会议在新疆维吾尔自治区乌鲁木齐市召开。

6月9日 为庆祝中华人民共和国成立60周年，由中国友好和平发展基金会等单位联合主办的“和谐中华·海峡两岸书画家交流活动”在人民大会堂举行了启动仪式。

6月10日 首届中国历史文化名街评选推介活动在北京孔庙和国子监博物馆揭晓，首批中国历史文化名街授牌仪式暨高峰论坛同时举行。

6月10日 第二届中国文化遗产动漫大赛正式拉开帷幕。

6月11日 全国非物质文化遗产保护、古籍保护暨文博事业杰出人物表彰、颁证、授牌电视电话会议在北京召开。

6月12日 在浙江余杭召开的大遗址保护良渚论坛上，国家文物局明确提出了“考古遗址公园”的概念，并将国家考古遗址公园管理体系的建设纳入日程，旨在通过考古遗址公园建设推进大遗址保护。

6月12日 中国民族建筑研究会和中国圆明园学会在圆明园举行古典园林建筑艺术学术论坛暨圆明园2010年罹劫150周年纪念活动启动仪式。

6月13日 2009年中国文化遗产日主场城市活动开幕式暨广场主题活动在杭州西湖涌金广场举行。

6月16日 亚洲最大的航空博物馆——中国航空博物馆开始闭馆整修。

6月16日 为纪念新中国成立60周年而举办的“香港与共和国同行”大型展览，在香港大会堂拉开帷幕。

6月17日 国家文物局在北京举办2009年局系统预算培训班暨2010年部门预算布置会。

6月17日 中国文字博物馆建设座谈会在河南安阳举行。

6月18日 国家文物局党组中心组集体学习全国机关党的建设工作会议精神。

6月18日 在北京奥运会成功举办一周年前夕，中国人民抗日战争纪念馆特别推出“战火下的奥林匹克记忆——抗战时期的中国与奥运”专题展览。

6月19日 “西藏民主改革50年大

型展览”在拉萨图书馆开幕。

6月22日 第33届世界遗产大会在西班牙南部城市塞维利亚召开。

6月22日 以“东方文化遗产保护理念与方法”为主题的中国文物保护技术协会第六次年会在新疆召开。

6月25日 “歌颂祖国，弘扬文化——苏士澍金石书法汇报展”在北京中国美术馆隆重开幕。

6月25日 中国国家文物局局长单霁翔与土耳其文化旅游部次长伊斯梅特·耶尔马兹在北京签署了《中华人民共和国政府和土耳其共和国政府关于防止盗窃、盗掘和非法进出境文化财产的协定》。

6月27日 由陕西省文物交流中心与台湾联合报系联合举办的“微笑的俑——汉景帝的地下王国”展在台北历史博物馆正式展出。

6月29日 由中国长城学会主办、中国长城书画院承办的“长城文化万里行”系列活动在北京启动。

6月30日 国家文物局召开表彰先进党支部、优秀共产党员和优秀党务工作者大会。

2009年7月

7月1日 “中国巨变——庆祝中华人民共和国成立60周年图片展览”在重庆中国三峡博物馆开幕。

7月1日 中国共产党文化部直属机关第八次代表大会在北京召开。

7月3日 首届历史遗址博物馆陈列艺术研讨会在古城南京召开。

7月5日 “迎世博盛典，展百年渊源”——上海与世博会历史资料实物展在徐汇区图书馆举行。

7月10日 国家文物局在北京召开了2009年第二次局务扩大会议。

7月11日 由中国民族建筑研究会主办的中国营造学社建社80周年纪念活动暨营造技术的保护与更新学术论坛在北京召开。

7月14日 安徽黄山市美术馆正式落成开馆。

7月16日 中国古迹遗址保护协会2009年理事会暨理事长会议在北京召开。

7月19日 “中国历史文化名街福州三坊七巷”揭牌仪式在福州举行；老城保护与整治——三坊七巷国际学术研讨会在福州举行。

7月20日 中英冶金考古暑期研习班在北京科技大学开班。

7月20日 北京大学2009考古夏令营开营仪式在山西博物院举行。

7月25日 国家文物局2009年陶质彩绘文物保护修复专业技术培训班在山东省青州市博物馆开班。

7月27日 全国首届先商文化学术研讨会在河南省鹤壁市召开。

7月28日 由国家文物局、公安部和海关总署联合举办，中国文物信息咨询中心承办的执法人员文物专业知识（陶瓷器鉴定）培训班在北京开班。

7月29日 中国人民革命军事博物馆建馆50周年纪念会在北京举行。

7月29日 第5届中国·山海关国际长城节在历史文化名城山海关第一关广场开幕。

7月29日 我国第一个以长城为主题的博物馆、国家级爱国主义教育示范基地——山海关长城博物馆改陈扩建后正式对外免费开放。

7月30日 “秦汉—罗马文明展”在北京中华世纪坛开幕。

7月30日 国家古代壁画保护工程技术研究中心揭牌，标志着我国文化遗产保护领域内第一个国家工程技术研究中心正式启动。

2009 年 8 月

8 月 1 日　由北京市海淀区少年宫、北京石刻艺术博物馆、北京艺术博物馆、大钟寺古钟博物馆、德胜门展览馆共同发起的庆祝建国 60 周年“七彩童年——我与我的祖国”北京市中小学书画大赛系列活动在北京启动。

8 月 5 日　天津大学“中国古建筑测绘研究正定基地”揭牌仪式在河北正定隆兴寺门前举办。

8 月 7 日　由中国科学院古脊椎动物与古人类研究所、河南省文物考古研究所、许昌市文化局联合成立的“河南许昌古人类研究中心”在郑州举行隆重签字仪式。

8 月 10 日　文化部部长蔡武签发第 46 号部长令，发布《文物认定管理暂行办法》，于 10 月 1 日起施行。

8 月 11 日　布达拉宫珍宝馆举行开馆仪式，标志着该馆全面建成，正式向公众开放。

8 月 11 日　西藏博物馆免费开放正式启动。

8 月 11 日　中国考古学会第十二次年会在哈尔滨召开。

8 月 11 日　“走进野生动物王国——肯尼斯·贝林捐赠标本专题展”在天津自然博物馆开幕。

8 月 11 日　河北鄚城博物馆动工奠基。

8 月 13 日　纪念王懿荣发现甲骨文 110 周年暨甲骨文国际学术研讨会在烟台召开。

8 月 13 日　由国家文物局主办，宁夏回族自治区文化厅、体育局承办，宁夏红枸杞产业集团有限公司协办的“宁夏红”杯第五届全国部分省区文博系统职工乒乓球邀请赛在银川举行。

8 月 15 日　中国博物馆学会 2009 年第二期全国讲解员培训班在位于西安半坡博物馆内的中国博物馆学会西安培训中心举行了开学典礼。

8 月 16 日　庆祝建国 60 周年第二届中华民族艺术珍品文化节在北京开幕。

8 月 18 日　国家大遗址保护重大项目——新疆东天山地区古代游牧民族大型聚落遗址考古与文物保护项目正式启动。

8 月 18 日　为庆贺新中国成立 60 周年，“千古探秘——考古与发现”和“城市记忆”两大展览同时在首都博物馆拉开帷幕。

8 月 18 日　广州毛泽东同志主办农民运动讲习所旧址纪念馆举办“曙光在前——纪念广东解放 60 周年展览”。

8 月 20 日　宁夏丝绸之路国际学术研讨会在宁夏银川市举办。

8 月 21 日　“可爱的中国——方志敏同志 110 周年诞辰纪念展”暨《方志敏年谱》出版座谈会在上海鲁迅纪念馆隆重举行。

8 月 21 日　“向祖国汇报——新中国美术 60 年”展览在中国美术馆开幕。

8 月 21 日　中国人民银行总行旧址修复工程通过河北省和石家庄市文物专家的验收。

8 月 22 日　在拉萨各族人民欢庆西藏传统民族节日——雪顿节之际，西藏自治区人民政府在拉萨大昭寺广场举行“中国历史文化名街——八廓街”揭牌仪式。

8 月 23 日　西藏布达拉宫、罗布林卡、萨迦寺三大重点文物保护维修工程竣工庆典在拉萨布达拉宫广场举行。

8 月 24 日　世界文化遗产监测专家座谈会在福建武夷山召开，就《中国世界文化遗产监测导则》（试行稿）展开了讨论。

8 月 25 日　西藏“十一五”重点文

物保护工程暨江孜宗山抗英遗址保护工程开工典礼在江孜宗山广场举行。

8月26日 “砖石质文物保护国家文物局重点科研基地”在西安文物保护修复中心揭牌。

8月28日 由国土资源部主办的国内外首次大型木化石艺术雕刻展在中国地质博物馆开展。

8月28日 由中国伊斯兰教协会举办的“中国各族穆斯林喜迎新中国成立60周年书画艺术展”在北京民族文化宫开展。

8月28日 “辉煌60年——百名将军百名部长百名画家书画展”在北京中华世纪坛开幕。

8月28日 全国爱国主义教育示范基地“一号工程”延安革命纪念地建设项目暨延安革命纪念馆新馆开馆典礼在革命圣地延安隆重举行。

8月28日 宁夏博物馆建馆50周年庆典暨馆长论坛在银川宁夏博物馆中央大厅开幕。

8月28日 山东省社会科学院、山东省淄博市周村区政府共同举办了“鲁商发源地与周村”高层论坛。

8月28日 内蒙古自治区全区博物馆工作座谈会在内蒙古呼伦贝尔市召开。

8月31日 国家文物局、云南省人民政府在云南姚安共同举行了姚安龙华寺古建筑群抢救维修工程开工仪式。

2009年9月

9月1日 “中国巨变——庆祝中华人民共和国成立60周年暨澳门回归祖国10周年大型图片展”在澳门拉开帷幕。

9月1日 重庆、香港、澳门、台湾书画家作品展在重庆中国三峡博物馆拉开帷幕。

9月2日 郑州大学嵩阳书院挂牌开学。

9月2日 以“纪念建国60周年”为主题的全国烟标火花专题收藏展在北京报国寺开幕。

9月3日 “南洋华侨机工回国抗战史料展”在中国人民抗日战争纪念馆开幕。

9月4日 邢窑博物馆在河北省邢台市临城县揭牌。

9月5日 首届“考古与文物鉴定”研究生课程班在中国社会科学院研究生院举行了开学典礼。

9月5日 由浙江省博物馆赴台展出的“千峰翠色——龙泉青瓷特展”在台北县十三行博物馆开幕。

9月5日 由北京鲁迅博物馆、五四新文化运动纪念馆与新加坡文艺协会在新加坡国家图书馆举办了“新潮澎湃、英杰辈出”五四新文化运动展览。

9月7日 庆祝新中国成立60周年全军美术作品展览在北京中国人民革命军事博物馆开幕。

9月7日 2009亚太地区预防性保护：藏品风险防范研修班在北京开学。

9月8日 “百年记忆——国家图书馆馆史展”在国家图书馆揭幕。

9月8日 “北京博物馆60年建设成就展暨数字博物馆建设成果展巡展”在周口店北京人遗址博物馆正式开幕。

9月9日 国家图书馆建馆100周年庆祝大会在北京举行。

9月9日 新落成的重庆科技馆开馆。

9月11日 国家文物局博物馆与社会文物司（科技司）在北京组织召开了2009年度文化遗产保护领域科学和技术研究课题立项评审会。

9月12日 展现新中国成立60年特别是改革开放30年辉煌成就的图片

展——“中国巨变”在北京中国人民革命军事博物馆开幕。

9月13日 中国农业博物馆改扩建和陈列改造工程圆满完工，举行了开馆仪式。

9月13日 由印度国立高等研究院主办的第7届国际冶金史大会（The Beginnings of the Use of Metals and Alloys，简称BUMA会议）在印度著名的科学城班加罗尔举行。

9月15日 中国首个专门研究少数民族作家和文学的基地——中国少数民族文学馆在内蒙古自治区呼和浩特市开馆。

9月15日 “千古英雄——大三国志展”归国汇报展在浙江良渚博物院开展。

9月16日 “礼乐重器，国之瑰宝——建国60周年出土编钟精品展”在北京大钟寺古钟博物馆开展。

9月16日 中国科技馆新馆开馆典礼在京举行。

9月16日 中埃双方在北京签署了《中华人民共和国政府和埃塞俄比亚联邦民主共和国政府关于防止盗窃、盗掘和非法进出境文物的协定》。

9月16日 中国纺织品文物修复保护学术研讨会在杭州召开。

9月18日 日本东京上野森美术馆举办“西藏艺术与考古展”开展仪式。

9月18日 “历史的巨轮——百姓抗战故事”专题展览开幕式暨《百姓抗战故事》图书首发式在中国人民抗日战争纪念馆专题展厅举行。

9月18日 由国家文物局主办的2009年文物保护行业标准培训班在杭州举行。

9月19日 “祖国颂——中国百名将军百名部长百名书画家献礼新中国60华诞大型书画展”在北京中国人民革命军事博物馆开幕。

9月19日 元上都遗址申报世界文化遗产工作汇报会在内蒙古自治区锡林郭勒盟正蓝旗召开。

9月21日 “触·觉——从卢浮宫到世纪坛”展览在北京中华世纪坛世界艺术馆开幕。

9月21日 国家文物局直属机关党委举办了“祖国在我心中——国家文物局系统庆祝建国60周年歌咏比赛”。

9月22日 大型民族历史文化展览“多彩中华”在首都博物馆拉开帷幕。

9月22日 “百年中国”展览在香港历史博物馆开幕。

9月22日 由中宣部、文化部、财政部主办的国家重大历史题材美术创作工程作品展览在中国美术馆开幕。

9月22日 “当代书画名家精品展”在北京八达岭长城博物馆开展。

9月22日 晋阳古城遗址核心价值研讨会在太原举行。

9月23日 国家文物局在北京组织召开《文物认定管理暂行办法》座谈会。

9月23日 “我的祖国”269个爱国主义教育基地网上数字展馆集群在央视网开馆。

9月24日 中国博物馆学会在北京举办庆祝新中国成立60周年会员代表座谈会。

9月24日 “孙中山、宋庆龄与苏联”文物、图片展在北京宋庆龄故居开幕。

9月25日 国家博物馆基本陈列“复兴之路”大型主题展览开幕。

9月25日 国家文物局在江苏扬州召开大运河保护和申遗工作会议。

9月25日 河南省延津县太平天国英王陈玉成纪念馆落成开幕，并向社会免费开放。

9月26日 我国第一家以妇女儿童为主题的国家级专题博物馆——中国妇女儿童博物馆在北京举行揭牌仪式。

9月26日 “南澳Ⅰ号”水下考古抢救发掘启动仪式在汕头市南澳县举行。

9 月 26 日 由江西省文化厅主办的“新世纪江西考古成果展”在江西省博物馆开展。

9 月 26 日 由国家文物局、科技部、财政部和文化部共同主办的“早期中国——中华文明起源展”在首都博物馆开展。

9 月 26 日 南京抗日航空纪念馆在南京市紫金山北麓建成开放。

9 月 26 日 文化和自然遗产地旅游可持续发展国际研讨会在世界遗产地敦煌莫高窟召开。

9 月 28 日 国家水下文化遗产保护中心在中国文化遗产研究院挂牌。

9 月 28 日 陕西汉阳陵博物馆举办建馆 10 周年座谈会。

9 月 29 日 国家文物局向局机关各党支部、各直属单位党委（总支、支部）下发《关于认真学习贯彻党的十七届四中全会精神的通知》。

9 月 29 日 聚焦中国文化遗产摄影展暨第二届第三次全国文物普查摄影图片展开幕式和“我与文化遗产保护”征文暨第三次全国文物普查征文颁奖仪式，在北京国子监举行。

9 月 29 日 “瓷之源——德清原始瓷窑址考古成果暨原始瓷精品展”在浙江省博物馆开幕。

9 月 29 日 为迎接新中国 60 华诞，祈福和谐盛世，中国法门寺首届佛教文化艺术展在陕西法门寺合十舍利塔开幕。

9 月 30 日 由中国宋庆龄基金会主办的宋庆龄雕像揭幕仪式在宋庆龄故居举行。

2009 年 10 月

10 月 7 日 北京故宫博物院和台北故宫博物院 60 年来首度合办的展览“雍正——清世宗文物大展”，在台北故宫博物院开展。

10 月 9 日 “古驿瑰宝——怀来鸡鸣驿摄影展”开幕式在河北省博物馆举行。

10 月 9 日 “世界遗产在中国”摄影展、中国剪纸展和木板水印展等 3 个中国主题展览同时在德国法兰克福公共图书馆开幕。

10 月 10 日 “秦兵马俑发现 35 周年暨秦始皇兵马俑博物馆开馆 30 周年纪念大会”隆重举行。

10 月 12 日 山西博物院在太原举办建馆 90 周年庆典。

10 月 12 日 江苏盐城市委、盐城市政府在新四军纪念馆广场举行纪念新四军建军 72 周年和新四军人物馆开馆仪式。

10 月 14 日 北京服装学院民族服饰博物馆汉族服饰厅免费开展。

10 月 15 日 中国博物馆学会考古与遗址博物馆专业委员会成立大会在陕西临潼举行。

10 月 15 日 古陶瓷科学研究国家文物局重点科研基地揭牌仪式在中国科学院上海硅酸盐研究所举行。

10 月 15 日 山东省博物馆举办“永恒的奥林匹克精神——2008 北京奥运会文物展”。

10 月 15 日 联合国教科文组织第 35 届大会审议并批准了由中国政府提议的“联合国教科文组织国际文化与自然遗产空间技术研究中心”计划。

10 月 16 日 开封博物馆举办“东京梦华——北宋东京城历史文化陈列”和“七朝华章——开封古代文明展”。

10 月 16 日 故宫博物院藏传佛教文物研究中心成立。

10 月 16 日 国家文物局在古城西安召开全国长城资源调查工作会议。

10 月 16 日～18 日 第八届（2007～2008 年度）全国博物馆十大陈列展览精品

评选终评会暨颁奖仪式，在北京国谊宾馆举行。

10月17日 2009东亚文化遗产保护技术国际研讨会暨东亚文化遗产保护学会第一次年会在北京故宫博物院召开。

10月18日 由山东大学和日照市人民政府主办的首届国际尧王论坛在山东日照召开。

10月18日 由国家文物局主办，西藏自治区文物局承办的西藏自治区文物保护工程培训班在拉萨市举办。

10月19日 “海帆留踪：荷兰倪汉克捐赠明清贸易瓷展”在上海博物馆开幕。

10月19日 中国博物馆学会培训工作会议在北京召开。

10月20日 故宫博物院明清宫廷史研究中心揭牌成立。

10月20日 纪念北京猿人第一颗头盖骨发现80周年国际古人类学术研讨会暨第一届亚洲第四纪研究学术大会在北京举办。

10月21日~22日 首都博物馆展览与交流研讨会在北京召开。

10月21日 “祖国不会忘记——港澳同胞奉献祖国60年”展览在北京中华世纪坛开幕。

10月23日 国家文物局新办公楼建设工程在北京市东城区北河沿大街83号正式开工。

10月23日 西安市人大常委会正式发布《西安城墙保护条例》，该《条例》自2009年11月1日起施行。

10月23日 中华甲骨文明与福建土楼文化（北京）高峰论坛在北京首都博物馆举办。

10月23日 中国文物报社2009年通联工作会议在湖北武当山旅游经济特区召开。

10月23日 “聚焦中国文化遗产暨第三次全国文物普查摄影展”在武当山武当博物馆开幕。

10月24日 “牛河梁考古遗址公园建设启动仪式”在辽宁省朝阳市牛河梁遗址1号地点旁隆重举行。

10月24 中国博物馆学会博物馆学专业委员会2009年年会在江西南昌举行。

10月25日 河北省黄骅市河北海盐博物馆正式向社会开放。

10月26日 由中国收藏家协会和四川省收藏家协会联合主办的第九届全国民间收藏文化高层论坛在成都双流召开。

10月27日 中国大运河文化遗产保护峰会在无锡召开。

10月27日 国家文物局在重庆举办了2009年度全国文物行政执法研讨班。

10月28日 国家安全部和陕西省委、省政府在延安枣园举行延安中央社会部旧址修复开展仪式。

10月29日 纪念李大钊诞生120周年暨李大钊生平事迹陈展启新仪式在河北省唐山市李大钊纪念馆隆重举行。

10月29日 由国家文物局、中国国际贸易促进会和陕西省政府共同主办的中国国际文物保护博览会在西安开幕。

10月30日 为纪念傅抱石先生诞生105周年而举办的傅抱石作品收藏大展在北京新保利大厦开幕。

10月30日 中澳双方在澳大利亚悉尼签署了《中华人民共和国国家文物局与澳大利亚环境、水、遗产和艺术部关于文物保护的谅解备忘录》。

10月30日 2009中国重庆大足石刻国际学术研讨会在重庆召开。

10月31日 由国家文物局和河南省人民政府共同主办的大遗址保护洛阳高峰论坛在洛阳隆重召开。

10月31日 中国民族古文字陈列馆开馆仪式在中央民族大学民族博物馆举行。

10月30日 “陈独秀生平史迹展”

在广州农讲所纪念馆举办。

10月31日 中国民间收藏与文化产业发展论坛在杭州举行。

2009年11月

11月1日 首届中国汉画像砖艺术节在青岛市博物馆开幕。

11月1日 2008～2009年度全国考古工作会在洛阳召开。

11月2日 四川省文物管理局在成都召开了全省灾后文物抢救保护工作培训会议。

11月3日 “文物保护国际科技合作基地”在西安文物保护修复中心挂牌。

11月3日 丝绸之路系列申遗协调委员会第一次会议在西安召开。

11月4日 隋唐大运河博物馆揭牌仪式在安徽淮北隋唐大运河博物馆广场举行。

11月4日 第五届中国大运河文化节大运河保护与申遗高峰论坛在安徽省淮北市举行。

11月5日 由紫微堂艺术馆主办，古天一国际拍卖有限公司承办的主题为“沉香真实的故事”的展览在北京开幕。

11月5日 国家文物局在山东济南召开了2009年度国家文物进出境审核管理工作会议。

11月5日 2009中国文化遗产安全对策高峰论坛暨中国文化遗产安全卫士表彰大会在北京召开。

11月5日 北京大学藏西汉竹书情况通报暨座谈会在北大中关新园举行。

11月6日 第十二届北京·中国古玩艺术品博览会在北京中国国际贸易中心展览馆举办。

11月7日 中国营造学社纪念馆在清华大学建筑学院宣布成立，并于当天举行了开馆仪式。

11月7日 中国营造学社的学术之路——纪念中国营造学社成立80周年学术讨论会在北京举行。

11月8日 中国文字博物馆开馆陈列展览专家审查会在河南安阳召开。

11月10日 “海外华人重要书画珍藏展”在首都博物馆举办。

11月11日 “中华之光全国书画作品展”在北京国家图书馆美术馆开幕。

11月11日 第五届世界遗产论坛在澳门特区威尼斯人国际酒店会展中心举行。

11月12日 国家文物局在北京召开了全国民办博物馆工作座谈会。

11月12日 “帝京‘印’像——西方版画中的老北京”在北京中华世纪坛世界艺术馆开幕。

11月13日 中国文化遗产研究院与德国考古研究院在北京签署了《中华人民共和国文化遗产研究院与德意志联邦共和国考古研究院关于考古和文化遗产保护合作的谅解备忘录》。

11月13日 2009年北京博物馆·旅游·文化创意论坛在北京举行。

11月16日 中国文字博物馆开馆仪式在河南安阳举行。

11月16日 中国考古学会常务理事会在北京故宫博物院召开。

11月17日 “中国秦兵马俑展”在美国华盛顿国家地理协会博物馆隆重开幕。

11月17日 在甲骨文发现110周年之际，由国家邮政局批准发行的“千字甲骨文”邮票在刚刚开馆的中国文字博物馆首发。

11月17日 文物数据资源应用论坛在西安召开。

11月17日 中国博物馆学会志愿者专业委员会筹备会议在宁波博物馆举行。

11月18日　国家文物局博物馆与社会文物司（科技司）在北京组织召开了一次馆藏文物保护修复研讨会。

11月19日　“世界文化遗产地保护管理的理念与实践”高级培训班在厦门市鼓浪屿举行了开学典礼。

11月20日　国家文物局在江苏省太仓市组织召开了第三次全国文物普查实地文物调查阶段验收工作东中部片区座谈会。

11月21日　汉唐西域考古——尼雅、丹丹乌里克遗址国际学术研讨会在北京拉开帷幕。

11月23日　“范季融、胡盈莹捐赠文物交接仪式”在国子监举行。

11月23日　“范曾先生保护羌族非物质文化遗产捐赠仪式”在北京人民大会堂四川厅举行。

11月23日　国家文物局办公室在广东省东莞市召开2009年度文物保护专项经费管理暨《文物保护经费“十二五”规划》编制培训班。

11月23日　“以色列中国友好交流历史图片展”在云南民族博物馆开幕。

11月25日　中国博物馆学会城市博物馆专业委员会第一届学术年会在三峡博物馆召开。

11月27日　“2009年中国镇江吴文化国际学术研讨会”召开。

11月27日　“根与魂——中华非物质文化大展”在台北登场。

11月27日　西北五省区博物馆馆长座谈会在甘肃省博物馆隆重召开。

11月28日　文物研究专家、知名学者、文物鉴赏家、收藏家王世襄逝世，享年95岁。

11月28日　由美国《天下华人》杂志社主办的“写到平常——朱永灵书法艺术展”在深圳何香凝美术馆开幕。

11月28日　田野考古信息技术应用研讨会在湖南召开。

11月29日　故宫博物院召开文博学术期刊的现状与前景研讨会。

2009年12月

12月2日　由国家文物局普查办主办、陕西省文物局承办的第三次全国文物普查实地文物调查阶段验收工作座谈会在西安召开。

12月3日　《中法文化交流——周口店遗址保护、管理、利用合作谅解备忘录》签字仪式在周口店遗址举行。

12月3日　“意义追寻——陈振濂书法大展”在北京中国美术馆拉开帷幕。

12月3日　联合国教科文组织北京代表处组织中日专家在贵州就我国少数民族传统造纸技术展开调研。

12月4日　全国文物安全与执法督察工作会议在河南郑州召开。

12月4日　中国博物馆学会志愿者专业委员会成立大会在宁波博物馆举行。

12月3日　世界遗产保护高峰论坛在武当山举行。

12月5日　国际志愿者日。湖北省博物馆举办主题为“五个一”的纪念活动。

12月6日　为纪念达尔文诞辰200周年和《物种起源》发表150周年，“达尔文”展览在北京自然博物馆阳光厅开幕。

12月7日　四川省文物管理局在成都组织召开了茶马古道文化线路研讨会。

12月8日　依托故宫博物院成立的古陶瓷保护研究国家文物局重点科研基地在故宫挂牌。

12月8日　贵州省世界银行贷款实施文化与自然遗产保护和发展项目在关岭布依族苗族自治县地质公园启动。

12 月 8 日　广西宁明花山岩画保护实质性保护工程开工仪式在花山岩画景区举行。

12 月 10 日　“庆祝新中国成立 60 周年全国文化遗产保护宣传讲解大赛”在辽宁省沈阳市张氏帅府博物馆开幕。

12 月 11 日　由国家文物局组织的全国博物馆“三贴近”工作座谈会在郑州召开。

12 月 11 日　“走进白山松水的文明”——吉林省第三次全国文物普查成果图片展剪彩仪式在吉林省博物院举行。

12 月 13 日　中国社科院考古研究所公共考古中心、北京玉学玉文化研究中心联合在珠海举办了第二届中国玉文化名家论坛。

12 月 14 日　马家浜遗址公园暨马家浜文化博物馆举行了奠基仪式。

12 月 16 日　成都博物馆新馆建设项目奠基仪式在成都举行。

12 月 16 日　全国水下文物普查工作阶段性总结会在宁波召开。

12 月 16 日　山西省文物局在太原组织召开了山西南部早期建筑保护工程汇报会。

12 月 17 日　新疆维吾尔自治区人民政府和国家文物局在吐鲁番举行了吐鲁番地区坎儿井维修加固工程启动仪式。

12 月 17 日　《新中国出土墓志》项目第一期工程结项验收会在北京召开。

12 月 17 日　良渚论坛·中华玉文化中心第二届年会在杭州余杭召开。

12 月 18 日　首届闽台孔庙保护学术研讨会在泉州举办。

12 月 19 日　浙江龙泉青瓷博物馆隆重开馆。

12 月 20 日　浙江省博物馆、浙江自然博物馆建馆 80 周年暨浙江省博物馆武林馆区、浙江革命历史纪念馆开馆典礼在杭州举行。

12 月 21 日　台湾少数民族历史文化展在北京民族文化宫开幕。

12 月 21 日　“欧洲瓷器历史展”在武汉博物馆开幕。

12 月 22 日　全国文物局长会议暨全国文物工作先进县表彰大会在北京召开。

12 月 23 日　“聚焦中国文化遗产暨第三次全国文物普查摄影展”郑州巡回展开幕仪式在郑州博物馆隆重举行。

12 月 23 日　世界遗产证书颁发仪式暨纪念中国联合国教科文组织全国委员会成立 30 周年、联合国教科文组织驻北京办事处建立 25 周年活动在北京举行。

12 月 24 日　广东海上丝绸之路博物馆开馆典礼在广东省阳江市海陵岛举行。

12 月 24 日　中国博物馆藏品保护专业委员会在广州召开了第二届学术研讨会。

12 月 25 日，中国文物报社在北京召开《中国文物报》迁京 20 年纪念座谈会。

12 月 25 日　广东省博物馆举行隆重仪式，庆祝建馆 50 华诞。

12 月 26 日　北京电视台《这里是北京》栏目将自 2005 年开播以来的全部节目光盘和相关栏目资料捐赠给首都博物馆。

12 月 25 日　国家文物局文物外事工作座谈会在广东省佛山市召开。

12 月 27 日　河南省文物局、安阳市有关方面负责人与部分专家学者一起在北京举行新闻发布会，向新闻界公布发现曹操高陵。

12 月 28 日　“打开尘封的记忆——中国民间手写家书展”在中国人民大学世纪馆开幕。

12 月 28 日　世界文化遗产都江堰古建筑群伏龙观抢救保护工程竣工仪式在四川省都江堰市举行。

12 月 29 日　“新中国成立六十年甘肃重大文物考古发现展”在甘肃省博物馆开幕。

12月29日 故宫博物院首次举行科研成果颁奖大会。

12月29日 第二届中国文化遗产动漫大赛颁奖典礼暨主题论坛在北京举行。

12月30日 "澳门十年'同建优质社会共创美好明天'——中国画报媒体赴澳门采风专题摄影展"在河北省博物馆开幕。

12月30日 商丘·中国商文化博物馆举行了开工奠基仪式。

附录

全国文物业机构数、

	总计				文物							
					合计				国有经济			
	机构数（个）	从业人员数（人）	高级职称	中级职称	机构数（个）	从业人员数（人）	高级职称	中级职称	机构数（个）	从业人员数（人）	高级职称	中级职称
总计	**4 843**	**95 233**	**5 806**	**13 844**	**4 608**	**87 487**	**5 582**	**13 009**	**4 577**	**86 941**	**5 571**	**12 977**
一、文物科研机构	**104**	**3 799**	**794**	**863**	**104**	**3 799**	**794**	**863**	**104**	**3 799**	**794**	**863**
1.考古	67	2 968	626	645	67	2 968	626	645	67	2 968	626	645
2.古建	12	307	64	95	12	307	64	95	12	307	64	95
3.其他	25	524	104	123	25	524	104	123	25	524	104	123
二、文物保护管理机构	**2 263**	**28 629**	**895**	**3 548**	**2 254**	**25 073**	**892**	**3 228**	**2 253**	**25 060**	**892**	**3 228**
三、博物馆	**2 252**	**53 163**	**3 680**	**8 324**	**2 028**	**48 990**	**3 459**	**7 812**	**2 025**	**48 975**	**3 459**	**7 812**
1.综合性	1 086	24 421	1 757	4 282	1 056	24 008	1 749	4 236	1 055	24 006	1 749	4 236
2.历史类	817	21 387	1 219	2 898	739	19 020	1 134	2 636	738	19 007	1 134	2 636
3.艺术类	114	2 673	250	435	78	2 356	221	389	78	2 356	221	389
4.自然科技类	73	1 460	149	226	34	907	85	123	34	907	85	123
5.其他	162	3 222	305	483	121	2 699	270	428	120	2 699	270	428
四、文物商店	**80**	**1 898**	**97**	**382**	**80**	**1 898**	**97**	**382**	**75**	**1 857**	**96**	**376**
五、其他文物机构	**144**	**7 744**	**340**	**727**	**142**	**7 730**	**340**	**724**	**120**	**7 253**	**330**	**698**

全国文物事业

	本年收入合计（千元）							
		财政拨款	事业收入	经营收入	其他收入		基本支出	项目支出
总计	**13 924 157**	**9 520 658**	**2 565 731**	**222 580**	**764 690**	**12 809 156**	**5 939 126**	**6 205 575**
文物科研机构	882 098	278 719	495 323	3 230	91 020	860 622	476 364	381 048
文物保护管理机构	2 865 048	1 465 523	920 296	47 314	176 046	2 635 225	1 492 410	847 154
博物馆	7 209 144	5 427 586	1 054 997	106 664	462 784	6 534 172	3 386 964	2 861 681
文物商店	8 403	8 403	——	——	——	8 403	——	8 403
其他文物机构	2 959 464	2 340 427	95 115	65 372	34 840	2 770 734	583 388	2 107 289

从业人员数综合情况

部门								其他部门			
集体经济				其他经济							
机构数（个）	从业人员数（人）	高级职称	中级职称	机构数（个）	从业人员数（人）	高级职称	中级职称	机构数（个）	从业人员数（人）	高级职称	中级职称
10	**84**	——	——	**21**	**462**	**11**	**32**	**234**	**7 743**	**224**	**835**
——	——	——	——	——	——	——	——	——	——	——	——
——	——	——	——	——	——	——	——	——	——	——	——
——	——	——	——	——	——	——	——	——	——	——	——
——	——	——	——	——	——	——	——	——	——	——	——
1	**13**	——	——	——	——	——	——	**9**	**3 556**	**3**	**320**
1	**13**	——	——	**2**	**2**	——	——	**224**	**4 173**	**221**	**512**
——	——	——	——	1	2	——	——	30	413	8	46
1	13	——	——	——	——	——	——	78	2 367	85	262
——	——	——	——	——	——	——	——	36	317	29	46
——	——	——	——	——	——	——	——	39	553	64	103
——	——	——	——	1	——	——	——	41	523	35	55
——	——	——	——	**5**	**41**	**1**	**6**	——	——	——	——
8	**58**	——	——	**14**	**419**	**10**	**26**	**1**	**14**	——	**3**

经费收支综合情况

本年支出合计（千元）											资产总计（千元）	
经营支出	在支出合计中：											固定资产原值
	工资福利支出	商品和服务支出					对个人和家庭补助支出		其他资本性支出			
			差旅费	劳务费	福利费	各种税金支出		抚恤金和生活补助		各种设备购置费		
201 758	**2947 916**	**5378 344**	**162 760**	**311 152**	**61 006**	**75 749**	**702 778**	**29 384**	**1824 934**	**519 484**	**28 819 100**	**16 805 205**
1 808	178 128	439 126	35 922	82 600	3 699	3 875	53 369	2 509	108 098	47 956	1 676 766	960 038
53 954	740 912	778 778	28 458	48 863	17 634	23 439	123 025	6 359	381 382	46 076	6 124 168	3 016 804
80 624	1781 671	2482 917	70 226	142 210	34 705	42 568	467 719	18 052	1003 634	356 385	16 929 375	11 581 397
——	——	8 403	——	——	——	——	——	——	——	——	1 340 318	291 887
65 372	247 205	1669 120	28 154	37 479	4 968	5 867	58 665	2 464	331 820	69 067	2 748 473	955 079

全 国 文 物 业

	机构数(个)	从业人员数(人)	高级职称	中级职称	藏品数(件/套)	一级品	二级品	三级品
总　计	**4 843**	**95 233**	**5 806**	**13 844**	**27 108 391**	**66 818**	**1 116 185**	**3 052 652**
按机构类型分								
文物科研机构	104	3 799	794	863	929 189	2 582	9 091	101 684
文物保护管理机构	2 263	28 629	895	3 548	2 036 865	5 388	18 265	160 695
博 物 馆	2 252	53 163	3 680	8 324	15 711 150	56 277	1 060 569	2 647 498
文 物 商 店	80	1 898	97	382	7 843 908	84	178	12 335
其他文物机构	144	7 744	340	727	587 279	2 487	28 082	130 440
按隶属关系分								
中　　央	11	2 584	451	531	2 162 318	15 078	793 481	806 856
省　　级	257	16 953	1 991	2 706	13 049 307	22 759	210 499	1 251 514
地 市 级	978	30 805	2 121	5 159	6 586 064	13 676	62 591	518 198
县 市 级	3 596	44 891	1 243	5 448	5 310 702	15 305	49 614	476 084
按管理部门分								
文 物 部 门	4 608	87 490	5 582	13 009	26 267 349	65 797	1 114 548	2 973 565
其 他 部 门	234	7 743	224	835	841 042	1 021	1 637	79 087

全 国 文 物 业

	考古钻探面积(千平方米)	考古发掘面积(千平方米)	发掘墓葬数(个)	基本陈列(个)	举办展览(个)	参观人次(千人次)	未成年人参观人次
总　计	**66558.01**	**3809.11**	**20 448**	**6 172**	**10 346**	**421 482**	**119 534**
按机构类型分							
文物科研机构	44902.45	1188.93	10 965	9	3	2 276	244
文物保护管理机构	9349.09	1301.75	4 474	1 310	1 139	92 050	19 506
博 物 馆	12306.47	1318.43	5 009	4 853	9 204	327 156	99 784
文 物 商 店	——	——	——	——	——	——	——
其他文物机构	——	——	——	——	——	——	——
按隶属关系分							
中　　央	200.00	1.10	1	45	60	12 564	1 518
省　　级	24902.73	1540.57	7 798	353	1 023	58 525	16 991
地 市 级	34687.63	537.68	9 136	1 326	3 262	135 969	33 408
县 市 级	6767.64	1729.76	3 513	4 448	6 001	214 424	67 617
按管理部门分							
文 物 部 门	66558.01	3808.61	20 448	5 759	9 736	361 724	103 004
其 他 部 门	——	0.50	——	413	610	59 758	16 530

注：本表门票销售总额中含故宫门票销售收入。

综 合 情 况（一）

本年考古出土文物及标本数（件/套）	本年从有关部门接收文物数（件/套）	本年藏品征集数（件/套）	本年修复文物数（件/套）	一级品	二级品	三级品	考古发掘项目（个）	基本建设中考古发掘项目	抢救性发掘项目	主动性发掘项目
29 286	**49 127**	**161 630**	**44 440**	**480**	**1 472**	**20 700**	**2 904**	**1 537**	**1 016**	**272**
29 286	225	247	11 493	20	73	614	938	605	221	96
——	4 682	9 414	3 755	107	94	1 226	763	200	357	155
——	44 211	150 680	29 184	353	1 305	18 860	1 203	732	438	21
——	——	——	——	——	——	——	——	——	——	——
——	9	1 289	8	——	——	——	——	——	——	——
——	4 005	848	163	6	138	19	2	——	1	1
10 616	9 459	49 982	10 601	182	798	1 498	540	339	101	85
18 645	8 076	48 259	25 471	115	276	16 441	1 411	1 010	351	33
25	27 587	62 541	8 205	177	260	2 742	951	188	563	153
29 286	47 964	140 577	43 048	479	1 465	20 601	2 903	1 537	1 016	271
——	1 163	21 053	1 392	1	7	99	1	——	——	1

综 合 情 况（二）

门票销售总额（千元）	资产总计（千元）	固定资产原值	增加值（千元）	公用房屋建筑面积（千平方米）	展览用房	文物库房
2 946 939	**32 031 160**	**19 359 400**	**5 757 126**	**13436.01**	**5260.62**	**1154.08**
57 384	1 676 766	960 038	441 732	300.70	——	70.34
1 358 248	6 432 931	3 223 512	1 316 540	2626.46	644.86	109.57
1 531 307	19 545 758	13 898 959	3 252 904	9668.58	4615.75	891.14
——	1 340 318	291 887	240 463	179.39	——	81.33
——	3 035 387	985 004	505 487	660.88	——	1.71
540 920	2 433 326	954 979	399 447	464.59	98.33	104.90
513 571	10 371 041	6 048 204	1 605 047	2216.75	759.86	393.30
863 783	10 689 322	5 783 628	2 004 847	4740.36	1666.79	327.65
1 028 665	8 537 471	6 572 589	1 747 785	6014.31	2735.64	328.24
2 590 197	29 103 803	16 834 820	5 371 180	11873.21	4309.05	1119.42
356 742	2 927 357	2 524 580	385 946	1562.80	951.57	34.67

全国文物业

	本年收入合计（千元）						
		财政拨款	事业收入	经营收入	其他收入		基本支出
总计	**15 284 667**	**9 794 552**	**2 790 004**	**314 144**	**835 253**	**14 173 330**	**6 434 049**
按机构类型分							
文物科研机构	882 098	278 719	495 323	3 230	91 020	860 622	476 364
文物保护管理机构	3 089 487	1 474 012	1 102 015	76 286	181 304	2 905 600	1 718 527
博物馆	7 659 240	5 692 991	1 097 551	169 256	528 089	7 007 204	3 655 770
文物商店	521 549	8 403	——	——	——	475 387	——
其他文物机构	3 132 293	2 340 427	95 115	65 372	34 840	2 924 517	583 388
按隶属关系分							
中央	1 339 627	1 097 458	92 490	130 145	16 263	1 235 885	366 842
省级	4 711 338	2 885 152	783 821	43 652	305 447	4 287 343	1 428 282
地市级	4 967 039	2 982 760	1 190 097	29 688	332 683	4 469 078	2 401 203
县市级	4 266 663	2 829 182	723 596	110 659	180 860	4 181 024	2 237 722
按管理部门分							
文物部门	14 607 483	9 520 658	2 565 731	222 580	764 690	13 427 399	5 939 126
其他部门	677 184	273 894	224 273	91 564	70 563	745 931	494 923

全国文物保护管理

	机构数（个）	从业人员数			藏品数			
		（人）	高级职称	中级职称	（件/套）	一级品	二级品	三级品
总计	**2 263**	**28 629**	**895**	**3 548**	**2 036 865**	**5 388**	**18 265**	**160 695**
按隶属关系分								
中央	——	——	——	——	——	——	——	——
省级	12	339	22	30	79 849	364	70	72
地市级	303	8 609	366	1 173	534 583	755	3 549	26 923
县市级	1 948	19 681	507	2 345	1 422 433	4 269	14 646	133 700
按管理部门分								
文物部门	2 254	25 073	892	3 228	2 033 571	5 279	18 064	160 096
宗教部门	——	——	——	——	——	——	——	——
园林部门	——	——	——	——	——	——	——	——
其他部门	9	3 556	3	320	3 294	109	201	599
按机构类型分								
区域性文物保护管理机构	1 848	16 127	724	2 626	1 850 332	4 349	16 742	151 904
专门为一处或几处文物保护单位设立的保护管理机构	415	12 502	171	922	186 533	1 039	1 523	8 791

综　合　情　况（三）

项目支出	经营支出	本年支出合计（千元）								
		在支出合计中：								
		工资福利支出	商品和服务支出				对个人和家庭补助支出		其他资本性支出	
			差旅费	劳务费	福利费	各种税金支出		抚恤金和生活补助		各种设备购置费
6 383 609	**217 735**	**3 175 271**	**181 957**	**317 173**	**78 226**	**124 451**	**743 365**	**32 904**	**1 892 297**	**536 433**
381 048	1 808	178 128	35 922	82 600	3 699	3 875	53 369	2 509	108 098	47 956
871 237	72 032	844 730	29 824	49 349	22 145	23 999	144 131	8 568	387 953	51 829
3 025 596	106 359	1 894 828	78 697	147 745	37 034	49 677	487 200	19 363	1 064 426	367 581
——	——	7 581	5 513	——	7 581	30 493	——	——	——	——
2 105 728	37 536	250 004	32 001	37 479	7 767	16 407	58 665	2 464	331 820	69 067
794 594	71 202	186 635	18 832	18 268	2 588	15 613	112 067	1 287	277 261	165 404
2 391 882	16 643	691 501	61 983	112 391	19 012	55 260	206 535	11 290	680 558	207 026
1 704 489	14 040	1 127 088	51 264	110 301	27 914	32 250	261 780	9 039	562 514	84 550
1 492 644	115 850	1 170 047	49 878	76 213	28 712	21 328	162 983	11 288	371 964	79 453
6 195 611	173 922	2 958 255	172 117	311 152	71 345	116 629	702 778	29 384	1 824 934	519 484
187 998	43 813	217 016	9 840	6 021	6 881	7 822	40 587	3 520	67 363	16 949

机　构　综　合　情　况（一）

本年从有关部门接收文物数（件/套）	本年藏品征集数（件/套）	本年修复文物数				基本陈列（个）	举办展览（个）	参观人次	
		（件/套）	一级品	二级品	三级品			（千人次）	未成年人参观人次
4 682	**9 414**	**3 755**	**107**	**94**	**1 226**	**1 310**	**1 139**	**92 050**	**19 506**
——	——	——	——	——	——	——	——	——	——
——	——	——	——	——	——	4	8	996	27
1 955	1 073	701	——	16	7	116	187	22 187	3 352
2 727	8 341	3 054	107	78	1 219	1 190	944	68 867	16 127
4 682	9 414	3 755	107	94	1 226	1 301	1 137	78 258	17 008
——	——	——	——	——	——	——	——	——	——
——	——	——	——	——	——	——	——	——	——
——	——	——	——	——	——	9	2	13 792	2 498
4 677	8 484	3 635	107	94	1 223	1 058	838	52 960	13 639
5	930	120	——	——	3	252	301	39 090	5 867

全国文物保护管理

	门票销售总额（千元）	考古发掘项目				考古钻探面积（千平方米）
		（个）	基本建设中考古发掘项目	抢救性发掘项目	主动性发掘项目	
总　计	**1 358 248**	**763**	**200**	**357**	**155**	**9349.09**
按隶属关系分						
中　央	——	——	——	——	——	——
省　级	58 850	——	——	——	——	——
地市级	545 807	160	81	61	7	5660.57
县市级	753 591	603	119	296	148	3688.52
按管理部门分						
文物部门	1 091 311	763	200	357	155	9349.09
宗教部门	——	——	——	——	——	——
园林部门	——	——	——	——	——	——
其他部门	266 937	——	——	——	——	——
按机构类型分						
区域性文物保护管理机构	500 618	758	198	355	154	9349.09
专门为一处或几处文物保护单位设立的保护管理机构	857 630	5	2	2	1	——

全国文物保护管理

	本年收入合计（千元）						
		财政拨款	事业收入	经营收入	其他收入		基本支出
总　计	**3 089 487**	**1 474 012**	**1 102 015**	**76 286**	**181 304**	**2 905 600**	**1 718 527**
按隶属关系分							
中　央	——	——	——	——	——	——	——
省　级	75 114	31 433	38 902	——	2 577	50 216	38 999
地市级	1 310 644	559 756	611 012	11 909	100 382	1 135 879	729 929
县市级	1 703 729	882 823	452 101	64 377	78 345	1 719 505	949 599
按管理部门分							
文物部门	2 865 048	1 465 523	920 296	47 314	176 046	2 635 225	1 492 410
宗教部门	——	——	——	——	——	——	——
园林部门	——	——	——	——	——	——	——
其他部门	224 439	8 489	181 719	28 972	5 258	270 375	226 117
按机构类型分							
区域性文物保护管理机构	1 668 763	1 026 732	264 180	39 483	105 603	1 546 946	853 287
专门为一处或几处文物保护单位设立的保护管理机构	1 420 724	447 280	837 835	36 803	75 701	1 358 654	865 240

机构综合情况（二）

考古发掘面积（千平方米）	发掘墓葬数（个）	资产总计（千元）	固定资产原值	增加值（千元）	公用房屋建筑面积（千平方米）	展览用房	文物库房
1301.75	**4 474**	**6 432 931**	**3 223 512**	**1 316 540**	**2626.46**	**644.86**	**109.57**
——	——	——	——	——	——	——	——
——	——	115 906	37 489	44 804	25.66	3.97	0.40
93.59	2 588	3 635 330	1 178 798	557 551	1105.92	140.84	20.47
1208.16	1 886	2 681 695	2 007 225	714 185	1494.88	500.06	88.70
1301.75	4 474	6 124 168	3 016 804	1 175 930	2576.13	640.10	108.27
——	——	——	——	——	——	——	——
——	——	——	——	——	——	——	——
——	——	308 763	206 708	140 610	50.33	4.77	1.31
1283.41	4 473	3 290 671	1 523 561	654 907	1831.93	407.56	94.55
18.34	1	3 142 260	1 699 951	661 633	794.53	237.31	15.02

机构综合情况（三）

项目支出	经营支出	本年支出合计（千元）在支出合计中：工资福利支出	商品和服务支出	差旅费	劳务费	福利费	各种税金支出	对个人和家庭补助支出	抚恤金和生活补助	其他资本性支出	各种设备购置费
871 237	**72 032**	**844 730**	**858 282**	**29 824**	**49 349**	**22 145**	**23 999**	**144 131**	**8 568**	**387 953**	**51 829**
——	——	——	——	——	——	——	——	——	——	——	——
11 066	——	18 382	19 471	771	487	56	300	5 815	73	1 560	374
383 410	4 950	310 870	338 574	9 863	24 174	8 694	12 677	73 580	2 776	277 496	14 587
476 761	67 082	515 478	500 237	19 190	24 688	13 395	11 022	64 736	5 719	108 897	36 868
847 154	53 954	740 912	778 778	28 458	48 863	17 634	23 439	123 025	6 359	381 382	46 076
——	——	——	——	——	——	——	——	——	——	——	——
——	——	——	——	——	——	——	——	——	——	——	——
24 083	18 078	103 818	79 504	1 366	486	4 511	560	21 106	2 209	6 571	5 753
468 867	22 764	434 795	539 808	21 878	40 428	7 472	6 695	77 293	5 269	86 135	17 319
402 370	49 268	409 935	318 474	7 946	8 921	14 673	17 304	66 838	3 299	301 818	34 510

全　国　博　物　馆

	机构数（个）	从业人员数（人）	从业人员数：高级职称	从业人员数：中级职称	安全保卫人员（人）	藏品数（件/套）	藏品数：一级品	藏品数：二级品	藏品数：三级品
总　　计	**2 252**	**53 163**	**3 680**	**8 324**	**10 443**	**15 711 150**	**56 277**	**1 060 569**	**2 647 498**
其中：免费开放	1 749	36 785	2 634	6 142	7 195	11 732 247	33 015	254 270	1 685 294
按机构类型分									
综　合　性	1 086	24 421	1 757	4 282	4 920	9 512 857	26 080	190 588	1 470 982
历　史　类	817	21 387	1 219	2 898	4 214	3 634 022	19 106	670 651	685 136
艺　术　类	114	2 673	250	435	454	576 183	2 085	43 984	159 280
自然科技类	73	1 460	149	226	256	950 981	1 321	3 086	77 261
其　　他	162	3 222	305	483	599	1 037 107	7 685	152 260	254 839
按隶属关系分									
中　　央	5	2 021	329	426	428	1 762 318	13 493	771 540	689 521
省　　级	108	11 441	1 224	1 735	2 461	6 228 773	20 117	197 682	1 189 491
地　市　级	543	18 243	1 461	3 420	3 403	4 187 633	12 328	57 522	436 340
县　市　级	1 596	21 458	666	2 743	4 151	3 532 426	10 339	33 825	332 146
按管理部门分									
文物部门	2 028	48 990	3 459	7 812	9 555	14 873 402	55 365	1 059 133	2 569 010
非文物部门	181	3 889	200	490	809	709 513	912	1 436	73 880
私　　人	43	284	21	22	79	128 235	——	——	4 608

全　国　博　物　馆

	考古钻探面积（千平方米）	考古发掘面积（千平方米）	发掘墓葬数（个）	基本陈列（个）	举办展览（个）	参观人次（千人次）	参观人次：未成年人参观人次	门票销售总额（千元）
总　　计	**12306.47**	**1318.43**	**5 009**	**4 853**	**9 204**	**327 156**	**99 784**	**1531 307**
其中：免费开放	11321.29	1285.11	4 695	4 109	8 065	246 573	83 228	92 150
按机构类型分								
综　合　性	10658.43	1032.55	3 957	2 486	4 727	126 086	43 814	171 949
历　史　类	578.04	135.25	836	1 699	2 948	158 411	44 144	1234 539
艺　术　类	60.00	147.00	209	226	867	14 666	2 888	72 909
自然科技类	——	0.70	——	173	159	7 237	3 148	29 148
其　　他	1010.00	2.94	7	269	503	20 756	5 790	22 762
按隶属关系分								
中　　央	200.00	1.10	1	45	60	12 564	1 518	540 920
省　　级	1496.95	541.73	343	346	1 013	56 997	16 957	407 629
地　市　级	8178.58	269.49	3 159	1 204	3 074	112 703	29 980	317 724
县　市　级	2430.95	506.11	1 506	3 258	5 057	144 892	51 329	265 034
按管理部门分								
文物部门	12306.47	1317.93	5 009	4 449	8 596	281 190	85 752	1441 502
非文物部门	——	0.50	——	328	510	44 378	13 638	87 268
私　　人	——	——	——	76	98	1 588	394	2 537

注：本表门票销售总额中含故宫门票销售收入。

综合情况（一）

本年从有关部门接收文物数（件/套）	本年藏品征集数（件/套）	本年修复文物数（件/套）				考古发掘项目（个）			
			一级品	二级品	三级品		基本建设中考古发掘项目	抢救性发掘项目	主动性发掘项目
44 211	**150 680**	**29 184**	**353**	**1 305**	**18 860**	**1 203**	**732**	**438**	**21**
38 789	132 479	11 251	220	1 045	3 517	1 114	722	362	18
17 445	59 321	23 606	224	814	18 029	1 157	722	417	9
21 001	51 236	3 522	114	293	667	30	7	16	4
1 318	11 105	1 602	5	147	38	5	2	3	——
184	22 806	132	6	——	82	7	1	——	6
4 263	6 212	322	4	51	44	4	——	2	2
4 005	848	163	6	138	19	2	——	1	1
9 280	49 982	4 554	178	789	1 485	44	28	7	9
6 075	46 933	19 316	99	196	15 833	827	649	166	7
24 851	52 917	5 151	70	182	1 523	330	55	264	4
43 048	129 627	27 792	352	1 298	18 761	1 202	732	438	20
1 163	17 656	1 323	1	7	59	1	——	——	1
——	3 397	69	——	——	40	——	——	——	——

综合情况（二）

本年承担课题、项目数（个）			科研成果					资产总计（千元）		增加值（千元）	公用房屋建筑面积（千平方米）		
	省部级以上课题、项目数	结项课题、项目数	专利（个）	专著或图录（册）	论文（省级及以上刊物公开发表）（篇）	考古报告（册）	古建维修报告（册）		固定资产原值			展览用房	文物库房
540	**244**	**150**	**56**	**12 530**	**3 777**	**183**	**11 273**	**19 545 758**	**13 898 959**	**3 252 904**	**9668.58**	**4615.75**	**891.14**
338	184	106	39	12 418	2 576	76	271	12 915 607	9 468 387	2 115 301	7390.57	3685.88	656.54
214	130	69	31	266	1 994	151	78	7 987 634	5 913 708	1 406 391	4414.26	1968.93	471.60
190	47	37	2	4 163	1 311	18	10 990	7 565 346	5 378 500	1 311 984	3193.59	1579.38	240.20
36	17	8	10	36	120	2	1	1 956 533	1 282 630	223 522	532.14	203.69	85.62
60	32	18	8	8 015	136	12	201	681 104	560 785	83 969	837.07	623.02	20.22
40	18	18	5	50	216	——	3	1 355 141	763 336	227 038	691.52	240.73	73.49
105	13	10	——	43	346	——	——	1 561 077	586 306	289 716	426.73	98.33	103.16
189	129	45	9	2 145	1 594	16	6	6 826 564	4 840 370	957 975	1860.39	755.89	302.00
150	56	61	19	195	1 156	121	10 989	5 763 468	4 175 382	1 125 477	3194.97	1525.95	250.98
96	46	34	28	10 147	681	46	278	5 394 649	4 296 901	879 736	4186.49	2235.58	234.99
460	201	122	32	12 458	3 423	169	11 269	16 929 375	11 581 397	3 010 217	8156.11	3668.96	857.77
73	43	27	23	65	343	14	3	2 554 051	2 276 629	235 427	1462.54	915.01	30.47
7	——	1	1	7	11	——	1	62 332	40 933	7 260	49.93	31.78	2.89

全 国 博 物 馆

	本年收入合计（千元）	财政拨款	事业收入	经营收入	其他收入		基本支出
总　计	**7 659 240**	**5 692 991**	**1 097 551**	**169 256**	**528 089**	**7 007 204**	**3 655 770**
其中：免费开放	5 101 356	4 248 313	306 788	25 022	392 824	4 635 864	2 431 280
按机构类型分							
综 合 性	3 221 114	2 595 012	352 234	13 261	177 457	2 919 477	1 626 638
历 史 类	2 860 779	1 776 419	609 629	126 597	289 103	2 758 182	1 489 092
艺 术 类	625 827	503 168	80 647	7 623	29 915	532 311	218 004
自然科技类	165 949	115 923	19 006	15 461	9 011	144 883	83 980
其　他	785 571	702 469	36 035	6 314	22 603	652 351	238 056
按隶属关系分							
中　央	895 825	802 222	9 135	69 971	11 831	812 073	267 654
省　级	2 431 830	1 696 523	424 223	38 454	207 483	2 107 123	927 276
地 市 级	2 455 309	1 782 869	401 717	14 549	207 198	2 266 413	1 379 944
县 市 级	1 876 276	1 411 377	262 476	46 282	101 577	1 821 595	1 080 896
按管理部门分							
文 物 部 门	7 209 144	5 427 586	1 054 997	106 664	462 784	6 534 172	3 386 964
非文物部门	443 076	265 393	42 436	57 114	64 272	458 560	262 070
私　人	7 020	12	118	5 478	1 033	14 472	6 736

全 国 文 物 商 店

	机构数（个）	从业人员数（人）	高级职称	中级职称	库存文物数（件/套）	一级品	二级品	三级品
总　计	**80**	**1 898**	**97**	**382**	**7 843 908**	**84**	**178**	**12 335**
按隶属关系分								
中　央	——	——	——	——	——	——	——	——
省　级	25	1 051	69	229	6 124 559	39	59	49
地 市 级	48	800	24	142	1 501 588	45	119	12 286
县 市 级	7	47	4	11	217 761	——	——	——
按管理部门分								
文 物 部 门	80	1 898	97	382	7 843 908	84	178	12 335
非文物部门	——	——	——	——	——	——	——	——

	损益（千元）							
	营业总收入（千元）	主营业务收入	营业总成本	养老、失业等保险费	住房公积金和住房补贴	差旅费	工会经费	营业利润
总　计	**521 549**	**486 948**	**475 387**	**24 486**	**9 787**	**5 513**	**1 517**	**43 120**
按隶属关系分								
中　央	——	——	——	——	——	——	——	——
省　级	311 007	291 881	273 318	16 141	6 195	2 666	996	35 194
地 市 级	208 185	192 837	200 005	8 131	3 512	2 735	506	7 633
县 市 级	2 357	2 230	2 064	214	80	112	15	293
按管理部门分								
文 物 部 门	521 549	486 948	475 387	24 486	9 787	5 513	1 517	43 120
非文物部门	——	——	——	——	——	——	——	——

综 合 情 况（三）

项目支出	经营支出	本年支出合计（千元） 在支出合计中： 工资福利支出	商品和服务支出	差旅费	劳务费	福利费	各种税金支出	对个人和家庭补助支出	抚恤金和生活补助	其他资本性支出	各种设备购置费
3 025 596	**106 359**	**1 894 828**	**2 676 751**	**78 697**	**147 745**	**37 034**	**49 677**	**487 200**	**19 363**	**1 064 426**	**367 581**
1 987 293	24 583	1 260 405	1 759 686	57 119	106 592	27 590	11 300	299 128	13 561	666 666	222 215
1 167 342	10 311	810 961	1 148 705	32 038	84 771	18 368	7 922	215 413	9 902	302 972	110 388
1 138 339	75 726	789 048	1 000 861	32 135	42 889	13 599	37 038	179 732	7 303	460 996	93 209
308 255	4 107	130 709	241 942	5 280	7 180	2 800	2 612	22 882	813	113 893	87 836
45 722	11 719	45 253	50 121	2 210	2 142	817	522	9 760	522	26 082	3 146
365 938	4 496	118 857	235 122	7 034	10 763	1 450	1 583	59 413	823	160 483	73 002
504 100	37 575	154 201	328 028	7 325	9 312	359	9 706	91 559	1 079	213 566	116 677
1 122 779	12 734	495 716	905 849	19 627	49 589	8 503	23 399	150 553	8 783	391 490	160 495
789 375	7 282	692 575	846 600	27 836	49 065	14 775	6 771	165 504	4 535	254 525	53 331
609 342	48 768	552 336	596 274	23 909	39 779	13 397	9 801	79 584	4 966	204 845	37 078
2 861 681	80 624	1 781 671	2 482 917	70 226	142 210	34 705	42 568	467 719	18 052	1 003 634	356 385
161 739	23 595	108 288	189 363	8 389	5 512	2 314	6 909	19 481	1 311	60 414	11 009
2 176	2 140	4 869	4 471	82	23	15	200	——	——	378	187

综 合 情 况

资产、负债、所有者权益 资产总计（千元）	固定资产原值	本年折旧	负债合计（千元）	所有者权益合计（千元）	实收资本（股本）	国家资本金
1 340 318	**291 887**	**16 814**	**485 960**	**854 358**	**211 973**	**196 166**
——	——	——	——	——	——	——
1 010 064	183 231	10 587	350 786	659 278	138 917	135 238
321 706	107 906	6 044	130 854	190 852	69 793	57 884
8 548	750	183	4 320	4 228	3 263	3 044
1 340 318	291 887	16 814	485 960	854 358	211 973	196 166
——	——	——	——	——	——	——

损益（千元） 营业外收入	政府补助（补贴收入）	营业外支出	利润总额	工资、福利费、税金（千元） 本年发放工资总额	本年支付的职工福利费	本年应交税金总额	增加值（千元）	公用房屋建筑面积（千平方米）	营业用房	文物库房
15 078	**8 403**	**5 151**	**53 047**	**92 874**	**7 581**	**30 493**	**240 463**	**179.39**	**66.27**	**81.33**
——	——	——	——	——	——	——	——	——	——	——
9 358	5 585	4 441	40 111	58 232	4 837	18 686	159 641	116.73	37.00	52.55
5 421	2 708	569	12 485	33 895	2 713	11 712	79 105	60.07	28.12	28.38
299	110	141	451	747	31	95	1 717	2.59	1.15	0.41
15 078	8 403	5 151	53 047	92 874	7 581	30 493	240 463	179.39	66.27	81.33
——	——	——	——	——	——	——	——	——	——	——

全国其他文物

	机构数（个）	从业人员数（人）	高级职称	中级职称	藏品数（件/套）	一级品	二级品	三级品	本年从有关部门接收文物数（件/套）	本年藏品征集数（件/套）
总计	**91**	**1 499**	**139**	**195**	**455 528**	**1 821**	**27 011**	**121 082**	**——**	**78**
按隶属关系分										
中央	5	345	65	57	400 000	1 585	21 941	117 335	——	——
省级	35	350	58	65	7 790	183	4 922	2 685	——	——
地市级	17	570	16	56	40 617	1	7	41	——	——
县市级	34	234	——	17	7 121	52	141	1 021	——	78
按管理部门分										
文物部门	91	1 499	139	195	455 528	1 821	27 011	121 082	——	78
其他部门	——	——	——	——	——	——	——	——	——	——

全国其他文物

	本年收入合计（千元）	财政拨款	事业收入	经营收入	其他收入		基本支出	项目支出	经营支出
总计	**315 376**	**115 365**	**95 115**	**65 372**	**34 840**	**254 643**	**111 171**	**100 995**	**37 536**
按隶属关系分									
中央	174 838	50 950	59 485	60 174	4 199	124 860	34 934	55 796	33 627
省级	87 410	48 463	9 415	5 198	22 516	86 551	38 857	43 370	3 909
地市级	46 583	11 850	24 991	——	7 252	36 611	32 138	995	——
县市级	6 545	4 102	1 224	——	873	6 621	5 242	834	——
按管理部门分									
文物部门	315 376	115 365	95 115	65 372	34 840	254 643	111 171	100 995	37 536
其他部门	——	——	——	——	——	——	——	——	——

事业综合情况（一）

本年修复文物数				补充资料									
											拍卖文物标的审核数		出国展览文物审核数（件/套）
（件/套）	一级品	二级品	三级品	国家文物出境鉴定站数（个）	责任鉴定人员（人）	出境文物审核数（件/套）	禁止出境文物数（件/套）	暂入境文物审核数（件/套）	涉案文物鉴定数（件/套）	馆藏文物鉴定数（件/套）	（件/套）	禁止上拍文物标的数	
8	**——**	**——**	**——**	**8**	**42**	**54 573**	**654**	**24 095**	**38 091**	**46 539**	**177 898**	**361**	**536**
——	——	——	——	——	——	——	——	——	——	——	——	——	——
——	——	——	——	8	42	54 573	654	24 095	38 091	46 539	177 898	361	536
8	——	——	——	——	——	——	——	——	——	——	——	——	——
——	——	——	——	——	——	——	——	——	——	——	——	——	——
8	——	——	——	8	42	54 573	654	24 095	38 091	46 539	177 898	361	536
——	——	——	——	——	——	——	——	——	——	——	——	——	——

事业综合情况（二）

本年支出合计（千元）										资产总计		增加值	公用房屋建筑面积	
在支出合计中：														
工资福利支出	商品和服务支出					对个人和家庭补助支出		其他资本性支出						
		差旅费	劳务费	福利费	各种税金支出		抚恤金和生活补助		各种设备购置费	（千元）	固定资产原值	（千元）	（千平方米）	文物库房
55 289	**96 008**	**6 402**	**10 757**	**2 591**	**5 485**	**8 181**	**933**	**65 461**	**39 233**	**457 284**	**184 114**	**121 343**	**43.91**	**1.71**
22 832	52 715	1 080	2 280	2 120	4 118	2 227	110	45 524	35 922	289 051	108 388	62 293	8.53	——
15 682	25 714	4 634	1 082	342	1 307	4 375	296	19 127	2 805	116 026	57 853	26 985	8.45	0.47
12 216	16 522	621	6 990	127	——	1 504	527	610	491	50 605	16 271	26 861	24.74	0.42
4 559	1 057	67	405	2	60	75	——	200	15	1 602	1 602	5 204	2.19	0.82
55 289	96 008	6 402	10 757	2 591	5 485	8 181	933	65 461	39 233	457 284	184 114	121 343	43.91	1.71
——	——	——	——	——	——	——	——	——	——	——	——	——	——	——

全国其他文物

	机构数（个）	从业人员数（人）	高级职称	中级职称	资产、负债、所有者权益（千元） 资产总计	固定资产原值	本年折旧	负债合计
总计	**52**	**1 039**	**31**	**84**	**286 914**	**29 925**	**3 281**	**136 728**
按隶属关系分								
中央	——	——	——	——	——	——	——	——
省级	38	803	30	74	262 910	24 314	2 470	126 572
地市级	8	96	——	6	18 136	2 524	269	5 580
县市级	6	140	1	4	5 868	3 087	542	4 576
按经营管理部门分								
文物部门	51	1 025	31	81	284 703	29 615	3 241	134 929
非文物部门	1	14	——	3	2 211	310	40	1 799

全国其他文物

	损益（千元） 营业利润	营业外收入	政府补助（补贴收入）	营业外支出	利润总额
总计	**16 622**	**3 172**	**1 561**	**744**	**19 050**
按隶属关系分					
中央	——	——	——	——	——
省级	10 543	2 406	868	115	12 834
地市级	5 339	1	——	21	5 319
县市级	740	765	693	608	897
按经营管理部门分					
文物部门	16 770	2 166	1 561	680	18 256
非文物部门	－148	1 006	——	64	794

企业综合情况（一）

所有者权益合计			损益（千元）						
	实收资本（股本）		营业总收入		营业总成本				
（千元）		国家资本金	（千元）	主营业务收入		养老、失业等保险费	住房公积金和住房补贴	差旅费	工会经费
150 186	**55 786**	**46 558**	**174 390**	**160 903**	**155 344**	**6 711**	**1 355**	**3 847**	**479**
——	——	——	——	——	——	——	——	——	——
136 338	43 801	34 760	135 308	124 721	123 404	5 180	1 241	3 564	264
12 556	9 817	9 630	33 177	31 412	27 838	449	114	59	148
1 292	2 168	2 168	5 905	4 770	4 102	1 082	——	224	67
149 774	55 436	46 208	171 741	160 088	152 820	5 067	1 292	3 844	479
412	350	350	2 649	815	2 524	1 644	63	3	——

企业综合情况（二）

工资、福利费、税金（千元）			公用房屋建筑面积		补充资料				
本年发放工资总额	本年支付的职工福利费	本年应交税金总额	（千平方米）	业务用房	文物拍卖场次（次）	文物拍卖标的数（件/套）	经审核禁止出境文物数	文物拍卖标的成交数（件/套）	文物拍卖标的成交金额（千元）
23 593	**2 799**	**10 540**	**4.77**	**3.05**	**49**	**10 110**	**3 708**	**6 887**	**1 465 000**
——	——	——	——	——	——	——	——	——	——
18 334	2 175	10 232	3.67	2.25	49	10 110	3 708	6 887	1 465 000
3 493	345	164	1.10	0.08	——	——	——	——	——
1 766	279	144	——	——	——	——	——	——	——
22 885	2 758	10 387	4.77	3.05	49	10 110	3 708	6 887	1 465 000
708	41	153	——	——	——	——	——	——	——

全国文物行政主管

	机构数（个）	从业人员数（人）	高级职称	中级职称	藏品数（件/套）	一级品	二级品	三级品	本年从有关部门接收文物数（件/套）	本年藏品征集数（件/套）
总计	**711**	**5 206**	**170**	**448**	**131 751**	**666**	**1 071**	**9 358**	**9**	**1 211**
中央	1	84	——	——	——	——	——	——	——	——
省级	31	506	45	21	——	——	——	——	——	——
地市级	131	1 381	76	111	1 754	26	76	377	——	6
县市级	548	3 235	49	316	129 997	640	995	8 981	9	1 205

全国文物行政主管

	本年收入合计（千元）	财政拨款	在财政拨款中：行政运行	在财政拨款中：一般行政管理事务	在财政拨款中：文物保护等经费		基本支出	项目支出
总计	**2 642 527**	**2 223 501**	**232 654**	**106 889**	**1 425 169**	**2 514 530**	**472 217**	**2 004 733**
中央	211 300	210 725	10 040	15 107	59 300	222 469	27 054	195 415
省级	1 099 186	921 390	43 176	42 146	789 128	1 086 525	80 217	998 442
地市级	676 557	569 806	72 653	22 100	433 188	590 956	168 144	412 543
县市级	655 484	521 580	106 785	27 536	143 553	614 580	196 802	398 333

部门综合情况（一）

本省举办出国(境)文物展览(个)	本年度培训情况(人次)					本辖区文物点(处)				各级文物保护专项资金设立情况(千元)		
		接受国内培训人员数			出国接受培训人员数							
		国家级培训班	省级培训班	市县级培训班			全国重点文物保护单位	省级文物保护单位	市县级文物保护单位	中央级	省级	市县级
37	**10 283**	**2 318**	**2 626**	**4 739**	**145**	**548 716**	**2 244**	**11 912**	**61 454**	**——**	**504 891**	**108 355**
——	1 969	1 969	——	——	——	——	——	——	——	——	——	——
37	5 594	336	2 496	2 379	145	548 716	2 244	11 912	61 454	——	504 891	36 130
——	860	4	16	691	——	——	——	——	——	——	——	22 475
——	1 860	9	114	1 669	——	——	——	——	——	——	——	49 750

部门综合情况（二）

本年支出合计（千元）										资产总计（千元）		增加值（千元）	公用房屋建筑面积（千平方米）
在支出合计中：											固定资产原值		
工资福利支出	商品和服务支出					对个人和家庭补助支出		其他资本性支出					
		差旅费	劳务费	福利费	各种税金支出		抚恤金和生活补助		各种设备购置费				
191 916	**1571 551**	**21 752**	**26 722**	**2 377**	**382**	**50 484**	**1 531**	**266 359**	**29 834**	**2291 189**	**770 965**	**302 589**	**612.20**
5 676	205 661	3 173	695	——	——	8 638	——	1 331	1 331	304 442	54 618	17 397	——
33 866	703 299	6 875	12 797	255	143	11 497	303	188 752	17 307	1017 245	330 268	71 909	8.65
58 003	369 132	6 231	4 599	567	33	12 732	632	18 702	6 152	566 264	140 810	81 336	278.74
94 371	293 459	5 473	8 631	1 555	206	17 617	596	57 574	5 044	403 238	245 269	131 947	324.80

全国文物保护科学

	机构数（个）	从业人员数（人）	高级职称	中级职称	藏品数（件/套）	一级品	二级品	三级品
总　　计	**104**	**3 799**	**794**	**863**	**929 189**	**2 582**	**9 091**	**101 684**
按行业分类								
1.考古研究	67	2 968	626	645	880 542	2 519	8 639	67 011
2.古建研究	12	307	64	95	34 100	——	——	33 080
3.其他研究	25	524	104	123	14 547	63	452	1 593
按隶属关系分								
中　　央	1	134	57	48	——	——	——	——
省　　级	39	2 463	543	552	608 336	2 056	7 766	59 217
地 市 级	59	1 106	178	251	319 889	521	1 318	42 231
县 市 级	5	96	16	12	964	5	7	236
按经费来源分类								
1.文物事业费	91	3 170	619	650	733 921	2 425	8 465	100 341
2.科研经费	8	421	106	146	194 203	117	288	943
3.其他经费	5	208	69	67	1 065	40	338	400

全国文物保护科学

	考古钻探面积（千平方米）	考古发掘面积（千平方米）	发掘墓葬数（个）	规划与方案设计（个）	承担维修项目（个）	国保单位	省保单位	市、县级保单位
总　　计	**44902.45**	**1188.93**	**10 965**	**339**	**197**	**40**	**87**	**26**
按行业分类								
1.考古研究	44767.98	1186.10	10 939	165	98	21	31	22
2.古建研究	3.30	0.40	——	50	31	17	10	4
3.其他研究	131.17	2.43	26	124	68	2	46	——
按隶属关系分								
中　　央	——	——	——	101	——	——	——	——
省　　级	23405.79	998.84	7 455	156	91	24	23	11
地 市 级	20848.49	174.60	3 389	82	99	13	60	15
县 市 级	648.17	15.48	121	——	7	3	4	——
按经费来源分类								
1.文物事业费	43152.41	1120.88	8 427	215	130	28	35	23
2.科研经费	1747.04	68.05	2 538	——	10	6	4	——
3.其他经费	3.00	——	——	124	57	6	48	3

研究机构综合情况（一）

本年考古出土文物及标本数（件/套）	本年从有关部门接收文物数（件/套）	本年藏品征集数（件/套）	本年修复藏品数（件/套）	一级品	二级品	三级品	考古发掘项目（个）	基本建设中考古发掘项目	抢救性发掘项目	主动性发掘项目
29 286	**225**	**247**	**11 493**	**20**	**73**	**614**	**938**	**605**	**221**	**96**
28 761	225	7	9 895	——	7	106	918	587	219	96
500	——	——	100	——	——	——	15	15	——	——
25	——	240	1 498	20	66	508	5	3	2	——
——	——	——	——	——	——	——	——	——	——	——
10 616	179	——	6 047	4	9	13	496	311	94	76
18 645	46	247	5 446	16	64	601	424	280	124	19
25	——	——	——	——	——	——	18	14	3	1
29 152	225	7	10 539	4	13	116	802	531	169	86
134	——	——	954	16	60	498	136	74	52	10
——	——	240	——	——	——	——	——	——	——	——

研究机构综合情况（二）

基本陈列（个）	举办展览（个）	参观人次（千人次）	未成年人参观人次	门票销售总额（千元）	本年完成科研项目（个）	获国家奖	获省、部奖
9	**3**	**2 276**	**244**	**57 384**	**112**	**1**	**6**
7	2	875	30	47 191	99	1	5
——	——	50	3	150	2	——	——
2	1	1 351	211	10 043	11	——	1
——	——	——	——	——	——	——	——
3	2	532	7	47 092	101	1	1
6	1	1 079	76	252	11	——	5
——	——	665	161	10 040	——	——	——
9	3	2 262	242	57 344	112	1	6
——	——	14	2	40	——	——	——
——	——	——	——	——	——	——	——

全国文物保护科学

	科研成果					主办刊物（种）
	专利（个）	专著或图录（册）	论文（省级及以上刊物公开发表）（篇）	考古报告（册）	古建维修报告（册）	
总计	**13**	**83**	**869**	**158**	**30**	**10**
按行业分类						
1.考古研究	3	66	740	157	25	8
2.古建研究	——	1	41	1	4	——
3.其他研究	10	16	88	——	1	2
按隶属关系分						
中央	4	13	53	——	——	1
省级	3	48	597	111	29	7
地市级	3	20	200	47	1	2
县市级	3	2	19	——	——	——
按经费来源分类						
1.文物事业费	9	57	631	132	26	8
2.科研经费	——	13	185	26	4	1
3.其他经费	4	13	53	——	——	1

全国文物保护科学

	本年收入合计（千元）						
		财政拨款	事业收入	经营收入	其他收入		基本支出
总计	**882 098**	**278 719**	**495 323**	**3 230**	**91 020**	**860 622**	**476 364**
按行业分类							
1.考古研究	715 170	207 223	427 451	380	68 921	666 218	369 155
2.古建研究	41 877	22 953	9 024	2 850	6 550	34 832	21 114
3.其他研究	125 051	48 543	58 848	——	15 549	159 572	86 095
按隶属关系分							
中央	57 664	33 561	23 870	——	233	76 483	37 200
省级	571 483	180 890	311 281	——	72 871	560 206	342 933
地市级	236 584	55 771	152 377	3 230	17 851	211 376	91 048
县市级	16 367	8 497	7 795	——	65	12 557	5 183
按经费来源分类							
1.文物事业费	728 174	206 165	430 396	380	77 427	678 455	372 595
2.科研经费	89 963	35 596	41 007	——	13 360	99 556	63 271
3.其他经费	63 961	36 958	23 920	2 850	233	82 611	40 498

研究机构综合情况（三）

资产总计（千元）	固定资产原值	增加值（千元）	公用房屋建筑面积（千平方米）	文物库房（含标本室）面积	实验室面积	国际合作：项目数（个）	国际合作：外方投资（千元）
1 676 766	**960 038**	**441 732**	**300.70**	**70.34**	**4.60**	**17**	**1 000**
1 231 568	658 388	365 458	249.36	64.82	0.59	8	1 000
86 649	22 732	22 986	12.17	0.04	0.11	——	——
358 549	278 918	53 288	39.18	5.48	3.90	9	——
278 756	205 667	30 041	29.33	1.74	2.50	——	——
1 022 326	574 679	277 891	193.20	37.88	0.70	17	1 000
333 813	161 937	124 192	74.81	27.41	1.40	——	——
41 871	17 755	9 608	3.35	3.31	——	——	——
1 200 538	684 528	357 411	226.61	54.99	1.88	16	1 000
159 466	64 014	49 653	42.27	13.20	0.22	1	——
316 762	211 496	34 668	31.83	2.14	2.50	——	——

研究机构综合情况（四）

项目支出	经营支出	本年支出合计（千元）在支出合计中：工资福利支出	商品和服务支出	差旅费	劳务费	福利费	各种税金支出	对个人和家庭补助支出	抚恤金和生活补助	其他资本性支出	各种设备购置费
381 048	**1 808**	**178 128**	**439 126**	**35 922**	**82 600**	**3 699**	**3 875**	**53 369**	**2 509**	**108 098**	**47 956**
296 550	52	146 790	361 747	24 806	69 720	3 280	1 449	38 011	2 171	72 541	34 039
11 021	1 756	11 397	17 094	2 328	4 559	162	625	3 996	224	1 013	1 013
73 477	——	19 941	60 285	8 788	8 321	257	1 801	11 362	114	34 544	12 904
39 283	——	3 926	41 074	7 254	5 981	109	1 789	9 643	98	16 840	11 474
216 225	——	120 843	280 475	23 846	48 436	2 844	1 193	34 295	1 835	79 629	26 045
118 166	1 808	50 366	111 057	3 919	25 473	693	893	8 460	569	11 181	9 989
7 374	——	2 993	6 520	903	2 710	53	——	971	7	448	448
304 406	52	153 823	325 932	22 775	56 306	3 045	1 429	35 135	2 136	88 569	33 793
36 285	——	17 870	70 028	5 378	19 463	472	196	8 273	275	2 226	2 226
40 357	1 756	6 435	43 166	7 769	6 831	182	2 250	9 961	98	17 303	11 937

全国文物事业基本

	项目个数（个）	计划总投资（千元）	建筑面积（千平方米）		本年资金					
					上年结余资金	本年资金				
								国家预算内资金		
								中央	省级	地市级
总　计	**364**	**19 275 291**	**2 930.96**	**5 479 317**	**1 670 451**	**3 808 866**	**3 056 901**	**529 401**	**1 147 175**	**1 272 418**
文物科研机构	11	344 240	28.13	353 117	114 271	238 846	201 610	182 700	18 910	——
文物保护管理机构	72	1 513 553	335.64	481 706	144 546	337 160	206 987	59 050	49 870	92 630
博　物　馆	205	15 075 670	1 971.29	3 981 757	1 169 637	2 812 120	2 292 251	229 791	1 014 504	963 105
文 物 商 店	——	——	——	——	——	——	——	——	——	——
其　　他	76	2 341 828	595.90	662 737	241 997	420 740	356 053	57 860	63 891	216 683

全国文物保护单位

	维修项目（个）	项目总预算（千元）	（千元）	累计拨入项目经费	
				中央补助	省专项补助
总　计	**1 999**	**6 972 296**	**3 479 931**	**1 163 523**	**622 468**
按管理部门分					
文物部门	1 852	6 167 082	2 873 010	1 138 353	599 254
宗教部门	20	76 469	64 693	4 140	3 540
园林部门	18	9 772	8 440	800	1 300
其他部门	108	718 873	533 688	20 230	18 274
按保护单位级别分					
国保单位	643	4 360 478	1 947 518	1 024 995	345 928
省保单位	748	1 814 109	1 091 317	103 756	196 062
市县保单位	608	797 709	441 096	34 772	80 478
按维修进度分					
1.前期准备	337	1 062 370	287 766	183 396	53 480
2.施　工	576	4 414 694	1 964 060	824 119	238 236
3.竣　工	1 075	1 491 206	1 222 201	152 408	329 252
4.成果出版	11	4 026	5 904	3 600	1 500

建设投资综合情况

来源总计（千元）							各项应付款合计		自开始建设至本年底累计完成投资额		本年新增固定资产（千元）	竣工项目（个）	竣工面积（千平方米）
来源合计							（千元）	工程款	（千元）	本年完成投资额			
国内贷款	债券	利用外资		自筹资金		其他资金来源							
			外商直接投资		单位自有资金								
137 810	**200**	**1 967**	**1 967**	**356 113**	**159 361**	**255 875**	**892 062**	**795 428**	**11 172 752**	**3 878 501**	**1 499 647**	**83**	**558.56**
——	——	——	——	36 736	36 736	500	28 602	1 742	95 256	48 967	13 186	2	4.27
100	——	500	500	27 440	24 365	102 133	146 854	138 556	905 467	283 776	350 213	18	151.21
122 748	200	1 467	1 467	270 005	97 760	125 449	610 540	556 144	8 691 722	3 203 736	919 153	44	316.06
——	——	——	——	——	——	——	——	——	——	——	——	——	——
14 962	——	——	——	21 932	500	27 793	106 066	98 986	1 480 307	342 022	217 095	19	87.02

保护、维修综合情况

本年项目收入合计					本年支出合计（千元）	项目累计支出（千元）	维修面积（千平方米）
（千元）	财政拨款			其他资金			
		中央补助	省级补助				
2 403 983	**1 541 696**	**804 388**	**301 678**	**618 013**	**1 722 492**	**2 676 270**	**5 349.71**
1 984 656	1 468 604	779 818	280 644	272 873	1 334 104	2 127 729	4 526.58
31 651	6 278	3 540	1 690	25 373	31 931	63 183	30.08
7 940	5 740	800	800	2 200	8 221	8 405	7.66
379 636	60 974	20 230	18 544	317 567	348 136	476 853	785.05
1 149 580	924 001	666 790	113 261	215 404	885 973	1 402 173	1 714.14
849 541	378 839	105 200	132 775	246 953	503 883	901 910	1 670.97
404 862	238 856	32 398	55 642	155 656	332 636	372 187	1 964.59
280 503	259 182	175 776	41 890	15 461	135 188	94 253	467.92
1 288 448	873 042	542 780	123 400	403 361	952 356	1 356 977	3 085.34
832 618	407 388	85 332	135 038	198 861	632 357	1 219 269	1 795.11
2 414	2 084	500	1 350	330	2 591	5 771	1.34

各地区文物业

	机构数（个）	从业人员数（人）	高级职称	中级职称	藏品数（件/套）	一级品	二级品	三级品
总计	**4 843**	**95 233**	**5 806**	**13 844**	**27 108 391**	**66 818**	**1 116 185**	**3 052 652**
中央	11	2 584	451	531	2 162 318	15 078	793 481	806 856
北京	92	5 102	110	340	3 731 567	722	10 261	52 578
天津	27	935	100	208	955 282	1 006	2 753	39 557
河北	235	6 597	345	652	549 484	1 198	12 368	51 043
山西	205	5 290	196	634	802 477	2 239	7 817	74 703
内蒙古	133	1 836	116	426	424 424	1 764	2 801	7 849
辽宁	133	3 220	245	728	709 835	1 646	13 774	125 394
其中：大连	9	315	31	74	99 332	241	2 547	25 554
吉林	124	1 640	205	373	327 628	974	4 862	87 348
黑龙江	173	1 652	225	397	208 946	421	1 612	18 378
上海	37	1 224	117	241	1 445 473	1 332	46 310	139 552
江苏	267	4 621	340	792	2 290 390	2 029	93 702	441 841
浙江	209	4 405	377	538	882 154	2 111	10 473	69 482
其中：宁波	20	606	45	62	164 547	223	946	8 005
安徽	164	1 856	108	343	733 537	1 670	3 936	120 361
福建	154	1 465	113	232	453 309	918	2 081	86 442
其中：厦门	11	141	12	29	62 918	16	200	6 028
江西	177	2 605	136	325	546 505	2 028	6 244	39 832
山东	228	4 911	410	1 034	1 396 215	3 500	10 398	88 850
其中：青岛	17	242	21	48	182 008	216	1 975	9 453
河南	257	8 438	334	863	1 744 709	2 472	16 136	220 045
湖北	173	4 007	251	1 067	1 149 587	2 516	8 058	90 488
湖南	207	3 491	142	443	834 156	3 442	5 611	51 998
广东	209	3 750	203	428	1 157 448	1 321	16 037	73 325
其中：深圳	18	326	29	65	39 483	25	156	4 845
广西	130	1 464	101	282	324 733	333	4 529	24 606
海南	26	293	18	21	48 679	145	310	1 231
重庆	89	1 785	149	248	760 449	924	1 785	21 239
四川	258	5 214	173	624	894 390	3 930	7 204	111 178
贵州	138	1 466	44	140	117 051	318	497	6 910
云南	237	1 529	156	354	430 699	826	1 778	15 316
西藏	24	370	14	45	119 608	413	179	277
陕西	344	7 935	348	815	937 288	6 952	13 808	75 435
甘肃	144	3 085	127	362	547 705	3 290	11 786	97 588
青海	46	366	33	98	187 116	226	842	1 405
宁夏	30	519	29	89	83 813	367	3 413	7 507
新疆	161	1 578	90	171	151 416	707	1 339	4 038

基　本　情　况（一）

本年考古出土文物及标本数（件/套）	本年从有关部门接收文物数（件/套）	本年藏品征集数（件/套）	本年修复文物数（件/套）				考古发掘项目（个）			
				一级品	二级品	三级品		基本建设中考古发掘项目	抢救性发掘项目	主动性发掘项目
29 286	**49 127**	**161 630**	**44 440**	**480**	**1 472**	**20 700**	**2 904**	**1 537**	**1 016**	**272**
——	4 005	848	163	6	138	19	2	——	1	1
——	——	282	280	3	18	14	27	25	2	——
——	122	436	——	——	——	——	1	1	——	——
——	44	2 594	713	3	20	91	45	34	8	1
——	595	133	193	12	31	114	53	50	3	——
——	196	3 056	575	82	24	71	54	8	18	27
——	374	7 394	1 322	5	228	397	29	15	9	1
——	——	705	159	3	56	——	2	——	2	——
1 000	3 578	11 310	532	4	4	25	34	14	13	5
101	492	6 149	125	2	7	16	12	12	——	——
——	934	3 153	80	2	78	——	2	——	2	——
——	12 398	14 484	2 184	15	28	199	160	63	95	2
7 420	4 123	8 966	2 988	5	42	367	57	21	17	4
——	99	123	8	——	——	——	18	14	——	4
——	5 468	1 298	704	27	103	353	232	31	199	2
17	511	6 122	80	1	——	32	28	9	18	1
——	2	201	15	——	——	——	7	1	6	——
——	265	2 084	781	9	53	691	53	22	27	4
1 841	772	7 220	1 363	28	30	187	66	22	42	2
——	——	290	47	7	——	——	7	——	6	1
16 952	4 170	2 818	3 492	4	25	308	217	135	58	13
302	524	3 389	1 410	32	75	499	635	598	33	1
117	186	6 507	1 509	3	66	437	408	235	145	23
1 046	565	19 047	15 572	1	156	14 872	56	11	44	1
20	——	554	15	——	——	——	1	——	1	——
——	57	19 163	175	7	8	145	14	8	1	5
——	7 257	510	93	——	15	70	3	——	——	3
——	202	4 106	3 405	——	6	84	42	23	19	——
——	232	3 436	1 812	5	33	265	273	56	86	95
16	208	2 591	59	13	4	6	69	25	15	29
——	289	7 880	829	——	——	610	120	22	94	4
——	146	81	1	——	——	——	——	——	——	——
44	245	3 187	1 708	116	206	638	158	75	48	35
80	384	3 168	1 673	95	61	140	17	1	3	13
——	——	127	——	——	——	——	4	3	1	——
——	17	4 586	150	——	6	47	25	10	15	——
350	768	5 505	469	——	7	3	8	8	——	——

各地区文物业

	考古钻探面积（千平方米）	考古发掘面积（千平方米）	发掘墓葬数（个）	基本陈列（个）	举办展览（个）	参观人次（千人次）	未成年人参观人次
总计	**66558.01**	**3809.11**	**20 448**	**6 172**	**10 346**	**421 482**	**119 534**
中央	200.00	1.10	1	45	60	12 564	1 518
北京	3908.00	54.14	1 109	132	178	16 479	3 071
天津	200.00	1.00	30	46	91	3 945	1 320
河北	2348.77	271.74	395	119	223	16 491	3 861
山西	2518.64	45.56	112	122	137	14 810	2 247
内蒙古	1.08	799.45	262	123	139	5 190	1 845
辽宁	3039.66	94.33	213	293	405	10 645	2 820
其中：大连	60.00	1.50	——	6	44	600	122
吉林	2023.00	157.80	1	184	261	6 439	1 955
黑龙江	153.00	26.10	29	120	211	7 334	2 687
上海	60.00	6.50	17	67	143	4 995	989
江苏	1727.40	119.94	907	498	985	41 546	13 094
浙江	1558.22	204.58	1 260	246	817	26 843	6 377
其中：宁波	816.18	159.53	240	29	102	3 621	881
安徽	1301.64	27.50	1 060	230	608	14 003	6 229
福建	22.70	15.82	37	204	335	10 235	3 171
其中：厦门	0.50	1.62	10	11	7	784	80
江西	36.00	18.02	68	279	294	16 455	5 934
山东	8340.70	211.40	544	727	700	18 445	5 341
其中：青岛	36.00	15.50	30	37	37	1 322	317
河南	10157.64	147.83	4 161	353	535	20 656	7 020
湖北	5840.78	90.58	1 794	277	248	15 014	5 326
湖南	9156.12	591.82	1 346	153	277	21 930	9 108
广东	4071.43	18.75	241	377	987	25 393	5 881
其中：深圳	——	0.60	2	31	105	2 329	498
广西	2257.51	504.06	116	138	164	6 925	2 084
海南	123.90	0.82	1	34	67	1 855	797
重庆	278.49	61.23	118	103	194	12 163	3 456
四川	3108.67	198.72	2 895	273	340	29 843	8 701
贵州	64.96	20.87	30	133	495	12 387	2 734
云南	639.09	46.44	1 486	371	714	13 612	2 898
西藏	——	——	——	2	10	943	23
陕西	1832.09	48.50	1 135	204	271	17 907	5 149
甘肃	489.02	7.23	685	168	245	9 701	2 358
青海	223.70	1.00	80	19	38	974	227
宁夏	875.80	9.37	95	48	47	1 721	172
新疆	——	6.90	220	84	127	4 039	1 141

注：本表门票销售总额中含故宫门票销售收入。

基　本　情　况（二）

门票销售总额（千元）	资产总计（千元）	固定资产原值	增加值（千元）	公用房屋建筑面积（千平方米）	展览用房	文物库房
2 946 939	**32 031 160**	**19 359 400**	**5 757 126**	**13436.01**	**5260.62**	**1154.08**
540 920	2 433 326	954 979	399 447	464.59	98.33	104.90
210 529	1 395 986	500 697	364 421	323.84	108.23	35.50
11 958	644 827	62 471	89 407	133.84	82.68	21.73
219 073	1 170 160	804 384	307 059	360.20	164.66	38.64
176 931	800 621	417 211	200 664	357.68	105.28	31.41
5 982	342 178	256 462	109 956	286.11	124.35	24.84
67 042	1 032 587	716 367	199 481	396.92	158.36	34.65
4 692	69 526	34 144	26 808	64.21	16.14	3.43
30 121	362 482	262 568	82 313	217.91	127.56	11.05
8 151	867 534	803 065	98 839	264.98	164.94	16.69
41 558	1 547 089	893 352	191 815	177.85	63.61	80.93
95 063	2 642 510	1 976 421	380 822	1009.77	511.32	71.79
229 581	2 487 452	1 256 664	432 874	615.21	253.10	52.97
8 184	157 513	111 617	40 743	84.07	27.35	6.99
2 908	311 895	217 871	87 327	381.40	134.06	21.52
1 031	323 088	178 589	67 990	441.12	182.77	24.04
——	34 775	19 659	10 151	40.83	17.85	4.28
1 109	256 600	145 683	95 219	349.18	181.61	25.12
267 779	1 503 423	1 045 817	272 622	591.21	273.54	47.55
3 322	131 979	118 012	23 060	35.79	14.14	3.41
193 154	2 386 504	908 221	336 675	1333.66	217.11	83.31
21 394	1 098 413	816 996	158 368	1110.90	311.10	46.93
10 320	808 019	631 150	164 776	403.87	161.68	55.27
48 020	1 152 955	860 866	307 092	771.64	332.41	52.15
937	148 627	92 994	40 263	87.34	23.02	5.37
14 164	283 252	188 508	60 532	215.56	85.67	23.96
1 705	67 499	48 005	12 952	39.79	16.39	2.13
44 072	548 905	377 715	116 218	253.20	94.74	17.60
161 646	2 599 679	1 386 438	337 593	703.36	211.37	56.14
5 545	885 527	659 803	72 357	186.62	74.24	10.89
368	498 375	374 536	77 576	898.85	621.68	20.37
54 911	87 216	46 532	39 621	26.69	11.16	2.73
388 473	1 622 909	1 163 357	395 968	512.09	163.17	68.71
56 186	915 650	721 674	161 383	276.21	105.02	30.03
134	150 768	129 172	25 909	49.53	17.81	7.29
23 636	88 021	73 651	33 314	72.37	25.67	8.26
13 475	715 710	480 175	76 536	209.87	77.01	25.01

各地区文物业

	本年收入合计（千元）	财政拨款	事业收入	经营收入	其他收入		基本支出
总计	**15 284 667**	**9 794 552**	**2 790 004**	**314 144**	**835 253**	**14 173 330**	**6 434 049**
中央	1 339 627	1 097 458	92 490	130 145	16 263	1 235 885	366 842
北京	1 127 655	688 460	200 261	24 900	22 365	1 168 498	413 779
天津	190 458	105 382	12 436	341	3 656	170 829	81 809
河北	544 057	288 583	181 408	6 703	23 265	526 554	321 735
山西	645 058	400 027	161 015	19 199	21 520	659 250	251 967
内蒙古	289 535	194 835	60 011	260	27 349	209 499	154 332
辽宁	412 639	308 897	76 349	5 223	4 583	400 991	200 440
其中：大连	60 820	49 509	4 692	——	859	63 838	27 080
吉林	204 997	145 777	38 420	176	11 832	178 671	95 708
黑龙江	174 676	130 127	7 250	2 264	33 866	169 306	123 385
上海	468 116	313 482	56 335	1 837	10 768	445 144	153 632
江苏	782 835	467 192	109 666	44 000	41 426	757 896	345 637
浙江	1 514 317	1 044 780	280 843	14 898	66 048	1 326 051	484 392
其中：宁波	93 690	68 163	12 947	44	5 609	98 621	48 521
安徽	290 028	249 765	7 135	——	14 592	276 074	105 209
福建	277 405	241 862	3 462	198	6 846	199 558	73 895
其中：厦门	28 100	22 140	252	——	66	25 071	9 926
江西	232 379	172 892	19 229	4	7 903	213 908	119 897
山东	757 394	400 273	136 545	12 882	7 962	691 144	318 302
其中：青岛	33 984	25 755	4 757	——	1 317	33 987	26 889
河南	965 650	474 797	264 596	6 491	101 567	888 598	519 944
湖北	376 515	262 371	38 143	8 021	37 019	393 796	160 630
湖南	460 598	351 919	34 238	3 197	25 555	459 715	233 292
广东	662 600	451 958	112 685	4 667	26 003	635 256	299 554
其中：深圳	101 124	76 924	5 293	——	18 038	94 436	39 909
广西	135 156	96 964	10 759	2 941	8 443	152 647	80 753
海南	39 427	36 670	1 796	50	903	29 455	9 884
重庆	255 680	185 434	28 748	9 601	5 439	238 583	63 238
四川	986 056	455 746	307 769	505	74 593	764 308	338 890
贵州	165 645	143 041	9 876	3 719	1 790	155 605	91 729
云南	172 611	122 712	24 371	2 894	7 615	177 140	78 622
西藏	100 413	40 064	35 111	——	——	54 977	29 490
陕西	908 926	323 813	357 342	8 707	190 143	870 431	579 087
甘肃	352 815	244 691	90 350	61	10 937	404 547	198 164
青海	44 963	38 465	2 305	——	1 840	36 650	26 021
宁夏	80 267	54 888	15 879	74	8 893	61 741	40 798
新疆	326 169	261 227	13 181	186	14 269	220 623	72 992

基　本　情　况（三）

项目支出	经营支出	本年支出合计（千元） 在支出合计中： 工资福利支出	商品和服务支出 差旅费	劳务费	福利费	各种税金支出	对个人和家庭补助支出	抚恤金和生活补助	其他资本性支出	各种设备购置费
6 383 609	**217 735**	**3 175 271**	**181 957**	**317 173**	**78 226**	**124 451**	**743 365**	**32 904**	**1 892 297**	**536 433**
794 594	71 202	186 635	18 832	18 268	2 588	15 613	112 067	1 287	277 261	165 404
617 456	14 802	180 536	5 157	19 485	7 395	12 200	47 393	3 074	183 015	11 939
29 690	341	42 585	1 209	950	627	4 842	16 635	553	4 009	1 324
169 668	8 465	192 105	6 634	18 247	2 253	1 051	31 154	1 933	19 799	9 782
363 793	17 208	132 354	13 535	17 587	4 656	3 006	17 178	906	40 184	21 197
48 472	260	45 460	4 190	13 987	1 117	206	9 935	530	26 581	14 674
160 424	6 270	110 167	5 062	18 095	1 811	1 167	30 736	336	67 390	5 105
13 951	——	19 333	353	622	253	257	2 389	——	1 190	410
78 039	356	46 514	5 723	1 202	477	433	17 402	669	9 645	3 579
42 896	2 021	51 325	2 217	1 662	516	102	12 529	411	24 109	4 970
213 355	21	107 886	1 815	2 053	4 623	8 387	10 191	984	68 273	22 024
286 621	16 291	176 793	10 287	23 215	4 489	12 381	49 671	1 718	75 858	18 820
809 950	11 897	243 948	10 271	21 335	9 401	9 778	53 975	1 110	387 806	59 763
44 763	76	29 171	1 496	2 371	505	360	4 213	444	3 301	1 645
144 458	10	51 676	2 552	2 066	1 223	241	20 616	421	21 317	4 309
89 292	81	40 767	3 256	1 963	962	640	10 455	179	23 698	4 465
10 342	——	5 793	270	98	181	279	1 238	——	4 191	——
79 551	10	61 146	6 266	2 344	2 346	808	16 001	1 202	21 866	5 108
127 540	24 523	163 269	6 229	7 844	1 588	10 978	30 432	566	24 523	18 139
5 366	53	12 119	680	771	197	116	3 969	——	1 172	1 140
337 391	4 647	190 316	9 620	45 657	3 921	1 776	29 815	1 641	53 282	17 646
200 749	7 849	86 775	5 637	9 301	3 703	803	18 235	1 212	54 423	19 155
192 766	2 446	98 478	6 850	7 946	3 092	3 085	20 823	2 343	39 918	19 229
280 288	1 812	176 765	5 906	12 204	3 503	5 518	49 701	1 054	43 412	18 159
50 696	——	30 483	1 569	3 236	311	67	1 409	4	3 835	3 072
60 542	1 922	37 296	3 187	2 228	1 093	1 404	9 417	331	20 884	3 274
17 697	148	8 568	729	1 192	74	47	1 068	1	6 947	5 933
143 522	10 368	61 512	6 786	7 646	1 736	6 064	10 741	527	13 773	4 438
340 209	532	155 264	11 349	20 959	5 218	6 479	31 186	2 258	66 316	13 962
43 012	2 698	30 508	2 912	4 472	2 137	477	5 812	443	10 795	4 682
76 329	3 083	41 373	3 414	6 489	731	1 292	7 661	175	13 622	5 715
24 381	——	15 178	379	14	1	196	4 125	3	130	130
254 237	7 792	264 671	9 098	15 209	3 562	12 467	36 242	2 893	175 772	8 623
203 502	411	99 622	7 250	8 416	2 372	2 380	17 210	2 275	86 850	22 934
9 296	——	15 912	1 083	787	67	143	3 428	327	2 589	1 401
18 543	11	17 286	1 350	718	214	5	3 680	697	1 387	1 330
125 346	258	42 581	3 172	3 632	730	482	7 851	845	26 863	19 220

各地区省级文物

	机构数（个）	从业人员数（人）	高级职称	中级职称	藏品数（件/套）	一级品	二级品	三级品
总　计	**258**	**16 953**	**1 991**	**2 706**	**13 049 307**	**22 759**	**210 499**	**1 251 514**
北　京	47	1 748	100	231	3 689 060	604	9 790	49 974
天　津	8	721	89	170	938 305	1 004	2 745	39 485
河　北	7	411	88	64	292 052	464	3 422	25 683
山　西	15	643	74	88	261 626	541	1 235	55 594
内蒙古	3	311	21	69	152 205	764	268	755
辽　宁	4	260	28	46	344 428	492	5 047	45 410
吉　林	3	229	47	47	92 437	296	3 395	13 848
黑龙江	11	575	125	93	131 464	181	1 072	15 509
上　海	7	694	101	174	1 419 032	1 091	45 074	133 627
江　苏	7	655	64	78	541 755	1 062	88 438	360 422
浙　江	8	569	138	83	214 592	787	5 448	35 311
安　徽	4	273	42	52	446 906	427	1 571	81 718
福　建	7	348	35	38	211 047	558	438	37 054
江　西	8	790	46	77	235 428	522	1 743	11 340
山　东	6	341	54	79	447 223	1 411	1 553	47 156
河　南	5	572	82	117	451 005	616	3 174	41 140
湖　北	10	448	97	99	416 003	928	2 438	32 556
湖　南	8	754	53	98	411 467	579	1 884	20 545
广　东	7	362	45	50	409 582	404	7 284	12 639
广　西	5	376	49	67	107 679	184	2 118	5 108
海　南	3	108	8	14	31 675	108	152	715
重　庆	17	1 110	101	144	365 175	748	1 418	15 141
四　川	5	396	29	54	175 294	778	1 901	50 189
贵　州	3	111	21	21	37 988	221	250	636
云　南	4	156	37	24	232 509	509	1 400	12 141
西　藏	6	321	13	30	113 790	398	159	274
陕　西	14	1 979	208	256	449 864	4 497	6 531	22 747
甘　肃	10	1 067	96	197	192 738	1 731	6 416	76 747
青　海	6	166	25	40	107 509	131	590	800
宁　夏	5	201	23	39	56 728	281	2 834	5 619
新　疆	5	258	52	67	72 741	442	711	1 631

业基本情况（一）

本年考古出土文物及标本数（件/套）	本年从有关部门接收文物数（件/套）	本年藏品征集数（件/套）	本年修复文物数（件/套）				考古发掘项目（个）			
				一级品	二级品	三级品		基本建设中考古发掘项目	抢救性发掘项目	主动性发掘项目
10 616	**9 459**	**49 982**	**10 601**	**182**	**798**	**1 498**	**540**	**339**	**101**	**85**
——	——	10	182	2	18	7	25	25	——	——
——	122	425	——	——	——	——	1	1	——	——
——	——	240	119	——	——	——	19	18	——	1
——	143	——	10	10	——	——	23	22	1	——
——	——	167	145	7	16	37	34	——	7	27
——	12	2 256	223	——	156	67	——	——	——	——
1 000	——	102	57	3	——	——	14	9	2	3
101	212	2 319	17	1	3	13	8	8	——	——
——	932	2 238	80	2	78	——	2	——	2	——
——	99	350	80	——	15	65	22	17	4	1
7 398	68	3 468	2 794	5	39	310	15	——	——	——
——	——	422	163	20	63	80	20	20	——	——
——	——	556	64	——	——	32	6	5	1	——
——	56	252	104	7	15	78	19	17	——	2
1 500	——	3 352	370	10	——	40	18	15	2	1
134	——	129	34	——	6	28	39	28	2	9
——	——	571	325	22	34	264	28	28	——	——
117	——	3 461	681	1	24	122	36	——	36	——
——	37	2 238	449	1	143	19	16	8	8	——
——	13	16 412	41	5	7	29	13	8	——	5
——	7 255	187	85	——	15	70	2	——	——	2
——	177	298	2 128	——	3	30	28	20	8	——
——	——	24	36	——	——	7	25	4	21	——
16	——	137	20	——	——	——	4	4	——	——
——	179	6 338	100	——	——	——	6	5	——	1
——	146	11	1	——	——	——	——	——	——	——
——	——	306	473	86	116	130	94	57	4	33
——	8	39	1 246	——	35	22	——	——	——	——
——	——	——	——	——	——	——	4	3	1	——
——	——	3 502	125	——	6	45	11	9	2	——
350	——	172	449	——	6	3	8	8	——	——

各地区省级文物

	考古钻探面积（千平方米）	考古发掘面积（千平方米）	发掘墓葬数（个）	基本陈列（个）	举办展览（个）	参观人次（千人次）	未成年人参观人次
总计	**24902.73**	**1540.57**	**7 798**	**353**	**1 023**	**58 525**	**16 991**
北京	3900.00	50.12	1 109	51	93	3 155	281
天津	200.00	1.00	30	23	69	2 808	1 205
河北	1900.00	35.00	90	5	16	452	139
山西	——	23.42	39	7	36	2 110	818
内蒙古	——	649.00	——	3	7	1 061	378
辽宁	——	——	——	1	16	473	177
吉林	2000.00	14.00	——	1	26	500	——
黑龙江	150.00	4.50	28	23	33	3 074	1 317
上海	60.00	6.50	17	14	17	2 223	481
江苏	56.00	30.00	244	24	42	2 993	311
浙江	700.00	30.07	830	14	71	2 861	1 553
安徽	1000.00	15.00	800	4	37	272	114
福建	8.00	3.12	21	13	28	1 792	776
江西	——	0.20	——	15	26	5 865	1 097
山东	6000.00	23.00	180	9	28	245	81
河南	——	9.50	452	5	15	1 380	520
湖北	15.50	34.65	148	15	41	1 670	327
湖南	80.00	6.12	500	7	27	4 919	1 534
广东	3855.90	8.80	39	7	89	1 475	612
广西	2256.91	503.96	114	7	47	683	210
海南	123.90	0.32	——	6	33	750	400
重庆	263.80	24.78	60	21	81	8 376	2 276
四川	——	20.00	1 000	10	5	58	17
贵州	56.66	2.82	——	1	8	48	15
云南	60.04	1.11	356	3	24	965	256
西藏	——	——	——	1	9	943	23
陕西	735.50	24.29	800	26	39	5 257	1 705
甘肃	489.02	4.60	648	7	13	1 013	169
青海	223.70	1.00	——	7	28	500	29
宁夏	767.80	6.80	73	22	18	403	105
新疆	——	6.90	220	1	1	201	65

业 基 本 情 况（二）

门票销售总额（千元）	资产总计（千元）	固定资产原值	增加值（千元）	公用房屋建筑面积（千平方米）	展览用房	文物库房
513 571	**10 371 041**	**6 048 204**	**1 605 047**	**2216.75**	**759.86**	**393.30**
12 624	966 422	210 403	192 758	206.01	74.98	33.55
3 958	627 205	51 214	76 231	101.42	57.90	21.01
——	204 419	59 053	36 661	44.90	13.62	16.79
40	307 270	72 119	43 138	98.61	37.91	16.56
2 133	62 317	31 570	49 494	75.34	20.69	12.45
——	283 943	229 489	25 880	88.67	8.53	4.85
——	90 577	69 151	19 924	30.00	4.00	2.94
6 166	452 758	406 414	43 754	97.69	68.28	6.73
——	1 146 365	750 485	135 952	109.89	23.55	75.61
60 600	956 257	856 166	78 255	90.47	61.35	13.48
——	655 694	192 440	61 805	66.37	21.29	14.32
——	63 115	50 465	26 752	26.13	10.24	4.16
3	64 104	30 747	20 334	65.75	38.33	7.25
——	63 589	22 599	40 310	68.95	40.59	7.46
——	247 914	127 349	38 587	38.07	13.78	6.22
——	386 849	283 934	50 622	76.47	22.89	16.36
——	486 243	310 125	41 591	126.00	21.72	11.57
3 109	295 644	214 081	52 472	66.31	18.46	9.52
1 670	245 116	182 742	43 164	45.99	16.15	4.61
——	66 658	44 076	17 610	53.77	13.60	5.08
——	27 099	16 371	6 022	24.15	8.49	0.59
30 689	316 342	193 641	83 752	127.52	32.88	8.46
——	166 939	43 546	40 551	42.77	10.00	7.03
——	57 786	10 497	5 435	7.66	3.81	2.57
——	116 847	27 601	19 375	15.16	8.64	4.30
54 911	79 924	39 440	38 139	25.71	11.09	2.69
287 026	1 016 732	779 060	187 179	190.10	54.61	45.09
49 218	445 492	320 476	77 632	94.08	9.35	13.07
134	127 337	113 979	14 908	34.56	11.25	5.47
——	48 122	35 602	10 447	47.74	14.68	7.34
1 290	295 962	273 369	26 313	30.49	7.23	6.19

各地区省级文物

	本年收入合计（千元）						
		财政拨款	事业收入	经营收入	其他收入		基本支出
总计	4 711 338	2 885 152	783 821	43 652	305 447	4 287 343	1 428 282
北京	625 503	438 970	21 280	797	16 842	634 098	133 593
天津	168 664	93 020	6 112	——	889	149 047	64 133
河北	76 213	43 572	16 179	——	11 911	116 824	21 849
山西	236 209	205 516	16 501	4 401	1 682	237 656	27 156
内蒙古	145 808	62 638	53 489	——	26 108	76 293	37 973
辽宁	50 820	42 185	2 726	——	48	47 409	25 160
吉林	37 922	27 881	8 097	——	1 329	28 696	20 443
黑龙江	61 870	53 743	5 020	1 101	2 005	60 241	47 583
上海	317 290	216 576	13 115	18	2 323	261 312	71 098
江苏	144 581	59 707	40 776	29 071	4 726	125 666	39 939
浙江	243 380	204 474	11 498	——	7 221	166 388	51 057
安徽	114 351	106 228	2 370	——	755	110 746	20 512
福建	107 237	95 800	340	——	568	50 221	13 705
江西	110 538	72 682	8 433	——	863	99 208	34 041
山东	137 068	96 120	15 684	——	1 899	97 537	20 487
河南	149 277	83 010	22 603	——	7 367	225 669	69 902
湖北	150 905	109 904	8 907	4 342	19 561	166 675	39 979
湖南	147 629	94 805	17 943	1 313	6 694	142 820	56 513
广东	110 426	68 709	33 892	——	47	108 674	38 575
广西	53 470	32 975	6 942	——	5 334	77 332	32 685
海南	28 425	27 650	——	——	775	18 932	4 572
重庆	188 427	141 005	23 777	——	1 388	175 106	42 323
四川	210 183	39 042	59 511	——	15 143	133 209	40 836
贵州	34 786	25 667	7 329	——	89	33 240	10 420
云南	83 042	49 946	19 523	682	3 228	79 466	22 359
西藏	96 782	36 677	35 111	——	——	51 346	27 673
陕西	465 293	41 428	261 169	1 927	149 493	437 072	270 515
甘肃	163 915	91 963	60 029	——	8 037	219 137	94 365
青海	24 244	19 610	2 162	——	1 537	17 341	12 501
宁夏	40 812	37 185	594	——	2 933	38 861	21 945
新疆	186 268	166 464	2 709	——	4 652	101 121	14 390

业 基 本 情 况（三）

项目支出	经营支出	本年支出合计（千元）								
		在支出合计中：								
		工资福利支出	商品和服务支出				对个人和家庭补助支出		其他资本性支出	
			差旅费	劳务费	福利费	各种税金支出		抚恤金和生活补助		各种设备购置费
2 391 882	**16 643**	**691 501**	**61 983**	**112 391**	**19 012**	**55 260**	**206 535**	**11 290**	**680 558**	**207 026**
380 203	979	55 562	3 525	16 426	2 859	11 766	17 985	416	171 500	5 469
25 925	——	33 336	1 139	540	492	4 697	13 892	534	3 134	1 288
93 109	——	12 989	3 069	14 614	228	131	5 480	486	4 212	4 188
200 096	2 930	21 932	5 187	8 142	512	1 321	5 815	346	11 281	8 218
36 320	——	6 593	1 672	11 104	143	200	1 637	205	11 708	9 668
16 200	——	5 270	1 213	5 408	907	366	2 778	36	6 192	1 286
7 825	——	7 913	4 159	7	24	——	5 359	40	1 842	1 652
11 978	666	17 871	929	1 117	112	98	7 615	218	8 797	2 600
117 045	13	66 574	1 086	1 010	2 878	7 400	5 910	433	33 366	20 055
75 277	4 717	19 504	1 542	3 567	80	5 141	7 900	1 057	13 388	3 227
115 259	——	36 945	3 011	5 304	579	351	8 700	114	60 153	54 420
85 058	——	13 448	365	283	495	221	8 109	38	6 418	2 033
33 687	——	10 368	1 520	214	164	105	4 170	8	3 573	3 429
53 372	——	24 589	3 219	1 044	1 025	464	5 723	74	14 884	2 144
51 273	——	10 468	1 941	4 005	245	1 266	6 985	72	13 081	13 081
150 089	——	20 521	2 000	8 551	510	527	6 631	128	1 371	1 371
115 205	4 342	17 461	1 663	3 193	291	156	6 566	590	26 913	6 056
57 986	1 314	24 912	1 582	2 240	929	1 933	8 888	1 766	10 243	4 561
65 128	——	19 331	643	850	462	995	12 002	175	10 829	7 701
41 958	——	9 600	1 806	578	928	868	2 996	9	14 668	1 777
14 360	——	3 746	448	884	——	37	671	——	6 632	5 750
118 684	——	47 067	4 094	4 940	1 058	1 916	8 402	199	8 249	2 270
41 405	——	14 308	3 095	3 760	306	745	3 866	137	2 701	2 701
22 820	——	2 201	472	69	40	215	1 362	44	1 713	1 713
45 464	682	5 229	2 429	4 831	454	887	2 716	38	9 949	4 257
22 567	——	14 121	366	14	——	196	3 985	3	124	124
165 335	1 000	99 979	2 608	3 518	1 889	11 734	25 303	2 471	159 409	6 203
123 396	——	46 056	4 727	5 128	1 051	957	8 371	1 050	49 281	15 586
4 349	——	6 764	860	682	5	139	2 195	154	1 253	1 223
16 490	——	6 927	969	46	204	——	2 185	402	607	607
84 019	——	9 916	644	322	142	428	2 338	47	13 087	12 368

各地区地市级文物

	机构数（个）	从业人员数（人）	高级职称	中级职称	藏品数（件/套）	一级品	二级品	三级品
总　　计	**978**	**30 805**	**2 121**	**5 159**	**6 586 064**	**13 676**	**62 591**	**518 198**
北　　京	——	——	——	——	——	——	——	——
天　　津	——	——	——	——	——	——	——	——
河　　北	34	2 406	145	244	70 587	296	6 869	13 840
山　　西	42	1 524	80	236	159 588	482	1 202	5 975
内 蒙 古	21	766	77	185	176 496	490	1 456	2 972
辽　　宁	35	1 491	156	376	232 265	829	6 928	59 753
其中：大连	5	273	28	61	95 171	228	2 444	23 808
吉　　林	23	554	103	104	77 092	194	856	2 874
黑 龙 江	32	525	66	138	42 601	115	348	1 676
上　　海	——	——	——	——	——	——	——	——
江　　苏	123	2 832	227	534	1 541 217	756	3 935	74 105
浙　　江	57	2 222	150	219	385 877	722	2 512	14 181
其中：宁波	4	351	32	30	136 140	134	528	5 355
安　　徽	26	353	19	86	116 858	210	613	11 557
福　　建	37	579	51	110	125 995	271	634	17 505
其中：厦门	5	131	12	26	60 931	16	178	5 669
江　　西	32	913	50	141	124 593	161	1 259	7 078
山　　东	48	1 447	187	356	433 595	742	4 697	21 146
其中：青岛	6	183	15	26	134 151	167	1 768	7 310
河　　南	74	3 568	185	484	928 368	1 054	8 043	101 580
湖　　北	43	1 674	111	562	415 656	1 146	3 614	46 665
湖　　南	33	768	53	151	255 333	2 392	2 108	17 986
广　　东	75	1 927	140	284	542 876	817	7 128	40 663
其中：深圳	4	214	25	55	27 691	25	142	4 779
广　　西	30	596	45	137	135 590	66	1 439	9 034
海　　南	7	109	2	4	2 303	15	6	37
重　　庆	——	——	——	——	——	——	——	——
四　　川	38	2 318	85	246	258 249	1 057	2 388	24 310
贵　　州	12	396	7	32	49 852	40	85	4 351
云　　南	24	324	46	93	37 454	60	143	1 047
西　　藏	2	12	——	——	——	——	——	——
陕　　西	58	1 649	79	247	270 787	964	4 085	32 321
甘　　肃	23	800	20	76	124 950	538	1 556	5 426
青　　海	11	64	5	20	16 181	20	140	176
宁　　夏	8	160	2	19	6 398	44	77	392
新　　疆	30	828	30	75	55 303	195	470	1 548

业　基　本　情　况（一）

本年考古出土文物及标本数（件/套）	本年从有关部门接收文物数（件/套）	本年藏品征集数（件/套）	本年修复文物数（件/套）				考古发掘项目（个）			
				一级品	二级品	三级品		基本建设中考古发掘项目	抢救性发掘项目	主动性发掘项目
18 645	8 076	48 259	25 471	115	276	16 441	1 411	1 010	351	33
——	——	——	——	——	——	——	——	——	——	——
——	——	——	——	——	——	——	——	——	——	——
——	——	301	65	——	16	19	11	6	5	——
——	444	51	20	——	——	4	28	28	——	——
——	——	1 034	45	1	——	3	10	7	3	——
——	272	2 318	589	3	68	234	4	1	2	——
——	——	705	159	3	56	——	2	——	2	——
——	221	5 879	248	1	——	2	9	2	3	2
——	280	1 302	45	——	2	——	3	3	——	——
——	——	——	——	——	——	——	——	——	——	——
——	2 281	11 802	1 917	14	12	134	109	30	78	1
22	266	3 272	114	——	——	10	20	11	5	4
——	5	——	6	——	——	——	14	10	——	4
——	20	532	135	——	8	23	4	2	2	——
17	452	2 293	12	——	——	——	8	2	5	1
——	2	201	12	——	——	——	6	1	5	——
——	1	260	24	——	——	——	8	——	8	——
341	——	872	208	——	——	9	16	——	15	1
——	——	213	40	——	——	——	4	——	3	1
16 818	2 044	608	2 759	4	2	15	168	105	48	4
302	403	2 108	839	1	15	160	587	562	21	1
——	90	902	718	2	36	263	272	201	69	2
1 046	189	10 699	14 972	——	——	14 808	37	2	34	1
20	——	522	15	——	——	——	1	——	1	——
——	——	981	115	——	1	99	——	——	——	——
——	2	26	——	——	——	——	1	——	——	1
——	——	——	——	——	——	——	——	——	——	——
——	35	340	1 064	5	19	143	30	16	13	1
——	18	49	——	——	——	——	——	——	——	——
——	70	1 126	108	——	——	——	21	14	6	1
——	——	——	——	——	——	——	——	——	——	——
19	121	430	1 211	16	90	498	50	17	32	1
80	178	693	263	68	7	17	13	——	1	12
——	——	11	——	——	——	——	——	——	——	——
——	——	——	——	——	——	——	2	1	1	——
——	689	370	——	——	——	——	——	——	——	——

各地区地市级文物

	考古钻探面积（千平方米）	考古发掘面积（千平方米）	发掘墓葬数（个）	基本陈列（个）	举办展览（个）	参观人次（千人次）	未成年人参观人次
总计	**34687.63**	**537.68**	**9 136**	**1 326**	**3 262**	**135 969**	**33 408**
北京	——	——	——	——	——	——	——
天津	——	——	——	——	——	——	——
河北	332.70	4.95	194	31	119	3 907	516
山西	2515.00	21.10	62	26	36	2 257	222
内蒙古	——	149.20	215	21	41	1 609	617
辽宁	852.46	33.55	56	45	142	5 735	1 538
其中：大连	60.00	1.50	——	2	18	395	40
吉林	——	4.10	——	44	68	2 885	400
黑龙江	——	11.40	——	31	78	2 601	752
上海	——	——	——	——	——	——	——
江苏	1561.90	35.21	549	242	514	28 200	8 858
浙江	736.18	7.62	194	80	271	13 674	2 277
其中：宁波	716.18	4.52	169	7	56	2 150	334
安徽	40.00	0.71	111	23	62	1 521	710
福建	0.20	8.90	10	37	83	3 293	941
其中：厦门	——	1.50	8	6	7	696	32
江西	——	0.84	10	64	55	4 873	2 367
山东	1689.40	10.26	200	87	336	4 877	1 049
其中：青岛	20.00	3.50	15	19	18	957	124
河南	8415.84	66.10	3 626	83	198	8 381	1 983
湖北	5299.70	25.00	1 470	72	61	6 678	2 113
湖南	8709.72	26.01	529	43	109	3 554	1 598
广东	215.50	9.29	161	140	489	14 318	2 159
其中：深圳	——	0.60	2	10	84	1 933	430
广西	——	——	——	48	49	3 461	1 205
海南	——	0.50	——	12	12	757	248
重庆	——	——	——	——	——	——	——
四川	2760.06	88.60	593	31	61	12 097	1 380
贵州	——	——	——	22	12	1 816	295
云南	502.65	29.63	819	33	165	1 643	372
西藏	——	——	——	——	——	——	——
陕西	1048.32	4.36	302	37	160	2 835	667
甘肃	——	0.16	25	26	77	2 503	352
青海	——	——	——	3	4	306	123
宁夏	8.00	0.20	10	14	12	570	20
新疆	——	——	——	31	48	1 618	646

业　基　本　情　况（二）

门票销售总额（千元）	资产总计（千元）	资产总计：固定资产原值	增加值（千元）	公用房屋建筑面积（千平方米）	公用房屋建筑面积：展览用房	公用房屋建筑面积：文物库房
863 783	**10 689 322**	**5 783 628**	**2 004 847**	**4740.36**	**1666.79**	**327.65**
——	——	——	——	——	——	——
——	——	——	——	——	——	——
105 529	188 402	107 083	148 136	137.58	63.64	7.60
36 620	184 559	121 412	70 567	126.00	18.65	6.81
2 540	178 907	134 929	34 144	88.18	39.83	4.60
57 276	446 866	300 531	107 099	177.92	98.20	17.60
4 692	60 548	25 950	23 144	47.77	10.55	2.34
29 798	175 835	105 323	33 745	94.63	65.45	3.84
134	325 380	311 898	36 853	110.06	61.11	4.30
——	——	——	——	——	——	——
18 992	1 208 477	749 706	227 574	616.12	300.19	40.98
203 490	1 299 417	685 336	265 966	288.10	117.26	18.62
7 876	82 850	60 833	21 250	52.38	14.50	3.68
46	116 695	97 181	16 775	61.00	30.13	4.96
——	125 697	60 534	27 375	182.74	75.69	9.19
——	33 414	18 298	9 151	37.03	14.55	3.98
866	83 150	49 069	25 838	107.62	50.16	4.78
12 137	590 772	328 933	94 699	210.54	76.12	17.95
3 272	123 050	109 450	19 936	26.90	11.10	2.18
154 417	1 754 282	404 023	186 328	910.73	105.70	46.05
16 670	309 882	222 180	65 332	394.11	64.10	25.43
1 205	143 176	124 376	39 224	108.78	44.79	29.10
24 249	588 842	425 144	194 338	444.32	179.94	32.04
——	132 994	85 734	30 930	76.29	16.20	4.65
1 308	158 347	92 882	28 146	86.26	39.63	10.05
1 295	26 899	23 143	4 544	7.96	3.57	0.50
——	——	——	——	——	——	——
139 563	1 239 871	330 669	171 268	161.50	44.26	11.81
18	516 507	503 774	36 005	41.27	12.45	1.07
——	139 747	132 558	18 953	71.38	35.23	8.69
——	400	200	188	0.21	——	——
22 753	269 293	115 252	80 043	104.38	53.25	10.86
3 035	240 871	184 093	37 223	77.29	38.98	4.75
——	9 654	5 612	3 917	9.12	4.72	0.79
22 126	14 969	13 126	16 489	14.57	5.83	0.40
9 716	352 425	154 661	34 078	107.99	37.93	4.92

各地区地市级文物

	本年收入合计（千元）						
		财政拨款	事业收入	经营收入	其他收入		基本支出
总计	4 967 039	2 982 760	1 190 097	29 688	332 683	4 469 078	2 401 203
北京	——	——	——	——	——	——	——
天津	——	——	——	——	——	——	——
河北	260 873	106 656	108 598	330	5 772	206 753	157 990
山西	197 849	96 092	72 716	250	17 578	217 686	126 144
内蒙古	93 174	84 320	4 107	——	1 240	82 473	70 266
辽宁	203 517	137 488	58 001	——	900	213 829	103 562
其中：大连	55 447	44 136	4 692	——	859	58 465	22 901
吉林	100 150	63 638	29 734	——	6 777	87 949	46 043
黑龙江	77 095	44 649	505	660	31 230	73 002	54 115
上海	——	——	——	——	——	——	——
江苏	467 764	279 610	43 322	7 768	29 130	477 680	207 841
浙江	1 005 648	628 203	262 922	576	37 558	907 191	331 379
其中：宁波	47 449	29 444	12 325	44	1 201	56 053	27 666
安徽	38 036	34 914	117	——	2 903	34 384	15 770
福建	112 998	103 430	1 114	198	532	99 191	31 525
其中：厦门	26 677	20 744	252	——	39	23 769	8 993
江西	57 366	47 950	5 195	1	3 817	49 021	38 611
山东	160 340	116 696	21 107	——	3 318	161 865	119 514
其中：青岛	28 185	20 837	4 707	——	1 097	28 224	23 328
河南	550 559	247 961	182 042	5 255	80 111	411 810	294 925
湖北	131 146	79 994	23 209	403	7 832	129 906	66 693
湖南	78 008	63 827	6 480	850	4 250	76 168	51 149
广东	383 416	250 774	58 338	3 986	20 635	356 662	166 774
其中：深圳	72 928	55 758	1 287	——	15 883	66 304	32 174
广西	53 548	41 727	2 596	2 938	2 278	48 781	30 141
海南	6 804	5 499	1 226	——	78	6 365	3 638
重庆	——	——	——	——	——	——	——
四川	452 827	177 535	220 909	448	45 793	345 291	164 082
贵州	56 247	51 232	——	299	47	52 223	44 734
云南	38 167	29 670	3 221	74	3 477	35 808	16 849
西藏	430	330	——	——	——	430	430
陕西	207 644	141 867	38 026	5 652	14 418	197 742	147 827
甘肃	92 397	64 258	24 877	——	2 054	91 982	53 086
青海	5 964	5 645	143	——	176	5 131	4 273
宁夏	31 165	10 833	14 831	——	5 501	14 701	11 636
新疆	103 907	67 962	6 761	——	5 278	85 054	42 206

业 基 本 情 况 (三)

本年支出合计（千元）										
		在支出合计中：								
项目支出	经营支出	工资福利支出	商品和服务支出				对个人和家庭补助支出		其他资本性支出	
			差旅费	劳务费	福利费	各种税金支出		抚恤金和生活补助		各种设备购置费
1 704 489	**14 040**	**1 127 088**	**51 264**	**110 301**	**27 914**	**32 250**	**261 780**	**9 039**	**562 514**	**84 550**
——	——	——	——	——	——	——	——	——	——	——
——	——	——	——	——	——	——	——	——	——	——
24 365	288	94 353	1 863	772	1 342	205	19 058	617	2 102	1 332
85 313	250	50 254	3 866	4 897	1 117	124	7 469	387	6 044	2 241
9 594	——	19 886	1 296	1 650	465	4	6 285	201	5 126	4 223
87 444	——	68 427	1 995	6 402	381	294	16 864	104	23 371	2 120
12 870	——	16 567	331	520	253	257	1 922	——	433	410
41 206	——	20 366	792	134	20	313	8 911	263	1 661	754
18 217	660	20 885	744	312	162	2	3 090	121	3 938	2 140
——	——	——	——	——	——	——	——	——	——	——
164 169	2 616	114 316	7 521	14 601	2 996	7 034	34 016	504	46 673	11 405
561 856	540	138 668	4 499	7 295	5 849	9 101	36 285	714	310 994	3 308
28 311	76	14 497	774	1 045	191	313	3 158	437	2 872	1 397
10 059	——	9 257	475	174	273	12	2 880	74	6 526	723
40 073	81	17 600	933	324	279	321	4 456	26	18 806	553
9 973	——	5 129	263	18	170	279	1 048	——	4 191	——
9 888	1	17 383	1 356	306	723	47	5 602	929	2 483	1 811
25 248	53	56 913	1 636	2 003	1 078	756	15 294	185	5 457	516
3 192	53	9 963	632	595	196	114	3 525	——	284	272
100 822	2 821	94 196	4 319	30 285	2 094	875	17 888	1 099	13 349	11 351
51 533	403	38 463	1 579	3 729	1 310	568	6 823	269	9 510	7 860
23 733	614	24 779	1 519	1 990	277	202	6 364	97	4 483	2 534
152 173	1 372	111 396	3 723	8 586	1 819	4 321	28 693	179	16 412	9 407
34 130	——	23 480	1 481	2 349	256	2	1 074	——	3 662	3 044
14 671	1 859	17 559	735	1 429	131	534	4 038	168	2 388	939
2 111	——	3 148	124	80	52	10	296	1	64	28
——	——	——	——	——	——	——	——	——	——	——
157 987	370	79 044	4 705	12 049	3 723	5 637	16 694	721	31 915	7 072
3 983	50	8 218	770	2 561	1 675	170	2 219	34	1 029	175
18 391	521	10 707	433	490	133	57	2 078	104	984	602
——	——	180	3	——	——	——	——	——	6	6
33 513	1 369	58 638	3 328	6 489	553	464	5 763	178	5 761	1 238
38 011	172	22 063	1 057	1 485	1 000	1 179	4 650	900	32 478	5 774
220	——	2 946	63	62	20	——	834	173	355	6
1 425	——	5 696	263	490	1	——	988	295	666	633
28 484	——	21 747	1 667	1 706	441	20	4 242	696	9 933	5 799

各地区县市级文物

	机构数（个）	从业人员数（人）	高级职称	中级职称	藏品数（件/套）	一级品	二级品	三级品
总计	3 596	44 891	1 243	5 448	5 310 702	15 305	49 614	476 084
北京	45	3 354	10	109	42 507	118	471	2 604
天津	19	214	11	38	16 977	2	8	72
河北	194	3 780	112	344	186 845	438	2 077	11 520
山西	148	3 123	42	310	381 263	1 216	5 380	13 134
内蒙古	109	759	18	172	95 723	510	1 077	4 122
辽宁	94	1 469	61	306	133 142	325	1 799	20 231
其中：大连	4	42	3	13	4 161	13	103	1 746
吉林	98	857	55	222	158 099	484	611	70 626
黑龙江	130	552	34	166	34 881	125	192	1 193
上海	30	530	16	67	26 441	241	1 236	5 925
江苏	137	1 134	49	180	207 418	211	1 329	7 314
浙江	144	1 614	89	236	281 685	602	2 513	19 990
其中：宁波	16	255	13	32	28 407	89	418	2 650
安徽	134	1 230	47	205	169 773	1 033	1 752	27 086
福建	110	538	27	84	116 267	89	1 009	31 883
其中：厦门	6	10	——	3	1 987	——	22	359
江西	137	902	40	107	186 484	1 345	3 242	21 414
山东	174	3 123	169	599	515 397	1 347	4 148	20 548
其中：青岛	11	59	6	22	47 857	49	207	2 143
河南	178	4 298	67	262	365 336	802	4 919	77 325
湖北	120	1 885	43	406	317 928	442	2 006	11 267
湖南	166	1 969	36	194	167 356	471	1 619	13 467
广东	127	1 461	18	94	204 990	100	1 625	20 023
其中：深圳	14	112	4	10	11 792	——	14	66
广西	95	492	7	78	81 464	83	972	10 464
海南	16	76	8	3	14 701	22	152	479
重庆	72	675	48	104	395 274	176	367	6 098
四川	215	2 500	59	324	460 847	2 095	2 915	36 679
贵州	123	959	16	87	29 211	57	162	1 923
云南	209	1 049	73	237	160 736	257	235	2 128
西藏	16	37	1	15	5 818	15	20	3
陕西	272	4 307	61	312	216 637	1 491	3 192	20 367
甘肃	111	1 218	11	89	230 017	1 021	3 814	15 415
青海	29	136	3	38	63 426	75	112	429
宁夏	17	158	4	31	20 687	42	502	1 496
新疆	126	492	8	29	23 372	70	158	859

业 基 本 情 况 (一)

本年考古出土文物及标本数(件/套)	本年从有关部门接收文物数(件/套)	本年藏品征集数(件/套)	本年修复文物数				考古发掘项目			
			(件/套)	一级品	二级品	三级品	(个)	基本建设中考古发掘项目	抢救性发掘项目	主动性发掘项目
25	**27 587**	**62 541**	**8 205**	**177**	**260**	**2 742**	**951**	**188**	**563**	**153**
——	——	272	98	1	——	7	2	——	2	——
——	——	11	——	——	——	——	——	——	——	——
——	44	2 053	529	3	4	72	15	10	3	——
——	8	82	163	2	31	110	2	——	2	——
——	196	1 855	385	74	8	31	10	1	8	——
——	90	2 820	510	2	4	96	25	14	7	1
——	——	——	——	——	——	——	——	——	——	——
——	3 357	5 329	227	——	4	23	11	3	8	——
——	——	2 528	63	1	2	3	1	1	——	——
——	2	915	——	——	——	——	——	——	——	——
——	10 018	2 332	187	1	1	——	29	16	13	——
——	3 789	2 226	80	——	3	47	22	10	12	——
——	94	123	2	——	——	——	4	4	——	——
——	5 448	344	406	7	32	250	208	9	197	2
——	59	3 273	4	1	——	——	14	2	12	——
——	——	——	3	——	——	——	1	——	1	——
——	208	1 572	653	2	38	613	26	5	19	2
——	772	2 996	785	18	30	138	32	7	25	——
——	——	77	7	7	——	——	3	——	3	——
——	2 126	2 081	699	——	17	265	10	2	8	——
——	121	710	246	9	26	75	20	8	12	——
——	96	2 144	110	——	6	52	100	34	40	21
——	339	6 110	151	——	13	45	3	1	2	——
——	——	32	——	——	——	——	——	——	——	——
——	44	1 770	19	2	——	17	1	——	1	——
——	——	297	8	——	——	——	——	——	——	——
——	25	3 808	1 277	——	3	54	14	3	11	——
——	197	3 072	712	——	14	115	218	36	52	94
——	190	2 405	39	13	4	6	65	21	15	29
——	40	416	621	——	——	610	93	3	88	2
——	——	70	——	——	——	——	——	——	——	——
25	124	2 451	24	14	——	10	14	1	12	1
——	198	2 436	164	27	19	101	4	1	2	1
——	——	116	——	——	——	——	——	——	——	——
——	17	1 084	25	——	——	2	12	——	12	——
——	79	4 963	20	——	1	——	——	——	——	——

各地区县市级文物

	考古钻探面积（千平方米）	考古发掘面积（千平方米）	发掘墓葬数（个）	基本陈列（个）	举办展览（个）	参观人次（千人次）	参观人次 未成年人参观人次
总计	6767.64	1729.76	3 513	4 448	6 001	214 424	67 617
北京	8.00	4.02	——	81	85	13 324	2 790
天津	——	——	——	23	22	1 137	115
河北	116.07	231.79	111	83	88	12 132	3 206
山西	3.64	1.04	11	89	65	10 443	1 207
内蒙古	1.08	1.25	47	99	91	2 520	850
辽宁	2187.20	60.78	157	247	247	4 437	1 105
其中：大连	——	——	——	4	26	205	82
吉林	23.00	139.70	1	139	167	3 054	1 555
黑龙江	3.00	10.20	1	66	100	1 659	618
上海	——	——	——	53	126	2 772	508
江苏	109.50	54.73	114	232	429	10 353	3 925
浙江	122.04	166.89	236	152	475	10 308	2 547
其中：宁波	100.00	155.01	71	22	46	1 471	547
安徽	261.64	11.79	149	203	509	12 210	5 405
福建	14.50	3.80	6	154	224	5 150	1 454
其中：厦门	0.50	0.12	2	5	——	88	48
江西	36.00	16.98	58	200	213	5 717	2 470
山东	651.30	178.14	164	631	336	13 323	4 211
其中：青岛	16.00	12.00	15	18	19	365	193
河南	1741.80	72.24	83	265	322	10 895	4 517
湖北	525.58	30.93	176	190	146	6 666	2 886
湖南	366.41	559.70	317	103	141	13 457	5 976
广东	0.03	0.67	41	230	409	9 600	3 110
其中：深圳	——	——	——	21	21	396	68
广西	0.60	0.10	2	83	68	2 781	669
海南	——	——	1	16	22	348	149
重庆	14.69	36.45	58	82	113	3 787	1 180
四川	348.61	90.12	1 302	232	274	17 688	7 304
贵州	8.30	18.05	30	110	475	10 523	2 424
云南	76.40	15.70	311	335	525	11 004	2 270
西藏	——	——	——	1	1	——	——
陕西	48.27	19.85	33	141	72	9 815	2 777
甘肃	——	2.47	12	135	155	6 185	1 837
青海	——	——	80	9	6	168	75
宁夏	100.00	2.37	12	12	17	748	47
新疆	——	——	——	52	78	2 220	430

业　基　本　情　况（二）

门票销售总额（千元）	资产总计（千元）	固定资产原值	增加值（千元）	公用房屋建筑面积（千平方米）	展览用房	文物库房
1 028 665	**8 537 471**	**6 572 589**	**1 747 785**	**6014.31**	**2735.64**	**328.24**
197 905	429 564	290 294	171 663	117.83	33.24	1.95
8 000	17 622	11 257	13 176	32.42	24.78	0.72
113 544	777 339	638 248	122 262	177.72	87.41	14.26
140 271	308 792	223 680	86 959	133.07	48.72	8.04
1 309	100 954	89 963	26 318	122.59	63.83	7.79
9 766	301 778	186 347	66 502	130.34	51.63	12.20
——	8 978	8 194	3 664	16.44	5.59	1.09
323	96 070	88 094	28 644	93.27	58.11	4.28
1 851	89 396	84 753	18 232	57.23	35.54	5.66
41 558	400 724	142 867	55 863	67.96	40.06	5.33
15 471	477 776	370 549	74 993	303.17	149.78	17.34
26 091	532 341	378 888	105 103	260.74	114.55	20.03
308	74 663	50 784	19 493	31.69	12.85	3.31
2 862	132 085	70 225	43 800	294.27	93.69	12.40
1 028	133 287	87 308	20 281	192.63	68.75	7.60
——	1 361	1 361	1 000	3.80	3.30	0.30
243	109 861	74 015	29 071	172.61	90.87	12.88
255 642	664 737	589 535	139 336	342.60	183.64	23.39
50	8 929	8 562	3 124	8.89	3.04	1.23
38 737	245 373	220 264	99 725	346.45	88.53	20.91
4 724	302 288	284 691	51 445	590.80	225.29	9.93
6 006	369 199	292 693	73 080	228.78	98.43	16.65
22 101	318 997	252 980	69 590	281.33	136.33	15.50
937	15 633	7 260	9 333	11.05	6.82	0.72
12 856	58 247	51 550	14 776	75.54	32.44	8.82
410	13 501	8 491	2 386	7.68	4.33	1.05
13 383	232 563	184 074	32 466	125.69	61.86	9.15
22 083	1 192 869	1 012 223	125 774	499.09	157.11	37.30
5 527	311 234	145 532	30 917	137.69	57.98	7.26
368	241 781	214 377	39 248	812.31	577.81	7.39
——	6 892	6 892	1 294	0.77	0.07	0.03
78 694	336 884	269 045	128 746	217.60	55.31	12.76
3 933	229 287	217 105	46 528	104.84	56.69	12.22
——	13 777	9 581	7 084	5.86	1.85	1.03
1 510	24 930	24 923	6 378	10.06	5.15	0.53
2 469	67 323	52 145	16 145	71.40	31.85	13.89

各地区县市级文物

	本年收入合计（千元）						
		财政拨款	事业收入	经营收入	其他收入		基本支出
总计	4 266 663	2 829 182	723 596	110 659	180 860	4 181 024	2 237 722
北京	502 152	249 490	178 981	24 103	5 523	534 400	280 186
天津	21 794	12 362	6 324	341	2 767	21 782	17 676
河北	206 971	138 355	56 631	6 373	5 582	202 977	141 896
山西	211 000	98 419	71 798	14 548	2 260	203 908	98 667
内蒙古	50 553	47 877	2 415	260	1	50 733	46 093
辽宁	158 302	129 224	15 622	5 223	3 635	139 753	71 718
其中：大连	5 373	5 373	——	——	——	5 373	4 179
吉林	66 925	54 258	589	176	3 726	62 026	29 222
黑龙江	35 711	31 735	1 725	503	631	36 063	21 687
上海	150 826	96 906	43 220	1 819	8 445	183 832	82 534
江苏	170 490	127 875	25 568	7 161	7 570	154 550	97 857
浙江	265 289	212 103	6 423	14 322	21 269	252 472	101 956
其中：宁波	46 241	38 719	622	——	4 408	42 568	20 855
安徽	137 641	108 623	4 648	——	10 934	130 944	68 927
福建	57 170	42 632	2 008	——	5 746	50 146	28 665
其中：厦门	1 423	1 396	——	——	27	1 302	933
江西	64 475	52 260	5 601	3	3 223	65 679	47 245
山东	459 986	187 457	99 754	12 882	2 745	431 742	178 301
其中：青岛	5 799	4 918	50	——	220	5 763	3 561
河南	265 814	143 826	59 951	1 236	14 089	251 119	155 117
湖北	94 464	72 473	6 027	3 276	9 626	97 215	53 958
湖南	234 961	193 287	9 815	1 034	14 611	240 727	125 630
广东	168 758	132 475	20 455	681	5 321	169 920	94 205
其中：深圳	28 196	21 166	4 006	——	2 155	28 132	7 735
广西	28 138	22 262	1 221	3	831	26 534	17 927
海南	4 198	3 521	570	50	50	4 158	1 674
重庆	67 253	44 429	4 971	9 601	4 051	63 477	20 915
四川	323 046	239 169	27 349	57	13 657	285 808	133 972
贵州	74 612	66 142	2 547	3 420	1 654	70 142	36 575
云南	51 402	43 096	1 627	2 138	910	61 866	39 414
西藏	3 201	3 057	——	——	——	3 201	1 387
陕西	235 989	140 518	58 147	1 128	26 232	235 617	160 745
甘肃	96 503	88 470	5 444	61	846	93 428	50 713
青海	14 755	13 210	——	——	127	14 178	9 247
宁夏	8 290	6 870	454	74	459	8 179	7 217
新疆	35 994	26 801	3 711	186	4 339	34 448	16 396

业　基　本　情　况（三）

		本年支出合计（千元）								
		在支出合计中：								
			商品和服务支出				对个人和家庭补助支出		其他资本性支出	
项目支出	经营支出	工资福利支出	差旅费	劳务费	福利费	各种税金支出		抚恤金和生活补助		各种设备购置费
1 492 644	**115 850**	**1 170 047**	**49 878**	**76 213**	**28 712**	**21 328**	**162 983**	**11 288**	**371 964**	**79 453**
237 253	13 823	124 974	1 632	3 059	4 536	434	29 408	2 658	11 515	6 470
3 765	341	9 249	70	410	135	145	2 743	19	875	36
52 194	8 177	84 763	1 702	2 861	683	715	6 616	830	13 485	4 262
78 384	14 028	60 168	4 482	4 548	3 027	1 561	3 894	173	22 859	10 738
2 558	260	18 981	1 222	1 233	509	2	2 013	124	9 747	783
56 780	6 270	36 470	1 854	6 285	523	507	11 094	196	37 827	1 699
1 081	——	2 766	22	102	——	——	467	——	757	——
29 008	356	18 235	772	1 061	433	120	3 132	366	6 142	1 173
12 701	695	12 569	544	233	242	2	1 824	72	11 374	230
96 310	8	41 312	729	1 043	1 745	987	4 281	551	34 907	1 969
47 175	8 958	42 973	1 224	5 047	1 413	206	7 755	157	15 797	4 188
132 835	11 357	68 335	2 761	8 736	2 973	326	8 990	282	16 659	2 035
16 452	——	14 674	722	1 326	314	47	1 055	7	429	248
49 341	10	28 971	1 712	1 609	455	8	9 627	309	8 373	1 553
15 532	——	12 799	803	1 425	519	214	1 829	145	1 319	483
369	——	664	7	80	11	——	190	——	——	——
16 291	9	19 174	1 691	994	598	297	4 676	199	4 499	1 153
51 019	24 470	95 888	2 652	1 836	265	8 956	8 153	309	5 985	4 542
2 174	——	2 156	48	176	1	2	444	——	888	868
86 480	1 826	75 599	3 301	6 821	1 317	374	5 296	414	38 562	4 924
34 011	3 104	30 851	2 395	2 379	2 102	79	4 846	353	18 000	5 239
111 047	518	48 787	3 749	3 716	1 886	950	5 571	480	25 192	12 134
62 987	440	46 038	1 540	2 768	1 222	202	9 006	700	16 171	1 051
16 566	——	7 003	88	887	55	65	335	4	173	28
3 913	63	10 137	646	221	34	2	2 383	154	3 828	558
1 226	148	1 674	157	228	22	——	101	——	251	155
24 838	10 368	14 445	2 692	2 706	678	4 148	2 339	328	5 524	2 168
140 817	162	61 912	3 549	5 150	1 189	97	10 626	1 400	31 700	4 189
16 209	2 648	20 089	1 670	1 842	422	92	2 231	365	8 053	2 794
12 474	1 880	25 437	552	1 168	144	348	2 867	33	2 689	856
1 814	——	877	10	——	1	——	140	——	——	——
55 389	5 423	106 054	3 162	5 202	1 120	269	5 176	244	10 602	1 182
42 095	239	31 503	1 466	1 803	321	244	4 189	325	5 091	1 574
4 727	——	6 202	160	43	42	4	399	——	981	172
628	11	4 663	118	182	9	5	507	——	114	90
12 843	258	10 918	861	1 604	147	34	1 271	102	3 843	1 053

各地区博物馆

	机构数(个)	从业人员数			安全保卫人员(人)	藏品数			
		(人)	高级职称	中级职称		(件/套)	一级品	二级品	三级品
总计	**2 252**	**53 163**	**3 680**	**8 324**	**10 443**	**15 711 150**	**56 277**	**1 060 569**	**2 647 498**
中央	5	2 021	329	426	428	1 762 318	13 493	771 540	689 521
北京	40	1 200	63	146	227	1 136 606	451	4 888	47 973
天津	18	699	79	166	97	577 297	1 004	2 748	39 505
河北	64	1 718	101	198	226	225 007	477	7 385	15 180
山西	86	2 138	81	288	475	483 091	1 560	6 895	70 345
内蒙古	46	1 146	76	249	167	373 044	1 453	2 556	6 673
辽宁	61	2 094	199	532	294	376 280	1 510	12 858	114 164
其中:大连	7	267	24	65	42	35 369	241	2 547	25 536
吉林	71	1 110	154	246	180	300 992	951	4 719	86 504
黑龙江	71	1 206	153	231	180	183 443	379	1 477	13 936
上海	29	992	110	200	109	322 335	1 332	46 310	139 552
江苏	182	3 938	290	663	823	1 315 607	1 954	93 180	440 806
浙江	100	2 690	239	352	546	653 597	1 802	9 599	63 759
其中:宁波	7	373	21	31	90	143 453	169	744	6 208
安徽	68	1 035	53	182	231	425 117	1 108	2 950	101 230
福建	93	1 241	92	200	311	383 706	916	2 074	86 054
其中:厦门	4	107	11	19	4	15 404	16	200	6 028
江西	103	1 959	96	239	406	356 678	1 985	6 026	37 852
山东	111	2 307	237	575	463	686 500	3 121	7 582	79 751
其中:青岛	9	178	17	34	35	155 179	216	1 967	9 370
河南	103	3 827	156	419	819	680 274	1 788	11 941	143 043
湖北	116	2 311	176	585	401	863 489	2 394	7 740	78 521
湖南	75	2 133	87	282	459	460 165	3 169	4 716	43 308
广东	160	3 032	166	372	488	833 670	1 302	15 930	70 824
其中:深圳	15	285	21	57	31	38 425	25	156	4 845
广西	62	1 081	66	207	218	273 509	312	4 182	20 338
海南	15	161	10	16	55	46 625	139	245	1 141
重庆	37	1 316	113	182	189	488 687	899	1 555	18 476
四川	89	3 104	97	335	623	563 405	2 160	4 508	78 086
贵州	53	953	23	73	174	69 096	271	375	2 406
云南	113	876	85	173	195	341 692	625	1 594	13 819
西藏	2	85	6	15	64	32 540	76	177	272
陕西	101	4 192	230	452	913	761 453	6 333	11 984	64 821
甘肃	91	1 774	54	176	448	437 509	2 236	8 036	69 043
青海	18	180	18	40	29	118 862	168	687	1 143
宁夏	6	186	14	32	60	64 798	286	2 836	5 599
新疆	63	458	27	72	145	113 758	623	1 276	3 853

基　本　情　况（一）

本年从有关部门接收文物数（件/套）	本年藏品征集数（件/套）	本年修复文物数				考古发掘项目			
		（件/套）	一级品	二级品	三级品	（个）	基本建设中考古发掘项目	抢救性发掘项目	主动性发掘项目
44 211	**150 680**	**29 184**	**353**	**1 305**	**18 860**	**1 203**	**732**	**438**	**21**
4 005	848	163	6	138	19	2	——	1	1
——	249	280	3	18	14	——	——	——	——
122	436	——	——	——	——	1	1	——	——
2	2 266	48	——	——	18	3	1	——	——
595	133	50	10	——	4	1	——	1	——
76	2 321	325	8	16	42	12	4	7	——
291	5 662	1 029	5	228	397	7	——	4	——
——	705	59	3	56	——	——	——	——	——
3 548	9 699	532	4	4	25	5	2	——	1
492	5 352	39	2	7	13	3	3	——	——
934	3 153	80	2	78	——	2	——	2	——
12 398	14 463	2 184	15	28	199	144	53	89	2
3 815	7 958	672	5	42	357	15	5	10	——
——	118	2	——	——	——	——	——	——	——
5 462	1 195	611	27	103	347	174	5	168	1
511	6 122	77	1	——	32	27	9	17	1
2	201	12	——	——	——	6	1	5	——
133	1 952	751	9	53	685	26	4	20	2
767	7 146	900	27	25	158	22	5	17	——
——	289	47	7	——	——	3	——	3	——
557	2 742	597	4	11	86	2	1	1	——
524	3 333	910	32	75	499	597	561	32	1
96	5 753	1 193	3	66	418	89	46	41	1
559	19 002	15 537	1	156	14 872	10	3	6	1
——	554	——	——	——	——	——	——	——	——
13	18 418	175	7	8	145	9	4	——	5
7 257	508	85	——	15	70	3	——	——	3
177	3 812	1 263	——	——	47	1	——	1	——
119	2 638	282	5	18	84	21	10	11	——
207	2 511	36	——	2	4	——	——	——	——
80	7 550	115	——	——	10	14	12	2	——
146	81	1	——	——	——	——	——	——	——
173	2 728	488	82	140	130	7	2	4	1
384	3 139	407	95	61	140	5	1	3	1
——	11	——	——	——	——	——	——	——	——
——	4 556	148	——	6	45	1	——	1	——
768	4 943	206	——	7	——	——	——	——	——

各地区博物馆

	考古钻探面积（千平方米）	考古发掘面积（千平方米）	发掘墓葬数（个）	基本陈列（个）	举办展览（个）	参观人次（千人次）	未成年人参观人次	门票销售总额（千元）
总计	12306.47	1318.43	5 009	4 853	9 204	327 156	99 784	1531 307
中央	200.00	1.10	1	45	60	12 564	1 518	540 920
北京	——	——	——	104	154	4 595	718	17 715
天津	200.00	1.00	30	43	90	3 770	1 285	9 948
河北	——	0.79	1	86	179	10 106	3 051	31 863
山西	3.20	0.70	7	120	134	10 000	1 706	117 635
内蒙古	0.08	148.75	213	88	95	4 441	1 609	2 541
辽宁	847.20	32.00	61	99	310	8 556	2 447	57 276
其中：大连	——	——	——	6	44	600	122	4 692
吉林	——	129.50	1	182	254	6 285	1 859	30 121
黑龙江	3.00	13.50	——	102	157	6 587	2 345	8 053
上海	60.00	6.50	17	65	140	4 864	909	41 558
江苏	1045.40	114.90	644	457	926	39 281	12 698	86 968
浙江	20.04	6.03	63	186	736	17 366	4 963	21 392
其中：宁波	——	——	——	11	68	1 881	367	6 860
安徽	110.50	6.19	186	192	538	9 843	4 143	2 726
福建	22.20	10.70	35	196	302	9 988	3 077	773
其中：厦门	——	1.50	8	11	7	784	80	——
江西	36.00	12.04	68	264	280	16 129	5 820	1 109
山东	705.00	173.87	157	357	645	11 219	3 570	10 218
其中：青岛	16.00	12.00	15	36	37	1 302	311	3 272
河南	49.00	1.20	4	340	506	15 095	6 034	48 707
湖北	4703.94	49.78	1 633	259	225	13 247	4 912	1 106
湖南	2377.78	90.75	484	124	228	19 113	7 984	7 148
广东	42.03	2.35	42	356	950	20 084	5 003	14 204
其中：深圳	——	——	——	31	105	2 329	498	937
广西	963.55	500.50	31	126	144	6 166	1 936	958
海南	123.90	0.82	1	21	58	854	456	——
重庆	——	0.10	——	91	168	11 594	3 190	44 064
四川	108.06	8.38	756	200	245	25 767	8 127	104 998
贵州	——	——	——	92	431	8 119	2 295	5 389
云南	500.00	0.60	500	223	598	9 326	1 877	156
西藏	——	——	——	2	9	92	13	——
陕西	85.60	1.70	52	166	253	9 737	2 628	318 329
甘肃	——	2.48	12	143	233	8 186	2 227	5 298
青海	——	——	——	17	37	951	225	134
宁夏	100.00	2.20	10	30	17	493	106	——
新疆	——	——	——	77	102	2 738	1 053	——

注：本表门票销售总额中含故宫门票销售收入。

基 本 情 况（二）

本年承担课题、项目数			科研成果					资产总计		增加值	公用房屋建筑面积		
（个）	省部级以上课题、项目数	结项课题、项目数	专利（个）	专著或图录（册）	论文（省级及以上刊物公开发表）（篇）	考古报告（册）	古建维修报告（册）	（千元）	固定资产原值	（千元）	（千平方米）	展览用房	文物库房
540	**244**	**150**	**56**	**12 530**	**3 777**	**183**	**11 273**	**19 545 758**	**13 898 959**	**3 252 904**	**9668.58**	**4615.75**	**891.14**
105	13	10	——	43	346	——	——	1 561 077	586 306	289 716	426.73	98.33	103.16
5	3	4	——	15	253	——	1	364 864	201 042	90 925	213.83	96.52	18.62
——	——	——	——	2	26	——	——	450 977	50 896	56 546	108.94	74.36	13.34
1	——	——	4	19	61	1	2	622 517	583 279	97 199	251.58	133.52	19.33
——	——	——	——	10	98	2	3	198 088	150 707	72 943	237.48	95.53	20.99
7	4	2	——	44	19	1	——	248 718	203 389	48 487	241.21	109.56	17.28
5	5	——	1	27	164	7	10 977	806 657	638 854	148 142	339.02	146.04	25.90
——	——	——	——	2	23	——	1	54 248	31 014	23 568	62.96	16.14	3.04
19	13	15	——	8 013	117	——	201	316 213	235 578	59 541	200.56	122.40	8.94
12	11	1	7	4	64	1	1	826 301	765 426	78 281	236.79	155.51	13.69
26	14	6	——	2 005	8	2	——	1 271 500	829 806	151 619	158.01	62.60	65.43
93	55	25	13	80	506	111	5	2 167 296	1 826 532	308 646	936.72	487.95	61.63
33	14	14	1	58	206	——	——	1 521 953	843 498	195 023	459.92	192.75	44.46
5	——	5	——	12	4	——	——	89 071	62 661	21 162	56.45	16.74	3.79
5	3	1	——	7	81	1	3	177 195	143 581	40 718	210.89	101.84	18.27
14	6	11	3	18	128	17	17	273 159	150 615	53 125	381.10	174.96	21.78
——	——	——	——	3	16	——	——	26 180	15 416	7 217	38.27	17.85	3.40
2	1	——	——	2 012	237	2	7	208 385	121 869	74 866	303.35	165.57	21.41
13	5	1	——	6	139	6	7	993 698	738 979	140 221	479.61	229.06	36.29
——	——	——	——	1	7	——	——	115 684	114 092	18 235	34.98	13.90	3.27
19	4	13	20	29	214	1	10	669 876	513 538	132 832	398.58	189.53	46.51
20	17	7	1	11	42	1	——	724 174	620 253	101 919	382.12	156.32	36.71
29	24	5	1	11	139	4	8	611 899	507 513	108 783	309.59	135.26	33.32
10	4	3	1	33	125	2	2	923 648	727 303	229 208	682.27	303.08	42.13
1	1	——	——	——	——	——	——	138 713	85 899	32 646	86.99	23.02	5.37
26	7	5	——	10	111	——	1	210 561	169 329	46 971	194.90	80.83	20.77
2	2	1	——	——	——	5	——	36 217	21 864	8 244	30.92	12.28	1.62
17	12	6	——	9	60	3	3	473 612	361 135	89 640	231.32	82.49	14.86
33	15	12	——	6	59	1	3	922 505	574 131	179 377	534.23	181.34	37.86
7	1	——	——	1	23	——	6	775 439	604 639	53 237	135.62	61.07	8.44
15	4	2	4	21	34	13	2	282 774	227 817	39 529	813.21	607.69	16.34
——	——	——	——	1	3	——	——	194	194	482	13.24	10.52	2.72
17	6	2	——	19	287	1	6	1 242 578	943 584	236 864	342.05	141.01	57.29
5	1	4	——	10	87	1	8	366 765	306 532	76 162	185.35	100.84	28.17
——	——	——	——	——	6	——	——	138 488	118 482	13 863	41.32	17.06	5.00
——	——	——	——	4	125	——	——	51 940	45 958	9 339	50.22	18.42	7.43
——	——	——	——	2	9	——	——	106 490	86 330	20 456	137.92	71.53	21.45

各地区博物馆

	本年收入合计（千元）						
		财政拨款	事业收入	经营收入	其他收入		基本支出
总计	**7 659 240**	**5 692 991**	**1 097 551**	**169 256**	**528 089**	**7 007 204**	**3 655 770**
中央	895 825	802 222	9 135	69 971	11 831	812 073	267 654
北京	237 403	198 037	22 999	1	14 584	208 256	115 677
天津	118 336	96 493	10 426	——	3 415	101 458	74 664
河北	216 158	174 074	35 065	868	5 521	169 729	92 107
山西	214 204	121 074	86 866	1 200	4 649	226 171	84 783
内蒙古	172 692	134 372	10 180	260	25 159	122 723	95 825
辽宁	286 347	222 772	59 547	——	2 144	284 753	154 492
其中：大连	55 177	49 286	4 692	——	859	58 040	26 880
吉林	159 764	113 914	30 573	176	9 915	143 031	73 508
黑龙江	137 014	94 474	6 737	2 264	32 942	132 097	98 380
上海	361 121	286 001	56 224	1 837	10 745	305 045	146 347
江苏	549 236	366 432	97 016	43 979	37 618	534 397	298 753
浙江	605 772	495 882	16 446	13 607	43 797	505 605	199 829
其中：宁波	41 773	31 852	8 387	44	947	47 777	25 790
安徽	101 911	84 937	5 668	——	9 351	92 477	54 626
福建	184 241	162 242	3 013	198	6 434	163 154	62 744
其中：厦门	20 785	19 274	252	——	39	16 330	9 297
江西	179 622	146 627	9 889	4	4 638	167 433	102 220
山东	253 559	223 037	21 147	656	5 596	229 595	174 497
其中：青岛	24 137	17 729	4 707	——	1 051	23 697	22 010
河南	314 652	201 264	70 494	1 198	33 894	255 913	200 465
湖北	236 082	183 261	9 979	7 629	24 586	241 266	88 622
湖南	258 792	222 382	13 587	2 688	16 641	260 689	166 237
广东	452 637	358 958	57 145	3 704	23 931	437 210	220 793
其中：深圳	75 189	53 383	5 101	——	16 705	67 222	33 919
广西	94 407	73 478	9 789	88	6 808	110 970	68 111
海南	33 559	32 770	——	——	782	23 488	6 288
重庆	173 473	139 224	14 404	9 601	4 335	174 674	51 912
四川	495 940	260 050	177 070	470	51 247	420 613	237 901
贵州	102 846	94 900	3 324	3 669	926	98 062	66 225
云南	62 122	48 202	3 492	2 820	4 585	67 513	33 810
西藏	867	867	——	——	——	757	502
陕西	487 963	109 970	245 543	2 262	122 350	455 077	276 671
甘肃	176 038	161 233	8 204	——	4 966	175 817	95 383
青海	24 018	20 884	574	——	1 292	16 862	12 374
宁夏	28 758	28 119	594	——	9	29 328	16 073
新疆	43 881	34 839	2 421	106	3 398	40 968	18 297

基　本　情　况（三）

项目支出	经营支出	本年支出合计（千元）									
		在支出合计中：									
		工资福利支出	商品和服务支出					对个人和家庭补助支出		其他资本性支出	
				差旅费	劳务费	福利费	各种税金支出		抚恤金和生活补助		各种设备购置费
3025 596	**106 359**	**1894 828**	**2676 751**	**78 697**	**147 745**	**37 034**	**49 677**	**487 200**	**19 363**	**1064 426**	**367 581**
504 100	37 575	154 201	328 028	7 325	9 312	359	9 706	91 559	1 079	213 566	116 677
89 041	36	49 901	129 731	956	16 227	468	2 429	13 332	632	8 062	5 698
26 794	——	37 830	39 563	633	536	439	645	14 841	524	3 750	1 324
74 574	3 048	51 354	60 003	915	3 402	454	64	8 613	363	14 265	6 127
135 534	692	50 831	112 934	2 385	4 603	1 961	1 427	6 737	203	13 686	6 871
22 775	260	26 421	66 718	1 391	1 847	588	163	6 638	352	14 094	4 422
111 291	——	84 408	104 662	2 666	11 908	1 320	43	24 962	326	44 771	3 471
13 928	——	19 113	16 331	237	611	200	13	2 375	——	1 167	410
67 909	356	35 295	34 436	1 476	1 053	172	323	13 718	549	3 813	1 808
31 310	2 021	37 243	31 185	1 259	1 269	346	100	8 125	342	23 211	4 489
154 516	21	101 193	117 206	1 381	1 156	2 249	1 010	9 727	936	66 290	20 591
219 374	16 270	155 158	274 756	8 005	19 213	2 487	6 860	43 158	1 708	61 325	16 590
294 669	10 664	122 327	192 672	4 946	7 094	5 594	1 302	23 476	375	143 483	56 899
21 911	76	15 413	25 882	614	1 017	181	154	1 846	——	1 636	1 384
27 207	10	22 709	28 839	1 027	1 023	666	——	10 033	235	16 240	3 303
72 027	81	35 129	41 281	2 466	1 716	716	219	8 990	168	23 124	4 103
6 903	——	5 217	3 498	109	89	92	5	1 124	——	4 191	——
62 547	10	52 915	58 281	3 315	1 455	1 504	410	13 400	592	20 538	4 789
53 469	433	81 960	71 032	2 594	3 272	983	366	22 484	397	19 843	14 856
1 634	53	9 523	9 314	511	603	109	82	3 156	——	1 140	1 140
45 749	1 783	84 796	91 068	4 082	8 014	1 710	387	13 288	545	8 422	5 334
136 537	7 457	56 792	91 417	3 062	6 617	1 703	212	12 006	442	32 766	15 910
88 933	2 013	65 016	91 107	3 351	4 905	1 593	1 687	15 768	2 027	20 723	7 185
207 613	1 641	143 307	145 282	4 164	9 095	2 134	1 820	38 373	760	38 698	17 518
33 280	——	25 674	22 654	1 494	1 124	291	65	1 019	——	3 716	3 000
37 957	103	29 130	49 939	2 026	1 234	906	756	8 158	205	19 813	2 616
16 611	143	5 316	9 625	654	1 144	67	37	764	1	6 829	5 905
102 958	10 368	53 572	82 305	4 386	6 087	1 408	4 172	9 684	514	10 205	2 894
122 182	500	95 717	139 067	4 687	8 089	1 366	2 501	20 402	934	40 662	8 271
16 864	2 531	18 319	50 461	1 551	3 557	2 030	118	4 318	261	4 941	3 085
25 656	2 906	22 967	15 964	970	1 250	173	229	4 740	84	6 672	4 988
255	——	416	127	15	——	——	——	58	1	——	——
160 178	5 071	146 578	126 221	3 329	6 198	2 040	11 985	23 575	2 341	144 233	4 402
80 243	188	48 089	63 137	2 775	5 141	1 002	556	10 180	1 516	30 018	9 630
3 839	——	7 002	5 660	292	131	61	112	1 802	176	2 187	1 163
13 192	——	5 575	11 177	76	83	206	——	2 034	402	315	315
19 692	178	13 361	12 867	537	1 114	329	38	2 257	373	7 881	6 347

全国文物保护管理机构按藏品排序

单位：件/套

名次	单位名称	藏品数	名次	单位名称	藏品数
	一、省级文物保护管理机构		21	云南省西双版纳傣族自治文物管理所	2293
1	西藏自治区布达拉宫管理处	64980	22	云南省楚雄州文物管理所	2230
2	西藏自治区罗布林卡管理处	14318	23	河南省濮阳市文物保护管理所	2175
3	甘肃炳灵寺文物保护研究所	355	24	云南省德宏州文物管理所	2088
4	北京市白塔寺管理处	137	25	青海省西宁市文物管理所	1944
5	北京市团城演武厅管理处	59	26	宁夏中卫市文物管理所	1935
	二、地市级文物保护管理机构		27	山西省太原市双塔寺文物保管所	1827
1	河南省洛阳市文物工作队	254738	28	内蒙古包头市文物管理处	1800
2	河南省龙门石窟研究院	100000	29	山东省滨州市文物管理处	1757
3	河南省洛阳市第二文物工作队	43505	30	吉林省辽源市文物管理所	1757
4	四川省阿坝州文物管理所	16431	31	河南省驻马店市文物考古管理所	1640
5	河北省承德市外八庙管理处	7250	32	内蒙古锡盟文物保护管理所	1434
6	四川省攀枝花市文物管理所	6420	33	黑龙江省哈尔滨市文物管理站	1419
7	江西省萍乡市博物馆	6234	34	广西南宁孔庙管理所	1383
8	安徽省六安市文物局	5442	35	四川省达州市文物管理所	1381
9	山东省莱芜市文物管理委员会办公室	5305	36	湖南省邵阳市文物管理局	1381
10	山西省运城市文物工作站	5037	37	安徽省巢湖市文物管理所	1342
11	内蒙古巴彦淖尔市文物站	4457	38	广东省珠海市文体旅游局	1200
12	福建省泉州天后宫文物保护管理处	3426	39	河北省衡水市文物管理处	1194
13	贵州省六盘水市文物管理所	3344	40	内蒙古阿拉善盟文物管理站	1104
14	河南省鹤壁市文物工作队	3231	41	吉林省白山市文物保护管理办公室	1014
15	宁夏银川西夏陵区管理处	2914	42	河北省保定市文物管理所	1012
16	河南省洛阳市白马寺汉魏故城文物保管所	2783	43	内蒙古呼和浩特市文物事业管理处	957
17	河北省邯郸市文物保护研究所	2695	44	湖南省周立波故居管理所	852
18	河南省河南省信阳市文物管理局	2635	45	海南省海口市五公祠管理处	801
19	黑龙江省鹤岗市文物管理站	2608	46	宁夏吴忠市文物管理所	782
20	黑龙江省绥化市文物管理站	2569	47	吉林省通化市文物管理委员会办公室	752

全国文物保护管理机构按藏品排序

单位：件/套

名次	单位名称	藏品数	名次	单位名称	藏品数
48	四川省广元市文物管理所	708	24	重庆市巴南区文物管理所	8302
49	广西桂林市靖江王陵文物管理处	700	25	云南省会泽县文物管理所	8291
50	江苏省无锡市名人故居文物管理处	693	26	四川省旺苍县文物保护管理所	8000
	三、县市级文物保护管理机构		27	四川省绵竹市文物保护管理所	7831
1	山东省曲阜市文物管理委员会(文物管理局)	63886	28	安徽省怀远县文物管理所	7748
2	山东省蓬莱阁文物管理处	32588	29	浙江省瑞安市文物馆	7642
3	山西省吉县文物管理所	30411	30	湖北省利川市文管所	7640
4	四川省巴中市巴州区文物管理所	28628	31	北京市周口店北京人遗址	7449
5	重庆市长寿区文管所	27234	32	四川省通江县文物管理所	7392
6	山西省寿阳县文物管理所	23889	33	山西省朔州市朔城区崇福寺文物保管所	7378
7	湖南省邵东县文物管理局	22765	34	河南省灵宝市文物管理所	7356
8	河南省林州市文物管理所	18902	35	陕西省子长县钟山石窟文物管理所	7200
9	河北省涿州文物保护管理所	17886	36	山东省东阿县文物管理所	7180
10	山东省昌乐县文物管理所	17495	37	河南省宜阳县文物保护管理所	6808
11	山东省章丘市文物保护管理所	14820	38	湖南省慈利县文物保护管理所	6736
12	四川省三台县文物管理所	14718	39	河南省开封县文物保护管理所	6650
13	重庆市丰都县文物管理所	14427	40	湖南省靖州苗族侗族自治县文物管理所	6627
14	河北省磁县文物保管所	14204	41	重庆市开县文物管理所	6127
15	河南省淇县文物管理所	13296	42	浙江省绍兴县文物保护管理所	6103
16	四川省汶川县文物管理所	12289	43	浙江省东阳市文物管理办公室	5880
17	河南省长葛市文物管理所	11872	44	广东省顺德区博物馆	5842
18	四川省都江堰市文物局	11335	45	四川省邛崃市文物管理局	5706
19	山西省临县文物管理所	10000	46	河南省河南省信阳市光山县文物旅游局	5684
20	重庆市巫山县文物管理所	9989	47	安徽省东至县文物管理所	5608
21	辽宁省宜兴市文物管理委员会办公室	9449	48	山西省榆次区文物管理所	5500
22	浙江省宁海县文物事业管理委员会办公室	8462	49	辽宁省锦州市太和区文物保管所	5493
23	湖南省涟源市文物管理所	8377	50	安徽省五河县文物管理所	5400

全国文物保护管理机构按参观人次排序

单位：千人次

名次	单位名称	参观人次	名次	单位名称	参观人次
	一、省级文物保护管理机构		20	江苏省无锡市薛福成故居文物管理处	347
1	西藏自治区布达拉宫管理处	561	21	浙江省杭州市园林文物局灵隐管理处(杭州花圃)	309
2	西藏自治区罗布林卡管理处	290	22	河南省许昌市霸陵桥文物管理处	302
3	甘肃炳灵寺文物保护研究所	61	23	湖北省武汉市晴川阁管理处	300
4	北京市白塔寺管理处	54	24	河南省郑州市商城遗址保护管理处	300
5	北京市团城演武厅管理处	20	25	江苏省无锡市名人故居文物管理处	297
6	甘肃北石窟寺文物保护研究所	6	26	黑龙江省鹤岗市文物管理站	285
7	甘肃大地湾文物保护研究所	4	27	江苏省东林书院文物管理处(无锡市)	281
	二、地市级文物保护管理机构		28	山西解州关帝庙文物保管所	280
1	四川省乐山大佛乌尤文物保护管理局	1933	29	湖北省襄樊市隆中管理委会	270
2	河南省龙门石窟研究院	1660	30	浙江省衢州市文物保护管理所	268
3	浙江省杭州市园林文物局凤凰山管理处	1386	31	浙江省杭州市西湖风景名胜区钱江管理处	225
4	浙江省全国重点文物保护单位岳飞墓庙保管所	1196	32	浙江省宁波市文物保护管理所	221
5	河南省濮阳市戚城文物景区管理处	910	33	陕西省西安市青龙寺遗址保管所	215
6	河北省承德市避暑山庄管理处	813	34	河南省安阳市殷墟管理处	205
7	湖北省宜昌市三游洞文物管理处	720	35	陕西省玉华宫管理局	200
8	浙江省杭州市文物保护管理所	684	36	湖南省周立波故居管理所	170
9	浙江省绍兴市大禹陵景区管理处	545	37	浙江省绍兴市名人故居管理处	167
10	广东省佛山市祖庙文物管理所	527	38	广东省潮州广济桥文物管理所	160
11	浙江省宁波市保国寺古建筑博物馆(文保所)	520	39	云南省昆明市聂耳墓文物管理所	150
12	河北省承德市外八庙管理处	510	40	山西省大同市古建筑文物保管所	144
13	海南省海口市海瑞墓管理处	500	41	陕西省西安市汉长安城遗址保管所	130
14	浙江省绍兴市兰亭景区管理处	490	42	内蒙古兴安盟文物站	120
15	甘肃省嘉峪关文物景区管理委员会	410	43	贵州省安顺市王若飞故居管理处	120
16	浙江省绍兴市沈园景区管理处	403	44	江苏省苏州市市区文物管理保护管理所	116
17	陕西省药王山管理局	390	45	山东省烟台山文物管理处	112
18	宁夏银川西夏陵区管理处	380	46	海南省海口市五公祠管理处	110
19	新疆吐鲁番地区文物管理局	377	47	宁夏银川市贺兰山岩画管理处	102

全国文物保护管理机构按参观人次排序

单位:千人次

名次	单位名称	参观人次	名次	单位名称	参观人次
48	山西省太原市双塔寺文物保管所	100	24	云南省崇圣寺三塔文物保护管理所	500
49	广西桂林市靖江王陵文物管理处	100	25	辽宁省清原满族自治县文物管理所	500
50	陕西省西安市大明宫遗址保管所	98	26	辽宁省朝阳县文物管理所	500
	三、县市级文物保护管理机构		27	宁夏海原县文物管理所	460
1	北京市延庆县八达岭特区办事处	6899	28	河北省易县清西陵文物管理处	450
2	北京市昌平区十三陵特区办事处	4695	29	山西省平遥县镇国寺管理处	410
3	山东省曲阜市文物管理委员会(文物管理局)	3430	30	广东省德庆县悦城龙母祖庙文物管理所	410
4	贵州省毕节市文物管理所	3000	31	山西省运城市盐湖区舜帝陵庙文管所	400
5	广东省南沙区虎门炮台管理所	3000	32	浙江省海宁市盐官文物保护管理所	392
6	云南省临翔区文馆所	2000	33	贵州省荔波县文物管理所	390
7	安徽省五河县文物管理所	2000	34	陕西省汉滨区文物管理所	381
8	陕西省佳县白云山道教管委会	1500	35	云南省牟定县文物管理所	380
9	安徽省固镇县文物管理所	1500	36	河南省巩义市康百万庄园保护所	360
10	山东省汶上县文物管理局	1400	37	陕西省城隍庙文管所	356
11	山西省平遥县古城墙管理处	1080	38	辽宁省义县奉国寺管理处	350
12	山东省蓬莱阁文物管理处	1077	39	湖南省衡东县文物局	336
13	河北省秦皇岛市山海关古城景区管理处	940	40	四川省成都市温江区文物保护管理所	310
14	浙江省宁波市镇海区文物管理委员会	900	41	云南省红河县文物保护管理所	300
15	河北省秦皇岛市山海关区老龙头景区管理处	808	42	河南省安阳县宝山灵泉寺景区管理委员会	300
16	新疆察布查尔县文物局	800	43	贵州省遵义市汇川区文物管理所	290
17	广东省黄埔区南海神庙文物管理所	797	44	陕西省杨贵妃墓文物管理所	289
18	江苏省盱眙县明祖陵文物管理处	756	45	河南省汝州市风穴寺文物保护管理所	280
19	河北省赵县文物保护管理所	750	46	河南省巩义市北宋皇陵管理处	270
20	陕西省黄帝陵管理局	720	47	陕西省岐山县周公庙管理处	268
21	山西省平遥县文庙管理处	600	48	湖南省吉首市文物保护管理所	267
22	湖南省辰溪县文物管理所	530	49	陕西省平利县文物事业管理所	265
23	浙江省湖州市南浔区文物保护管理所	500	50	河北省涉县文物保管所	265

全国文物保护管理机构按门票收入排序

单位：千元

名次	单位名称	门票收入	名次	单位名称	门票收入
	一、省级文物保护管理机构		21	四川省广元市文物管理所	2122
1	西藏自治区布达拉宫管理处	50967	22	河北省邯郸市黄粱梦文物管理处	1437
2	西藏自治区罗布林卡管理处	3944	23	山西省大同市古建筑文物保管所	1383
3	甘肃炳灵寺文物保护研究所	3281	24	浙江省绍兴市名人故居管理处	1358
4	北京市白塔寺管理处	483	25	浙江省宁波市保国寺古建筑博物馆(文保所)	1244
5	甘肃北石窟寺文物保护研究所	155	26	陕西省西安市青龙寺遗址保管所	1200
6	甘肃大地湾文物保护研究所	20	27	陕西省药王山管理局	1080
	二、地市级文物保护管理机构		28	江苏省无锡市薛福成故居文物管理处	1028
1	河南省龙门石窟研究院	128110	29	山东省聊城市光岳楼管理处	965
2	浙江省杭州市园林文物局灵隐管理处(杭州花圃)	124110	30	海南省海口市五公祠管理处	960
3	河北省承德市避暑山庄管理处	55971	31	陕西省玉华宫管理局	902
4	四川省乐山大佛乌尤文物保护管理局	46053	32	河南省许昌市霸陵桥文物管理处	879
5	浙江省全国重点文物保护单位岳飞墓庙保管所	32227	33	河南省许昌市春秋楼文物管理处	820
6	河北省承德市外八庙管理处	18496	34	陕西省榆林市红石峡文物管理所	779
7	宁夏银川西夏陵区管理处	17000	35	山西芮城永乐宫文物保管所	760
8	浙江省杭州市西湖风景名胜区钱江管理处	16668	36	陕西省榆林市镇北台文物管理所	730
9	湖北省襄樊市隆中管理委会	12900	37	宁夏银川市海宝塔寺管理所	700
10	浙江省绍兴市大禹陵景区管理处	11537	38	浙江省衢州孔氏南宗家庙管理委员会	586
11	广东省佛山市祖庙文物管理所	10043	39	山西省太原市双塔寺文物保管所	560
12	新疆吐鲁番地区文物管理局	9700	40	江苏省苏州市市区文物管理保护管理所	527
13	浙江省绍兴市兰亭景区管理处	8913	41	广西桂林市靖江王陵文物管理处	502
14	河南省安阳市殷墟管理处	8050	42	河南省濮阳市戚城文物景区管理处	450
15	山西解州关帝庙文物保管所	7820	43	山西省太原市天龙山文物保管所	360
16	宁夏银川市贺兰山岩画管理处	4426	44	海南省海口市海瑞墓管理处	335
17	广东省潮州广济桥文物管理所	3000	45	广东省潮州古城区文物管理所	300
18	山东省烟台山文物管理处	2780	46	湖北省荆州市文物管理处	273
19	内蒙古呼和浩特市文物事业管理处	2460	47	山西省太原市太山文物保管所	160
20	湖北省宜昌市三游洞文物管理处	2391	48	江苏省东林书院文物管理处(无锡市)	154

全国文物保护管理机构按门票收入排序

单位：千元

名次	单位名称	门票收入	名次	单位名称	门票收入
49	山西省太原市崛围山文物保管所	150	25	河北省涉县文物保管所	4134
50	山西省晋城市青莲寺文物管理处	119	26	湖北省钟祥市显陵管理处	4108
	三、县市级文物保护管理机构		27	河南省巩义市康百万庄园保护所	3574
1	北京市昌平区十三陵特区办事处	168830	28	河北省秦皇岛市山海关区孟姜女庙景区管理处	3433
2	山东省曲阜市文物管理委员会(文物管理局)	150303	29	山东省汶上县文物管理局	3180
3	山东省蓬莱阁文物管理处	89531	30	陕西省岐山县周公庙管理处	2786
4	陕西省黄帝陵管理局	41893	31	辽宁省新宾满族自治县赫图阿拉城文物管理所	2686
5	河北省秦皇岛市山海关区老龙头景区管理处	30236	32	广东省黄埔区南海神庙文物管理所	2593
6	河北省秦皇岛市山海关古城景区管理处	29592	33	广东省佛山市顺德区清晖园管理处	2434
7	北京市延庆县八达岭特区办事处	21946	34	陕西省宝鸡市陈仓区钓鱼台文物管理所	2040
8	河北省清东陵文物管理处	21610	35	天津市蓟县文物保管所	2010
9	山西省平遥县古城墙管理处	19000	36	湖南省曾国藩故里管理处	1900
10	广东省德庆县悦城龙母祖庙文物管理所	14200	37	四川省泸定县泸定桥文物管理局	1810
11	山西省洪洞县大槐树迁民遗址文物管理所	13486	38	新疆喀什市文物保护管理所	1620
12	广西恭城瑶族自治县文物管理所	12600	39	山东省惠民县魏氏庄园管理处	1500
13	河北省正定县文物保管所	8199	40	北京市周口店北京人遗址	1490
14	陕西省佳县白云山道教管委会	8000	41	陕西省韩城市司马迁祠文管所	1300
15	陕西省西岳庙文管处	7837	42	河南省安阳马氏庄园景区管理委员会	1195
16	河北省易县清西陵文物管理处	7100	43	宁夏青铜峡市文物管理所	1060
17	山西省应县木塔文物保管所	6300	44	辽宁省义县奉国寺管理处	1000
18	山西省平遥县文庙管理处	6100	45	广东省德庆学宫管理所	985
19	河北省赵县文物保护管理所	5594	46	浙江省东阳市卢宅文物保护管理所	955
20	辽宁省盱眙县明祖陵文物管理处	5353	47	四川省巴中市巴州区文物管理所	927
21	四川省阆中市文物管理所	5000	48	河北省邯郸市峰峰矿区响堂山风景管理处	870
22	山东省长清区灵岩寺旅游区管理委员会	4959	49	辽宁省新宾满族自治县清永陵文物管理所	851
23	山东省栖霞市牟氏庄园管理处	4223	50	山西省洪洞县广胜寺文物管理所	820
24	辽宁省桓仁满族自治县五女山山城管理处	4220			

全国博物馆机构按藏品排序

单位：件/套

名次	单位名称	藏品数
	一、国家级博物馆机构	
1	故宫博物院	1089227
2	中国国家博物馆	622700
3	北京鲁迅博物馆	30807
4	国际友谊博物馆	16084
5	北京新文化运动纪念馆	3500
	二、省级博物馆机构	
1	首都博物馆	1020962
2	江西省南京博物院	449922
3	天津自然博物馆	400133
4	陕西历史博物馆	381741
5	安徽省博物馆	218957
6	湖北省博物馆	205760
7	云南省博物馆	204498
8	福建博物院	180328
9	重庆中国三峡博物馆	177203
10	广东省博物馆	166253
11	四川博物院	159135
12	天津博物馆	147277
13	上海博物馆	134320
14	内蒙古自治区博物院	133206
15	河南博物院	129878
16	浙江自然博物馆	121919
17	辽宁省博物馆	115740
18	湖南省博物馆	114516
19	山东省博物馆	113416
20	黑龙江省博物馆	110000
21	山西博物院	96425
22	河北省民俗博物馆	93320
23	重庆红岩革命历史博物馆	92000
24	吉林省博物院	88976
25	甘肃省博物馆	84807
26	上海鲁迅纪念馆	83856
27	重庆自然博物馆	82512
28	浙江博物馆	79482
29	北京艺术博物馆	74714
30	江西省博物馆	52188
31	广西壮族自治区自然博物馆	49084
32	湖南省韶山毛泽东同志纪念馆	44216
33	广西壮族自治区博物馆	41709
34	上海市历史博物馆	41294
35	新疆维吾尔自治区博物馆	39532
36	上海市中国共产党第一次全国代表大会会址纪念馆	38984
37	宁夏回族自治区博物馆	37997
38	青海柳湾彩陶博物馆	37925
39	贵州省博物馆	37072
40	广东美术馆	31952
41	江西省井冈山革命博物馆	30198
42	西藏博物馆	29426
43	山西省艺术博物馆	23000
44	海南省博物馆	19375
45	宁夏固原博物馆	18582
46	陕西省西安半坡博物馆	18442
47	海南省民族博物馆	12300
48	江西省瑞金中央革命根据地纪念馆	11706
49	青海省博物馆	9663
50	陕西省法门寺博物馆	9439
	三、地市级博物馆机构	
1	江苏省侵华日军南京大屠杀遇难同胞纪念馆	143669
2	陕西省西安博物院	120116
3	内蒙古包头博物馆	108831
4	山东省青岛市博物馆	108267
5	湖南省长沙市简牍博物馆	100000
6	安徽中国徽州文化博物馆	96903
7	河南省开封市博物馆	87665
8	广东省惠州市博物馆	85923
9	江苏省南京市博物馆	78998
10	湖北省恩施土家族苗族自治州博物馆	76948
11	湖北省鄂州市博物馆	76858
12	浙江省宁波市天一阁博物馆	75860
13	山西省长治市博物馆	61666
14	湖北省荆门市博物馆	60725
15	浙江省宁波博物馆	60000
16	江苏省苏州戏曲博物馆	55430
17	山东省烟台市博物馆	54590
18	河南省鹤壁市博物馆	52944
19	江苏省南通博物苑	49213
20	河南省许昌市博物馆	45684
21	甘肃省武威市博物馆	44733
22	湖南省长沙市博物馆	44290

全国博物馆机构按藏品排序

单位:件/套

名次	单位名称	藏品数
23	四川省成都杜甫草堂博物馆	42989
24	广东省广州博物馆	40864
25	广东省江门市五邑华侨华人博物馆	39741
26	广西柳州市博物馆	37333
27	湖北省十堰市博物馆	33036
28	甘肃省天水市博物馆	32432
29	陕西省延安革命纪念馆	31613
30	山西省大同市博物馆	30000
31	江苏省镇江博物馆	29308
32	辽宁省旅顺博物馆	27808
33	辽宁省抚顺市雷锋纪念馆	26655
34	广东省河源市博物馆	26072
35	河北省承德市避暑山庄博物馆	24986
36	广东省揭阳市博物馆	24661
37	广东省广州艺术博物院	24443
38	广西桂林博物馆	24418
39	江苏省常州市博物馆	24001
40	湖北省荆州市博物馆	23021
41	湖南省岳阳博物馆	22234
42	江苏省无锡博物院	22149
43	山西省晋城博物馆	21850
44	广东省深圳博物馆	21758
45	广东革命历史博物馆	21045
46	山东省济南市博物馆	20984
47	江西省景德镇陶瓷馆	20967
48	浙江省温州博物馆	20913
49	江苏省苏州中医药博物馆	20809
50	四川省凉山彝族自治州博物馆	20204

四、县市级博物馆机构

名次	单位名称	藏品数
1	吉林省暨东北师范大学自然博物馆	70000
2	四川省成都理工大学博物馆	60000
3	河南省新郑市博物馆	58236
4	湖北省浠水县博物馆	51021
5	山西省曲沃县博物馆	45616
6	四川大学博物馆	45600
7	辽宁省抗美援朝纪念馆	45068
8	重庆市万州区博物馆	40159
9	河南省舞阳县博物馆	38000
10	青海省乐都县博物馆	36322
11	四川省南江县博物馆	34210
12	甘肃省和政县古动物化石博物馆	31000
13	安徽省歙县博物馆	30440
14	山东省青州市博物馆	28594
15	重庆市中国民间医药博物馆	28500
16	浙江省嵊州市越剧博物馆	26935
17	四川省成都中医药大学博物馆	24800
18	吉林省长白山自然博物馆	21430
19	山东省平度市博物馆	21000
20	河南省偃师商城博物馆	20793
21	浙江省上虞博物馆	20072
22	河北省定州市博物馆	19723
23	云南泰丽宫珠宝有限公司	19000
24	山东省即墨市博物馆	18000
25	河北省平泉县博物馆	17713
26	江西省吉水县博物馆	16816
27	重庆市刘伯承同志纪念馆管理处	16464
28	江西省常熟博物馆	16000
29	江西省铜鼓县博物馆(秋收起义铜鼓纪念馆)	15329
30	山东省邹城博物馆	15248
31	山东省诸城市博物馆	15000
32	内蒙古巴林左旗博物馆	15000
33	湖北省武穴市博物馆	14928
34	湖北省鹤峰县博物馆	14882
35	山东省章丘市博物馆	14820
36	湖北省老河口市博物馆	14527
37	江西省樟树市博物馆	14362
38	河南省济源市博物馆	14179
39	山东省滕州市博物馆	13555
40	广东省和平县博物馆	13503
41	甘肃省敦煌市博物馆	13387
42	湖北省天门市博物馆	13000
43	湖南省刘少奇同志纪念馆	12816
44	山西省陵川县博物馆	12721
45	山东省莒县博物馆	12674
46	湖北省红安县董必武故居纪念馆	12447
47	山西省沁源县文物馆	12395
48	河南省巩义市博物馆	12286
49	江西省睢宁县钱币博物馆	12280
50	安徽省祁门县博物馆	12000

全国博物馆机构按参观人次排序

单位：千人次

名次	单位名称	参观人次	名次	单位名称	参观人次
	一、国家级博物馆机构		34	江苏省南京博物院	510
1	故宫博物院	11715	35	重庆大足石刻艺术博物馆	505
2	国际友谊博物馆	500	36	吉林省博物院	500
3	中国国家博物馆	300	37	福建博物院	492
4	北京鲁迅博物馆	26	38	甘肃省博物馆	490
5	北京新文化运动纪念馆	23	39	陕西省西安碑林博物馆	474
	二、省级博物馆机构		40	辽宁省博物馆	473
1	重庆红岩革命历史博物馆	5450	41	广西壮族自治区自然博物馆	433
2	湖南省韶山毛泽东同志纪念馆	3500	42	北京市孔庙和国子监博物馆	425
3	江西省井冈山革命博物馆	2480	43	黑龙江省哈尔滨建筑艺术馆	420
4	江苏省南京中国近代史遗址博物馆	2480	44	天津自然博物馆	408
5	陕西省秦始皇兵马俑博物馆	2322	45	青海省博物馆	399
6	江西省南昌八一起义纪念馆	1528	46	陕西历史博物馆	360
7	上海博物馆	1511	47	江西省安源路矿工人运动纪念馆	360
8	重庆中国三峡博物馆	1502	48	湖北艺术博物馆	355
9	湖南省博物馆	1419	49	上海市中国共产党第一次全国代表大会会址纪念馆	350
10	河南博物院	1380	50	河北省博物馆	350
11	浙江博物馆	1284		**三、地市级博物馆机构**	
12	广东省博物馆	1230	1	江苏省侵华日军南京大屠杀遇难同胞纪念馆	4390
13	天津市周恩来邓颖超纪念馆	1209	2	江苏省淮海战役烈士纪念塔管理局(徐州市)	3543
14	首都博物馆	1169	3	四川省成都武侯祠博物馆	3000
15	黑龙江省博物馆	1122	4	广东省鸦片战争博物馆	3000
16	湖北省博物馆	1056	5	江西省景德镇陶瓷民俗博物馆	2000
17	福建中国闽台缘博物馆	1039	6	浙江省绍兴鲁迅纪念馆	1753
18	山西博物院	985	7	四川省成都杜甫草堂博物馆	1678
19	云南省博物馆	965	8	四川省乐山市麻浩崖墓博物馆	1500
20	内蒙古自治区博物院	941	9	江苏省南京市雨花台烈士纪念馆	1400
21	江西省博物馆	897	10	广东省孙中山故居纪念馆	1376
22	重庆自然博物馆	890	11	江苏省茅山新四军纪念馆(镇江市)	1350
23	山西省八路军太行纪念馆	850	12	贵州省遵义会议纪念馆	1200
24	浙江自然博物馆	781	13	山东省中国甲午战争博物馆	1120
25	海南省博物馆	750	14	江苏省周恩来纪念馆(淮安市)	1100
26	陕西省乾陵博物馆	695	15	广西百色起义纪念馆	1100
27	天津博物馆	628	16	广东省深圳博物馆	1100
28	北京艺术博物馆	628	17	江苏省苏州博物馆	1079
29	浙江省中国丝绸博物馆	605	18	辽宁省抚顺市雷锋纪念馆	1000
30	江西省瑞金中央革命根据地纪念馆	600	19	湖北省随州市博物馆	953
31	陕西省法门寺博物馆	590	20	江苏省新四军纪念馆(盐城市)	950
32	黑龙江省科学技术馆	550	21	辽宁省沈阳故宫博物院	888
33	黑龙江省东北烈士纪念馆	515	22	河南省洛阳博物馆	882

全国博物馆机构按参观人次排序

单位：千人次

名次	单位名称	参观人次
23	四川省成都博物院	860
24	湖北省荆州市博物馆	860
25	江苏省淮安市博物馆	850
26	广东省黄埔军校旧址纪念馆	835
27	江苏省南京市博物馆	815
28	河北省承德市避暑山庄博物馆	813
29	浙江省宁波博物馆	811
30	黑龙江省大庆铁人王进喜纪念馆	810
31	内蒙古呼伦贝尔民族博物馆	800
32	广东省深圳美术馆	753
33	辽宁省沈阳“九一八”历史博物馆	730
34	浙江省杭州名人纪念馆	715
35	福建省龙岩市古田会议纪念馆	708
36	陕西省延安革命纪念馆	700
37	广东民间工艺博物馆	682
38	河南省安阳市民间艺术博物馆	650
39	江苏省镇江博物馆	645
40	湖北省武汉市革命博物馆	640
41	辽宁省辽沈战役纪念馆	632
42	广西柳州市博物馆	624
43	吉林省伪满皇宫博物院	620
44	吉林省东北沦陷史陈列馆	620
45	江苏省无锡博物院	608
46	浙江省宁波市天一阁博物馆	598
47	四川省三苏祠博物馆	580
48	黑龙江省侵华日军第七三一部队罪证陈列馆	576
49	四川省川陕革命根据地博物馆	572
50	广东省广州艺术博物院	559
	四、县市级博物馆机构	
1	四川省罗江县博物馆	3000
2	四川省名山县蒙山茶史博物馆	2200
3	湖南省刘少奇同志纪念馆	2020
4	贵州省黎平县堂安生态博物馆	2000
5	河北省西柏坡纪念馆	1986
6	浙江省桐乡市茅盾纪念馆	1950
7	云南省昆明金殿历史文物馆	1800
8	四川省资中县博物馆	1667
9	福建省武夷山市博物馆	1600
10	安徽省固镇县博物馆	1500
11	上海豫园管理处	1293
12	河南省淮阳县太昊陵管理处	1250
13	江苏省常熟市沙家浜革命历史纪念馆(集体)	1219
14	山西省灵石县王家大院民居艺术馆	1201
15	云南省彝良县文化体育局	1200
16	甘肃省临潭县洮州民俗博物馆	1200
17	山西省平遥县博物馆	1080
18	山西省平遥县中国票号博物馆	1080
19	湖南省中国人民抗日战争胜利芷江洽降旧址纪念馆	1050
20	河南省兰考焦裕禄纪念园管理处	1014
21	四川省红四方面军总指挥部旧址纪念馆	850
22	安徽省屯溪区博物馆	828
23	山西祁县乔家大院民俗博物馆	800
24	湖北省武当山旅游经济特区博物馆	786
25	江苏省昆山昆曲博物馆	760
26	湖南省贺龙纪念馆	755
27	河北省乐亭县李大钊纪念馆	720
28	贵州省息烽县集中营革命历史纪念馆	700
29	山西省三多堂博物馆	690
30	河南省内乡县县衙博物馆	680
31	湖南省任弼时同志纪念馆	670
32	山东省枣庄市台儿庄区台儿庄大战纪念馆	668
33	四川省朱德同志故居纪念馆	663
34	江苏省昆山中国古砖瓦博物馆(集体)	643
35	江西省九江市庐山博物馆	640
36	浙江省杭州市萧山区博物馆	634
37	江苏省徐州市龟山汉墓管理处(九里区)	600
38	江苏省周恩来故居管理处(楚州区)	600
39	河南省项城市博物馆	600
40	河北省冉庄地道战纪念馆	600
41	广东省佛山市三水区博物馆	560
42	四川省宜宾市赵一曼纪念馆	558
43	湖南省杨开慧纪念馆	524
44	广西容县博物馆	521
45	河南省信阳市新县鄂豫皖苏区首府革命博物馆	516
46	河北省涉县八路军一二九师陈列馆	510
47	山东省汶上县中都博物馆	500
48	辽宁省朝阳县博物馆	500
49	江苏省南京百家湖博物馆(江宁区)	500
50	吉林省通化东北抗日联军英雄纪念馆	500

全国博物馆机构按门票收入排序

单位：千元

名次	单位名称	门票收入	名次	单位名称	门票收入
	一、国家级博物馆机构		29	天津市戏剧博物馆文庙博物馆管理办公室	78
1	故宫博物院	540865	30	福建闽越王城博物馆	3
2	北京鲁迅博物馆	55		**三、地市级博物馆机构**	
3	中国国家博物馆	0	1	四川省成都武侯祠博物馆	41355
4	北京新文化运动纪念馆	0	2	辽宁省沈阳故宫博物院	34294
5	国际友谊博物馆	0	3	吉林省伪满皇宫博物院	29700
	二、省级博物馆机构		4	河北省承德市避暑山庄博物馆	24808
1	陕西省秦始皇兵马俑博物馆	243848	5	山西省太原市晋祠博物馆	24616
2	江苏省南京中国近代史遗址博物馆	60600	6	四川省成都杜甫草堂博物馆	18652
3	重庆大足石刻艺术博物馆	30582	7	四川省成都博物院	18185
4	陕西省乾陵博物馆	20249	8	陕西省西安市钟鼓楼博物馆	11045
5	陕西省汉阳陵博物馆	12206	9	辽宁省张氏帅府博物馆	10377
6	陕西省法门寺博物馆	5657	10	辽宁省沈阳金融博物馆	7815
7	北京市孔庙和国子监博物馆	4224	11	浙江省宁波市天一阁博物馆	6561
8	天津自然博物馆	3453	12	四川省自贡恐龙博物馆	6396
9	黑龙江省哈尔滨建筑艺术馆	3416	13	陕西省西安博物院	6339
10	首都博物馆	3121	14	河南省洛阳关林管理处	5517
11	湖南省博物馆	3109	15	四川省乐山市麻浩崖墓博物馆	5449
12	黑龙江省科学技术馆	2750	16	河南省南阳市博物馆	5290
13	内蒙古自治区将军衙署博物院	2133	17	河北省保定直隶总督署博物馆	4105
14	北京西山大觉寺管理处	2115	18	辽宁省旅顺日俄监狱旧址博物馆	3969
15	陕西省西安半坡博物馆	2000	19	广东中国客家博物馆	3203
16	陕西省乾陵懿德太子墓博物馆	1892	20	山东省青岛迎宾馆	3110
17	广东美术馆	1670	21	江苏省南京市太平天国历史博物馆	2701
18	北京市正阳门管理处	1253	22	江苏省徐州圣旨博物馆	2500
19	陕西省西安碑林博物馆	1174	23	河南省周口市关帝庙民俗博物馆	2360
20	北京艺术博物馆	427	24	广东省广州博物馆	2312
21	北京市古代钱币展览馆	380	25	甘肃省天水市博物馆	2226
22	天津博物馆	347	26	江苏省南京市博物馆	2202
23	北京市大钟寺古钟博物馆	300	27	山东省淄博中国陶瓷馆	2014
24	北京古代建筑博物馆	177	28	江苏省徐州汉兵马俑博物馆	2000
25	北京石刻艺术博物馆	144	29	广东省西汉南越王博物馆	1821
26	青海柳湾彩陶博物馆	134	30	江苏省南京市明城垣史博物馆	1420
27	重庆红岩革命历史博物馆	107	31	山东省聊城市博物馆	1419
28	天津市周恩来邓颖超纪念馆	80	32	江苏省扬州汉广陵王墓博物馆	1395

全国博物馆机构按门票收入排序

单位:千元

名次	单位名称	门票收入
33	河南省三门峡市虢国博物馆	1260
34	湖南省岳阳博物馆	1125
35	广东省潮州市韩愈纪念馆	1020
36	江苏省南京天文历史博物馆	1000
37	江西省八大山人纪念馆	866
38	江苏省泰州市梅兰芳纪念馆	834
39	广东省东莞市可园博物馆	824
40	山东省泰安市博物馆	800
41	湖北省荆州市博物馆	800
42	辽宁省旅顺博物馆	723
43	江苏省南京市民俗博物馆	690
44	甘肃省武威市博物馆	640
45	河北省保定市莲池博物馆	629
46	江苏省扬州八怪纪念馆	627
47	四川省自贡市盐业历史博物馆	526
48	广西桂海碑林博物馆	512
49	广东民间工艺博物馆	507
50	河南省南阳知府衙门博物馆	475

四、县市级博物馆机构

名次	单位名称	门票收入
1	上海豫园管理处	40670
2	山西省灵石县王家大院民居艺术馆	30688
3	山西祁县乔家大院民俗博物馆	20600
4	河南省淮阳县太昊陵管理处	19660
5	山西省平遥县中国票号博物馆	19000
6	山西省平遥县博物馆	18000
7	浙江省安吉竹子博览园有限责任公司	10650
8	四川省大邑刘氏庄园博物馆	9711
9	河南省内乡县县衙博物馆	8120
10	陕西省临潼区博物馆	6960
11	重庆市云阳县张桓侯庙	5028
12	天津杨柳青博物馆	4843
13	重庆市钓鱼城古战场遗址博物馆	4043
14	江苏省徐州市龟山汉墓管理处(九里区)	4000
15	北京民俗博物馆	2949
16	安徽省李鸿章故居陈列馆	2726
17	浙江省长兴金钉子保护区博物馆	2580
18	陕西省临潼区扁鹊纪念馆	2560
19	重庆市石宝寨	2500
20	江苏省南京江南贡院历史陈列馆(秦淮区、集体)	2330
21	河北省满城县汉墓博物馆	2208
22	甘肃省张掖市甘州区博物馆	2192
23	北京市钟鼓楼文物保管所	2041
24	重庆湖广会馆管理处	1794
25	贵州省苗族刺绣博物馆	1650
26	四川省新都杨升庵博物馆	1600
27	河南省汤阴县岳飞纪念馆	1598
28	河南省汤阴县羑里周易博物馆	1418
29	山西省榆社县化石博物馆	1400
30	黑龙江省哈尔滨市阿城区金上京历史博物馆	1350
31	山东省齐国故城遗址博物馆	1273
32	陕西省西安临潼区鸿门坂博物馆	1260
33	四川省资中县博物馆	1180
34	河南省叶县县衙博物馆	1080
35	天津市民俗博物馆	1074
36	贵州省郎德上寨露天博物馆	1000
37	山西省临汾市尧都区博物馆	982
38	广东省深圳市龙岗区大鹏古城博物馆	850
39	福建省中国船政文化博物馆	770
40	江苏省宿迁市宿豫区博物馆	768
41	陕西省岐山县五丈原诸葛亮庙博物馆	760
42	贵州省安龙博物馆	750
43	贵州省万山特区博物馆	720
44	湖南省张家界市永定区博物馆	700
45	上海市嘉定博物馆	653
46	山西省三多堂博物馆	650
47	江苏省宿迁市宿城区博物馆	600
48	湖南省中国人民抗日战争胜利芷江洽旧址纪念馆	600
49	浙江省平湖市莫氏庄园陈列馆	597
50	陕西省彬县大佛寺石窟博物馆	550

全国其他文物机构按藏品排序

单位:件/套

名次	单 位 名 称	藏品数
	一、省级其他文物机构	
1	北京市文物局图书资料中心	7790
	二、地市级其他文物机构	
1	陕西省西安市文物交流中心	40277
2	甘肃省金昌市文物稽查队	340
	三、地市级其他文物机构	
1	陕西省眉县文化馆	2024
2	陕西省凤县文化馆	1437
3	陕西省千阳县文化馆	992
4	江苏省金湖县图书馆	874
5	江苏省淮安市淮阴区图书馆	433
6	陕西省宝鸡市金台区文化馆	384
7	江苏省铜山县文化与体育局	349
8	江苏省涟水县图书馆	259
9	陕西省秦都区旅游文物稽查队	166
10	重庆市陈独秀旧居	160
11	陕西省太白县文化馆	43

全国文物保护科学研究机构按藏品排序

单位:件/套

名次	单 位 名 称	藏品数
	一、省级文物科研机构	
1	河南省文物考古研究所	184117
2	河北省文物研究所	125461
3	河北省文物保护中心	72311
4	甘肃省文物考古研究所	64987
5	青海省文物考古研究所	55452
6	湖南省文物考古研究所	22913
7	山东省文物考古研究所	20500
8	陕西省考古研究院	18812
9	内蒙古自治区文物考古研究所	14479
10	浙江省文物考古研究所	7398
11	山西省考古研究所	3862
12	黑龙江省文物考古研究所	3309
13	广东省文物考古研究所	3000
14	云南省文物考古研究所	2453
15	新疆维吾尔自治区文物考古研究所	2244
16	甘肃省敦煌研究院	2238
17	吉林省文物考古研究所	1127
18	广西文物考古研究所	1100
19	贵州省考古研究所	916
20	甘肃省麦积山石窟艺术研究所	800
21	新疆维吾尔自治区龟兹研究院	322
22	安徽省文物考古研究所	233
23	北京市文物研究所	153
24	宁夏回族自治区文物考古研究所	128
25	宁夏回族自治区岩画研究中心	21
	二、地市级文物科研机构	
1	四川省成都文物考古研究所	92465
2	河南省郑州市文物考古研究院	66719
3	河南省安阳市文物考古研究所	34100
4	广州市文物考古研究所	31146
5	河南省三门峡市文物考古研究所	15952
6	浙江省绍兴市文物考古研究所	14842
7	湖南省长沙市考古研究所	11691
8	陕西省咸阳市文物保护中心	10503
9	湖北省武汉市文物考古研究所	8395
10	陕西省西安市文物保护考古所	5066
11	江苏省扬州市文物考古研究所	5066
12	陕西省咸阳市文物考古研究所	5029
13	辽宁省沈阳市文物考古研究所	4604
14	河南省南阳市文物考古研究所	3934
15	山西省大同市考古研究所	2078
16	山东省济南市考古研究所	1551
17	江西省景德镇市陶瓷考古研究所	1385
18	陕西省榆林市文物保护研究所	1065
19	陕西省延安市文物研究所	925
20	山西省运城市文物保护研究所	828
21	陕西省渭南市文物保护考古研究所	687
22	甘肃省武威市文物考古研究所	523
23	广东省深圳市文物考古鉴定所	400
24	陕西省铜川市考古研究所	370
25	吉林省长春市文物保护研究所	241
26	黑龙江省文物考古研究所黑河分所	227
27	广西桂林市文物工作队	54
28	河南省漯河市文物考古研究所	18
29	福州市文物考古工作队	17
30	河北省张家口市文物考古研究所	8
	三、县市级文物科研机构	
1	陕西省渭城区文物保护中心	799
2	陕西省蒲城县文物保护开发中心	165

文物业主要指标解释

1. **藏品：** 藏品是文博机构根据收藏品的文化属性、自然属性等情况，所划分的文物藏品、标本藏品、模型藏品（含具有收藏、展示价值的雕塑、绘画等艺术作品）和复制品藏品的总和。本指标所统计的藏品是指报告期末，该机构已经整理并登记入账的藏品数。尚未整理或正在整理的藏品，应在整理造册入账后列入下年统计。一级品、二级品、三级品均根据入账情况如实填写。

藏品数： 指按历年来以件/套为计量单位统计的藏品数量。即单件藏品编一个号者按一件计算；成套藏品按整体编一个号者，也按一件计算（其组成部分即使有分号，也按一件计）。不易计数的藏品，如粮食、药材及液体等，不论数量多少，均按一件计算。本指标在本制度执行期内必须填报。

2. **库存文物数：** 指本年末按规定计量单位计算的实有库存文物件数。不包括新工艺品和文物复仿制品件数。一级品、二级品、三级品均根据入账情况如实填写。

3. **本年从有关部门接收文物数：** 指本年从公安、工商、海关等司法及检查部门移交接收的文物。

4. **本年藏品征集数：** 本年从社会上征集的馆藏文物数量（包括标本数）。

5. **本年修复文物数：** 本年运用技术手段进行修复保养的馆藏文物数量（包括标本）。

6. **基本陈列：** 指由本馆设计布陈、地点固定、时间较长的展出。

7. **举办展览：** 指由本馆设计布陈、时间较短、形式比较多样的展出。同一内容的巡回展览，均按一个计算。展览的计量单位不是指每次展出的文物藏品件数。与系统外机构合办的展览，由本馆统计；与系统内机构合办的，由主办馆统计。基本陈列不作为展览统计。

8. **参观人次和未成年人参观人次：** 参观人次指本报告期末，向社会开放的文物保护管理机构当年接待的所有参观人次的累计数。未成年人参观人次是指接待有组织的集体参观人次与零散观众中能够确切统计的未成年人参观人次的总和。

9. **基本建设中考古发掘项目：** 是指因基本建设工程需要，在建设工程影响范围内所进行的考古发掘工作，由项目立项单位填报。

10. **抢救性发掘项目：** 指古文化遗址、古墓葬等遇到不可抗拒的自然或人为因素危害而必须进行的考古发掘项目，由项目立项单位填报。

11. **主动性发掘项目：** 因科学研究或文物保护的需要所进行的考古发掘项目，由项目立项单位填报。

12. **门票销售总额：** 指本馆报告期内通过举办陈列展览获得的门票销售收入。

13. **国家文物出境鉴定站：** 由国务院文物行政主管部门依法指定的文物进出境审核机构。

14. **责任鉴定人员：** 经国务院文物行政主管部门考核合格，获得文物进出境审核责任鉴定员证书，承担文物进出境审核工作的专职人员。

15. 出境文物审核数：单位或个人向文物进出境审核机构申报，经审核允许出境，标明文物出境标识并颁发《文物出境许可证》的文物数量。

16. **禁止出境文物数：** 单位或个人向文物进出境审核机构申报，经审核不允许出境的文物数量。

17. **暂入境文物审核数：** 因修复、展览、销售、鉴定等原因临时进境，由海关加封、经文物进出境审核机构审核、登记的文物数量。

18. **涉案文物鉴定数：** 承担文物刑事案件中涉案文物鉴定，并出具鉴定意见的文物数量。

19. **馆藏文物鉴定数：** 承担博物馆馆藏文物鉴定定级的数量。

20. **拍卖文物标的审核数：** 承担文物拍卖企业拍卖前标的审核，允许拍卖的文物数量。

21. **禁止上拍文物标的数：** 承担文物拍卖企业拍卖前标的审核，不允许拍卖的文物数量。

22. **出国展览文物审核数：** 经国务院或国务院文物行政主管部门批准，并由文物进出境审核机构依法审核、登记的出国展览文物数量。

23. **公用房屋建筑面积：** 指文物部门、房产部门拥有产权，或产权虽归政府部门所有，但交由填表机构长期固定、无偿使用的各种办公和业务用房，包括职工单身宿舍和暂被家属、职工挤占的非居住用房。不包括职工家属宿舍和租用的民房。公用房屋建筑面积均按总的建筑面积（指从外墙算起的各房屋面积相加之和）填报，此项指标的其中数（如陈列展览用房、文物库房等），凡属独立建筑的均按建筑面积统计；凡属非独立建筑的均按使用面积统计；二者兼有的，可按两种方法统计加总。以文物保护单位为馆（所）址的文物机构；只统计该机构实际使用部分的建筑面积。

北京新文化运动纪念馆

【简述】

北京新文化运动纪念馆位于北京市东城区五四大街29号的沙滩红楼。红楼建成于1918年，是北京大学旧址，是二十世纪初中国新文化运动的营垒，五四爱国运动的发祥地，是中国近代史上具有重要意义的见证之一。红楼1961年被国务院公布为第一批全国重点文物保护单位。红楼曾经是国家文物局办公地，2001年国家文物局机关迁出红楼，委托原中国革命博物馆在红楼一层筹建北京新文化运动纪念馆，并成立北京新文化运动纪念馆筹备办公室。2002年4月28日，北京新文化运动纪念馆正式对外开放。2007年10月，北京新文化运动纪念馆隶属关系变更，成为国家文物局直属单位。

北京新文化运动纪念馆是全国唯一一家全面展示五四新文化运动历史的综合性博物馆。2002年，北京新文化运动纪念馆被命名为东城区爱国主义教育基地和北京市爱国主义教育基地，2004年被评为全国百家红色旅游经典景区之一，2010年被命名为北京市廉政教育基地。

北京新文化运动纪念馆以红楼为依托，秉承宣传和弘扬“爱国、进步、民主、科学”的五四精神的宗旨，不断推出各种形式的展览，向广大群众尤其是青少年进行生动形象的爱国主义教育。2002年至2007年，北京新文化运动纪念馆相继推出“蔡元培与北大红楼”“新文化运动主将——陈独秀”专题陈列，复原李大钊任北大图书馆主任时的办公室、毛泽东工作过的新闻纸阅览室、北大学生上课的大教室等旧址，取得了良好的社会反响。2004年，在北京市爱国主义教育领导小组召开的表彰大会中，“新文化运动主将——陈独秀”展览获优秀活动奖。2007年，“李大钊英勇就义80周年纪念活动”和“文化名人系列活动”获得东城区爱国主义教育基地优秀活动奖。

2008年，红楼进行整体维修，北京新文化运动纪念馆暂时闭馆，并迁入北京鲁迅博物馆办公。随后，北京新文化运动纪念馆全力投入“五四运动90周年纪念活动暨重新开馆”筹备工作，准备以崭新的面貌迎接广大观众。同时，北京新文化运动纪念馆继续履行作为爱国主义教育基地的职责，推出了“北大红楼与五四名人”展，并将展览送到社区巡展，为社区居民送上又一道文化大餐。

2009年4月22日，北京新文化运动纪念馆面向社会重新开馆。重新开放后的北京新文化运动纪念馆，将展览区域扩大到整个红楼一层和西侧平房展厅。为突出旧址类博物馆特色，北京新文化运动纪念馆确立以旧址复原为主、陈列展览为辅的原则，恢复了图书馆主任室、登录室、第二阅览室、第十四书库，以及新潮杂志社、学生大教室等六处旧址；举办“新时代的先声——新文化运动陈列”，蔡元培、陈独秀专题展，凸显五四新文化运动时期的红楼历史氛围，使观众通过真实展品，在真正的历史原址上和特定的历史氛围中感受红楼的魅力，获得更多的知识和信息。

【藏品数量】

北京新文化运动纪念馆有各类藏品

共计3000余件（套），截止至2009年12月30日，尚未完成文物定级工作。

【文物征集】

文物资料的征集、保管，是博物馆工作的重要基础。2009年度，北京新文化运动纪念馆通过多种渠道，征集藏品11批共计114件，已全部归入2009年总收帐；新增复制品300余件，其中已登录新增复制品214件；登录图片329张，并完成部分样片的归类统计。

在征集的藏品中，比较珍贵的有：五四新文化运动代表人物刘半农、顾颉刚、罗家伦等人书札；五四新文化运动时期著名新诗集康白情著《草儿》、汪静之著《惠的风》初版本；五四新文化运动时期代表刊物1922年出版的《民声》、1925年出版的《中国青年》（《民声》为袁诗荛烈士签名本，《中国青年》为中共早期干部阮山烈士签名本）；记录五四运动、五四新文化运动思想的重要史料1920年出版的《新民学会会员通信集》二集、1921年出版的《清华周刊 本校十周年纪念号》；1923年中华全国外交后援会制作的，表现“急应收回旅大形势”的二十一条成扇等。

【展览陈列】

2009年4月22日，北京新文化运动纪念馆举行了“纪念五四运动90周年暨北京新文化运动纪念馆重新开馆”活动。全国政协副主席孙家正、文化部部长蔡武、国家文物局局长单霁翔、黑龙江省委宣传部部长衣俊卿，国家文物局各司领导、局各直属单位领导，以及全国相关博物馆、纪念馆的代表，五四新文化时期名人后代、亲属、有关科研机构、高等院校、学术团体的研究人员和专家、学者200余人出席了开馆活动。北京电视台等多家媒体对纪念馆开馆做了详细的报道，在社会上引起了很好的反响。

2009年4月22日，北京新文化运动纪念馆与黑龙江大学联合举办“风云际会——近代名人影像手迹展”，邀请黑龙江大学副研究员臧伟强在红楼展出个人藏品270余件，其中包括近代名人手札、原版历史照片等珍品，获得很好的社会反响。

2009年4月28日，北京新文化运动纪念馆与中国书画收藏家协会举办的“纪念五四运动90周年”书画作品展在民族文化宫开幕。书画展以不同的创作理念、表现形式和艺术风格，展现新文化运动和五四运动先驱的高尚风范，弘扬五四精神和光荣传统、讴歌祖国的大好河山和各族人民大团结，以及新中国成立后特别是改革开放以来各条战线的辉煌成就。参加展览的作品有114幅，其中有当代著名画家娄师白的“霜叶红于二月花”、姚治华的“雨后青山铁铸成”、戴泽的“香山樱桃沟”、李铎、邵华泽、庞书田、康默如书写的陈独秀、李大钊的名言警句等书法作品，并出版了《纪念五四运动90周年书画作品集》。

2009年5月，北京新文化运动纪念馆推出“历史的丰碑——纪念五四运动九十周年”展览，在武汉八七会址纪念馆展出，之后到武汉社区、学校、部队巡回展览。

2009年5月，北京新文化运动纪念馆向新疆师范大学附属中学赠送“历史的丰碑——纪念五四运动九十周年”图片展。

2009年6月1日～10日，北京新文化运动纪念馆在北京大学百年讲堂举办“大浪潮涌、风云际会——纪念五四运动九十周年图片展”。

2009年6月11日～17日，北京新文化运动纪念馆在华北电力大学举办“大浪潮涌、风云际会——纪念五四运动九十周年图片展”。

2009年下半年，为迎接新中国60年华诞，国家文物局主办、北京新文化运动纪念馆承办了“春华秋实——国家文物局60年展”。展览从文物法制建设、考古和文化遗产保护、博物馆工作、国际交流、机关建设等方面，系统展示了国家文物局成立六十年来的发展历程和所取得的成就。展览荣获北京市东城区“迎国庆60周年”爱国主义教育基地特色活动提名奖。

【参观人数】

北京新文化运动纪念馆2009年4月22日重新开馆后，实行免费开放。截止至2009年12月31日，北京新文化运动纪念馆共接待观众22806人次，其中学生观众7005人次，团队观众8212人次。各类巡展、临时展览接待观众约80万人次。

【文物安全】

2009年度，北京新文化运动纪念馆继续租用北京鲁迅博物馆文物库房，并对文物库房进行恒温恒湿改造，添加文物柜及空气洁净屏等设备，改善藏品保管环境。

2009年6月3日，北京新文化运动纪念馆对3000余件藏品进行打包装箱和搬迁工作，开始进行文物库房改造。7月24日，库房改造完成，全部藏品搬回库房，并全部上架。经核查，藏品安全无恙。

【机构和人员】

北京新文化运动纪念馆是隶属于国家文物局的正局级中央在京一类事业单位。2009年度收支情况为：北京新文化运动纪念馆总收入1237.76万元，总支出1223.82万元。

截止至2009年12月30日，北京新文化运动纪念馆共有在册人员20人，其中编制内人员10人。按学历统计，大专5人，本科10人，研究生5人；按职称统计，初级职称1人，中级职称4人，高级职称4人；2009年度，新增人员8人。

在册人员中，安全保卫人员2人，其中在编人员1人。

表彰情况：2009年6月30日，郭俊英荣获中国共产党国家文物局直属机关委员会优秀党务工作者称号，高嵩巍荣获中国共产党国家文物局直属机关委员会优秀党员称号。

【对外交流】

2009年5月4日，北京新文化运动纪念馆在香港浸会大学开展文化交流活动，举办“大浪潮涌、风云际会——纪念五四运动九十周年图片展”。

2009年9月5日，北京新文化运动纪念馆、北京鲁迅博物馆、新加坡文艺协会在新加坡国家图书馆联合举办了纪念五四新文化运动90周年“新潮澎湃，英杰辈出”展览。

国际博物馆协会第22届大会已定于2010年11月在上海举行。北京新文化运动纪念馆作为中国博物馆学会社会教育专业委员会的挂靠单位，承担了国际博物馆协会教育与文化活动专委会，即ICOM－CECA专业委员会年会的筹备工作。2009年10月4日，北京新文化运动纪念馆代表赴冰岛参加国际博物馆协会（ICOM）教育与文化活动专业委员会（CECA）年会。会上，北京新文化运动纪念馆做了关于2010年上海大会的发言，向全体会员发出热情的邀请，并播放了国际博物馆协会第22届大会筹委会拍制的ICOM 2010大会宣传片。会场反响热烈。同时，北京新文化运动纪念馆代表就 2010 年大会的具体问题与 ICOM－CECA 主席、董事会成员等进行了深入的讨论和交涉。会谈就大会主题、日程、博物馆参观、大会发言等问题形成了初步的意见，为 2010 年大会筹办工作创造了条件。

责任印制　张道奇
责任编辑　许海意

图书在版编目（CIP）数据

中国文物年鉴·2010／国家文物局编. —北京：文物出版社，2012. 6
ISBN 978-7-5010-3337-9

Ⅰ. ①中…　Ⅱ. ①国…　Ⅲ. ①文物工作－中国－2010－年鉴　Ⅳ. ①K87－54

中国版本图书馆 CIP 数据核字（2011）第 231441 号

中国文物年鉴·2010
国家文物局
*
文 物 出 版 社 出 版 发 行
（北京市东直门内北小街 2 号楼）
http://www. wenwu. com
E-mail:web@ wenwu. com
文 物 出 版 社 印 刷 厂 印 刷
新　华　书　店　经　销
787×1092　1/16　印张：27. 75
2012 年 6 月第 1 版　2012 年 6 月第 1 次印刷
ISBN 978-7-5010-3337-9　定价：180. 00 元